Bauwelt Fundamente 164

Herausgegeben von

Elisabeth Blum
Jesko Fezer
Günther Fischer
Angelika Schnell

Philipp Oswalt (Hg.)

Hannes Meyers neue Bauhauslehre
Von Dessau nach Mexiko

Bauverlag

Birkhäuser

Gütersloh · Berlin

Basel

Die Reihe Bauwelt Fundamente wurde von Ulrich Conrads 1963 gegründet und seit Anfang der 1980er-Jahre gemeinsam mit Peter Neitzke herausgegeben.

Verantwortlicher Herausgeber für diesen Band: Jesko Fezer
Gestaltung der Reihe seit 2017: Matthias Görlich
Projektmanagement, Lektorat und Mitarbeit Redaktion: Nicole Minten-Jung

Übersetzungen Englisch –Deutsch für Brenda Danilowitz, Dara Kiese, Tatiana Efrussi, Raquel Franklin, Hanneke Oosterhof von Uta Hoffmann/ Nicole Minten-Jung; für Zvi Efrat, Daniel Talesnik von Nicole Minten-Jung; für Anthony Fontenot und Bauhäusler über Hannes Meyer von Herwig Engelmann
Übersetzung Niederländisch-Englisch für Hanneke Oosterhof von Kevin Cook
Russische Namen und Begriffe wurden nach GOST (1983)/UN (1987) transliteriert.

Vordere Umschlagseite: Rückcover der von Hannes Meyer gestalteten Werbebroschüre „junge menschen kommt ans bauhaus!" von August 1929 (Ausschnitt)
Hintere Umschlagseite: Bauabteilung des Bauhauses, um 1927, Foto: Erich Consemüller, © Stephan Consemüller

Library of Congress Control Number: 2018964081

Bibliografische Information der Deutschen Nationalbibliothek
Die Deutsche Nationalbibliothek verzeichnet diese Publikation in der Deutschen Nationalbibliografie; detaillierte bibliografische Daten sind im Internet über http://dnb.dnb.de abrufbar.

Dieses Buch ist auch als E-Book (ISBN 978-3-0356-1735-1) und E-PUB (ISBN 978-3-0356-1725-2) erschienen.

Der Vertrieb über den Buchhandel erfolgt ausschließlich über den Birkhäuser Verlag.

© 2019 Birkhäuser Verlag GmbH, Basel, Postfach 44, 4009 Basel, Schweiz, ein Unternehmen von Walter de Gruyter GmbH, Berlin/Boston; und Bauverlag BV GmbH, Gütersloh, Berlin

bau | | verlag

Gedruckt auf säurefreiem Papier, hergestellt aus chlorfrei gebleichtem Zellstoff. TCF ∞

Printed in Germany
ISBN 978-3-0356-1724-5

9 8 7 6 5 4 3 2 1
www.birkhauser.com

Eine Publikation der co-op Hannes Meyer an der Universität Kassel, entstanden im Rahmen des von der Deutschen Forschungsgemeinschaft (DFG) geförderten Forschungsprojektes „Die Laubenganghäuser in Dessau-Törten. Rekonstruktion und Analyse der Planungs-, Bau- und Nutzungsgeschichte des Projektes des Bauhauses Dessau unter der Leitung von Hannes Meyer". Die Tagung wurde von der DFG gefördert, die Publikation vom Hessischen Ministerium für Wissenschaft und Kunst.

Inhalt

Einleitung

Philipp Oswalt

Hannes Meyer kam wie über eintausend andere Gäste zur Eröffnung des neuen, von Walter Gropius entworfenen Schulgebäudes am 4. Dezember 1926 erstmals nach Dessau. Das Bauhaus befand sich mit der Fertigstellung der Bauhausbauten auf dem Zenit seiner öffentlichen Wahrnehmung. Zur Eröffnung erschien auch die erste Ausgabe der Zeitschrift *bauhaus*. In dieser war ein überraschender, bis heute wenig beachteter Text des Bauhausmeisters Georg Muche veröffentlicht, der eine Problemlage aufzeigte, die für Meyers Wirken am Bauhaus prägend werden sollte.

Kunst und Technik – keine Einheit

Im Jahr 1923 hatte Gropius den Slogan „Kunst und Technik – eine neue Einheit" als Grundkonzept für das Bauhaus formuliert. Doch nun, nur drei Jahre später, sieht der Künstler Muche diese Idee als nicht mehr tragfähig an: „die illusion, daß die bildende kunst in der schöpferischen art technischer formgestaltung aufzugehen hätte, zerschellt in dem augenblick, in dem sie die grenze der konkreten wirklichkeit erreicht [...], weil die formgestaltung des mit technischen mitteln erzeugten industrieproduktes sich nach einer gesetzmäßigkeit vollzieht, die nicht von den bildenden künsten abgeleitet werden kann. [...] kunst und technik sind nicht eine neue einheit, sie bleiben in ihrem schöpferischen wert wesensverschieden."[1]

Damit wird ein zentraler Grundpfeiler des bisherigen Bauhauskonzepts infrage gestellt. Muche steht mit dieser Sicht nicht allein. Wenig später notiert Ise Gropius in ihrem Tagebuch: „die zeit der maler am bauhaus scheint wirklich vorbei zu sein, sie sind dem eigentlich kern der jetzigen arbeit entfremdet und wirken fast hemmend statt fördernd."[2] Gropius ist aber – anders als 1923 – nicht Willens oder in der Lage, eine wirkliche Neuausrichtung auf den Weg zu bringen. Die konzeptuelle Krise führt zu wirtschaftlichen und politischen Schwierigkeiten. Die Einnahmen aus den Verkäufen der Werkstätten bleiben deutlich hinter den Erwartungen zurück. Gropius' Mustersiedlung in Dessau-Törten, welche die Vorteile der Bauhausarchitektur unter Beweis stellen sollte, erweist sich deutlich teurer als herkömmliche Bauten, was zu einer Distanzierung der Sozialdemokratie vom Bauhaus führt. Amtsmüde geworden, verlässt Gropius mit drei Meistern im Frühjahr 1928 das Bauhaus, Hannes Meyer wird nach einem Jahr in der Architekturlehre nun zweiter Bauhausdirektor.

Utopien sind nicht genug: Projektstudium

Meyer steht vor der Herausforderung, das Versprechen des Bauhauses von einer guten, funktionalen und für jedermann erschwinglichen Gestaltung von Industrieprodukten einzulösen. Er forciert die bereits von Gropius eingeleitete Trennung von künstlerischer Tätigkeit und angewandter Gestaltung. Er kritisiert den Bauhausstil und leitet eine Versachlichung der Gestaltung ein. Diese vollzieht er an der konkreten, praktischen Aufgabe. Zu deren Beginn steht die analytische Durchdringung der Aufgabenstellung und ihrer Gegebenheit. So werden in der Baulehre Bauplatz, Vegetation und Klima, aber auch das Alltagsleben der potenziellen Nutzer im Tages- und Jahresverlauf detailliert untersucht. Notwendiges praktisches Wissen wird durch neue Unterrichtsangebote eingeführt (siehe hierzu die Beiträge von Lutz Schöbe und Martin Kipp). Nach Möglichkeit werden die Themen dort anhand der Entwurfsaufgaben behandelt und auf diese angewandt. Der Unterricht erfolgt somit als Projektstudium. Erstmals gelingen die Zusammenarbeit mit Industrieunternehmen (siehe Beitrag Norbert Eisold) und die Realisierung von Bauten durch die Bauabteilung des Bauhauses (siehe Beitrag Anne Stengel). Die Gestaltungsprodukte richten sich jetzt nicht mehr an eine großbürgerliche Klientel, sondern an Gewerkschaften, Genossenschaften und Unternehmer, die für einen Massenmarkt produzieren: „Volksbedarf statt Luxusbedarf". Die stark praxisorientierte Ausbildung wird ausbalanciert mit einem Theorieangebot, welches geistige Grundlagen vermittelt und zu grundlegenden Reflexionen und Konzeptionen anregt. (Diese bislang meist ignorierte intellektuelle Basis der Meyer'schen Pädagogik beschreiben die Beiträge von Dara Kiese, Andreas Vass, Friederike

Zimmermann, Gregory Grämiger, Peter Galison und Simone Hain erstmals umfassend.)

Antiästhetik? Meyer und Mies

In seiner radikalen Suche nach Versachlichung und Gebrauchsorientierung rief Meyer Irritation und Widerspruch hervor, zumal die programmatisch vereinfachende Zuspitzung seiner Haltung in verbalen Äußerungen nicht der Vielschichtigkeit seiner eigenen Gestaltungspraxis entsprach. Der amerikanische Student Howard Dearstyne hatte „ermüdet von Meyers übertriebenem Funktionalismus" sogar erwogen, das Bauhaus zu verlassen.[3] Laut Ludwig Hilberseimer glaubte Meyer „nicht an Schönheit als Ziel von Architektur". Er beharrte darauf, dass Architektur vielmehr eine strukturelle Aufgabe sei. Sie habe die Aufgaben des Lebens zu „organisieren [...]. Seine Studenten waren überrascht festzustellen, dass ihn auch die visuelle Erscheinung der Dinge interessierte."[4] Die beiden von Meyer neu berufenen Lehrkräfte Ludwig Hilberseimer und Walter Peterhans entsprachen dem von ihm am Bauhaus verfolgten radikalen Sachlichkeitsprinzip. Diese Berufungen hatten eine nachhaltige und bislang kaum wahrgenommene Wirkung auf seinen Nachfolger Mies van der Rohe. So diametral entgegengesetzt Mies und Meyer in der Frage waren, welche Rolle Architektur in der Gesellschaft einnehmen solle, so teilten sie beide die Suche nach Versachlichung und der Überwindung des Subjektiven. In den folgenden Jahren radikalisierte sich unter dem Einfluss von Hilberseimer diese Haltung Mies van der Rohes. Er überwand die zum Teil noch spielerischen und kompositorischen Elemente seiner europäischen Phase, um im amerikanischen Exil ab 1938 zu einer sublimierten, strukturellen Architekturkonzeption zu finden, die zuweilen als ein „modern vernacular" bezeichnet wurde. Diese suchte allgemeingültige, prinzipielle Lösungen zu formulieren, während Meyer auf lokale Spezifität zielte und die Architektur aus den konkreten Bedingtheiten des Ortes und der jeweiligen Aufgabe entwickelte. Daher führte er – in dieser Weise ein Novum in der Architektur- und Gestalterausbildung – auch empirische Studien am Bauhaus ein.

Soziale Orientierung und Marxismus

Für Walter Gropius ist für die Berufung Meyers ans Bauhaus dessen soziale Orientierung wesentlich. Meyers sozial(istisch)e Orientierung ist in dieser Zeit stark genossenschaftlich geprägt und fern einer zentralistischen Planung, für die Gropius eintritt. Im Unterschied zu diesem warnt er vor einer Dominanz der Technik, und auch Moholy-Nagys Idee einer Elite von Künstlern und Wissenschaftlern, die der Gesellschaft den Weg weist, ist ihm fremd. Er verfolgt eine basisdemokratische Idee der Emanzipation, die sich auch in seiner pädagogischen Konzeption zeigt. Seine Ideen kommen dem Ideal der Kibbuzbewegung eines selbstorganisierten genossenschaftlichen Sozialismus' sehr nahe, und so ist es bezeichnend, dass der israelische Architekt und Planer Arieh Sharon (siehe Beitrag Zvi Efrat) sein wohl wichtigster Schüler ist. Meyers anfangs noch eher schwärmerische Position verändert und radikalisiert sich in seiner Zeit am Bauhaus. Dazu tragen zum einen die allgemeine politische Polarisierung und die schwere ökonomische Krise seit 1929, zum anderen die Auseinandersetzungen mit kommunistischen Studierenden und marxistischen Intellektuellen bei. Es sind vor allem die von ihm eingeladenen Gastlehrer des Wiener Kreises und der tschechische Kunsttheoretiker und Künstler Karel Teige, die ihn mit marxistischem Gedankengut vertraut machen. Kurz nachdem Karel Teige im März 1930 einen einwöchigen Kurs am Bauhaus zur „Soziologie der Stadt und des Wohnens" gehalten hat, in dem er eine marxistische Architekturtheorie entwickelte[5], berichtet der Bauhausmeister Josef Albers empört an die Studentin Otti Berger, dass die Lehre materialistisch ausgerichtet und die Malerei abgeschafft werden solle.[6]

Für das Wintersemester 1930/31 hatte Meyer eine Neukonzeption der Grundlehre ins Auge gefasst: Eine „soziologische, eine ökonomische und eine psychologische grundlehre" sollte eingeführt werden.[7] Doch dazu kam es nicht mehr. Während die Frankfurter Schule sowie der Wiener Kreis an ihren Universitäten marxistische Wege einschlagen, ist dies in der weitaus kleineren (und provinziellen) Stadt Dessau undenkbar. Meyer wird fristlos entlassen.

Proletarisierung und autonomes Lernen

Anders als häufig unterstellt, vertrat Meyer am Bauhaus keine kommunistischen Ideen. Wichtig war ihm hingegen die soziale Öffnung. Auch junge Menschen aus ärmeren Familien sollten studieren können. Ein Studium am Bauhaus war ohnehin auch ohne Abitur möglich. Meyer intensivierte die Anwerbung und erhöhte die Studierendenzahlen. Studierende erhielten in den Werkstätten Verdienstmöglichkeiten und Anstellungen und wurden an den Einnahmen aus dem nun forcierten Produktionsbetrieb beteiligt. Dies ermöglichte Studierenden, ihr Studium selbst zu finanzieren. Im Rückblick hielt sich Meyer zu Gute, eine Öffnung zur Arbeiterschaft und Proletarisierung der Studentenschaft bewirkt zu haben.[8] Ein markantes, allerdings nicht primär Meyer zuzuschreibendes Beispiel hierfür ist der Student Fritz Winter, der wie Meyer im Frühjahr 1927 ans Bauhaus kam und es im September 1930 verließ. Als Sohn eines Bergmanns im Ruhrgebiet aufgewachsen und selber zunächst im Bergbau tätig, wurde er später zu einem der wichtigsten abstrakten Maler der deutschen Nachkriegszeit. Noch deutlicher unterschied sich das Bauhaus unter Meyer durch die Gleichstellung von Frauen. Nach dem Vorkurs wurde ihnen in der Ära Gropius bis auf besondere Ausnahmen nur ein Studium in der Weberei ermöglicht. Meyer hingegen ließ von Beginn an Frauen in der Architekturabteilung zu und ermöglichte ihnen als Direktor auch den Zugang zu den anderen Werkstätten. Einige machten später in den vermeintlichen Männerberufen bedeutende Karrieren (siehe Beitrag von Hanneke Oosterhof).

Aufbauend auf Ideen der Reformpädagogik forcierte Meyer die Konzeption des Selbststudiums.

Verstört berichtete Oskar Schlemmer im September 1929 an Otto Meyer-Amden: „Die Schüler sollen selbst etwas machen, einen Auftrag, durchführen, ‚mit einem größtmöglichen Minimum an geistiger Führung'; [...]. Ziel dieses Strebens: Die (meisterlose) Schülerrepublik."[9] Neben dem zunehmend selbstorganisierten Lernen in vertikalen Brigaden beförderte Meyer von den Studierenden selbst initiierte Projekte, wie sie etwa in der Bauabteilung von Arieh Sharon, Philipp Tolziner, Antonín Urban und Tibor Weiner verfolgt wurden.

„als bauhäusler sind wir suchende"

Meyer vertrat als Direktor des Bauhauses pointierte, wenn auch zuweilen widersprüchliche Positionen. Anfang 1928 charakterisierte ihn Lyonel Feininger mit den Worten: „er wirft seine theorie weit voraus und marschiert dann hinterher und wenn es durchs feuer ginge!"[10] Gleichwohl geht er in seinen Änderungen eher vorsichtig tastend und schrittweise vor. Er selber konstatierte 1929: „als bauhäusler sind wir suchende."[11] Der damalige Dozent Friedrich Engemann erinnerte sich im Rückblick, dass Meyer „uns Einblick gab in sein eigenes inneres Suchen. [...] Ganz im Gegensatz zum üblichen Lehrer, der sich gut vorbereitet, um ja mit seiner Auffassung und ihrer Darstellung ‚bestehen zu können', und um Gottes willen ‚nichts Widersprüchliches' zu sagen, führte uns Hannes Meyer stets mitten hinein in die Probleme, ohne sich in jedem Falle selbst schon eine feste, ‚lehrhaft begründbare' eigene Meinung gebildet zu haben. Dabei war es seine Art, jeder Meinung und jedem Gedanken möglichst bis auf den Grund zu gehen, oft bis zur Überspitzung, so daß es durchaus möglich war, daß der radikalen Formulierung eines Gedankens im Prozeß der weiteren Durchdenkung des Ganzen eine ebenso radikale gegenteilige Formulierung gegenübergestellt werden konnte."[12] Für den einstigen Bauhausstudenten Hubert Hoffmann war Meyer ein „schwieriger, ja zerrissener Mensch, der oft Wandlungen durchmachte."[13] „Aber gerade wegen dieser Eigenschaft eines, mit Intensität zwischen Extremen Suchenden, war er als Anreger für mich von großem Wert. [...] Er war ein etwas querköpfiger Schweizer. – Sehr genau, ungeheuer belesen, in den neuesten Wissenschaften zu Hause – aber auch weniger beständig in der Zielvorstellung. – Ja, wechselnd in der Annahme von Ideen und Ideologien und dadurch manchmal dogmatisch."[14]

Inkonsistent und fragmentarisch

In der kurzen Zeit von nur zweieinhalb Jahren gelang es Meyer, wesentliche Neuerungen umzusetzen und die Bauhausidee substanziell weiterzuentwickeln. Zugleich blieb dieses Wirken fragmentarisch und brach mit der fristlosen Kündigung am 1. August 1930 jäh ab. Josef Albers, Vasilij Kandinskij und Ludwig Grote hatten die Entlassung Meyers betrieben, um von ihm beabsichtigte weitergehende Veränderungen des Bauhauses zu verhindern. Umgekehrt verließ der ungarische Publizist und Kunsttheoretiker Ernst Kállai im Herbst 1929 enttäuscht das Bauhaus, weil Meyer in seinen Augen zu unentschieden agierte: „Doch so viel richtige Einsicht und guten Willen er auch zeigen mochte, zu durchgreifenden Änderungen hatte er offenbar weder Sicherheit noch Kraft und Konsequenz genug. Seine Korrekturen sind bis heute Stückwerk geblieben und komplizieren die Lage nur, weil sie an das in Lehrkörper, Geist und Praxis immer noch vorherrschende Erbe des früheren Leiters stoßen, ohne es überwinden zu können."[15] Ursächlich hierfür waren nicht nur Meyers eigene Widersprüche und tastende Suche, sondern auch der begrenzte Handlungsspielraum. Während ein Großteil der Lehrkräfte wie auch viele der Studierenden noch von der Ära Gropius geprägt waren, konnte Meyer erst im Verlauf des Jahres 1929 mit Hilberseimer, Brenner und Peterhans Neuberufungen vornehmen. Geschickt setzte er mit Gastvorträgen und Gastkursen weitere programmatische Impulse (siehe hierzu die Beiträge von Peter Bernhard, Gregory Grämiger, Peter Galison und Simone Hain). Die angespannte finanzielle Lage beschnitt weitere Gestaltungsmöglichkeiten, und die von Meyer durch neue Einnahmen herbeigeführte wirtschaftliche Konsolidierung konnte ihre Wirkung nicht so schnell entfalten. Sein Wirken musste Fragment blieben. Unter veränderten Rahmenbedingungen setzte die Hochschule für Gestaltung Ulm dieses abgebrochene Experiment in mancher Hinsicht in den 1950er- und 1960er-Jahren fort (siehe Beitrag Gui Bonsiepe).

Wir sind gut gehalten, Meyers Bauhaus nicht zu mystifizieren und zu idealisieren. Jedoch bietet die Meyer'sche Periode am Bauhaus das Potenzial, das Bauhaus anders zu denken. Seit Schließung des Bauhauses hat sich unter maßgeblicher Einflussnahme von Walter Gropius ein Mythos vom Bauhaus ausgebildet, der dieses von seinen Widersprüchen und Veränderungen bereinigt und zu einer gut zu bewerbenden und politisch wie wirtschaftlich nutzbaren Marke geformt hat.[16] Dabei wird das Bauhaus auf das bereits 1926 gescheiterte Motto „Kunst und Technik – eine neue Einheit" zurückgeführt. Die Befassung mit Hannes Meyer bricht diesen Mythos auf und erlaubt, das Bauhaus anders zu denken und es in neuer Weise produktiv zu machen. Das hier vorgelegte Buch möchte hierzu einen Beitrag leisten. Zum 100-jährigen

Geburtstag von Hannes Meyer 1989 wurden Überblicke zur Bauhauslehre unter Hannes Meyer vorgelegt. Auf Basis neuer Forschungen werden nun erstmals das Gesamtprogramm der Lehre rekonstruiert und die geistigen Hintergründe des neuen Lehrkonzeptes dargestellt (Kapitel 1) sowie der Unterricht in den verschiedenen Fächern im Einzelnen untersucht (Kapitel 2). Der zweite Teil des Buches widmet sich der Zeit nach dem Bauhaus; er folgt den Weiterentwicklungen dieses pädagogischen Ansatzes bis zur HfG Ulm (Kapitel 3) und spürt den Auswirkungen des Unterrichts in dem Œuvre seiner Schüler nach (Kapitel 4). Bei aller Bemühung um vertiefte Betrachtung muss diese unvollständig bleiben. So fehlen etwa Beiträge zu den Lehrern Hans Wittwer, Mart Stam, Alfred Arndt. Von den über 400 Studierenden, die während Meyers Tätigkeit am Bauhaus dieses zumindest zeitweilig besuchten, konnten nur Einzelfälle genauer untersucht werden, wobei auch wichtige Schüler wie Otti Berger, Max Bill, Hinrich Bredendieck, Edmund Collein, Max Gebhardt oder Wera Meyer-Waldeck unberücksichtigt bleiben mussten.

Das Buch basiert teilweise auf einer Tagung, die im April 2018 an der Universität Kassel stattfand und insbesondere von der Deutschen Forschungsgemeinschaft und der Hermann-Henselmann-Stiftung finanziert wurde. Diesen sei hier gedankt ebenso wie dem Organisationsteam des Fachgebiets Architekturtheorie und Entwerfen – Patricia Kraft, Julia Rolka, Katja Weckmann und Yannick Wissel. Dank gebührt gleichermaßen dem Hessischen Ministerium für Wissenschaft und Kunst, welches mit seiner großzügigen Unterstützung das Erscheinen dieses Buches ermöglichte.

Für die Bereitstellung von Bildern und Archivalien danken wir insbesondere Christiane Wolf vom Archiv der Moderne der Bauhaus-Universität Weimar, Martin Mäntele und Katharina Kurz vom HfG-Archiv/Museum Ulm, Filine Wagner vom gta Archiv der ETH Zürich, Megan Schwenke von den Harvard Art Museums, Iris de Jong vom Het Nieuwe Instituut, Tatiana Lysova vom MARHI Museum, Petra Steinhardt vom Museum Folkwang Essen, Burckhard Kieselbach vom Rasch-Archiv Bramsche, Autumn L. Mather von den Ryerson and Burnham Libraries/The Art Institute of Chicago, Charles K. Armstrong, Stephan Consemüller, Peter Fischli, Ingrid Kranz, Gisela Lange, Teresa I. Morales, Mneshc Püschel, Daria Sorokina, Sylva Schwarzeneggerová, Ariane

Stam und Helmut Weiß. Für ihre Unterstützung und Mitwirkung danken wir zudem herzlich Doreen Epstein, Jens-Uwe Fischer, Thomas Flierl, Espen Johnsen, Sibylle Hoiman und Thomas Will. Nicole Minten-Jung danke ich für ihre kompetente und engagierte Arbeit an Redaktion und Lektorat.

Anmerkungen

16 Siehe hierzu meine Beiträge in dem Buch: *Hannes Meyer und das Bauhaus. Im Streit der Deutungen*, hrsg. von Thomas Flierl und Philipp Oswalt. Leipzig, 2018.

1 Muche, Georg. „bildende kunst und industrieform". *bauhaus* 1: 1 (1926): S. 5 f.

2 Tagebuch Ise Gropius, Eintrag vom 3.2.1927.

3 Dearstyne, Howard. *Inside the Bauhaus*. New York, 1986, S. 221.

4 Hilberseimer, Ludwig. *Contemporary architecture: Its roots and trends*. Chicago, 1964, S. 139.

5 Wenig später veröffentlichte Karel Teige hierzu seinen Text „K cociologii architektury (Zur Soziologie der Architektur)". *ReD*, 3:6/7 (1930): S. 163–223. Eine deutsche Übersetzung hiervon ist veröffentlicht in: Architektur *zwischen Kunst und Wissenschaft: Texte der tschechischen Architektur-Avantgarde 1918–1938*, hrsg. von Jeanette Fabian und Josef Chochol, S. 311–375. Berlin, 2010.

6 Albers, Josef. Brief an Otti Berger, 26.3.1930. BHA Otti Berger, Mappe 15.

7 Meyer, Hannes. Brief an die Architekturgruppe CA (durch Moissei Ginsburg) vom 2.9.1930 Getty/ GRI.870570_Bauhaus.corr sowie Meyer, Hannes. „Mein Hinauswurf aus dem Bauhaus. Offener Brief an Herrn Oberbürgermeister Hesse, Dessau". *das tagebuch* August (1930): S. 1307–1312.

8 Meyer, Hannes. Brief an den Reichskunstwart Edwin Redslob, 11.8.1930 (DAM).

9 Schlemmer, Oskar. Brief an Otto Meyer-Amden, 8.9.1929. In: *Oskar Schlemmer. Idealist der Form*, hrsg. von Andreas Hüneke, S. 212 f. Leipzig, 1990.

10 Zitiert nach dem Tagebuch Ise Gropius, Eintrag vom 31.1.1928, BHA.

11 Meyer, Hannes. „bauhaus und gesellschaft". *bauhaus* 3:1 (1929): S. 2. Siehe S. 87.

12 Engemann, Friedrich., In: *Dessauer Kalender 1977*, S. 13.

13 Hoffmann, Hubert. Mein Studium am Bauhaus. Manuskript 1975. Nachlass Hubert Hoffmann, Akademie der Künste Berlin, Baukunstarchiv, Signatur Hoffmann-Hubert 195.

14 Hoffmann, Hubert. Begegnungen. Vortrag 23.3.1964, Graz. A. a. O., Sign. Hoffmann-Hubert 87.

15 Kállai, Ernst. „Zehn Jahre Bauhaus". Weltbühne 26:1 (1930).

1
Pädagogisches
Konzept

Ganzheitliche Erziehung

Dara Kiese

Als Hannes Meyer dem Baseler und Wiener Publikum die *Bauhaus Wanderausstellung* von 1929 vorstellte, fasste er die Bauhausidee wie folgt zusammen: „Das Bauhaus ist also keine Kunstgewerbeschule und keine Akademie. Es ist eine Durchgangsstation zum Leben – und möchte immer mehr ein Stück Leben selbst werden! Der Einzelne verschwindet immer mehr im gemeinsamen Wert Aller. Unser Ziel ist nicht das Produkt, sondern der Mensch."[1] „Sprechen wir über ‚lebendiges bauen' [...] bauen = auseinandersetzung: leben."[2] Dies steht im Gegensatz zu Walter Gropius' Grundprinzipien, die in der Arts & Crafts-Bewegung verankert waren. Eine genaue Lektüre von Meyers zeitgenössischen Schriften und Vorträgen zeigt, dass er sowohl technologischorientierter Architektur und Gestaltung wie Ästhetik kritisch gegenüberstand – beides waren Grundelemente von Gropius' berühmter Maxime der Einheit von Kunst und Technik von 1923. Als Direktor des Bauhauses veränderte Meyer die Parameter der Diskussion mit der Frage: Wie kann Gestaltung humanisiert werden? Seine Antwort war radikal: Beginne beim Nutzer, nicht beim produzierenden Künstler oder bei Methoden zur Erleichterung der Herstellung. Er wandte empirische Forschungsmethoden aus den Sozialwissenschaften an, die sich mit den besonderen Bedingungen der Nutzer befassten – ob als Teil der Familie, der Nachbarschaft, des Dorfs oder der Stadt –, im Zusammenhang mit ganzheitlichen sozialen und philosophischen Modellen wie Kooperativismus, Lebensphilosophie und Gestalttheorie. So gelang es ihm, systematische interdisziplinäre Analysen zu erstellen, die sowohl dem Nutzer als auch der Gemeinschaft als Ganzes dienten. Darüber hinaus war er überzeugt, dass nur ein allseitig gebildeter, empathischer Entwerfer die komplexe Gestalt des Lebens beziehungsweise *lebendiges bauen* verstehen könne.[3]

Im Februar 1927, wenige Wochen vor seinem Eintreffen in Dessau, teilte Meyer Gropius seine Absichten schriftlich mit: „die grundtendenz meines unterrichts wird eine absolut funktionell-kollektivistische im sinne von ‚abc' und ‚die neue welt' sein." Doch schon bald entfernte er sich von *abc* und Gropius' Fokussierung auf preiswerte Materialien und neue Technologien als Ausgangspunkt für neue Lösungen zur Wohnungsfrage und begann stattdessen mit einer ganzheitlich orientierten Studie über Bewohner und ihr Umfeld über die Zeit. Ein Gegenentwurf zum marxistischen Gedankenkonstrukt des *abc* und des Bauhauserbes wird 1928 in seinem ersten als Direktor veröffentlichten Essay unter dem Titel „erläuterungen zum schulprojekt: grundsätze der gestaltung" in der Zeitschrift *bauhaus* über die Bundesschule des Allgemeinen Deutschen Gewerkschaftsbundes (ADGB) deutlich. Ungeachtet aller Fragen zu Produktion und Arbeit konzentrierte sich Meyer auf das psychologische Wohlbefinden der ADGB-Studenten und ihre Beziehungen zueinander, zum Gebäude selbst und zu ihrem ökologischen Umfeld. In seinem Essay „bauen" von 1928 legte er seinen Ansatz zur zeitgenössischen Architekturpraxis dar, die im Gegensatz zum mechanistischen Formalismus stand: „diese baulehre ist keine stil-lehre. sie ist kein konstruktivistisches system, und sie ist keine mirakellehre der technik. sie ist eine systematik des lebensaufbaues, und sie klärt gleicherweise die belange des physischen, psychischen, materiellen, ökonomischen."[4] Die humanistischen und holistischen Zielsetzungen betrafen sowohl den Endnuzter als auch den Bauhausstudenten.

Lange Zeit wurde Meyer allgemein ein technologischer Determinismus zugeschrieben, doch schon bei seiner Ankunft im April 1927 erkannten einige Kollegen seine Verwurzelung im holistischen Gedankengut des 19. Jahrhunderts. So zeugen zum Beispiel Oskar Schlemmers Tagebücher und Briefe von gemeinsamen Ansichten über die Zukunft, von Zusammenarbeit und positiven Eindrücken, trotz der gemischten Gefühle, die er im Lauf der Zeit Meyer gegenüber entwickelte.[5] In einem Brief an seinen Freund Otto Meyer vom 17. April berichtete Schlemmer von den ersten Besuchen Meyers in der Schule. Er erinnerte sich vor allem an gemeinsame Ansichten über das Geistige/Materielle, wie Hannes Meyer seine Gemälde mehr als die Räumlichkeiten gewürdigt habe und die Nähe der theoretischen Konzepte von Meyer und Lásló Moholy-Nagy, trotz ihrer schwierigen persönlichen Konflikte: „Ein

Motto seiner Arbeit in Bezug auf die Architektur ist die ‚Organisation der Bedürfnisse'. [...] Dies im weitesten Sinne und die seelischen sicher nicht vergessend."[6] Im Januar 1928 berichtete Schlemmer über das erste von vielen weiteren Treffen, in denen es um den „Neubeginn" der Schule unter Meyers Leitung ging. Auch hier lag die Betonung wieder auf einem ganzheitlichen Humanismus: „hm hat sein programm in der tasche. Er verriet mir nur, dass er der bühne einen feinen platz eingeräumt habe im stützpunkt auf die bauabteilung. [...] es soll wieder einmal das menschliche, das geistige in den vordergrund, ja es war fast komisch, wie alle darauf wert legten, wohl in erkenntnis, dass es mit diesem geist nicht weitergehen kann. [...] die betonung des geistigen und alles dahinzielende ist natürlich wasser auf die mühle der bü. da wird sie sofort wieder ein wert."[7]

Unbeantwortet bleibt die Frage, ob Meyer selbst auf der Rückkehr zum „menschlich-spirituellen Element" bestanden hat. Wir wissen aber, dass er Schlemmer im Zuge der Planungen seines Direktorats bat, den Kurs *Der Mensch* zu konzipieren, der im Studienjahr 1928/29 für alle Studierenden des dritten Semesters obligatorisch war. Darüber hinaus wurde Schlemmers Diagramm zum Kurs in Meyers Werbematerialien als Aushängeschild im Rahmen der *Wanderausstellung* und im Schulprospekt *junge menschen kommt ans bauhaus!* prominent präsentiert. In ihnen kündigte Meyer eine vielseitige Reihe von Gastvorträgen an, die Studierende und die breite Öffentlichkeit mit den neusten intellektuellen und kulturellen Strömungen vertraut machen sollte. Die Vortragsreihe zusammen mit Schlemmers Kurs *Der Mensch* verstärkte ein Schlüsselelement in Meyers pädagogischem Denken „Der Mensch als Einheit: Geist/Seele, Köper/Seele", das Gropius' produktionsausgerichtete Maxime „Kunst und Technik: Eine neue Einheit" von 1923 ablöste.

Obwohl Gastvorlesungen schon immer ein integraler Bestandteil des kulturellen Lebens am Bauhaus gewesen waren, integrierte Meyer sie – trotz beschränkter finanzieller Verhältnisse, die eine Berufung zusätzlicher Lehrkräfte nicht zuließen – stärker in den Lehrplan.[8] Mit Experten aus den Bereichen Psychologie, Philosophie, Ethik, Ökologie und Stadtplanung begann Meyer, den konzeptuellen Rahmen für die Architektur- und Gestaltungspraxis über den Rahmen der Beaux-Arts-Ästhetik oder rein polytechnischer

Ausbildungsmodelle hinaus zu erweitern. Der Architekturstudent Hubert Hoffmann erläutert 1989 rückblickend: „Die Bezeichnung ‚Verwissenschaftlichung' für die systematische Einführung von Gastkursen hat zu Missverständnissen geführt. Hannes Meyers Absicht bestand zu Recht darin, die Studierenden an die Möglichkeiten neuster wissenschaftlicher Erkenntnisse heranzuführen, nicht aber – das Missverständnis – den Gestalter zum Spezialisten auf verschiedenen Gebieten auszubilden."[9]

Hoffmann sprach damit die allgemeine Fehleinschätzung in der Bauhausrezeption an: nämlich, dass sich „Wissenschaft" für Meyer einzig und allein auf den marxistischen Materialismus und auf quantifizierbare Daten bezog. Tatsächlich waren Schlemmers Kurs und die Vortragsreihe eine pädagogische Erweiterung für Architekten und Gestalter in Themenbereichen, die im Allgemeinen mit einer freien geisteswissenschaftlichen Erziehung verbunden werden.

Meyers Ansatz passte zu der komplexen geistesgeschichtlichen, wissenschaftlichen und kulturellen Bewegung des frühen 20. Jahrhunderts, die nach dem strebte, was die Historikerin Anne Harrington als eine „Wissenschaft der Ganzheit" beschrieben hat. Harringtons Definitionen und Einblicke bieten einen nützlichen Rahmen, um Meyer zu seinen eigenen Bedingungen, außerhalb des Geltungsbereichs des dialektischen Materialismus, neu zu überdenken. In ihrer Einleitung heißt es: „Dieses Buch erzählt die Geschichte einer Gruppe deutschsprachiger Wissenschaftler, die in den ersten Jahrzehnten des 20. Jahrhunderts [Max] Webers Behauptung zustimmten, dass eine gewisse Art mechanistischer Wissenschaft die Welt ‚desillusioniert' habe. Anders als er waren sie nicht davon überzeugt, dass dieser Prozess der Desillusionierung durch die Wissenschaft unausweichlich weitergehen müsse. Stattdessen vertraten diese Männer – Biologen, Neurologen und Psychologen – die Ansicht, dass ein kontinuierliches Engagement für eine verantwortungsbewusste Wissenschaft mit einem ethischen und existentiell bedeutenden Bild der menschlichen Existenz vereinbar *sei*. Dies jedoch nur, *wenn* man bereit sei, die Vorurteile über angemessene epistemologische und methodologische Standards für die Wissenschaft neu zu überdenken. Unter dem Banner der Ganzheit argumentierten sie auf unterschiedliche Weise, nämlich, dass eine Biologie und Psychologie, welche die Phänomene weniger atomistisch sondern ‚holistischer‘, weniger mechanistisch sondern ‚intuitiver‘ betrachte, zur Wiederentdeckung einer besonderen Beziehung mit der natürlichen Welt führen könne. Was die alte Wissenschaft des Maschinenzeitalters deformiert habe, würde die neue Wissenschaft der Ganzheit heilen."[10]

Zu den bedeutenden Vortragsthemen, die Meyers pädagogische Konzepte und Entwurfspraktiken beeinflussten, gehörten die Psychologie – sehr breit unter dem Aspekt des theoretischen Holismus diskutiert –, die Berufs- und Sozialpsychologie sowie die empirischen Analysen des *Wiener Kreises*.[11] Der *Wiener Kreis* bestand aus Philosophen, Natur- und Sozialwissenschaftlern sowie Mathematikern unter der Leitung des Professors für Physik und Philosophie, Moritz Schlick. Interdisziplinär in Struktur und Zielsetzung, versuchte die Gruppe, ein universales analytisches Forschungsmodell auf der Basis des Neo-Positivismus zu formulieren, dessen Grundlage in der Tat ein ganzheitlicher und interdisziplinärer Ansatz zu wissenschaftlicher Erkenntnis war. Zu seinen bekannten Mitgliedern zählten der Philosoph Rudolf Carnap und der politische Ökonom, Sozialwissenschaftler und Direktor des Gesellschafts- und Wirtschaftsmuseums Wien, Otto Neurath, die beide Vorträge am Bauhaus hielten.

Die Beziehung zwischen dem Dessauer Bauhaus und dem *Wiener Kreis* erreichte ihren Höhepunkt im Jahre 1929. Im Mai hielt Neurath einen Vortrag zu dem Thema „bildstatistik und gegenwart". Grafische Symbole wie die Neuraths – mit ihrer impliziten universellen Lesbarkeit und objektiven Neutralität – sollten die visuelle Basis für die ersten Studien der Architekturschüler des Bauhauses bilden. Und die geistige Verwandtschaft zu Meyer reichte noch weiter. Neurath war an der Errichtung bezahlbarer Wohnsiedlungen um Wien beteiligt, die, ebenso wie Meyers, kooperativen Modellen mit dezentralisierter Planung den Vorzug gaben; das heißt sie wurden lokal und von unten, statt von oben nach unten entwickelt.

Rudolf Carnap hielt fünf Vorträge aus seinem gerade veröffentlichten Buch *Der Logische Aufbau der Welt* (1928). Er argumentierte, dass alle wissenschaftlichen Theorien auf sehr elementaren Konzepten aufgebaut seien und

Wissenschaft sowie Epistemologie eher empirisch als metaphysisch basiert sein sollten. Seine Vorträge schienen in Widerspruch zum holistischen Thema seines Vortrags zu stehen. Aber, wie Uljana Feest darlegte, führte sein Entschluss, zwischen subjektiven und objektiven Wahrnehmungen zu unterscheiden, zur Gestalt-Psychologie, die auch eine grundlegende Komponente in Meyers Vortragsreihe und den pädagogischen und architektonischen Praktiken der Schule war.[12] Obwohl Neo-Positivismus und Gestaltpsychologie unvereinbar erscheinen, meint der Historiker Mitchell Ash, dass diese gegensätzliche Dichotomie reduktivistisch und reif für eine Neubewertung sei.[13] Er vertritt überzeugend, was er „empirische Psychologie" nennt, einen Mittelweg zwischen wissenschaftlichen/nicht-wissenschaftlichen Bereichen und Positivismus/Psychologie; es ist zugleich ein Weg, den Carnap und Meyer teilten. Beide wandten wissenschaftliche, analytische Methoden an, um die Erfahrungen einer Person innerhalb eines gegebenen Umfelds zu quantifizieren, zu verstehen und epistemologische, psychologische oder architektonische Strukturen zu entwickeln, die auf größere Gruppen von Menschen angewendet werden konnten. In seinem Dessauer Vortrag erklärte Carnap: „Die Aufgabe der Wissenschaft: Erkenntnis von Tatsachen (einfachen Tatsachen, ‚höheren' Tatsachen, d.h. den Zusammenhängen zwischen einfachen Tatsachen). 1. Physik: Die Tatsachen des Wahrnehmbaren und die zu ihrer Erklärung fiktiven Tatsachen desselben Bereiches (Atome, Elektronen; aber auch schon: nicht sichtbare Dinge). 2. Psychologie: Die Tatsachen des (nicht wahrnehmbaren) Innenlebens. In beiden Fällen: a) Einzeltatsachen: Geographie, Geschichte; b) Gesetze, Bedingungsverhältnisse: Naturgesetze, psychologische Gesetze, Sozialgesetze".[14]

Die oft widersprüchliche, wenn nicht sogar gegensätzlich verlaufende Schnittstelle von Philosophie und Psychologie wurde in den Bauhausvorträgen sichtbar. Gleichzeitig setzte man sich mit prominenten Themen des zeitgenössischen Diskurses auseinander, insbesondere der Geist/Körper-Problematik, die in Meyers Prospekt *junge menschen kommt ans bauhaus!* und Schlemmers Kurs *Der Mensch* eine holistische Einheit darstellten. Die Betonung der Ganzheit geht auch aus dem Lehrplan in der Kombination von „Kunst" und „Wissenschaft" hervor.

In seinem Vortrag zur *Wanderausstellung* von 1929 betonte Meyer die Wichtigkeit der Psychologie und erklärte, dass die neue Theorie des Bauens „Seelenkunde vermitteln muss, und auf der Leib-Seele-Einheit [...] vorbauen [muss]".[15] In seinen Vortragsnotizen listete er weitere wichtige Einflüsse auf: den Verfechter von *Lebensphilosophien* und seinen monistischen Ausblick, den Philosophen und Psychologen Ludwig Klages, den Physiologen und Maler Carl Carus, den Psychologen Hans Prinzhorn, den Sozialpsychologen Alfred Adler und den Philosophen Friedrich Nietzsche. Bei seinem Besuch im Bauhaus präsentierte Prinzhorn in seinem Vortrag „leib-seele-einheit" einen vom *Wiener Kreis* abweichenden, neo-positivistischen Ansatz zu psychophysikalischen Fragen. Prinzhorn und Adler vertraten beide einen integrativen Ansatz, der Psychologie als Grundlage für kulturelle Studien sah. In ihren Untersuchungen griffen sie auf theoretische Methoden der Psychologie zurück. Im Psychologischen Institut der Universität Leipzig wurden diese Ideen der „Ganzheitspsychologie" zugeordnet und als ein Teilbereich dieser aufgefasst. Meyer lud Graf Dürckheim, Professor aus dem Leipziger Institut in der Abteilung für angewandte Psychologie und experimentelle Pädagogik, ein, Vorträge über „Gestalt-Psychologie" zu den Themen „Über den Erlebnisraum und den objektiven Raum" und „Über soziale Psychologie" zu halten.

Gestalt als Konzept hatte schon vor Meyers Ankunft eine zentrale Stellung in der Bauhauspädagogik, insbesondere im Bereich visuelle Wahrnehmung, eingenommen. Nur ihre theoretische Anwendung war neu. Die Gestalttheorie war eine Reaktion auf die „atomistische", analytische Methode des 19. Jahrhunderts, die mit ihrem auf dem Elementarismus basierenden Prinzip, Strukturen zu Forschungszwecken in ihre Grundelemente zu zerlegen, um allgemeine Schlüsse über das Ganze zu ziehen, den wissenschaftlichen Diskurs dominiert hatte. Unter Meyers Leitung hatte der elementaristische Ansatz des materialbasierten Experimentierens der Gropius-Ära weniger Gewicht. Gestalt in der Bedeutung von „Form" oder „Konfiguration" besagt: Alle Dinge, Verhaltensweisen und Situationen sind in der Gesamtheit enthalten, und diese Ganzheit kann nicht in ihre Einzelteile zerlegt werden, ohne die Natur der einzelnen Teile oder des Ganzen zu verändern. Die Gestalttheorie ist ganzheitsorientiert und von Natur aus dynamisch, jeder Teil ist abhängig von seinem Kontext und seiner Beziehung zu anderen.

Diese Prinzipien wechselseitiger Abhängigkeit, Dynamik und eines wissenschaftlichen Rahmens bieten eine weitere Grundlage für Meyers Projekt, Architektur und Gestaltung zu erweitern, um Untersuchungen über die zukünftigen Nutzer sowie die sie umgebenden sozialen Kontexte und Umweltbedingungen mit einzubeziehen. Diese Voraussetzungen sind konzeptuelle Grundlage für das Nachdenken über Gestaltung und gleichzeitig anpassungsfähiges Hilfsmittel für den Gestaltungsprozess selbst. Statt konkrete Antworten oder formelhafte Bedingungen zu formulieren, schlug Meyer in seinen Vorlesungsnotizen ein offenes Modell für theoretische Untersuchungen über Gestaltung, Architektur und Urbanisierung vor, die Gestalt-Prinzipien aufrufen: „die neue baulehre existiert nicht als theorie: kann kein werk einzelner sein. (vitruv. u. blondel waren es auch nicht.) [technische mechanik. festigkeitslos] unsere bauhaus-lehre nur ein versuch: rationalisierung u. mechanische konstruktivität sind untergeordnete notwendigkeiten. diese baulehre muss erkenntniskritisch den gesamten lebenskomplex anpacken…. immer wieder das eine z i e l: *absicht* die gesellschaft zu s t u d i e r e n, um der gesellschaft d i e n s t zu l e i s t e n."[16]

In seiner Pädagogik hatte sich Meyer nicht auf ein festgefügtes System oder eine Formel festgelegt. Er suchte nach einem konzeptuellen Rahmen, der allen Situationen angepasst werden konnte – einer Gestalt oder „entfesseltem Bauen". Während seiner gesamten Amtszeit als Direktor symbolisieren Analogien aus der Biologie wiederkehrende Themen – offene/aktive Systeme, integrative Ansätze, relationale/nichtlineare Gestalten, Interaktivität – und den Wunsch, die Architektur und ihren Gestaltungsprozess zu humanisieren. Gestalttheorie war deshalb ein wichtiger Weg, der Meyers architektonisches Denken zur Stadtplanung führte, aber wechselseitig auch den Bewohnern die Möglichkeit gab, ihr eigenes Umfeld von den ersten Gestaltungsstudien bis hin zum Leben des Ortes selbst zu formen.

„Wir müssen mit mehr psychologischem Verständnis an alle Angelegenheiten herangehen. Psychologie ist alles"[17], behauptet Meyer, und das Bauhaus war führend darin, diese Ideen in seinen Vorlesungsräumen, Werkstätten und

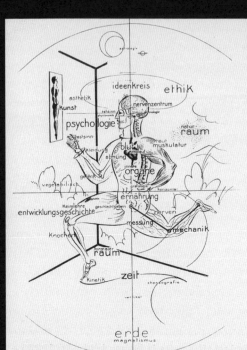

Übersicht Gastvorträge aus „junge menschen kommt ans bauhaus!", 1929

als einheit

leib / seele

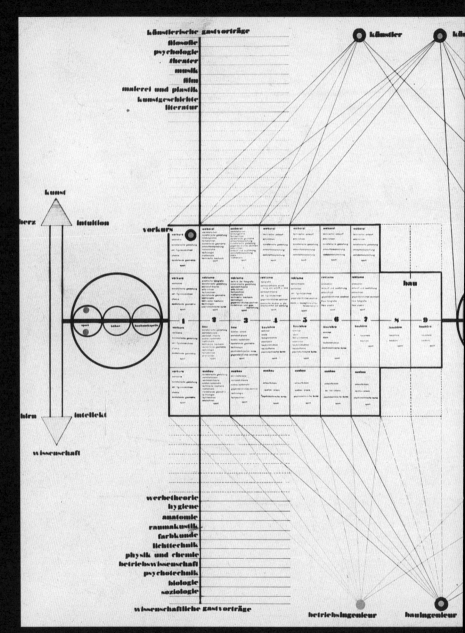

Hannes Meyer: Aufbau des Bauhauslehrplans, 1929. Präsentation der Bauhaus-Wanderausstellung (1929–30)

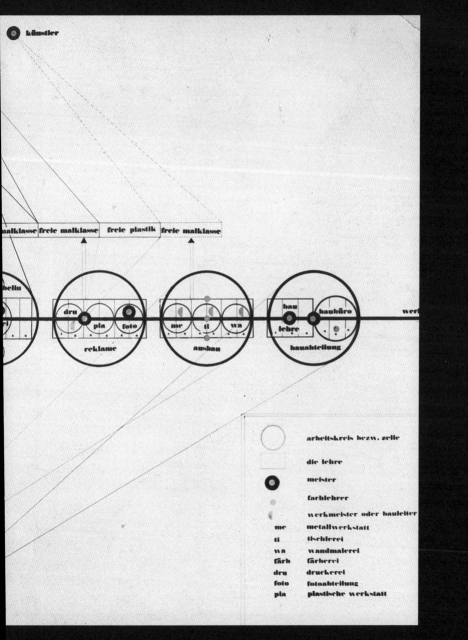

künstler

malklasse | freie malklasse | freie plastik | freie malklasse

belin
dru pia foto
reklame
me ti wa
ausbau
bau lehre baubüro
bauabteilung
wer

	arbeitskreis bezw. zelle
	die lehre
	meister
	fachlehrer
	werkmeister oder bauleiter
me	metallwerkstatt
ti	tischlerei
wa	wandmalerei
färb	färberei
dru	druckerei
foto	fotoabteilung
pia	plastische werkstatt

der garten als erweiterung des wohnraums

räumliche erweiterung:

gartensitzplatz   laube   kinderspielplatz
gartenwege   pflanzfläche

funktionelle erweiterung:

verbreiterung und verlegung des wohnvorgangs ins freie
gartenarbeit   luft - sonnenbäder   freiluftgymnastik
ozonisierung der luft

erholungswert:

gegensatz zu berufsarbeit und -raum

der garten als nährbasis

pflanzliche nahrungsmittel:

gemüse   obst   küchenkräuter

tierische nahrungsmittel:

garten ermöglicht   kleintierzucht:
fleisch   eier

soziale stufen des gartens:

blumentopf bis herrschaftspark

der garten als erweiterung des erlebnisraums

sinneseindrücke:

gesicht:
pflanzengrün   blüten - früchtefarben
blatt - blüten - früchteformen   pflanzenformen allgemein

geruch:
pflanzengerüche allgemein: koniferen minze geranium
blütengerüche   erdgeruch   herbstgeruch

haut:
kühle im baumschatten: stufen der schattendichte; rosskastanie bis birke

gehör:
vogelgesang   insektensummen   baumrauschen   herbstlaubrascheln

psychische wirkungen:

hauptsächlich durch farben:
grün - blaureihe   tonisch
gelb - rotreihe   erregend

assoziationen:

individuell verschieden
abhängig von mit den assoziationsstützen verknüpften erlebnissen
durchschnittsassoziationen:

schneeglöckchen   nahender frühling
eiche   kraft „deutsch"

gartentypen:

der garten in berlin o: mietskasernenhof
der improvisierte garten: restaurationsgarten
der zimmergarten: blumentopf bis wintergarten
der naive garten: bauerngarten
der kultische garten: japanischer garten
der modische garten: staudengarten
der repräsentierende garten: herrschaftsgarten
der garten im grosstadtgeschäftsviertel: dachgarten

alpinum   hochgebirge

wasserbasin   see   meer

kakteen   übersee

der garten steigert das erleben der jahresperiodizität unserer lebenskurve

	frühjahr	sommer	herbst	winter
	zentrifugal	exzentrisch	zentripetal	konzentrisch
mensch:	steigende erregung	äusseres leben	zunehmende ruhe	inneres leben
gartenarbeit:	säen	pflegen	ernten	ruhe
vegetation:	keimen	blühen	reifen	ruhe

23.1.31	Knaub baulehre 1.xem.
garten	

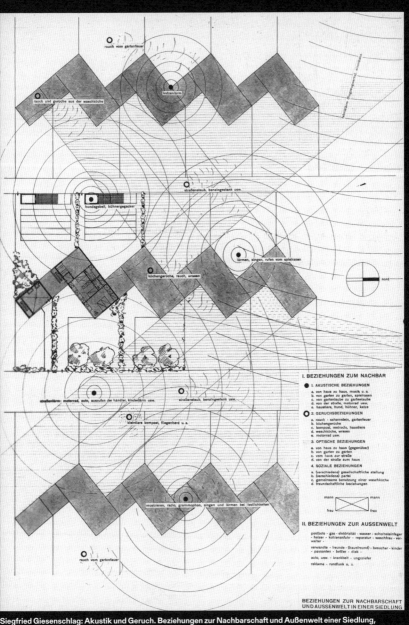

Siegfried Giesenschlag: Akustik und Geruch. Beziehungen zur Nachbarschaft und Außenwelt einer Siedlung, Studienarbeit bei Hannes Meyer, 1930

auf dem Bauplatz zu realisieren. Hannes Meyer berief 1929 Johannes Riedel[18], einen Dozenten für angewandte Psychologie und Diplom-Ingenieur, an die Fakultät, um das sich gerade entwickelnde Gebiet der Arbeitspsychologie in den Lehrplan einzuführen. Riedels pädagogische Ausbildung hatte mit Psychologie, Philosophie und Wirtschaftswissenschaften begonnen und schloss mit einem Ingenieursdiplom ab. Sein vielseitiger Hintergrund zeigte sich in seiner ersten Vorlesung am Bauhaus im Februar 1929 zum Thema „Organisation der Arbeit" und bestimmte die Diskussion der angewandten Psychologie in Bezug auf die sogenannte „Psychotechnik". Psychotechniker, heute Betriebs- und Organisationspsychologen genannt, betrachteten den Menschen im Kontext seines Arbeitsplatzes, von der ergonomischen Gestaltung bis zur Zufriedenheit am Arbeitsplatz und gesundheitsfördernden Arbeitsbedingungen. Kurse in Psychotechnik waren für Studierende der Architektur und der Ausbauabteilung obligatorisch.

Die Werbeabteilung wurde neben der Architekturlehre am stärksten von Meyers Fokus auf Psychologie und soziales Umfeld der Nutzer beeinflusst. Bevor Herbert Bayer 1928 zusammen mit Walter Gropius das Bauhaus verließ, hatte er das Fundament für die Werbeabteilung gelegt. Dort wurden die Studierenden in Typografie, Fotografie, Materialkunde, Zeichnen und den Prinzipien visueller Wahrnehmung nach der Gestaltpsychologie ausgebildet. Bayers Nachfolger Joost Schmidt leitete die Werbeabteilung, die nun zusammen mit der Druckwerkstatt und Walter Peterhans' (1897 bis 1960) neuen Fotografiekursen die erste umfassende deutsche Werbeagentur bildete.

Als Vorreiter der *Neuen Werbung* führte Schmidt vor allem sozial und psychologisch basierte Gestaltungsforschung in den Hörsälen und Werkstätten und in die Produktion ein. Außerdem sorgte er für Vorlesungen und Spezialkurse zu den Themen „Gesellschaft/Wirtschaft und Werbung", „Vertriebs-/Werbeorganisation", „Psychologie/Psychotechnik der Werbung" sowie „Werbesprache", um die theoretischen Studien der Studierenden abzurunden. Praktische Erfahrung sammelten sie in der Zusammenarbeit mit der Ausbauabteilung sowie im Entwerfen und der Produktion von Ausstellungsarchitekturen, Schaufensterauslagen und grafischer Gestaltung für Konsumenten.

Trotz seines Leitsatzes „Psychologie ist alles" widmete sich Meyer sehr dem Kooperativismus, dem zweiten Grundthema seiner Bauhausreform. In der Vortragsreihe zur *Wanderausstellung* artikulierte er ein spezifisches intellektuelles Erbe, wie schon von Heinrich Pestalozzi, Vladimir Lenin, Pierre Proudhon, Charles Fourier, Karl Munding und Peter Kropotkin beschrieben. Wissenschaftlerinnen und Wissenschaftler wie Magdalena Droste, Martin Kieren und Hans Maria Wingler haben belegt, dass er die Ideale von gegenseitiger Hilfe, Egalitarismus und Selbstversorgung in sein Konzept der Reorganisation des Bauhauses aufnahm, insbesondere in den Produktions- und Vertriebswerkstätten. Sein organisatorisches Diagramm, was der Öffentlichkeit in der Bauhaus *Wanderausstellung* vorgestellt wurde, stellte die Schule grafisch als einen kooperativen Versuch dar, der in Dessaus größere politische und kommerzielle Gemeinschaft eingebettet war.

Ausgehend von dem historischen Konzept des Kooperativismus, beförderte Meyers Erziehungs- und Ausbildungsmodell kollaborative Werkstattpraktiken, die die Zukunft der Architektur- und Gestaltungspraxis vorwegnahmen und zugleich beeinflussten. Möglicherweise inspirierte Kropotkin Meyers extrem antiautoritäre Idee, im Rahmen der Ausbildung die Werkstätten nicht mehr von Dozenten leiten zu lassen, weil sie kreatives Lernen eher erstickten, als eine gleichberechtigte Teamarbeiter der Gestalter zu fördern. Ebenso wie Pestalozzis pädagogisches Modell kleiner, aktiv lernender Gruppen oder „Zellen", forderte Meyer in den Werkstätten „Freiräume zum Experimentieren" statt überholtem Frontalunterricht (ebenso wie Bauhausmaler Josef Albers).[19] Sein radikales, wenn auch nie durchgesetztes Ziel, die Zahl der Lehrenden in den Werkstätten von zwei auf einen zu reduzieren, scheint eher auf ein kooperatives Ideal als auf die Absicht zurückzugehen, die Künstler gänzlich aus der Schule zu verbannen. Dennoch ist es verständlich, dass viele Lehrer, unter ihnen auch Oskar Schlemmer, verärgert waren.[20]

Die Auswirkungen von Meyers Werkstättenreform zeigten sich am deutlichsten an der Bauabteilung. Sie hatten eine Verlängerung des Studienkurses zur Folge und trennten die theoretische von der praktischen Ausbildung. Nach Absolvierung der Werkstattarbeit im zweiten und dritten Semester mussten die Architekturstudierenden im vierten und fünften Semester theoretische

Kurse belegen und ein Konzept für die funktionalen Erfordernisse eines Bauprojekts entwickeln. Das Studium der Baulehre war das längste am Bauhaus, praktische Ausbildung und Bauerfahrung vor Ort folgten vom siebten bis zum neunten Semester.

In ihren Arbeiten setzten die Studierenden Meyers kooperative und die Gestalttheorie betreffende Prinzipien um. Zu Beginn der Arbeit an einem Projekt, ohne schon vorgefasste Ideen zu haben, wurden die Studierenden aus dem Seminar ins Gelände genommen, um den Ort und die Menschen, für die sie den Entwurf entwickeln sollten, zu erforschen. Meyers lokaler Ansatz, der auf Prinzipien des Kooperativismus der Selbstbestimmung zurückgeht, unterscheidet sich von dem vieler Zeitgenossen. Er wurde vor Ort auch beim Bau der ADGB-Schule und bei der Erweiterung in Dessau-Törten eingesetzt. Den am Bau beteiligten Studierenden wurden spezifische Aufgaben übertragen. Im Rahmen einer Gruppenaufgabe wurden Studierende mit der Analyse spezifischer Aspekte der Konzeptualisierung eines Bauprojekts betraut, von der Aufzeichnung des Sonnenlichts, der Dokumentation der täglichen Aktivitäten der Bewohner bis hin zu Untersuchungen der ökologischen Bedingungen und der Infrastruktur. Die erhobenen Daten wurden verglichen und analysiert, bevor die meist zu zweit arbeitenden Studierenden Baupläne zeichneten.[21] Voruntersuchungen zur Gestaltung durch Datenvisualisierung und die „grafische Darstellung des Bauprogrammes" machten das erste von vier Stadien des Bauprozesses aus und waren ein Schwerpunkt der Ausbildung.[22]

Dieser ganzheitliche Ansatz integrierte psychologische und subjektive Aspekte in eine Vielzahl von unterschiedlichen physischen Faktoren – von Materialien und Ökologie bis zu Infrastruktur und Stadtplanung. Dies erforderte vielseitig ausgebildete Studierende, die Erfahrung, Urteilsvermögen und Interpretationsfähigkeit in den Gestaltungsprozess einbringen konnten. Außerdem sollte beim ersten Entwurf schon die stetige Anpassung an sich verändernde Anforderungen im Laufe der Zeiten bedacht werden. In der Baukonzeption dieser sich an verändernde Faktoren anpassenden „Gestalt" war der stete Austausch der Gestaltenden mit den zukünftigen Bewohnern mitgedacht.

Die wenigen noch vorhandenen Studien illustrieren den Prozess. Die Untersuchung des Studenten Edmund Collein „Periodizität des Lebensraumes" für

Meyers Architekturkurs von 1928/29 dokumentiert das Leben von sieben Bewohnenden eines Dessauer Hauses. Die diagrammatische Studie veranschaulicht, nach Tagen, Wochen und Jahren aufgeführt, die Veränderungen in den Aktivitäten der einzelnen Familienmitglieder. Siegfried Giesenschlags Studie „Beziehungen zur Nachbarschaft in einer Siedlung" von 1930 erweiterte den Umfang der Studie von Bewohnenden eines einzigen Hauses auf die mehrerer in der Nachbarschaft und kartierte ein Netzwerk akustischer, olfaktorischer und visueller Beziehungen. Konzentrische Kreise markierten die Entfernung von Geräuschen wie Musik, spielenden Kindern und Verkehr, von Gerüchen von Schornsteinen, Küchendünsten, Haustieren. Schließlich zeigten Diagonalen Sichtlinien aus dem Inneren des Hauses oder aus dem Garten hinter dem Haus. Obwohl das Diagramm sich aus „wissenschaftlicher" Analyse herleitete, ist Giesenschlags Studie lediglich eine Übung ohne echte Daten oder Berechnungen. Der zweite Teil dieser Studie, „Beziehungen zur Außenwelt", enthielt eine Liste von Personengruppen, die in die Nachbarschaft kamen – Briefträger, Schornsteinfeger, Hausgäste und sogar unerwünschte Besucher wie Bettler und Einbrecher. Auch Schädlinge waren aufgeführt. Anhand ihrer Bewegungsmuster sollten die tatsächliche Nutzung und Bedürfnisse der Gemeinschaft dargestellt werden.

Die Studie des Studenten Heiner Knaub analysierte den Garten als Erweiterung des Wohnraums. Statt spezifische Gestaltungsprobleme zu lösen, skizzierte er ein breites Spektrum an Gartentypen als geschichtete Sozialräume, die von Hinterhöfen Berliner Mietshäuser bis zu einem japanischen Garten und dem eines Gutshauses reichten. Die Studie enthielt Beschreibungen ihrer räumlichen, funktionalen und ökologischen Eigenschaften. Es gab Bereiche für einen Kinderspielplatz, zum Sonnenbaden und für den Anbau von Sauerstoff produzierenden Pflanzen. Außerdem wurden detaillierte Beobachtungen über die sensorischen Wahrnehmungen der Nutzenden – Sicht, Gerüche, Geräusche und Berührungen – beschrieben. Fotografien illustrieren symbolische Assoziationen. So repräsentiert ein Teich das Meer, Kakteen stehen für die „Übersee". Schließlich wurde in Diagrammen die Rolle des Gartens in psychologischer Hinsicht veranschaulicht bei der „Intensivierung der Erfahrung saisonaler Periodizität unseres Lebenszyklus" mit dem Kreislauf:

Frühling – ansteigende Erregung, Sommer – ausgiebiges Erleben draußen, Herbst – zentripetal, zunehmende Ruhe und Winter, konzentrisch, inneres Leben. Solche Studien erwecken Erinnerungen an Kandinskijs[23] Farblehre und ihre psychologischen und spirituellen Attribute.

Die Studierenden untersuchten Landschaft und Ökologie auch pragmatisch. Konrad von Meyenburg, ein Landwirtschaftsingenieur aus Basel, der eine motorisierte Bodenfräse erfunden hatte, hielt am 6. Juni 1929 den Vortrag „grundlagen der arbeit und arbeitsforschung".[24] Als Zeugnis eines interdisziplinären Kulturdialogs, der die Wissenschaft, Hygiene und Gesundheit, Soziologie, Psychologie sowie die Reformbewegungen umfasste, betrachtete von Meyenburg die gebaute Umgebung – Architektur, Gestaltung, Verkehr und Technik – als einen integralen Bestandteil biologischer Prozesse.

Die Analyse „Das gewachsene Haus" von Klaus Meumann für Meyers Baulehre befasste sich mit einem kooperativen Modell der Selbstversorgung für eine Mehrgenerationenfamilie mit einem kleinen, von zu Hause aus betriebenen Gewerbe. Das Haus wurde den sich verändernden Lebensbedingungen der Familie angepasst und über die Zeit mehrfach erweitert; die Funktion einzelner Räume wurde verändert. Durch Einbettung in ein hügeliges Gelände war das Haus gut an seine ökologische Umwelt angepasst, und ein großes angrenzendes Grundstück diente als Garten für die Familie.

Ein kooperativer Ethos bestimmte ein neues Nachdenken über anpassungsfähige, bezahlbare Gestaltungslösungen, die in den Werkstätten produziert und in der *Bauhaus Wanderausstellung* von 1929/30 vorgestellt wurden. Anders als bei der „Gas und Wasser"-Fachmesse oder Èl' Lisickijs[25] *Pressa*-Ausstellung war die Werbetaktik hier subtil. Die Ausstellungsgestaltung wurde bislang als universell für einen anonymen „jedermann" interpretiert. Die Neutralität der Ausstellungsgestaltung und der Objekte selbst können jedoch auch als pragmatisches Mittel verstanden werden, den Nutzer in einen permanenten „lebendigen" Gestaltungsprozess von Schöpfung und Neu-Schöpfung einzubinden, der ohne Didaktik und propagandistische Überredung funktioniert. Das Konzept wurde in der Ausstellung selbst an Beispielen und durch öffentliche Vorträge und Periodika erläutert. Im Katalog erklärt Ernst Kállai: „Unsere Wohnung soll keinen ‚Stil' haben, nur den Charakter seines

Bewohners tragen, der Architekt (Produzent) schafft nur die eine, der Bewohner die andere Hälfte der Wohnung."[26] Die Entwürfe wurden als Prototypen für die industrielle Produktion verstanden und waren so neutral oder so „stillos" wie das Ausstellungsdesign selbst – frei von der Signatur des Gestaltenden oder einer persönlichen Vision.

Innovationen in Handel und Konsum – die Antithese des Determinismus – wurden vorgestellt und betonten die Wahlfreiheit und Kontrollmöglichkeit des Konsumenten im neuen Zeitalter der Standardisierung; die Ausstellungstafeln selbst – temporär und in Leichtbauweise hergestellt –, verkörperten Anpassungs- und Wandlungsfähigkeit.

Der *Arbeitsstuhl me 1002* („me" steht für Metallwerkstatt) war zerlegt in die verschiedenen Komponenten eines Stuhls „für Haushalt und Werkstatt" und wurde mit einer Auswahl an möglichen Materialoberflächen vorgestellt. „Bitte anheben" stand neben einem Pfeil, der auf das „handliche und leichte" Ausstellungsmodell zeigte und den Besucher einlud, den Stuhl zu benutzen. Auf der Grundlage eines funktionalistischen Systems standardisierter Teile und Materialforschung konnten die Komponenten in unterschiedlichen Gestaltungsvarianten zu unterschiedlichen Zwecken austauschbar montiert werden.

Zum Beispiel konnten Komponenten für einen Schreibtisch zu einem ganzen Bürosystem zusammengebaut und nach eigenen Bedürfnissen erweitert werden. In der Ausführung passte sich das System in Material und Farbe den individuellen Geschmackspräferenzen an. Die Gestaltungsvarianten antworteten auf die Besonderheiten der Kundenbedürfnisse. Zeitungsausschnitte belegen Meyers Entscheidungen für das Bauhaus, sich auf billige und vielseitige Möbel in Leichtbauweise zu konzentrieren, die zu Hause einfach zu bewegen und zu verstauen waren. In einer Zeit demografischer Mobilität berücksichtigte das Bauhaus auch die Lebensdauer der Objekte. Wenn sein Besitzer umzog, waren sie leicht zu transportieren, und so günstig in der Anschaffung, dass sie notfalls auch weggeworfen werden konnten. Die Innovation lag in den kreativen Gestaltungsmöglichkeiten für die Konsumenten, die Gegenstände leicht an die sich mit der Zeit verändernden Verhältnisse anzupassen.

Obwohl sie noch auf Konzepten und Begrifflichkeiten der Vergangenheit – wie kommunistischen Anarchismus, Vitalismus, Biologismus – gründete, markierte die *Wanderausstellung* einen signifikanten, in die Zukunft gerichteten

Wandel. Indem sie theoretische, multidisziplinäre Methoden, die Meyer mit den öffentlichen Vorträgen aufgezeigt hatte, mit ihrer praktischen Anwendung in ausgestellten und veröffentlichten Studien verband, bot die Ausstellung die Möglichkeit, diese Bedingungen des architektonischen Engagements mit breiter Resonanz bis in den heutigen Diskurs über Urbanisierung, Partizipation, Nachhaltigkeit und Architektur als sozialer Praxis neu zu formulieren. Meyers Entwicklung, weg von Gropius' Kunst und Technik – und seine Betonung von implizitem Wissen, Intuition und Ästhetik – hin zu einem expliziten Verfahren und theoretischen System, markiert eine paradigmatische Verschiebung für die Architekturausbildung und -praxis. Es gelang Meyer, disziplinäre Fragestellungen über die kulturellen Bedürfnisse und Transdisziplinarität in die Öffentlichkeit zu tragen, welche die Nutzer erfolgreich als Handelnde aktivierte, die ihr eigenes Umfeld schaffen und erhalten.

Dieser Aufsatz basiert auf meiner Dissertation zum Thema „Entfesseltes Bauen. Building Unleashed: Holistic Education in Hannes Meyer's Bauhaus: 1927–1930". New York: The Graduate Center: CUNY, 2013.

Anmerkungen

1   Meyer, Hannes. Vortrag „Bauen und Erziehen".
    Nationalzeitung Basel, 7. Mai (1929).

2   Meyer, Hannes. „Vorträge in Wien und Basel 1929".
    In: *Bauen und Gesellschaft: Schriften, Briefe,
    Projekte*, hrsg. von Lena Meyer-Bergner, Dresden,
    1980. S. 54–62.

3   a. a. O.

4   Meyer, Hannes. „bauen". In: *bauhaus* 2:4 (1928).

5   Siehe hierzu auch den Beitrag von Friederike
    Zimmermann in diesem Buch.

6   Schlemmer, Oskar und Tut. *Briefe und Tagebücher*.
    Stuttgart, 1977, S. 91.

7   Schlemmer, Oskar. Brief an Tut Schlemmer,
    14.1.1928. Archiv Staatsgalerie Stuttgart,
    Inventarnr. AOS 2015/1613.

8   Vgl. Bernhard, Peter. „Die Gastvorträge am Bau-
    haus – Einblicke in den ‚zweiten Lehrkörper'". In:
    *Mythos Bauhaus: Zwischen Selbsterfindung und
    Enthistorisierung*, hrsg. von Anja Baumhoff und
    Magdalena Droste, S. 91. Berlin, 2009.

9   Hoffmann, Hubert. „Hannes Meyer: Ökologische
    Aspekte seiner Lehre und deren Auswirkung". In:
    *Hannes Meyer: Beiträge zum 100. Geburtstag.
    5. Internationales Bauhaus-Kolloquium in Weimar,
    Juni 1989*, hrsg. von: Der Rektor der Hochschule für
    Architektur und Bauwesen, S. 95 ff. Weimar, 1990.

10 Übersetzt aus dem Original. Harrington, Anne.
    *Reenchanted Science: Holism in German Culture
    from Wilhelm II to Hitler*. Princeton, NJ, 1996, p. xvi.

11 Siehe hierzu auch den Beitrag von Peter Galison in
    diesem Buch.

12 Feest, Uljana. „Science and Experience/Science of
    Experience: Gestalt Psychology and the Anti-
    Metaphysical Project of the *Aufbau*". *Perspectives
    on Science* 15:1 (2007).

13 Übersetzt aus dem Original. Ash, Mitchell. „Acade-
    mic Politics in the History of Science: Experimental
    Psychology in Germany, 1879–1941". *Central
    European History* 13: 3 (1980).

14 Carnap, [RC 110-07-49]. Vortrag am Bauhaus,
    15.10.1929. CP, PASP. Zitiert mit Erlaubnis der
    University of Pittsburgh. Alle Rechte vorbehalten.

15 Meyer, Hannes. „Vorträge in Wien und Basel 1929".

16 a. a. O., S. 62.

17 Meyer, Hannes. Ansprache an die Studierenden-
    vertreter aus Anlass seiner Berufung auf den
    Direktorsposten. (1928). Aufzeichnungen aus dem
    Nachlass von Otti Berger. Wiederabgedruckt in
    Wingler, Hans M. *Das Bauhaus. Weimar Dessau
    Berlin und die Nachfolge in Chicago seit 1937*.
    Bramsche, 1975, S. 148.

18 Siehe hierzu auch den Beitrag von Martin Kipp in
    diesem Buch

19 Meyer, Hannes. „Vorträge in Wien und Basel 1929",
    a. a. O.

20 Schlemmer, Oskar. Brief an Otto Meyer, 8.9.1929:
    „Die Studenten sollen selbst etwas tun, einen Auf-
    trag erfüllen ‚mit dem größtmöglichen Minimum
    an Anleitung': selbst wenn die Ergebnisse unzurei-
    chend sind, wird der soziologische Faktor als eine
    Bereicherung angesehen, etwas *Neues*. (Ich denke
    unwillkürlich an den Witz: ,Meister, deine Hosen
    sind fertig, soll ich sie jetzt stopfen?') Das Ziel dieser
    Versuche: eine meisterlose Republik von Studenten.
    (Hannes Meyer. ‚Mit dem Gehalt eines Meisters,
    kann ich x viele Studenten glücklich machen!'). Vgl.
    Whitford, Frank. *The Bauhaus: Masters & Students
    by Themselves*. London 1992, p. 259.

21 Vgl. Winkler, Klaus-Jürgen. *Baulehre und Entwerfen
    am Bauhaus 1919–1933*. Weimar, 2003, und Miller,
    Wallis. „Architecture, Building and the Bauhaus".
    In: *Bauhaus Culture: from Weimar to the Cold War*,
    hrsg. von Kathleen James Chataborty. Minneapolis,
    2006.

22 Meyer, Hannes. „wie ich arbeite", In: *Architektura
    CCCP*, Nr. 6. Moscow. 1933, In: *Hannes Meyer:
    Bauten, Projekte und Schriften*, hrsg. von Claude
    Schnaidt. S. 26. Teufen, 1965. Manuskript in
    deutscher Sprache.

23 Vasilij Kandinskij, auch Wassily Kandinsky im
    Deutschen.

24 Siehe hierzu den Beitrag von Gregory Grämiger in
    diesem Band.

25 Auch El Lissitzky im Deutschen.

26 Kállai, Ernst. *Das Bauhaus Dessau*. Basel, 1929.
    Bauhaus-Archiv Berlin.

Pädagogik in der Architektur Hannes Meyers

Andreas Vass

Die Entwicklung des architektonischen und theoretischen Werks Hannes Meyers ist, ebenso wie seine Biografie, durch auffällige Brüche gekennzeichnet. Unerwartete Kontinuitäten dagegen erscheinen in den zahlreichen Bezügen zur Reformpädagogik und zu den Schriften Johann Heinrich Pestalozzis, die in Texten Hannes Meyers über seine gesamte Schaffenszeit hinweg auftauchen. Pädagogik scheint nicht nur als Fragestellung bestimmter Bauaufgaben oder für Meyers Lehrtätigkeit relevant, sondern eine wichtige Dimension seiner Architektur insgesamt zu sein.

Nach seiner Bauzeichnerlehre und gleichzeitigem Besuch der Basler Kunstgewerbeschule arbeitet Hannes Meyer zunächst in Architekturbüros und in der Siedlungsplanung bei Krupp. Er bildet sich durch kritische Auseinandersetzung mit den hier gemachten Erfahrungen und später auch, als freischaffend tätiger Architekt, autodidaktisch weiter. Das Überholen und Verwerfen gerade erst gewonnener Einsichten und architektonischer Positionen sind für ihn Teil des Lernprozesses. Die malerische Nationalromantik der Kruppsiedlungen, an denen Meyer von 1916 bis 1918 im Büro Georg Metzendorfs und der Krupp'schen Bauverwaltung arbeitet, konterkariert er in den „arbeitsfreien stunden" durch die Darstellung „sämtlicher grundrisse palladios auf dreissig normenblättern".[1] Sein erstes selbstständig entworfenes und realisiertes Projekt ist die von 1919 bis 1921 erbaute Genossenschaftssiedlung Freidorf in der Nähe Basels. Hier fehlt dann das „spielerische Detail heimatlicher Bauformen"[2], das „am typisierten Zellenbau [als] Vorspiegelung falscher Tatsachen"[3] erschiene, wie Meyer in der Freidorf-Festschrift 1921 anmerkt. Schon hier deuten sich an vielen Stellen ironische Distanz zum Erreichten und Kritik am Status quo der Architektur an, und wenige Monate nach Fertigstellung des Genossenschaftshauses 1924 erscheint das Freidorf als „Kind ungeklärter Zeit" und „Kompromiss".[4] Immer neue Selbstkritik und eingehend reflektierte Repositionierungen folgen. Demontage und

Remontage des eigenen Werks gehören zu den Besonderheiten dieser Architektenbiografie.

So muss in der ADGB-Bundesschule in Bernau (1928–30) das „bewußte erleben der landschaft", ganz im Sinn von „bauhaus und gesellschaft"[5], auch als Kritik an der ebenso programmatischen Ortlosigkeit des keine zwei Jahre zuvor entstandenen Völkerbund-Projekts gelesen werden. Der in Bernau realisierten „brutalistisch" wirkenden Position radikaler Sicht- und Lesbarkeit, frei von kulturellen Bindungen, wird nach den sowjetischen Erfahrungen beim Kinderheim im schweizerischen Mümliswil (1937–39) ein Landschaftsbezug gegenübergestellt, der gerade auch kulturelle Codes einbezieht.

Für Meyer sind die Realisierung der Freidorf-Siedlung (1919–21) und die Distanzierung von der vorangegangen Tätigkeit in der Krupp'schen Bauverwaltung auch eine Flucht aus „Beamtendasein" und „Plünderung" in Krupps „taylorisierter" Siedlungsplanung in die „straffe kooperative Ordnung [...] auf der Grundlage der Pädagogik des großen Schweizer Genossenschafters Pestalozzi".[6] Die Freidorf-Festschrift, ebenso wie später Texte zur Bundesschule und zum Kinderheim, weisen Pestalozzis erfolgreichen Volksbildungsroman „Lienhard und Gertrud" vor allem als Referenz für das „System des kleinen Kreises" aus, der organisatorischen und räumlichen Grundlegung dieser Projekte. Dieses Konzept sozialpädagogischer Organisation versuchte Sozialreform durch Selbsthilfe und Selbsterziehung im Zusammenschluss kleiner, familienbasierter Gruppen zu verwirklichen und fand in der Genossenschaftsbewegung im 19. Jahrhundert große Verbreitung. Meyers Vorlesungen als Leiter der Architekturabteilung am Bauhaus beinhalteten auch einen Block zu Fragen des Genossenschaftswesens und des Siedlungsbaus. Die Mitschriften des Bauhausstudenten Arieh Sharon[7] zeigen, dass Meyer auch hier die „Organisation kleiner Kreise um einen intensiven Kern" erläutert, indem er sie als „Zellensystem (im Städtebau Satellitensystem/Trabantensystem)" einem „Prinzip des großen Kreises" gegenüberstellt, das sich durch „Expansion", „Schlagen von Jahresringen" und „Zentralismus" auszeichnet.

Ausschlaggebend für Meyers Zugang zu diesem kontinuierlich nachweisbaren Gedankengut war offensichtlich sein Kontakt mit dem Verband Schweizerischer Konsumvereine (VSK), dem Auftraggeber der Freidorf-Siedlung.[8] Die Nachhaltigkeit dieses Einflusses geht aber wohl auf Meyers Kindheit zurück: Nach dem Selbstmord seines Vaters 1899 macht Meyer zwischen neun und vierzehn Jahren in der Basler „Bürgerlichen Waisenanstalt" traumatische Erfahrungen mit dem „autoritären regime hinter klostermauern" – dieser, gegenüber dem „atheistisch-liberalen" Vaterhaus, „christlich-orthodoxen anstalt".[9] In dieser Zeit familiärer, sozialer wie erzieherischer Härten übernimmt 1901, auf ausdrückliche Bitte der Mutter[10], Dr. Oskar Schär die Vormundschaft des Knaben bis zu dessen Volljährigkeit 1909. Dr. Schär, Strafgerichtspräsident in Basel sowie Mitglied des Grossen Rates als Vertreter der Radikaldemokraten, ist, wie sein Vater Professor Johann Friedrich Schär, im VSK tätig, unter anderem als Präsident der Verwaltungskommission zur Zeit der Errichtung des Kinderheims in Mümliswil. Johann Friedrich Schär, von 1892 bis 1903 Präsident des Vorstandes des VSK, steigt aus einfachsten Verhältnissen zum Lehrer, Unternehmer, Pionier der Handelswissenschaften und der Betriebswirtschaftslehre sowie Professor in Berlin und Zürich auf. Als Genossenschaftspionier publiziert er unter anderem auch 1892 *Frei-Land, Die wahren Ursachen der sozialen Not vom Standpunkt der Bodenreformen.* Meyer, knapp siebzehn, arbeitet im Rahmen seiner Ausbildung im Büro der Basler Baufirma Gebrüder Stamm, die ihm sein Vormund vermittelt hatte, am Lagerhaus und Verwaltungsgebäude des VSK in Basel. Und bereits 1908 äußert er sich politisch für die Bodenreformbewegung. Mit seinem Artikel „Ein Sieg der Bodenreform in der Schweiz" in *Bodenreform* kritisiert er die privaten „Monopole" der Elektrizitätswirtschaft und den „Kantönligeist", der in der Minderheit gebliebenen Ablehner der Vorlage[11], und steht der Kapitalismuskritik des VSK nahe.

Mit „genossenschaftliche[m] Kapital", schreibt Johann Friedrich Schär im Vorwort zur Freidorf-Festschrift von 1921, „reissen wir dem Kapitalismus die Zähne aus", während wir uns „gegenüber dem Staatszwang und

den Irrlehren der kulturmörderischen Gleichmacherei" befreien. Selbst-
lose, aufopfernde und dienende Liebe zu Gott und Menschen, zu Pflicht
und Recht, zu Heimat und Vaterland sollen in jedem Siedler geweckt und
entwickelt werden. Daher habe man eine Schule im Sinne Pestalozzis gegründet, der gelehrt hätte, wie, von der durch eine gute Mutter geleiteten
Familie aus, die Tugenden Häuslichkeit, Sparsamkeit, Wohltuns und Dank-
barkeit, Frömmigkeit und Nächstenliebe entwickelt und geübt würden und
schließlich auf die ganze Gemeinde veredelnd einwirkten. Die Auffassung,
dass die wirtschaftliche Emanzipation erst in „moralischer Bildung" ihren Sinn erhält, tritt in den von Dr. Henry Faucherre und dem deutschen
Sozialreformer und Schriftsteller Karl Munding entwickelten „Leitsätzen
und Erziehungsprinzipien für die Siedelungsgenossenschaft Freidorf" hervor: die „[s]ozialpädagogische[n] Erziehungsgrundsätze Heinrich Pestalozzis als Grundlage" zeigten sich in „politischer und konfessioneller Neutralität", „Gemeinschaftssinn" und „Veredlungsfähigkeit" des Individuums
sowie der Betonung der Familie als „engste und innigste Gemeinschaft"
und würden in „fünf Hauptprinzipien" gefasst, wie das „Gesetz der physischen Nähe" in der „inneren und äusseren Anschauungswelt des Menschen",
die „[s]tufenmässige Bildung" oder das „Gleichgewicht der Kräfte" am „In-
differenzpunkt eines gesellschaftlichen Mittelstandes [...] einer unkompli-
zierten, konzentriert-einfachen Volkskultur, wie sie V. A. Huber als Ziel der
Genossenschaftsbewegung vorschwebte" – und schließlich eine aus der „Gemeinkraft" abgeleitete „Führungsidee".[12]
Wie tief sich Meyer in diese Gedankenwelt zwischen Restauration und Reform
eingelassen hat, ist fraglich. Bei aller innerer Distanz zur „kleinbürgerlichen"
Freidorf-Idee erwähnt er aber auch später noch, selbst in seinen Bauhaus-
vorlesungen, nicht nur Munding, sondern an einer bezeichnenden Stelle der
Projektbeschreibung zur ADGB-Schule, in der Zeitschrift „bauhaus" 1928/2,
auch Huber: „,das system des kleinen kreises' einigt pestalozzi und lenin. victor aimé huber hat die methodik solcher gemeinschaftserziehung durchdacht,
k. munding hat sie erweitert."[13]
Karl Munding, wird mit seiner Zeitschrift *Der Genossenschaftspionier* in Berlin um 1900 zum „Sprachrohr der sozialreformerischen Arbeiter-Konsum-

Vereine"[14]. Bereits 1894 hatte er *Ausgewählte Schriften über Socialreform und Genossenschaftswesen* des Sozialreformers Victor Aimé Huber herausgegeben, der als Vordenker des christlich-pietistischen Konservativismus und, um die Mitte des 19. Jahrhunderts, als erster deutscher Theoretiker der Genossenschaftsbewegung gilt.[15] Die Erziehungsideale Hubers – Halbwaise wie Hannes Meyer – haben ihren Ursprung in seinen Erfahrungen als erster Zögling Philipp Emanuel von Fellenbergs ab 1806. Fellenberg wendet sich – nach dem Scheitern der mit Pestalozzi betriebenen Armenschule in Münchenbuchsee im benachbarten Hofwyl, Goethes „Pädagogischer Provinz" – der Erziehung von Kindern der „höheren Stände" zu, die eine „Signalwirkung für die ärmeren Bevölkerungsschichten" entfalten und die „Besserung der sittlichen und sozialen Zustände in ihrem Land" bewirken sollten. Pädagogisch ist Fellenberg von Pestalozzis Ansätzen der Hilfe zur stufenweisen Selbsterziehung beeinflusst; in seinem autoritären Führungsstil und in den die Ständeordnung bewahrenden, mehr moralischen als sozialen Zielsetzungen unterscheidet er sich deutlich von Pestalozzi und seinem von Rousseau inspirierten, aufklärerischen und emanzipativen Ansatz.

Die „sozial-aristokratischen" Auffassungen Fellenbergs wirken in Victor Aimé Hubers Konzept der „Assoziationen" nach. Diese hätten auch geistig wie materiell unter „aristokratischer" Führung zu stehen. Es ist also kein Zufall, dass in den „Leitsätzen und Erziehungsprinzipien" der Freidorf-Festschrift an der einzigen Stelle, die konkrete Bildungsmaßnahmen für die Zukunft, nämlich den Vorschlag einer „Genossenschaftsschule", entwickelt, der „Hofwyler Erziehungsstaat" zum Vorbild erklärt wird: „Die dort beobachteten Methoden sollten von uns aufgenommen und mit den fruchtbarsten Ergebnissen der neuesten sozialpädagogischen Bestrebungen dieser Art kombiniert werden." Es gälte, den „chaotischen Wirren der Zeit" zu entkommen. Beschwört wird der „wahre Weg des Genossenschafts-Sozialismus" durch Föderation der, in „freiwilliger" und „lokaler Selbstorganisation" gebildeten, genossenschaftlichen, „autonom-lokale[n], familienhaft gegliederte[n] Wirtschaftsgemeinden" unter einer „kräftigen Zentrale".[16] Diese „Solidarität und Einheit" solle im Freidorf zur „Veranschaulichung und Darstellung" gebracht werden. Neben Bezügen zu Zschokke, Keller, Gotthelf und anderen ist das legitimierende Pestalozzi-Bild des VSK jedenfalls einer über Fellenberg, Huber und Munding vermittelten Lesart geschuldet.

Arbeitsgemeinschaft mit den Lernenden

Hannes Meyer hingegen geht es nicht um „Darstellung" oder „Symbolisierung" dieser (oder irgendeiner) Ideologie, sondern um ein „Ringen um Wahrheit"[17], die im unausgesetzten autodidaktischen Prozess der Selbstkritik, stets offen für das Neue, immer wieder neu erkämpft sein will. Es sind daher weniger die fragmentarischen ideologischen Gerüste als die experimentell-induktiven Konzepte und Techniken Pestalozzis, die in dieser Suche nach einer letztlich architektonischen „Wahrheit" ihren Niederschlag finden. In Schriften wie dem „Stanser Brief" oder „Wie Gertrud ihre Kinder lehrt", die erst im 20. Jahrhundert bedeutenden Einfluss auf die Pädagogik hatten, vertritt Pestalozzi auch heute noch erstaunliche Konzepte, wie zum Beispiel diese in der Stanser Armenschule gemachte Erfahrung: „[…] ich konnte schreiben lehren, ohne selbst recht schreiben zu können, und gewiss war mein Nichtkönnen von allen diesen Dingen wesentlich notwendig, um mich zu der höchsten Einfachheit der Lehrmethode und dahin zu bringen, Mittel zu finden, durch die auch der Ungeübteste und Unwissendste hierin mit seinen Kindern zum Ziele kommen könne."[18] Oder: „Ich mußte für die Ordnung des Ganges im ganzen selbst noch ein höheres Fundament suchen, und dasselbe gleichsam hervorbringen. Ehe dieses Fundament da war, konnte sogar weder der Unterricht noch die Ökonomie und das Lernen der Anstalt gehörig organisiert werden. Ich wollte auch das nicht. Beides sollte statt eines vorgefaßten Planes viel mehr aus meinem Verhältnis mit den Kindern hervorgehen."[19] Eine ähnliche Haltung kommt in Meyers Briefen an Gropius vor dem Antritt seiner Architekturlehre am Bauhaus zum Ausdruck. So sei ein Unterrichtsprogramm zunächst überhaupt nicht aufzustellen.[20] Während er die Aufgabe „absolut nicht" überblicke, interessiere ihn aber „als ausgesprochenen Kollektivisten die Mitarbeit innerhalb einer Arbeitsgemeinschaft", das „Zusammensein und – arbeiten mit jungen Menschen" und die „Auseinandersetzung

49

einige genossenschaftliche prinzipien

erstes prinzip
die individualkraft
die kooperative kraft

→ gemeinkraft (komponente)

jedes reale werk ist resultat geistiger voraussetzungen.
z. b. jedes haus ist als bauwerk die komponente drzer 2 kräfte
dies ist das kriterium aller moderner architektur.

---

organisationsprinzip

A. G. V.

1. prinzip des grossen kreises
expansion nach aussen
schlagen der jahresringe.
centralismus

2. assoziation kleiner kreise.
um einen intensiveren
kern. sog. zellensystem
(im städtebau satelitsystem)
trabantensystem.

2a. gleichwertige zellen
an einer
gemeinsamen
linie

---

3 grundlagen menschlicher existenz

essen
arbeiten
wohnen.

1. genossenschaftlicher warenbezug = reine bedarfsdeckung
das prinzip: rückvergütung im verhältnis zum warenbezug
keine dividende   "   "   " kapital.
vorzahlung.

2. bildung sozialen kapitals
durch organisation der sparkraft
(nicht durch spekulative gewinne oder profite.)
gemeinsamer besitz der produktionsmittel etc.

3. genossenschaftliche produktion.
reine bedarfswirtschaftliche erzeugung
(keine künstliche fabrikation mit spekulationsabsichten)

Das Kinderheim Mümliswil
von Südosten, 1939

Runder Saal, Kinderheim in
Mümliswil, 1939

Arieh Sharon: Genossenschaftliche Prinzipien.
Mitschrift aus Unterricht Meyer, 14.11.1927

mit dem Problem beruflicher Erziehung von Baubeflissenen", wobei auf eine „gewisse Bewegungsfreiheit" Wert gelegt werde.[21]

Neben der Zufriedenstellung von Grundbedürfnissen müssen nach Pestalozzi zwei, in einem Spannungsverhältnis stehende Voraussetzungen für jede Form des Lernens gegeben sein: die emotionale Bindung zwischen Lernenden und Lehrenden (das auf Schule und Kindergarten übertragene Prinzip der „Wohnstube", das die Genossenschaftsbewegung in den „kleinen Kreis" übersetzt) und die Anerkennung der autodidaktischen Anlagen und Kräfte der Lernenden (das Prinzip des „Lebenskreises"). Die pädagogischen Konzepte und Versuche, die darauf aufbauen, sind vielfältig, „Anschauung" ist dabei wohl der zentrale Begriff. „Abzeichnungen" realer Gegenstände, aber auch das Zeichnen einfacher geometrischer Formen – wie Winkel, Kreise, Quadrate – sollen in wechselseitiger „Erläuterung" von „Natur" und „vielseitiger Kunst und vielseitiger Wahrheit" gelehrt werden, um ein „unvergesslich eingeprägtes, tiefes Bewusstsein" zu bewirken.[22] Versuche, wie – neben eingeübter mechanischer Beschäftigung (Spinnen) – den „unsinnigsten Galimathias [zu] buchstabieren (nur weil er unsinnig schwer war)" oder „[...] daß [die Kinder] während dem Nachsprechen dessen, was ich vorsagte, ihr Auge auf den großen Finger halten sollten", wirken geradezu dadaistisch und erinnern an das „zeitgemäße Musizieren eines zeitgenössischen Tohuwabohus"[23] des „Theater Co-op". Was Pestalozzi in vielen dieser und ähnlicher Ansätze bewegt zu haben scheint, ist die Beziehung von Anschauung und Begriffsbildung. Meyers Co-op-Experimente scheinen dieses Spannungsverhältnis anzusprechen.

Wenn Meyer in den Erläuterungen zur „schule im walde" bei Bernau 1928 schreibt: „im walde tritt das leben in eine primäre erscheinung", so entspricht das Pestalozzis Gedankenwelt. Die natürliche Umgebung, wichtigste Bezugsebene dieses Projekts, spielt hier nicht nur eine kompensatorische Rolle – eine der „Rehabilitation", wie die Genossenschaftstheoretiker das nannten. Sie ist vielmehr wie bei Pestalozzi ein Instrument der Erkenntnis. Die visuelle und physische Präsenz von Landschaft soll Erholung als Bezugnahme der Natur *bewusst* machen, indem „die seelische Reaktion dieses Schulaufenthalts den Lebensraum des Einzelnen ungeahnt verändert", wie Meyer in einem

undatierten Manuskript zur Bernauer Schule schreibt; oder wie er im Manuskript zur Veröffentlichung in „Arquitectura y Decoración" 1938/12 formuliert:
„Zugleich sollte der studierende Gewerkschafter [...] durch vorzügliche Nahrung und körperliche Ausbildung gekräftigt und durch diese neuartige Umgebung einer gehobenen Wohn- und Lebenskultur zugeführt werden." „4 wochen bernau", schreibt er wiederum in *bauhaus* 1928, „sollen [dem Schüler]
künftig nachdrücklichst im täglichen gewerkschaftsleben 1. erinnerung wecken, 2. kräfte lösen, 3. maßstab geben."

Die Architektur der kleine Kreise

Die Anlage der Gewerkschaftsschule ist bestimmt von dieser Erkenntnis-
funktion und Meyers Anlehnung an das Konzept des „kleinen Kreises": Keine
Rede von einer „Führungsidee", in der sich eine patriarchale Familienstruk-
tur widerspiegeln würde. Die Zellenstruktur ordnet sich in ein Farbspektrum,
das jedem Einzelnen raschestmöglich Orientierung unter 120 Unbekannten
des „grossen kreises" verschafft, während ihre Auflösung nicht bei den „12 ar-
beitskreisen", den „zellen", haltmacht, sondern im Kern aus Zweierbeziehun-
gen besteht, aus einer „parallelschaltung" zweier Unbekannter (in je einem
der fünf Zweibettzimmer einer Zelle), die, so Meyer in dem undatierten Manuskript, „die erwünschte Reibung des kameradschaftlichen Zusammenlebens" unterstützt. So wie Pestalozzi auf das gegenseitige Unterrichten der
Kinder setzt, baut Meyer auf die Dynamik im „Kollektiv" der „Zellen" dieser
temporären Versuchsgesellschaft.
In seinem Entwurf für das Kinderheim Mümliswili wird der „kleine Kreis
„demonstrativ zum Bauteil; der „Runde Saal", zentraler Teil des Heims, wird
gewissermaßen selbst zum Pestalozzi'schen Erkenntnisgegenstand – und das
im Grundriss, in der Außenansicht und vor allem von innen. Er hat gewissermaßen zwei didaktische Seiten, die sich am Dreiviertelkreis der Glaswand
berühren: der „ganz neuartige Eindruck eines freien Rundblicks in die Natur und die buchstäbliche Anordnung des Sitzens im ,Kreise". Konkret: nach
außen die „Dorfschaft & das Landleben" der „jurassichen Umwelt" mit den

„umliegenden Berghöfen", aber auch der „nächste[n] Umgebung des Kinderheims" („Fenstersims auf 40 cm Höhe [...] durch keine Zwischenpfeiler unterbrochen"), wie Meyer in der 15-seitigen, üblicherweise vor jeder konkreten Entwurfstätigkeit verfassten Aufzeichnung „Baugedanken und Analyse" bereits Mitte Oktober 1937 formuliert: nach innen „eine einzige runde Tafel von ca. 4½ m Innen-Durchmesser & 90 cm Breite"[, die es] „erlaubt 20 Kinder + 10 Erwachsene (Personal & Gäste) bequem im Kreise zu tafeln. Auf der Office-Seite ist ein Durchgang in der runden Tafel, sodass von der Innenseite her serviert werden kann". Aber auch an „Darbietungen der Kinder" ist hier gedacht; vor allem aber: „Das Demokratische dieser Sitzanordnung bringt auch die Erwachsenen des Heimes in den einzigen Kreis, sodass räumlich Kinder und Erwachsene bei den Mahlzeiten, Veranstaltungen usw. sich gleichgeordnet wissen."[24]

Meyer strebt diese architektonische Didaktik an: „In Hinsicht einer bewussten psychologischen Organisation des Kuraufenthaltes muss auch die jeweilige Raumform plastisch mithelfen, das Erinnerungsbild zu formen. Das Kind muss fühlen, dass der ‚Runde Saal' ein erstmaliges Erlebnis ist, dass die schräge Decke und die Höhe der Schlafräume ‚etwas Besonderes' bedeutet (im Vergleich zu seiner Umwelt zu hause im städtischen Miethause). [...] Durch solche (diskrete) Vorkehrungen unterstützt der Architekt das Ziel des Erziehers." Ebenfalls in den Baugedanken formuliert Meyer, dass „vor Inangriffnahme des Bauvorhabens [...] dessen Organisations-Komplex mit grösster Genauigkeit in allen Teilen festgestellt" wird. Die „einzelnen Teil-Elemente des Baues und seiner Umgebung können folgerichtig und funktionsgerecht organisiert werden. Dieses Verfahren (das zu Beginn mehr Mühe verursacht) lohnt sich im Betrieb [...] durch ein vielartiges Eingehen auf die Vielgestalt der Lebensäusserungen des darin wohnenden Menschen-Kollektivs" – dessen Programm Meyer wörtlich auch als „Kinder-Kollektiv" im Sinn einer „,genossenschaftlichen Selbstverwaltung' durch die Kinder" interpretiert.

Hannes Meyer ist durch die für ihn prägende Genossenschaftsbewegung mit der Reformpädagogik in der Tradition Pestalozzis vertraut geworden. In seiner architektonischen Praxis wie in der Architekturlehre geht er aber über diese indirekte Überlieferung hinaus und scheint an Pestalozzis erstaunliche didaktische Konzepte und Experimente anzuschließen. Offenheit und Selbst-experiment des Autodidakten entsprechen den auf Anschauung und „learning by doing" bauenden Überzeugungen des Schweizer Aufklärers. In poetischer Verdichtung beschwört Meyer in „bauhaus und gesellschaft" die Lebenswirk-lichkeit als Basis und Erkenntnisgegenstand jeder Gestaltung: Statt „bau-hausstil" und „bauhausmode" erscheint ihm „in jeglicher lebensrichtigen gestaltung eine organisationsform des daseins".[25]

Anmerkungen

1 Meyer, Hannes. „Wie ich arbeite", Manuskript, 14.10.1933, in: *Hannes Meyer, Bauen und Gesellschaft*, hrsg. von Lena Meyer-Bergner, S. 103. Dresden, 1980.

2 Meyer, Hannes. „Der Baugedanke". In: *Die Siedlungsgenossenschaft Freidorf*, hrsg. vom Verband Schweizerischer Konsumgenossenschaften (VSK), S. 57. Basel, 1921.

3 a.a.O., S. 73.

4 Meyer, Hannes. „Die Siedlung Freidorf". *Werk* 12:2 (1925): S. 51.

5 Meyer, Hannes. *bauhaus* 3:1 (1929): S. 2.

6 Meyer, Hannes. „Erfahrungen im Städtebau", Vortrag an der Akademie San Carlos, Mexiko Stadt, 4.10.1938. In: Meyer-Bergner, S. 217.

7 Sharon, Arieh. *Mitschrift*. https://www.ariehsharon.org/Archive/Bauhaus-and-Berlin/Bauhaus-Materials-1927-29/i-8HWdg8H (24.5.2018) Eingehender dargestellt im Beitrag von Gregory Grämiger in diesem Band.

8 In Sharons Mitschrift steht, im Zentrum des expandierenden großen Kreises, „A.C.V." (Allgemeiner Consum Verein), eine damals gebräuchliche Bezeichnung für den VSK bzw. die Co-op. Die beiden Systeme stehen also auch für die Makro- und die Mikrostruktur des Genossenschaftsverbands.

9 Meyer, Hannes. „Notizen zu einer Autoreportage". Manuskript, zit. nach: Kieren, Martin. *Hannes Meyer – Dokumente zur Frühzeit. Architektur und Gestaltungsversuche 1919–1927*. Heiden, 1990, S. 18.

10 Meyer-Ryser, Margarete. Briefe an Dr. Oskar Schär vom 1./2.4.1901. Privatbesitz.

11 *Bodenreform* 23 (1908): S. 722 f.

12 „Leitsätze und Erziehungsprinzipien für die Siedlungsgenossenschaft Freidorf". In: VSK, S. 87–89.

13 Klaus-Jürgen Winkler merkt dazu in seiner Hannes-Meyer-Monografie 1989 an, dass unklar bleibe, wie Meyer die genossenschaftliche Gemeinschaftserziehung mit Lenin in Verbindung bringt, der diese als „wichtiges sittliches Prinzip neben der Erziehung zum Zusammenschluss der Werktätigen um die Arbeiterklasse und die Partei" hervorhebe. Gemeinschaftserziehung bedeute bei Lenin „den Individualismus und Egoismus zu überwinden, den Geist der Kollektivität und Solidarität, der Verantwortung für die gesamte Gesellschaft zu entwickeln". Lenin, W. I.: Über Bildungspolitik und Pädagogik. Einführung, 1975, S. 63. Zitiert nach: Winkler, Klaus-Jürgen. *Der Architekt Hannes Meyer. Anschauungen und Werk*. Berlin (Ost), 1989, S. 97, Anm. 493.

14 Möller, Matthias. *Leben in Kooperation: Genossenschaftlicher Alltag in der Mustersiedlung Freidorf bei Basel*. Frankfurt a. M., 2015, S. 55.

15 Finis, Beate. *Wirtschaftliche und außerwirtschaftliche Beweggründe mittelständischer Genossenschaftspioniere des landwirtschaftlichen Bereichs*. Berlin, 1980, S. 39.

16 Möller, S. 91.

17 Meyer. In: VSK, S. 58.

18 Pestalozzi, Johann Heinrich. „Wie Gertrud ihre Kinder lehrt". In: Johann Heinrich Pestalozzi. Ausgewählte Werke, Band 2. Berlin (Ost) 1963. S. 270.

19 Pestalozzi, Johann Heinrich. „Pestalozzis Brief an einen Freund über seinen Aufenthalt in Stans". In: Pestalozzi, S. 241.

20 Brief Hannes Meyer an Walter Gropius, 16.2.1927. In: Meyer-Bergner, S. 44.

21 Brief Hannes Meyer an Walter Gropius, 3.1.1927. A. a. O., S. 42.

22 a. a. O., S. 273–277.

23 Meyer, Hannes. *Das Theater Co-op, Programm Basel*, 1924.

24 Meyer, Hannes. „Baugedanken und Analysen". Manuskript 23.10.–13.11.1937, VSK-Archiv.

25 Meyer, Hannes. „bauhaus und gesellschaft". In: Meyer-Bergner, S. 49–53.

Streit um die Bauhauskonzeption:
Hannes Meyer gegen László Moholy-Nagy

Anthony Fontenot

Von 1923 bis 1927 waren sich der Schweizer Architekt Hannes Meyer (1899 bis 1954) und der ungarische Künstler und Gestalter László Moholy-Nagy (1895 bis 1946) in vielem einig, was künstlerische und gestalterische Vorstellungen, Interessen und Haltungen anging. Beide standen dem Sozialismus nahe, Moholy-Nagy sogar dem Kommunismus, wenngleich keiner von ihnen einer politischen Partei angehörte oder sich im engeren Sinn politisch betätigte. Beide glaubten fest an das kollektive Handeln und die gesellschaftliche Verantwortung des Gestalters oder Architekten. Beide waren Anhänger des sowjetischen Konstruktivismus allgemein und des dezidiert „rationalistischen" ASNOWA-Konstruktivismus im Besonderen. Beide begeisterten sich für Theater, Fotografie und Technologien und erkundeten – angeregt von den biotechnischen Theorien des österreichisch-ungarischen Botanikers Raoul Francé (1874–1943) – in ihrer Arbeit Bezüge zwischen Funktionalismus und Organizismus. Auch fühlten sich beide zur Arbeit des Wiener Kreises und der logischen Positivisten hingezogen, die nicht nur Meyer zu Vorlesungen am Bauhaus, sondern später auch Moholy-Nagy an das New Bauhaus in Chicago einlud.[1] Ungeachtet dieser weitgehenden Übereinstimmungen traten nach 1927 aber grundsätzliche Meinungsverschiedenheiten zwischen den beiden, die nunmehr Lehrerkollegen am Bauhaus waren, zutage. Wie und warum gerieten diese Differenzen in kurzer Zeit zu zwei so kompromisslos gegensätzlichen Auffassungen von Gestaltung, deren eine sich mit der Biotechnik und Artikulation des Raums, die andere mit einem „wissenschaftlichen Funktionalismus" verband, dass Moholy-Nagy schließlich aus Protest gegen Meyers Neuausrichtung der Schule das Bauhaus verließ? Meyer und Moholy-Nagy verkörperten äußerste Gegensätze im Aufeinanderprallen und letzten großen Kampf zwischen den verschiedenen politisch-gestalterischen Leitgedanken am Bauhaus.

Nachdem Moholy-Nagy sich als bedeutender Maler einen Namen gemacht hatte, wurde er 1923 von Walter Gropius als Meister ans Bauhaus geholt und leitete dort den Vorkurs und die Metallwerkstatt. Ausgehend vom gestalterischen Ethos der Schule, erweiterte er den Vorkurs zu einer Lehre, die zeitgemäße Technologien mit umfasste und deren Nutzen für die Gesellschaft betonte. Er lenkte damit das Bauhaus in eine neue konstruktivistische Richtung. Moholy-Nagys „organische Einheit" war ein anderes Organisationsprinzip der gestalterischen Arbeit als das bisherige, „von den statischen, axial gruppierten Hierarchien der klassischen Tradition sanktionierte – beanspruchte aber ebenso große Geltungskraft".[2]

Demgegenüber ließ Meyers Arbeitsbiografie bis 1923 noch wenig von dem erkennen, was ihn später zu einer führenden Gestalt des Neuen Bauens machte. Doch ab diesem Jahr reiste er „mit wachem Sinn für die neue Welt, die überall vor seinen Augen entstand", quer durch Europa und „nahm Kontakt auf mit Le Corbusier, mit der De Stijl-Gruppe und den genossenschaftlichen Bewegungen in Skandinavien".[3] 1924 schloss er sich in Basel einer Gruppe im Umfeld der Zeitschrift *ABC beiträge zum bauen* an, zu der Mart Stam, Èl' Lisickij und Hans Schmidt gehörten. In dieser Phase vertiefte er sich in die Probleme der Avantgarde und plante eine Reihe genossenschaftlicher Projekte, darunter das „Theater Co-op" und die „Vitrine Co-op", mit denen er den Gedanken der genossenschaftlicher Aktion verbreiten und zur Politisierung der Öffentlichkeit beitragen wollte.[4]

1926 verbrachten Moholy-Nagy und Meyer einen gemeinsamen Urlaub, was die Vermutung nahe legt, dass die beiden in dieser Zeit mehr als nur ein kollegiales, nämlich ein enges freundschaftliches Verhältnis verband.[5] 1926 veröffentlichte Meyer als Herausgeber einer Sondernummer von *ABC* mit dem Titel „Die neue Welt" neben seiner „Bildconstruktion" und „Metallconstruktion" unter anderem Moholy-Nagys Aufsatz „Ismus oder Kunst". Auch unternahm er in dieser Zeit erste eigene Versuche im Geist des Konstruktivismus und verkündete: „Das neue Kunstwerk ist eine *Totalität*, kein Ausschnitt, keine Impression. *Das neue Kunstwerk ist mit primären Mitteln elementar gestaltet.*"[6]

Im selben Text („Die neue Welt", 1926) erklärte Meyer in der Nachfolge Le Corbusiers und Gropius' mit Bezug auf Industrieanlagen wie Getreidesilos oder Flughäfen: „Alle diese Dinge sind ein Produkt der Formel: Funktion mal Oekonomie. Sie sind keine Kunstwerke. Kunst ist Komposition, Zweck ist Funktion."[7] Sein Verständnis dieser „Funktion" veranschaulichte Meyer anhand einiger Arbeiten von Èl' Lisickij, Konstantin Melnikow und den De Stijl-Vertretern J.J.P. Oud, Piet Mondrian und Theo van Doesburg. Unter dem Titel „Bild-Photographie" nahm er auch zwei Bilder von Moholy-Nagy in das Heft auf. Dieses klare Bekenntnis zu Konstruktivismus und Neoplastizismus überrascht insofern, als Meyer nur zwei Jahre später, 1928, dieselben Kunstrichtungen schroff als reaktionären „Formalismus" verwarf.

Eines der eindrucksvolleren und zugleich rätselhaften Bilder in dem Heft „Die neue Welt" stammte von Meyer selbst. Es trägt den Titel „Co-op Interieur" und zeigt vor einem neutralen Hintergrund ausschließlich reine Wohnfunktionen. Meyer achtete sehr präzise darauf, was auf dem Bild zu sehen war und was nicht. Es gibt darin keine vertikalen oder horizontalen Linien, aus denen man eine ganzheitliche Umwelt erschließen könnte. Auch nutzt dieses „Interieur" zur Vermittlung seines Grundgedankens keinerlei abstrakte Formen. Was es in einfacher, aber unmittelbar überzeugender Form zum Ausdruck brachte, war eine radikale Kritik des bürgerlichen Lebensstils. Damit nahm es Meyers Entwicklung der kommenden Jahre in vieler Hinsicht schon vorweg. Ebenfalls 1926 gelang Meyer mit zwei herausragenden, gemeinsam mit seinem Partner Hans Wittwer (1894–1952) geplanten Projekten der Sprung in die vorderste Reihe der Architektur-Avantgarde. Die Petersschule (1926) und der Völkerbundpalast (1926–27) waren Meilensteine der konstruktivistischen Architektur und beispielgebend für eine radikal neue, funktionalistische Herangehensweise an Bauaufgaben.

Im Dezember 1926 besuchte Meyer das eben erst fertiggestellte Bauhaus von Gropius in Dessau und befasste sich anlässlich einer umfangreichen Ausstellung dort mit der Arbeitsweise der Schule. Gleichzeitig mit der feierlichen Eröffnung erschien zudem die erste Nummer der Zeitschrift *bauhaus*. In Reaktion auf diese Darstellung der Bauhausphilosophie, die wesentlich auf den Ideen Moholy-Nagys basierte, äußerte Meyer seine Skepsis. In einem Brief an Gropius vom 3. Januar 1927 schrieb er: „den anläßlich des einweihungsfestes ausgestellten arbeiten stehe ich vom beschänkten abc-boden aus meist äußerst kritisch gegenüber; ausgenommen die sehr entwicklungsfähigen dinge wie stahlhaus, stahlmöbel, teile von schlemmers bühne und der grundsätzliche unterrricht kandinskys sowie teile ihrer grundlehre. vieles erinnert mich spontan an ‚dornach – rudolf steiner' also sektenhaft und ästhetisch."[8] Nachdem Gropius ihm bei seinem Besuch von seiner geplanten Architekturabteilung am Bauhaus erzählt und ihm nur zwei Wochen später deren Leitung angeboten hatte, kündigte Meyer in einem weiteren Brief an Gropius vom 18. Januar 1927 an: „die grundtendenz meines unterrichtes wird absolut eine funktionell-kollektivistisch-konstruktive sein im sinne von ‚abc' und von ‚die neue welt'."[9] Am 13. Februar 1927 berichtete er Willi Baumeister: „ich habe auch sonst das gefühl an einem wendepunkt meines lebens zu stehe und ertappe mich immer mehr dabei, von rechts nach links zu rutschen. d.h. die neue welt z.b. ist mir schon wieder zu zahm und zu wenig anachistisch, also zu viel scheidemännisch ...! ich bin fanatischer gestimmt denn je und schwelge in mathematik und physik. solltest mein letztes projekt für den ‚völkerbund' in genf sehen."[10] Im April gründete Gropius schließlich die Abteilung für Architektur am Bauhaus mit Meyer als ihrem Direktor. Doch Meyers „radikale Wendung zum Rationalen und Wissenschaftlichen brachte sogar einige gegen ihn auf, die im großen und ganzen dieser Wende in Kunst und Architektur mit Sympathie begegneten, wie etwa László Moholy-Nagy".[11] Die Spannungen nahmen zu, als Meyer Moholy-Nagy vorwarf, ein Romantiker zu sein.[12] Auch Ise Gropius berichtete von gravierenden Unstimmigkeiten zwischen den beiden, die sich anlässlich einer Besprechung unter den Bauhausmeistern am 26. September 1927 offenbarten.[13] Nur sieben Monate nach dem Beginn von Meyers Lehrtätigkeit war dessen Verhältnis nicht nur zu Moholy-Nagy, sondern inzwischen auch zu Gropius gespannt. An Willi Baumeister schrieb Meyer in einem Brief vom November 1927: „mit ganz wenigen ausnahmen lebt man absolut aneinander vorbei [...] gropius lebt ganz abseits von mir. wir verstehen uns gar nicht."[14] In den Monaten bis zum Januar 1928 setzte Meyer weitere umstrittene Neuerungen am Bauhaus durch, gegen die sich Moholy-Nagy entschlossen wehrte. Am 12. Januar schrieb Meyer an Adolf Behne: „hier haben heftigste innere auseinandersetzungen eingesetzt um die zukunft des bauhauses. ich weiß mich mit den studierenden und einem großen teil der meister einig, wenn wir nur kategorisch gegen das schwindelhaft-reklamehaft-theatralische des bisherigen bauhauses front machen."[15] Bei einem weiteren Treffen der Meister verkündete Moholy-Nagy am 17. Januar 1928 seinen Entschluss, das Bauhaus zu verlassen. Herbert Bayer und Marcel Breuer folgten ihm wenig später. Zu dieser verheerenden Entscheidung kam es, weil Moholy laut Ise Gropius keinen Sinn in einer weiteren Zusammenarbeit mit Meyer mehr erkennen konnte.[16] Tatsächlich wollte Moholy-Nagy sofort aufbrechen, nachdem Meyer ihn nur einen Tag nach Bekanntgabe seines Ausscheidens erneut angegriffen hatte. Doch es gelang Gropius, ihn wenigstens noch bis zum Semesterende zu halten.[17] Ende Januar schrieb Oskar Schlemmer (1888–1943) seiner Frau: „Moholy wird nicht bleiben. Dazu war der Krach mit Hannes Meyer zu groß. Die zwei sind in einem Haus nicht mehr denkbar."[18]

Moholy-Nagy selbst erläuterte die Gründe für seinen Rücktritt in einem Brief an den Meisterrat: „Sobald die Produktion eines Gegenstandes eine reine Spezialität wird und der Arbeitsvorgang auf Handel abgestellt ist, verliert der erzieherische Prozeß alle Vitalität. Man muß genügend Raum lassen für die Grundideen, die den menschlichen Inhalt aufnahmefähig und vital erhalten. Dafür haben wir gekämpft und unsere Kräfte erschöpft. Ich kann nicht länger gegen die immer stärkere Tendenz zur Handelsspezialisierung in den Werkstätten des Bauhauses ankämpfen. Wir sind in unmittelbarer Gefahr, genau das zu werden, was wir als Revolutionäre bekämpften: eine berufliche Ausbildungsschule, die nur das Endprodukt bewertet und die Gesamtentwicklung des ganzen Menschen ignoriert. Für diesen Totalmenschen bleibt keine Zeit, kein Geld, kein Platz, kein Entgegenkommen. Ich kann es mir weder schöpferisch, noch menschlich leisten, auf dieser spezialisierten, rein objektiven und nutzbaren Basis weiterzumachen. […] Ich muss zurücktreten, wenn diese Forderung nach Spezialistentum sich verstärkt. Der Geist der Konstruktion ist durch die Tendenz zur Anwendung ersetzt worden. Mein Wirkungsfeld war die Konstruktion der Schule und des Menschen. Ich kann damit nur fortfahren, wenn mir ein technischer Spezialist zur Seite gegeben wird. Dies ist aus ökonomischen Gründen unmöglich. Ich ging bis zur

László Moholy-Nagy: Z VIII, 1924. Öl auf Leinwand

Hannes Meyer: Gestaltungsversuch/Arbeit Nr. 7: Lino Co-op, 1925/26

László Moholy-Nagy: Am 4(26), 1926. Öl auf Leinwand

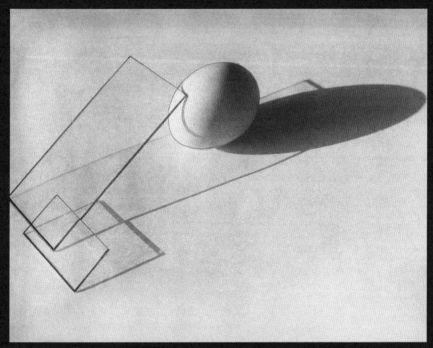

Hannes Meyer: Fotostillleben, 1926

Grenze des Möglichen, diesen technischen Experten überflüssig zu machen. Ich kann nicht mehr geben, als ich gab; deshalb muß ich meinen Platz an ihn abgeben. Ich bin unaussprechlich traurig darüber, denn es ist eine Entwicklung zum Negativen – gegen den bewußt gewollten Charakter des Bauhauses. Die Schule hat aufgehört, gegen den Strom zu schwimmen."[19] Am 4. Februar kündigte auch Gropius gegenüber dem Dessauer Oberbürgermeister Hesse schriftlich und schlug zugleich Meyer als Nachfolger vor. Angesichts der fortgeschrittenen Entfremdung zwischen den beiden erscheint es rätselhaft, warum Gropius Meyer empfahl. Dennoch wurde Meyer am 1. April 1928 zum zweiten Direktor des Bauhauses ernannt und behielt dieses Amt bis zum 1. August 1930. Im Sommer 1928 unternahm er eine grundlegende Reform der Schule, im Zuge derer die technische Seite des Bauens und die Maxime „Volksbedarf statt Luxusbedarf" Priorität erlangten. Seine Umgestaltung des Lehrplans entsprach Meyers Abkehr vom Leitbild der künstlerischen Forschung ebenso wie seinem Streben nach Verwissenschaftlichung des Bauens. Wissenschaft sollte Kunst ersetzen.[20] Organisatorisch gliederte Meyer das Bauhaus nach genossenschaftlichen Vorbildern in mehrere Produktions- und Forschungsabteilungen. Studenten arbeiteten in Brigaden gemeinsam an Entwurf und Ausführung industriell massenproduzierter, kostengünstiger Produkte. Unter Meyers Direktion wurde Gestaltung als objektiver, auf rationalen Erkenntnissen beruhender Prozess verstanden. Der Schwerpunkt verschob sich zu den technischen Grundlagen des Bauens sowie zum Experimentieren mit neuen Materialien und Verfahren. Zugleich förderte Meyer die spezialwissenschaftliche Erfassung der psychischen und physischen Bedürfnisse von Menschen.[21] „Die wissenschaftlich begründete Gestaltung ward mein Ziel."[22] Die frühere Arbeit des Bauhauses verwarf Meyer rundweg als formalistisch, und er verlangte, jegliche ästhetischen Gesichtspunkte außen vor zu lassen. „Als Bauhausleiter bekämpfte ich den Bauhausstil", schrieb er und karikierte rückblickend ebendiesen Stil als „problematisch-konstruktivistelndes Gebilde" und „Bauhauswürfel". „Überall", erklärte er, „erdrosselte die Kunst das Leben."[23]

Zwei Monate nach seinem Amtsantritt als Direkter ernannte Meyer den Kritiker Ernst [Ernő] Kállai zum Schriftleiter der Zeitschrift *bauhaus*. Gemeinsam veränderten Meyer und Kállai Erscheinungsbild und Inhalte der Zeitschrift von Grund auf, um den neuen gestalterischen Ansatz zum Ausdruck zu bringen. Die abstrakte Form wurde von anschaulichem Bildmaterial „gesellschaftlichen" Inhalts abgelöst. In der Folge verschwanden auch sämtliche Anleihen beim Konstruktivismus. Kállai nannte Meyers ADGB-Bundesschule im Sinn dieser sozialistischen, antiformalistischen Haltung eine „formal unvoreingenommene erfassung der bauaufgabe".[24] Auch die Produkte des Bauhauses seien „notwendig, richtig und damit so neutral [...] wie nur denkbar".[25] Alle diese Neuerungen waren Teil des Versuchs, das Bauhaus auf einem kollektivistischen Ethos neu zu begründen. Infolge Meyers unverhohlener Sympathie für den Sozialismus und einer umtriebigen kommunistischen Zelle unter den Studierenden politisierte sich das Bauhaus zunehmend.[26] „Eine gewisse Proletarisierung des heutigen Bauhauses ist unverkennbar", bekannte Meyer selbst.[27]

Im Oktober 1928 veröffentlichte Meyer seinen Text „bauen" in der Zeitschrift *bauhaus*. Im Zusammenhang mit dem neuen, „wissenschaftlich" strukturierten Lehrplan verstand sich dieser Text als ein Manifest. Er sollte die Arbeit, die nun am Bauhaus geleistet wurde, möglichst eingängig vorführen. In Wiederaufnahme seines Leitmotivs aus „Die neue Welt", eröffnete Meyer „bauen" mit der annähernd wortgleichen Formulierung:

„alle dinge dieser welt sind ein produkt der formel: (funkion mal ökonomie)
alle diese dinge sind daher keine kunstwerke:
alle kunst ist komposition und mithin zweckwidrig.
alles leben ist funktion und daher unkünstlerisch."

Für Moholy-Nagy ging es, wie seine Rücktrittserklärung deutlich macht, in dieser Auseinandersetzung um alles oder nichts – nämlich um den eigentlichen Sinn und Inhalt der Bauhauslehre, die er selbst sich als eine Synthese aus bildender und angewandter Kunst vorstellte. Längst sah sich die Kunst am Bauhaus unter Meyer an den Rand gedrängt. In einem Brief an Otto Meyer beschrieb Oskar Schlemmer, worum es dabei aus seiner Sicht ging: „Das Bauhaus wird sich stark nach dem Bau und dem Industriellen, Geistig-Technischen, wenden. Die Maler sind nur noch als notwendiges Übel da."[28]

Im Sommer 1929 verließ auch Schlemmer das Bauhaus, im darauf folgenden November wurde die Theaterabteilung aus finanziellen Gründen geschlossen. Die Herabstufung der Kunst und Aufwertung der baupraktischen Methoden bedrohte in den Augen Moholy-Nagys das Bauhaus in seinen Grundfesten. Denn Gestaltung sollte laut Meyer allein nach den Regeln des Ingenieurs und ohne jedes Schielen auf ästhetische Belange „funktionieren".[29] Meyers Ablehnung der Kunst und das Bauen oder Gestalten allein nach wissenschaftlich-praktischen Gesichtspunkten und unter Berücksichtigung von Arbeit, Material und Produktion bedeuteten für Moholy-Nagy jedoch eine Selbstaufgabe an das dumpfe Nützlichkeitsdenken der „berufsbildenden Schule".[30] „Man muß sich fragen", schrieb er in seinem Abschiedsbrief, „ob das Fortbestehen einer Arbeitsgemeinschaft wirklich nur auf Basis einer Opposition zum *status quo* möglich ist. Es wird sich zeigen, wie praktisch die Entscheidung, nur noch für praktische Resultate zu arbeiten, in Wirklichkeit ist."[31]

Meyer formulierte unterdessen in „bauhaus und gesellschaft" (1929) seine Position noch konsequenter: „bauen und gestalten sind uns eins" schrieb er als Kampfansage an das bisherige Credo am Bauhaus. „wir suchen/keinen bauhausstil und keine bauhausmode./keine modisch flache flächenornamentik/ horizontal-vertikal geteilt und neoplastisch aufgepäppelt."[32] 1930 sekundierte Ernst Kállai mit Attacken auf die „gefährlichen Formalismen" des „Bauhausstils". Wie schon Meyer warf er Gropius stilistische Anleihen bei De Stijl und die Privilegierung der Form gegenüber dem Inhalt vor.[33] Diese Angriffe müssen einen zwiespältigen Eindruck hinterlassen haben, da sich Meyer wie erwähnt nur zwei Jahre zuvor in „Die neue Welt" und in *ABC* sehr für die Arbeit von De Stijl eingesetzt hatte. Tatsächlich stand Meyers eigenes Schaffen bis 1927 fest auf dem Boden des Konstruktivismus, und erst 1928 vollzog er jenen radikalen Bruch in seinem Denken, der ihn zur Verurteilung von De Stijl, Konstruktivismus und Formalismus führte. Als dessen Konsequenz war am Bauhaus nun jegliche Berufung auf die Kunst verpönt. Einzig legitime Bezugspunkte der Arbeit waren noch die „lebensgemeinschaft" und die Erfüllung des „volksbedarfs".[34]

1928, als die Sowjetunion die staatliche Kollektivierung durchzusetzen begann, führte Meyer auf Basis seiner langjährigen Erfahrungen mit Genossenschaftsbewegungen am Bauhaus gemeinschaftliche Arbeitsformen ein. In diesem Zusammenhang fällt auf, dass in der Sowjetunion die Ablehnung von Abstraktion, Formalismus und künstlerischen Avantgarden unter staatlichem Zwang mit einer neuen Haltung zum Bauen und Gestaltung einherging, die erst später unter dem Begriff „sozialistischer Realismus" bekannt wurde. Stalinhörige Kunstkritiker wie Polikarp Lebedew denunzierten Anfang der 1930er-Jahre den Formalismus als westliche Infiltration und sein Aufkommen in der sowjetischen Kunst als Relikt des Kapitalismus, das dem Sozialismus besonders feindlich gesinnt sei. In der Folge wurde „Kunst als reine Form politisch gefährlich, und die abstrakte Kunst kam in Russland zum Erliegen".[35] In zwar zeitlicher, aber nicht inhaltlicher Parallele zu diesen sowjetischen Entwicklungen verwarf Meyer den Formalismus dagegen im Zuge seiner Bemühungen, das Bauen von Häusern als kollektives Schaffen neu zu denken. In diesem Sinn heißt es in „bauen" (1928): „bauen ist kein ästhetischer prozeß." Das Haus sollte sich nach Meyers Überzeugung allein aus seiner Funktion heraus bestimmen und wie eine Maschine aus einer Art von Massenproduktion hervorgehen. „das neue haus ist [...] ein industrieprodukt, und als solches ist es ein werk der spezialisten: volkswirte, statistiker, hygieniker, klimatologen, betriebswissenschaftler, normengelehrte, wärmetechniker."[36] „der architekt?", fragte Meyer und gab selbst die Antwort: „war künstler und wird ein spezialist der organisation!"[37] *bauen ist organisation"*, wiederholte er zusammenfassend, „soziale, technische, ökonomische, psychische organisation."[38] Ohne Zweifel als direkte Kritik an Meyers Ansatz stellte Moholy-Nagy im selben Jahr auf einer Tagung des Edelmetallgewerbes die Arbeit des Bauhauses als Streben nach der „biologischen Essenz" der Dinge dar und betonte, der Nützlichkeitsaspekt habe niemals allein im Mittelpunkt dieser Arbeit gestanden.[39]

Hannes Meyer sah sich vor eine klare Alternative gestellt: „Was tun? Akademie oder Bauhaus?"[40], und setzte die Antwort als gegeben voraus. Moholy-Nagy wollte eine Synthese von beiden. Meyer schrieb nach seiner Entlassung 1930 an Oberbürgermeister Hesse mit beißender Ironie: „Sie wollen nunmehr den Geist des Marxismus aus dem von mir so sehr verseuchten Bauhaus treiben." Es sei mithin an seinem Nachfolger Mies van der Rohe, „mit der

Spitzhacke und im seligen Gedenken an die moholytische Vergangenheit des Hauses meine Bauhausarbeit ab[zu]brechen".[41] Das Entscheidende an dieser Feststellung ist, dass Meyer das Erbe des Bauhauses als ein Erbe von Moholy-Nagy und nicht von Gropius definierte. Er brachte damit auf den Punkt, zwischen welchen Personen und Positionen die Frontlinien im Kampf um die Gestaltung am Bauhaus eigentlich verliefen.

Anmerkungen

1   Vgl. Galison, Peter. „Aufbau/Bauhaus: Logischer Positivismus und architektonische Moderne". *Arch+* 156 Mai (2001): S. 66–79. Auszug in diesem Buch.

2   Summerson, John. „The Case for a Theory of Modern Architecture". *RIBA Journal* Juni (1957): S. 309.

3   Schnaidt, Claude. *Hannes Meyer, Bauten, Projekte und Schriften.* Teufen, 1965, S. 20.

4   Vgl. Winkler, Klaus-Jürgen. *Der Architekt Hannes Meyer: Anschauungen und Werk.* Berlin, 1989.

5   Postkarte Meyer an Oud, Poststempel vom 26.4.1926, „Moholy-Nagy (mit dem ich Ostern in Zürich verbrachte)", Het Niewe Institut, Rotterdam. Der Herausgeber dankt Magdalene Droste für diesen Hinweis.

6   Meyer, Hannes. „Die neue Welt". In: *Bauen und Gesellschaft.* Dresden 1980, S. 31.

7   Schnaidt, S. 92.

8   Meyer-Bergner, Lena, hrsg. *Hannes Meyer. Bauen und Gesellschaft. Schriften, Briefe, Projekte.* Dresden, 1980, S. 42.

9   Schnaidt, S. 40.

10 Kleinerüschkamp, Werner, hrsg. *Meyer, Hannes 1889–1954. Architekt, Urbanist, Lehrer,* Ausstellungskatalog Bauhaus-Archiv und Deutsches Architekturmuseum, Berlin, 1989, S. 166 f.

11 Galison, S. 70.

12 Gropius, Ise. Zitiert in Engelbrecht u. a. *Moholy-Nagy: Mentor to Modernism.* Cincinnati, 2009, S. 276.

13 a. a. O.

14 Droste, Magdalena. *Bauhaus, 1919–1933.* Köln, 2002, S. 166.

15 Hannes Meyer an Adolf Behne. Zitiert in Droste, Magdalena, „Unterrichtsstruktur und Werkstattarbeit am Bauhaus unter Hannes Meyer". In: Kleinrüschkamp, S. 134 f.

16 Zitiert in Engelbrecht u. a., S. 276.

17 a. a. O.

18 Hüneke, Andreas, hrsg. *Oskar Schlemmer. Idealist der Form: Briefe, Tagebücher, Schriften. 1912–1943,* Leipzig, 1990, S. 190.

19 Moholy-Nagy, Sybil. *Laszlo Moholy-Nagy. Ein Totalexperiment.* Mainz, 1972, S. 51.

20 Vgl. Droste, Magdalena. *Bauhaus 1919–1933.* Köln, 1998, S. 164 ff.

21 Bergdoll, Barry, u. a., hrsg. *Bauhaus 1919–1932: Workshops for Modernity.* New York, 2009, S. 56.

22 Meyer, Hannes. „Mein Hinauswurf aus dem Bauhaus". In: Schnaidt, S. 102.

23 a. a. O.

24 Droste, Magdalena. „Enterbung des Nachfolgers. Der Konflikt zwischen Hannes Meyer und Walter Gropius". In: *Bauhaus-Streit 1919–2009: Kontroversen und Kontrahenten,* hrsg. von Philipp Oswalt, S. 70. Ostfildern 2009.

25 Droste, 1998, S. 196.

26 Ulbricht, Justus H. „Undeutsche Umtriebe. Attacken von Rechts, 1919–1933". In: Oswalt, 2009, S. 14 ff.

27 Droste, 1998, S. 196.

28 Schlemmer, Oskar. Brief an Otto Meyer-Amden, 23.1.1928. In: Schlemmer, Tut, hrsg. *Oskar Schlemmer. Briefe und Bücher.* München, 1958, S. 224.

29 Droste, S. 78. In: Oswalt, 2009.

30 Moholy-Nagy, S. 51.

31 a. a. O.

32 Schnaidt, S. 98.

33 Droste, S. 70. In: Oswalt, 2009.

34 Schnaidt, S. 100.

35 Gamwell, Lynn. *Mathematics and Art: A Cultural History.* Princeton, 2015, S. 309.

36 Schnaidt, S. 96.

37 a. a. O.

38 a. a. O.

39 Moholy-Nagy, László. „Eine bedeutsame Aussprache. Konferenz der Vertreter des Bauhauses Dessau und des Edelmetallgewerbes am 9. März 1928 in Leipzig". *Deutsche Goldschmiede-Zeitung* Nr. 13 (1928): S. 123 ff.

40 Schnaidt, S.104.

41 a. a. O.

Architektur oder Baukunst?
Die Architekturklassen an den deutschen Kunstakademien in den 1920er-Jahren

Julia Witt

Ausbildungswege für Architekten

Frühjahr 1932: Die frischgebackene Abiturientin Christa Schöder betritt frohgemut die Flure der Vereinigten Staatsschulen für freie und angewandte Kunst in Berlin, um Architektin zu werden. Doch im Immatrikulationsbüro kommt die Ernüchterung – abgelehnt! Einen Ratschlag hat man noch für sie: Gehen Sie doch nach Dessau ans Bauhaus![1]

Der Zugang zum Architektenberuf in der ersten Hälfte des 20. Jahrhunderts war nicht klar geregelt, das Ausbildungssystem war unübersichtlich oder führte für manch einen über Umwege zum Ziel. Für die junge Christa Schöder führte er übers Dessauer Bauhaus. Hier traf sie auf andere Studierende, welche keine Zulassung an der Berliner Kunsthochschule erhalten hatten. Architektur am Bauhaus in Dessau zu studieren, war durchaus eine mutige Entscheidung, denn an der städtischen Institution konnte der Studiengang nur mit einem nicht allgemein gültigen Zeugnis, dem „bauhaus-diplom", abgeschlossen werden. Zudem war der Studiengang noch sehr jung; er existierte erst seit 1927 mit Berufung von Hannes Meyer und war ab 1930 durch Ludwig Mies van der Rohe grundlegend verändert worden.

Zwar hatte sich Walter Gropius bereits 1919 bei der Gründung des Bauhauses in Weimar bemüht, die Architektur zum festen Bestandteil der Lehre zu machen. Er war aber in den Anfangsgründen steckengeblieben mit einer Kooperation mit der örtlichen Weimarer Baugewerkenschule 1919 und mit der Schaffung einer Architekturabteilung 1924, die mehr oder minder nur auf dem Papier existierte. Nach einer Eingabe von Studierenden hatte sich zwar die Stundenzahl bauspezifischer Fächer erhöht, doch Architekt hatte mit diesem minimalen Kursangebot niemand werden können. Dabei hatte Gropius

1919 bewusst den Namen Bauhaus für die ihm unterstehende Institution gewählt, in seinem Bauhausmanifest den Bau als Endziel aller künstlerischen Tätigkeit beschworen.

Der Beruf des Architekten war in der Weimarer Republik noch nicht geschützt. Blickt man allein auf die Biografien der Bauhauslehrer, so ist offensichtlich, dass Zugang und Ausübung des Architektenberufs viel unbeschränkter möglich waren, als dies heute der Fall ist. Walter Gropius blickte auf ein abgebrochenes Architekturstudium an der Technischen Hochschule zurück. Hannes Meyer und Ludwig Mies van der Rohe hatten beide eine bauhandwerkliche Ausbildung und Fortbildung zum Bauzeichner absolviert und im Anschluss in renommierten Architekturbüros gearbeitet, um ihren Beruf von der Pike auf zu erlernen. Zudem hatten beide an der Berliner Kunstgewerbeschule Kurse besucht. Sich vom Handwerker zum Architekten fortzubilden und hochzuarbeiten, war ein traditioneller, über die Jahrhunderte praktizierter Weg. Erst im Laufe des 19. Jahrhunderts hatte sich im Zuge der Professionalisierung des Bauwesens ein Netz an schulischen Institutionen entwickelt. Dabei bildeten sich regionale Lehrtraditionen heraus, welche jedoch im Laufe der Jahrzehnte eine divergierende Entwicklung nahmen. Die Trägerschaft der einzelnen Institutionen war nicht einheitlich geregelt, und erst Ende der 1920er bemühte man sich um reichsweite Vergleichbarkeit von Ausbildungen und Abschlüssen.

Der übliche Weg in den Architektenberuf führte über das Architekturstudium an einer Technischen Hochschule. Im Deutschen Reich existierten an acht Technischen Hochschulen Architekturabteilungen. Für die Zulassung zum Studium war ein Abitur unerlässlich. Hier wurde auch der Nachwuchs für die staatlichen Bauverwaltungen herangebildet, und das in hoher Zahl. Allein in Preußen waren im Studienjahr 1927/28 fast 600 Architekturstudierende immatrikuliert.[2]

Auch Bauhandwerker konnten Architekten werden. Dafür mussten sie allerdings verschiedene Ausbildungsstufen durchlaufen. Ein typischer Weg führte über eine Baugewerkschule, welche die weitere Ausbildung zu Bautechnikern übernahm. Im Deutschen Reich existierten in den 1920er-Jahren etwa 50 Baugewerkschulen, davon die Hälfte auf preußischem Territorium. Der Bauunterricht an den preußischen Baugewerkschulen dauerte fünf Semester.

Ab 1927 galt in Preußen, dem süddeutschen Vorbild folgend, der Mittelschulabschluss als Eingangsvoraussetzung. Unterrichtet wurde insbesondere der Entwurf von Wohnbauten. Denn die Mehrzahl der Wohngebäude der Zeit wurden immer noch von Baugewerksmeistern beziehungsweise Baumeistern entworfen und errichtet.

Architekturlehre an den deutschen Kunstakademien

Der dritte Weg in den Architektenberuf führte über eine Kunstakademie.[3] Im Gegensatz zu den Technischen Hochschulen war hier kein Abitur für den Zugang notwendig; es wurden künstlerisches Talent und in der Regel das Abschlusszeugnis einer Baugewerkschule gefordert. Im Deutschen Reich existierten zehn Kunstakademien, fünf von ihnen boten im Lehrplan Architektur an. Abgesehen von Dresden in Sachsen handelte es sich ausschließlich um preußische Institutionen. Berlin und Düsseldorf leisteten sich große Abteilungen mit mehreren Lehrkräften. Die Kunstakademien Kassel und Breslau fokussierten hauptsächlich auf die Weiterbildung von Absolventen von Baugewerkschulen, indem sie im Verlauf der 1920er-Jahre besondere, hierauf zugeschnittene Lehrgänge auflegten.

Die Architekturklassen und -abteilungen in den 1920er-Jahren verdankten ihre Existenz und Ausprägung der ab 1918 umgesetzten Reformen an den deutschen Kunstakademien als Folge der Kunstschulreformdebatten der 1910er-Jahre. Viele der Architekturlehrer hatten sich aktiv an der Diskussion um ein neues künstlerisches Bildungswesen beteiligt: Walter Gropius in Weimar mit seinem Bauhausmanifest und -programm, welche er reichsweit an Kunsthochschulen und Ministerien verschickte, um sie publik zu machen; Bruno Paul, der in Berlin eng mit dem preußischen Kultusministerium zusammenarbeitete; August Endell in Breslau. Jeder gestaltete die ihm unterstehende künstlerische Lehrinstitution und damit auch die Architekturlehre nach seinem eigenen Konzept.[4]

Trotz schwieriger Quellenlage lassen sich grundsätzliche Aussagen über die verbindenden und trennenden Elemente des Architekturunterrichtes an den

Kunstakademien treffen. Denn auch hier gab es verschiedene Traditionslinien. So gingen die Architekturabteilungen an zwei Kunstakademien auf andere Vorgängereinrichtungen zurück: die bis 1918 existierende Düsseldorfer Kunstgewerbeschule sowie die 1924 aufgelöste Unterrichtsanstalt des Berliner Kunstgewerbemuseums.

Im Folgenden soll anhand der drei Beispiele Berlin, Kassel und Dresden das Spektrum der Architekturausbildung an den deutschen Kunstakademien aufgezeigt werden.

Die 1924 neugegründeten Vereinigten Staatsschulen für freie und angewandte Kunst in Berlin waren – wie das Bauhaus in Weimar – durch Fusion der staatlichen Kunsthochschule und Kunstgewerbeschule entstanden. Die Institution verfügte über eine vollständige Architekturabteilung. Jene war ab 1907 von Bruno Paul als damaligem Direktor der Unterrichtsanstalt des Kunstgewerbemuseums (Kunstgewerbeschule) aufgebaut worden. Die Architekturabteilung bestand aus drei Lehrbereichen: erstens „Architektur und Gartenanlage" und Innenarchitektur, zweitens Wand- und Glasmalerei und drittens Bauplastik. Hierin wurden die Studierenden – abgesehen von einigen Grundlagenfächern – getrennt unterrichtet. Dieser Fächerkanon zeigt deutlich, dass unter Architektur nicht allein das reine Bauen, sondern ein tradierter baukünstlerisch-kunsthandwerklicher Ansatz verstanden wurde. Die reine Baulehre lag Ende der 1920er-Jahre in den Händen von Franz Seeck (1874–1944) als Abteilungsleiter, Bruno Paul (1874–1968), Alfred Grenander (1863–1931) und Heinrich Tessenow (1876–1950).

Wie sah es um 1927 im Lehrbereich Architektur/Innenarchitektur aus? Das Studium teilte sich in eine Unterstufe („Fachschule"), die neben Atelierunterricht „Bauaufnahme und Detail", architektonisches Skizzieren, Innenarchitektur sowie Projektion und Perspektive beinhaltete, sowie die darauf aufbauende Oberstufe („Hochschule (Ateliers)"). Laut Franz Seeck wurde bei der Fachausbildung großen Wert auf das Freihandzeichnen gelegt, welches mit neun Wochenstunden als Pflichtfach vorgesehen war. Die technischen Sonderfächer nahmen hingegen nur einen geringen Raum ein. Bruno Paul, Direktor der Vereinigten Staatsschulen, und Alfred Grenander widmeten sich ausschließlich den fortgeschrittenen Studierenden im Atelier. Das

Lehrkonzept war stark praxisgebunden. Es sah eine Beteiligung der Studierenden an privaten Aufträgen vor. Bereits im Jahr 1910 hatte sich Le Corbusier über den Unterricht in Berlin sehr positiv geäußert: „Bruno Paul und Alfred Grenander behandeln ihre besten Schüler absolut wie Angestellte. Sie profitieren somit vom Unterricht, praktizieren gleichzeitig in einem der besten Architekturbüros Deutschlands und werden noch dazu bezahlt!"[5] Wie der Unterricht im Detail aufgebaut war und welche konkreten Aufgaben die Studierenden im Einzelnen übernahmen, kann kaum noch nachvollzogen werden.

Die Kunstakademie Kassel bildete freie Künstler und Zeichenlehreramtsanwärter aus. Man hatte sich 1911 entschlossen, allgemeines Wissen aus dem Bereich der Baukunst und Baugeschichte in einem sogenannten Architekturunterricht anzubieten. Doch nach dem Ersten Weltkrieg fanden diese Kurse keinerlei Interesse bei den Studierenden mehr. Die Gesamtkrise der Akademie ist wesentlich dem Direktor, dem impressionistischen Maler Carl Bantzer (1857–1941), zuzuschreiben. Er verharrte in einer auf regionalen Traditionen fußenden Kunstauffassung und verlor sowohl im eigenen Hause als auch im preußischen Kultusministerium jeglichen Rückhalt. Die Berufung des Architekten Hans Soeder (1891–1962) im Jahre 1923 zum Architekturprofessor und die gleichzeitige Ernennung zum geschäftsführenden Rektor läutete an der Kasseler Kunstakademie eine neue Ära ein. Hans Soeder war Mitglied des Deutschen Werkbundes und der gemäßigten Richtung des Neuen Bauens zuzurechnen. Unter anderem hatte er sich am Wettbewerb für ein Hochhaus am Bahnhof Friedrichstraße in Berlin 1921 beteiligt. Sein vorrangiges Interesse galt dem Holzbau und dessen Bedeutung für das Siedlungsbauwesen. Soeder stellte den Architekturunterricht an der Kasseler Kunstakademie auf eine vollkommen neue Basis. Er ersetzte den Architekturunterricht für Künstler durch einen vollwertigen Unterricht für Bauhandwerker und -techniker und baute die von ihm als Architekturschule bezeichnete Abteilung neu auf. Als Unterstufe richtete er 1926 einen dreisemestrigen Lehrgang für Baugewerkschulabsolventen ein. Der Lehrgang wurde in Kooperation mit dem Regierungspräsidium Kassel, dem Bund Deutscher Architekten und der Baugewerkschule Kassel durchgeführt und beinhaltete die Fächer Entwurf

(Soeder), Industriebau, freitragende Holzkonstruktionen, Modellieren und Modellbau sowie Baurecht. Soeder verfolgte damit das Ziel, „die Studierenden zu wertvollen Mitarbeitern heranzubilden und das Bauwesen der Provinz durch den Zustrom umfassend durchgebildeter, künstlerisch befähigter Architekten zu fördern".[6]

Eine Vielzahl der Studierenden stand bereits im Berufsleben; es handelte sich zumeist um Söhne von Architekten oder Inhabern von Baugeschäften, die in den Familienbetrieb eingebunden waren. Genau auf den Bedarf dieser Studierenden hin entwickelte Soeder einen praxisorientierten Unterricht. Um das Pensum für die Berufstätigen absolvierbar zu halten, setzte er auf die Einführung von Blockveranstaltungen. Wesentlich waren zudem Reisen, wie zum Beispiel nach Frankfurt am Main und Stuttgart, um neue Entwicklungen im Eisenskelett- und Eisenbetonbau zu verfolgen. Ebenso plante er 1928, befähigte Studierende als Bauleiter auf seinen eigenen Baustellen zu beschäftigen. Eine Aufnahme ins Lehratelier Soeders war nach Abschluss des Lehrganges nur den Begabtesten vorbehalten, welche damit die Möglichkeit erhielten, sich unter Soeders Führung zu selbstständigen Baukünstlern weiterzuentwickeln.

Der Hans Soeder 1925 nachgefolgte Akademierektor Curt Witte war 1928 voll des Lobes: Soeders „entschiedene, grundsätzliche Vertretung der neuen Baugesinnung [habe] der Architekturschule ihren Charakter gegeben und sie [habe] sich durch seine gewissenhafte und hingebende Lehrtätigkeit gut entwickelt", was ebenfalls die aus der Architekturschule hervorgegangenen Arbeiten bewiesen.[7] Mit Erneuerung seines Zeitvertrages wurde es Soeder möglich, sein Lehrkonzept bis zur Schließung der Kunstakademie Kassel im Jahr 1932 konsequent weiterzuverfolgen.

Der politische Umbruch 1918 erzeugte an der Königlich Sächsischen Kunstakademie Dresden einen Umschwung. Es wurden eine neue Verfassung und geänderte Lehrpläne ausgearbeitet. 1920 erwirkte die Akademie den Weiterbestand ihres Ateliers für Baukunst durch Schaffung einer eigenständigen Architekturprofessur, welche letztlich mit dem Architekten Heinrich Tessenow (1876–1950) besetzt wurde. Mit dem für die Deutschen Werkstätten und die Gartenstadt Hellerau prägenden Architekten setzte man demonstrativ

	Abteilung für Architektur			Abteilung für freie Kunft			Abteilung für angewandte Kunft			
	Abteilungsvorftand: Prof. F. Seeck			Abteilungsvorftand: Prof. Gerftel			Abteilungsvorftand: Prof. Böhm			
	Architektur u. Garten-anlage Innen-architektur	Wand- u. Glasmalerei	Bauplaftik	Malerei	Plaftik	Graphik	Dekorative Malerei	Dekorative Plaftik, Me-tallbearbeitg.	Gebrauchs-graphik	Allgemeine Dekoration
A Hochfchule (Ateliers)	Architektur u. Garten-anlage Innen-architektur	Wand- u. Glasmalerei	Bauplaftik	Malerei	Plaftik	Graphik	Dekorative Malerei	Dekorative Plaftik, Metall-bearbeitung	Gebrauchs-graphik	Allgemeine Dekoration
B Fachfchule Fach- und „Zeichenklaffen	Architektur u. Garten-anlage Innen-architektur	Wand- u. Glasmalerei	Bauplaftik	Zeichnen	Plaftik	Graphik	Dekorative Malerei	Dekorative Plaftik, Metall-bearbeitung	Gebrauchs-graphik	Allgemeine Dekoration
A und B Gemeinfame Fachklaffen	Bauaufnahme u. Detail Innenaufnahme u. Detail Architekton. Skizzieren			Aktfaal Maltechn. Übungen Steinplaftik Erzplaftik Keramifches Modellieren Perfpektive			Aktfaal Maltechnifche Übungen Steinplaftik Erzplaftik. Metallplaftik Keramifches Modellieren Pflanzenmodellieren Angewandte Schrift u. Buchtechnik Perfpektive			
	Architektur: Proff. Bruno Paul, Grenander, F. Seeck, Teffenow Bauaufnahme: Prof. Büning Arch. Skizzieren: Prof. Böhland, Maler Becker Innenaufn.: Arch. Bohnen u. Herbener Bauplaftik: Prof. Reger, Scharff Wand- u. Glasmalerei: Prof. Klein, Kutfchmann, Ströbe, Weiß			Malerei: Proff. Hofer, Plontke, Spiegel Zeichnen: Proff. Klewer, Spiegel, Wolffeld Plaftik: Proff. Gerftel, Klimfch, Kluge (Erz), Diederich (Stein), Gothe (Keramik) Graphik: Proff. Meid, Orlik Maltechn. Übungen: Prof. Sandkuhl Perfpektive: Prof. O. Seeck Farbenchemie: Prof.Dr.Täuber, Geh. R.-Rat			Malerei: Proff. Ströbe, Weiß Plaftik: Proff. Gies, Reger, Scharff Allg. Dekoration: Proff. Böhm, Scherz, Ströbe Graphik: Proff. Barthing, Böhm, Hadank, Orlik Metall: Prof. Grenander i.V. Aktfaal: Prof. Klewer. Maltechn. Übungen: Prof. Dannenberg. Steinplaftik: Prof. Diederich. Erzplaftik: Prof. Kluge. Metallplaftik: Raemifch. Pflanzenmodellieren: Prof. Bloßfeldt. Keram. Modellieren: Prof. Gothe. Schrift- und Buchtechnik: Schwab. Perfpektive: Prof. O. Seeck.			
Vorträge	Vorträge allgemeiner Art und Spezialvorträge der einzelnen Abteilungen nach Anfchlag am fchwarzen Brett.									
Gemeinfame Ergänzungs-klaffen	Akt-, Kopf- u. Koftümzeichnen: Proff. Koch, Prof. Henfeler, Maler Fürher. Gegenftändliches Zeichnen: Prof. O. Seeck. Tierzeichnen: Maler Mickelait. Farbenchemie: Prof. Dr. Täuber, Geh.-Rat. Aktmodellieren: Bildhauer Röttger. Zeichnen nach Geräten, Möbeln ufw.: Maler Becker. Schrift: Graphiker Hoyer, Schwab. Anatomie: Prof. Körte. Projektion u. Perfpektive: Prof. O. Seeck, Architekt Kaiser. Innenaufnahme und Detail: Arch. Bohnen u. Herbener.									
Gemeinfame Werkftätten	Farben- u. Maltechnik: Prof. Dannenberg, Prof. Sandkuhl, Holff. Plaftik: Hitberger (Holz); Prof. Diederich (Stein). Erzguß: Prof. Kluge; Zifelieren u. Treiben: Raemifch. Edelmetall: Zeitner. Email: Frl. Baftanier. Graphik: Schwab. Steindruck: Michel. Kupferdruck: Michel. Buchdruck: Blume. Holzfchnitt: Bangemann. Glasmalerei: Schwab. Textiltechnik: Städt. Höhere Fachfchule f. Textil- u. Bekleidungs-Induftrie. Stickerei: Frl. Schütz. Buchbinderei: N. N. Töpferei: N. N.									

Januar 1927.

Der Direktor Prof. Bruno Paul.

Stundenplan der Vereinigten Staatsschulen Berlin, 1927

Gebäude der Vereinigten
Staatsschulen Berlin

Kunstakademie Kassel, 1912

Hans Soeder, Kunstakade-
mie Kassel: Typenhaus in
konventioneller Bauweise
und industrialisierter Bauweise, um 1925

auf Regionales. Tessenow blickte zudem auf langjährige Erfahrungen in der Lehre zurück: Nach verschiedenen Lehrtätigkeiten an Baugewerkschulen hatte er 1909/10 als Assistent Martin Dülfers an der TH Dresden gearbeitet und ab 1913 eine Stelle an der Kunstgewerbeschule in Wien angenommen, zuletzt als Leiter der Fachklasse für Architektur, Bau- und Konstruktionslehre. Trotz Tessenows Bedeutung als Architekt und Lehrer löste sein Kommen an die Kunstakademie Dresden keinen Strom neuer Studierender aus: Im Winterhalbjahr 1922/23 waren nur elf Studierende eingeschrieben. Tessenows Lehre fokussierte zeitaktuelle Bauaufgaben wie Kleinwohnungsbau, Schul- und Sozialbauten. Sein handwerklich basierter Stil begeisterte seine Studierenden. Doch als sich das Kultusministerium weigerte, seinen Assistenten weiter zu finanzieren, zog Tessenow die Schlussfolgerung und ging 1926 nach Berlin.

Unter dem Nachfolger Wilhelm Kreis (1873–1955) stieg die Studierendenzahl innerhalb weniger Jahre auf mehr als 30 an. Kreis pflegte ein konsequentes Werkstattprinzip. Es war ihm wichtig, die Studierenden an realen Projekten mitarbeiten zu lassen. Er lobte Studienwettbewerbe aus und ließ „in einer systematischen Reihenfolge Aufgaben aus allen Bereichen des Bauens bearbeiten".[8] Kreis, der auf eine ganzheitliche, umfassende geistige Bildung setzte, führte mit seinen Studierenden als einziger Professor der Dresdener Kunstakademie Studienreisen an weit entfernte Ziele durch. Ganz dem bildungsbürgerlichen, humanistischen Ideal verpflichtet, ging es 1929 nach Italien und 1931 nach Griechenland und in die Türkei an die Stätten der klassischen Antike. Kreis hatte in Dresden einen guten Stand: sowohl bei seinen Studierenden und bei seinen Kollegen an der Kunstakademie (zweimal wurde er von diesen zum geschäftsführenden Rektor gewählt) als auch in Verwaltung und Politik. Das Kultusministerium hatte ihm 1926 ein ungewöhnlich hohes Gehalt nebst Assistentenstelle anstandslos zugesprochen. Gleichzeitig mit der Übernahme seiner Lehrtätigkeit hatte er den prestigeträchtigen Auftrag für den Bau des Deutschen Hygiene-Museums erhalten. Seine Studierenden band Kreis konsequent in seine eigenen Bauprojekte ein. Als sich seine Auftragslage aufgrund der Weltwirtschaftskrise 1931 grundlegend verschlechterte, bangte er kurzzeitig um seine Lehrerfolge. Seine Stellung in Sachsen war derart gefestigt und sein Ansehen so hoch, dass er für seine Studierenden einen Diplom-Titel forderte, wenn auch ohne Erfolg. Seit 1925 durften die Absolventen der Dresdener Kunstakademie bereits die Berufsbezeichnung „Akademischer Architekt" führen; etwas Einmaliges, das keine weitere deutsche Kunstakademie zu dieser Zeit ministeriell durchzusetzen vermochte.

Architektur oder Baukunst?

Die Architekturlehre an den Kunstakademien der 1920er-Jahre basierte auf einem traditionellen Meister-Schüler-Verhältnis, wie es von jeher in Kunst und Handwerk gepflegt worden war. Gerade dieses alt hergebrachte System bot die Gewähr für einen handwerklich basierten, künstlerisch anspruchsvollen und persönlich intensiv betreuten Unterricht. Im Vergleich mit den Technischen Hochschulen waren die Studierendenzahlen an den Kunstakademien winzig. An den preußischen Technischen Hochschulen waren im Jahr 1928 mehr als 700 Architekturstudierende, an den Kunstakademien hingegen nur 90 Studierende eingeschrieben. Für Berlin stellt sich das Ungleichgewicht sehr eindeutig dar: Etwa 500 Studierenden an der TH standen 28 Studierende an den Vereinigten Staatsschulen gegenüber; Massenstudium versus individuelle Einzelbetreuung. Qualität statt Quantität war die Devise der Kunstakademien. An den Kunstakademien gab es im Gegensatz zu den Technischen Hochschulen keine staatlich festgeschriebenen Lehrpläne und Prüfungsordnungen. Die Lehrer bezogen ihre Studierenden in eigene Bauprojekte ein und sorgten so für stets hochaktuellen Lehrstoff. Dieses System sah Studium und Berufsleben als Einheit und nicht als Abfolge an. In den wirtschaftlich und gesellschaftlich turbulenten Zeiten der Weimarer Republik ein hohes Gut.

Entscheidend für den Erfolg oder Misserfolg dieses Lehrsystems ohne feste Vorgaben waren die Persönlichkeit und fachliche Kompetenz der Lehrenden, in deren Händen Inhalte und Ausrichtung des Studiums lagen. So unterschiedlich die Persönlichkeiten waren, so unterschiedlich gestalteten sich die Studieninhalte. Paul und Grenander, die, in der Kunstgewerbebewegung fußend, Baukunst und Raumkunst als unzertrennliche Einheit verstanden, lag das Zusammenspiel der Architektur mit den anderen Künsten besonders am Herzen. Soeder, der sich weniger als Baukünstler sah, beschäftigte sich als Architekt von Siedlungsbauten mit der in der Nachkriegszeit hochnötigen Schaffung erschwinglichen Wohnraums. Eine stilistische Festlegung erachtete er als nachrangig. Ganz anders Kreis, der sich als Architekt von Monumentalbauten als Baukünstler, in Jahrhunderte alter Tradition stehend, verstand und seinen Schülern sein humanistisches Bildungsideal mit auf den Weg geben wollte. An den Kunstakademien der Weimarer Republik war die Künstlerpersönlichkeit des Lehrenden ausschlaggebend für Qualität und Erfolg der Lehre. Ob er seine Lehraufgabe unter dem Topos Architektur oder Baukunst wahrnahm, scheint den Beteiligten kaum eine Diskussion wert gewesen zu sein. Geschätzt wurden ein reibungsloser Studienablauf in kreativer Atmosphäre und die Möglichkeit für alle Beteiligten, in Zeiten schwerster Wirtschaftskrisen dabei auch noch real planen und bauen zu können.

Die Arbeit der Architekturabteilungen der Kunstakademien war durch eine lange personelle Kontinuität geprägt. In Berlin hatte der Lehrkörper in nahezu selber Zusammensetzung bereits kurz nach 1900 bestanden. In Kassel war 1923 mit Hans Soeder eine Persönlichkeit an die Kunstakademie berufen worden, welche, vom Lehrkörper akzeptiert und von den Behörden geschätzt, bis zur Schließung der Institution im Jahr 1932 wirkte. Wilhelm Kreis lehrte ab 1926 für anderthalb Jahrzehnte an der Kunstakademie Dresden, nachdem er bereits von 1908 bis 1926 kontinuierlich als Architekturlehrer in Düsseldorf gewirkt hatte, zuerst an der dortigen Kunstgewerbeschule, dann an der Kunstakademie. Dies ist ein grundsätzlicher Unterschied, welche die Architekturlehre an den Kunstakademien von der am Bauhaus schied. Durch Direktorenwechsel, Veränderungen des Selbstverständnisses der Schule, damit einhergehend der Lehrkonzepte und des Lehrkörpers und sogar des Schulstandortes und der Trägerschaft, definierte sich am Bauhaus alles ununterbrochen neu und war stets im Wandel begriffen. In dieser enormen Beweglichkeit lag die Besonderheit des Bauhauses. Von der Stadtverwaltung Dessau, in dessen Trägerschaft es sich ab 1926 befand, erhielt es umfassende Förderung und Unterstützung. Dem Bauhaus wurde bei der Zusammenstellung des Lehrkörpers, der Gestaltung des Lehrplanes und der allgemeinen Organisation der Institution weitestgehend freie Hand gelassen. Die Lehrer des Bauhauses gehörten ausnahmslos avantgardistischen Kreisen an, und es befanden sich auch einige Ausländer darunter. Für die Architektenausbildung seien hier Anton Brenner aus Österreich und Edvard Heiberg aus Dänemark genannt.

Die staatlichen Kunstakademien agierten dagegen in ganz anderen Rahmenbedingungen. Aufgrund der administrativen Struktur und des Unterstellungsverhältnisses unter ein Kultusministerium war die direkte Auswahl des Lehrpersonals durch die Schulleitung so gut wie unmöglich, es durften lediglich Vorschläge unterbreitet werden. Ausländisches Lehrpersonal kam bis auf wenige Ausnahmen für ein staatliches Anstellungsverhältnis nicht in Betracht. Der Schwede Alfred Grenander war solch ein Sonderfall. Jener verfügte aber über einen Studienabschluss der Technischen Hochschule in Berlin und ein eigenes, erfolgreiches Architekturbüro ebendort, hatte somit bereits vor seiner Berufung eine preußische Berufskarriere.

Die Kunstakademien konnten nicht ausnahmslos mit avantgardistischen Lehrkräften wie das Bauhaus aufwarten, doch waren deren Architekturlehrer als freie Architekten beruflich sehr erfolgreich und gesellschaftlich anerkannt. Einige hatte sich dem Neuen Bauen verschrieben, waren Mitglieder des Deutschen Werkbundes oder des Rings wie Hans Soeder in Kassel, Emil Fahrenkamp in Düsseldorf oder Adolf Rading und Hans Scharoun in Breslau.

Strukturell war das Baulehre-Studium am Bauhaus mit dem an den Kunstakademien vergleichbar. Es gab ein Meisterklassenprinzip mit begrenztem Fächerangebot für eine geringe Anzahl Studierender. Ebenfalls bestand ein enger Zusammenhang zwischen dem Lehralltag und dem Privatbüro des Lehrers. Eine Besonderheit des Bauhauses während des Direktorats von Hannes Meyer war, dass nicht allein die Lehrer, sondern dass es als Institution selbst Bauprojekte realisierte, bei denen die Studierenden verantwortlich mit eingebunden wurden, wie beim Bau der Laubenganghäuser Dessau-Törten. Dies fällt mit Meyers Konzept der Weiterentwicklung des Studiums in Richtung Projektstudium, verbunden mit einer stärkeren Selbstorganisation der Studierenden zusammen. Um das Meisterklassenprinzip aufzubrechen und neue Tendenzen aufzunehmen, wurden Gastlehrer ins Studium am Bauhaus einbezogen, die in einzelnen Semestern Blockveranstaltungen abhielten. Zum einen sollten auf diese Weise moderne Architekten wie etwa Mart Stam neue Impulse geben, zum anderen sollten Kurse aus den Bereichen Finanzierung, Buchhaltung und Kalkulation wesentliche Lücken für den Berufsalltag schließen. An der Kunstakademie Kassel löste Hans Soeder diese Aufgabe durch die Kooperation mit der örtlichen Baugewerkschule, den Baubehörden und Kräften aus der freien Wirtschaft. Die Kunstakademie Dresden unterhielt eine Regelung der Gasthörerschaft mit der örtlichen Technischen Hochschule, die Kunstakademie Düsseldorf bezog Mitarbeiter der Stadtverwaltung in die Lehre ein.

Es kann grundsätzlich festgestellt werden, dass das Architekturstudium am Bauhaus und an den Kunstakademien über ähnliche Strukturen verfügte. Inhalte und Konzepte der Lehre waren keinerlei staatlichen Vorgaben unterworfen, wie diese für die Technischen Hochschulen bestanden.

Wie an den Kunstakademien war auch am Bauhaus die Persönlichkeit der Lehrenden ausschlaggebend für Studieninhalte und -qualität. Der wesentliche Unterschied zwischen beiden Ausbildungswegen bestand in der personellen und künstlerischen Kontinuität an den Kunstakademien, der ein ständiger, von kreativen Sprüngen beherrschter Wechsel am Bauhaus gegenüberstand.

Anmerkungen

1   Die Daten nach: Bauer, Corinna Isabel. *Bauhaus-
     und Tessenow-Schülerinnen. Genderaspekte im
     Spannungsverhältnis von Tradition und Moderne.*
     Kassel, 2003, S. 80, FN 219.

2   Statistisches Jahrbuch für Preußen26 (1930),
     S. 224.

3   Siehe dazu auch die ausführliche Darstellung der
     Autorin: Witt, Julia. „Architekturlehre an den Kunst-
     akademien in der Weimarer Republik." In: *Vom
     Baumeister zum Master. Formen der Architektur-
     lehre vom 19. bis ins 21. Jahrhundert*, hrsg. von
     Carola Ebert, Eva Maria Froschauer und Christiane
     Salge. Forum Architekturwissenschaft, Bd. 3, in
     Vorbereitung.

4   Hier sei verwiesen auf die derzeitigen Forschungen
     der Autorin. Laufende Dissertation „Reformen an
     den Kunstakademien im Deutschen Reich 1910–
     1942", Technische Universität Berlin, Institut für
     Kunstwissenschaft und Historische Urbanistik,
     Fachgebiet Kunstgeschichte.

5   Jeanneret-Gris, Charles-Éduard (Le Corbusier).
     Étude sur le Mouvement d'Art Décoratif en
     Allemagne. 1912, S. 67. Zitiert nach: Brachmann,
     Christoph, und Thomas Steigenberger. „Das Werk
     Alfred Grenanders (1863–1931)". In: *Ein Schwede
     in Berlin. Der Architekt und Designer Alfred Grenan-
     der und die Berliner Architektur (1890–1914)*,
     hrsg. von Christoph Brachmann und Thomas
     Steigenberger, S. 70. Korb, 2010.

6   Soeder an die Leitung der Kunstakademie Kassel,
     22.3.1928. Hessisches Staatsarchiv Marburg
     (HStAM), 150 Nr. 1680, Bl. 157.

7   Kunstakademie Kassel, Witte, an preußisches
     Kultusministerium, 1.6.1928. HStAM, Best. 150,
     Nr. 1680, Bl. 166.

8   Hochschule der Bildenden Künste Dresden, hrsg.
     *Dresden. Von der Königlichen Kunstakademie zur
     Hochschule für Bildende Künste 1764–1989.*
     Dresden, 1990, S. 290 f.

bauhaus und gesellschaft

Hannes Meyer

wir erkennen
in jeglicher lebensrichtigen gestaltung
eine organisationsform des daseins.
wahrhaft verwirklicht
ist jede lebensrichtige gestaltung
ein reflex der zeitgenössischen gesellschaft. –
bauen und gestalten sind eins,
und sie sind ein gesellschaftliches geschehnis.
als eine „hohe schule der gestaltung"
ist das bauhaus dessau kein künstlerisches,
wohl aber ein soziales phänomen.

als gestalter
ist unsere tätigkeit gesellschaftsbedingt,
und den kreis unserer aufgaben schlägt die gesellschaft.
fordert nicht heute in deutschland unsere gesellschaft
tausende von volksschulen, volksgärten, volkshäusern?
hunderttausende von volkswohnungen??
millionen von volksmöbeln???
(was frommt hiegegen das piepsen irgendwelcher kenner)
(nach den kubistischen kuben der bauhaus-sachlichkeit?)
sonach erachten wir als gegeben
die struktur und die lebensbedürfnisse
unserer volksgemeinschaft.
wir erstreben den größtmöglichen überblick über das volksleben,
die größtmögliche einsicht in die volksseele,
die größtmögliche kenntnis dieser volksgemeinschaft.
als gestalter

sind wir diener dieser volksgemeinschaft.
unser tun ist dienst am volke.

alles leben ist drang zur harmonie.
wachsen heißt
das streben nach harmonischem genuß von
sauerstoff + kohlenstoff + zucker + stärke + eiweiß.
arbeiten heißt unser suchen nach der harmonischen daseinsform.
wir suchen keinen bauhausstil und keine bauhausmode.
keine modisch-flache flächenornamentik
horizontal-vertikal geteilt und neoplastisch aufgepäppelt.
wir suchen
keine geometrischen oder stereometrischen gebilde,
lebensfremd und funktionsfeindlich.
wir sind nicht in timbuktu:
ritual und hierarchie
sind keine diktatoren unserer gestaltung.
wir verachten jegliche form,
die zur formel sich prostituiert.
so ist das endziel aller bauhausarbeit
die zusammfassung aller lebenbildenden kräfte
zur harmonischen ausgestaltung unserer gesellschaft.

als bauhäusler sind wir suchende:
wir suchen das harmonische werk,
das ergebnis bewußter organisation
der geistigen und seelischen kräfte.
jedes menschen werk ist zielgerichtet
und des gestalters welt blickt daraus.
dieses ist seine lebenslinie.
so wird unser werk kollektiv gerichtet
und volksbreit geschichtet
weltanschauliche demonstration.

kunst?! alle kunst ist ordnung.

ordnung der auseinandersetzung mit diesseits und jenseits,

ordnung der sinneseindrücke des menschenauges,

und je nachdem subjektiv, persönlich gebunden,

und je nachdem objektiv, gesellschaftsbedingt.

kunst ist kein schönheitsmittel,

kunst ist keine affektleistung,

kunst ist nur ordnung.

klassisch:

im modul der logischen raumlehre des euklid,

gotisch:

im spitzen winkelmaß als raster der leidenschaft,

renaissance: im goldenen schnitt als regel des ausgleichs.

kunst war immer nur ordnung.

wir heutigen ersehnen durch kunst ausschließlich

die erkenntnisse einer neuen objektiven ordnung,

bestimmt für alle,

manifest und mittler einer kollektiven gesellschaft.

so wird

kunstlehre zur systematik der ordnungsgesetze

und unentbehrlich jedem gestalter.

so wird

künstler kein beruf,

sondern die berufung zum ordner.

so wird auch

bauhauskunst ein versuchsmittel objektiver ordnung.

die neue bauschule

als eine erziehungsstätte zur lebensgestaltung

trifft keine begabten-auslese.

sie verachtet

affenhafte geistige beweglichkeit als begabung,

sie achtet die gefahr der geistigen sektenbildung:
inzucht, egozentrik, weltfremdheit, lebensferne.
die neue bauschule
ist eine prüfsteile der eignung.
irgendwo ist irgendwer geeignet.
das leben lehnt keinen ab.
eignung zur symbiose
durchblutet jedes einzelwesen.
dergestalt ergreift erziehung zur gestaltung
den ganzen menschen.
entfernt hemmung, beklemmung, verdrängung.
beseitigt vorwand, vorurteil, voreingenommenheit.
sie vereinigt die befreiung des gestalters
mit der eignung
zur eingliederung in die gesellschaft.

die neue baulehre
ist eine erkenntnislehre vom dasein.
als gestaltungslehre
ist sie das hohe lied der harmonik.
als gesellschaftslehre
ist sie eine strategie des ausgleichs
der kooperativkräfte und der individualkräfte
innerhalb der lebensgemeinschaft eines volkes.
diese baulehre ist keine stil-lehre.
sie ist kein konstruktivistisches system,
und sie ist keine mirakellehre der technik.
sie ist eine systematik des lebenaufbaues,
und sie klärt gleicherweise die belange des
physischen, psychischen, materiellen, ökonomischen.
sie erforscht, begrenzt und ordnet die kraftfelder
des einzelmenschen, der familie und der gesellschaft.
ihre grundlage ist die erkenntnis des lebensraumes

und das wissen um die periodizität des lebensablaufs.
die seelische distanz ist ihr so wichtig
als der in metern meßbare abstand.
ihre gestaltungsmittel sind – bewußt angewendet –
die ergebnisse der biologischen forschung.
weil diese baulehre lebensnah ist
sind ihre thesen stetig wechselnd;
weil ihre Verwirklichung im leben liegt,
sind ihre formen so reichhaltig
wie das leben selber.
„reich sein ist alles."

zu guter Ietzt ist alle gestaltung schicksalsbedingt
durch die Iandschaft:
dem seßhaften ist sie einzig und einmalig,
sein werk ist persönlich und lokalisiert.
fehlt flottantem volk dieser heimatkomplex,
wird das werk leichthin typisch und standard.
ein bewußtes erleben der Iandschaft
ist bauen als schicksalsbestimmung.
als gestalter erfüllen wir das geschick der Iandschaft.

bauhaus 3:1 (1929): S. 2. Herausgeber: Hannes Meyer, Schriftleitung: Ernst Kállai, Dessau.

Bauhäusler über Hannes Meyer

Alfred Arndt, *Leiter der Ausbauabteilung (1930–32), zuvor Student (1921–27)*
und Leiter der Wandmalereiwerkstatt (1929)

Wie der Hannes Meyer dann gebaut hat, da hat er auch die Bauhäusler dazu-
gezogen und ließ sie auch die Bauausführung machen und an Ort und Stelle
einmal erleben, was so ein Bauwerk ist. Das hat es unter Gropius nicht gegeben. Der Hannes Meyer war ja ein sozial Eingestellter, eine Art von Gemein-
schaftsmensch für das neue Zusammenleben der Menschen. Nicht Kommune,
sondern ehrlich, ja, sozial.
Es ist nie so viel gemalt worden am Bauhaus wie in dieser Zeit, wo es verpönt
war. Und da gingen die Bauhäusler mit ihren Bildern da mal zu Kandinsky
oder sie gingen zu Klee und ließen sich Korrektur geben. (1968)[1]

Max Bill, *Student der Metallwerkstatt und der Freien Malklassen (1927–29)*

Meyer hatte viele Anhänger unter den Studenten, und sie alle erwarteten,
dass er vielleicht für eine neue Art des Bauens stehen könnte. Die Architektur
von Gropius war uns in dieser Phase wohl nicht mehr gesellschaftsbezogen
genug, und wir sahen uns nach einer anderen Herangehensweise um. Einen echten Gegensatz zu Gropius erkannten wir zwar nicht, aber wir hofften, dass mit Hannes Meyer eine neue Tendenz in der Architektur einkeh-
ren würde. Aus der Arbeit mit ihm wussten wir auch, dass seine Projekte
fortschrittlicher angelegt waren. In unserer Wahrnehmung bestand die Gefahr, dass das Bauhaus auch auf dem Gebiet der Architektur zu einer Mode
verkam.
Gropius war etwas Chef, etwas abgehoben, etwas unberührbar. Hannes
Meyer war viel umgänglicher als er. Seine politischen Vorstellungen teilte ich
nicht, aber in seinem alltäglichen Verhalten gefiel er mir durchaus. Hannes
Meyer einzustellen war in gewisser Weise typisch für Gropius. Denn Meyer
war insbesondere auch in der Architektur fortschrittlicher als er selbst mit
seinem etwas überkommenen, formalistischen Denken. Auch Gropius selbst

veränderte sich in dieser Zeit und ging mehr in die Richtung Hannes Meyers. So baute er das Dessauer Arbeitsamt, das in mancher Hinsicht ein typischer Meyer-Bau war. Auch seinem Projektvorschlag für den Palast der Sowjets merkt man den großen Einfluss an, den Meyers Technizismus in dieser Zeit auf ihn ausübte.

Es gab vollkommen Ahnungslose in Dessau. Dann kam Meyer und brachte uns das eine oder andere über die Probleme der Gesellschaft bei. Er lud Leute ein, uns dies und jenes zu vermitteln. Unter Gropius gab es zwar auch ein allgemeines Kulturangebot, aber kein Programm. Das Programm festigte sich erst unter Meyers Leitung, und es widmete sich sehr viel konkreter als zuvor den Erfordernissen des Alltags.

Hannes Meyer hatte politische Vorstellungen, um diese einzuführen. Mit denen konnte man einverstanden sein oder auch nicht, aber er brachte Dinge in Bewegung, und es gab eine offene Diskussion. Man musste nicht mit allem übereinstimmen.

Das Problem bei Meyer war, dass er dem Marxismus mehr wie einer Religion anhing. Er bastelte sich daraus seine eigene, allzu schlichte Weltanschauung. Aber sie gefiel uns, weil sie Dinge infrage stellte, und zwar ausgerechnet in dem Moment, als die Situation in Deutschland sehr schwierig wurde. 1928 und 1929 standen die Nazis schon unmittelbar bevor. Und obwohl Deutschland damals nicht einmal eine Armee hatte, war es durch und durch militarisiert. Eines Tages kam Hindenburg nach Dessau, und in der ganzen Stadt wimmelte es vor Uniformierten. Die ersten Stahlhelmträger waren die Rechten und Rechtsextremen, aus denen dann die Nazis und alle anderen hervorgingen. In der Regierung selbst gab es etliche Sozialisten, aber auch sie erschienen in Uniform, genau wie die kommunistische Rotfront-Bewegung. Wir waren entsetzt, als wir die ganze Stadt Uniformen tragen sahen. Aber man muss auch wissen, dass das die Zeit der Inflation und hohen Arbeitslosigkeit war. Sehr viele Menschen hatten nichts zu tun. In dieser Zeit suchten auch wir nach Auswegen aus diesem täglichen Überlebenskampf und fühlten uns von Meyers Radikalität angesprochen. Aber dann überwog im Bauhaus eine starke Neigung, alles nur zu zerreden, genau wie 1968 an allen Universitäten. (1981)[2]

Albert Buske , *Student der Tischlerei (1927–29), Leiter der KP Zelle am Bauhaus*

Bei hannes meyer tendiert es wirklich dahin, gebrauchsgegenstände für arbeiter zum machen. Damals wurden möbel doch schon auf einer ganz anderen stufe der erkenntnis gemacht, wo die industrie doch eine viel größere rolle spielte als bei den ersten komischen lattenstühlen. Als anfangsgebilde konnte man sie schon so gestalten, bekundeten sie eine absicht, aber es war kein stuhl für die massenproduktion.

hannes meyer hatte eine wunderbare farbe bekommen, zu versuchszwecken. Das zeug kriegte man nicht ab, und hannes meyer gab uns von der roten farbe. Er wußte nicht, daß wir gleich seine herrliche weiße mauer in der meister-siedlung mit einer wunderbaren parole beschreiben würden.[3] Er ist nicht wütend geworden, ob er's klug fand, darüber hat er sich nicht mit uns unterhalten. (1974)[4]

Lotte Collein, Edmund Collein, *Studierende der Tischlerei und Bauabteilung (1927–30), Mitglieder der KP-Zelle*

Hannes meyer war nicht kommunist, aber er hatte genossenschaftliche beziehungen. Er war vom herangehen an aufgaben weltanschaulich gebunden. Er war in seinen persönlichen auffassungen weltanschaulich gefestigter als gropius. Meyer strebte schon soziale veränderungen im wohnen an und ging an die aufgaben nach soziologischen aspekten heran. Er war auf die coop geeicht. Vor allem wollte er, daß die industrieproduktion ästhetisch angeleitet und geistig befruchtet wird vom designer. die werkstätten hatten ja auch unmittelbare beziehungen zur industrie. Ob das die tapetenproduktion war oder muster von tischlerei oder metallwerkstatt. Ziel war immer, möglichst gute modelle für die industrie zu schaffen. Es ging um ein sich frei machen von einer verlogenen architektur. Meyer wollte eine beeinflussung des menschen erreichen, eine entsprechende arbeitsumwelt und kulturvolle umgebung schaffen, jedoch nicht klar umrissen von einer poltisch-ideologischen haltung. Er war ein progressiver, immanistisch denkender, bürgerlicher mann mit bestimmten vorstellungen, wie man jetzt nicht nur für eine elite, sondern für die massen schaffen kann und das wollte er über die industrie und gute architektur erreichen.

Unter hannes meyer wurden soziologische erhebungen von den studenten verlangt als vorstufe für einen entwurf oder eine planung. In der nähe des bauhauses wohnten junkers-arbeiter in siedlungen, wo wir die lebensweise und die lebensverhältnisse zu erkunden hatten. Dieses eindringen sollte nach einem möglichst selbst erarbeiteten fragebogen erfolgen. Oder es wurden fragen des genossenschaftlichen bauens behandelt. Nicht nur, wie eine siedlung aussehen, sondern auch, wie sie selbst verwaltet werden soll. (1974)[5]

Howard Dearstyne, *Student der Tischlerei und Bauabteilung (1928–1933)*

Hannes Meyer ging auf Leute zu, war zugänglich und pflegte vertrauten Umgang mit den Studenten. [...] Ich erinnere mich nicht, dass ich in einem seiner Seminare gewesen wäre, aber ich unterhielt mich oft in der Kantine des Bauhauses und anderswo mit ihm. (1968)[6]

Ich verstand mich persönlich gut mit Hannes Meyer. Aber da ich an der Columbia University gelernt hatte, Architektur als Kunst zu betrachten, missfiel mir mit der Zeit sein zur Schau getragener Funktionalismus. Mit „zur Schau getragen" meine ich, dass er zwar unablässig sein sprödes Dogma predigte, tatsächlich aber ein Künstler war wie alle anderen. Er achtete peinlich darauf, jeden Bezug zur Ästhetik zu vermeiden, und begründete alle nichtfunktionalen Gestaltungsmerkmale in seinen Entwürfen mit dem Wort „psychologisch". Jedenfalls war ich nicht unglücklich, als Meyer das Bauhaus verließ und Mies dessen Direktor wurde. (1964)[7]

Friedrich Engemann, *Lehrer für Technisches Zeichen und Bauingenieurwesen (1929–1933)*

Vielleicht lag der große Einfluß Hannes Meyers auf uns alle – ohne Rücksicht darauf, ob wir ihm in diesem oder jenem Punkte zustimmten oder nicht – gerade darin, daß er uns Einblick gab in sein eigenes inneres Suchen, daß er uns teilnehmen ließ am Für und Wider, das sich in ihm selbst vollzog. Für uns war Hannes Meyer in der ganz ungewöhnlichen Art, wie er lehrte und sich mit uns auseinandersetzte, ein großes und starkes *Erlebnis im Menschlichen*. Ganz im Gegensatz zum üblichen Lehrer, der sich gut vorbereitet, um ja mit seiner Auffassung und ihrer Darstellung „bestehen zu können", und um Gottes willen „nichts Widersprüchliches" zu sagen, führte uns Hannes Meyer stets mitten hinein in die Probleme, ohne sich in jedem Falle selbst schon eine feste, „lehrhaft begründbare" eigene Meinung gebildet zu haben. Dabei war es seine Art, jeder Meinung und jedem Gedanken möglichst bis auf den Grund zu gehen, oft bis zur Überspitzung, so daß es durchaus möglich war, daß der radikalen Formulierung eines Gedankens im Prozeß der weiteren Durchdenkung des Ganzen eine ebenso radikale gegenteilige Formulierung gegenübergestellt werden. konnte. Ist das der Beweis einer Wankelmütigkeit, der „Zwielichtigkeit" und der „Inkonsequenz", wie sie Hannes Meyer so häufig von seinen akademischen Widersachern vorgeworfen wird?! Im Gegensatz zu seiner pädagogischen Methode vertrat Hannes Meyer seine Ansichten nach außen vielfach mit einem Absolutheitsanspruch und einer Intoleranz anderen Auffassungen gegenüber, die immer wieder schockierte und zu Widerspruch und Ablehnung führte. (1969)[8]

Max Gebhardt, *Student der Druckerei und Plastischen Werkstatt (1927–29),* *Mitglied der KP-Zelle*
Gropius hatte eine soziale, ich will nicht sagen sozialistische, das wäre übertrieben, einstellung. Hannes meyer dagegen war konsequenter, brutaler, er war im menschlichen auch manchmal komplizierter. Es war schwierig mit ihm kontakt zu haben. Eigensinnig war er und dickköpfig. Als es in die SU gegangen ist, ließ er sich einen kordsamtanzug machen, damit er als proletarisches element angesehen wird. Aber der anzug war maßgeschneidert, da war proletkult dabei. (1974)[9]

Ise Gropius, *Ehefrau des Bauhausgründers Walter Gropius*
H meyer hatte uns während seines besuches bei der bauhauseinweihung besonderns gut gefallen und wir hoffen, dass er oder sein mitarbeiter annimmt. (17.12.1926)
hannes meyer seit gestern hier, um sich das bauhaus gründlich anzuschauen. sympathisch, wenn auch ein wenig schweizerisch hölzern. sehr klar, offen, eindeutig, keine grossen spannungen u. gegensätze in seinem charakter.

gropius ist sehr befriedigt und entdeckt mehr als er erwartet hat, vor allem bereits praktischer erfahrung. (1.2.1927)

abends besprechung in der kantine über die stuttgarter ausstellung. Das ergebnis war recht interessant, da es die zwei verschiedenen im bauhaus wirksamen kräfte deutlich im streit gegeneinander zeigte. Von einigen studierenden wurde erklärt, dass sie einzig das haus von corbusier als neue anregung betrachten könnten und das empfinden hätten, als hätte corbusier da dem bauhaus etwas vorweggenommen, was unbedingt das bauhaus selbst hätte zeigen müssen. Diese ansicht wird von dem mehr ästhetisch eingestellten teil der studierenden verfochten. die anderen, darunter auch hannes meyer als meister, lehnten diese art der problemlösung ab, obwohl sie zugaben, dass die künstlerische begabung und der einfallsreichtum corbusiers ausser frage sei. [...] zum schluss hielt hannes meyer eine längere rede, in der seine ansicht darlegte. Er warf den architekten vor, dass sie die eigentliche aufgabe, nämlich die volkswohung zu schaffen, gar nicht angegriffen hätten, ausser oud, der diesem ziel noch am nächsten gekommen wäre. er erklärte ferner als einzigen möglichen zukunftsplan, die schaffung von wohnungen mit gemeinsamer küche etc. leider antworte gr. ihm nicht. (20.10.1927)

vorher sprach meyer mit gr und beklagte sich wegen der fehlenden verbindung zwischen ihm und gr. (17.1.1928)

abends meyer zu einer besprechung über den etat. Gr. hat den eindruck, dass ihm allmählich die tragweite der ganzen sache aufgeht und er sich der grossen schwierigkeiten bewusst wird. Jedenfalls fragt er gr. um alles um rat und schlägt einen sehr respektvollen ton an. Erstaunlicher weise steht er sich ja mit den malern viel besser wie mit den jüngeren, sodass die schwierigkeiten teilweise ganz anders aussehen werden, wie man zuerst dachte. Feininger sagte sehr richtig von meyer: er wirft seine theorie weit voraus und marschiert dann hinterher und wenn es durchs feuer ginge!" (31.1.1928)

und die stimmung wurde allmählich so negativ, dass schliesslich moholy sich dazu überwand, für meyer zu sprechen, um eine allgemeine revolte zu verhüten... leider hat sich bei den studierenden der gedanke festgesetzt, dass meyer gr. allmählich rausgedrückt habe, und es ist ihnen mit keinen mitteln beizubringen, dass diese form ganz in der absicht von Gr war, der sich sofort bei dem engagement meyers darüber klar war, dass dies sein eventueller nachfolger werden könne, und den er gerade deshalb wählte. Meyer hat sich durch einige nicht ganz loyalen handlungen gegen gr. und moholy die sympathien weitgehend verscherzt und das ergibt jetzt unabsehbare schwierigkeiten. (4.2.1928)

nachmittags hannes meyer mit seiner frau bei uns, um sich das haus anzusehen, da er sich nun doch entschlossen hat hierherein zu ziehen. Frau meyer fühlt sich unbehaglich bei dem gedanken an diese neue residenz und alle verpflichtungen, die sie damit übernimmt. ... so ausgezeichnet meyer in sachlicher beziehung ist, so plump und ungeschickt kann er in menschlicher beziehung sein. Dazu kommt, dass seine frau ein völlig unselbständiger mensch ist und nur nach seinen intentionen handelt. Nun geht allmählich hier eine veränderung in seinen anschauungen, die z.t. viel zu theoretisch waren, vor und sie versteht nicht und kommt nicht schnell genug nach. ... es wird aber durch seinen depotismus, der so im gegensatz zu allen seinen theorien steht, nicht verbessert. (23.2.1928)

abends breuer. Sprachen über h. meyer. Breuer ist der ansicht, dass meyer mit grossem geschick menschen behandeln kann, was uns einigermassen überraschte. Er glaubt, dass meyer es besser wie gr. verstehen wird, andere leute zu seiner entlastung heranzuholen und ein gewisses mass taktischer schlauheit besitzt. Im grunde hält er ihn für einen sehr bürgerlichen menschen mit allen vorzügen des bürgers. (2.3.28)[10]

Ernst Kállai, *Redakteur der Zeitschrift Bauhaus (1928/1929)*

Vor zwei Jahren schien der Abgang von Gropius und Moholy-Nagy den Weg frei zu machen für ein in Theorien, Phraseologien und Stilismen vielleicht weniger effektvolle, anspruchslosere, dafür aber menschlich sinnvollere, lebenswärmere und solidere Bauhausarbeit. Der neue Leiter, Hannes Meyer, war ein Versprechen. Doch so viel richtige Einsicht und guten Willen er auch zeigen mochte, zu durchgreifenden Änderungen hat er offenbar weder Sicherheit noch Kraft und Konsequenz genug. Seine Korrekturen sind bis heute Stückwerk geblieben und komplizieren die Lage nur, weil sie an das in

Hannes Meyer mit Studentinnen auf der Terrasse der Kantine, 1930 . Foto: Umbo (Otto Umbehr)

Margit Kallin, 1928/29 . Foto: Werner Zimmermann

Werk und Zeichensaal, circa 1929.
Fotograf unbekannt

Wera Meyer-Waldeck in der Tischlereiwerkstatt, Dessau, 1930.
Foto: Gertrud Arndt

Bauhauskantine, 1930. Foto:
Ivana Tomljenović-Meller

Verwaltung, 1929. Fotograf
unbekannt

Oskar Schlemmer und
Paul Klee, Bauhaus Dessau.
Oktober 1927/1928?.
Fotograf unbekannt
(Josef Albers?)

Ausstellung von Studen-
tenarbeiten im Bauhaus-
gebäude, 1928 . Foto: Franz
Ehrlich

Fest im Meisterhaus bei
Familie Schlemmer

Bauhauskapelle, um 1928.
Foto: Umbo (Otto Umbehr)

Metallisches Fest, 1929. Fotograf unbekannt

Studierendenprotest gegen die Entlassung Hannes Meyers. Schriftzug auf dem Transparent: „L'ART POUR L'ART",
09/ 1930. Fotograf unbekannt

Lehrkörper, Geist und Praxis immer noch vorherrschende Erbe des früheren Leiters stoßen, ohne es überwinden zu können. (1930)[11]

Kurt Kranz, *Student in der Druckerei und Reklameabteilung, Freie Malklasse (1930–1933)*

Im April 1930 schrieb ich mich in Dessau ein. Es war die Ära Hannes Meyer. Zu Beginn des Semestern hielt Hannes Meyer einen Vortrag, der die Kleinstwohnung und sonstige Weltverbesserungspläne propagierte. Utopische „Farbfilterfenster" und seine Idee von „Parameter der Funktionen und Materialien" verwirrten mich sehr. Die politischen Gegensätze spürte man täglich. Die Studentenschaft, etwa 150 Kommilitonen wurden von einer kleinen Kadergruppe ständig beunruhigt. Heilsame Unruhe? Damals empfand ich vor der Wirtschaftsmisere mit sechs Millionen Arbeitslosen und den aufkommenden Nationalsozialisten alles andere als Ruhe, sondern tiefgehende Angst, Pessimismus vor diesem hoffnungslosen Bild. Ich stürzte mich in das Studium bei Albers und das analytische Zeichnen bei Kandinsky. Hannes Meyer riet uns Vorkurslern, nicht in die Natur, die Elbauen auszuweichen, sondern die Tageszeitung zu lesen.

Das erste Semester in Dessau war eine Öffnung ins unendliche. Man verlor den Boden unter den Füßen und gewann ein neues Ziel, die Bauhausidee. Kunst und Anwendung, eine Symbiose, endlich eine freie Arbeit, die in die Praxis einmündete.

Wir lebten in winzigen Dachstuben und bescheidenen Zimmern der Kleinstwohnungen, die die Junkers-Werke ihren Arbeitern gebaut hatten. Zumeist fehlten uns die Mittel, um satt essen zu können. In der Kantine des Bauhauses riß die Diskussion nicht ab. Dort lernte ich viele Ideologien kennen, vom Anarchosyndikalismus bis hin zu fernöstlichen Weisheiten und der gängigen Parole der Diktatur des Proletariats. Wir standen auf Agitprop-Wagen, verspottet von der arbeitenden Bevölkerung, die uns und unserer funktionalen Haartracht zutiefst mißtraute. Man lernte rasch, die politische Propaganda einzuschätzen. Im Vergleich zur unergiebigen Diskussion über den deutschen Expressionismus und den Kubismus begeisterte uns das brandneue ‚surrealistische Manifest' von 1929. Die beiden Gegensätze einerseits die abstrakte

Malerei Kandinskys und Mondrians ‚Neoplastizismus' und zum anderen die Malerei der Surrealisten, wurden durch Paul Klee überbrückt. Überall gab es im Bauhaus etwas zu lernen. Die Korrekturen in den Klassen waren offen, man verglich Probleme der Architektur mit denen der Weberei oder der Werbepsychologie. Das war das Charakteristische der Bauhauspädagogik, daß jeder Bauhäusler an den verschiedenen Fachrichtungen teilnehmen konnte, um mit anderen Problemen konfrontiert zu werden. D. h. jeder Student konnte in jedem Fach mitdenken. Die Kantine aber, wo die ‚Weltbühne', der ‚Minotaurus' und ‚La femme 100 têtes' friedlich nebeneinander lagen, war der Platz, an dem in hitzigen Diskussionen die Ideologien aufeinanderprallten. Ich empfand diese Debatten wie eine endlose Reihe von Wechselbädern. (1984)[12]

Annemarie Lange, *Studentin der Tischlerei und Bauabteilung (1928–1932), KP-Sympathisantin*

Hannes meyer gehörte ja keiner partei an, aber er verhielt sich sehr wohlwollend zur KP. Obwohl er auf anweisung des oberbürgermeisters der stadt dessau die zelle ‚verbieten' mußte. Das heißt, sie kamen in ihre zellen-sitzungen eben in irgend einer wohnung zusammen. hannes meyer war eben einer von uns. Man duzte sich mit ihm, was man mit den anderen meistern nicht tat. Einfach: hannes. Er war ein guter kamerad. Das kann man von ihm wirklich sagen. Am 1. Mai war es üblich, daß man nach der demonstration mit ihm eis essen ging. Wir waren auch viel zusammen tanzen. Ich schätze ihn sehr, erstens als organisator und zweitens, weil er auf die arbeiterklasse orientiert hatte. Obwohl man dazu sagen muß, politisch so klar war er da nicht. Bei einer zwanglosen zusammenkunft erzählte er da eben ganz begeistert von seinem besuch in einer großen schuhfabrik in der cssr[13], einem riesenkonzern. Das war natürlich ein raffiniertes ausbeutersystem, aber hannes meyer war so begeistert davon, ihm imponierten eben die großzügigen sozialen anlagen, die wohnsiedlungen. Da habe ich damals schon gedacht: na, so wird das wohl nicht ganz aussehen. Ich bin doch überzeugt, daß er fälschlicherweise darin die verkörperung seines coop gedankens sah. (1974)[14]

Arieh Sharon, *Student der Bauabteilung (1926–1929), anschließend Bauleiter im Büro Hannes Meyer für die Gewerkschaftsschule Bernau*

Hannes Meyer führte eine leidenschaftliche Kampagne gegen den Formalismus in den Bauhauswerkstätten. Er lehrte ein soziales und umweltbezogenes Herangehen an das Leben und Bauen. Einige Bauhäusler argwöhnten, er begründe damit unbewusst einen neuen „funktionalen" Formalismus. Aber in der Architekturabteilung hatten wir sehr viel zu tun und kaum Muße für diese ideologischen Scharmützel. Wir waren Tag und Nacht unter Wittwers umsichtiger Anleitung mit den Arbeitszeichnungen und Details für den Bau der Bundesschule bei Berlin beschäftigt.

Grundsätzlich durften wir keine Aufrisse zeichnen, denn die mussten sich zwingend aus den funktional bestimmten Fenstergrößen und -proportionen ableiten. Ich skizzierte dennoch hier und da in die Ränder einige Aufrisse und hatte Hannes Meyer immer im Verdacht, dass er wenigstens mit einem Auge auf meine Ausarbeitungen schielte, während er sie ironisch belächelte. Meyers Vorgabe lautete, dass die Ausführung streng puristisch, ohne jeden Putz oder andere „Tarnung" zu erfolgen hatte. Ziegel, Beton, Holz, Stahl, Sperrholz und Asbest mussten ihre natürliche Farbe und Textur bewahren, alle Rohrleitungen und Installationen sichtbar bleiben. Das galt für Wasser- und Heizungsrohre, Regenrinnen und Fallrohre, Kabelstränge und sogar für den Schornstein, obwohl sich all das in unmittelbarer Nähe des Haupteingangs befand. (1976)[15]

Oskar Schlemmer, *Leiter der Bauhausbühne (1923–1929)*

Hannes Meyer war sehr kritisch gegen etliches am Bauhaus. Äußerungen wie „Überkunstgewerbe", „Dornach", „dekorative Ästhetik" waren damals objektiv-freimütig geäußert und bisweilen treffend. Er machte sichtlich guten Eindruck, und etwas Neues, dem Bauhaus Mangelndes, wurde empfunden. Ein Motto seiner Arbeit ist, betreffend Architektur: „Organisation der Bedürfnisse". Dies aber im weitesten Sinn, und die seelischen sicher nicht vergessend. Er sagte, daß die stärksten Eindrücke hier Bilder waren (bei mir und Moholy), jedenfalls nicht die Räume, in denen sie sich befanden. Moholy steht er naturgemäß vielleicht am nächsten, obwohl er sehr kritisch ist gegen manches seiner Art (menschlich-geschäftigte), seine Mißlehre (die auch die Schüler empfinden als solche und ablehnen). Muches Stahlhaus interessierte ihn nicht, da das wenigste daran aus Stahl sei. Gropius kann froh sein, diesen ehrlichen Kerl als neue Blume in sein Knopfloch bekommen zu haben." (17.4.1927)[16]

Gestern war Abschiedsfest bei Schepers zu Ehren von Muche. Zuletzt Übermut, nachdem die Kapazitäten der Steifheit weg waren. Meyer schmiß sich auf den Boden, zog den Rock aus und schrie vor Wonne, daß man jetzt Mensch sein könne! (2.7.1927)[17]

Hannes Meyer hat beim Bürgermeister viel Erfolg. Es heißt dort, er habe schon viel fürs Bauhaus geleistet. Moholy wird nicht bleiben. Dazu war der Krach mit Hannes Meyer zu groß. Die zwei sind in einem Haus nicht mehr denkbar (27.1.1928)[18]

Ich bleibe vorerst, nachdem sich Hannes Meyer ehrlich für mich einsetzte und ich nun auch vollamtlich, freilich mit erhöhtem Pflichtenkreis, eingesetzt werden soll, gleich mit Klee und Kandinsky. Mein Gebiet wird ein sehr hohes sein: der Mensch, mit allem, was drum und dran ist, Akt, figürliches Zeichen, Kunstgeschichte, Hygiene und so weiter. (27.2.1928)[19]

Die Ära Hannes Meer hat nun begonnen. Meyer geht langsam und vorsichtig zu Werke; wertvoll ist der neue Lehrplan, der anstelle einer seitherigen ziemlichen Konfusion der Unterrichtsgebiete nun zwei Kunst- und Theorietage (Montag und Freitag) vorsieht, die nur diesen Zwecken dienen, dazwischen drei Werkstatttage, durchgehend auch nachmittags, wie seither nicht der Fall, und die gänzliche Freiheit des Samstags für Sport, Ausflüge und anderes. (13.4.1928)[20]

Mit Hannes ist man, die Studierenden, auch ich, wegen bäurischen Verhaltens und Taktlosigkeit unzufrieden. Es ist keine gute Luft im Haus. (6.3.1929)[21]

Mit hier bin ich innerlich fertiger denn je. Hannes eine Enttäuschung. Nicht nur meinerseits. Gropius ein Weltmann immerhin, große Geste, riskierend, wo es sich lohnt. Jener ein Kleinkrämer, ein Bauer und besonders: der Sache nicht gewachsen. Der Bühne, meiner Sache, steht er „persönlich" negativ gegenüber, will Tendenzen sozialpolitischer Natur, was mir nicht liegt. (18.4.1929)[22]

Nie war ich der Bauhaus-Sache fremder als eben, dank Hannes Meyers Direktionslosigkeit. Der „Nachlassverwalter", wie er sich nennt, wird gar noch zum Grabschaufler. Ich habe es zur Zeit leicht am Bauhaus, dispensiert von Bühnenarbeit, weil die „Jungen" jetzt ein Stück machen, eine Bauhausrevue, worin das Revolutionsprogramm des neuen Bauhauses zum Ausdruck kommen soll." (9.6.1929)[23]

Kein offener Kampf der Maler im Bauhaus gegen die andere Seite, die Bau, Reklame, aktuelle Pädagogik heißt. Neuester cri de Meyer: „Das Soziologische". Die Schüller sollen selbst etwas machen, einen Auftrag durchführen „mit einem größtmöglichen Minimum an geistiger Führung"; auch wenn dann die Arbeit mangelhaft ist, ist das soziologische Plus ein Wert, und ein Neuer (ich muß immer an den Spruch denken: Meister, die Hose ist fertig, soll ich sie gleich flicken?). Ziel dieses Strebens: Die (meisterlose) Schülerrepublik (8.9.1929)[24]

Tut Schlemmer, *Frau des Bauhausmeisters Oskar Schlemmer*
Alle Meister hatten plötzlich mehr zu tun unter Hannes Meyer, also auch Kandinsky und Klee wurden verpflichtet zu Kollegs, die vorher nicht so obligatorisch waren. Er war als Lehrer ganz prima, und ich weiß, seine Schüler sagen, sie haben bei ihm am meisten gelernt. Hannes Meyer war ein vorzüglicher Lehrer... Aber als er Direktor wurde, da wurde ein bißchen verrückt. Ich sagte mal zu ihm bei einem Tanz: „Sie kommen mir vor wie der Wolf im Schafspelz." Er lachte, er amüsierte sich, und ich glaube, er hat gefunden, dass ich recht habe. (1968)[25]

Mart Stam, *Gastdozent für Städtebau und Baulehre (1928/1929)*
Ich habe dann gemeint jedesmal eine neue Aufgabe stellen zu müssen, und dies jedesmal auf neuem eingehend mit den Leuten zu studierende; den Schülern auf diesem Wege beizubringen die Art wie man an eine Sache herangeht. Dieses wurde mich nicht leicht gemacht, erstens, weil ein absolut verschiedener Untergrund des Fachkenntnisse vorlag (Tischler, Weber, Maler, usw.); zweitens, weil die Organisation in der Bauabteilung dauernd das Abtreten notwendig machte der beste und intensivst arbeitenden Schüler, von

denjenigen die eine ganze Klasse mitreissen; drittens weil das dauer wechselnder Schüler (jedesmal fällt etwa 60% aus und kommt eine gleiche Anzahl wieder ganz Neue hinzu) eine gründliche Arbeit welche mit der vorgehenden zusammenhängt unmöglich macht. (8.2.1929)[26]

Gunta Stölzl, *Leiterin der Weberei (1926–31), zuvor dort Studentin (1919- 25), Werkmeisterin (1925/26)*

Hannes Meyer brachte frischen Wind ins Bauhaus. Was ich an ihm nicht mochte, war seine Neigung zu sehr radikalen Auffassungen. Beispielsweise mussten wir alle das Buch *Die vollkommene Ehe* von Hendrik van de Velde lesen. Er war ein doktrinärer Linker.

Er hat sich um das Bauhaus anhaltend verdient gemacht, und das in der zunehmend schwierigen politischen Lage der Jahre 1929 und 1930. In meiner Webwerkstatt gab es beispielsweise zwei junge Frauen, von denen ich wusste, dass sie dem Nationalsozialismus sehr zugetan waren. Der Handwerksmeister Wanke war sogar, wie ich erst zwanzig Jahre später erfuhr, ein hundertprozentiger Nazi. Man kann sich kaum vorstellen, wie schlecht die allgemeine Lage um 1930 war. Vom Bauhaus führten zwei Wege in die Stadt: einer über den Bahnhof, der andere vom Hintereingang des Bauhauses durch einen Park. Darin lungerten arbeitslose, graugesichtige Männer mit ihren Kindern und Frauen herum. Sie boten einen schrecklichen Anblick. Die einen waren arbeitslos, die anderen trieben politische Agitation. Selbstverständlich machte das einen tiefen Eindruck auf die Studenten am Bauhaus.

Als ich in Berlin gerade mein Kind zur Welt gebracht hatte, war mein Mann (Arieh Sharon) Bauleiter in Bernau. Meyer kam zu Besuch. Wir hatten nur ein einziges Zimmer, und er benahm sich äußerst rücksichtslos, indem er endlos auf meinen Mann einredete. Ich war sehr müde und das Kind weinte, aber Meyer ging erst, als ich ihn mehr oder weniger hinauswarf. Er sprudelte immer vor Ideen, über die er mit irgendjemandem sprechen musste. Er schwadronierte von „tagsüber arbeiten, abends mit der Familie verbringen", aber das war nur Gerede. Er war sehr dogmatisch. Das war seine kommunistische Seite. (1982)[27]

Karel Teige, *Gastdozent (1929/39) für zeitgenössische Literatur,*
Typografie und Stadtsoziologie

Hannes Meyer lehrt ohne jegliche Formeln. Er will, wie er sagt, ein „biologisch entfesseltes bauen". Er vermittelt ein Verständnis des Bauens als einer Arbeit, die sich organisch aus dem Leben ergibt und gesellschaftliche Umstände formt. Er bringt seinen Studenten bei, die Umwelt in vielen Einzelheiten zu untersuchen, von denen ausgehend sich jedes Haus bestimmt. Beispielsweise analysieren die Studenten Wohnverhältnisse in Arbeiterhäusern am Rand von Industriegebieten: die Richtung, aus der Wind, Rauch und Ruß kommen, die Sichtverhältnisse oder die Einwirkung von Straßenstaub und Verkehrslärm. All das wird in Betracht gezogen und bewertet, bevor man ein Projekt in Angriff nimmt. Ebenso analysierten die Studenten detailliert die Lüneburger Heide: ihre Geologie, ihr Klima und ihre Wetterverhältnisse, ihre Bodenbedeckung, Fauna und Vegetation, ihr typisches Landschaftsbild. Daraus ergab sich die Einsicht, dass dieser Landstrich für den Bau von Ferienlagern, Schulen, Sanatorien und ähnlichen Einrichtungen bestens geeignet war. Die Lüneburger Heide ist eine Erholungslandschaft. Die Planung einer Schule in dieser Gegend beinhaltet daher eine größtmögliche Zahl offener Räume und eine weitestgehende Integration der Innenräume mit der natürlichen Umgebung. Im Gegensatz dazu erfordert eine Schule am Rand eines Industriegebietes ein gewisses Maß an Abschirmung von diesem Umfeld. Ein anderes Beispiel: Bei der Planung einer Gartenstadt analysierten die Studenten den Garten als Erweiterung der Wohnräume, einschließlich des Gemüse- und Obstanbaus und der Geflügelzucht. Derartige Analysen umfassten sowohl die unmittelbar sinnlichen, als auch die seelischen Eindrücke des Gartens. Einige Untersuchungen zeigten, wie der Garten das Erfahren der Jahreszeiten intensiviert. Andere beschrieben eine gesellschaftliche Hierarchie des Gartens, die vom Blumentopf bis zum königlichen Schlosspark reicht. (1929)[28]

Philipp Tolziner, *Student der Wandmalerei und Bauabteilung (1927–30)*
Nun bekannt mit Hannes Meyers Baulehre und einigen seiner Projekte, lebend und arbeitend in den Bauten von Walter Gropius, begannen wir den

Unterschied ihrer Ziele und Arbeitsmethoden zu verstehen. Für uns stand die Frage: Wer hat Recht, für wessen Architekturauffassung entscheiden wir uns?

Verantwortlich für den bautechnischen Zustand des Bauhausgebäudes und Organisator der notwendigen Reparaturarbeiten, war ich mit den technischen Unzulänglichkeiten des Baues, vor allem der Flachdachkonstruktionen zur Genüge bekannt. Aber es waren in erster Linie die funktionellen Fehler des Werkstattgebäudes, die wir insbesondere in den Sommersemestern erlebten. Die Räume, wir nannten sie „Schwitzkästen", waren als Lehr-, Arbeits- und besonders als Zeichenräume fast unbrauchbar: vor allem wegen der Durchlässigkeit der riesigen Glasflächen für Wärmestrahlen, vor denen die Vorhänge im Raum nicht schützten, und wegen der Bodenreflektion der tiefliegenden Lichtstrahlen. Wir verstanden den von Gropius beabsichtigten ästhetischen Effekt des Glaskubus des Werkstattgebäudes vor der zurückliegenden Sockeletage, sahen aber auch, daß er insbesondere den Räumen der Typographie und Druckerei die denkbar ungünstigen Lichtverhältnisse bescherte. Das alles bestimmte unsere Position: Wir waren für Hannes Meyer!

An die bezeichnenden Veränderungen, die mit Beginn des Direktorates von Hannes Meyer im Bauhaus eintraten und die sich auch in der zweiten Etage des Brückentraktes zeigten, kann ich mich gut erinnern. Ungefähr bis Ende 1928 befand sich dort das private Architekturbüro von Walter Gropius, dann trat an seine Stelle die Bauabteilung des Bauhauses. Alle Aufträge Hannes Meyers wurden als Bauhausaufträge ausgeführt und hier bearbeitet. Eine Ausnahme bildete nur das Wettbewerbsprojekt der Bernauer Gewerkschaftsschule.

In der Baulehre Hannes Meyers beschäftigte man sich anhand von Analysen konkreter Beispiele mit der Erforschung der bestehenden materiellen und sozialen Umwelt der Menschen. Das Ziel der Analyse von schon Bestehendem war immer nur Erforschung der Gesetzmäßigkeiten. Sie waren Grundlagenforschungen, ein wichtiger und in der Sphäre der Architektur vernachlässigtes Gebiet, hatten aber nie eine Synthese zum Ziel. Die Methoden der Projektierung, die man in der Baulehre unterrichtete und im Bauatelier anwandte, blieben die bisher üblichen.

Die spätere Berufspraxis zeigte, daß er [der von Hannes Meyer konzipierte Lehrplan] mit bautechnischen Fächern übersättigt war. Er entsprach wohl dem Lehrplan für die Ausbildung eines Bauingenieurs; z. B. lernte man uns die Berechnung von Eisenbetonrahmen, die ich als Architekt nie durchführte. Aber Geschichte der Architektur und Gestaltungslehre waren tabu. Fachzeitschriften waren in großer Auswahl vorhanden, aber eine Fachbibliothek gab es nicht. (1989)[29]

Recherchiert und zusammengestellt von Philipp Oswalt. Kürzungen und gelegentliche Umstellungen sind zur Verbesserung der Lesbarkeit nicht ausgewiesen.

Anmerkungen

1   Alfred Arndt im Gespräch mit Wolfgang Pehnt, Deutschlandfunk, Wolfgang Pehnt, Alle Kunst ist Ordnung. Fünfzig Jahre Bauhaus. Augenzeugenberichte zur Geschichte einer Schule (III), 1968, u. a. Germanisches Nationalmuseum Nürnberg, Nachlass Ludwig Grote, Sign. 1232.

2   Max Bill im Gespräch mit Judith Pearlman, 19.4.1981, Transkript, Getty Archives, Sign. GRI.920069

3   Nach Auskunft Buskes in anderem Zusammenhang geschah dies 1930 beim Abgang Hannes Meyers. Siehe: Siebendbrodt, Michael. „Zur Rolle der Kommunisten und anderer fortschrittlicher Kräfte am Bauhaus." Auf: https://e-pub.uni-weimar.de/opus4/frontdoor/deliver/index/docId/872/file/Michael_Siebenbrodt_pdfa.pdf (6.8.2018).

4   Interviews mit Bauhäuslern. Probst, Ute, Hochschule für Architektur und Bauwesen Weimar (HAB), 1974. Bauhaus-Universität Weimar, Archiv der Moderne, Sign.: BU/04/04.2

5   a. a. O.

6   Dearstyne, Howard. *Inside the Bauhaus*. New York, 1986, S. 209.

7   Dearstyne, Howard. „Book Review of Hannes Meyer: Buildings, Projects and Writings. by Claude Schnaidt".*Journal of Architectural Education* (1947–1974) 20:2 (1965), p. 24.

8   Engemann, Friedrich. „Das Bauhaus in Dessau". Vortrag in Moskau, 1969. Veröffentlicht in: Dessauer Kalender 1977, S. 13.

9   Probst.

10 Gropius, Ise. Tagebuch 1924–1928, Bauhaus-Archiv Berlin.

11 Kállai, Ernst. „Zehn Jahre Bauhaus". *Die Weltbühne* 26:4 (1930): S. 139.

12 Kranz, Kurt. „Pädagogik am Bauhaus und danach". In: *Bauhaus und Bauhäusler. Erinnerungen und Bekenntnisse*, hrsg. von Eckard Neumann, S. 339 ff. Köln, 1985.

13 Hierbei wird es sich um den Schuhkonzern Bata handeln.

14 Probst.

15 Sharon, Arieh. *Bauhaus Dessau, Architecture as Workshop – Berlin, Kibbutz + Bauhaus, an architect's way in a new land*. Stuttgart, 1976, p. 31.

16 Schlemmer, Oskar, Brief an Otto Meyer-Amden, 17.4.1927.In: *Oskar Schlemmer. Idealist der Form: Briefe, Tagebücher, Schriften 1912–1943*, hrsg. von Andreas Hüneke, S. 170 f.. Leipzig, 1990.

17 Schlemmer, Oskar. Brief an Tut Schlemmer. A. a. O., S. 174.

18 a. a. O. S. 190

19 Schlemmer, Oskar. Brief an Otto Meyer-Amden, A. a. O., S. 194.

20 a. a. O., S. 197

21 Schlemmer, Oskar. Brief an Willi Baumeister. A. a. O, S. 206.

22 a. a. O., S. 208

23 Schlemmer, Oskar, Brief an Otto Meyer-Amden. A. a. O., S. 211

24 a. a. O. S. 212 f.

25 Tut Schlemmer im Gespräch mit Wolfgang Pehnt, Deutschlandfunk, Wolfgang Pehnt, Alle Kunst ist Ordnung. Fünfzig Jahre Bauhaus. Augenzeugenberichte zur Geschichte einer Schule (III), 1968, u. a. Germanisches Nationalmuseum Nürnberg, Nachlass Ludwig Grote, Sign. 1232.

26 Stam, Mart. Brief an Hannes Meyer als Direktor des Bauhaus Dessau, 8.2.1929. Getty Archives, Sign. GRI.870570 Bauhaus.corr.

27 Gunta Stölzl im Gespräch mit Judith Pearlman, 11.11.1982. Transkript, Getty Archives, Sign. GRI.920069.

28 Teige, Karel. Deset let Bauhausu (engl: Ten Years of Bauhaus), *Stavba* 8 (1929–30) englische Übersetzung aus: Benson, Timothy A. *Between Worlds. A Sourcebook of Central European Avant-gardes, 1910–1930*.Cambridge, 2002, pp. 634–635.

29 Tolziner, Philipp. „Mit Hannes Meyer am Bauhaus und in der Sowjetunion (1927–1936)". In: Hannes Meyer. Architekt, Urbanist, Lehrer, 1889–1954, hrsg. von Werner Kleinerüschkamp, S. 237. Berlin, 1989.

2
Lehrer unter Hannes Meyer

Erinnerungen eines Architekturstudenten

Hubert Hoffmann

Ich hatte das Glück, nach bestandenem Vorkurs in die Baulehre von Hannes Meyer im Frühjahr 1927 aufgenommen zu werden, obgleich ich noch gelegentlich, aushilfsweise bei Wettbewerben oder dringenden Terminarbeiten im Atelier Gropius tätig war. Die Gruppe, die mit mir begann, war nach Alter und voraufgegangener Ausbildung recht heterogen zusammengesetzt und war mit insgesamt 7 Teilnehmern recht klein.

Das Seminar war ein sehr lockeres, fast privates Gespräch um einen Tisch herum mit Diskussion und Zwischenfragen. Hannes Meyer berichtete über die Phasen seiner Tätigkeit und seiner Erfahrungen in verschiedenen Ländern und Situationen, wobei nicht nur bauliche Fragen und Entwicklungen geschildert wurden – vielmehr war die Ganzheit aller Beobachtungen und Erlebnisse einbezogen: Die sozialen Verhältnisse, die psychologischen Besonderheiten der Nationen, das kulturelle Niveau, der technische Standard bis zu den Verhaltensweisen einzelner Persönlichkeiten – oft einfacher Leute –, von denen er Wesentliches und Charakteristisches ihrer Lebensweise erfuhr – seine oft benutzte Redensart: Es ist das primäre Leben, das sich ausbreitet. Um die Kenntnis und um unser Interesse an diesem einfachen „primären Leben" zu wecken, ging es Hannes Meyer.

Aber auch um etwas zweites – um die Gemeinschaft, um das stärkere Zusammenwirken von Menschen – von Schwachen, Benachteiligten vor allem, die eben durch Gemeinschaft in die Lage versetzt wurden, sich besser zu wehren, bessere Lebensbedingungen zu erkämpfen, Kultur zu erfahren und sich selbst darzustellen. Aus eben diesem Grund entstand Hannes Meyers Interesse für das Genossenschaftswesen, seine langjährige Verbindung mit Genossenschaften und vielfältige berufliche Arbeit für sie.

Hannes Meyer betreute das Seminar nicht allein, zuerst assistierte ihm Wittwer, später andere Gastlehrer. Besonders bei allen Fragen, die ein exakteres Eingehen auf technische Details erforderten, aber auch exakte wissenschaftliche Theorien, wie Besonnungs-Belichtungs-Fragen, Klimatologie, Verkehrs-wesen, ließ er sich von seinem Mitarbeiter Hans Wittwer vertreten. Außer bei städtebaulich rechtlichen Fragen, Landschaft- und Bepflanzungspläne, in denen Hannes Meyer genauere Kenntnisse und praktische Erfahrungen besaß.

Die Behauptung in der Literatur, daß Hannes Meyer das Bauhaus „verwis-senschaftlicht hätte", ist eine unrichtige Übertreibung. So wie Hannes Meyer Wittwer als wissenschaftlichen Experten heranzog, um ein Spezialgebiet zu klären, so geschah es mit anderen Gebieten, vor allem durch Gastlehrer in Soziologie, Ökonomie, Landwirtschaft, Psychologie. Die Gebiete wurden so-weit behandelt und diskutiert, daß der künftige Architekt um die Bedeutung der Materie wußte, informiert war über Quellen und die Möglichkeiten, diese zu nutzen. Hannes Meyer folgte durchaus dem Trend des Bauhauses gegen Verschulung, d. h. Anhäufung von Wissen, das belastet und einer Entwicklung von Intuition und Kreativität oft entgegensteht.

In Zusammenhang mit dem Ausscheiden von Walter Gropius vollzog sich eine erhebliche Wandlung der Raumauffassung, die sich auf den Unterricht, aber auch auf einen Wechsel von Lehrkräften auswirkte: Jene kubistische Bauweise in strenger horizontal-vertikaler Exaktheit, von Hannes Meyer als pseudo-funktionalistisch bezeichnet, wurde, abgelöst durch eine räumliche Gestaltung, die dem wirklichen Inhalt des Begriffs Funktionalismus näher kam, (mit dem regionale Voraussetzungen eingeschlossen waren) und die im ganzen stärkere Bewegtheit zeigte, um mit Häring zu sprechen, eine Tendenz vom Kristallinen zum Organischen.

Nach Übernahme der Bauhausleitung 1928 konnte sich Hannes Meyer nur noch teilweise der Baulehre widmen. Er berief Hilberseimer als Städteplaner und verstärkte den Anteil an Gastlehrern um einige wesentliche Persönlich-keiten. Die neu berufenen Spezialisten spielten dann eine große Rolle inner-halb der von Hannes Meyer erweiterten Bauhauspädagogik. So gab es eine Übereinkunft mit der philosophischen Fakultät der nahegelegenen Univer-sität Leipzig für Gastvorträge. Der bedeutendste Vertreter dieser Schule war der damals junge, elegante, die Bauhauslehre bestens ergänzende Prof. Graf Dürkheim. Er informierte uns über die Entwicklung der Psychologie: über

Karus, Freud, Jung, Adler, ebenso wie über Rudolf Steiner und seine eigene Lehre im Rahmen der Anthroposophie. Ein ebenso bedeutender Lehrer, ideologisch eine Art Gegenpol, war Prof. Dr. Neurath, Vizebürgermeister von Wien und bekanntes Mitglied der austromarxistischen Philosophenschule, der uns nicht nur über Soziologie und Ökonomie unterrichtete, sondern auch über die ganze Phase des sozialen Wohnungsbaus (Selbsthilfe in Wien), der Bedeutung Adolf Loos, aber auch über sein Museum für Wirtschaft und Gesellschaft und der von ihm entwickelten Bildstatistik. Daraus entstand eine intensive Zusammenarbeit mit der Werbe-Abteilung des Bauhauses von Joost Schmidt und dessen Schüler, von denen einige nach Wien gingen, um die Bildstatistik mit Neurath für seine Ausstellungen und den bekannten Atlas für Wirtschaft und Gesellschaft zu entwickeln.

Eine interessante Erscheinung war auch der Freund und Verwandte von Hannes Meyer aus Basel, Konrad von Meyenburg, der damals schon – wie zum Teil Hannes Meyer selbst – ökologische Tendenzen vertrat und den Gedanken einer „sanften Technologie". Die Vorträge dieses Lehrers fanden nicht nur begeisterte Zustimmung bei den Studenten durch seine schweizerische humorige Art, sondern vor allem, weil er praktische Vorschläge und Beweise für seine Theorien geben konnte, z. B. die Meyenburg'sche Gartenfräse, die den Boden auflockerte, anstatt ihn durch schwere Traktoren zu verdichten und damit die Mikroben-Lebewelt zu zerstören.

Dann gab es noch als häufigen Gast den Philosophen Karel Teige aus der ČSR. Ebenso interessant waren für uns Gruppen von der WCHUTEMAS aus Moskau, CIAM-Mitglieder wie Victor Bourgeois aus Brüssel, Platou aus Oslo, Farkas Molnár, der in Ungarn sehr erfolgreiche Bauhausarchitekt. Von größtem Einfluß auf die städtebauliche Lehre wurde aber die Berufung von Ludwig Hilberseimer, ein hervorragender Lehrer, sachlich, ohne das geringste pathetische Gehabe, das manchem Bauhäusler anhaftete.

Die abgewanderten Bauhausmeister wurden nicht durch spektakuläre Künstler ersetzt, sondern durch bedeutsame internationale Architekten und Wissenschaftler, die jene Wandlung der Raumgestaltung unterstützten und variierten: der Holländer Mart Stam, der Däne Edvard Heiberg, der

Österreicher Anton Brenner und nicht als letzter Hannes Meyers langjähriger Mitarbeiter, der Schweizer Hans Wittwer. Ferner erfolgte die Einrichtung einer Fotowerkstatt – mit dem Meister Walter Peterhans: nicht nur ein hervorragender Fotograf, sondern auch Mathematiker und Philosoph. Zwei bewährte Weimaraner wurden zu Jungmeistern gemacht: Alfred Arndt und Fritz Kuhr. Der bedeutende Joost Schmidt erhielt die neugegründete Plastische Werkstatt und später auch die Nachfolge von Herbert Bayer: Druckerei und Werbe-Werkstatt. Ein Kompromiss für die freien Künste: Wer eine Werkstatt erfolgreich durchlaufen hatte, konnte sich weiter in der freien Malklasse bei einem der berühmten Meister oder in der plastischen Werkstatt weiterentwickeln. Zusammen mit Hilberseimer als Städteplaner war die Abwanderung von 1928 mehr als ausgeglichen, vor allem, da nun der Schwerpunkt – die stärkere Erziehung zum Bauen – endlich erreicht war.

Diese Bemühung um eine Weiterentwicklung von Raumgestaltung und der allgemeinen Pädagogik durch Erweiterung mit „Hilfswissenschaften" muß vorausgeschickt werden, weil dies ein integrierender Bestandteil der von Hannes Meyer geplanten Lehre darstellt.

Meyers Architekturunterricht

Das Seminar Hannes Meyer bestand aus mehreren Teilen: Einerseits Berichte aus Erfahrungen seiner eigenen Baupraxis und der damit verbundenen, z.T. cooperativen Bewegung sowie allgemeine Vorlesungen zu Fragen des Bauens und der Europäischen Avantgarde, und andererseits die Bearbeitung von konkreten Bauaufgaben.

Zu seiner Baupraxis berichtete er über seine Erfahrung bei der Krupp'schen Arbeiter Siedlung in Essen Margarethenhöhe und dessen Planer von Metzendorf. Eine Analyse der sozialen Stellung der Arbeiterschaft im Ruhrgebiet, ihre psychologischen Eigenarten: Die „Bindung an den Boden" als Positiva, Freizeitbeschäftigung und Erholung, aber auch die Abhängigkeit vom Arbeitgeber und stets gleichen Kollegen (geistige Inzucht) als Nachteile dieser Art von Werkssiedlungen.

Dem gegenüber das Genossenschaftswesen und die daraus entstandenen Projekte: Seine Siedlung Freidorf bei Basel. Die traditionelle Form der Siedlungsbauten standen unter dem Einfluß von Palladio einerseits und englischen Vorbildern andererseits. Hannes Meyer verriet uns, „daß er den ganzen Palladio abgezeichnet habe, um hinter das Geheimnis seiner Formgebung zu kommen", d. h. die Proportionen und Abweichungen zu erkennen, eventuell „Konflikte mit Funktionen". Aber in den Grundrissen und den Gemeinschaftsanlagen von Freidorf konnte man schon neue Gedanken erkennen. Die relative Unabhängigkeit der Bewohner, Versuche der Beteiligung der Bauherrens beim Programm von Siedlung und Wohnungsgrundrissen, Gemeinschaftseinrichtungen: Freiräume, Turnhallen, Hausgärten, Zufriedenheit, aber auch ‚Konflikte'. Eingehend die Frage von Landschaftsgestaltung.

Hannes Meyer hat uns dann von dem Theater einer belgischen Genossenschaft erzählt, die Arbeiter-Stücke, die er mitinszeniert hat und für die er einfache, dadaistische Bühnenbilder entwickelte. Er war vom Genossenschaftswesen so begeistert, dass er bis zu seinem Eintreffen im Bauhaus das Pseudonym „Coop" annahm.

Hannes Meyer hat uns dann von seinen Erlebnissen in Finnland berichtet. Er hat das Genossenschaftswesen im Norden sehr gründlich studiert (offenbar in einem Sommerlager mit Studenten oder Genossenschaften). Die Organisation der Finnen und ihre Haltung in allen Gemeinschaftsfragen fanden das besondere Lob von Hannes Meyer.

Auch über England erfuhren wir eine Menge: Die stärkere Übereinstimmung von Kultur und Zivilisation, den ausgeprägten Common sense – der das Verständnis für Städtebau und alle planerischen Maßnahmen (Gesetze) erleichtert – die Erziehung, die vorwiegend der Herausbildung des Charakters dient. Auch die Geschichte der Arbeiterbewegung in England (Wobei Engels wahrscheinlich Pate gestanden hat). Gewerkschaftsbewegungen, Baugenossenschaften und ihre Ziele. Die Gartenstadtbewegung, die Utopisten Edward Howard und Theodor Fritsch Hampstaed und die Welwyn Garden City. Das Gegenprinzip in Frankreich: Le Corbusiers. Die Mentalität der verschiedenen Nationen, das kulturelle Niveau – auch meßbar an den formalen Durchbildung technischer Details.

Dann kam auch seine Vorlesung über Mentone, wobei er sich mit der Psyche seiner Umgebung, ganz einfacher armer Bauern, sehr eingehend beschäftigt hat – vor allem auch die Entstehung eines Habitats aus den primären Lebensfunktionen. Mit Hans Wittwer gemeinsam hatte Hannes Meyer ein einfaches Bauernhaus in den französischen Südalpen gepachtet. Dieser Bericht stand nicht am Anfang – aber er hat sich auch mir sehr eingeprägt, weil Hannes Meyer die Zusammenhänge zwischen den physischen und psychischen Bedürfnissen dieser einfachen Menschen und den Prozeß dessen, was sie bauten oder an ihren Bauten änderten, sehr suggestiv zu schildern vermochte. Die Zeichnung des Steinhauses im Hang mit der Vogelvoliere. Die schwierigen Pachtverhandlungen mit dem bäuerlichen Eigentümer – dabei etwas über die Eigentums- und Besitzrechte und Grenzen. Studium der Funktionalität der primitiven Bauten der Umgebung: Entstehung aus den Zwangen der Landschaft, soziale Verhältnisse der Bauern früher und heute, Angaben über Zweckmäßigkeit von Obst- und Gartenbau – Dorf- und Weilerbildung, Mentalität der Nachbarn, Zeit zum Meditieren in Ruhe.

Vorlesung über „Landschaft und Klima": Bäume und Hecken als Windschutz und Nistmöglichkeit. Landschaftspark als Ausdruck von Demokratie gegen Renaissance und Barockgärten: Bath und die Dessauer Parks, Profile von Straßen und Bäumen, Seen, Bäche und andere Landschaftselemente. Hannes Meyer hatte in Berlin Landschaftsgestaltung in Abendkursen belegt.

Dann gab es auch die Beschreibung von Arbeitsvorgängen: 2 Wettbewerbe (Petersschule Basel und Völkerbundpalast Genf), wobei die Ergebnisse dieser beiden Arbeiten eingehend begründet wurden. Für mehr theoretische Vorlesungen, Besonnung, Belichtung, Funktionsdiagramme, Verkehrsberechnungen wurde Hans Wittwer herangezogen, mit dem Hannes Meyer die letzte Zeit und an den gesamten Projekten zusammengearbeitet hatte.

Vortrag über die Zentren des Modernismus auf der Welt: Ihre Persönlichkeiten – ihre Manifeste – Zeitschriften – Ausstellungen – Wirkungen – eigene Begegnungen von Hannes Meyer mit Trägern dieser Bewegung – auch kurze historische Entwicklungen – etwa Dada in Zürich, Schwitters (Merz) mit Buchheister, Vor dem Berg in Hannover, Van de Velde, Bourgeois, Hoste in Brüssel, El Lissitzky, Malewitsch, Proun in Moskau, Marinetti, Prampolini, und Terragni in Mailand.

der grundriß errechnet sich aus folgenden faktoren

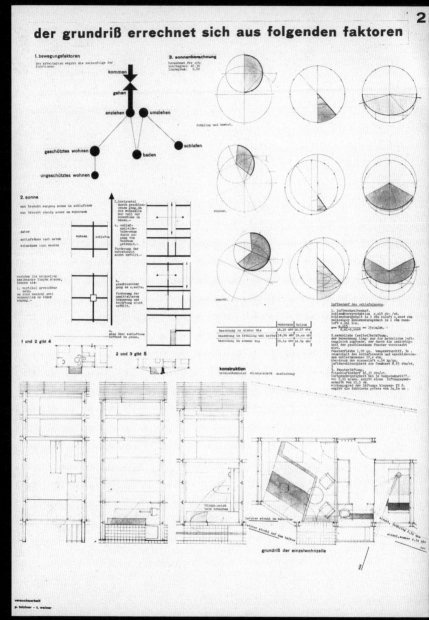

grundriß der einzelwohnzelle

Tibor Weiner, Philipp Tolziner: Versuch Gemeinschaftswohnhaus, aus Unterricht Meyer, 1930

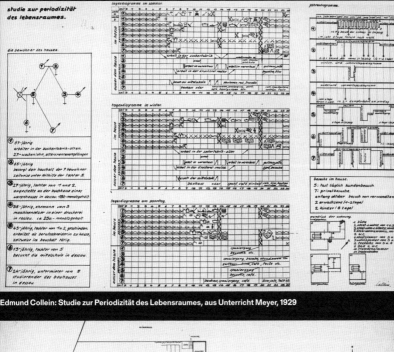

Edmund Collein: Studie zur Periodizität des Lebensraumes, aus Unterricht Meyer, 1929

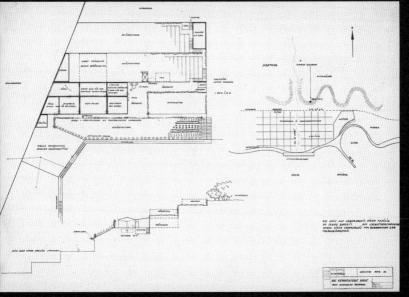

Klaus Neumann: Studienarbeit, Das gewachsene Haus, aus Unterricht Meyer, 1929

Der andere Teil von Hannes Meyers Lehre bestand in einer engen Verbindung mit der Praxis, d.h. jener Teil, der bei Gropius nahezu ausschließlich die Architektenausbildung umfaßte. Zunächst wurden kleinere Aufgaben gestellt, die der Student im allgemeinen selbst wählte, vorwiegend aus dem Bereich des Wohnungsbaus. Sie wurden vom Vorentwurf bis zum Detail entwickelt und korrigiert. Auch hierbei war stets eine reale Grundstücks-Situation zugrunde gelegt: Auseinandersetzung mit den Gegebenheiten Landschaft, Grundgrenzen, Aufschließung, Nachbarn.

Nach diesen Aufgaben, z.T. schon daneben, begann die Arbeit an Aufträgen und Wettbewerben: Ein Einrichtungsgeschäft in Dessau, das bis zu den Möbeln von den Werkstätten gestaltet wurde. Einfamilienhäuser, Arzt- oder Anwaltspraxis, Siedlungen – die Laubenganghäuser in Törten. Wettbewerbe: Zeitungsverlag, Arbeiterbank Berlin, Schulen, Industriebauten.

Schließlich die erfolgreiche Konkurrenz der ADGB-Schule Bernau bei Berlin, bei der die ganze Prominenz eingeladener Architekten aufgeben mußte. Hannes Meyer mit Wittwer lagen mit 65 Punkten vor dem zweitgereihten Mendelsohn mit 15 Punkten. Unsere Gruppe war fast zwei Jahre mit der Bearbeitung der Ausführungspläne beschäftigt.

Bunzel als Bauleiter, Scharon als Bauführer. Wir lernten bei häufigen Besichtigungen und waren sehr stolz auf „unsere Gewerkschaftsschule", die in der Tat eine Manifestation der neuen Raum-Vorstellung wurde: Bewegt, einer leicht bewegten märkischen Landschaft eingefügt unter sorgfältiger Schonung und Einfügung in den Kiefernwald und Verwendung eines Natur-Sees. Die Schüler sind nicht „kaserniert", sondern in Doppel-Zimmern.

Außen einfache gelber Klinker, die Betonkonstruktion sichtbar. Ein zentraler Raum, alles eingerichtet von den Werkstätten bis zu den akustisch wirksamen Wandstoffen der Weberei.

Die nächste Gruppe lernte vor allem an den Laubenganghäusern für Törten. Mart Stam, schon damals ein Architekt mit einem Namen, pflegte in ähnlicher Weise anhand eigener Projekte in Holland und Frankfurt zu unterrichten. Wir unternahmen Exkursionen zu seinen Baustellen dort.

Stam, fast zwei Meter groß, oft in einer bissigen, humorig-sarkastischen Art, schien ein sehr gelassenes nordisches Temperament. Im Kontrast dazu erschien er im Bauhaus stets „mit Pantoffeln" Ihm ging der Ruf voraus, „er habe bei Taut ein ganzes Büro ersetzt". Das wurde uns bestätigt bei Wettbewerben: ein sehr schneller Denker, von bestechender Logik und am Reißbrett eine Art Jongleur. Schiene und Winkel wirbelten hin und her – Linien und Flächen – Perfektion – Grundrisse entstanden wie hingezaubert. Ein bißchen unheimlich kam er uns vor. Dies bezog sich auf einen spektakulären Einführungsvortrag, den er in der Aula gehalten hatte: „M-Kunst" – bei dem es heftige Angriffe gegen Albers gegeben hatte. Ungerührt fragte er die umstehenden Studenten: „Dat is M-kunst? Is Architektur die Kunst zu imponieren?"

Ludwig Hilberseimer war ein ganz anderer Typ, sehr ausgeglichen, sehr zurückhaltend, aber stets freundlich und hilfsbereit. Wir waren zunächst über die Wahl durch Hannes Meyer enttäuscht; als Assistenten hatten wir eine Art „Beteiligungsrecht". Es wurde auch diskutiert, wer wohl geeignet wäre. Wir hatten an glanzvolle Persönlichkeiten gedacht, wie Hans Scharoun oder Arthur Korn. Das erste Zusammentreffen wurde noch enttäuschender: Ein kleiner, nicht sehr vorteilhaft aussehender Mann, der an uns die Frage richtete: „Haben Sie schon mal eine Treppe gebaut? – oder wissen Sie, wie ein Fenster konstruiert wird?" Banale Dinge. Wer den Vorkurs erfolgreich beendet hatte, fühlte sich schon als halbes Genie, die Sonderstellung des Bauhauses wirkte sich hier in gewisser Weise ungünstig aus. Nachdem wir den neuen Lehrer etwas arrogant betrachtet hatten, meinte er: „Beweisen Sie es." Da entstanden Ideen von Fenstern und Treppen, wie sie im industriellen Zeitalter hätten sein können. Hilberseimer zerlegte diese formal faszinierend gezeichneten Produkte eines nach dem anderen und zeichnete dann jeweils eine brauchbare Version dieser, für ein funktionelles Haus so wichtigen Bestandteile. Sie waren brauchbar, einfach und gut proportioniert. Wir waren seit dieser Begegnung etwas kleiner geworden, und „Hilbs" gewann bald unsere ganze Zuneigung. Er war ein Asket, lehnte jede Art dramatischer Pose ab, bewies klar und falls notwendig wissenschaftlich, und das imponierte. Seine Aufgaben umfaßten vor allem städtebauliche Probleme, angefangen mit exakten Analysen über skizzenhafte Vorschläge bis zum Einbeziehen von Verkehr, juridischen Fragen und dem soziologisch-politischen Hintergrund.

Anthroposophie und Marxismus

Es ist auch völlig falsch, Hannes Meyer als reinen Vorkämpfer des Marxismus in der Bauhauszeit zu bezeichnen. Sein erstes Auftreten war eine Ausstellung mit eigenen Bildern à la Mondrian, also als „Konstruktivist". Er war, wie schon erwähnt, ein Anhänger der linken Genossenschaftsbewegung. Das Bauhaus verdankt seine Lebendigkeit in vieler Hinsicht der Spannung zwischen den beiden Extremen: Theosophie und vor allem Anthroposophie auf der einen Seite (Johannes Itten, Georg Muche, Adolf Meyer, Theodor Bogler). Auf der anderen Seite linke Materialisten, wie László Moholy-Nagy, Mart Stam, Edvard Heiberg und Otto Neurath.

Der alte Gegensatz von „Nominalismus und Realismus" des Mittelalters sorgte auch hier für permanente Diskussion. Hannes Meyer berief fast gleichzeitig den Anthroposophen Dürkheim und den Austromarxisten Neurath. Seine eigenen ersten Vorlesungen beschäftigten sich und uns intensiv mit der Periodenlehre des Anthroposophen Wilhelm Fließ aus Dresden.

Von Marxismus wusste Hannes Meyer in dieser Zeit noch wenig und ist zu diesem erst durch Diskussionen mit den Bauhäuslern gekommen – und auch nicht gleich! Es gab da manche Mißverständnisse, z. B. nach einem ausgezeichneten Vortrag von Lu Märten über „Historischen Materialismus"[1], wo er historischen Materialismus mit „materialistischer Einstellung" verwechselte. Hannes Meyer hatte keine Ahnung, verstand „Materialismus" ganz vulgär und meinte, „Wir sind doch Idealisten"! Lu Märten mußte ihn über den Begriff des wissenschaftlichen „Hist. Materialismus" aufklären. Die kommunistische Zelle, damals stark erwachend, hat weiter aufgeklärt. Hannes Meyer las in dieser Zeit ‚Das Kapital'.

Hannes Meyers hatte in der Baulehre kein festes Lehrprogramm und unterrichtete ohne vorgefertigten Text. Die Thematik seines Unterrichts war breit. Ich erinnere mich, daß er uns eine Reihe aktueller Romane nannte, die er uns empfahl zu lesen, darunter André Maurois. Sein Unterricht bestand einfach aus dem Bericht über die Erfahrungen verschiedener Phasen seines Lebens. Er hat keine Manuskripte gehabt und Skizzen ganz unvorbereitet aus dem Gedächtnis auf die Tafel gezeichnet.

Wir alle verdanken Hannes Meyer sehr viel. Seine Raumauffassung reichte damals mehr als eine Generation über Gropius hinaus, in der Einschränkung von Formalismus und einer, dem Modernismus anhaftenden Pathetik. Hannes Meyer versprach eine Erneuerung des Funktionalismus, vor allem eine Vertiefung dieser Richtung. Seine Bildung war weitaus umfassender, seine Gedanken in der Radikalität schärfer als die von Gropius. Er wußte durch die Anthroposophie viel von Psychologie und Biologie, vermittelte wissenschaftliche Kenntnisse dieser Art. Leider war Meyer nicht so gewandt und diplomatisch wie Gropius (auch menschlich nicht so großzügig). Durch vieles Wissen, eine späte Pubertät und nicht zuletzt durch einen extremen Ehrgeiz war er ein schwieriger, ja zerrissener Mensch, der oft Wandlungen durchmachte – (damals zum Marxismus!). Er zeigte sich in seiner Einstellung oft sprunghaft unausgeglichen.

Auch um seine spätere Entwicklung zu verstehen, ist es notwendig, die Schwierigkeit dieser Persönlichkeit etwas eingehender zu schildern. Hannes Meyer gelang es selten, seine inneren Konflikte so auszugleichen, daß sie nach außen nicht spürbar wurden. Aber gerade wegen dieser Eigenschaft eines, mit Intensität zwischen Extremen Suchenden, war er als Anreger für mich von großem Wert. Leider fehlte dem Schweizer die elegante diplomatische Fähigkeit zur Integration des Gründers. Es entstanden Spannungen und Konflikte, die nicht zu reparieren waren. Er war ein etwas querköpfiger Schweizer. Sehr genau, ungeheuer belesen, in den neuesten Wissenschaften zu Hause – aber auch weniger beständig in der Zielvorstellung. – Ja, wechselnd in der Annahme von Ideen und Ideologien und dadurch manchmal dogmatisch.

Bei der ersten Begegnung spürte ich trotz sympathischer Bemühung des neuen Lehrers etwas Verklemmtes. Die Ursache erfuhren wir später: Hannes Meyer war Waisenkind. Er spielte auch eine ähnliche Rolle, so als sei er aus einem einfachen, fast proletarischen Milieu, d.h. er unterspielte erheblich die gesellschaftliche Rolle, aus der er kam. Man kann es von dem damaligen Standpunkt des Bauhauses als positiv ansehen, daß er seine Abstammung von den Patriziern Merian verschwieg – ja, daß ein Vorfahre der berühmte Kupferstecher Meyer in der Familie Merian war, die als bedeutendste und angesehenste Sippe in Basel und seit Jahrhunderten mit den ersten Familien verbunden ist. Wir erfuhren erst auf Umwegen, daß Hannes Meyer im Haus seines Verwandten Jakob Burckhardt gemeinsam mit Konrad von Meyenburg gelebt hatte. In dem Untertreiben einerseits und der Verpflichtung andererseits, einem berühmten Clan gegenüber, ist jenes unsichere Verhalten, mindestens zum Teil, erklärbar.

Die Zusammenarbeit mit Wittwer und die Atmosphäre am Bauhaus haben damals zu Leistungen der Raumkunst geführt, die Hannes Meyer später nie wieder erreicht hat – auch Wittwer nicht. Im Gegenteil, dieser (auch ein Verwandter) litt unter dem Ehrgeiz seines Partners Hannes Meyer ebenso wie unter dem „ganzen Zwang unseres Berufs", zu „Extravaganzen und zu künstlerischer Überheblichkeit", die am Bauhaus nur in der Theorie abgeschafft war, in Wirklichkeit aber oft auch dort üppige Blüten trieben.

Auch hier war ein Widerspruch bei Hannes Meyer spürbar. Er wetterte gegen Werbung der Architekten und betrieb doch selbst nicht wenig in dieser Richtung – er veranlaßte die Gründung einer Zeitschrift „bauhaus"[2] und berief den ungarischen Schriftsteller Ernst Kállai als Redakteur. Es wurde ein erfolgreicher, sehr wirkungsvoller Spiegel der Aktivitäten des veränderten Instituts. Er predigte eine Erfüllung der Funktionen, und wie oft entschied er sich für die bessere Form.

Der Text ist vom Herausgeber aus diversen Dokumenten aus dem Nachlass Hubert Hoffmanns (Akademie der Künste Berlin, Baukunstarchiv) zusammengestellt, die dieser Jahrzehnte nach Schließung des Bauhauses aus seiner Erinnerung verfasst hat. Verwendet wurden folgende Dokumente: Begegnungen, Vortrag 23.3.1964, Graz. Nachlass Hubert Hoffmann, Sign. 87; Mein Studium am Bauhaus, Manuskript 1975. Sign 195; Vorlesungsmitschrift „Die Berufung von Hannes Meyer", undatiert. Sign. 196; Korrespondenz von Hubert Hoffmann mit Philipp M. Tolziner 1979–1981, Sign. 698. Einen ebenfalls sehr aufschlussreichen Bericht „Mit Hannes Meyer am Bauhaus und in der Sowjetunion" hat Hoffmanns Kommilitone Philipp Tolziner verfasst, veröffentlicht in: *Hannes Meyer: 1889–1954 ; Architekt, Urbanist, Lehrer*, hrsg. vom Bauhaus-Archiv Berlin, S. 234 ff. Berlin, 1989.

Anmerkungen

1   Lu Märten, Berlin: Historische Dialektik und Experi-
    ment, Vortrag am 12.10.1928.
2   Dies ist unzutreffend. Die Zeitschrift wurde von
    Walter Gropius im Dezember 1926 gegründet, mit
    der Eröffnung des Bauhausgebäudes.

Baupraxis als Lehre

Anne Stengel

Nach Eröffnung des Bauhausgebäudes in Dessau ging Walter Gropius endlich die schon lange angekündigte Einrichtung einer Architekturabteilung am Bauhaus an. Bislang waren private Bauaufträge ausschließlich über sein privates Büro projektiert und Studierende lediglich auf Basis von Baupraktika oder über die Mitarbeit im Bauatelier Gropius beteiligt worden. Dies hatte zu erheblicher Missstimmung unter den Studierenden wie auch bei den Jungmeistern geführt. Als Leiter favorisierte Gropius zunächst den niederländischen Architekten Mart Stam, nach dessen Absage bat er Hannes Meyer im Dezember 1926 ein „Baubüro" am Bauhaus einzurichten. Gropius und Meyer hatten sich Anfang Dezember 1926 anlässlich der Feierlichkeiten persönlich kennengelernt. Einem Brief Meyers an Gropius im Februar 1927 ist zu entnehmen, wie er sich die neue Bauabteilung vorstellte: „wir sind uns darüber einig, dass ein richtiger unterricht über bauliche gestaltung nur durchführbar ist im direkten zusammenhang mit der praxis am baue selbst. sonst würde sich die neue architektur-abteilung in nichts von derjenigen irgendeiner technischen hochschule unterscheiden, d. h. überflüssig sein."[1]

Gropius erwirkte bei Oberbürgermeister Fritz Hesse die Aussicht auf Aufträge der Stadt Dessau an das Bauhaus, der Magistrat bestätigte Meyer in der schriftlichen Zusage des Arbeitsvertrags die „Absicht, der Architekturabteilung die Möglichkeit zur Errichtung einzelner Versuchsbauten von der Stadt zu geben"[2]. Dies blieb aber zunächst aus. Zum Wintersemester 1927/28 kam Hans Wittwer, mit dem Meyer bereits im Baseler Architekturbüro zusammengearbeitet hatte, nach Dessau, um den Aufbau der Bauabteilung zu unterstützen. Mit ihm erfolgte eine intensivere Hinwendung zu wissenschaftlichen Analysen im Zusammenhang mit dem Planungs- und Bauprozess. Nach Meyers Berufung zum Direktor des Bauhauses wurde Wittwer neben Meyer zum Leiter der Bauabteilung.

Das erste mit Studierenden realisierte Bauprojekt war das Haus Nolden in der Eifel. Bereits 1926/27 hatte sich der Zahnarzt Dr. Karl Nolden mit der Bitte an Gropius gewandt, das Bauhaus möge für ihn ein Wohnhaus mit Praxis im Bauhausstil realisieren. Wie am Bauhaus für Realisierungsvorhaben üblich, war ein interner Wettbewerb ausgetragen worden. Diesen hatte der Student Hans Volger für sich entschieden. Volger arbeitete im Wintersemester 1927/28 vermutlich im Kurs „Bauentwurf" von Hans Wittwer an dem Entwurf. Wittwer, der diesen im April 1928 korrigierte, begeistert sich gegenüber seiner Verlobten Jula Rieder: „das Gebäude das zur Hauptsache meine Arbeit war interessierte mich unbändig und ich konnte nicht müde werden immer wieder durch all die Räume zu gehen und ihren tatsächlichen Eindruck mit dem zu vergleichen der mir beim Entwurf vorschwebte".[3] Im April 1928 wurde die Ausführungsplanung für das Haus Nolden vom Bauamt abgenommen. Zwischen Mai und Oktober war Volger vor Ort in Mayen und betreute die Bauausführung. Wittwer kam regelmäßig dazu und begleitete die Bauabnahme im November 1928. Volger war für die Bauausführung vermutlich in der Bauabteilung angestellt. Er hatte zu diesem Zeitpunkt bereits alle erforderlichen Studienleistungen abgeschlossen, sein Diplom wurde aber erst im Mai 1931 ausgestellt.

Parallel zu den Planungen am Haus Nolden wurde Hannes Meyer im Frühling 1928 neben fünf weiteren Architekten zum Wettbewerb für die Errichtung eines Neubaus für die Bundesschule des Allgemeinen Deutschen Gewerkschaftsbundes (ADGB) in Bernau bei Berlin geladen. Im Vorfeld des Wettbewerbs betonte Meyer gegenüber Adolf Behne den kritischen Zustand am Bauhaus Dessau und die Schwierigkeiten, an reale Bauaufträge zu gelangen. „wir haben jetzt seit ¾ jahren nur theorie getrieben an unserer bauabteilung und konnten zugucken, wie das privatbüro gropius stets zu bauen hat. wir stehen (sehr unter uns gesagt) vor auseinandersetzungen, die an das ganze problem bauhaus rühren, denn nicht nur ich, sondern auch noch andere mitarbeiter haben keine lust mehr, in der bisherigen weise weiter zu wursteln. bei der jetzigen konstellation wäre mir ein auftrag, der irgendwie über mich an die bauabteilung fiele, eine moralische hilfe, die ich nicht genug herbeisehnen kann."[4] Zu diesem Zeitpunkt plante Meyer noch, den eventuellen Bauauftrag für die Bundesschule als „bauabteilung bauhaus dessau"[5] zu realisieren und bereits das Wettbewerbsprojekt „in der bauabteilung aufstellen [zu] lassen wie das für alle art gemeinschafts- oder privat-entwürfe festgesetzt worden ist von uns."[6] Im Briefwechsel mit Jula Rieder erwähnte Wittwer die intensive Arbeit am Entwurf und die enge Zusammenarbeit mit Studierenden: „wir arbeiten nun an einem engeren Wettbewerb für die Bernauer Schule und Hannes glaubt dass wir gute Aussichten haben den Auftrag zu bekommen aber zuerst heisst es nun ein solides Fundament unter diese Aussicht legen, aufs strengste Arbeit in den nächsten Wochen und diese allein muss nun meine Abreise hier bestimmen, denn ausser mir ist eben niemand da, und Hannes ist nun mit anderem belastet."[7] Der Wettbewerbsentwurf, an dem auch der in der Bauabteilung angestellte Student Ernst Göhl beteiligt war, wurde Ende März unter dem Namen „hannes meyer, bauhaus dessau" eingereicht und erzielte den ersten Preis. Zeitgleich mit dem Baubeginn am Haus Nolden erhielt Meyer schon am 15. Mai 1928 den Auftrag für die Projektierung und Oberbauleitung der Bundesschule Bernau. Er richtete dafür ein neues Baubüro in Berlin ein. Der Bauhausforscher Klaus-Jürgen Winkler interpretiert aus der Einrichtung des Büros, dass ein Bauprojekt dieses Ausmaßes zum damaligen Zeitpunkt am Bauhaus noch nicht umgesetzt werden konnte. Auch die geringere Distanz zwischen Berlin und Bernau war sicherlich ein Argument. Auch wenn das Projekt allein unter dem Namen Hannes Meyer lief, nahm Hans Wittwer weiterhin eine wesentliche Rolle ein.

Meyer als Direktor, Sommersemester 1928

Mit Beginn des Sommersemesters im April 1928 trat Meyer seinen Posten als Direktor des Bauhauses an. In Vorbereitung erwarteter Aufträge für die Bauabteilung erweiterte Meyer das Kollegium der Baulehre, fokussierte die Lehrinhalte zunehmend auf das praktische Bauen einschließlich Organisation des Bauprozesses und baute die außerkünstlerischen Fächer aus. Konkrete Bauaufgaben wurden seit dem Wintersemester 1927/28 beispielsweise in Installationslehre/Wärmeisolierung bei Hans Wittwer sowie Normenlehre thematisiert, während Alcar Rudelt Baukonstruktion ab Sommersemester 1928 unterrichtete. Arbeitsorganisation wurde von Dr. Riedel oder über Gastvorträge wie beispielsweise von Paul Artaria zur „Finanzierung und Durchführung moderner Bauprozesse" im Wintersemester 1929/1930 gelehrt. Die Bauhauszeitschrift vom 1. Juli 1928 nennt neben dem Haus Nolden, der ADGB-Schule Bernau und den Laubenganghäusern noch zwei kleinere Realisierungsprojekte: den Umbau der städtischen Bücherei und Lesehalle in Dessau (Auftrag Nr. 608) und den Ladenumbau des Verkehrsbüros in Dessau (Auftrag Nr. 601). Beide wurden unter Leitung des Studenten und Mitarbeiters der Bauabteilung Ernst Göhl umgesetzt. Dieses Prinzip der Einbindung von Studenten über einen Vertrag mit der Bauabteilung zeigte sich auch an anderen Projekten.

Die Ausführungsplanung für die Bundesschule Bernau wurde durch Studierende des Bauhauses via Praktika, studentische Arbeitsverträge mit der Bauabteilung – wie etwa für Erich Consemüller – oder eine Anstellung in Meyers Büro realisiert. Der Statik-und Konstruktionslehrer des Bauhauses Alcar Rudelt ließ statische Berechnungen und Konstruktionen für die Bundesschule Bernau im Unterricht von Studierenden wie Philipp Tolziner bearbeiten. Wittwer verließ im Februar 1929 das Bauhaus für eine neue Stelle in der Kunsthochschule Halle Burg Giebichenstein. Ihm folgten Erich Consemüller und der Konstruktionslehrer Friedrich Köhn. Gleichwohl betreute Wittwer den Bau der Bundesschule auch nach seinem Weggang weiter. Im Mai 1929 beging die Bundesschule das Richtfest für den Rohbau; Ausbau und Innenausbau konnten beginnen. Studierende wurden weiterhin über Verträge mit dem Büro Meyer am Projekt beteiligt, so Wera Meyer-Waldeck, Studentin der Ausbauwerkstatt-Tischlerei, vom September 1929 bis April 1930. Dem frischgebackenen Bauhausabsolventen Arieh Sharon wurde per 1. April 1929 die Bauleitung der Bundesschule übertragen. Konrad Püschel, Student der Bauabteilung, nahm für ein Praktikum auf der Baustelle ein Urlaubssemester. Damit unterschied sich das Modell Meyers nicht grundlegend von dem Gropius'. Novum war ein direkter Vertrag mit der Ausbauabteilung Wandmalerei, die im Unterricht schallisolierenden Spannstoff für die Aula der

Bauabteilung auf dem
Dach des Atelierhauses,
1927. Fotograf unbekannt

Haus Nolden, Rohbauzustand, Ansicht von Süden, 28.6.1928.
Fotograf unbekannt

Begehung Baustelle ADGB, Hannes Meyer, Hans Wittwer, Hermann Bunzel, Thomas Flake (Grund-steinlegung?), 1928 . Foto: Erich Consemüller

Bundesschule des ADGB Bernau 1928–30, Nord-West-Ansicht der Wohnhäuser A bis E im Bau. Foto: Hannes Meyer

Baustelle der Laubenganghäuser in Dessau-Törten, Frühjahr 1930

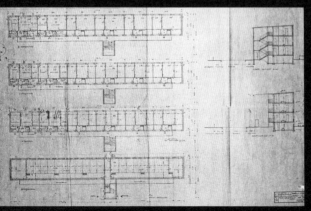

Laubenganghäuser
Ausführungsplanung,
Januar 1930. Entwurf:
Hannes Meyer, Ausführung:
Bauabteilung, Mitarbeit:
Hans Volger, signiert:
hvolger

Siedlung Dessau-Törten: Philipp Tolziner anlässlich
der Fertigstellung des ersten Wohnhauses, 1930.
Fotograf unbekannt

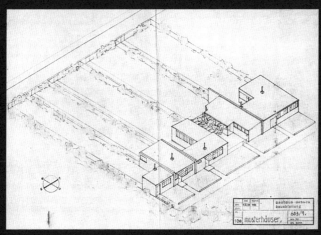

Entwurf Musterhäuser für Flachbauten in Dessau-Törten/Bauhausversuchsgelände
Kiefernweg, 4.6.1930

Bundesschule erprobte und anfertigte. Im Mai 1930, zu Beginn des Sommersemesters, wurde die Bundesschule des ADGB fertiggestellt.

Meyer nahm den Weggang Wittwers und die seitens der Stadt Dessau in Aussicht gestellten Aufträge zum Anlass, die Bauabteilung auszubauen. Diese gliederte sich fortan in Baulehre für Studierende des ersten bis dritten Semesters und Bauatelier für Studierende des vierten bis sechsten Semesters. Meyer berief für die Baulehre Ludwig Hilberseimer und für das Bauatelier Anton Brenner. Im Bauatelier sollten die realen Bauvorhaben wie in einem regulären Architekturbüro abgewickelt werden. Nachdem Brenner im Streit das Bauhaus im Wintersemester 1929/30 schon wieder verlassen hatte, folgte im Mai 1930 der norwegische Architekt Edvard Heiberg.

Studierende bauen: Die Laubenganghäuser in Dessau-Törten

Das größte Bauvorhaben des Bauhauses waren die Laubenganghäuser in Dessau-Törten als Erweiterung der von Walter Gropius begonnen Siedlung. Von ursprünglich zehn geplanten Geschossbauten wurden 1930 fünf für die Dessauer Wohnungsgenossenschaft errichtet. Bereits im Mai 1928 begann die Vorprojektierung durch drei Studenten der Bauabteilung, die entsprechend der von Meyer am Bauhaus eingeführten Praxis mit 40 Prozent des Nettoertrags beteiligt wurden. Doch wenige Monate später geriet das Projekt ins Stocken. Die für die „32 Wohnungen in der Törtener Flur"[8] vorgesehenen Gelder der Genossenschaft wurden umgewidmet und mussten neu akquiriert werden. Gleichwohl legte der Student Konrad Püschel im März 1929 erste Entwürfe für viergeschossige Laubenganghäuser vor.

Zum Juli 1929 hatte Meyer die Werkstätten Tischlerei, Wandmalerei und Metall zur Ausbauwerkstatt unter der Leitung Alfred Arndts zusammengelegt. Dies war ein weiterer Schritt zu einer engeren Zusammenarbeit der Werkstätten und zur intensiven Konzentration auf das Bauen.

Im Situationsbericht vom 1. September 1929 an die Meister des Bauhauses äußert sich Meyer sehr verärgert über den einstweiligen Wegfall von erwarteten Aufträgen der Stadt Dessau für die Laubenganghäuser und die serienweise

Herstellung von Musterhäusern: „ich gestehe, dass ich diese lage für unhaltbar halte."[9] Meyer hatte in Erwartung der Aufträge im Frühjahr Hilberseimer und Brenner eingestellt und weitere Vorkehrungen getroffen.

Meyer war gezwungen, „arbeit von auswärts in die bau-abteilung zu tragen"[10] und beteiligte Studierende der Baulehre weiterhin an Aufträgen seines Büros, beispielsweise am Wettbewerb um die sogenannte Arbeiterbank des ADGB in Berlin. Auch weitere kleinere Aufträge oder auch Studienarbeiten zu realen Bauaufgaben konnten unter Meyer realisiert werden; beispielsweise im Wintersemester 1929/30 das Projekt Klein Köris – eine Wochenendkolonie für einen Wassersportverein; außerdem im Sommersemester 1930 Studien für den Generalbebauungsplan Dessau (bearbeitet durch die Studenten Meumann und Püschel) und im selben Semester Studien für eine Volksschule in Törten. Mit dem Architekten Anton Brenner wurde der Wettbewerb für das Kornhaus in Dessau bearbeitet, und Mart Stam brachte das Projekt „Altersheim Frankfurt am Main" mit in die Lehre. Die verschiedenen Werkstätten wirkten unter anderem an der Erstellung von Entwürfen und auch der Ausführung für Ausstellungskojen mit – beispielsweise im Wintersemester 1928/29 für die Gemeinnützige Aktien-Gesellschaft für Angestellten-Heimstätten in Berlin.

Obwohl bereits im Juni 1929 für die Laubenganghäuser durch die Vermittlung des Stadtrates Paulick ein neues Finanzierungsmodell über die Beteiligung der Landesversicherungsanstalt gefunden war, erging der Realisierungsauftrag erst im Januar 1930 an die Ausbauabteilung des Bauhauses. Aber schon im Wintersemester 1929/30 arbeiteten acht Studenten an der Planung. Die „Projektgruppe Hannes Meyer" produzierte zahlreiche Detailpläne, Installationszeichnungen und Fensterdetails inklusive Ausführungsplanung. Im Dezember 1929 erhielt der ehemalige Student Hans Volger einen Arbeitsvertrag als Bauleiter für zwei der Laubenganghäuser, wurde dem Studenten Philipp Tolziner die örtliche Bauleitung für die drei anderen Bauten übertragen. Eduard Ludwig, ein Student der Baulehre, entwarf im Rahmen des Unterrichts eine Möblierung für die Laubenganghäuser. Im April 1930 übernahm die Ausbauabteilung Wandmalerei die Bauleitung für die Malerarbeiten. Gegen Ende Juli 1930, kurz vor Bezug der Häuser, wurden in drei Musterwohnungen seitens des Bauhauses mögliche Möblierungen präsentiert. So waren die Studierenden in allen Leistungsphasen des Bauprozesses nicht nur maßgeblich beteiligt. Sie setzten einen Teil der Arbeiten nahezu in Eigenregie um. Ende Juli und Anfang August fanden die Bauabnahmen der Gebäude unter Anwesenheit von Philipp Tolziner, Béla Scheffler und Hans Volger statt. Am 30. Juli 1930 und dem 15. August 1930 erfolgten die Übergaben der Häuser an die Bauherren und damit exakt zu der Zeit der fristlosen Kündigung von Hannes Meyer am 1. August 1930. Nicht mehr kam es zur Realisierung der im Gesamtplan für Törten vorgesehenen Flachbauten. Standen zu Beginn von Meyers Tätigkeit 50 Musterhäuser im Auftrag der Stadt Dessau in Aussicht, wurden es später zunächst 30. Im Sommer 1929 teilte der Oberbürgermeister Hesse Hannes Meyer zu dessen großer Enttäuschung dann mit, dass zunächst nur vier realisiert werden können. Im Unterricht hatten Hannes Meyer und Ludwig Hilberseimer schon zuvor solche einfachsten Kleinsthäuser als Entwurfsthema von den Studierenden bearbeiten lassen. Nachdem sich der Auftrag durch die Stadt im August 1929 konkretisierte, nahm die Bauabteilung das Projekt „energisch in die Hand".[11] Das Baugrundstück am Kiefernweg als „Bauhausversuchsgelände" lag keine 500 Meter westlich des Bauhausgebäudes. Im Sommer 1930 reichte Edvard Heiberg als Leiter des Bauateliers schließlich bei der Stadt den Bauantrag für vier Musterhäuser ein. Die Entwürfe für die nur 57 bis 77 m² großen Bauten in Holz- und Ziegelbauweisen stammten sowohl von Lehrenden wie Studierenden: Hannes Meyer, Ludwig Hilberseimer, Ernst Göhl und Edvard Heiberg gemeinsam mit Walter Köppe. Teil der Planung waren auch ein Waschhaus und eine Klärgrube. Im Unterricht bei Bauingenieur Alcar Rudelt berechneten die Studierenden die Wärmedämmung und Baukosten der Versuchsbauten. Nach dem Rauswurf Meyers und dem Weggang Heibergs wurde das Projekt offenkundig nicht weiter verfolgt.

Der Versuch, die Praxis in die Baulehre zu integrieren, entsprach der Tradition der Reformpädagogik. An Kunsthochschulen, die den Grundgedanken beispielsweise Henry van de Velde und Wilhelm von Gebischtz folgten, fand die Ausbildung üblicherweise in Werkstätten statt. Ähnliche didaktische Methoden wurden beispielsweise auch bei Franz Cizek in Wien angewandt, so Hans M. Wingler. Hannes Meyer übertrugt dieses Prinzip der Verbindung von

Praxis und Lehre in die Architekturausbildung. Dabei legte er den Fokus der Bautätigkeit, entsprechend dem Grundgedanken des Neuen Bauens, zunehmend auf den Menschen und die Gestaltung der Lebensprozesse. Zeitgleich führte Ernst Neufert im „aktiven Bauatelier" der Bauhochschule in Weimar die Studierenden an die praktische Bautätigkeit heran. Frank Lloyd Wright, von Fröbels Pädagogik stark beeinflusst, beteiligte seine Schüler an seinem Auftrag in Taliesin.

Die drei Bauprojekte Haus Nolden, Bundesschule Bernau und die Laubenganghäuser Dessau-Törten zeigen, dass es Meyer trotz widriger Umstände schrittweise gelang, seine Bestrebungen umzusetzen. Die Ausführung der Bundesschule Bernau wurde noch entsprechend dem Praxis-Prinzip Walter Gropius' umgesetzt. Studierende wurden via Praktika innerhalb der Lehre oder als Mitarbeiter der Bauabteilung an Entwurf und Ausführung beteiligt. Die Ausübung konkreter Funktionen, wie die Bauleitung oder die Mitarbeit an der Ausstattung, wurden über die Anstellung im Büro Meyer ermöglicht. Direkt beauftragt wurden hier allein die Werkstätten. Der Auftrag für das Haus Nolden ging bereits direkt an das Bauhaus. Es wurde in enger Zusammenarbeit zwischen einem ehemaligen Studenten und einem Dozenten geplant und ausgeführt. Neben kleineren umgesetzten Aufträgen waren es letztlich die Laubenganghäuser in Dessau-Törten, die als erster größerer Bauauftrag im Sinne Meyers Vorstellung einer Kollektivarbeit in vertikalen Brigaden durch das Bauhaus umgesetzt werden konnten. Der Bauauftrag ging direkt an das Bauhaus Dessau. Die Realisierung des Projektes erfolgte ganz im Sinne des Meyer'schen Lehrprinzips mit zunehmender Eigenverantwortung von auch finanziell beteiligten Studierenden.

Anmerkungen

1   Meyer, Hannes. Brief an Gropius, 16.2.1927.
    getty research institute, Los Angeles.
2   Magistrat an Hannes Meyer, 21.2.1927. getty
    research institute, Los Angeles.
3   Wittwer, Hans. Brief an Jula Rieder, 8.9.1928.
    Inventarnummer 35-k-7-39, gta Zürich.
4   Meyer, Hannes. Brief an Adolf Behne, 24.12.1927.
    Nachlass Behne, Mappe 39, Bauhaus-Archiv.
5   a. a. O.
6   a. a. O.
7   Wittwer, Hans. Konvolut Schriftverkehr mit Jula
    Rieder, März 1928. Signatur 35-k-7-7-4, gta
    Zürich.
8   Geschäftsbericht Dessauer Spar und Baugenossen-
    schaft, Mai 1929, Inventarnummer NZ-71., Kon-
    volut Stadtarchiv Dessau.
9   Bundesarchiv, R 32/399, S. 137–140.
10 Bundesarchiv, R 32/399, S. 137–140.
11 Situationsbericht von Hannes Meyer vom 1.9.1929.
    Abgedruckt in: Hannes Meyer 1889–1954.
    Architekt-Urbanist-Lehrer, hrsg. von Werner
    Kleinerüschkamp, S. 168 ff. Berlin, 1989.

Anton Brenner im Bauatelier

Anna Stuhlpfarrer

Der Wiener Architekt Anton Brenner (1896–1957), bis heute auch in Fachkreisen wenig bekannt, beschäftigte sich zeit seines Lebens mit dem sozialen Wohnbau in seiner reinsten Ausformung – dem Bauen für das Existenzminimum.[1] Bereits während seines Studiums an der Wiener Kunstgewerbeschule (heute Universität für angewandte Kunst Wien) unter Josef Frank und Oskar Strnad sowie beim anschließenden Besuch der Meisterschule von Peter Behrens und Clemens Holzmeister an der Akademie der bildenden Künste Wien hatte sich Brenner mit der Verbesserung der Wohnverhältnisse der untersten Einkommensschichten auseinandergesetzt. Mit seinem Volkswohnhaus mit Einbaumöbeln für das Rote Wien aus dem Jahr 1924/25, in dieser Art ein Novum in Österreich, wurde die internationale Fachwelt auf seine Entwürfe aufmerksam. Mitte der 1920er-Jahre holte ihn Ernst May gemeinsam mit Franz Schuster und Margarete Lihotzky (später Schütte-Lihotzky) ans Frankfurter Hochbauamt, hier konnte er in der Siedlung Praunheim sein erstes Laubenganghaus verwirklichen. Der internationalen Diskussion in den 1920er-Jahren rund um die Frage Hochbau oder Flachbau begegnete Brenner mit einer sehr pragmatischen Einstellung: „Wenn statt eines Wettstreites um die Vorzüge und Nachteile der beiden Wohnarten, der fast ebenso unnütz ist wie der Kampf um Steil- oder Flachdach, eine gegenseitige Beeinflussung versucht wird, so kann möglicherweise ein Weg gefunden werden, der zur Lösung der Kleinstwohnungsfrage in beiden Fällen führt."[2] Das Ergebnis der gegenseitigen Beeinflussung und einer Art Kombination der beiden Wohnformen lag Brenners Meinung nach im Typus des Laubenganghauses. Hier sah er die jeweiligen Vorteile von Hoch- und Flachbau am besten vereint, wodurch auch für die einkommensschwächsten Schichten bezahlbare Wohnungen mit hoher Wohnkultur geschaffen werden konnten. Fast gleichzeitig mit Frankfurt erhielt Brenner auch in Berlin den Auftrag für ein Wohnhaus mit

Außengangerschließung, einen Bautyp, den er in Wien nie verwirklichen konnte, der jedoch für seine Berufung ans Bauhaus Dessau mitverantwortlich gewesen sein dürfte.

Anton Brenner zählte aufgrund seiner rationellen Kleinstwohnungs-Grundrisslösungen zu den führenden Wohnreformern seiner Zeit. Er arbeitete in den deutschen Zentren der modernen Architektur und war 1926 neben Josef Frank als einziger Österreicher für die Teilnahme an der Stuttgarter Weißenhofsiedlung im Gespräch.[3] Mit Hannes Meyers Ruf ans Bauhaus im Jahr 1929 wurde seiner intensiven Auseinandersetzung mit den aktuellen Themen des Neuen Bauens Tribut gezollt. Über die genauen Beweggründe, die hinter Brenners Berufung standen, sind keine Quellen erhalten. Neben seinem allgemeinen Fachwissen auf dem Gebiet des Wohnungsbaus für das Existenzminimum scheint aber – in Anbetracht der geplanten Ganghäuser in Dessau-Törten – im Speziellen seine langjährige Auseinandersetzung mit dem Bautyp des Laubenganghauses ausschlaggebend gewesen zu sein. Unterstützung findet diese These im Situationsbericht Hannes Meyers aus dem Jahr 1929: „bau-aufträge der stadt dessau: herr bürgermeister hesse hat mich mit der mitteilung überrascht, dass in diesem jahr nur die 4 musterhäuser zur durchführung kommen sollen. diese sind denn auch durch unsere bau-abteilung in den letzten tagen energisch in die hand genommen worden. – das projekt der laubenganghäuser sei zurückzustellen, und die serienweise herstellung der musterhausbauten werde in diesem jahr infolge geldmangels der sparkasse nicht aufgenommen werden können. – diese mitteilung war für mich sehr überraschend, denn die ganzen dispositionen des vergangenen frühjahres (berufung von brenner, hilberseimer u. andere vorkehrungen) geschahen in der erwartung der bei früheren rücksprachen seitens des magistrats in aussicht gestellten grösseren aufträge."[4]

Hannes Meyer, ab 1927 Leiter der Bauabteilung und ab 1928 in Nachfolge von Walter Gropius Direktor des Bauhauses Dessau, hatte die Architekturausbildung an der Hochschule aufgebaut und in den Mittelpunkt der Bauhausarbeit gestellt.[5] Im Zentrum der Baulehre stand dabei der unmittelbare Praxisbezug: Die Studierenden sollten neben den wissenschaftlichen systematischen und analytischen Untersuchungen im Besonderen an Wettbewerben teilnehmen und Bauprojekte von der ersten Idee bis zur Fertigstellung des Gebäudes begleiten. Bei dieser aktiven Einbindung spielten die Bauaufträge der Stadt Dessau eine wichtige Rolle, unter anderem für die im Situationsbericht erwähnten Laubenganghäuser der Siedlung Dessau-Törten. Sie wurden von Hannes Meyer gemeinsam mit zwölf Studierenden als erster kollektiv ausgeführter Bauauftrag der Bauabteilung errichtet und noch vor Meyers Entlassung vom Bauhaus im Jahr 1930 fertiggestellt.[6] Eine konkrete Mitarbeit Anton Brenners an den Außenganghäusern ist nicht nachweisbar und scheint auch nie Thema gewesen zu sein. Untermauert wird diese Vermutung durch Brenners Autobiografie[7], in der die fünf realisierten Wohnhausbauten keinerlei Erwähnung finden. Die Vorbildwirkung seiner Laubenganghäuser in Frankfurt und Berlin für die Grundrissgestaltung der Dessauer Bauten ist jedoch in Bezug auf die Anordnung und Wertigkeit der Räume bis hin zu einzelnen Detaillösungen offensichtlich.

Über Anton Brenners konkrete Lehrtätigkeit am Bauhaus sowie den genauen Zeitraum seines Aufenthalts in Dessau sind kaum Unterlagen überliefert. Der Nachlass des Architekten (Pläne, Aktenmaterial und Manuskripte) ist nicht erhalten und auch in den Archiven sind kaum Dokumente zu finden, wodurch vorrangig die Autobiografie Brenners als Quelle herangezogen werden muss. Das in den 1950er-Jahren entstandene, in wenigen Kopien verbreitete Typoskript mit dem Titel *Mit Ach und Krach durchs Leben. Mit Leib und Seele* wurde 2005 von Brenners Sohn, Tonio Brenner, in erweiterter und ergänzter Form veröffentlicht.[8] Ähnlich vielen Künstler- und Architektenbiografien ist auch bei dieser Lebensgeschichte die Grenze zwischen Realität und Fiktion nicht immer klar abzustecken: Einerseits sind die subjektive Perspektive und ein oftmals manipulativer Grundzug dieser literarischen Gattung inhärent, zudem lagen die Ereignisse bei Niederschrift teils Jahrzehnte zurück. Die drei Bände umfassenden Lebenserinnerungen durchzieht – dem Titel entsprechend – ein auffallend wehleidiger Grundton, der den Architekten als äußerst schwierigen und sich stets zurückgesetzt und missverstanden fühlenden Menschen präsentiert, der die Schuld nicht selten bei anderen Personen suchte. Als wissenschaftliche Quelle ist die Publikation daher mit entsprechender Vorsicht zu behandeln.

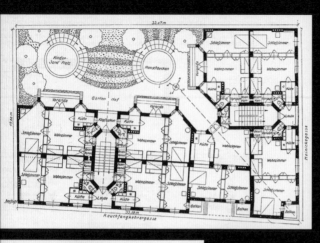

Anton Brenner, Volkswohnhaus Rauchfangkehrergasse, Wien 15, Grundriss, 1924–1925. Fotograf unbekannt

Anton Brenner, Volkswohnhaus Rauchfangkehrergasse, Wien 15, Ansicht, 1924–1925. Fotograf unbekannt

Anton Brenner, Laubenganghaus Frankfurt – Siedlung Praunheim, Ansicht der Gartenfassade, 1927–1929.

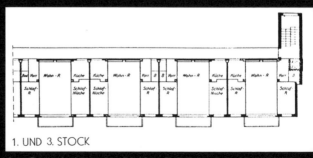

1. UND 3. STOCK

Anton Brenner: Laubenganghaus Frankfurt – Siedlung Praunheim, Grundriss 1. und 3. Stock, 1927–1929

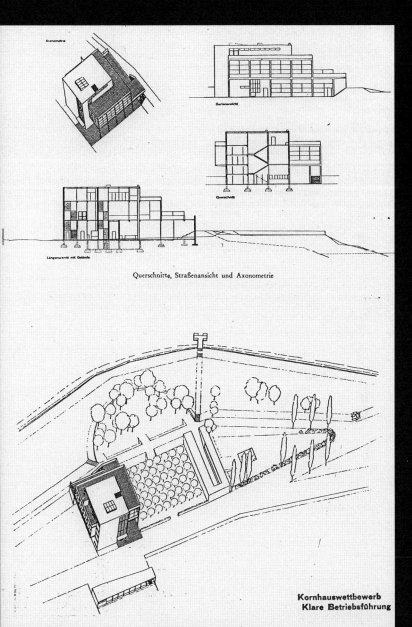

Querschnitte, Straßenansicht und Axonometrie

**Kornhauswettbewerb
Klare Betriebsführung**

Axonometrie der Gesamtanlage

Anton Brenner: Entwurf für den „Kornhaus-Wettbewerb", 1929

Im Jahr 1928, als Hannes Meyer den Wiener Architekten bezüglich der Leitung des Bauateliers am Bauhaus kontaktierte, war Anton Brenner vielbeschäftigt und am Höhepunkt seiner Karriere. Nachdem er bereits im Winter 1928 einige Gastvorträge an der Architekturabteilung gehalten hatte, trat er im Frühjahr 1929 seine Stelle in Dessau an.[9] Nach dem Weggang Hans Wittwers vom Bauhaus hatte Hannes Meyer die Baulehre in das Bauatelier (Leitung Anton Brenner) und die Baulehre (Leitung Ludwig Hilberseimer) aufgegliedert. Brenner hatte bei Antritt seiner Lehrtätigkeit 1929 parallel Baustellen in Frankfurt (Laubenganghaus in der Siedlung Praunheim), Berlin (Laubenganghaus in Berlin-Steglitz) und Wien (Jugendheim für den Verein Settlement) zu betreuen und pendelte regelmäßig zwischen diesen Städten, weshalb er nur einen dreiwöchigen Lehrvertrag pro Monat mit der Hochschule abschließen konnte.[10] Als „Leiter des Baubüros, Entwurfslehre"[11] war Brenner mit der Ausbildung der Studierenden der fortgeschrittenen Semester betraut. „die mitarbeit im bauatelier ist in der regel dem werdenden architekten vorbehalten, es werden alle in der ‚gebührenordnung für architekten vom juli 1926' aufgeführten arbeiten für rechnung dritter im sinne eines architekturbüros durchgeführt. das bauatelier soll ‚im studium über die produktion' die bestmögliche einführung in die baupraxis vermitteln."[12] Brenners Lehrmethode war auf Meyers Vorstellung eines kollektiven Gestaltungsprozesses abgestimmt, indem er sich für ein gruppenbasiertes Arbeiten entschied. Je nach Interessensgebiet wurden die Studierenden in einzelne, nach verschiedenen Bautypen (wie Schulen, Wohnbauten, Sanatorien, Hotels) getrennte Gruppen eingeteilt. Jede Gruppe suchte aus Zeitschriften und Büchern die modernsten Gebäude der Zeit und gab diese Architekturbeispiele in einheitlichem Maßstab in abstrahierenden Strichskizzen wieder, um später Vergleichsstudien anzustellen. Die Resultate wurden anschließend den anderen Gruppen präsentiert, wodurch man „eine Menge lernen und aus den Ergebnissen heraus Idealprojekte entwerfen"[13] konnte. Zusätzlich mussten alle Studierenden wöchentlich ein Naturdetail abliefern. Laut der Erinnerung zweier Studenten Brenners fand dessen „Lehrmethode im Wechsel zwischen lehren und lernen" bei den jungen Studierenden großen Widerhall, während Brenner vor allem „für den Lehrkörper und die älteren Bauhäusler" ein Fremdkörper am Bauhaus blieb.[14]

Gleich zu Beginn von Brenners Tätigkeit am Bauhaus wurde von der Stadt-verwaltung ein Wettbewerb für ein Ausflugsrestaurant an der Elbe ausge-schrieben, an dem sich auch die Bauabteilung beteiligte. Dies entsprach Han-nes Meyers pädagogischer Neuausrichtung der Architektenausbildung, die der Entwurfsausbildung den höchsten Stellenwert einräumte und einen star-ken Praxisbezug im Rahmen des Studiums vorsah. Gerade in der Hoffnung zukünftig mehrere Bauaufträge ausführen zu können, hatte Meyer 1928/29 erfahrene Fachleute wie Mart Stam, Ludwig Hilberseimer oder auch Anton Brenner als Lehrer engagiert. Beim sogenannten „Kornhaus-Wettbewerb" reichten nicht nur die Studierenden ein gemeinsames Projekt ein, auch Bren-ner selbst verfasste – allerdings unter Mithilfe seiner Studierenden – unter dem Kennwort „Klare Betriebsführung" einen eigenen Entwurf. Von der Jury wurde kein erster Preis unter den insgesamt 21 Einreichungen für das schließlich von Carl Fieger realisierte Ausflugsrestaurant vergeben, den zwei-ten Platz teilten sich Anton Brenner und der Dessauer Architekt Kurt Elster. Der dritte Preis ging an die Bauabteilung des Bauhauses, wobei aber nicht Brenner, sondern Hannes Meyer als Leiter angeführt wurde.[15] Wie auch bei den später ausgeführten Laubenganghäusern in Dessau-Törten, wurden auch beim „Kornhaus-Wettbewerb" die Preissummen, je nach Anteil der Arbeiten, unter den Studierenden verteilt.

Unter dem Aspekt der Praxisnähe ist auch die Beschäftigung des Bauhaus-studenten Fritz Ertl (1908–1982) als örtlicher Bauleiter für das Wiener Jugend-heim Settlement zu sehen, für das Brenner 1928 den Auftrag erhalten hatte. Ertl war von Anfang Juni 1929 bis April 1930 für die Mitarbeit in Wien offiziell am Bauhaus „beurlaubt".[16] Aus dem 1930 von Brenner unterzeichneten Zeug-nis geht hervor, dass Ertl neben dem Settlement auch an Entwürfen Brenners für andere Wiener Projekte, wie die beiden Häuser in der Werkbundsiedlung, beteiligt war.[17]

Anton Brenner war von dem Arbeitseifer und dem gleichzeitigen „freie[n], ungezwungene[n], internationale[n] Geist"[18], der am Bauhaus herrschte und auch den Meistern didaktische Freiheiten bot, begeistert. „Der Arbeitsgeist meiner Abteilung blieb am Bauhaus nicht unbekannt. Wenn dort auch ein ziemlich leichter, unbekümmerter Ton vorherrschte, so war das Bestreben vorhanden, etwas Ausserordentliches auf dem betreffenden Arbeitsgebiet zu leisten. War es uns zu stickig und heiss, wurde auf den Sportplatz hinuntergegangen und ein Faustball-Match ausgetragen."[19] Die fortschrittliche und liberale Geisteshaltung des Bauhauses manifestierte sich nicht zuletzt im Mitspracherecht der Studierenden im Meisterrat, wodurch sie auch bei der Wahl des Lehrpersonals gewissen Einfluss hatten.

Kurz nach dem Kornhaus-Wettbewerb wurde eine zweite Konkurrenz ausgeschrieben, bei der Hannes Meyer als einer der Juroren vorgesehen war. Brenner riet seinen Studierenden aufgrund seiner kompromisslosen Geradlinigkeit von einer Teilnahme an dem Wettbewerb ab, um jeden Eindruck von Parteilichkeit und möglicher Einflussnahme zu vermeiden.

Der relativ abrupte Abgang Anton Brenners vom Bauhaus Dessau – wahrscheinlich bereits gegen Ende des Jahres 1929 – dürfte laut der Autobiografie des Architekten im direkten Zusammenhang mit Streitigkeiten rund um diesen Wettbewerb gestanden haben. Dass Brenner seine Moralvorstellungen – wie so oft in seiner Architektenlaufbahn – zu hoch angesetzt hatte und die scheinbar zu voreilig entschiedene Abkehr vom Bauhaus schon bald bereute, belegt eine Textstelle aus seiner Autobiografie: „Kaum in Frankfurt wieder ansässig, merkte ich bald, dass das vollkommen verkehrt gewesen war, ich lieber in Dessau hätte verbleiben sollen und die ganze Affäre dort einfach vergessen und hinnehmen."[20] Im Mai 1930 trat Edvard Heiberg die Nachfolge des Wiener Architekten an, kündigte jedoch bereits im September desselben Jahres aus Protest gegen Hannes Meyers politisch bedingte Entlassung wieder seinen Vertrag.

Anton Brenner setzte sich über Jahrzehnte hindurch mit dem Thema Klein- und Kleinstwohnungsbau auseinander, um auch den untersten finanziellen Einkommensschichten auf einem Minimum an Raum ein Maximum an Wohnkomfort zu ermöglichen. Neben rationell durchdachten Grundrisslösungen konzentrierte er sich bereits früh auch auf die Konstruktion von Einbaumöbeln für Küche, Wohn- und Schlafräume, wie sein international beachteter Gemeindebau in der Wiener Rauchfangkehrergasse aus den Jahren 1924/25 beweist. Wenn unter dem Motto „Volksbedarf statt Luxusbedarf" die Volkswohnung „unter Meyers Direktorenschaft für zwei Jahre zur zentralen

Aufgabe und zum Leitmotiv des Dessauer Bauhauses" wurde und „die in dieser Zeit entstandenen Möbel und Einbauten [...] konzeptueller Ausdruck des Bestrebens nach maximaler Sparsamkeit in Form, Konstruktion und Material"[21] waren, dann erklärt sich die Berufung Anton Brenners 1929 als Leiter des Bauateliers des Bauhaus Dessau beinahe von selbst.

Anmerkungen

1 Grundlegend zu Anton Brenner vgl. Brenner, Anton. *Wirtschaftlich Planen, rationell Bauen. Der wirtschaftlich durchdachte Plan des Architekten.* Wien, 1951; Stuhlpfarrer, Anna. *Anton Brenner: Siedlungshaus und Mietshaus. Sein Konzept des Laubenganghauses im internationalen Kontext.* Diplomarbeit, Wien, 2007; Zapletal, Josef. *Anton Brenner – Architekt.* Diplomarbeit an der TU Wien, Wien, 1990.

2 Brenner, Anton. „Siedlungshaus und Mietshaus – Gegenseitige Beeinflussung". *Bauwelt* 1 (1928): S. 6.

3 Mies van der Rohe, Ludwig. Brief an Gustaf Strotz, 3.9.1926. In: *Pommer, Richard. Weissenhof 1927 and the modern movement in architecture.* Chicago, 1991, p. 209.

4 Meyer, Hannes. „Situationsbericht vom 1. September 1929". In: *Hannes Meyer 1889–1954. Architekt Urbanist Lehrer,* hrsg. von Werner Kleinerüschkamp, S. 170. Berlin, 1989.

5 Vgl. Winkler, Klaus Jürgen. *Baulehre und Entwerfen am Bauhaus 1919–1933.* Weimar, 2003, S. 58.

6 Die Ausführung erfolgte schließlich im Auftrag der Dessauer Spar- und Baugenossenschaft.

7 Brenner, Anton. Mit Ach und Krach durchs Leben. Mit Leib und Seele, Typoskript, 3 Bde., Wien, o. J.

8 Brenner, Tonio, hrsg. *Anton Brenner. Mit Ach und Krach durchs Leben. Autobiographie eines verkannten Genies. Aus dem Leben des Wiener Architekten Professor Anton Brenner. Dem wahren Erfinder der „Frankfurter Küche".* 3 Bde., Wien, 2005.

9 *bauhaus* 3:2 (1929): o. S.

10 Wenn nicht extra angeführt, stammen die Informationen zu Brenners Lehrtätigkeit in Dessau aus der Autobiografie Anton Brenners: Brenner – Typoskript o. J., S. II/70–II/74.

11 Winkler, 1989, S. 78.

12 *bauhaus – junge menschen kommen ans bauhaus! werbebroschüre dessau,* 1929, S. 17.

13 Brenner – Typoskript o. J., S. II/73.

14 Zapletal, S. 78, Fn. 129.

15 Vgl. Brenner – Typoskript o. J., S. II/73; Zapletal, S. 79; Schmitt, Uta Karin. *Vom Bauhaus zur Bauakademie. Carl Fieger (1893–1960). Architekt und Designer.* Berlin, 2015.2015, S. 187 f.; WV 76. Laut Schmitt, S. 188, Fn. 752, durfte „jeder Architekt nur einen Entwurf unter seinem Namen einreichen". Daher „wurde Hannes Meyer statt Anton Brenner als entwerfender Architekt in Zusammenarbeit mit der Bauabteilung genannt, wodurch es Brenner möglich wurde unter seinem eigenen Namen am Wettbewerb teilzunehmen".

16 bauhaus-diplom nr. 50 vom 9. 6.1931 (Fritz Ertl), S. 3.

17 Seeger, Adina. *Vom Bauhaus nach Auschwitz. Fritz Ertl (1908 bis 1982): Bauhausschüler in Dessau, Mitarbeiter der Auschwitzer Bauleitungen, Angeklagter im Wiener Auschwitzprozess – Stationen und Kontexte eines Werdegangs zwischen Moderne und Nationalsozialismus.* Diplomarbeit, Wien, 2013, S. 55.

18 Brenner – Typoskript o. J., S. II/72.

19 a. a. O., S. II/73.

20 a. a. O., S. II/75.

21 Zit. nach: https://www.bauhaus-dessau.de/de/bauhaus-besuchen/ausstellung/coop.html (20.5.2018).

Ludwig Hilberseimer und die Städtebaulehre

Philipp Oswalt

Hans Wittwer, der seit Herbst 1927 Hannes Meyer beim Aufbau der Bauabteilung des Bauhauses unterstützt und mit ihm gemeinsam den Wettbewerb für die Gewerkschaftsschule Bernau gewonnen hatte, verließ nach Spannungen mit Meyer im Februar 1929 das Bauhaus und trat seine neue Stelle an der Kunstgewerbeschule Burg Giebichenstein in Halle an. Auf ihn folgte Ludwig Hilberseimer. Er hielt bereits in den letzten Wochen des auslaufenden Wintersemesters einen ersten Gastkurs und übernahm im folgenden Semester in fester Anstellung die Baulehre für die Studierenden des vierten bis sechsten Semesters, die er bis zur Schließung des Bauhauses im Sommer 1933 unterrichtete. Mit Hilberseimer endete auch das Engagement von Mart Stam als Gastlehrer.

Zur Zeit seiner Berufung ans Bauhaus war Ludwig Hilberseimer bereits ein profilierter Vertreter der klassischen Avantgarde, der sich neben einigen realisierten Bauten vor allem mit radikalen Idealentwürfen (Wohnstadt von 1923, Hochhausstadt von 1924) sowie zahlreichen Publikationen einen Namen gemacht hatte. Neben vielen Aufsätzen hatte er binnen zwei Jahren drei Bücher zur Großstadtarchitektur (1927), zu Beton als Gestalter und zur internationalen neuen Baukunst (beide 1928) veröffentlicht. Zunächst Mitglied im Arbeitsrat für Kunst und der Novembergruppe hatte er zudem gemeinsam mit Hugo Häring und Mies van der Rohe 1926 die Architektenvereinigung „Der Ring" gegründet.

Hilberseimer war sozialistisch orientiert; in seinen Texten äußerte er immer wieder Kapitalismuskritik, zitierte Friedrich Engels und Pëtr Kropotkin und plädierte für das Primat des Gemeinwohls, gelegentlich auch für Planwirtschaft[1]. Er engagierte sich allerdings nicht politisch und äußerte sich lediglich philosophisch-abstrakt. Bei Meyer verhielt es sich quasi umgekehrt: Aus dem Genossenschaftswesen kommend, brachte er sich in sozialen Praktiken ein. Explizite politische Äußerungen finden sich in diesen Jahren jedoch noch nicht bei ihm, auch wenn er mit ihnen sympathisiert hat und Hilberseimer im Nachgang als „seinen sozialistischen Architekten" bezeichnete. Doch wesentlicher ist Meyers Interesse an Hilberseimers radikal versachlichtem Verständnis von Architektur. Meyer und Hilberseimer haben beide in ihrer Auseinandersetzung mit dem Konstruktivismus in den frühen 1920er-Jahren zu einer neuen Architekturauffassung gefunden. Sie befreiten mit Mitteln der Kunst die Architektur von Kunst und Formwollen im herkömmlichen Sinne. 1922 schreibt Hilberseimer: „Der Konstruktivismus ist die logische Folge der auf der Kollektivität unserer Zeit beruhenden Arbeitsmethoden. Er hat damit eine Basis, die nicht subjektiver, sondern allgemeiner Art ist. Er erkennt die sozialen Bedingtheiten der Kunst wie des gesamten Lebens rückhaltslos an. Sucht seine Elemente in den Aeußerungen unseres industriell-maschinellen Zeitalters. Mathematische Klarheit, geometrische Strenge, zweckmäßige Organisation, äußerste Oekonomie und exakteste Konstruktivität sind nicht nur technische, sondern eminent künstlerische Probleme. Sie machen das eigentlich Wesentliche unserer Epoche aus."[2] Die Kunst des Konstruktivismus war für Hilberseimer Mittel zum Zweck. Ihre Arbeiten seien, so Hilberseimer 1922, „nur Werke des Übergangs zu utilitarischen architektonischen Konstruktionen. Eine wohldisziplinierte Schulung zur Architektur als dem letzten Ziel".[3] Bereits bei seinen Entwürfen einer Wohnstadt von 1923 und einer Hochhausstadt von 1924 reduzierte er die Architektur auf reine Volumetrie, die sich durch Serialität, aber auch strukturelle Skulpturalität auszeichnet. Sein Buch *Großstadtarchitektur* beschließt er 1927 mit den programmatischen Worten: „Große Massen bei Unterdrückung der Vielerleiheit nach einem allgemeinen Gesetz zu formen, ist, was Nietzsche unter Stil überhaupt versteht: der allgemeine Fall, das Gesetz wird verehrt und herausgehoben, die Ausnahme wird umgekehrt beiseite gestellt, die Nuance verwischt, das Maß wird Herr, das Chaos gezwungen Form zu werden: logisch unzweideutig, Mathematik, Gesetz."[4] Als Meyer Hilberseimer 1929 ans Bauhaus beruft, schreibt er in seinem Essay „bauhaus und gesellschaft" ganz analog: „kunst ist keine affektleistung, kunst ist nur ordnung. […] wir heutigen ersehnen durch kunst ausschließlich die erkenntnisse einer neuen objektiven ordnung, bestimmt für alle, manifest und mittler einer kollektiven gesellschaft. so wird kunstlehre zur systematik der ordnungsgesetze und unentbehrlich jedem gestalter."[5]

In seiner Entwurfspraxis ist Hilberseimer diesbezüglich weitaus radikaler als Meyer und findet quasi zu einer Null-Architektur. Bei ihm treten anstelle des Objekts die Gesetze der Organisation.[6] In einer ungewöhnlichen Strenge und Konsequenz entwickelt er seine Konzeption des modernen urbanen Wohnens über vier Jahrzehnte in evolutionären Schritten kontinuierlich weiter. Es ist ein parametrisches Entwerfen, basierend auf abstrakten idealen Prinzipien, fern von einer für Meyer so charakteristischen Empirie und lokalen Spezifität, und spätestens ab 1933 zunehmend in einem hermetisch abgeschlossenen Kosmos. Ohne Ironie spricht Hilberseimer: „Ich bin eine Republik für mich"[7], worin sich auch ein großes Maß an Souveränität und Eigenständigkeit artikuliert. 1963 resümiert Hilberseimer sein Lebenswerk in dem Buch *Entfaltung einer Planungsidee*. Und hierin stellt er sein dreißigjähriges Wirken als Arbeit an einem *einzigen* Gedankengang dar. In dieser bemerkenswerten, vielleicht auch erschreckenden Kontinuität und Konsistenz des Werkes sind es Hilberseimers Jahre am Bauhaus, in denen er seine größte Entwicklung vollzieht, in denen er seine beiden wichtigsten Ideen - die der Mischbebauung und der *settlement unit* - formuliert.

Mischbebauung

Als Hilberseimer von Meyer ans Bauhaus berufen wird, befasst er sich entwurflich mit der Konzeption von Wohnquartieren. Beim Wettbewerb der Reichsforschungsgesellschaft für Wirtschaftlichkeit im Bau- und Wohnungswesen zu einer Forschungssiedlung in Berlin Haselhorst 1928 schlägt er eine Bebauung vor, in der er – anders als die übrigen Wettbewerbsteilnehmer – die geforderten unterschiedlichen Gebäudetypen nicht separiert, sondern mischt: fünfgeschossige Zeilenbauten mit knapp bemessenen Etagenwohnungen für Familien und zehngeschossige Hochhäuser mit Kleinstwohnungen für Alleinstehende und kinderlose Paare. Bei der Erschließung differenziert er zwischen breiten Verkehrs- und schmalen Wohnstraßen. Den Entwurf publiziert er unter dem Titel „Kleinstwohnungen" kurz nach seiner Berufung in der Zeitschrift des Bauhauses. Dabei hebt er den Vorteil der Mischung von zwei Gebäudetypen hervor, „da sie die gleichförmigkeit der blocks aufhebt, ihre wirkung durch konstraste steigert".[8]

Unter dem Einfluss seines Freundes Hugo Häring, der auch mit Meyer bekannt und befreundet war, wendet sich Hilberseimer nun der eingeschossigen Flachsiedlung zu. In der aufkommenden Diskussion über die optimale Bebauungsform hatte Häring diese als dritten Weg zwischen Etagenwohnung oder Einfamilienhaus propagiert. Hilberseimer greift die Idee seines Freundes auf, verbindet sie aber mit mehrgeschossigen Zeilenbauten und konzipiert somit eine Mischbebauung, welche Wohnangebote für verschiedene Bewohnergruppen kleinräumlich miteinander vermischt, eine hohe städtische Bebauungsdichte erzielt und einen räumlich-skulptural gegliederten Siedlungskörper schafft: „Ob Hoch- oder Flachbau als Wohnweise zu wählen ist, ist eine der umstrittensten Fragen des Wohnungsbaus. Es ist falsch, diese Frage als ein Entweder-Oder zu stellen. Das Ziel muß sein, nach Möglichkeit jedem die Wahl seiner Wohnform freizustellen"[9], plädiert Hilberseimer. Während er für Familien eingeschossige, L-förmige Reihenhäuser vorsieht, konzipiert er für Alleinstehende Laubenganghäuser mit Gemeinschaftseinrichtungen. Mit der Durchmischung beider Haustypen würden sich Synergien einstellen: „Dadurch wird auch Miethausbewohnern, die selbst kein Kleinhaus mit eigenem Garten haben wollen oder können, die Möglichkeit gegeben, in einer Gartenumgebung zu leben." Zugleich profitierten die Reihenhausbewohner von „großstädtischen Einrichtungen, die eine reine Kleinsiedlung normalerweise entbehren muss".[10] Die räumliche Gliederung gehe „unmittelbar aus den Bedürfnissen" hervor und könne „auf dekorative Zutaten verzichten". Bemerkenswert an dieser im Kontext seiner Bauhaustätigkeit entstehenden Arbeit ist, dass er nun erstmals eine Vielzahl von Varianten entwurflich durchspielt und deren jeweilige Qualitäten analysiert. Dieses methodisch strenge Vorgehen bezieht sich sowohl auf Gebäudegrundriss wie Siedlungskonzeption. Die Arbeit hat einen stark evolutionären Charakter, da sie explizit auf vorhergehende Projekte von anderen Architekten wie auch von Hilberseimer selbst aufbaut. Sie zielt nicht auf Neuerfindung, sondern auf systematische Optimierung anhand klar benannter Kriterien – in einer Stringenz, wie sie sonst nur bei Alexander Klein zu finden ist. Gerade hierin liegt ihre methodische Innovation - und ihre konsequente Anwendung führt zu typologischer Innovation. Die Entwürfe sind oft völlig dekontextualisiert, ohne eine Angabe von Ort, Zeit und Autor; sie sollen Prototypen eines „modern vernacular" darstellen.

Hilberseimer strebt nach zeitgemäßen, sachgemäßen, allgemeingültigen Lösungen und eben nicht nach einer „Autorenarchitektur"[11] oder Handschrift. In diesem Sinne ist Entwerfen ein kollektiver Prozess von miteinander vernetzten Entwicklern und nicht singuläre Neuschöpfung von Einzelnen. Teil der Entwicklungsgemeinschaft sind auch die Bauhausstudierenden, mit denen Hilberseimer die Themen im Unterricht behandelt. Sein Student Hubert Hoffmann etwa publiziert unter eigenem Namen 1929/30 zwei Aufsätze zur Mischbebauung.[12] Dies ist die Zeit, in der auch die städtebaulichen Pläne für die Erweiterung der Siedlung Törten entstehen. An dieser „Kollektivarbeit" (Hannes Meyer) hatte – wie bislang nicht bekannt – Ludwig Hilberseimer wesentlichen Anteil[13], wovon er zeitlebens kein Aufheben machte. Die städtebauliche Gesamtplanung ist eine Konkretion der zuvor von Hilberseimer entwickelten Konzeption der Mischbebauung, die allerdings nur teilweise realisiert wird. Neben einer von Richard Paulick realisierten Randbebauung in Zeilenbauweise sind zehn Laubenganghäuser mit 180 Wohnungen und 531 Flachbauten mit jeweils einer Wohnung auf kaum 300 qm großen Grundstücken vorgesehen. Die Durchmischung beider Wohntypen spiegelt auch die wohnungspolitischen Debatten in Dessau wider.[14] Beim Wohnungsbau präferieren die meisten Lokalpolitiker den Einfamilienhausbau, wie er ja auch zuvor von Gropius in größerer Zahl realisiert worden war. Die mehrgeschossigen Laubenganghäuser entsprechen nicht nur den von den Bauhauslehrern Meyer, Hilberseimer und Anton Brenner vertretenen Ideen von einem kollektiven, preiswerten Wohnen, sondern sie werden auch von Teilen der SPD begrüßt und vom Land Anhalt finanziell gefördert. Fünf dieser Bauten können 1930 von der Bauabteilung des Bauhauses realisiert werden. Die Flachbauten, von denen drei verschiedene Typen geplant sind, werden nicht mehr realisiert, und auch die diesbezüglich bereits beauftragten Prototypen auf dem

Versuchsbauplatz des Bauhauses kommen wegen des Rauswurfs Meyers und Weggangs Edvard Heibergs nicht mehr zu Stande (siehe Beitrag von Anne Stengel in diesem Band). Betrachtet man den Entwurf für die Erweiterung im Kontext der Œuvres von Meyer wie Hilberseimer, wird deutlich, wie wesentlich Hilberseimers Einfluss hierbei war. Meyer und Wittwer verfolgten bei der gleichzeitig entstehenden ADGB-Schule in Bernau mit der Bezugnahme auf lokale Gegebenheiten der Topografie und Vegetation eine Entwurfskonzeption, die dem extrem sachlichen, auf universellen Prinzipien fußenden Siedlungsentwurf für Törten in mancher Hinsicht diametral gegenüberstand.

Für Hilberseimer ist das Projekt in Forschung und Lehre ein Zwischenstand einer längerfristigen Entwicklung. Er intensiviert in diesen Jahren in seiner eigenen Arbeit wie in der mit den Studierenden die Beschäftigung mit Fragen der Besonnung und Verdichtung, die er zunehmend systematisch betreibt. Er untersucht die Optimierung der Besonnung bei gleicher Dichte wie auch die Maximierung der Dichte bei gleichwertiger Besonnung. Als wesentlicher Faktor bleibt die Privatheit der einzelnen Wohnungen stets gewährleistet. Auf diese Weise gelingt es ihm, auch mit Flachbauten eine städtische Bewohnerdichte von 350 Personen pro Hektar zu erreichen. Hilberseimer konzipiert nun Teppichsiedlungen mit L-förmigen Hofhäusern, deren Grundstücke auf 185 qm reduziert sind. Die Binnenerschließung erfolgt mit einfachen Wohnwegen, die zu den Verkehrsstraßen führen. [15] Anders als bei Leberecht Migge spielt bei Hilberseimer die Frage der Selbstversorgung keine Rolle, wofür die Grundstücke ohnehin deutlich zu klein seien. Ihm wie Martin Wagner geht es um urbanes Wohnen in einer arbeitsteiligen, modernen Gesellschaft.

Mies van der Rohe, der im September 1930 als Direktor des Bauhauses Hannes Meyer folgt, greift die Ideen Hilberseimers unverzüglich auf und wird davon nachhaltig beeinflusst. 1931 entwirft er eine „Gruppe von Hofhäusern" und 1932 das Haus Lemke, welches in Berlin Alt-Hohenschönhausen errichtet wird. Während Hilberseimer um wirtschaftliche, massentaugliche Minimallösungen ringt, entwirft Mies geräumige, großbürgerliche Luxuswohnhäuser für seine zahlungskräftige Klientel. Doch typlogisch lässt sich Mies von Hilberseimers Weiterentwicklung des Flachbaus inspirieren, so dass eine Migration der Formen zu beobachten ist. Dies trifft insbesondere auf das Haus

Lemke zu, welches auf der Baukörperform des von Hilberseimers 1932 entworfenen und 1933 realisierten „wachsenden Hauses" beruht und diese stark vergrößert reproduziert: ein L, dessen äußerer Knickpunkt quadratisch ausgespart ist. Hilberseimers Bau, der auf der von Martin Wagner konzipierten Schau *Sonne, Luft und Haus für Alle* im Sommer 1932 auf dem Berliner Messegelände gezeigt wurde, fußt auf seiner seit 1924 schrittweise entwickelten Wohntypologie und verändert gegenüber dem Haustyp für Törten von 1930 nur Lage des Zugangs und der Terrasse. Mit der Erweiterbarkeit des Hauses folgt Hilberseimer nicht nur der Aufgabenstellung Martin Wagners, sondern auch einer Idee, die in Dessau Ende der 1920er-Jahre von dem sozialdemokratischen Politiker Heinrich Pëus sowie Hannes Meyer vertreten worden war.

Settlement unit

Mehrere Impulse bewegen Hilberseimer Anfang der 1930er-Jahre, das Konzept der Mischbebauung zur *settlement unit* weiterzuentwickeln und es bis zu seinem Lebensende zu verfolgen. Als erstes ist es Richard Neutra, der kurz nach Meyers Entlassung auf Einladung Mies van der Rohes im Oktober 1930 am Bauhaus einen mehrwöchigen Gastkurs für einen Architekturentwurf gibt. Im darauffolgenden Monat hält Neutra auf der CIAM-Tagung „Rationelle Bebauungsweisen" in Brüssel einen Vortrag über „Hoch-, Mittel- und Flachbau unter amerikanischen Verhältnissen", bei dem er seine Untersuchung der städtebaulichen Entwicklungen in den USA und sein darauf aufbauendes Projekt „Rush City" vorstellt. Ähnlich Hilberseimer unterscheidet er verschiedene Wohnbedürfnisse, aus denen er jeweils entsprechende Bautypologien ableitet – ein- bis zweigeschossige Einfamilienhäuser für Familien in verdichteter Bauweise und zehngeschossige Appartementhäuser mit dem Serviceangebot von Boardinghäusern. Anders als bei Hilberseimer sind die Haustypen aber nicht durchmischt, sondern in einem Siedlungsband benachbart angeordnet, welches gemäß des Bandstadtmodells ebenfalls eine Industriezone und einen – Hilberseimers Hochausstadt nicht unähnlichen – Citybereich umfasst.

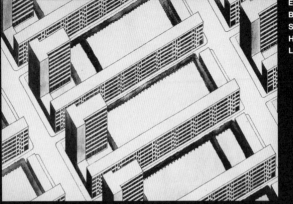

Entwurf eines Wohngebietes für
Berlin Haselhorst, 5 geschossige
Streifenbeauung und 10 geschossige
Hochhäuser mit Kleinwohnungen,
Ludwig Hilberseimer 1928

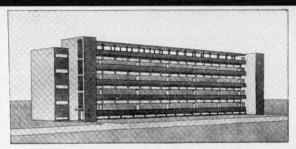

Abb. 22. Ansicht. Das flache Dach ist als Dachgarten ausgebaut.

*Abb. 23. Grundriß für Wohnungen von 22, 32 und 54 qm
mit ein, zwei und vier Betten.*

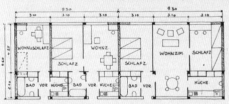

*Abb. 24. Anordnungsschema der Wohnungen.
Abb. 22 bis 24. Laubenganghaus.*

Großstädtische Kleinstwohnungen im Laubenganghaus, Ludwig Hilberseimer 1929

stadtsiedlung dessau-törten, bauabschnitt 1930/ Lageplan/Ausschnitt, Bauabteilung Bauhaus Dessau

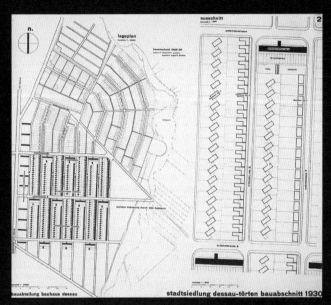

stadtsiedlung dessau-törten bauabschnitt 1930

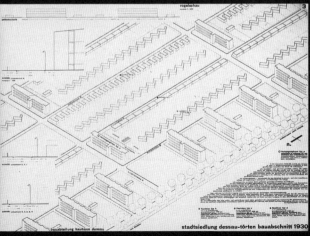

stadtsiedlung dessau-törten bauabschnitt 1930

stadtsiedlung dessau-törten, bauabschnitt 1930/ Laubenganghaus und 3 Typen von Flachbauten, Bauabteilung Bauhaus Dessau

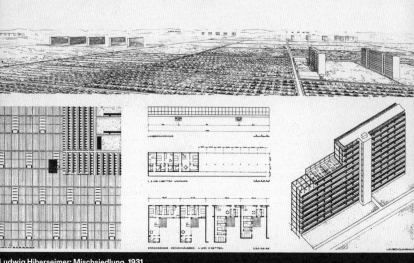

Ludwig Hiberseimer: Mischsiedlung, 1931

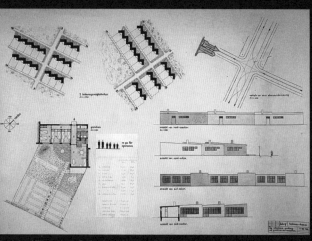

Baulehre Hilberseimer, Reihenhaus Siedlung Dessau-Friedrichstraße, Student Eduard
Ludwig, August 1930

Ludwig Hilberseimer:
Untersuchungen über die
Beanspruchung des Stadt-
raums durch Hochbau und
Flachbau, 1931

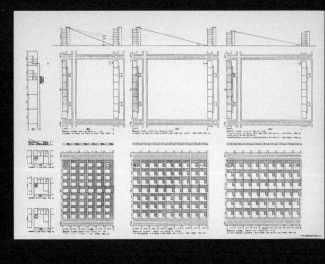

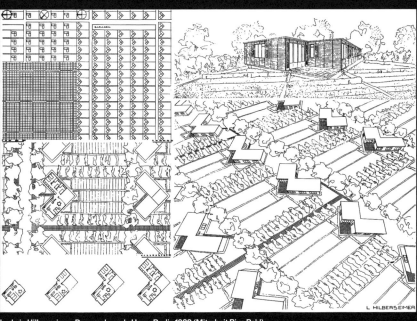

Ludwig Hilberseimer: Dammerstock-Haus, Berlin 1929 (Mitarbeit Rino Pohl)

Ludwig Hilberseimer: Siedlungseinheiten in der Landschaft, 1931–1934

Modell der Neuen Stadt Charlottenburg (Ausschnitt), Planungskollektiv des Stadtplanungsamts unter Leitung von Hans Scharoun, aus Ausstellung: Berlin plant/ Erster Bericht 1946

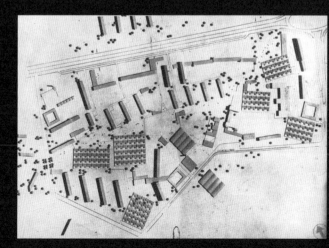

Modell der geplanten Wohnzelle Berlin-Friedrichshain des Instituts für Bauwesen, Leitung Hans Scharoun (Dez. 1949)

Auf der von Mies van der Rohe kuratierten Berliner Bauausstellung von 1931, an der Hilberseimer beteiligt war, wird in der Sektion der jungen Republik Spanien das von Arturo Soria 1883 entwickelte Bandstadtkonzept „Ciudad Lineal" präsentiert[16]. Dieses hatte bereits zuvor erneutes Interesse auf sich gezogen und war 1930 von Èl' Lisickij[17] ebenso wie von dem russische Architekturtheoretiker Nikolaj Miljutin in seinem legendären Buch *Socgorod*[18] veröffentlicht worden, welches für die sozialistische Stadt das Bandstadtmodell propagiert und hierfür neben Sorias Planung mehrere sowjetische Entwürfe des Jahres 1930 zeigt. Für die *Proletarische Bauausstellung*, ein Gegenprojekt zur offiziellen Bauausstellung in Berlin 1931, entwickelt das Kollektiv für sozialistisches Bauen – eine Gruppe linker Architekturstudierender und Architekten um den Architekten Arthur Korn – basierend auf den sowjetischen Ideen ein Bandstadtkonzept für Berlin.[19] Ludwig Hilberseimer kannte Arthur Korn nicht zuletzt aus ihrer gemeinsamen Vortragstätigkeit an der Marxistischen Arbeiterschule in Berlin. An dem Projekt beteiligt sind zudem auch Hubert Hoffmann, der von 1926 bis 1929 am Bauhaus unter anderem bei Hilberseimer und Meyer studiert hatte, und Peter Friedrich. Mit Peter Friedrich bleibt Hilberseimer in den folgenden Jahren in fachlichem Austausch. In ausführlichen Schriften, die er Hilberseimer zusendet, befasst sich Friedrich mit der optimalen Konzeption von modernen Siedlungsstrukturen und legt hierbei besonderen Fokus auf Verkehrsfragen. Zur funktionalen Optimierung des Straßensystems plädiert er für dessen vierstufige Hierarchisierung von der Sackgasse für Wohnstraßen bis zu überörtlichen Hauptverkehrsstraßen und entwickelt im Rahmen eines Bandstadtsystems fischgrätartige Strukturen, wie sie dann auch von Hilberseimer aufgegriffen werden.[20] Mit Bezug auf Friedrich Engels[21] plädiert Friedrich für eine Auflockerung der Siedlungsstrukturen in einer dezentralen Konzentration.[22] Die von ihm befürwortete sozialistische Planwirtschaft erlaube, so Friedrich, auch die Aufhebung des Stadt-Land-Gegensatzes und die direkte Verbindung von Wohn- und Arbeitsstätten[23], die nun fußläufig miteinander verbunden würden. Die Wohngebiete konzipiert er in Anlehnung an die sowjetischen Rajons als Aneinanderreihung von Wohnzellen mit einer Größe von jeweils 1,5 km mal 1,5 km.[24]

Die Anregungen fallen bei Hilberseimer auf fruchtbaren Boden, knüpfen sie doch an mehrere Themen an, die bereits in seiner Arbeit präsent sind. Bereits die Wohnstadt von 1923 ist entlang einer Verkehrsachse entwickelt. Seine im Kontext der Mischbebauung begonnene Hierarchisierung der Verkehrswege radikalisiert Hilberseimer nun zu baumartigen Strukturen, bei denen die nach wie vor gemischt konzipierte Wohnbebauung von Durchfahrtsverkehr befreit wird. Durch den Verzicht auf ein kontinuierliches Straßennetz entstehen nun abgegrenzte Nachbarschaften - *settlement units*, die sich in potenziell endloser Zahl entlang der Hautverkehrsachse aufreihen und Friedrichs Konzept der Wohnzellen entsprechen. Zugleich ähnelt das Konzept der *neighbourhood unit*, welches der amerikanische Stadtplaner Clarence Perry 1929 formulierte und das noch im selben Jahr von Clarence Stein and Henry Wright bei ihrer Planung der Gartenstadt Radburn in New Jersey umgesetzt wurde. Bei Hilberseimer verbinden sich Anregungen aus der Sowjetunion und den USA. Analog zu den Bandstadtmodellen von Neutra, Miljutin und Friedrich ergänzt er die Wohnquartiere um weitere städtische Funktionen, insbesondere um eine Industriezone und einen Dienstleistungsbereich. Anlass hierzu war neben den genannten Inspirationen die Arbeit am Generalbebauungsplan für Dessau, die unter Hannes Meyer 1929/30 begonnen worden war und Hilberseimer in den Folgejahren am Bauhaus fortführte. Dessau war in jener Zeit eine prosperierende Industriestadt. Wie die von Hilberseimer unterrichteten Bauhausabsolventen Hubert Hoffmann, Wilhelm Hess und Cornelis van der Linden in ihrer Analyse von Dessau für den CIAM-Atlas zur funktionellen Stadt[25] 1933 herausarbeiten, ermögliche „die aufreihung der wohnviertel parallel zur industrielinie (...) kurze arbeitswege". Aber „denkbar nachteilig für die wohnviertel ist die lage der industrie im westen. Fast alle wohnviertel werden durch rauch, russ und abgase belästigt".[26] Hilberseimer zog aus diesen Gegebenheiten klare Konsequenzen: Den Vorteil der kurzen Wege behält er bei[27], und den Nachteil der Luftverschmutzung behebt er, in dem er die Industrie auf der windabgewandten Seite im Osten anordnet. Neben die Sonnenstandsanalysen treten nun auch Analysen der Windrichtung und –ausbreitung.

Nach Schließung des Bauhauses konsolidiert Hilberseimer seine entwurfliche und konzeptuelle Forschung zur zeitgenössischen Stadt in einem Buchmanuskript, das nach mehrfacher Titelüberarbeitung von „Grundlagen des Städtebaus" über „Gesellschaft und Städtebau" bis „Society and City Planning" schließlich 1944 unter *The New City* erscheint. In diesem arbeitet er nochmals die Vorzüge der Mischbebauung heraus: „Um seine künstlerischen Absichten zu verwirklichen verfügt der Städtebauer nur über wenige Mittel. Der städtebauliche Ausdruck dieser neuen Raumvorstellung ist Weiträumigkeit. Die Mischbebauung ermöglicht ihre Verwirklichung [...] Die einzelnen, hochgeführten Bauwerke inmitten des Gartenparks mit seinen Flachbauten, den Einfamilienhäusern, wirken raumbildend. Durch sie wird optisch das Gefühl der Weiträumigkeit und Offenheit des Stadtraums hervorgerufen."[28] Die freigestellten Hochbauten wirken dabei skulptural und gliedern den Raum. „Da die einstöckigen Häuser weitgehend hinter den Bäumen und sonstigen Vegetation der Gärten verschwinden, bleibt die räumliche Großzügigkeit (zwischen den Appartementhäusern) erhalten."[29] Ein weiterer Vorteil der Mischbebauung sei, so Hilberseimer, die Möglichkeit, „sowohl die Wohnbauten wie aller erforderlichen Gemeinschaftsbauten freistehend zu errichten, so dass sie sich eigengesetzlich und funktionsgemäß entwickeln können".[30]

Im Exil in den USA ab 1938 hält Hilberseimer an den von ihm in seinen Bauhausjahren entwickelten Konzeptionen einer Mischbebauung und der *settlement unit* fest und entwickelt diese vor allem regionalplanerisch weiter. Nach Ende des Zweiten Weltkriegs werden seine Konzepte in der von dem Stadtbaurat Hans Scharoun und dem Planungskollektiv des Stadtplanungsamtes konzipierten Ausstellung *Berlin plant— Erster Bericht* 1946 präsentiert und schlagen sich in dem Kollektivplan für Berlin von 1949 nieder.[31] An diesem arbeiten Hilberseimers ehemalige Studenten Wils Ebert und Selman Selmanagić sowie Peter Friedrich maßgeblich mit. Während der Gesamtplan die Bandstadtkonzepte aufgreift, wie sie Friedrich und Hilberseimer in den frühen 1930er-Jahren entwickelt haben, entspricht das Konzept der Mischbebauung für die Wohnzelle Friedrichshain mit ihren Flachbauten und Laubenganghäusern der städtebaulichen Planung, wie sie Hilberseimer unter Meyer für Dessau-Törten entwickelt hatte. Doch wie in Dessau werden nur die Laubenganghäuser gebaut, hier nach einem Entwurf der Architektin Ludmilla Herzenstein. Die politischen Veränderungen in der nun geteilten Stadt verhindern eine Vervollständigung der Mischbebauung. Erst 30 Jahre nach seinen Planungen für Törten gelingt es Hilberseimer, gemeinsam mit Mies van der Rohe in Chicago bei dem legendären Projekt Lafayette Park 1956-1959 seine Idee einer Mischbebauung zu realisieren. Aus den eingeschossigen Flachbauten sind zweigeschossige Reihen- und Hofhäuser, aus den dreigeschossigen Laubenganghäusern 22-geschossige Wohnhochhäuser geworden, aber die Grundidee ist jene geblieben, die Hilberseimer in Dessau schon 1929/30 formuliert hatte.

Der Lehrer Hilberseimer

Hilberseimers Arbeit als Lehrer ist von seiner Berufspraxis nicht zu trennen, denn im Unterricht behandelte er die gleichen Fragen mit den gleichen Methoden wie bei seinen eigenen Entwürfen. Mit seiner Berufung ans Bauhaus entwickelt sich Hilberseimer zu einem forschenden Lehrer, dessen gelegentlich realisierten Bauprojekte kaum Relevanz haben. Eine Autorenschaft ist bei den Forschungs- und Lehrprojekten kaum klar zu benennen, weil Studierende in ihren Entwürfen Texte wie Zeichnungen von Hilberseimer aufgreifen und unverändert verwenden, wie auch umgekehrt Zeichnungen von Studierenden gelegentlich als Arbeiten von Hilberseimer publiziert werden. Hilberseimer unterrichtet ein parametrisches Entwerfen *avant la lettre*. Seine am Bauhaus entwickelte Lehrmethode setzt er ab 1938 am Illinois Institute of Technology in Chicago fort, wie seine dortigen Studenten schildern: „Seine Lehre basiert auf Prinzipien. [...] Er vertrat nicht viele Prinzipien, aber die wenigen waren sehr klar." [32] Eine andere Studentin erinnert sich: „Hilbs war sehr geradeheraus und sehr überzeugt, dass das, was er tat, richtig war." [33] Er habe einen Idealismus gehabt, der den Studenten zunächst nicht aufgefallen sei. Sie habe ihn zunächst für einen zu tiefst pragmatischen Menschen gehalten, aber seiner Position habe eine kompromisslose, moralische Position zu Grunde gelegen. „Wenn etwas nicht stimmte, war es falsch und wenn es richtig war, war es richtig."[34] Er habe keinerlei Hemmungen gehabt, die Pläne von Kollegen zu kritisieren und deren Schwachstellen zu benennen. Er habe keine Rücksicht darauf genommen, ob er damit jemanden verärgerte, womit er sich isoliert habe.[35] Hilberseimer verfolgt eine radikal rationale Arbeitsweise. „Wie Hilbs es ausdrückte: Du musst einen Grund haben, etwas zu machen. Sein Unterricht begann mit den einfachsten Dingen und baute dann darauf auf, setzte die Dinge auf logische Art und Weise zusammen [...] So wie sich aus der Möblierung eines Zimmers die Raumgröße ergibt, so setzt sich ein Haus aus Raumeinheiten zusammen. Und ebenso setzt sich eine Hausgruppe und Straßenblock aus Hauseinheiten zusammen und ein Superblock wiederum aus diesen, ergänzt um Schulbauten. Wir befassten uns mit der Beziehung zwischen Familienanzahl zur Zahl der Schulklassen, berechneten die Bewohnerdichte, und konnten so das Verkehrsaufkommen kalkulieren, anhand dessen wir die Straßengrößen ermittelten."[36] Nach einer solchen Arbeit sei es – so ein ehemaliger Student – unmöglich gewesen, nicht über Funktion nachzudenken. Und Hilbs habe dann gefragt: „Wie kann alles auf kleinstem Raum geschehen?"[37] Hilberseimer zielte auf Minimallösungen.[38] Er begrenzte das Entwerfen auf wenige Faktoren, die präzise und systematisch behandelt wurden, um die Performanz der räumlichen Strukturen zu optimieren. Varianten wurden gebildet, so beispielsweise der gleiche Grundrisstyp in verschiedenen Bebauungsformen – sowohl in Einfamilienhäuser wie in Etagenwohnungen – getestet. Die Auswirkung von Gebäudetypen auf die Stadtstruktur wurde untersucht wie vice versa. Um diese Wechselbeziehungen visuell anschaulich zu machen, wurde in städtebauliche Überblicksisometrien aus der Vogelschau ein Ausschnitt integriert, der in einen kleineren Maßstab zoomt und die Typologie im Detail zeigt. Letztendlich handelt es sich bei der von Hilberseimer verfolgten Arbeitsweise um ein streng typologisches Entwerfen in der Tradition des Rationalismus, wie es Aldo Rossi in *Die Architektur der Stadt* skizzierte: „Die Typologie ist also – bei der Stadt wie bei einzelnen Bauten – die Lehre von nicht weiter reduzierbaren elementaren Typen. Beispiele dafür sind die monozentrischen Städte oder die Zentralbauten. Dabei ist kein Typus mit einer Form identisch, auch wenn alle architektonischen Formen auf Typen zurückzuführen sind."[39] „Ich würde das Konzept des Typus definieren als etwas permanentes und komplexes, ein logisches Prinzip welches der Form vorausgeht und sie konstituiert."[40] Und Rossi fährt fort, den französischen Architekturtheoretiker Quatremère de Quincy zitierend: „Das Wort Typus bezieht sich nicht so sehr auf das Bild einer zu kopierenden oder vollständig nachzuahmenden Sache als auf eine Idee, die dem Modell als Regel dient."[41] Anders als bei Aldo Rossi hat die Typologie bei Hilberseimer keinen Bezug zu einem Ort und ist nicht aus der Kulturgeschichte analytisch abgeleitet, sondern ist universell gedacht und aus performativen Anforderungen neu generiert. Und anders als Hannes Meyer ist Hilberseimer nicht an empirischen Untersuchungen konkreter Gegebenheiten interessiert – seien sie städtebaulich, landschaftlich oder soziologisch.[42] Ihn interessieren grundlegende, allgemeine Regeln wie etwa Fragen der Dichte, der Erschließung, der Privatheit, der Besonnung oder Durchlüftung, die er auf ihre dreidimensionalen Ausprägungen untersucht.

Keine Ästhetik?

Hilberseimer wurde später von Kollegen und Studierenden eine ästhetische Dimension abgesprochen.[43] „Er war immer sehr schematisch und theoretisch. Hilbs fehlte eine künstlerische Fähigkeit"[44], sagte ein ehemaliger Student; ein anderer: „Hilberseimer konnte nicht zeichnen und hatte einen Ausweg aus diesem Dilemma gefunden, das leicht zu übernehmen und zu kopieren war."[45] Und eine Kollegin erinnerte sich: „Seine Architektur war übertrieben logisch. Er interessierte sich nicht für Architektur."[46] Diese Äußerungen ignorieren, dass Hilberseimer mit großer Präzision an den visuellen Darstellungen seiner Ideen gearbeitet und einen für diese adäquaten grafischen Stil gefunden hat, den er konsistent entwickelte und anwandte. Richtig ist, dass Hilberseimer sich einer architektonischer Spezifizität bewusst verweigerte. Während er in seinen Berliner und Dessauer Jahren eine generische Architektursprache anwandte, zog er sich in den USA ganz auf den Städtebau zurück und überließ Mies die architektonische Konkretisierung. Im Sinne Rossis handelt es sich bei Hilberseimers Werk nicht um architektonische Schöpfungen, sondern um typologische Arbeiten, die der architektonischen vorausgehen und diese bedingen, diese aber nicht ersetzen können. Mit seiner Haltung allerdings hat er einen großen Einfluss auf die Entwicklung der Architektursprache von Mies van der Rohe. Während dessen Entwürfe bis 1930 durchaus kompositorisch und teilweise sogar expressiv formuliert waren, entwickelt er unter Einfluss Hilberseimers insbesondere im amerikanischen Exil eine sublimierte Architektursprache, die jede Subjektivität vermeidet und eine allgemeingültige Klassizität sucht – eine veredelte Ausprägung eines „modern vernacular". Architekturgeschichtlich ist dies wohl die folgenreichste Auswirkung von Hilberseimers Berufung ans Bauhaus durch Hannes Meyer.

Anmerkungen

1 Siehe etwa: Hilberseimer, Ludwig. „Zur Neuvorlage des Entwurfs zum Städtebaugesetz". *Die Form* 4:9 (1929): S. 236 f.

2 Hilberseimer, Ludwig. „Anmerkungen zur neuen Kunst". 1922. Sammlung Gabrielson Göteburg, zitiert nach: Kilian, Markus. *Großstadtarchitektur und New City. Eine planungsmethodische Untersuchung der Stadtplanungsmodelle Ludwig Hilberseimers.* Dissertation, Karlsruhe, 2002.

3 a.a.O.

4 Hilberseimer, Ludwig. *Grosstadt-Architektur.* Stuttgart, 1927, S. 103.

5 Meyer, Hannes. „bauhaus und gesellschaft". *bauhaus* 3:1 (1929): S. 2.

6 So Tafuri, Manfredo, „Towards a Critique of Architectural Ideology". In: *Architecture Theory since 1968*, hrsg. von K. Michael Hays, S. 22. Cambridge, 1998.

7 Hoffmann, Hubert. „Ludwig Hilberseimer 80 Jahre". *Werk –Chronik* 53:9 (1966): S. 215.

8 Hilberseimer, Ludwig. „kleinstwohnungen. größe, grundriß und städtebauliche anordnung". bauhaus 3:2 (1929): S. 4.

9 Hilberseimer, Ludwig. „Großstädtische Kleinwohnungen". *Zentralblatt der Bauverwaltung* 49:32 (1929): S. 511.

10 a.a.O, S. 514.

11 Siehe hierzu Peter Beltemacchi in: „Quotes from letters to Hilberseimer and transcripts of conversations about him". Art Institute of Chicago, Nachlass Hilberseimer, Serie 11, 1.7., S.13.

12 Hoffmann, Hubert. „mietshaus oder siedlungshaus?". *bauhaus* 3:4 (1929): S: 23 f.; Hoffmann, Hubert. „Kleinhaus oder Hochhaus?". *Wohnungswirtschaft* 7:13 (1930): S. 136 f.

13 Hubert Hoffmann bestätigt dies in einem Brief vom 18.4.1981 an Philipp Tolziner: „Hilbs hat nur städtebauliche Entwürfe für den Zusammenhang von ganz Törten gemacht, an denen ich teilnahm." Nachlass Hubert Hoffmann, Baukunstarchiv, Akademie der Künste Berlin, Konvolut HHoffmann 698.

14 Scheiffele, Walter. *Bauhaus, Junkers, Sozialdemokratie: ein Kraftfeld der Moderne.* Berlin, 2003, S. 153-159.

15 In zwei ausführlichen Aufsätzen legt Hilberseimer 1931 und 1932 sein Konzept einer Mischbebauung dar: „Flachbau und Stadtraum". *Zentralblatt der Bauverwaltung* 51:53/54 (1931): S. 773–778; „Flachbau und Flachbautypen". *Moderne Bauformen* 31 (1932): S. 471–478.

16 Siehe Medina Warmburg, Joaquín. *Projizierte Moderne: deutschsprachige Architekten und Städtebauer in Spanien (1918 - 1936): Dialog - Abhängigkeit - Polemik.* Frankfurt/Main, 2005, S. 267-272.

17 Lisickij, Èl'. *Russland: Architektur für eine Weltrevolution.* Wien, 1930.

18 Miljutin, Nikolaj A.. *Sozgorod und die Planung sozialistischer Städte.* Berlin, 2018.

19 Siehe Fezer, Jesko, und Christian Hiller, Alexandra Nehmer, Philipp Oswalt, hrsg. *Kollektiv für sozialistisches Bauen: Proletarische Bauausstellung = Collective for a socialist architecture: proletarian building exhibition.* Leipzig, 2015.

20 Friedrich, Peter. „zur frage der besiedlungsverteilung und der besiedlungsformen". Um 1933. Art Institute of Chicago, Nachlass Hilberseimer, Serie 4.2, Box FF 2.39, S. 9 sowie Abb. 5, 6, 7, 9: Friedrich, Peter. „Die Gesellschaftliche Arbeitsteilung und die Besiedlungsform". Um 1933. Art Institute of Chicago, Nachlass Hilberseimer, Serie 4.2, Box FF 2.42, S. 26 und Schema II und III. Hilberseimer nimmt explizit Bezug auf Friedrich in: Hilberseimer, Ludwig. *The new city; principles of planning.* Chicago, 1944, S. 72 f.

21 Friedrich, „zur frage der besiedlungsverteilung und der besiedlungsformen", S. 1.

22 a.a.O., S. 7, 16.

23 Friedrich, „Die Gesellschaftliche Arbeitsteilung und die Besiedlungsform", S. 34.

24 Friedrich, „zur frage der besiedlungsverteilung und der besiedlungsformen". S. 16 f.; Friedrich, Peter. „Die Gesellschaftliche Arbeitsteilung und die Besiedlungsform".S. 39 ff.

25 Siehe hierzu Domhardt, Konstanze S., und Gregor Harbusch, Muriel Perez, Daniel Weiss.. *Germany. Established Modernists Go into Exile, Younger Members Go to Athens".* In: *Atlas of the functional city : CIAM 4 and comparative urban analysis*, hrsg. von Gregor Harbusch,Muriel Pérez, Kees Somer und Evelien van Es, S. 162-195. Zürich, 2014.

26 Originalpaneele zu „11. vor- und nachteile der lage". Archiv Het Nieuwe Instituut, Rotterdam.

27   Hierbei bezieht er sich auch auf die Dezentralisie-
      rungstendenzen der Industrie, wie sie Henri Ford
      bereits 1923 konstatiert hatte. Siehe etwa Hil-
      berseimer, Ludwig. *The Nature of Cities: Origin,
      Growth, and Decline; Pattern and Form; Planning
      Problems.* Chicago, 1955, S. 274.

28   Hilberseimer, Ludwig. „Gesellschaft und Städtebau,
      Fassung 1.10". Art Institute of Chicago, Serie 8,
      1 Box 1.10, S. 186.

29   Hilberseimer, 1944, S. 95.

30   Hilberseimer, „Gesellschaft und Städtebau,
      Fassung 1.10", S. 207.

31   Geist, Johann Friedrich, und Klaus Kürvers. *Das
      Berliner Mietshaus. Bd. 3: 1945 – 1989.* München,
      1989, S. 180 ff.

32   George Sanudo, 2.8.1984 in „Quotes from letters to
      Hilberseimer and transcripts of conversations about
      him". Art Institute of Chicago, Nachlass Hilbers-
      eimer, Serie 11, 1.7, S. 23.

33   a.a.O., Gough, Ray, 17.8.1984, S. 28.

34   a.a.O., S. 26.

35   Beltemacchi, S. 13, 15, 18, a.a.O.

36   a.a.O., Burleigh, Tom, S. 10.

37   Danforth, George E. „Hilberseimer Remembered".
      In: *In The Shadow of Mies. Ludwig Hilberseimer.
      Architect, Educator, and Urban Planner,* hrsg. von
      Richard Pommer, David Spaeth, Kevin Harrington,
      S. 11. Chicago/New York, 1988.

38   Burleigh, S. 7, a.a.O.

39   Rossi, Aldo. *Die Architektur der Stadt.* Gütersloh,
      1973, S. 28.

40   Rossi, Aldo. *The Architecture of the City.* London,
      1984, S. 40.

41   Quatremère de Quincy, Antoine Chrysostôme.
      Encyclopedie Methodique Architektur, Bd 3. Paris,
      1825/1832; zitiert nach Rossi, 1973, S. 27.

42   Hierzu Gerd Albers auf dem Symposion "Hilbers-
      eimer 100+". Chicago, 15-17.9.1988. Art Institute
      of Chicago Nachlass Hilberseimer, Sign 12, 1.14.

43   Albers, a.a.O., S. 9.

44   Bluestein, Earl in „Quotes from letters to Hilbers-
      eimer and transcripts of conversations about him",
      S. 5.

45   a.a.O. Segal, Walter, S. 12.

46   a.a.O., Seeger, Mia, S. 4.

Entwerfen für die Produktion. Die Bauhauswerkstätten unter Hannes Meyer 1928 bis 1930

Norbert Eisold

Die Werkstatt ist als existenziell notwendiger Experimentier- und Produktionsraum zentral für eine lebendige künstlerische und gestalterische Entwicklung. Als solche wurde sie bereits kurz nach Mitte des 19. Jahrhunderts im Zuge der Reformanstrengungen wiederentdeckt. In Deutschland gilt Gottfried Semper[1] als geistiger Vater dieser „Werkstättenbewegung", die ihre entscheidenden praktischen Impulse jedoch später aus Englands Arts-and-Crafts-Bewegung und deren Mitbegründer William Morris erhielt.
Zwei Jahre nach Morris' Tod gründete Richard Riemerschmid, gemeinsam mit Bruno Paul und Bernard Pankok, die Vereinigten Werkstätten für Kunst und Handwerk, Karl Schmidt die Dresdner Werkstätten für Handwerkskunst.
Im Jahr 1902 folgten die Lehr- und Versuchs-Ateliers für angewandte und freie Kunst in München, initiiert von Hermann Obrist und Wilhelm Debschitz.
Als wesentlicher Vermittler der englischen Entwicklungen wirkte der Architekt Hermann Muthesius, der von 1896 bis 1903 als technischer Berichterstatter und Kulturattaché an der deutschen Botschaft in London tätig war und in der Folge als Geheimrat im Preußischen Handelsministerium für die Reform der Preußischen Kunstgewerbe- und Handwerkerschulen zuständig war. Er veröffentlichte mehr als hundert Artikel in Zeitungen und Zeitschriften.[2]
Gemeinsam mit führenden Vertretern der Preußischen Regierung und Peter Behrens, seit 1903 Direktor der Kunstgewerbeschule Düsseldorf, hatte er am Ende seiner Londoner Zeit eine Studienreise durch 27 technische und kunstgewerbliche Lehranstalten Großbritanniens unternommen.[3] Die Schlussfolgerungen führten zu dem im Dezember 1904 veröffentlichten „Lehrwerkstättenerlass", der die Einrichtung von Werkstätten an den Kunstgewerbe- und Handwerkerschulen forderte, um den der Praxis entfremdeten, nur mehr zeichnerisch agierenden Entwerfer der vergangenen Dezennien wieder an die Bedingtheiten der Produktion anzuschließen und auf diesem Weg zu

sachlicheren, wirtschaftlicheren und zweckmäßigeren Entwürfen und damit Produkten zu führen. Geleitet werden sollten diese Werkstätten durch einen Künstler-Gestalter mit eigener Praxis, dem ein Techniker (Werkmeister) zur Seite stand. Zudem forderte und förderte das Ministerium die Zusammenarbeit dieser Werkstätten mit dem produzierenden Gewerbe, um nicht nur pädagogische und gestalterische, sondern messbare wirtschaftliche Effekte zu erzielen. Schon neun Tage nach der Unterzeichnung des Erlasses hatte Henry van den Velde den preußischen Erlass einem dem Weimarer Großherzog vorgestellten Konzept beigelegt, in dem er selbst die Einrichtung von Werkstätten an der künftigen Kunstgewerbeschule Weimar vorschlug.[4]

Im Jahr 1908 beschäftigte sich auch der im Vorjahr auf Initiative von Hermann Muthesius, Henry van de Velde und Friedrich Naumann gegründete Deutsche Werkbund mit diesem Thema. Rudolf Bosselt, der als einer der geistigen Väter des „dualen Konzepts" des allgemeinen Bauhausstudienprogramms gilt[5], forderte, „den Entwerfenden technisch, den Techniker zum künstlerisch Mitempfindenden zu erziehen, und zwar in einer produzierenden, Lehrlinge ausbildenden Werkstatt".[6]

Walter Gropius' im April 1919 veröffentlichtes „Programm des Staatlichen Bauhauses in Weimar" basierte also auf einem Diskurs und Entwicklungen, die über eine halbes Jahrhundert zurückreichten, und konnte auf bereits vielfach erprobte Strukturen zurückgreifen. Wohl aus dem zeitlichen Kontext verständlich, doch – im Hinblick etwa auf Gropius' Arbeiten wie das maßstabsetzende „Fagus"-Werk von 1911 selbst – zugleich irritierend war Gropius' programmatischer Rückgriff auf das (sozial verklärte) mittelalterliche Muster der Bauhütte und deren Kathedralbauten als utopische Metapher des Künftigen. Wie die Schule in der Werkstatt sah er die in „selbstgenügsamer Eigenheit" stehenden freien Künste im „Endziel [...] Bau" aufgehen.

Die 1923 von Walter Gropius ausgegebene Parole „Kunst und Technik – eine neue Einheit" markierte seine Bemühungen, diesen expressionistisch grundierten Rückwärtssalto zu korrigieren und Kunst, Technik und Wissenschaft als gleichberechtigte und gleich wichtige Ressourcen für die Werkstatt zu requirieren. Diese sollte sich zunehmend in Richtung eines technikaffinen, produktiven Laboratoriums für vorzüglich industrielle Fertigungsmethoden entwickeln. „Haus und Hausgerät ist Angelegenheit des Massenbedarfs", formulierte der alte und neue Bauhausdirektor Anfang 1926 in Dessau, „ihre Gestaltung mehr eine Sache der Vernunft als eine Sache der Leidenschaft. […] Die Bauhauswerkstätten sind im wesentlichen Laboratorien, in denen […] für die heutige Zeit typische Geräte im Modell entwickelt und dauernd verbessert werden", wobei deren Vervielfältigung Fremdbetriebe besorgen sollten. Bildungsziel dieser Laboratorien war ein bisher nicht vorhandener „Typ von Mitarbeitern für Industrie und Handwerk […], der Technik und Form in gleichem Maße beherrscht".[7]

Das neue, auf freiem Feld errichtete Schulgebäude von Gropius stellte die adäquate architektonische Metapher zu diesem Programm dar. Bei der am 4./5. Dezember 1926 mit über tausend Gästen gefeierten Einweihung begegnete Gropius Hannes Meyer erstmals. Gropius hatte seit Monaten nach einer Führungskraft für den längst überfälligen Aufbau der Bauabteilung gesucht. Der eigentlich von ihm präferierte Mart Stam empfahl nun den Schweizer Hannes Meyer. Gropius holte Meyer trotz dessen offenherziger Kritik nicht nur als Leiter der Architekturabteilung nach Dessau, sondern schlug ihn ein Jahr später auch als seines Erachtens einzig möglichen Nachfolger für den Direktorenposten vor.

Schon vor seiner Berufung hatte Hannes Meyer die aus Anlass der Einweihung des Bauhauses präsentierten Produkte „zumeist äußerst kritisch" betrachtet und als „sektenhaft" und „ästhetisch" beschrieben.[8] Er berührte damit ein virulentes Problem des dezidiert die „Beschränkung auf typische, jedem verständliche Grundformen und -farben" fordernden Gropius-Programms[9], welches das Risiko eines bloß modernisierten, die eigentlichen Bedarfe und Bedingtheiten verfehlenden, quasi kunstgewerblichen Formalismus in sich trug. Verschärfend hinzu trat hier eine sich aus den Gründungsjahren des Bauhauses fortschleppende, messianisch-elitäre Haltung, die nun, wie oben schon zitiert, Entwicklung und dauernde Verbesserung vervielfältigungsreifer, für die heutige Zeit typischer Geräte für sich in Anspruch nahm und die Industrie im Wesentlichen als Vervielfältigungsapparat begriff. Das stellte insofern eine Paradoxie dar, als ja die erklärte Hauptaufgabe des Bauhauses primär darin bestand, qualifizierte Mitarbeiter für eben diese Industrie heranzubilden. Eine zentrale Frage wäre konsequenterweise die nach den Wechselbeziehungen gewesen zwischen produktivem pädagogischen Laboratorium und produzierender Industrie inklusive deren Entwicklungs- und Marktaktivitäten. Wichtige Erkenntnisse lieferten hier insbesondere die unter dem Direktorat Meyer zustande kommenden exemplarischen Kooperationen mit dem in Leipzig ansässigen Lampenhersteller Körting & Mathiesen (unter der Marke Kandem firmierend) und der hannoverschen Tapetenfabrik Rasch. Meyer strukturierte die Werkstätten um. Die Werkstätten für Tischlerei, Metall und Wandmalerei wurden zur Ausbauwerkstatt vereint (ab Juli 1929). In dieser hätte logischerweise auch die Weberei aufgehen können, zumal sich die Weberei unter Gunta Stölzl zunehmend mit der Entwicklung von Produkten für den Innenausbau wie Fußbodenbelägen oder Spannstoffen beschäftigte.[10] Die Architektur wurde in ihrer Sonderstellung gestärkt. Der ehemaligen Druckwerkstatt, die schon 1927 als Reklamewerkstatt firmierte, schlug der neue Direktor mit dem Wechsel in deren Leitung von Herbert Bayer zu Joost Schmidt die bis dahin von Letzterem geleitete freie plastische Werkstatt zu, was de facto deren Liquidation gleichkam, die Reklame jedoch um Schmidts Fähigkeit zu plastisch-räumlicher Organisation bereicherte. Die kam insbesondere Ausstellungsprojekten zugute, die die Reklamewerkstatt neben den üblichen, rein grafisch basierten Werbeaufträgen in diesen Jahren zu bearbeiten hatte. Eine vergleichbare Bereicherung stellte die längst überfällige Einrichtung einer fotografischen Abteilung unterm Dach der Reklamewerkstatt dar, für die Hannes Meyer 1929 den damals in Berlin tätigen Fotografen Walter Peterhans nach Dessau ziehen konnte.

Das besondere Verhältnis Meyers zur Bühnenwerkstatt Oskar Schlemmers, den freien Malklassen und den von Künstlern wie Klee, Kandinskij und Albers geleiteten Unterricht der Vorkurse sei hier ausgeklammert. Es basierte auf grundlegenden programmatischen und daraus folgenden strategischen Überlegungen des durch die pädagogischen Vorstellungen Pestalozzis[11] geprägten Hannes Meyer. Die Versachlichung der Entwurfsarbeit auf Grundlage „systematischer Bedarfsermittlung"[12], wie Meyer sie für notwendig hielt, forderte eine Versachlichung des Unterrichts durch Stärkung der wissenschaftlich-technischen Fächer ebenso wie das unmittelbare Studium industrieller Produktionsprozesse und deren mitgestalterischer Potenz, die de facto erst unter Meyer Regelfall wurde. Die praktische Arbeit wurde mit theoretischem Wissen verknüpft. So vermittelte das neu eingeführte Fach Betriebslehre Kenntnisse über Fabrikationsprozesse und das Fach Psychologie ein Verständnis für den menschlichen Gebrauch.

Parallel zur Entwicklung prototypischer Produkte für die Industrie kam es unter Meyer zur Intensivierung der Werkstattproduktion des Bauhauses selbst. Die personellen Wechsel oder Abgänge, mit denen die äußeren strukturellen Veränderungen oft verbunden waren, flankierten Meyers Pläne bezüglich der inneren Verfassung der Werkstätten. Hierfür hatte er substanzielle Umstrukturierungen beziehungsweise -orientierungen ins Auge gefasst. Ziel waren sich selbst verwaltende, zum anteiligen Selbst- und Institutserhalt möglichst wirtschaftlich arbeitende, pädagogisch interagierende Zellen, eine quasi schulgenossenschaftliche Werkgemeinschaft, eine „(meisterlose) Schülerrepublik", wie Oskar Schlemmer sarkastisch kommentierte.[13] Die verschiedenen Abteilungen sollten „immer mehr zu selbständigen wirtschaftlichen und kollektiven Werkgemeinschaften entwickelt werden". Die individualisierte Ausbildung Einzelner wurde ersetzt durch die gemeinsame Arbeit in vertikalen Arbeitsbrigaden um „reale Aufgaben. In der Vertikal-Brigade wirken Studenten verschiedener Jahrgänge zusammen, und der ältere Student half den jüngeren weiterentwickeln unter fachlicher Anleitung des Meisters."[14]

Tatsächlich war die Aufhebung des Meisterprinzips neben der Selbstverwaltung einer der wichtigsten und zugleich strittigsten Aspekte im Rahmen der Neuorganisation der Werkstätten durch Hannes Meyer. Überdies plante Meyer einen Rückzug aus der Lehrlingsausbildung und die Stärkung der Werkstätten durch „fachlich vorgeschulte [...] Studierende".[15] Er dürfte sich davon vor allem den dringend erforderlichen Zuwachs an aktuellem Fachwissen in die Werkstätten des Bauhauses, an Wissen um Selbstorganisation und einen stabilisierenden Effekt bei der Bearbeitung auswärtiger Aufträge versprochen haben, die im Wesentlichen von den aus dem Kreis der Studierenden rekrutierten angestellten Mitarbeitern der Werkstätten bearbeitet und

Metallwerkstatt im Bauhaus Dessau:
Marianne Brandt (links) und Hin
Bredendieck bei der Entwurfsarbeit,
1927/28. Foto: Werner Zimmermann

Blick in die Metallwerkstatt, im Vordergrund Schirme
verschiedener Deckenleuchten aus Metall und Glas. Vorn
Mitte: Aluminiumreflektor ME 85 b oder ME 105a, 1926;
Glasteile für die Kandem-Doppelzylinderleuchte, 1928/29.
Foto: Marianne Brandt

Musterblatt Kandem-Kugelleuchten

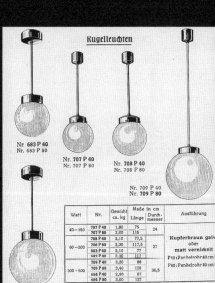

Kugelleuchten

Nr. 683 P 40
Nr. 683 P 80

Nr. 707 P 40
Nr. 707 P 80

Nr. 708 P 40
Nr. 708 P 80

Nr. 709 P 40
Nr. 709 P 80

Nr. 684 P 40
Nr. 684 P 80

Watt	Nr.	Gewicht ca. kg	Maße in cm Länge	Maße in cm Durchmesser	Ausführung
40—150	707 P 40	1,80	75	24	
	707 P 80	2,00	115		
60—200	708 P 40	2,10	77,5	27	Kupferbraun galv oder matt vernickelt
	708 P 80	2,30	117,5		
	683 P 40	2,10	77		P 40: Pendelrohr 40 cm l
	683 P 80	2,30	117		P 80: Pendelrohr 80 cm l
300—500	709 P 40	3,20	88	36,5	
	709 P 80	3,40	128		
	684 P 40	2,80	87		
	684 P 80	3,00	127		

Glocke Nr.	Für Leuchte Nr.	Glasart	Gewicht ca. kg	Maße in mm Größter Durchm.	Maße in mm Hals-Durchm.	Läng
459 am	683, 708	Opal-	1,10	270	151	263
460 am	684, 709	überfangen	1,95	365	151	365
458 am	707	seidenmatt	1,10	240	117	229

Die Leuchten für Bestellungen von 300 Watt und darüber (mit Goliathfassung) können auf besonderen Wunsch auch mit Reduzierring von Goliath (Edison 40)-Fassungsgewinde auf Edison (Edison 27)-Fassungsgewinde zum gleichen Preise geliefert werden.

Bauhaus Wanderausstellung,
Gewerbemuseum Basel, 1929.
Fotograf unbekannt

Schreibtischleuchten

Gebrauchsstellung

Nr. 701
Einfachere Ausführung
Mit Schalter in der Fassung
und 2 m langer, brauner, ver-
seilter Zimmerschnurleitung
und Stecker

Arm neigbar,
Reflektor neigbar
und schwenkbar

Nr. 679
Vornehme Ausführung
Mit Schalter im Fuß, Filz-
unterlage und 2 m langer,
graumsponnener Gummi-
schlauchleitung und Stecker

Be-steckung Watt	Nr.	Gewicht ca. kg	Gesamt-höhe	Maße in cm Höhe der Refl.-Unter-kante über Tischebene	Refl.-Durch-messer	Ausführung
	701	1,75	42	19—25	14	Gußeisenfuß, Arm und Reflektor mattbraun lackiert.
	679 g	1,85	43	17,5—25	14	Gußeisenfuß, Arm und Außenfläche des Reflektors **hellgrau lackiert**.
15 bis 40	679 gv	1,85	43	17,5—25	14	Gußeisenfuß u. Außenfläche des Reflektors hellgrau lack. Arm hochglanz vernickelt. Fuß mit Filzunterlage.
	679 dgr	1,85	43	17,5—25	14	Gußeisenfuß, Arm und Außenfläche des Reflektors **dunkelgrün lackiert**.
	679 b	1,85	43	17,5—25	14	Fuß, Arm und Reflektor echt Bronze, matt. Fuß mit Filzunterlage.

Auf Wunsch liefern wir die Leuchten (mit Ausnahme von Nr. 701)
auch **ohne** Schnur und Stecker; Mindergewicht 0,20 kg.

**Arbeitsplatz im Wohn-und Arbeitszimmer der Kursteilnehmer der ADGB-Bundesschule,
Bernau. Foto: Walter Peterhans**

Zeitschriftenbeilage „Frankfurter Register 15", *Das neue Frankfurt Nr. 9 (1930)*

DAS FRANKFURTER REGISTER 15

DIE BILLIGEN BAUHAUS-TAPETEN

MUSTER:
Bauhaustapeten sind unaufdringlich und zurückhaltend gemustert. Die durchweg hellen Farbtöne beruhen auf gemeinsamer Farbenskala. Die Auswahl umfaßt 150 Blatt Leinendruckmuster, die in der blauen Bauhauskarte und 100 Blatt Oldruckmuster, die in der gelben Karte enthalten sind. Beide Karten sind n Dinformat a 5.

FARBEN:
Die verwendeten Farben sind im handelsüblichen Sinne lichtecht (I. G. Farbenindustrie A.-G.). Allerdings erreichen die Tapeten der gelben Oldruckkarte nicht die Lichtbeständigkeit der Tapeten der blauen Karte, da es bisher nicht gelungen ist, Oldruckfarben in demselben Masse lichtecht herzustellen wie Leinendruckfarben. Das Papier der Bauhaustapeten ist 85 g pro qm schwer und von bester Qualität.

PREISE:
Der durchschnittliche Preis der Bauhaustapeten beträgt 1 Mark bis 1.50 Mark. Eine Ausnahme machen einige Muster, die etwas teurer, und zwei Muster, die etwas billiger sind. In dieser Sonderpreislage ist das Papier 110 Gramm beziehungsweise nur 70 Gramm schwer.

WO ERHÄLTLICH!
In den besseren Spezial-Tapetengeschäften. Daselbst Musterbücher.

Muster Nr. b 21. H.

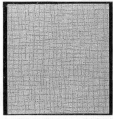

Muster Nr. b 19. E.

Muster Nr. b 6. J.

Hannoversche Tapetenfabrik Gebr. Rasch & Co., G. m. b. H., Bramsche b. Osnabrück

Beilage zu „Das Neue Frankfurt" 1930, Heft 9, Verlag Englert und Schlosser, Frankfurt a. M.

Bauhausanzeige „100 000de von Rollen", Reklameheft "bauhaus die moderne Karte, rasch die moderne fabrik", 1930

siedlung der aktiengesellschaft für haus und grundbesitz leipzig

bauleitung: architekt professor mebes
ausführung: ph. holzmann A. G. berlin

100000de von rollen der bewährten bauhaustapete wurden in dieser und zahlreichen anderen siedlungen verwendet

Aus Zuschriften:
Wohnungsfürsorgegesellschaft e.V. Berlin: Wir stellen in diesem Zusammenhang fest, dass die Tapeten in unserer Mitgliederversammlung grossen Anklang gefunden haben. ● Prof.Dr.Ing.e.h.Poelzig: Die Bauhaustapeten sind wirklich gut. ● Prof.Dr. Ing.e.h.Gropius: Es liegt mir sehr daran wenn die Wohnungen mit den neuen Bauhaus tapeten ausgestattet werden. ● Reg.-Baumeister Dr.Ing.Rich.Döcker in Stuttgart: Die in diesem Katalog enthaltenen Muster sollten als Standartmuster für Tapeten für das nächste Jahrzehnt mindestens bestehen bleiben. ● Arch.A.K.in C.:Die Bauhaustapeten sind das,was uns bisher fehlte. ● Reg.-u.Baurat N.:Gefällt mir ausserordentlich. ● O.H.Essen: Diese Karte findet sehr starken Anklang. ● Arch.K.G.Fr.: Ich fi.e Dessins und Farbstellung ausgezeic...

bauhaus tapeten

rasch & co bramsche bei osnabrück

...starken Anklang...Arch.O.H., lle: Beabsichtige... Siedlung i.K... Die Bauhau... fallen seh... ist ge... mir au... die Si... war davon sehr eingenommen....Arch.G.B.: Wir werden nicht versäumen, die uns sehr zusagenden Bauhaustapeten zu verwenden..

Bauhausanzeige Nr. 5, Entwurf Moses Bahelfer, Innen-Dekoration, April 1930 verantwortet wurden. In der Metallwerkstatt war das bei Meyers Amtsübernahme lediglich Marianne Brandt, die mit dem ersatzlosen Abgang des Formmeisters Moholy-Nagy bis zu ihrem eigenen Ausscheiden (31.7.1929) nun stellvertretend auch die Leitung der Werkstatt übernahm.

Die Metallwerkstatt, deren Lehre zum Silberschmied ausbildete, war im Januar 1926 insbesondere aufgrund mangelhafter wirtschaftlicher Orientierung ihrer Entwurfsarbeit unter Moholy-Nagy schon von Walter Gropius ungewöhnlich deutlich kritisiert worden.[16] Sicher auch angestoßen durch Moholys Interesse für das Phänomen Licht intensivierte die Werkstatt daraufhin die Entwicklung moderner Beleuchtungskörper und lieferte unter anderem die Entwürfe für sämtliche Leuchten des neuen Bauhausgebäudes. Dies führte dann auch zu dem für das Überleben und das Selbstverständnis des Bauhauses notwendigen Interesse der Industrie an der Arbeit der Hochschule. Nach einer offenbar nur kurzlebigen Produktübernahme durch die Metallwerke vorm. Paul Stotz (ab 1923 eigentlich „Werkhaus Neckarstraße") bahnten sich im Frühjahr 1928 zwei grundsätzlich unterschiedliche Kooperationen an – einmal die Übernahme von Produktion und Vertrieb von insgesamt 53 im Bauhaus entwickelten Modellen durch die eher modeorientierte Berliner Leuchtenfabrik Schwintzer & Gräff (September 1930 seitens des Bauhauses gekündigt), zum anderen die erwähnte, mehrjährige Zusammenarbeit mit Körting & Mathiesen (Kandem). Das hochqualifizierte, nicht nur technisch, sondern auch wissenschaftlich (Paul Heyck) aktive Ingenieurunternehmen, das vor allem Leuchten für Industrie, Gewerbe und den öffentlichen Raum produzierte, hatte sich seit einigen Jahren auch mit der Beleuchtung von Innenräumen beschäftigt. Was die äußere „Formgebung" betraf, war man als Techniker auch späterhin noch stolz darauf, seine nach „wissenschaftlichen Grundsätzen" entwickelten Leuchten „von unsachlichen Zutaten" freigehalten zu haben, wie 1939 in einer Jubiläumsschrift zu lesen war.[17] Man war sich aber offenbar rasch bewusst geworden, dass insbesondere an Leuchten für den architektonischen Innenraum höhere gestalterische Anforderungen als nur vermeidende zu stellen waren.

Von der Zusammenarbeit mit dem Bauhaus erwartete sich Kandem „Neues und Eigenartiges"[18], Entwürfe, die „modernen ästhetisch künstlerischen

Gesichtspunkten Rechnung tragen"[19] sollten. Dennoch formulierte man auch eigene, ökonomisch, technisch oder funktional begründete gestalterische Prämissen wie etwa die Bitte, die vorhandene Form der Glasschale einer Deckenleuchte „möglichst beizubehalten, da sie lichttechnisch richtig" sei.[20] Wünsche an das Bauhaus waren „patentfähige freischöpferische Anregungen zu geben und zu bearbeiten, [...] nicht patentfähige freischöpferische oder Körting & Mathiesen direkt oder indirekt beeinflusste Anregungen zu geben und zu bearbeiten, [...] technische Vorschläge von Körting und Mathiesen hinsichtlich der reinen Formgebung zu überarbeiten".[21] Als selbstbewusstes Industrieunternehmen strebte Kandem eine variable, dialogische Kooperation an, die aber das Bauhaus und seine Gestalter in Dienst für das Kandem-Produkt und seine Käufer/Nutzer nahm und sie in eine Reihe stellte mit anderen „namenlosen" Gestaltern vor und nach ihnen.

Von den insgesamt etwa 30 Modellen, die vom Frühjahr 1928 von Marianne Brandt und Hin Bredendieck, Hermann Gautel (ab Wintersemester 1929/30), Walter Joseph Hartstrang (ab Herbst 1930), Heinrich Siegfried Bormann (1931/32) und dem Werkmeister Alfred Schäfter (1930/31) bis 1932 für Kandem entwickelt beziehungsweise bearbeitet wurden, besitzt eine bereits seit 1924 von Kandem produzierte Schreibtischleuchte eine besondere exemplarische Qualität. Wirtschaftlich erfolgreich wurde sie von Kandem bis in die 1940er-Jahre produziert und taucht dann im Portfolio des volkseigenen Nachfolgebetriebs nach dem Zweiten Weltkrieg nochmals auf. Das eigentlich Faszinierende aber waren die zahlreichen Bearbeitungen[22] über diese fast 30 Jahre. Die grundlegenden Eingriffe von Marianne Brandt und Hin Bredendieck transferierten die eher rustikal anmutende Technikerlampe vom Schreibtisch des Werkmeisters oder Ingenieurs auf den des Architekten, des Arztes oder der bürgerlichen Wohnung. Das Leipziger Unternehmen ließ jedoch meist eine zweite, preiswertere Variante mit entwickeln. Gestalterisch-funktional bedeutete das natürlich Einbußen. Im Falle der Schreibtischlampe etwa wanderte der Schalter wieder zurück an den Dom über den eigentlichen Schirm. Dort wird es mitunter nicht nur heiß, bei Dunkelheit ist er auch schwerer zu ertasten und als Drehschalter schwerer zu handhaben als der Tippschalter auf dem neugestalteten Fuß, der die Hand zum

Ertasten und Tippen nachgerade einzuladen scheint. Es ist nicht nur das Zusammenfassen, das Ausbalancieren und Mildern der Form, sondern dieses haptische Moment, das vordem in Bauhausentwürfen kaum eine Rolle gespielt hat. Meyers Forderung nach „Volksbedarf" forderte primär das Entwerfen von den komplexen Bedürfnissen des Benutzers her, die sich keineswegs in ihrer ökonomischen Komponente erschöpften. Es ist zu beobachten, dass nicht nur die Entwürfe für Kandem ihre ästhetische Distanziertheit zugunsten von haptischen Qualitäten, zugunsten einer größeren Agilität an sich und damit leichterer Brauchbarkeit aufgeben. Das Klappen, das Zusammenfalten, das mögliche Zusammenbauen vorfabrizierter Möbelteile, die 1929/30 in der Tischlerei der Ausbauwerkstatt entstanden, schienen nicht nur sachlichen und angenehmen Gebrauch zu ermöglichen oder zu fordern, sondern zugleich spielerischen Umgang. Und ist nicht der von Josef Pohl um 1929 für Junggesellen entworfene, rollbare Kleiderschrank mobiles Zweckmöbel und Zauberkasten zugleich?

Im Gegensatz zu Körting & Mathiesen, die es strikt vermieden, das Bauhaus werblich für die eigene Marke in Anspruch zu nehmen, zielte die Etablierung einer „Bauhaustapete", die der Fabrikant Emil Rasch im Frühjahr 1929 mit dem Bauhaus Dessau unter Hannes Meyer anschob, gerade auf die Auswertung des Reklamewertes, den die Marke Bauhaus unter Walter Gropius akkumuliert hatte. Meyer stand der Eigenreklame, die das Bauhaus bislang betrieben hatte, bekanntermaßen skeptisch gegenüber und plante, „kategorisch gegen das schwindelhaft-reklamehaft-theatralische des bisherigen bauhauses front [zu] machen". [23] Wie die meisten seiner Avantgarde-Kollegen lehnte er zunächst die Tapete – diese „wundersame Kunst und Fabrik-Erscheinung" (Goethe 1816 in einem Brief) – als bloß dekorative Kaschierung der architektonischen Wand ab. Selbst die Farbe erklärte er als „mimikri für allerlei baustoffe" [24] zum Tabu.

Dass Meyer sich dennoch zu einer Zusammenarbeit mit Rasch bereitfand, hatte sicher mehrere Gründe. Die Chance, hier eines der Standardprodukte zu schaffen [25], die ihm für alle Arbeitsfelder der Bauhauswerkstätten vorschwebten und sich in der „Volkswohnung" addierten, war sicher einer davon. Auch begann sich die Haltung der modernen Architekten zur Tapete im Kontext industrieller Hausfertigung zu wandeln, und es gab seit Mitte der 1920er-Jahre erste Vorstöße in Richtung einer zeitgemäßen, dem Wohnungsbau der Moderne adäquaten Tapete, zuletzt und quasi mit dem Eintritt Meyers ins Bauhaus durch die von Stadtbaurat Ernst May (Frankfurt/Main) initiierten und durch Hans Leistikow entworfenen „Siedlungs-Unis" und „Siedlungs-Raster"-Tapeten.[26] Zudem wird man Meyers Prämisse bedarfsgerechten Entwerfens für stark genug halten dürfen, auch eigene Dogmen infrage zu stellen und ad acta legen zu können. Nimmt man überdies die nachgeschobene Rechtfertigung Hannes Meyers ernst, dass nun auch die „letzten Kunstjünger [im Bauhaus] Tapetenfarben" mischten[27], hielt der Direktor das wohl für eine vergleichbare, durchaus angemessene disziplinierende Übung für künftige Produktgestalter. Auch besaß das Bauhaus starke ökonomische Interessen an einer solchen Zusammenarbeit. Die das Budget entlastenden und aufstockenden wirtschaftlichen Erträge des Instituts waren in den letzten Jahren immer ein Argument für seinen Erhalt gewesen. Perspektivisch hätten sie auch das Mittel für eine noch stärkere programmatische Freiheit sein können. Nicht zuletzt ging es darum, gestalterische Vorstellungen durchzusetzen. „Einmal mißfiel uns", so resümierte der anfangs zuständige Hinnerk Scheper später, „die Einförmigkeit der papierenen Haut, die sich über die lebendige Wandfläche legte. Zum anderen fehlte uns die Systematik von Farbreihen. Wir vermißten reine, hellklare Töne, vor allem bei einfarbigen Tapeten [...]." Wenn man also am Bauhaus zu Tapeten kommen könne, dann über die dem Bauhaus „eigentümliche Farbigkeit" und durch Übertragung von Putzstrukturen auf das Papier.[28]

Die erste Kollektion der Bauhaustapete erschien 1930. Durch Wettbewerbe unter der Schülerschaft des Bauhauses und einer internen Jury entwickelt, wurde sie zu seinem erfolgreichsten Produkt, insbesondere durch die geschickte Vermarktung seitens des Unternehmens. Die werbliche Begleitung der Reklamewerkstatt des Bauhauses fand über einige bemerkenswerte Ansätze hinaus nicht zu einer konsistenten, auch visuell überzeugenden, der Qualität der Tapete entsprechenden Strategie.

Als sich die politische Stimmung 1930 endgültig gegen das Bauhaus wendete und so auch die weitere Produktion der Bauhaustapete infrage stand, gelang

Emil Rasch das strategische Kunststück, den erklärten Bauhausgegner Paul Schultze-Naumburg als „neugewonnenen Freund der Tapete" in die Fachöffentlichkeit einzuschmuggeln und unter der Marke „Weimar" 1933 eine von ihm entworfene Kollektion neben der des Bauhauses im Portfolio zu präsentieren. Rasch ließ sich sämtliche Rechte an der Bauhaustapete von Mies van der Rohe übertragen und erwirkte am 6. September 1933 vor dem Landgericht Magdeburg ein Urteil, das es verbot, die Bauhaustapeten als „entartet" zu bezeichnen. Ab 1934 gab es eine „bauhaus-Tapete" ohne Bauhaus, die überdies weit minderwertiger war als das ursprüngliche, vom Bauhaus autorisierte Produkt. [29] Eine „bauhaus-Tapete" wird bis heute produziert, wobei sie inzwischen – Ironie der Geschichte – im Luxussegment gehandelt wird.

Anmerkungen

1   Semper, Gottfried. *Der Stil in den technischen und tektonischen Künsten oder PRAKTISCHE ÄSTHETIK. Ein Handbuch für Techniker, Künstler und Kunstfreunde.* Frankfurt/Main, 1860, S. IX f.

2   Maciuika, John V.. „‚Sachlicher, wirtschaftlicher, zweckmässiger': 100 Jahre ‚Lehrwerkstätten-Erlass' vom Preussischen Ministerium für Handel und Gewerbe". *Scholion: Bulletin* 4 (2006): S. 120 ff.

3   a. a. O.

4   a. a. O.

5   Vgl.: Selle, Gert. *Design – Geschichte in Deutschland. Produktkultur als Entwurf und Erfahrung.*, Köln, 1990, S. 142.

6   Eisold, Norbert. *1793–1963 Kunstgewerbe- und Handwerkerschule Magdeburg.* Magdeburg, 2011, S. 84. Verhandlungen des Deutschen Werkbunds in München am 11. und 12. Juni 1908, Leipzig o. J. (1908), S. 107–125.

7   Gropius, Walter. Bauhaus Dessau-Grundsätze der Bauhausproduktion. Druckblatt, hrsg. vom Bauhaus Dessau im März 1926. In: Wingler, Hans M. *Das Bauhaus.* Bramsche, 1975, S. 120.

8   Meyer, Hannes. Brief an Walter Gropius, 3.1.1927. Zit. nach: Droste, Magdalena. *Bauhaus 1919–1933.* Köln, 1990, S. 166.

9   Zit. nach: Wingler, S. 120.

10 Vgl.: Droste, 1990, S. 184.

11 Vgl.: Vass, Andreas. „Pädagogik in der Architektur Hannes Meyers" in diesem Band.

12 Vgl.: Droste, 1990, S. 174.

13 Schlemmer, Oskar. Brief an Otto Meyer-Amden, 8.9.1929. Zit. nach: *Oskar Schlemmer, Idealist der Form*, hrsg. von Andreas Hüneke, S. 212 f. Leipzig, 1990.

14 Meyer, Hannes. „Bauhaus Dessau – Erfahrungen einer polytechnischen Erziehung". Zuerst veröffentlicht auf Spanisch in *Edificación* Juli (1940): S. 108. Deutsche Erstveröffentlichung in Schnaidt, Claude. *Hannes Meyer - Bauten, Projekte und Schriften/ Buildings, projects and writings.* Teufen AR, 1965, S. 106–112.

15 Droste, Magdalena. „Unterrichtsstruktur und Werkstattarbeit am Bauhaus unter Hannes Meyer". In: *Hannes Meyer 1889–1954. Architekt Urbanist Lehrer*, hrsg. von Magdalena Droste u. a., S. 137. Berlin, 1989.

16 Nach Weber, Klaus. „Vom Weinkrug zur Leuchte' Die Metallwerkstatt am Bauhaus". In: *Die Metallwerkstatt am Bauhaus*, S. 25. Berlin, 1992. Schlemmer schreibt in Bezug auf Moholys Unterricht sogar von einer „Mißlehre" (die auch die Schüler empfinden und als solche ablehnen)". Schlemmer, 1990, S. 171.

17 Vgl.: Weber, Klaus. „‚formal edel in einem neuen Sinn': Leipziger und andere Bauhaus-Leuchten". In: Binroth, Justus A., u. a. *Bauhausleuchten? Kandemlicht! Die Zusammenarbeit des Bauhauses mit der Leipziger Firma Kandem.* Stuttgart, 2002, S. 46.

18 Abschrift eines Briefes von Kandem an das Bauhaus Dessau vom 13.2.1928. A.a.O., S. 47.

19 Abschrift eines Briefes von Kandem an das Bauhaus Dessau vom 14.2.1928. A.a.O., S. 45.

20 Weber, S. 25.

21 Aus einem 1930 abgeschlossenen Vertrag zwischen Kandem und dem Bauhaus Dessau. A.a.O., S. 45 f.

22 Siehe hierzu ausführlich: Binroth.

23 Brief von Hannes Meyer an Adolf Behne vom 12.1.1928. Zit. nach: Droste, 1989, S. 134.

24 Meyer, Hannes. „Bauen". *bauhaus* 2:4 (1928). Zit. nach: Wingler, S. 161.

25 Vgl.: Droste, 1989, S. 178.

26 Vgl.: Thümmler, Sabine. „Architektur versus Tapete – Siedlungstapeten und Bauhaus". In: Bauhaustapete, Reklame & Erfolg einer Marke, hrsg. von Tapetenfabrik Gebr. Rasch GmbH, S. 15. Köln, 1995.

27 Wingler, S. 170.

28 Scheper, Hinnerk. „Wie die Bauhaus-Tapete entstand". *werk und zeit*, Sonderbeilage Werkbericht 4:2 (1955). Hier nach: Scheper, Renate. „Wandmalerei und Tapete." In: Gebr. Rasch GmbH, 1995, S. 91f.

29 Nach Möller, Werner. „‚Wer nicht wagt, der nicht gewinnt' Strategien zur Bauhaustapete." In: Gebr. Rasch GmbH, S. 52.

Josef Albers in Tischlerei und Tapetenwerkstatt

Brenda Danilowitz

Bevor Josef Albers im April 1928 die Leitung der Tischlereiwerkstatt übernahm, hatte er keine Rolle in den Werkstätten des Dessauer Bauhauses. Seit seinem Umzug von Weimar hatte er mehr oder weniger unabhängig an seinen Glasbildern und an Aufträgen für großflächige Glasfenster gearbeitet, die von der Firma Puhl & Wagner, Gottfried Heinersdorff in Berlin ausgeführt wurden. Den Vorkurs am Bauhaus hatten Josef Albers und László Moholy-Nagy – nach dem Ausscheiden von Johannes Itten – von 1923 bis 1928 eigenverantwortlich geleitet. Nachdem Moholy im Jahre 1928 das Bauhaus verließ, übernahm Albers den nun unter Meyer in *Werklehre* und *Materialübungen* umbenannten Kurs allein. Meyer griff nie in Albers' Konzept der für alle Studenten obligatorischen Grundausbildung ein. Albers erinnerte sich später: „Meyer [...] unterstützte meine Lehrtätigkeit wirklich über das übliche Maß hinaus."[1]

Albers' Bildungsphilosophie basierte auf den Ideen des Schweizer Bildungsreformers Johann Heinrich Pestalozzi aus dem 19. Jahrhundert. Der auch in der Schweiz geborene Meyer und seine Mitstreiter für die Genossenschaftssiedlung Freidorf (1919–23) waren ebenfalls von Pestalozzis Ideen beeinflusst, und Meyer versuchte, sie auf das Bauhaus zu übertragen. Nach Dara Kiese wandte Meyer Pestalozzis Ideale der gegenseitigen Hilfe, der Gleichheit und der Selbstständigkeit auf die praktischen Ziele seines Konzepts der Reorganisation des Bauhauses an, besonders auf die Produktion der Werkstätten und den Verkauf.[2]

Im frühen 20. Jahrhundert war der Einfluss von Pestalozzis Erziehungskonzepten in fortschrittlichen Kreisen weitverbreitet, und so überrascht es nicht, dass Albers' und Meyers intellektuelle Entwicklung gemeinsame Wurzeln hatte. Es wäre also zu kurz gegriffen, beide Männer nur als Antagonisten darzustellen – lediglich aufgrund der Rolle von Albers bei Meyers Entlassung im August 1930. Es zeigt sich vielmehr, dass die Erziehungskonzepte trotz Ähnlichkeiten zu unterschiedlich waren, um harmonieren zu können. Albers setzte sich leidenschaftlich für freies Experimentieren und möglichst wenige Regeln ein, um den Studierenden die Möglichkeit zu geben, neue kreative Lösungen für Gestaltungsherausforderungen zu finden. Meyer dagegen war, nach Meinung der Bauhaushistorikerin Éva Forgács, überzeugt, dass wissenschaftliche Arbeit die einzig zuverlässige und objektive Basis für das Entwerfen von Objekten und Gebäuden sei, um seine Vision einer zukünftigen kollektivistischen Gesellschaft zu erfüllen.[3]

Josef Albers, 1888 in Bottrop geboren, war der Sohn eines Malermeisters und führenden Mitglieds der Baugilde in seiner Heimatstadt. Der junge Albers wuchs in einem geräumigen Haus zusammen mit den Lehrlingen seines Vaters auf und lernte mit ihnen gemeinsam die für die Innenausstattung üblichen Gewerke, einschließlich der Wandmalerei. Der achtzehn Monate jüngere Meyer stammte aus einer Architektenfamilie. Er hatte ebenfalls als Maurer- und Steinmetzlehrling im Baugewerbe gearbeitet. Nach Claude Schnaidt hatte er „durch [diese] Erfahrung [...] bereits mit fünfundzwanzig Jahren die Überzeugung gewonnen, die für sein späteres Denken und Handeln ausschlaggebend sein sollte: Architektur und Städtebau sind ein vorwiegend soziales Problem."[4]

Albers und Meyer waren Anfang dreißig, als das Weimarer Bauhaus 1919 gegründet wurde. Beide waren von dem turbulenten, sich rapide verändernden sozialen, ökonomischen und politischen Klima geprägt, welches das europäische Denken und Leben zwischen den beiden Weltkriegen bestimmte. Während Albers als Lehrer die vorherrschenden Ausbildungskonzepte für die Wurzeln der zeitgenössischen Probleme hielt, war Meyer als Architekt überzeugt, dass die gebaute Umwelt eine radikale Veränderung brauche.

Seit Albers als Volksschullehrer in Westfalen zum ersten Mal mit Pestalozzis pädagogischen Ideen in Berührung gekommen war, hatte ihn das Prinzip „learning by doing" überzeugt. Diese Überzeugung, dass Studierende am besten mit klarer Anleitung und einem Minimum von Unterricht lernen, betonte er immer wieder. Erziehung bedeute für ihn in erster Linie Fragen zu stellen und nicht Antworten zu geben. Wenn ein Student mit einer Frage zu ihm käme und er sie ihm beantworte, dann nähme er ihm die Möglichkeit, die Antwort zu erfinden und selbst zu entdecken.[5] Der Ansatz, weniger Lehren und mehr gemeinsames Lernen, war grundsätzlich mit Meyers Konzept des gemeinschaftlichen Lernens und Wissensaustauschs in Form studierendengeführter „vertikaler Brigaden" vereinbar. In der Ausführung ihrer Erziehungsgrundsätze scheinen beide jedoch meilenweit auseinandergelegen zu haben.

Howard Dearstyne, ein US-Amerikaner, der von Oktober 1928 bis Juli 1932 am Bauhaus studierte, fasste Meyers Standpunkt über Architekturausbildung im Jahre 1930 wie folgt zusammen: „Architektur hört auf, Spielzeug von Künstlern zu sein, die bereit sind, Zweckmäßigkeit, Bequemlichkeit und Gesundheit der Nutzer im Interesse eines plastischen Ideals zu gefährden. Das Problem ist nicht länger, einen Grundriss an vorgefasste Fassaden anzupassen, [...] Menschen in vorgefasste Grundrisse zu pferchen, [...] Schönheit [...] liegt in der Einfachheit und Logik der [architektonischen] Konstruktion, der Ordnung ihrer Planung und aufrichtigen Anpassung an das sich im Inneren entfaltende Leben."[6]

Dearstyne zitierte Jahre später die berühmte Zeile „alle dinge dieser welt sind ein produkt der formel: (funktion mal ökonomie)" aus Meyers „bauen" von 1928 und schrieb: „Meine Interpretation von [Meyers] Prinzipien [aus dem Jahre 1930] vermittelt kaum die Schärfe dieses polemischen Diskurses. [Seine Schriften haben] eine Dreistigkeit, die dem Leser einen Hinweis auf seinen Charakter vermittelt."

Meyers Formel „funktion × ökonomie" fügte Albers in seinem Artikel „Werklicher Formunterricht" die wichtige Komponente Material hinzu. „die wirtschaftliche form resultiert aus funktion und material. vor der erkenntnis der funktion steht natürlich das stadium des werkstoffs. [...] probieren geht über studieren und spielerischer anfang entwickelt mut. darum beginnen wir nicht mit theoretischer einführung: im anfang steht allein das material."[7]

Dearstyne verglich Albers und Meyer nicht als Lehrer, sondern erinnerte sich an Meyer als ungehobelt in der Sprache und überstürzt in den Handlungen, aber auch als jemanden, der „kontaktfreudig und offen" und mit den Studierenden auf vertrautem Fuß war. Über Albers schreibt Dearstyne: „Er hatte einen beharrlich wissbegierigen Geist und einen trockenen Humor. [...] [Er konfrontierte uns] mit ungewöhnlichen Materialien [...], aus denen wir etwas machen sollten [...]. Der Kurs war eine einzige Entdeckungsreise [...], auf der wir Wertvolles an unerwarteten Orten fanden. [...] Albers war immer bereit und in der Lage, an dem, was wir machten, sei es groß oder klein, etwas Wertvolles und das Körnchen Wahrheit zu finden. [...] Wir lernten alle von der Arbeit der anderen."[8] Was das Bauhaus für Albers besonders machte, waren die Lehrkonzepte und vor allem die Freiheiten, die den Lehrkräften gewährt wurden. Dieses Bildungsklima war entscheidend für sein Reifen als Künstler. In einem Interview mit der BBC im Jahre 1968 äußerte er sich zu dem gegenwärtigen Bildungssystem in den USA: „Wir verkaufen Bildung, Fakten und Fakten und Fakten, und das Ende der Ausbildung ist, [diese Fakten] zurückzugeben [...], das ist für mich keine Bildung. [...] Bildung [sollte] immer eine Führung des Geistes [sein]: den Geist auf die Gemeinschaft auszurichten [...] ist die Aufgabe jeglicher Erziehung." Wie Meyer glaubte auch Albers sehr stark an die Gemeinschaft und das Konzept einer kollektiven Demokratie. Diese unterschied sich für ihn jedoch stark von der gegenwärtigen Massengesellschaft und ihren Gefahren – egal ob im Deutschland der 1920er-Jahre oder in den USA in den 1960ern. Gropius' Aufruf von 1919 an die Künstler, dem Bauhaus beizutreten und eine Gemeinschaft von Kunsthandwerkern zu formen, um ihre individuellen Begabungen zum Wohl der Gesellschaft als Ganzer zu entwickeln, hatte ihn angesprochen. Ebenso wie Hannes Meyers erneuerter Appell an die Jugend zehn Jahre später in der kleinen Schrift *Junge Menschen kommt ans Bauhaus!*, die auch eine Übersicht von Albers' Kurs *Werklehre* enthielt. Albers betonte ausdrücklich, dass nicht Vasilij Kandinskij und Paul Klee systematische Farbstudien in Dessau eingeführt hätten, sondern sein junger Bauhauskollege Ludwig Hirschfeld-Mack: „Am Bauhaus kamen sehr starke Impulse von den Jungen, die manchmal wichtiger waren als die älteren großen Meister."[9]

Hat er sich selbst als einen dieser Jungen gesehen? Als Schüler in der Glaswerkstatt, der gleichzeitig Lehrer des Vorkurses war, hatte er im Weimarer Bauhaus eine Zwischenposition eingenommen, die für seine ideologischen Positionen relevant ist. So bezeichnete er seinen Artikel „Historisch oder Jetzig" von 1924 als „revolutionär".[10] Er war ein polemischer Aufruf zum

Gruppenkritik: Josef Albers mit Studierenden,
circa 1928/29. Foto: Umbo (Otto Umbehr)

Materialstudie von Lotte Gerson
aus Papier für Josef Albers' Vorkurs,
circa 1927/30. Silbergelatineabzug
10.7 × 4.9 cm. Foto: Edmund Collein

Statisch-dynamische Skulptur von
Takehiko Mizutani, circa 1927–30

Gruppenkritik: Josef Albers mit Studierenden seines Vorkurses,
circa 1928/29. Foto: Umbo (Otto Umbehr)

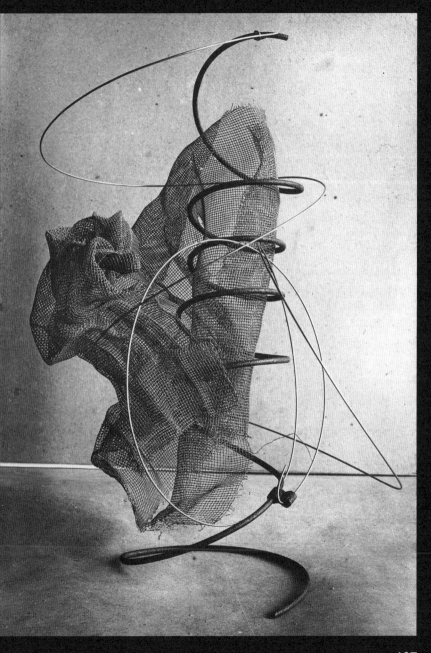

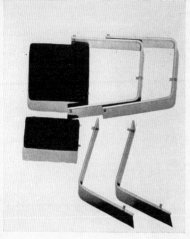

ti 244 armlehnstuhl zerlegt

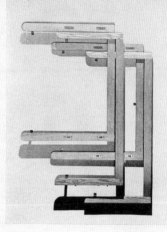

ti 207 tischgestell zerlegt

der bauhaus - tischlerei

aus Informationsbroschüre, „junge menschen kommt ans bauhaus!", 1929

Bauhaus-Wanderausstellung,
Gewerbemuseum Basel, 1929.
Fotograf unbekannt

Arm chair with spring back 1926

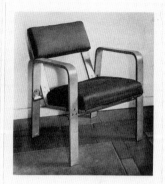

in light construction at left – heavier at right

The first chair in laminated bent wood

Its new construction principles:

A: one front leg, arm and back leg from one unit.
   one seat and back support from the other unit.

B: these units are sliced from large bent planes
   cast in laminated veneers over
   equally bent metal sheets.   3) and 4)

These principles have been and still are applied
in innumerable variants in many places.

Josef Albers: Stuhlentwürfe, circa 1926

Handeln, der zu einem Zeitpunkt geschrieben wurde, an dem sich sein Vorkurs aus der „Retrospektive" – mit Rückbesinnung auf die Handwerksausbildung, zum „direkten Kontakt mit […] den Möglichkeiten des Materials" entwickelte. „Historisch oder Jetzig" befasste sich nicht mit Kunst und wie sie gelehrt werden sollte, sondern mit der Krise der gegenwärtigen Ausbildungspraxis und deshalb mit der Krise der Gesellschaft. Ungeheuer idealistisch, sogar utopisch, konfrontierte Albers den Lesenden mit klaren Alternativen: Gründe Bildung auf Ideen und Methoden der Vergangenheit und hemme das Wachstum der Gesellschaft oder akzeptiere die Gegenwart und setze dich dafür ein, eine neue kreative und vitale Gemeinschaft zu schaffen. Albers schloss, dass das Bauhaus durch „Versuche, […] gestaltende Menschen zu erziehen", auf einem Weg zu dem Ziel sei, „Menschen [zu] einigen, das Leben wirklicher, also wesentlicher" zu machen.

Er propagierte die Bauhausvision von maschinell gefertigten, in Masse produzierten Kleidern und Gütern sowie standardisiertem Wohnungsbau. Die Gefahr, Standardisierung könne möglicherweise auf Kosten von Individualität gehen, werde kompensiert durch Einheit und Gemeinsinn, mit dem sie einhergehen würde. In einer derartigen Gesellschaft solle „[…] jeder seine Möglichkeiten vielseitigst versuche[n], damit er im wirkenden Leben den ihm gehörenden Platz finde".

Das war 1924 die attraktive Chance, die mit der Zielsetzung des Bauhauses einherging, die Bedürfnisse des modernen Lebens mit Kunsterziehung in Einklang zu bringen und theoretische Ausbildung mit Werkstattarbeit zu verbinden. In vieler Hinsicht nahm Albers' Text Meyers späteren Artikel „bauhaus und gesellschaft" vorweg:

die neue bauschule
ist eine prüfstelle der eignung.
irgendwo ist irgendwer geeignet.
das leben lehnt keinen ab.
eignung zur symbiose
durchblutet jedes einzelwesen.
dergestalt ergreift erziehung zur gestaltung

den ganzen menschen.

entfernt hemmung, beklemmung, verdrängung.

beseitigt vorwand, vorurteil, voreingenommenheit[11]

Der stets optimistische Albers wurde durch Meyers Berufung ermutigt. Im April 1928 war sein Optimismus immer noch groß, trotz der politischen Probleme, in deren Zentrum das Dessauer Bauhaus stand, und trotz des ständigen Mangels – *„Geldmangel. Platzmangel. Zeitmangel".* Und so äußerte er sich in einem Brief an Freunde mit einer gewissen Vorsicht zu Meyers Berufung: „Die ganze Linie ist schon so, dass grosse Neuerungen nicht so leicht sind." Breuer, Bayer und Moholy verließen das Bauhaus. Er und Anni freuten sich darauf, nach Moholys Auszug in eines der Meisterhäuser zu ziehen. Auch die Rekordzahl internationaler Besucher und seine eigene Lehrtätigkeit am Bauhaus, die sich immer mehr herumsprach, stimmten ihn optimistisch: „Mit meinem Unterricht habe ich guten Erfolg. Wir machen Bauversuche aus Stroh, Streichholzschachteln, Papier [und] Draht. Und unsere Semester-Ausstellungen sind immer ein Ereignis. [...] Im Juli-August bereite ich eine Ausstellung von Unterrichtsergebnissen für den internationalen Kunstunterrichts-Kongress in Prag vor." Auch wenn er lieber seinen „Unterricht im Vorkurs [behalte], obschon auch Holz mich interessiert"[12], fügte Albers hinzu, dass er sich darauf freue, die Möbelwerkstatt von Breuer zu übernehmen.

Mit Breuers Weggang wurden das Experimentieren mit Metall als Werkstoff für Möbel in die Metallwerkstatt verlegt und Holz zum primären Material in der Möbelwerkstatt. Zwar arbeitete die Werkstatt weiter an Außenaufträgen, aber experimentiert wurde nur noch an erschwinglichen und ausbaufähigen Modellen, die Meyers Leitlinien entsprachen. Der Fokus verlagerte sich vom bürgerlichen Stil und Modebewusstsein auf leichte, einfache, nützliche Möbel aus Schicht- und Sperrholz, deren Lebensdauer, wenn überhaupt, geringe Priorität hatte. Dearstyne, der im Sommer 1929 in der Möbelwerkstatt lernte, erinnert sich, dass „einer der besten Stühle, die dabei herauskamen [...], ein Stuhl von Albers selbst war. Er war aus vier schlanken Hölzern zusammengefügt, die so gebogen waren, dass Armlehnen und Beine ein Element formten, das dem Sitz und der Rückenstütze Halt bot. Zwei verschraubte Metallstäbe hielten die vier Holzteile zusammen. Der Stuhl war auseinanderzuschrauben und konnte leicht verpackt und verschickt werden.[13] Es handelte sich um den *ti 244*, der 1929 auf der *Wanderausstellung* vorgestellt wurde. Albers beschrieb sein zeitgenössisches Design für einen kleinen Teetisch: „Der Rahmen [...] besteht aus vier U-förmigen Gliedern, von denen nur die beiden längeren auf dem Boden stehen. Sie werden mit Edelstahlschrauben und Dübeln verbunden. Jeder Teil besteht aus drei gleich breiten und schmalen Brettern. Diese Konstruktion vermeidet Beine und Zarge."[14] Diese Konstruktion wurde zum Standardmodell der Bauhauswerkstätten.

Albers schrieb Meyer den kommerziellen Erfolg der Werkstätten zu: „Es war wieder einmal Hannes Meyers großer Verdienst, dass die Werkstätten [in Dessau] erfolgreicher waren. Er hat zum Beispiel Tapeten eingeführt [...], die recht Gewinn bringend waren. Hannes Meyer leitete deren Gestaltung ein paar Jahre lang."[15] Es gehört zur Ironie der Geschichte des Bauhauses, dass Meyer die profitable Wirtschaftsallianz für Bauhaustapeten mit der kapitalistischen Firma der Gebrüder Rasch GmbH & Co. KG einging. Albers versetzten die Monate, in denen er, in Hinnerk Schepers Abwesenheit, 1929 die Tapetenwerkstatt leitete, in seine Lehrzeit in der Werkstatt seines Vaters zurück. Im Jahre 1919 hatte er sich geweigert, die Weimarer Werkstatt für Wandmalerei zu besuchen – mit der Begründung, schon bei seinem Vater eine gründliche Ausbildung erhalten zu haben. Andererseits war die Produktion von Tapeten ein viel effizienterer und preiswerterer Prozess im Vergleich zu den gemalten Oberflächen, da neue Technologien verwendet wurden. Albers unternahm mit den Studierenden der Tapetenwerkstatt ebenso wie mit seinen Studierenden der Werklehre Exkursionen zu einem lokalen Hersteller, damit sie den Produktionsprozess sehen und so besser verstehen konnten.

Renate Schepers Beschreibung der noch existierenden Tapetenmuster in der Sammlung des Bauhaus-Archivs deutet eine sehr enge Verbindung zu den Material- oder Facture-Studien aus Albers' Vorkurs an: „Es wurden kleinteilige Stempelformen nebeneinander gedruckt, Strukturen von Stoffen, Fäden, Halmen u. ä. durchgerieben oder derartig durchgedrückt, daß das Papier eine Struktur erhielt. Man verteilte Körner auf der Unterlage und überspritzte sie, so daß sie als ungefärbte Flächen abgebildet wurden, zeichnete verschiedene

Strich- und Punktmuster, machte Farbspritzer oder kombinierte einzelne Techniken dieser Art. Viele Entwürfe wurden mit Schwämmen, Pinseln, Tüchern, Kämmen usw. in der Art der traditionellen Techniken der Wandmalerei erzeugt oder den Webereimustern nachempfunden."[16] Auch die von Webarbeiten adaptierten Muster lassen auf eine Zusammenarbeit zwischen der Bauhausweberei und Tapetenwerkstatt schließen. Anni Albers' Schreibmaschinenstudien ebenso wie ihre weiteren Textilstrukturstudien und auch ihre spätere Hinwendung zum Druck verweisen auf ihr gestiegenes Bedürfnis nach mehr Forschung in diesem Bereich. Als ihr Mann 1929 die Tapetenwerkstatt leitete, sah Anni Albers die Verwandtschaften zwischen Papier und Textilien. Sie setzte dies in einem sehr ungewöhnlichen Textil um: Der *geriffelten silberstoff,* dessen Webart gewelltes Silber imitierte, war auf der Vorderseite lichtreflektierend und auf der Rückseite schallabsorbierend.[17]

Albers war sehr interessiert an den wissenschaftlichen Aspekten der Textilie und stolz, einen Beitrag zu aktuellen Forschungen zu leisten. Später erzählte sie, die Zeiss-Ikon Werke hätten damals die Funktion lichtreflektierender Oberflächen analysiert, auf die Licht aus verschiedenen Winkeln fällt. Ein lichtreflektierendes Material sei damals etwas ebenso Neues gewesen wie ein schallabsorbierendes Material mit leichter Oberfläche. Im Jahr 1929 erhielt sie ihr Bauhausdiplom für diese Textilie.

Josef Albers hatte den Lehrstoff seines Vorkurses in Meyers 1929 erschienenem Pamphlet *Junge Menschen kommt ans Bauhaus!* dargelegt, aber wie Christian Wolsdorff betont, scheint „[u]nter Hannes Meyer [n]icht nur ein Teil der Studierenden nicht mehr so recht gewußt zu haben, was sie mit dem abstrakten Vorkurs anfangen sollten, sondern auch von anderer Seite wurden Überlegungen angestellt, ob ein solcher Vorkurs für das Bauhaus unter Meyer noch angemessen *wäre.*"[18] Ernst Kállai, der linksgerichtete Schriftsteller und Publizist des Bauhauses in den Jahren 1928 bis 1929, sah in dem Vorkurs „ein[en] nachklang der goldenen weimarer bauhauszeit [und betonte, dass ein Student der die] streng praktischen zweckwerstätten in der Hannes Meyer Ära [beträte], nichts dringlicheres tun [könne], als den *vorkurs* zu vergessen, in dem er ein semester lang in aller unschuld und straflosigkeit sozusagen unbegrenzten material- und strukturphantasien leben durfte."[19]

Für Albers erreichten die Probleme des Bauhauses den Höhepunkt, als er die Zukunft seiner eigenen Lehrtätigkeit gefährdet sah. Eine Gruppe kommunistischer Studenten griff im Mai 1930 mit ihrer eigenen Zeitschrift nicht nur Kandinskij, Klee und Albers, sondern auch Meyer an. Am 21. Juni 1930 schrieb Albers an Perdekamp: „Hier ist furchtbar dicke Luft. Das Haus verpolitisiert. Lange geht's so nicht mehr weiter. Wir wohnen wunderbar, aber die Arbeit wird verpestet." Mitte Juni beteiligte sich Albers an dem Komplott gegen Meyer und an der Suche nach einem Nachfolger.[20] Am 9. Juli veröffentlichten Studierende, die sich als „einen teil der vorkursler" bezeichneten, einen direkten Angriff auf den Vorkurs und bezichtigten sowohl Albers' als auch Kandinskijs Unterricht des Formalismus, der es verfehle, die Studierenden auf die Ziele der Werkstattarbeit im Sinne des Funktionalismus vorzubereiten. Sie verlangten die Aufhebung des Vorkurses. Ebenso sollte die Teilnahme an den Kursen von Albers und Kandinskij freigestellt sein. Des Weiteren verlangten sie die Einführung von theoretischen Kursen, die auf sozialistische Theorie und Geschichte hinauslaufen würden, sowie den direkten Zugang zu den Werkstätten für Studierende, die schon eine Ausbildung nachweisen konnten.

Albers Lehrtätigkeit war die eigentliche Triebfeder seiner Entwicklung als Künstler wie seiner Überzeugung, dass seine Ausbildungsmethoden eine echte Lösung für die Spaltung und Defizite der gegenwärtigen Gesellschaft sein könnten. Ihre Bedrohung war ein „Gift", das selbst sein Optimismus kaum überwinden konnte. Das Bauhaus wurde immer tiefer in die wachsende Spaltung der Gesellschaft in politische Parteien, die alle Aspekte des Lebens zu dominieren begann, hineingerissen. Die ihrem Wesen nach idealistischen Werte des Experimentierens, Spielens und der Kreativität in Albers Lehren wurden vielleicht tatsächlich zu einem Bildungsluxus, den sich nur noch wenige leisten konnten. Nicht einmal am Ende des Jahres 1930 haben sich die meisten Deutschen den katastrophalen Zusammenbruch ihres Landes vorstellen können. Und auch in der Bauhausgemeinschaft glaubte kaum jemand, dass die Dessauer Periode im September 1932 enden und das Bauhaus ein Jahr später nicht mehr existieren würde. In diesem Klima der Ungewissheit und Angst schloss sich Albers seinen Kollegen an, um den Auslöser der unmittelbaren Schwierigkeiten am Bauhaus ins Visier zu nehmen: Hannes Meyer.

Anmerkungen

1   Übersetzt aus dem Original. BBC Interview, 21.6.1968, Archive Josef and Anni Albers Foundation (JAAF). Im Folgenden zitiert als BBC Interview.

2   Kiese, Dara. *Entfesseltes Bauen: Building Unleashed: Holistic Education In Hannes Meyer's Bauhaus: 1927–1930*. Dissertation, City University of New York, 2013, S. 48 ff. und S. 133. Vgl. Hays, K. Michael. *Modernism and the Posthumanist Subject*. Cambridge, MA/London, 1992, S. 48 f.

3   Forgács, Éva. „Between the Town and the Gown: On Hannes Meyer's Dismissal from the Bauhaus". *Journal of Design History* 23: 3 (2010): S. 266.

4   Schnaidt, Claude, hrsg. *Hannes Meyer: Bauten, Projekte und Schriften. Buildings, Projects, and Writing*. Teufen, 1965, S. 19.

5   Horowitz, Frederick A. In: Horowitz, Frederick A. und Brenda Danilowitz. *Josef Albers: To Open Eyes*. London/New York, 2006, S. 85.

6   Übersetzt aus dem Original. Dearstyne, Howard (Autor), und David Spaeth (Hrsg.). *Inside the Bauhaus*. New York, 1986. Dieses und die folgenden Zitate, S. 206 f.

7   Albers, Josef. „Werklicher Formunterricht". *bauhaus* 2:2/3 (1928): S. 3–7.

8   Übersetzt aus dem Original. Dearstyne/Spaeth, S. 90 f.

9   Übersetzt aus dem Original. BBC Interview.

10 Albers, Josef. „Historisch oder Jetzig". *Junge Menschen* 5:8 (1924): S. 188.

11 Meyer, Hannes. „bauhaus und gesellschaft". *bauhaus* 3:1 (1929).

12 Albers, Josef. Briefe an Franz und Friedel Perdekamp vom 1.1.1928 und 22.4.1928. Die Originale der Briefe befinden sich im Besitz der Erben Franz Perdekamps in Recklinghausen, Kopien im JAAF.

13 Übersetzt aus dem Original. Dearstyne/Späth, S. 100.

14 Übersetzt aus dem Original. Albers, Josef. Handschriftlicher Entwurf eines Briefes an Charles Kuhn vom 10.2.1950. Germanic Museum Harvard, JAAF Archiv, Josef Albers Papers, 15–6.

15 Übersetzt aus dem Original. BBC Interview.

16 Scheper, Renate. „Wandmalerei und Tapete". In: *Bauhaustapete: Reklame und Erfolg einer Marke/Advertising and Success of a Brandname*., hrsg. von Gebr. Rasch GmbH&Co., S. 93. Bramsche, 1995.

17 Troeller, Jordan. *Scenes from the Archive: Photography, Objecthood, and the Bauhaus*. Dissertation, Harvard University, 2018.

18 Wolsdorff, Christian. „Josef Albers' Vorkurs am Bauhaus 1923–1933". In: *Josef Albers: Eine Retrospective*, S. 56. New York/Köln, 1988.

19 Einführung in den Katalog der *Wanderausstellung Bauhaus Dessau*. Kunstgewerbemuseum Basel, 1929. In: Wolsdorff, Fn. 15.

20 Albers, Josef. Briefe an Ludwig Grote. Nürnberg, Germanisches Nationalmuseum, Deutsches Kunstarchiv, NL Grote, Ludwig, 701-1930_06_17a und b; 701-1930_06_20 a und b.

Gunta Stölzl und die Weberei

Ingrid Radewaldt

Im Februar 1928, zwei Jahre vor Ablauf seines Vertrages, bat Walter Gropius die Stadt Dessau um seine Entlassung. Als Nachfolger schlug er den Schweizer Architekten Hannes Meyer vor, der seit 1927 in der neugegründeten Bauabteilung des Bauhauses arbeitete.

Diese Entscheidung löste bei den Bauhäuslern große Betroffenheit aus, auch bei Gunta Stölzl, die am 16.3.1928 ihrem Bruder schreibt: „[...], aber eines tut uns allen leid, daß das bauhaus das wir liebten nun einfach zu ende ist, ob das neue begeisterung, liebe erwecken kann – muß sich erst zeigen. [...] ob und wie das bauhaus weitergehen wird, ist heute schwer zu sagen."

Zu diesem Zeitpunkt war Gunta Stölzl schon seit drei Jahren Werkmeisterin der Weberei, einer der auch finanziell erfolgreichsten Werkstätten des Dessauer Bauhauses. Sie sagte selbst, dass ihre Werkstatt „gut in Schuss" sei. Im Oktober 1926 war der Neubau des Bauhauses bezogen worden, und die Weberei bekam ein großes, lichtdurchflutetes Atelier im ersten Stock. Dieses musste neu ausgestattet werden, da fast alle Webgeräte als Eigentum von Helene Börner in Weimar geblieben waren. Die beiden Verantwortlichen für die Weberei, Georg Muche und Gunta Stölzl, hatten sich um den Kauf von geeigneten Webgeräten gekümmert. Um die Jacquardwebstühle, die Muche angeschafft hatte und die die Weberinnen zunächst ablehnten, gab es heftigen Streit. Da Muche die Sachkenntnisse fehlten, mit den gekauften Geräten umzugehen, und er jede praktische Arbeit ablehnte, wurde sein gesamter Unterricht infrage gestellt – ein für das Bauhaus erstmaliges, revolutionäres Verhalten, das über die Weberei hinaus für große Unruhe sorgte. Gunta Stölzl scheint sich aus diesen Auseinandersetzungen weitgehend herausgehalten zu haben. Umso selbstbewusster reagierten die Studentinnen. „Die Weberei verlangt, daß Gunta Stölzl als Leiterin fungiert und anerkannt wird", schrieb Ise Gropius am 16.6.1925 in ihr Tagebuch und sah die Aktion als „neuen Sturmlauf" gegen die Meister, was auf ähnliche Probleme auch in anderen

Werkstätten hinweist, die Gropius zu strengerem Handeln veranlassten. Noch bis in den Sommer hinein zogen sich die Auseinandersetzungen, aber die Weberei gab ihre Forderungen nicht auf, und die wütende Schülerschaft des Bauhauses übergab schließlich dem Meisterrat eine Erklärung, dass sie geschlossen hinter der Weberei stehe. Erst im Juni findet sich eine Eintragung im Bauhaustagebuch, dass „[...] Frl. Stölzl die Leitung der Weberei übernehmen wird". Gunta Stölzl scheint sich in der gesamten Zeit des Werkstattaufbaus bis zur Erschöpfung mit Planungs- und Organisationsaufgaben beschäftigt zu haben. Von der Arbeit in der Werkstatt berichtet sie trotz aller Querelen nur Positives. Im Rückblick schreibt sie 1931: „mit dem übergang nach dessau bekam die weberei [...] neue gesündere voraussetzungen, die verschiedenen webstuhlsysteme kontermarsch – schaftmaschine – jacquardmaschine – teppichknüpfstuhl konnten angeschafft werden, dazu alle zur einrichtung der webstühle notwendige apparaturen – eine eigene färberei."[1] Sie war schließlich stolz auf die neue moderne Ausstattung der Weberei, vertrat aber weiterhin die Ansicht, dass trotz starker Industrialisierung die Weberei-Ausbildung auf der Handweberei basieren sollte. Der Handwebstuhl wurde auch von fortschrittlichen Weberinnen verteidigt. Wie Otti Berger glaubte auch Anni Albers, dass der schöpferische Handwerker wieder zum Pionier werden kann: als experimentierender Außenposten einer Industrie, die selbst segmentär und mit zunehmender Spezialisierung arbeitet. Im Herbst 1925 allerdings war die Bauhaus GmbH gegründet worden, und Gunta Stölzl schrieb ihrem Bruder am 16.9.: „Nun spielt die wirtschaftliche Seite des Bauhauses hier eine viel entscheidendere Rolle, alles muss sich rentieren, d.h. muss einen Geldwert haben. [...] Besonders ideal ist dieses kapitalistische System nicht, es ist alles wie draußen auch."

Wegen der großen finanziellen Probleme des Bauhauses kritisierte Gropius schon Anfang 1926 die seiner Ansicht nach zu hohe Bezahlung der Lehrlinge und sah den wirtschaftlichen Zusammenbruch, wenn nicht alle für weniger Geld oder unbezahlt arbeiteten. Er untersuchte die Werkstätten auf ihre Effektivität, vor allem, um Produkte zu finden, die von der Industrie vervielfältigt werden konnten. In vielen Experimenten der Weberei sah er die Möglichkeit „der auswertung von einzelrapporten, die in meterwaren hergestellt werden können"[2] und beanstandete, dass eine solche Zusammenstellung bis dahin nicht erfolgt sei. Er schlug vor, Musterbücher mit Möbel- und Vorhangstoffen in unterschiedlichen Farbstellungen herzustellen, um Aufträge hereinzuholen, vor allem bei Architekten, die in der wirtschaftlich schlechten Zeit am ehesten originelle Stoffe suchten. Gropius hatte schon lange bevor Hannes Meyer ans Bauhaus kam, die Zusammenarbeit mit der Industrie und die Herstellung von Gebrauchstextilien vehement gefordert und dabei auf die großen Erfolge der Weberei in Weimar verwiesen, die um 1924 Rechte an etwa 900 Webmustern besaß. An ihnen hatte Gunta Stölzl schon maßgeblich mitgearbeitet. Sie nahm Gropius' Kritik als Herausforderung an und verstärkte die Entwicklung und Produktion von Meterwaren. Ebenso wurden Stoffproben als Offerten mit detaillierten Angaben für die Kundschaft montiert und in Musterbüchern zusammengestellt.

Im Jahr 1926 erarbeitete Gunta Stölzl einen dreijährigen Ausbildungsweg, der zur Gesellenprüfung führte: Einer halbjährigen Probezeit folgten 18 Monate Ausbildung in der Lehrwerkstatt. Daneben waren theoretische Übungen zu Werkzeuglehre, Materiallehre, Kalkulation und Buchführen und die Teilnahme an allgemeinen Kursen des Bauhauses wie Werkzeichnen und Mechanik verpflichtend. Nach erfolgreichen Prüfungen in Handweberei und Färberei erfolgte die Aufnahme in die Versuchs- und Modellwerkstatt. Die Gesellenprüfung konnte nach weiteren eineinhalb Jahren vor der Webereiinnung in Glauchau abgelegt, danach das Bauhausdiplom erworben werden. Dieser Plan zeigt, wie straff und professionell Gunta Stölzl den Unterricht jetzt strukturierte. Aufgrund des neuen Lehrplans wurden Lehr- und Produktivwerkstatt jetzt getrennt voneinander geführt. Durch die starke Ausrichtung der Werkstatt auf finanzielle Effektivität war es allerdings schwierig, Lehre und Produktion im Gleichgewicht zu halten, was zu Kritik bei den Studierenden führte. Gunta Stölzl sah die Verbindung beider Werkstätten jedoch stets positiv. Im Rückblick schreibt sie: „Noch ein besonders günstiger Umstand war die Produktivität der Werkstatt. Lehr- und Produktivwerkstatt waren räumlich nicht getrennt. Durch die Aufträge, die in der Produktivwerkstatt ausgeführt wurden, teils von Angestellten, teils von Schülern, wurde der Studierende sehr bald vor konkrete Aufgaben gestellt und erhielt so von Anfang an das richtige Maß für Arbeitsleistung in handwerklicher Hinsicht, Verantwortung gegenüber Material und Handwerkszeug. [...] Durch die Verbindung der Weberei mit den anderen Werkstätten des Bauhauses [...] konnten größere Aufträge, z.b. die Einrichtung eines Hauses, einer Schule, Vortragssäle etc. gemeinsam bearbeitet werden – so bekam der Schüler den Blick für das Ganze und damit die richtige Einstellung zum Detail."[3] Gunta Stölzl hatte kollektives Arbeiten also schon eingeführt, bevor Hannes Meyer ans Bauhaus kam. Im April 1927 übernahm Gunta Stölzl auch vertraglich die Gesamtleitung der Weberei und war nun, zwar unterstützt vom Webmeister Wanke, allein verantwortlich für die gesamte Planung und Abwicklung. Mit der Ernennung zum Meister wurden ihre Vielseitigkeit und Flexibilität, ihre künstlerische, technische und pädagogische Begabung auch offiziell anerkannt – insgesamt entsprach sie damit Gropius' Vorstellung vom Jungmeister, der die Bauhausausbildung konsequent durchlaufen hatte. Erstmals am Bauhaus folgte auf einen Mann eine Frau als Meister – ihren Arbeitsvertrag allerdings verdankte sie dem Protest der Studierenden. „Auf dem Gipfel ihrer Karriere", schreibt ihre Tochter Monika Stadler, „strich Gunta Stölzl das Wort ‚Studierende' auf ihrem Bauhausausweis resolut durch und ersetzte es handschriftlich durch das Wort ‚Meister'. Sie hatte diese außergewöhnliche Position aus eigener Kraft und durch das Votum der Angehörigen ihrer Werkstatt erreicht, nicht etwa durch Berufung, und entgegen dem Zaudern und Zagen der Bauhausmeister, die, wie die neuere Forschung zeigt, niemals erwogen hatten, eine Frau in ihr Kollegium aufzunehmen. Folgerichtig betrachtete sie sich selbst als Meister."[4] Als Kollegin blieb sie allerdings immer schlechter gestellt. Sie erhielt eine geringere Bezahlung und hatte auch keinen Anspruch auf Pension.

Fast zeitgleich mit Gunta Stölzls Ernennung zum Meister begann Hannes Meyer 1927 seine Arbeit in der neu eröffneten Bauabteilung des Bauhauses. Jetzt wurden von der Weberei verstärkt technisch-innovative Gebrauchsstoffe erwartet, was Gunta Stölzl zu Experimenten mit neuen Materialen veranlasste. Es ist ihr großer Verdienst, dass sie sich umgehend der neuen Aufgabe widmete, das „neue bauen" mit technisch perfekten modernen Produkten zu unterstützen und Neuerungen durchzuführen, die die Zeit erforderte. Die technische Weiterentwicklung von Textilien wurde zum Mittelpunkt ihrer Arbeit. Gerade schlichte Textilien verlangten gründliche, sorgfältige Planung und Umsetzung sowie „logisches Denken", wie sie es nannte. Die Erprobungen neuer Materialien wie „Eisengarn", Viskaband, Zellophan und Zellulosedraht wurden vorangetrieben; oft wurde eine Kette von verschiedenen Studenten bearbeitet oder eine Bindung in verschiedenen Farbstellungen und Materialien hergestellt. Stoffe wurden intensiv auf ihren Gebrauchsnutzen getestet, ein Stoff von Anni Albers sogar in den Laboren der Zeiss-Ikon-AG in Berlin. Für die Auswahl von Textilien für Ausstellungen oder Messen wurden Gremien gebildet, die geeignete Textilien auswählten und ihre Qualität überprüften. Paul Klee, der auch den Formunterricht für die Weberei gab, war oft Mitglied dieser Gremien und fand „eminent viel Neues [...] und manches besonders Gute". Durch die Gremienauswahl wurde eine einheitliche Wirkung der Ausstellungen erreicht, die allerdings schon durch die Suche nach einer gemeinsamen Formensprache im Unterricht entstand. Bauhausstoffe wurden in Zeitschriften mit genauen Fotos veröffentlicht, sodass Interessierte und Kunden gute Informationen zu Materialwahl, Qualität, Bindung und Preis bekamen. Derartige Veröffentlichungen trugen sicher zur Verbreitung des sogenannten Bauhausstils bei. Den Studierenden missfiel allerdings die anonyme Veröffentlichung ihrer Entwürfe. Eine weitere Hinführung zur Industrie war die Einführung von Betriebsbesichtigungen. Eine lange, oft ergänzte Liste von Firmen aus ganz Deutschland ist überliefert, und in einigen davon wurden auch Betriebspraktika durchgeführt. Gunta Stölzl sah in dem straffen Dessauer Programm nichts Einengendes, es sollte vor allem der Disziplinierung und Konzentration dienen. „Zudem war dieses ‚Programm' ja nichts Feststehendes", schrieb sie, „sondern wie alle gesunden und lebendigen Dinge in dauernder Umwandlung begriffen."[5]

Auch die moderne Architektur forderte eine Veränderung der textilen Produkte: Große Glasflächen brauchten unempfindlichen Licht- und Sichtschutz, Wände erhielten abwischbare Bespannungen. Schalldämpfende Textilien wurden für Vorhänge und Raumteiler entwickelt, robuste Möbelstoffe beispielsweise für die neuen Stahlrohrsessel. Gunta Stölzl sah jetzt Gewebe vorrangig als „dienenden Gegenstand, der sich anpaßt und eingliedert". Es wurden funktionale

Lösungen gesucht, und Überflüssiges wurde entfernt. Die Integration der Textilien in den Raum war Teil der Planung, so bei den Bettdecken für den Prellerbau in Dessau, die perfekt für die Bettnische entworfen waren. Die praktischen Gebrauchsgegenstände wurden durch ihre durchdachte Ästhetik zum raumbestimmenden Element und fügten sich dennoch ein. Für Gunta Stölzl gehörte auch die anspruchsvolle Gestaltung von Einzelobjekten zur Textilgestaltung, wenn sie, wie Teppiche, einen Gebrauchsnutzen hatten. Von einem besonders raffinierten Teppichentwurf existieren drei Varianten, die der Kundschaft zur Auswahl vorgelegt wurden.

Gunta Stölzl hat während der gesamten Bauhauszeit die Arbeit an individuellen Einzelwerken beibehalten, auch gegen den Widerstand von Hannes Meyer, der solche Arbeiten als elitär und kunstgewerblich ablehnte. Ihre Anzahl ging in Dessau allerdings stark zurück.

Ein Beispiel für die Ausführung eines Gemeinschaftsprojektes war die zeitgemäße Ausstattung des Dessauer Theatercafés mit Wandbespannungen und Vorhängen. In Abbildungen wirkt der Raum schlicht und modern und repräsentiert damit wirkungsvoll die Qualitäten der Bauhausweberei.

Als Hannes Meyer 1928 die Leitung des Bauhauses übernahm, trat er für ein funktional ausgerichtetes Programm ein, das von sozialem Pragmatismus geprägt war. Er empfahl kollektives Arbeiten und schuf in den Werkstätten eine engere Verbindung zur Architektur. Dabei vertrat er die Ansicht, dass die Massen und nicht die Luxuswelten die Formensprache bestimmen sollten.

Obwohl Hannes Meyer viele Produkte des Bauhauses kritisch sah, blieb die Struktur der Weberei bis zum Weggang Stölzls erhalten. Die Ausstattung mit Geräten entsprach allen Anforderungen, der Lehrplan war fortschrittlich und die Arbeit in Lehr- und Produktivwerkstatt äußerst effektiv. Dennoch wurden immer wieder Reformpläne gefordert, denen Gunta Stölzl zunehmend kritisch gegenüberstand. Unter Hannes Meyer verdoppelte sich die Produktion der Weberei nahezu, die Zahl ihrer Mitglieder stieg auf etwa 20. Es wurden Lizenzverträge abgeschlossen, die die Einnahmen steigerten, aber Lehrbetrieb und „Versuchsarbeit" nicht belasteten.[6] Daneben wurden Muster an die Deutsche Werkstätten-Textilgesellschaft mbH Hellerau und die Weberei Pausa in Stuttgart geliefert. Durch den im Juli 1930 abgeschlossenen Vertrag

Bauhausausweis Gunta Stölzl, 1927

Stundenplan der Weberei
aus „junge menschen
kommt ans bauhaus!" 1929

Webereiwerkstatt im Bauhaus Dessau, 1927. Foto: Erich Consemüller

stundenplan der weberei

semester	1 vorkurs	2 werklehre bindungs-lehre	3	4-7 weberei
mo.				
7-8				
8-9				
9-10	künstlerische gestaltung	künstlerische gestaltung	techn. entwurf	tech. entwurf
10-11	"	"	"	"
11-12	"	"	"	"
12-13				
13-14	mittagspause			
14-15	künstlerische übungen ort freigestellt	künstlerische gestaltung ort freigestellt	statik mathematik statik	künstl. gestal-tung
15-16	"	"		"
16-17	"	"		
17-18	"	"		
18-19	"	"		
19-20	"			
20-21	"			

semester	1 vorkurs	2 werklehre	3	4-7 weberei
di.				
7-8				
8-9	werklehre	werkstatt	werkstatt	werkstatt
9-10	"	"	"	"
10-11	"	"	"	"
11-12	"	"	"	"
12-13				
13-14	mittagspause			
14-15		werkstatt	werkstatt	werkstatt kalkulation
15-16		"	"	
16-17		arbeitskritik		
17-18		"		
18-19				
19-20				
20-21				

semester	1 vorkurs	2 werklehre	3	4-7 weberei
mi.				
7-8				
8-9	werklehre	werkstatt	werkstatt	werkstatt
9-10	"	"	"	"
10-11	"	"	"	"
11-12	"	"	"	"
12-13	freie vorträge, besprechungen usw. für alle semester			
13-14	mittagspause			
14-15		werkstatt	werkstatt	
15-16	materiallehre	"	"	kalkulation
16-17				"
17-18				
18-19				
19-20				
20-21				

semester	1 vorkurs	2 werklehre	3	4-7 weberei
do.				
7-8				
8-9	werklehre	werkstatt	werkstatt	werkstatt
9-10	"	"	"	"
10-11	"	"	"	"
11-12	"	"	"	"
12-13				
13-14	mittagspeuse			
14-15		werkstatt	werkstatt	werkstatt
15-16		"	"	"
16-17		"	bindungslehre	bindungsl.
17-18				
18-19				
19-20	akt- und figurenzeichnen			
20-21				

semester	1 vorkurs	2 werklehre	3	4-7 weberei
fr.				
7-8	darstellande geometrie	fachzeichnen	bindungslehre	bindungsl.
8-9	"	mathematik und mechanik	der mensch	künst. gestalt.
9-10	"	"	"	"
10-11	"	"	"	"
11-12	"	"	"	"
12-13				
13-14	mittagspause			
14-15	chemie	darstellende geometrie	übungen für schl. arbeits-organisation	übungen für klee arbeits-organisation
15-16	schrift	technologie	arbeits-organisation	organisation
16-17	"	"		
17-18				
18-19				
19-20				
20-21				

semester				
so.				
7-8	freie betätigung, sport, ausflüge			
8-9				
9-10				
10-11				
11-12				
12-13				
13-14				
14-16				
15-15				
16-17				
17-18				
18-19				
19-20				
20-21				

gunta stölzl

Wandbespannung und Vorhänge im Café „Altes Theater"
Dessau von Gunta Stölzl, von der Webereiwerkstatt, 1927.
Fotograf unbekannt

Gunta Stölzl: Jacquardwandbehang „5 Chöre", 1928.
Baumwolle, Wolle, Kunstseide, Seide, 229 × 143 cm

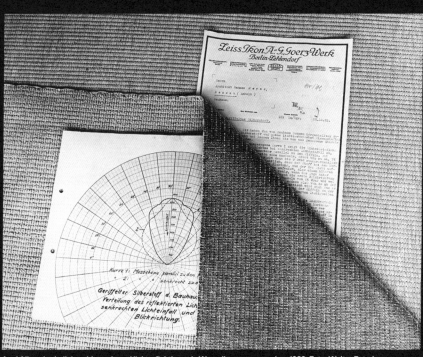

Anni Albers' schallabsorbierende und lichtreflektierende Wanndbespannung, circa 1929, Foto: Walter Peterhans

215

mit der Berliner Firma Polytex erhielten die Studentinnen die einmalige Gelegenheit, in jeder Phase der Produktion, vom Entwurf über technische Details bis zur Kostenberechnung und Verschickung, einbezogen zu werden. Gunta Stölzl, die die Arbeit in der Weberei in erster Linie als pädagogische Aufgabe sah, war mit Recht stolz darauf, dass die Industrie die Fähigkeiten ihrer Absolventinnen erkannte und ihnen verantwortungsvolle Posten anbot. Es gehört sicher zu ihren wichtigsten Leistungen, dass sie sich den neuen Entwicklungen der Textilindustrie nicht verschloss, sondern sie bewusst aufgriff und in den Unterricht integrierte. Sie wollte die Produktion der Textilien voranbringen, was ihr dank guter Kontakte auch gelang: 1928 fand eine Verkaufsausstellung im Bauhaus statt, im März 1929 wurde die Leipziger Frühjahrsmesse ein großer Erfolg. Bauhausstoffe wurden auch in Basel und Stockholm gezeigt, 60 Meter Spannstoff an die Württembergische Metallwarenfabrik geliefert. Ende 1929 gingen im Bauhaus produzierte 300 Meter Spannstoff an die Gewerkschaftsschule in Bernau, für die die Weberei die gesamte Ausstattung mit Textilien übernommen hatte.

Ein neues Experimentierfeld in Dessau war die Arbeit am Jacquardwebstuhl, die mit ihrer Programmierung modernen Industrieverfahren entsprach. Gunta Stölzl sah, dass man mithilfe dieser Technik hochwertige, zeitgemäße Stoffe in großer Mustervielfalt herstellen und sie nach Bedarf vervielfältigen konnte. Damit entsprach die Technik der Tendenz des Dessauer Bauhauses, „in die ‚Breite' zu wirken", wie Stölzl später schrieb.[7] Die Planung war allerdings anspruchsvoll und zeitaufwendig, und deshalb beschäftigten sich außer Stölzl und Albers nur wenige Weberinnen mit ihr. Es sind neben subtilen Einzelwerken auch einige wenige Gebrauchsstoffproben überliefert, die zeigen, dass in dieser Hinsicht gearbeitet wurde. Die Arbeit am Jacquardwebstuhl trat wohl auch durch die Dominanz des Produktivbetriebs zurück, denn die Aufträge waren kontinuierlich gestiegen. Gunta Stölzl schreibt in vielen Briefen über Zeitdruck und Hektik, und auch die Studentin Grete Reichardt kritisierte die große Arbeitsbelastung in ihrer Collage von 1928: „Sie brauchen das Bauhaus?" und fragt: „Bleibt dann noch Zeit für Versuchsarbeit?"

In dieser Zeit entwickelte sich ein heftiger Streit um die zukünftigen Ziele der Weberei, die sich vordergründig zwischen den „alten Weimaranern" und

den „Neuen", in Wirklichkeit aber zwischen Menschen abspielte, die unterschiedliche Auffassungen von Textilgestaltung hatten. Während Gunta Stölzl nach wie vor eine tiefgehende Auseinandersetzung mit ästhetischen Gesetzmäßigkeiten verlangte und die Anwendung von Farb- und Formprinzipien in einer Textilie für unerlässlich hielt, meinten die jungen Studentinnen, im Sinne Hannes Meyers ausschließlich funktionale und soziale Aspekte berücksichtigen zu müssen, wollten sie fortschrittliche Textilien gestalten. Als Inbegriff dieser neuen Textilien galt der „Strukturstoff", ein schlichter Stoff mit leicht plastischer Oberfläche, der allerdings keineswegs neu und schon seit Weimar am Bauhaus gewebt worden war. So schreibt Lena Meyer-Bergner, Meyers spätere Frau, im Rückblick: „[…] damals wurde zum erstenmal die Frage nach dem Strukturstoff gestellt. Bis dahin hatte man die reichlich bekannten Bauhausstoffe fabriziert, dekorative Stoffe, Gobelins, Teppiche – rein formale Gebilde. Nun wollte man auf einmal anfangen, Strukturstoffe zu machen, und statt Teppichen – Bodenbeläge. Es gab eine hitzige Diskussion, aber wir neuen im Unterschied zu den alten Bauhäuslern – worunter man im allgemeinen Weimaraner verstand – akzeptierten sofort die neue Idee. Von da an entwickelte sich der Strukturstoff, dessen Gipfelleistung der wissenschaftlich geprüfte Strukturstoff für die Wandbespannungen in der Aula der Schule des ADGB in Bernau war."[8] Lena Meyer- Bergner erwähnt übrigens nicht, dass der Stoff für die Aula von der „alten" Bauhäuslerin Anni Albers entwickelt worden war. Otti Berger, eine begabte Studentin, die viele funktionale Stoffe entwickelte, übte später scharfe Kritik am unreflektierten Gebrauch des Begriffs Struktur: „seit drei jahren ist die parole im bauhaus: gebrauchsstoffe, kein stoffbild sondern funktion. gestaltung durch struktur! über dieses wort eben sind wir gestolpert. nach drei jahren arbeit sind wir dahin gelandet, dass wir zwar keine stoffbilder, dafür aber ein gebilde von fäden als gebrauchsstoff gestalten, bloss statt des verhassten wortes ornament, das schlagwort struktur gebrauchten […] unsere möbelstoffe sie sind nur aus spielerei mit struktur entstanden, nicht durch die klare überlegung der funktion!"[9]
Allmählich entstand eine neue Entwurfslinie, auch durch die Analyse ausgewählter Stoffproben von Stölzl und Berger, die an die Studenten verteilt wurden. Otti Berger forderte von Textilien eine sensible und differenzierte

Gestaltung: Eine Harmonie müsse entstehen zwischen Material, Struktur, Faktur und Farbe. Den Schwerpunkt ihrer Arbeit legte sie allerdings auf die Analyse des Gebrauchsnutzens von Textilien. Gunta Stölzl schätzte das Talent der fast gleichaltrigen Otti Berger und schlug sie neben Anni Albers als ihre Vertreterin vor, als sie wegen der Geburt ihrer Tochter Yael pausierte.

Gunta Stölzl hatte 1928 auf einem Architekturkongress in Moskau den Bauhausstudenten Arieh Sharon getroffen, der in Bernau Bauleiter unter Hannes Meyer war. 1929 heirateten die beiden. In dieser Zeit wurden die politischen Verhältnisse in Dessau immer unsicherer, und die Rechtsradikalen gewannen an Einfluss. Sharon verlor im Herbst 1930 seine Arbeit, zumal er Jude war, aber auch durch seine engen Beziehungen zu Hannes Meyer, der als kommunistisch galt und dessen Kontakte nach Russland den Rechtsradikalen verdächtig waren. Auch Gunta Stölzl wurde diskriminiert: Das Bauhaus verweigerte ihr als einziger Meisterin den Professorentitel; Bürgermeister und Landeskonservator schlossen sich dieser Weigerung an. Hannes Meyer hatte Einspruch erhoben gegen diese Entscheidung, die die Gleichberechtigung am Bauhaus infrage stellte, ohne Erfolg. Gunta Stölzl bekam den Titel nicht. In der Weberei begannen Intrigen, zum Teil beeinflusst durch den Webmeister Wanke, der schon früh Nationalsozialist war. Auch einige Studierende um Walter Peterhans übten erst verdeckt, dann offen Kritik an Gunta Stölzl, ihrem Privatleben, ihrem Unterricht.

Ein weiteres schwerwiegendes Ereignis war, dass Paul Klee das Bauhaus zum 1. April 1930 verließ. Er stand wie Stölzl auf der Seite Hannes Meyers gegen die wachsenden reaktionären und nationalsozialistischen Kräfte, und sein Weggang war für Stölzl „ein gewaltiger Schlag". Noch einschneidender war, dass Hannes Meyer wegen seiner politischen Einstellung zum 1. August 1930 als Direktor fristlos entlassen wurde. Gunta Stölzl hatte, so scheint es, immer vertrauensvoll und offen mit Hannes Meyer zusammengearbeitet. Umso mehr wird sie seine radikale Abrechnung mit dem Bauhaus, aber auch mit der Weberei getroffen haben. Am Ende seiner Amtszeit schrieb er in einem offenen Brief an den Bürgermeister Hesse: „Das Quadrat war rot. Das Dreieck war gelb. Man saß und schlief auf der farbigen Geometrie der Möbel. Man bewohnte die gefärbten Plastiken der Häuser. Auf deren Fußböden lagen als Teppiche die seelischen Komplexe junger Mädchen. Überall erdrosselte die Kunst das Leben."[10]

Für Gunta Stölzl begann jetzt die schwierigste Zeit am Bauhaus: Die diffamierenden Auseinandersetzungen und Intrigen nahmen zu, Rechtsradikale reichten bei der Regierung eine Beschwerde gegen sie ein, deren Inhalt sie nie erfuhr. Eine Verleumdungsklage schien ihr sinnlos, denn bei der allgemeinen Hetze der Nationalsozialisten gegen das Bauhaus hatte sie wenig Vertrauen in eine faire Behandlung ihres Falles und kündigte. Im Juli 1931 verließ Gunta Stölzl Dessau und Deutschland für immer und emigrierte in die Schweiz, wo sie bis zu ihrem Lebensende als Weberin tätig war.

Anmerkungen

1   Stölzl, Gunta. *bauhaus* – Sonderheft 2 (1931).
2   Dokument 41. In: *Das Bauhaus webt. Die Textil-
    werkstatt am Bauhaus*. Ausstellungskatalog, hrsg.
    von Magdalena Droste. S. 292. Berlin, 1995.
3 . Stölzl, Gunta. Manuskript von 1937. Ohne Titel und
    Seiten, Nachlass Stölzl.
4   Stadler, Monika. In: *Gunta Stölzl – Bauhausmeister*,
    hrsg. von Monika Stadtler und Yael Aloni, S. 19.
    Ostfildern, 2009.
5   Stölzl, 1937.
6   Droste, S. 15.
7   Stölzl, Gunta. betr. Jacquardbehang. Brief an das
    Museum für Kunst- und Kulturgeschichte Lübeck,
    15.1.1977.
8   Meyer- Bergner, Lena. Brief an Bernd Grönwald,
    27.1.1976. *form + zweck* 5 (1981).
9   Berger, Otti. Manuskript aus dem Nachlass,
    Bauhaus-Archiv Berlin.
10 Meyer, Hannes. *Berliner Tageblatt* vom 16.8.1930.

Joost Schmidt: Bildstatistik und Reklame

Ute Brüning

Als Herbert Bayer im Frühjahr 1928 mit Walter Gropius das Bauhaus Dessau verlässt, überträgt Hannes Meyer die vakant gewordene Leitung der Werkstatt für Druck und Reklame Joost Schmidt.

Die Werkstatt generiert nun allerdings kaum noch Drucksachen, die die Neue Typografie vorantreiben. Die Selbstdarstellung des Bauhauses verliert damit seine PR-trächtige Position in dieser Avantgardebewegung. Denn anders als Herbert Bayer, der – „mechanisierte Grafik" im Blick – mit Satz, Fotografie und Buchdruck hantieren ließ, baut sein Nachfolger nun wieder die manuelle Grafik aus. Schmidt, Bauhausstudierender der ersten Stunde, war bereits von Gropius zum Jungmeister berufen worden und hatte seit 1926 Schrift im Vorkurs gelehrt und die Plastische Werkstatt aufgebaut, die er zu Meyers Zeit weiterhin leitet. Auf der Basis seines Malerei-Diploms von der Weimarer Hochschule für Bildende Kunst und seiner privaten Schriftstudien entwickelt sich seine Bauhauserfahrung zu einem überaus vielgliedrigen Lehrangebot. Der für alle obligatorische Schriftkurs wird um *Schrift und Reklame* erweitert; und nach Oskar Schlemmers Ausscheiden bietet Schmidt auch *Aktzeichnen* an. Reklamestudierende haben zeitweilig ebenfalls Aktzeichnen bei Schmidt sowie weitere Kurse wie *Farblehre, gegenständliches Zeichnen, darstellendes Fachzeichnen, Malen, Reklamegestaltung, Gedächtniszeichnen, Schnellentwurf, Konstellationsübungen, Manuelles Zeichnen, Formlehre.*[1]

Zu den Ursachen für das Erlahmen der Neuen Typografie-Entwicklung in den PR-wirksamen Bauhausdrucksachen zählen auch Meyers neue „Richtlinien" vom 1.11.1928. Sie trennen die einst so wichtige Verbindung zwischen Druckerei und Reklameunterricht organisatorisch. „Zur Erzielung möglichster Wirtschaftlichkeit" wird die Produktivabteilung aus der pädagogischen und der Versuchsarbeit herausgelöst. Die Verantwortung für die „Ausführung von Aufträgen" geht nun (neben der fachlichen Ausbildung, vorwiegend für Satz und Druck) auf den Werkmeister Willi Hauswald über. Der

Werkstattleiter Joost Schmidt soll sich auf die „pädagogischen Gebiete und gestalterischen Fragen" konzentrieren.[2] Die neue Gewichtung findet ihren Ausdruck vor allem in der Zusammenlegung der Fächer *Typografie, Werbegrafik und Plastik* zu einer großen Abteilung *Produktion*, ergänzt um die neue Fotoklasse.[3] Da die drei alten Werkstätten bereits in Personalunion geführt worden waren, bieten sich Schmidt gute Voraussetzungen, den Schwerpunkt auf grafisch-plastische Lösungen zu verlagern, wie er sie selbst bevorzugte und lehrte.

In diese Produktivabteilung erhalten die Ideen Otto Neuraths Eingang. Ihm begegnet Hannes Meyer auf seiner Suche nach empirisch-wissenschaftlichen Fundierungsmöglichkeiten der Gestaltung. Im März 1929 lädt er auf der Tagung des Österreichischen Werkbundes in Wien[4] diesen Vertreter der „Wissenschaftlichen Weltanschauung" nach Dessau ein, wo er dann am 27.5.1929 über „Bildstatistik und Gegenwart" referiert.

Mit Neurath kommt ein vielseitiger Mann, ein Ökonom, Philosoph und Sozialreformer, der 1925, im sozialdemokratisch regierten Roten Wien, das Gesellschafts- und Wirtschaftsmuseum gründen konnte. Dort betrieb er, gefördert von der Gemeinde, mit einem Team von Wissenschaftlern und Grafikern, sein bildpädagogisches Forschungsprojekt. Für die Volks- und Arbeiterbildung wurde eine visuelle Methode entwickelt, um wissenschaftliche Daten für jedermann verfügbar zu machen. Die „Wiener Methode" der statistischen Darstellung, die sogenannte „Bildstatistik", wird in ihrem späteren Stadium bekannt als „ISOTYPE", Akronym für International System of Typographic Picture Education.

Bildstatistik transferiert statistische Zahlen in Bilder und kommt auf diese Weise zu einer Abbildung sogenannter „sozialer Tatbestände", mit der sie über Bildungsschranken und Staatsgrenzen hinweg verständlich werden sollen. Man sei seit einigen Jahren dabei, Bildzeichen zu schaffen, die so „gelesen" werden können wie Buchstaben. „Es handelt sich", so Neurath, „um Schaffung einer Art Hieroglyphenschrift, die einer internationalen Anwendung fähig ist."[5] In Wien und weit darüber hinaus ist ihr Einsatz zu marxistischer Argumentation und Agitation erprobt. Neurath beschreibt sein Projekt als „typische Kollektivarbeit moderner Gebrauchsgraphik, die zu immer höherer Vollkommenheit gebracht wird – eine enge Verschmelzung von wissenschaftlicher Forschungsarbeit, systematischer Pädagogik und künstlerischer Gestaltung."[6] Das waren Kriterien, die Hannes Meyers eigene Vorstellungen ergänzen konnten: Kollektivarbeit zu fördern und „Gestalter im Dienst der breiten Massen" zu erziehen. Jedenfalls findet bereits der erste Neurath-Vortrag – es werden 1930 noch zwei folgen – lebhaftes Interesse. Der damalige Architekturstudent Hubert Hoffmann war dabei. Er bezeichnet sich in einem rückblickenden Text[7] geradezu als „ehemaligen Schüler Neuraths am Bauhaus".

„Die Vorträge Neuraths", so erinnert er sich da, „erschienen mir, der ich etwas verwöhnt durch Vorträge von Kandinsky, Moholy, Prinzhorn, Teige und der ganzen Psychologenschule Leipzig, zunächst etwas stark vereinfachend; später merkte ich die pädagogische Absicht des ‚Volksbildners', der in klaren Bildern sich ausdrücken musste, die beim Studenten haften blieben."

So realisieren sich für Schmidts Studierende erstmalig die im Lehrplan vorgesehenen Themen „Gesellschaft" und „Wirtschaft". Das Thema „Bildstatistik" sollte auch sichtbaren Niederschlag finden, als während des Wintersemesters 1929/30 der Auftrag der Wirtschaftlichen Vereinigung der Konservenindustrie zu bearbeiten war, gedacht für die *Internationale Hygiene-Ausstellung* in Dresden. Bis zur Eröffnung am 17.5.1930 ist das Thema „Bildstatistik" immer virulent. In Schmidts Unterrichtsvorbereitungen findet sich das Stichwort „statistiken" gleich vier Wochen nach Neuraths Vortrag. Es ist für seinen Kurs *darstellendes fachzeichnen* notiert. Und im darauffolgenden Monat Juli registriert die Zeitschrift *bauhaus* einen Auftrag an die Reklame, „gestaltung der ausstellungskoje des gesellschafts- und wirtschaftsmuseums auf der siedlungsausstellung in linz"[8], die im August eröffnete. Eine Ausführung lässt sich allerdings noch immer nicht nachweisen. Zwar erinnert sich Hoffmann an eine „Reihe von Architektur- und vor allem Graphik-Studenten", die mit Neurath nach Wien ging, doch nicht wegen der Ausstellungsgestaltung, sondern, wie er sagt, „um am Atlas für Gesellschaft und Wirtschaft mitzuarbeiten". Im Jahr 1929 arbeitet das Wiener Team unter großem Termindruck an diesem Statistischen Elementarwerk und kann jede helfende Hand gebrauchen.[9] Die hundert Tafeln, die, so Neurath einleitend,

„ein buntes Bild [...]" von der Geschichte der Menschheitszivilisation" geben möchten, hinterlassen Spuren am Bauhaus. In Übungen Neuraths, die Hoffmann bezeugt, habe „das Material und die Systematik des Gesellschafts- und Wirtschaftsmuseums eine Rolle gespielt" – und so auch die Arbeiten an dem Atlas. Der ehemalige Reklamestudent Walter Allner berichtet, wie er [1929] ein Praktikum am Gesellschafts- und Wirtschaftsmuseum machte und die an der Entwicklung beteiligten Künstler Peter Alma und Augustin Tschinkel dort antraf und sogar den Typografen Jan Tschichold. Zugleich ist dort in diesem Sommer Lotte Beese, die angehende Architektin und Freundin Hannes Meyers. Sie arbeitet an dem Museum als Sekretärin[10] und lernt, Bildstatistik zu gestalten.[11]

Für den Industrieauftrag wagt Joost Schmidt ein Experiment: die Integration von Bildstatistik in eine komplexe Werbeaufgabe. Die Eigenwerbung von 45 Konservenfabrikanten sei mit Aufklärung über ihre Branche zu verbinden. Was die Bauhäusler liefern, diese außergewöhnliche Kombination verschiedener Medien, erdacht für eine breite Zielgruppe, ist bekannt. Doch erst am Detail zeigt sich, dass Neurath einen neuen Gestaltungsansatz importiert hatte, der sich gegen homogene Werbeaussagen sperrt.

Am Eingang des Ausstellungsstandes hängt die erste Bildstatistik: „Volkswirtschaftliches aus der Konservenindustrie". Sie zeigt die Jahresproduktion an Konserven in Relation zum benötigten Rohmaterial und zur erforderlichen Arbeitskraft. Für den Mengenvergleich zwischen den drei Faktoren schafft man für jeden von ihnen ein Symbolbild, das eine bestimmte Menge verkörpert und dann multipliziert wird. Das runde Dosensymbol steht für eine Million Kilogramm Konserven, die Arbeiterfiguren, eine männliche und eine weibliche, stehen für 200 Arbeiter beziehungsweise Arbeiterinnen. Die Gestalter taten genau das, was Neurath lehrte, sie vereinfachten die zugrundeliegenden Daten und rundeten sie ab, damit sich optisch vergleichbare Formen bilden ließen. Die Dosenmenge lässt sich hier zu einem Quadrat aus zehn mal zehn Symbolen formen und die Arbeitermenge zu drei nebeneinanderliegenden Fünfergruppen. Für die Rohwaren wurden keine Symbole, sondern Gemälde entworfen, jedoch nach denselben Rhythmen wie die Dosen unterteilt, was die Mengen vergleichbar macht. Otto Neurath ist sich im

Klaren, dass eine derartige Praxis einer Kritik der Fachstatistiker nicht standhalten werde. Doch geht es ihm gar nicht um die „Übermittlung korrekter statistischer Zahlenmassen", sondern um die Darstellung von „Hauptproportionen", die sonst vielen Menschen gar nicht zum Bewusstsein kämen.[12] Auch den Bauhäuslern geht es hier nicht um Mathematik, sondern um diesen bewusstseinsbildenden Aspekt. Sie machen mit dem bildstatistischen Tableau unmissverständlich klar, dass Konservenherstellung erstens auf Frauenarbeit beruht. Oben auf hellem Feld, im Sommer also, stehen fast drei Großpakete Frauen einem Männerpaket gegenüber, das nur zu zwei Dritteln gefüllt ist. Zweitens beruht Konservenherstellung auf Saisonarbeit, die Frauen viel schwerer als Männer trifft. Denn im Winter, darunter auf dunklem Feld, sind weit mehr Frauen als Männer aus der Fabrikation verschwunden, also arbeitslos. Nach Neuraths Anschauung wird damit so wissenschaftlich wie möglich ein „sozialer Tatbestand" abgebildet, der damals jedem marxistisch Gesinnten nahelegen musste, Konserven zu vermeiden.

Die daran anschließende Bildstatistik widerspricht dieser Absicht grundsätzlich. Sie demonstriert den geringen Jahres-pro-Kopf-Verbrauch an Konserven in Deutschland im Vergleich zu Holland und den USA. Die Grafik bildet – ganz im Sinne des Auftraggebers – einen plausiblen Auftakt zum Studium der Vorzüge seiner Produkte, die sich rechts daran anschließen. Auch kurz vor dem Ausgang folgen noch geografische und statistische Bildpädagogik. Doch ihre Aussagen über die Konzentration der Konservenwirtschaft im Lande Braunschweig und ihr Wachstum schaffen per Bildstatistik nur wissenschaftliche Anmutung.

Joost Schmidt kann die Kapitalismuskritik der Eingangsstatistik tolerieren – er überformt sie mittels einer blickfangenden und -führenden Architektur. Sein biologistisches Verständnis von Werbung kommt ihm zu Hilfe: „Geworben wird nicht nur für eine Ware im materiellen Sinne", sagt Schmidt, „sondern auch für ideelle Werte, z. B. Politik. Mit alledem tun wir im Grunde nichts anderes, als was auch die Natur tut (die bunte Färbung der Tiere zu Paarungszeit, die Farbe der Blumen und Blüten usw.)."[13] Unter diesem Gesichtspunkt, „Aufmerksamkeit erregen", war für ihn ganz im Gegensatz zu dem Marxisten Neurath die Frage „Wofür?" zweitrangig.

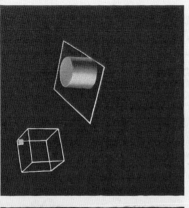

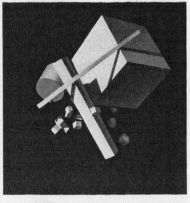

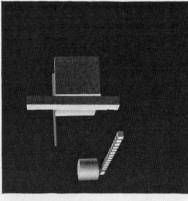

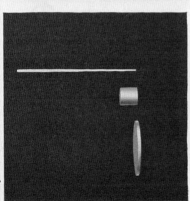

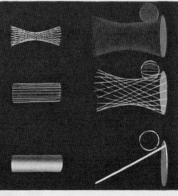

joost schmidt

plastische werkstatt: elementarstudien

226

studien- und arbeitsplan der werbe-werkstatt, druckerei und fotoabteilung

abteilung: studium

	werbegestaltung — die werbe-sache			die werbung	abteilung produktion (im ausbau begriffen)
	technisch	elementar-optisch (allgemein)	speziell		
klasse typografie	praktische typografie orientierung über druck- und reproduktions-verfahren	typografische gestaltung, schrift (gezeichnet konstruiert schabloniert)	typografie und werbe-drucksache	einzelvorlesungen und spezialkurse über: gesellschaft, wirtschaft und werbung — kaufmännische werbe-organisation — psychologie und psycho-technik der werbung — werbe-sprache	entwurf und ausführung: von werbedrucksachen geschäftsbriefen prospekten inseraten plakaten — von firmen- und warenzeichen — von buch- und zeitschriften-ausgestaltung
klasse: werbegrafik	technik des zeichnens und malens	farbe und gestalt, farblehre, farb-gestalt-constellationen (werbe-wirksamkeitsstudien), werbe wirksame darstellung von mensch und gegenstand durch malerei, zeichnung, foto. modezeichnen, problematik: sprache-laut-schrift	schrift und bild in werbe-praktischer anordnung		
klasse: foto	fotografische techniken	theorie lichtdurchlässiger schichten, orthochromanie, untersuchungen von fotografischen materialien und behandlungsmethoden, auswahlstudien für die anpassung des fotografischen materials an das objekt, beleuchtungsstudie, materiestudie hell-dunkel und linearcharakter in verbindung mit materiewiedergabe, in einfachen und kombinierten objekten	Werbe-foto		von schaufenster-auslagen ausstellungen schaufiguren schaumodellen — von werbe-fotos — freie fotografie
sonderklasse: plastik	modellieren und gipsbearbeitung	räumliche und gestaltliche elemente der plastik, räumliche-plastische-kinetische mittel der werbung	starre und bewegliche schaufenster lichtwerbung		freie plastik

eintritt in die werbe-werkstatt: nach absolvierung des vorkurses
eintritt in die sonderklasse „plastik": nach absolvierung des vorkurses, falls keine praktischen kenntnisse vorliegen, 1 praktisches semester in den innenbau-werkstätten

dauer des studiums: 5–6 semester.   leitung: joost schmidt   fotoabt.: w. peterhans

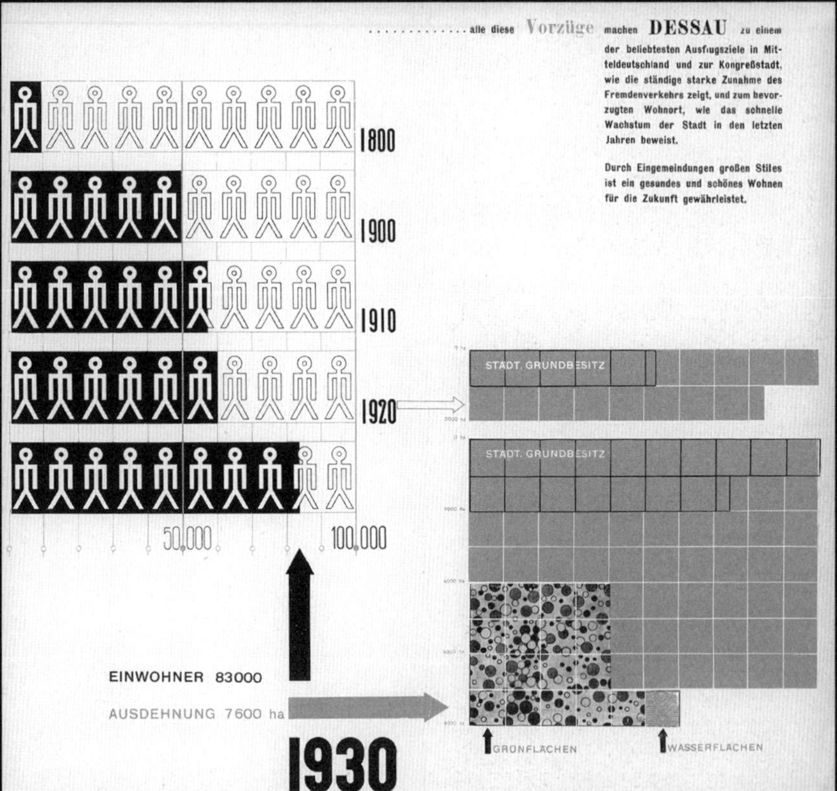

... alle diese Vorzüge machen DESSAU zu einem der beliebtesten Ausflugsziele in Mitteldeutschland und zur Kongreßstadt, wie die ständige starke Zunahme des Fremdenverkehrs zeigt, und zum bevorzugten Wohnort, wie das schnelle Wachstum der Stadt in den letzten Jahren beweist.

Durch Eingemeindungen großen Stiles ist ein gesundes und schönes Wohnen für die Zukunft gewährleistet.

1800
1900
1910
1920

50,000   100,000

EINWOHNER 83000

AUSDEHNUNG 7600 ha

1930

STADT. GRUNDBESITZ

STADT. GRUNDBESITZ

GRÜNFLÄCHEN   WASSERFLÄCHEN

Joost Schmidt: vorletzte Seite aus Prospekt „Dessau", hrsg. vom Gemeinnützigen Verein der Stadt Dessau e. V., Abt. Verkehrsbüro, 1931, Entwurf: 1930

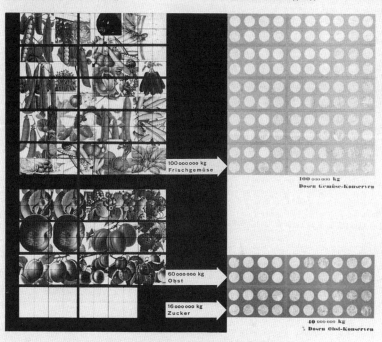

Rohwaren-Verarbeitung   **Jahres-Erzeugung**

100 000 000 kg
Frischgemüse

100 000 000 kg
Dosen Gemüse-Konserven

60 000 000 kg
Obst

16 000 000 kg
Zucker

40 000 000 kg
½ Dosen Obst-Konserven

Bildstatistik „Volkswirtschaftliches aus der Konservenindustrie" (Detail) am Eingang des Ausstellungsstandes „Wirtschaftliche Vereinigung der Konservenindustrie"

**Piktogramme „Arbeits-
lose" aus dem Bildatlas des
Gesellschafts- und Wirt-
schaftsmuseums, 1930–33**

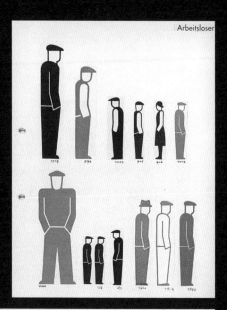

Arbeitsloser

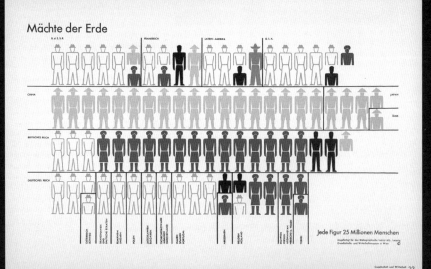

„Mächte der Erde" aus Otto Neuraths *Gesellschaft und Wirtschaft*, 1930

Walter Allner: Plakat Schlafwagengesellschaft, 1936

Joost Schmidt: Plakatentwurf für die Tennessee Valley Authority, 1947. Piktogramme wie das für „Mais" aus Otto Neuraths *Gesellschaft und Wirtschaft,* 1930

Joost Schmidt teilt mit den Wienern jedoch das Interesse an der Standardisierung von Formen. Hier kann sich ein Austausch zwischen Schmidt und Neurath ergeben haben, den auch Hubert Hoffmann erwähnt. Richtungspfeile beispielsweise und Landkartensymbole waren offenbar Unterrichtsthema. Heinz Allner erzählt, er habe „gemeinsam mit anderen an einem Plan zur Standardisierung von Zeichen und Symbolen für Stadtpläne gearbeitet, bis er schließlich, nachdem er einen prominenten Gastdozenten, Dr. Neurath, gehört habe und wahrscheinlich beeinflusst von den Aktivitäten des Hygiene-Museums [...], seinen Schwerpunkt auf Grafiken zur Gesundheitsvorsorge und Unfallverhütung verlegt habe – alles grandiose Projekte, die nie realisiert wurden".[14] Mit diesen Themen aber, die Allner hier erinnert, ist das Gesellschafts- und Wirtschaftsmuseum auf der *Hygiene-Ausstellung* vertreten. Sie machen dort so großen Eindruck, dass manches in eine Bildband-Dokumentation aufgenommen wird.[15] Die Konserven-Ausstellung hingegen nicht.

Standardformen bei Schmidt verdanken ihr immer gleiches Aussehen dem Aufsuchen von Gesetzmäßigkeiten, nach denen sich geometrische Elementarformen beispielsweise zu einem Richtungspfeil, einer Windrose oder einem menschlichen Kopf zusammenfügen. Standardformen bei Neurath verdanken ihr immer einfacheres Aussehen laufender Überprüfung an pädagogischer Absicht und Wahrnehmung der Betrachtenden. Schmidts Studierenden ist diese Empirie fremd. Sie hatten Mühe, ihre Männer- und Frauensymbole von ferne unterscheidbar zu machen. Da ihre Ausstattung und Attribute nicht zu erkennen sind, greifen sie zu der Positiv-Negativ-Lösung. Diese hatte man in Wien bis etwa 1928 auch genutzt, bis Otto Neurath sich gegen die Geschlechterunterscheidung durch dunkle und helle Farben wandte mit dem Argument, es gebe keinen Grund, Frauen als schwaches Geschlecht zu kennzeichnen, indem man sie leichtgewichtiger darstelle.

Schmidt erzieht seine Werbegrafiker, Drucker oder auch Plastiker anhand eines Kanons optischer Elemente. Die Ausgebildeten sollen ihr Wesen erforscht haben, sie technisch perfekt darstellen und sie, zu einem System geordnet, mitnehmen, um sie für immer zur universalen Verfügung bereit zu haben. Schmidts Werbeprospekt für Dessau beispielsweise kann man als Katalog solcher werblichen und informationsgrafischen Darstellungsmöglichkeiten lesen, die unverbunden aufeinander folgen. „Bildstatistik" ist neuerdings eine davon. Sie entbehrt jedoch das nach Neurath Wichtigste und belegt keinen „sozialen Tatbestand".

Das Berufsbild, das Joost Schmidt vor Augen hat, ist – wie der Lehrer selbst – universalistisch genug, um den Ideen Neuraths im Unterricht Raum zu geben. Als Werkstattleiter verantwortet Schmidt die Ausstellung in pädagogischer und gestalterischer Hinsicht. Er erfüllt diese Rolle, indem er die Studierenden nach ihren Fähigkeiten in „vertikalen Brigaden" arbeiten lässt. Acht von ihnen sind namentlich bekannt: Heinz Loew, Mitarbeiter der Plastik, führt mit Schmidt die Vertragsverhandlungen mit dem Hygiene-Museum. Mit Arthur Schmidt arbeiten ein Zweitsemester und mit Moses Bahelfer und Erich Mrozek zwei Drittsemester in der Reklame mit; zudem Erich Mende, ein Fünftsemester, und Franz Ehrlich aus dem sechsten Semester, der gerade die Gesellenprüfung als Tischler ablegt. Es müssen auch Studierende der neuen Fotoklasse mitgewirkt haben, so Walter Allner und Fritz Heinze, denn Fotoarbeiten habe es in dem Projekt viele gegeben. Beide gehen nach Wien und machen Praktika am Gesellschafts- und Wirtschaftsmuseum, der eine im Sommer 1929, der andere 1930.

Für die kurze Zeit des Meyer-Direktorats eröffnet sich also eine konkrete Alternative zum Joost Schmidt-Unterricht. Zumindest einige Studierende Schmidts haben, wie hier gezeigt, die Neurath-Idee von der „Transformation", das heißt den Prozess, komplexe Daten, geliefert von Wissenschaftlern, zu analysieren und dann in einen Entwurf grafischer Form zu übersetzen, verstanden. Die sogenannten „Transformatoren" rechnet der Neurath-Forscher Christopher Burke zu den „Prototypen des modernen Grafikdesigners".[16] Man kann annehmen, Kurt Stolp habe dazugehört. Er soll im Prager Exil Karl Marx' Kapital in Bildstatistik umgesetzt haben.[17] Und für das neue Bauhaus, das Hubert Hoffmann nach dem Kriege projektierte, bereitete Stolp gleich ein bildstatistisches Institut vor.[18] Dort hätte dann, so Burke, vielleicht wie in Wien eine „systematische Entwicklung von Grafikdesign mit sozialem Bewusstsein"[19] stattgefunden. Auf der anderen Seite gibt es die kommunistische Studentenfraktion des Bauhauses, die Neuraths marxistischen Ansatz nicht radikal genug findet: Neurath verhalte sich wie ein Arzt, sagen sie in ihrem *Sprachrohr*, „der zwar bei seinem patienten tuberkulose feststellt, ihn aber im übrigen seinem schicksal überlässt".[20] Und auf der dritten Seite steht die Fraktion Joost Schmidt, die von der Bildstatistik auch weiterhin nur die wertneutralen, universal verwendbaren Piktogramme nutzt, so der Schmidt-Schüler Heinz Loew, der eine mechanische Statistik baut, in der sich die Neurath-Männchen aufwärts bewegen; oder auch auch Walter Allner, der in einem Plakat für die „Compagnie Internationale des Wagons-Lits" stereotypisch den Chinesen, den Inder und den Indianer aus „Gesellschaft und Wirtschaft" als Servicepersonal jener Schlafwagengesellschaft auftreten lässt. Auch Joost Schmidt zitiert 1947 in seinem Plakat für die Tennessee Valley Authority mit den Piktogrammen aus dem Wiener Atlas nur die ungeheuer schnell entstandenen Konnotationen der Bildstatistik: „Wissenschaftlichkeit, Modernität und Internationalität".

Der Einbruch der Bildstatistik bei Joost Schmidt hat Spuren hinterlassen, die nie mehr zur politischen Dimension des Neurath'schen Gestaltungsansatzes zurückführten, sondern nur in ein Teilgebiet: visuelle Kommunikation. So wundert es wenig, dass Schmidt, auch wenn er ein wichtiger Lehrer der Ära Meyer war, diesem fremd blieb wie umgekehrt. In seinem Ende der 1940er-Jahren konzipierten, nie veröffentlichen Bauhausalbum bezog Hannes Meyer die Lehre von Schmidt so gut wie nicht ein. Und Helene Nonné-Schmidt, Joost Schmidts Frau, die schon 1927 gegen Meyer intrigiert hatte, drängte gemeinsam mit Albers im Frühjahr 1930 auf die Entlassung Meyers.

Anmerkungen

1 Inhaltliche Überschneidungen und variierende Kurs-
titel in den Diplomen und Zeugnissen lassen die konkrete Anzahl der Schmidt-Veranstaltungen bis heute
undeutlich.

2 Neurauter ‚Sebastian. *Das Bauhaus und die
Verwertungsrechte*. Tübingen, 2013. S. 382 f.

3 „studien- und arbeitsplan der der werbe-werkstatt,
druckerei und fotoabteilung" im Prospekt *junge
menschen kommt ans bauhaus!*, 1929.

4 Sandner, Günther. *Otto Neurath. Eine politische
Biographie*. Wien, 2014, S. 195 f.

5 Neurath, Otto. Statistische Hieroglyphen. Österreichische Gemeindezeitung 3: 10 (1926). In: *Otto
Neurath. Gesammelte bildpädagogische Schriften*,
hrsg. von Rudolf Haller und Robin Kinross. S. 40.
Wien, 1991.

6 Neurath, Otto. Das Gesellschafts- und Wirtschaftsmuseum in Wien. Minerva-Zeitschrift 7: 8/10
(1931). In: Haller/Kinross, 1991, S. 195.

7 Hoffmann, Hubert. *Otto Neurath und seine
Bedeutung für die Städtebautheorie*. [Manuskript
um 1982]. Hubert Hoffmann, Mappe 18, Bauhaus-
Archiv Berlin.

8 bauhaus 3:3 (1929): S. 26. „Wohnung und Siedlung" zeigte tatsächlich eine Wanderausstellung des
Museums.

9 Reidemeister, Marie und Robin Kinross. *Die Trans-
formierer*. Zürich, 2017, S. 38.

10 Kinross, Robin. „Das Bauhaus im Kontext der Neuen
Typographie". In: *Das A und O des Bauhauses*, hrsg.
von Ute Brüning, S. 13. Berlin, 1995.

11 Oosterhof, Hanneke. „Lotte Stam-Beese. Engagierte Architektin und Stadtplanerin". In: *Frau Architekt. Seit mehr als 100 Jahren: Frauen im Architekturberuf*, hrsg. von Deutsches Architektur Museum.
S. 180. Frankfurt a. M., 2017.

12 Neurath, Otto. „Bildstatistik nach Wiener Methode
in der Schule". *Die Volksschule 27* (1931): S. 579.

13 Schmidt, Joost. „Vortrag über Werbegraphik".
Volksblatt für Anhalt, 3.2.1930.

14 Allner, Walter. Coming of Age. First Symposium on
the History of Graphic Design at RIT, 1983 at the
Rochester Institute of Technology in Rochester, NY.
Bauhaus-Archiv Berlin.

15 *Markante Bilder der Internationalen Hygiene-Ausstellung Dresden 1930/31*. Dresden, 1931, S. 93.

16 Burke, Christopher. *Active Literature. Jan
Tschichold and New Typography*. London, 2007,
S. 120.

17 Feist, Werner David in: Antwort auf Walter Gropius'
Umfrage an die ehemaligen Bauhäusler, Mai 1935.
Bauhaus-Archiv Berlin.

18 Hoffmann Hubert. „die wiederbelebung des bauhauses nach 1945". In: *Bauhaus und Bauhäusler*, hrsg.
von Eckhard Neumann, S. 371. Köln, 1994.

19 Burke, a. a. O.

20 „otto neurath und der austromarxismus". bauhaus.
organ der kommunistischen studierenden am bauhaus. monatsschrift für alle bauhausfragen 1:2, Juni
(1930). Bauhaus-Archiv Berlin.

Walter Peterhans und der Fotounterricht

Rainer K. Wick

Spätestens seit Mitte der 1920er-Jahre spielte die Fotografie als „neues" Medium am Bauhaus eine nicht unwesentliche Rolle. Doch ungeachtet der avancierten Beiträge Moholy-Nagys zur Fotografie des sogenannten Neuen Sehens und der Tatsache, dass im Fahrwasser des ungarischen Universalkünstlers zahlreiche Bauhausschüler munter mit der Fotografie experimentierten, gab es am Bauhaus in den ersten zehn Jahren keinen offiziellen Fotounterricht. Das änderte sich erst nach dem Ausscheiden von Walter Gropius aus dem Bauhaus 1928 und der Übernahme des Direktorates durch Hannes Meyer. Entsprechend der programmatischen Marginalisierung der sogenannten freien Kunst und der von Meyer nachdrücklich betriebenen Ausrichtung der Schule auf „angewandte" Gestaltungsaufgaben (also Architektur und Design), war der Fotografie im Bauhauscurriculum nun ein systematischer Ort zugedacht, nämlich nicht als „freie Fotografie", sondern als Fotografie im Gebrauchszusammenhang von Typografie, Reklame und Messebau. Diese instrumentelle Bestimmung änderte sich auch nicht unter dem Direktorat von Mies van der Rohe, der Hannes Meyer 1930 in der Leitung des Bauhauses nachfolgte. In den Satzungen von 1930 taucht die Fotografie zwar als eigenständiges Lehrgebiet auf, ihre Anbindung an die Abteilung für Reklame blieb jedoch zunächst bestehen und lockerte sich erst in der Endphase des Bauhauses.[1]

Als Lehrkraft für Fotografie hatte Hannes Meyer, der übrigens mit seiner Foto-Serie „Co-op" selbst eine Reihe beachtlicher Fotografien geschaffen hat, im Jahr 1929 den studierten Philosophen und ausgebildeten Berufsfotografen Walter Peterhans an das Bauhaus berufen. Leider ist die Datenlage zu Peterhans außerordentlich mager, eine Biografie fehlt bislang.[2] Unklar sind die näheren Umstände, unter denen Peterhans ans Bauhaus berufen wurde; nicht überliefert sind auch die Überlegungen, die Meyer bewogen haben mögen, gerade diesem Fotografen die Leitung der Fotoklasse anzuvertrauen. Damals war „Peterhans [...] ja kein ‚großer Name' der Fotografie, mit dem sich das Bauhaus hätte rühmen können", wie der Designtheoretiker Gerhard Glüher treffend bemerkt hat.[3] Erste Kontakte zwischen Peterhans und Hannes Meyer könnten sich im Jahr 1928 in Berlin ergeben haben – und zwar an der privaten Kunstschule des früheren Bauhauslehrers Johannes Itten, an der vom 12. Februar bis zum 5. März 1928 die viel beachtete Ausstellung *Foto – Malerei – Architektur*[4] stattfand, an der auch Moholy-Nagy, Umbo, Renger-Patzsch und Peterhans als Fotografen und Hannes Meyer als Architekt beteiligt waren. Es ist dokumentiert, dass Hannes Meyer bei der Eröffnung zugegen war, und es kann nicht ausgeschlossen werden, dass er bei dieser Gelegenheit auch Peterhans persönlich begegnet sein könnte.[5] Keine Belege konnten bisher für den Hinweis von Reginald R. Isaacs im zweiten Band seiner Gropius-Biografie gefunden werden, dass Peterhans dem neuen Bauhausdirektor von dem Architekten Mart Stam empfohlen worden sei[6], der ab dem Wintersemester 1928/29 als Gastdozent für Städtebau am Bauhaus Dessau lehrte.

Auch wenn Hannes Meyers Beweggründe noch im Dunkeln liegen, so lässt sich doch feststellen, dass mit seiner Berufung die Fotografie am Bauhaus nicht nur ihre institutionelle Verankerung sowie ihre curriculare Verortung erfuhr, sondern – bezogen auf das späte Bauhaus – in gewisser Hinsicht auch ihre ästhetische Kanonisierung.

Um dies deutlich zu machen, sei folgend in einem kurzen Exkurs die Entwicklung der Fotografie am Bauhaus skizziert. Diese Entwicklung ist ähnlich komplex wie die Geschichte des Bauhauses selbst, und es wäre sicherlich eine grobe Vereinfachung, ja, eine unzulässige Verfälschung, würde man pauschal von *der* Bauhausfotografie sprechen.[7] Gerhard Glüher entwickelte ein fünfphasiges Entwicklungsmodell, um dieser Komplexität Herr zu werden und die zum Teil heterogenen Phänomene zu unterscheiden und zu ordnen.[8] Dass sich die einzelnen Phasen dabei nicht immer scharf voneinander trennen lassen, bedarf keiner besonderen Erklärung. In der ersten Phase von 1919 bis 1923 dominieren die Sachaufnahmen, die die am Bauhaus entworfenen Gegenstände einzeln und in größtmöglicher Neutralität abbilden, ähnlich dokumentarisch wie beispielsweise in den Werkbund-Jahrbüchern vor dem Ersten Weltkrieg, an denen Gropius als Textautor aktiv mitgewirkt hatte. So etwas wie eine expressionistische Fotografie, die der damaligen Grundorientierung der jungen Schule entsprochen hätte, gab es kaum. Für Gropius war Fotografie primär ein Instrument zur möglichst neutralen Wiedergabe der Dinge, Träger „objektiver" Informationen mit dem Ziel, die Leistungen des Bauhauses nicht nur intern zu dokumentieren, sondern – nicht zuletzt unter politischem Legitimationsdruck – auch durch Bücher, Broschüren, Zeitschriften zu verbreiten. Charakteristisch für diese erste Phase ist die „Dominanz des Gegenstandes bei möglichst geringer Präsenz der Fotografie"[9], ferner die, bis in die gegenwärtige Sachfotografie hineinwirkende, keineswegs unproblematische Isolierung der Dinge aus ihren alltäglichen Gebrauchszusammenhängen und ihren funktionalen Bezügen. Die zweite Phase bis etwa 1927 erscheint insofern als Weiterentwicklung der ersten, als es sich um fotografische Dokumentationen aus dem Bauhausunterricht und insbesondere aus den Werkstätten handelt, die die Dinge nun allerdings nicht mehr nur isoliert als Einzelobjekte zeigen, sondern entweder als Ensembles oder in ihrer funktionalen Logik. Es handelt sich um Kompositionen, in denen es zwischen den fotografierten Gegenständen und der Bildfläche zum Dialog kommt, also um Fotografien, in denen der Grad der Gestaltung durch das fotografierende Subjekt deutlich ausgeprägter ist als auf der ersten Stufe. Zu erwähnen sind in diesem Zusammenhang vor allem die fotografischen Arbeiten von Lucia Moholy und Erich Consemüller, die in Gropius' Auftrag für das Bauhaus entstanden sind. Ungeachtet der Tatsache, dass László Moholy-Nagy schon vor seiner Berufung ans Bauhaus 1923 mit dem Medium Fotografie experimentiert hatte – gemeint sind seine Fotogramme –, beginnt die dritte Phase, die Phase des eigentlich schöpferischen Umgangs mit der Fotografie, erst um 1926/27. Es handelt sich um Fotografien, die zum Teil dem sogenannten Neuen Sehen, zum Teil der Neuen Sachlichkeit nahestehen und in denen es nicht primär um ein dokumentarisches Abbildungsinteresse geht, sondern in denen die Fotografierfähigkeit der Dinge im Mittelpunkt der Aufmerksamkeit steht – also nicht die Dignität des Gegenstandes selbst entscheidend ist, sondern seine Eignung für eine fotografisch interessante Gestaltung.

Von dieser dritten ist die vierte Phase kaum scharf abzugrenzen. Ging es schon in der dritten Phase ansatzweise um das Ausloten der medienspezifischen

Eigenarten der Fotografie, so vollzieht sich nun, auf der vierten Stufe, der Stufe der sogenannten reinen Fotografie, die Emanzipation des Mediums. Die Fotografie befreit sich dezidiert vom Zwang zur möglichst „objektiven" Abbildung, sie wird autonom und gleichsam „eigenbedeutsam".[10] Trotz der Bevorzugung bestimmter Sujets, die vielfach einen forcierten Technikoptimismus erkennen lassen, machen diese Fotos keine Mitteilung im üblichen Sinne, transportieren keine explizite Botschaft, sondern verweisen eher auf sich selbst. Sofern sie überhaupt etwas thematisieren, dann ein so allgemeines Phänomen wie die optische (beziehungsweise foto-optische) Wahrnehmung, das heißt das menschliche Sehen und die Möglichkeiten seiner Erweiterung oder Modifikation durch die Kamera. Typisch für die Fotografien dieser vierten Phase sind die extremen Perspektiven, die Drauf- und Untersichten, die Schrägen und Unschärfen, die harten Licht-Schatten-Kontraste, die gleichsam abstrakten Bildstrukturen, die radikalen „close-ups". Herausragender Vertreter dieses Neuen Sehens am Bauhaus war zweifellos László Moholy-Nagy. Zahlreiche Studierende des Bauhauses folgten zur damaligen Zeit seinem Vorbild, allerdings keineswegs immer mit ästhetisch gleichermaßen überzeugenden Lösungen, wie sich leicht zeigen lässt. Die fünfte und letzte Phase ist verbunden mit Walter Peterhans. Mit ihm kam ein handwerklicher Perfektionist ans Bauhaus, dem aufgrund seiner fachlich fundierten Ausbildung in Bereichen wie Aufnahme- und Dunkelkammertechnik zweifellos jene naive Unbekümmertheit abging, die es dem für das Bauhaus sonst so typischen experimentierenden Dilettanten möglich machte, zu neuen, manchmal überraschenden, zuweilen auch überraschend überzeugenden Lösungen zu gelangen. Allgemein verzichten die zum Teil sorgfältig inszenierten, handwerklich-technisch exquisit ausgearbeiteten, nuancenreichen Peterhans-Stillleben auf jeden dramatischen Effekt; sie bleiben zurückhaltend, eher unspektakulär, und gehen zu den sensationellen Bildlösungen eines Moholy-Nagy bewusst auf Distanz.

Mit welch deutlicher Ablehnung Peterhans den fotografischen Experimenten Moholys und seiner jungen Adepten am Bauhaus gegenüberstand, ist seinem Aufsatz „Zum gegenwärtigen Stand der Fotografie" aus dem Jahr 1930 zu entnehmen. Hier insistiert er auf der Lösung der konkreten „Probleme der fotografischen *Technik*" und betont, dass es sich „nicht um die moholy-schen *Scheinprobleme* der Fotografie mit verzerrenden Linsensystemen oder ohne Perspektive" handeln könne. [Hervorhebungen – d. Verf.] Und weiter: „Was sich in der fotografischen Moderne heranzubilden droht, wie bei jeder in die Breite wachsenden Bewegung, ist nichts als ein neuer Akademismus, genährt von Dilettantismus, kaum dass wir den alten losgeworden sind."[11] In der Tat hatten sich in der zweiten Hälfte der 1920er-Jahre neuartige fotografische Sehweisen, wie Moholy-Nagy und andere sie erprobt hatten, bereits als Konvention etabliert, was große Ausstellungen wie *Pressa* 1928 in Köln oder *Film und Foto* (FiFo) 1929 in Stuttgart belegen. Zu erwähnen sind in diesem Zusammenhang auch die Dokumentation *Foto-Auge* von Franz Roh aus dem Jahr 1929 und das ebenfalls 1929 erschienene Buch *Es kommt der neue Fotograf* von Werner Graeff, der am frühen Bauhaus in Weimar studiert hatte. Hier wurde die zeittypische fotografische Regelverletzung nicht nur programmatisch gefordert, sondern zum Ausgangspunkt eines neuen, in Form einer Fotolehre ausformulierten Regelwerkes. Die Folge: jener von Peterhans kritisierte neue Akademismus, den der konstruktivistische Maler Vordemberge-Gildewart schon 1929 in der Zeitschrift *bauhaus* als „große Mode" namens „Optik" gebrandmarkt hatte.[12]

Dagegen legte Peterhans in seiner eigenen fotografischen Praxis wie in seinem Fotounterricht am Bauhaus den Schwerpunkt dezidiert auf das Technische, und zwar gleichermaßen bei der Aufnahme wie auch bei der Ausarbeitung in der Dunkelkammer: „Die fotografische Technik ist ein Prozeß der präzisen Detaillierung aus Halbtönen. Diesen Prozeß unterdrücken heißt das Resultat seiner spezifisch fotografischen Eigentümlichkeiten berauben."[13] Dies belegen nicht nur seine bekannten Stillleben, sondern auch seine Architektur- und Sachfotografien, deren fotohistorische Aufarbeitung noch kaum begonnen hat. Erwähnt seien nur die Fotos, die Peterhans zu dem von Gropius herausgegebenen, 1930 erschienenen Buch *bauhausbauten dessau* beigetragen hat, und die Aufnahmen, die die zwischen 1928 und 1930 erbaute, von Hannes Meyer und Hans Wittwer entworfene Bundesschule des Allgemeinen Deutschen Gewerkschaftsbundes in Bernau bei Berlin dokumentieren. Sie zeichnen sich durch einen hohen Präzisionsgrad, durch nüchterne Sachlichkeit und durch die tendenzielle Abwesenheit einer persönlichen „Handschrift" aus. Deutlich werden dagegen die ausgeprägten künstlerischen Interessen und die ausgefeilten Praktiken des Fotografen in Peterhans' minutiös auf Tischen arrangierten, von oben fotografierten Stillleben. Es sind Materialstudien, die die möglichst prägnante Visualisierung spezifischer Oberflächenqualitäten zum Ziel haben, hier nun allerdings nicht zeichnerisch, wie es in den Bauhausvorkursen an der Tagesordnung war, sondern fotografisch. Von surrealen Effekten – etwa eines scheinbar schwebenden Eies, das sich tatsächlich auf einer als zweite Ebene dienenden Glasscheibe befindet – abgesehen, scheint hier das ästhetische Interesse an der Herausarbeitung stofflicher Eigenschaften in ihren feinsten Nuancierungen, unter Nutzung der gesamten Grautonskala bei maximaler Tiefenschärfe primär zu sein. Typisch ist die starke Präsenz der einzelnen Objekte, die dank einer perfekten Lichtregie fast haptisch greifbar zu sein scheinen, gleichzeitig aber auch ihr kontrastierendes Miteinander, das zur Steigerung der Einzelwirkungen führen kann. Ein direkter Bildvergleich mit einem Fotogramm von Moholy-Nagy, das ein Ei und eine sich ihm annähernde Hand zeigt (undatiert), lässt die prinzipiell unterschiedlichen Herangehensweisen zwischen Moholy und Peterhans in aller Deutlichkeit zu Tage treten.

Zu den bekanntesten Stillleben von Walter Peterhans gehören raffiniert codierte Fotoinszenierungen wie „Karfreitagszauber", „Toter Hase" oder „Bildnis der Geliebten", alle 1929. Im „Bildnis der Geliebten", einem Fotostillleben mit direktem biografischen Bezug, taucht am oberen Bildrand ein Gefäß auf, von dem Peterhans übrigens auch eine nüchterne Sachaufnahme gemacht hat, das hier aber wie eine weibliche Brust aussieht und die erotische „Ladung" dieser Komposition wirkungsvoll bestätigt. Zuweilen werden die poetisch anmutenden Stillleben von Peterhans, wie schon angedeutet, mit dem Surrealismus in Verbindung gebracht, der in jenen Jahren in voller Blüte stand und auch am Bauhaus seine Spuren hinterließ. So erkennt die Fotohistorikerin Ute Eskildsen in ihnen „eine surreale Dimension" und stellt fest, dass sich Peterhans in dieser Hinsicht „grundlegend von den ‚neusachlichen' Fotografen jener Zeit"[14] unterschied.

Was Peterhans' technische Ansprüche an eine qualitätsvolle Fotografie anbelangt, ist die Nähe etwa zu Albert Renger-Patzsch, einem Großmeister der

Walter Peterhans: o. T. (Stillleben mit Eiern), späte 1920er-Jahre

Walter Peterhans: Bildnis der Geliebten, 1929

Erich Mrozek: Gradationskurve aus Unterricht Peterhans, 1930

Walter Peterhans: Lérys
Parfums Paris, o. J.

neusachlichen Fotografie, gleichwohl unverkennbar. Im ersten Jahresband der Reihe *Das Deutsche Lichtbild* schreibt Renger-Patzsch: „Die Photographie hat ihre *eigene* Technik und ihre *eigenen* Mittel. [...] Das Geheimnis einer guten Photographie [...] beruht in ihrem Realismus. [...] Noch zu wenig werden die Möglichkeiten geschätzt, die gestatten, den Zauber des Materials wiederzugeben. Die Struktur von Holz, Stein und Metall wird in ihrer Eigenart so hervorragend dargestellt, wie es mit den Mitteln der bildenden Kunst niemals geschehen kann. Wir können photographisch die Begriffe von Höhe und Tiefe mit wundervoller Präzision ausdrücken [...]."[15] Moholy-Nagy hielt eine derartige Konzeption von Fotografie allerdings lediglich für reproduktiv und forderte seinerseits einen „produktiven" Umgang mit dem Medium.

Das Lehrprogramm von Peterhans am Bauhaus umfasste drei Bereiche, den *technischen*, den *elementar-optischen* und den *speziellen*.[16] Der technische Bereich bezog sich auf die Vermittlung fotografischer Verfahren und war stark mathematisch-naturwissenschaftlich ausgerichtet; der elementar-optische Bereich zielte auf Fragen der Lichtführung und Probleme der fotografischen Darstellbarkeit der Materialien; im speziellen Bereich ging es um die Umsetzung des Gelernten in den Gebrauchszusammenhang der Reklame.

Die technizistisch-naturwissenschaftliche Ausrichtung des Peterhans-Unterrichtes, die dem Bemühen Hannes Meyers um eine rationale Fundierung der Bauhauslehre entsprach und sich auch in systematischen Reihenversuchen manifestierte sowie in grafischen Schaubildern (Diagrammen) ihren Niederschlag fand, stieß bei den Studierenden der Fotoklasse allerdings nicht unbedingt auf Gegenliebe. So erinnert sich Kurt Kranz: „Der Kurs bei Peterhans erschien den meisten Studenten sehr technisch-mathematisch. Er widmete den chemischen Prozessen viel theoretisches Interesse. Wir folgten den Berechnungen der Objektive nur unvollkommen, da wir zumeist große Lücken in der Mathematik hatten. Daraufhin erteilte uns Walter Peterhans Nachhilfeunterricht in der Algebra."[17] Typische Beispiele für den Unterricht im elementar-optischen Bereich sind Fotos, die die Studierenden von Gläsern, Geschirr und textilen Stoffen angefertigt haben. Es handelt sich um Sachfotografien, die Gegenstände hinsichtlich ihrer charakteristischen Formen und ihrer Materialität (etwa Transparenz des Glases, Glätte des Porzellans, Faktur des

Gewebes) möglichst neutral abzubilden suchen. Dabei spielte die Ausleuchtung eine entscheidende Rolle, was Ellen Auerbach, Ende der 1920er-Jahre Privatschülerin von Peterhans, bestätigt hat.[18] Für die Inszenierung seiner Stillleben benutzte Peterhans, wie schon erwähnt, eine Tischplatte[19], deren mehr oder minder ausgeprägte Maserung er häufig bewusst als optisches Element in seine Kompositionen einbezog. Einer ähnlichen Herangehensweise begegnet man bei zahlreichen Bauhausschülern, so etwa bei Eugen Batz[20], sei es in der Serie „Arzberg Service", wo die lebendige Holzoberfläche mit der industriellen Glätte des Geschirrs kontrastiert, oder in einer Aufnahme mit Watte, Daune, Wolle und Garn, die zu einer Reihe von Materialstudien gehört, in denen es nicht nur darum geht, den stofflichen Charakter diverser Materialien fotografisch zur Geltung zu bringen, sondern systematisch unterschiedliche Belichtungs- und Entwicklungszeiten auszuloten. Dass Peterhans in seinem Unterricht größten Wert auf die Beherrschung stetiger, gleichabständiger Übergänge zwischen Weiß und Schwarz und die optimale Übersetzung von Farbwerten in Grautöne legte, zeigt folgendes Detail: Inmitten eines zarten Materialensembles aus Wolle, Garn, Watte und Feder befindet sich ein „Fremdkörper", der zweifellos didaktisch motiviert ist. Es handelt sich um einen genormten, zehnstufigen Graukeil, der der standardisierten Grauleiter in Ostwalds[21] metrischer Farbenlehre entspricht und dessen stetige Stufung Batz fotografisch möglichst genau zu reproduzieren bemüht war – dies nur ein kleines Beispiel für das Bestreben von Peterhans, gemäß der Kursbestimmung des Bauhauses unter Hannes Meyer, auch die Fotolehre zu verwissenschaftlichen und die Studierenden bei der technischen Ausarbeitung ihrer Fotos auf objektivierbare Kriterien zu verpflichten.

Die 1931 datierte „Studie mit Fischknochen" von Eugen Batz versammelt auf einer Tischplatte, die von Messerschnitten herrührende diagonale Einkerbungen zeigt, unter anderem ein Schneckenhaus und eine Muschel, verstreute Bohnen, geöffnete und geschlossene Schoten sowie Knochenreste. Es handelt sich um eine streng von oben aufgenommene, „tabularische"[22] Inszenierung, wie sie für die Foto-Stillleben von Peterhans typisch ist. Gerhard Glüher hat derartige Kompositionen sehr treffend beschrieben: Im Gegensatz zu den klar gegliederten „Fotografien des Neuen Sehens [...] sind [diese]

Stilleben anstrengend in der Erarbeitung oder der ‚Abtastung' durch das Auge. Trotz der leblosen, bisweilen zeitlosen Stille, die in diesen Fotografien vorherrscht, gibt es keinen Ort der Ruhe. Das Auge wird ständig von einem Materialreiz zum nächsten gestoßen, ohne daß dominante Akzente gesetzt sind, welche zu einer Hierarchie oder einer ‚Lenkung' der Blickbewegungen führen könnten."[23]

Der Sensibilität der Peterhans-Stillleben mit ihrer differenzierten Stofflichkeit entsprechen auch einige „Naturstudien" von Kurt Kranz (alle 1932) mit aufgeschnitten Zwiebeln, die auf einem Holzbrett oder Tisch mit Maserung ausgebreitet sind. Bei aller Nähe zu Peterhans, insbesondere was das Motiv der aufgeschnittenen Zwiebel anbelangt, bringt Kranz in diese Arbeiten sein genuines, schon vor seiner Bauhauszeit entwickeltes bildnerisches Konzept, nämlich das der Formreihe, ein. Dabei bedient er sich der Methode des Auf- beziehungsweise Zerschneidens, um das Innere der Dinge und deren Form- vielfalt und Formverwandlungen zu zeigen.[24] Mit äußerster Konsequenz hat der damals zwanzigjährige Kurt Kranz das *Prinzip der Formreihe* in seinen 1930/31 entstandenen Fotosequenzen praktiziert, die an der Nahtstelle zwi- schen Fotografie und Film angesiedelt sind. Sie zeigen Abfolgen von Hand- gesten sowie Mimikreihen von Gesichtern, Mündern und Augen. Es handelt sich um Fotoserien, die das klassische „Axiom vom in sich geschlossenen und aussagefähigen Bild"[25] nachdrücklich entkräften. Obwohl diese Fotorei- hen Denkansätze aufgriffen, die in der damaligen Theoriedebatte um eine „Foto+grafie mit zeitgemäßen Mitteln" keine Seltenheit waren, stand Kranz mit diesen Arbeiten nicht nur am Bauhaus, sondern in der Fotoszene sei- ner Zeit insgesamt so gut wie allein; auch blieb sein höchst origineller Bei- trag zur Geschichte der Fotografie über lange Jahrzehnte hinweg nicht nur folgenlos, sondern überhaupt unbemerkt. Erst mit der Entfaltung von Con- cept Art und Body Language in den 1960er- und 1970er-Jahren begann die Rezeption dieser Fotosequenzen, die allerdings, bezogen auf das Gesamt- werk des Künstlers, nur eine äußerst kurze Episode darstellen. Überliefert ist, dass Peterhans den experimentellen Fotoarbeiten von Kurt Kranz eher reserviert bis ablehnend gegenüberstand.[26] Gleichwohl ließ er den jungen Bauhäusler gewähren, was für seine von Offenheit und Toleranz zeugende pädagogische Haltung spricht. Ob oder inwieweit er diese tolerante Haltung auch gegenüber einer sozialdokumentarischen, zuweilen reportageartig daherkommenden Fotografie an den Tag legte, wie sie von jenen Studierenden am Bauhaus praktiziert wurde, die dem politisch linken Spektrum zuzurechnen waren (wie Albert Hennig, Judit Kárász, Irena Blühová, Hajo Rose), muss mangels hinreichender historischer Belege offen bleiben. Feststehen dürfte aber, dass das, was gemeinhin als „Arbeiterfotografie" bezeichnet wird, auf keinen Fall Gegenstand des von Peterhans am Bauhaus erteilten Fotounterrichts gewesen ist, sondern dem persönlichen Interesse und sozialen Engagement einzelner Schülerinnen und Schüler entsprang und jenseits des offiziellen Bauhauscurriculums stattfand. Die Berufung von Peterhans durch den marxistisch orientierten Hannes Meyer, der 1930 wegen angeblicher „kommunistischer Machenschaften" als Bauhausdirektor fristlos entlassen wurde, mag den Gedanken nahelegen, auch er – Peterhans – habe mit linken Positionen sympathisiert (mehr noch, nach Aussage von Albert Buske, von 1928 bis Mitte 1930 Leiter der KPD-Zelle „Kostufra" am Bauhaus[27], soll er in der Studentenschaft anfänglich tatsächlich als Kommunist gegolten haben), doch lassen sich derartige Zuordnungen kaum durch Quellen belegen, und erst recht bietet das fotografische Œuvre des Bauhauslehrers in dieser Hinsicht keinerlei Anhaltspunkte.

Macht man sich bewusst, dass die Fotoabteilung des Bauhauses institutionell der Reklamewerkstatt angegliedert war, muss es erstaunen, dass Nutzanwendungen der Fotografie in Bereichen wie Gebrauchsgrafik, Plakat- und Drucksachengestaltung und Messedesign, sowohl bei Peterhans selbst als auch bei dessen Studierenden, anscheinend nur in sehr begrenztem Umfang eine Rolle spielten. Genannt seien etwa die elegante Parfümwerbung für die Pariser Firma Lérys (o.J.) von Walter Peterhans, die Zigarettenwerbung „Güldenring" (1930) und die Haarwaschmittelreklame „KOMOL" (1932) von ringl + pit sowie die Zigarettenreklame „Manoli" (1931/32) von Irene Hoffmann. Vor diesem Hintergrund erscheint die Überlegung von Philipp Oswalt plausibel, bei der Dessauer Fotoklasse habe es sich um ein Stück uneingelöster Bauhausprogrammatik gehandelt, was auch Meyers frühzeitigem Ausscheiden aus dem Bauhaus im Sommer 1930 geschuldet sein könnte.

Anmerkungen

1 Vgl. Glüher, Gerhard. *Licht – Bild – Medium. Untersuchungen zur Fotografie am Bauhaus.* Berlin, 1994, S. 107.

2 Der Verf. hatte im Rahmen der Vorbereitung des Beitrags keine Gelegenheit, den Nachlass Peterhans, in der Fotografischen Sammlung des Museums Folkwang in Essen zu nutzen.

3 Schriftliche Mitteilung von Gerhard Glüher an den Verf. vom 26.3.2018.

4 Vgl. Streit, Eva. *Die Itten-Schule Berlin. Geschichte und Dokumente einer privaten Kunstschule neben dem Bauhaus.* Berlin, 2015, S. 43 ff.

5 Dank an Inka Graeve Ingelmann für eine entsprechende schriftliche Mitteilung vom 26. 2.2018.

6 Vgl. Isaacs, Reginald R. *Walter Gropius, Bd. 2.* Berlin, 1984, S. 573.

7 Vgl. dazu Wick, Rainer K. „Mythos Bauhaus-Fotografie". In: *Das Neue Sehen. Von der Fotografie am Bauhaus zur Subjektiven Fotografie*, hrsg. von Rainer K. Wick, S. 9–32. München, 1991. Grundlegend zum Thema Fiedler, Jeannine, hrsg. *Fotografie am Bauhaus.* Berlin, 1990.

8 Glüher, Gerhard. „Photographie am Bauhaus – oder die Emanzipation des Mediums". In: *Photographie und Bauhaus*, hrsg. von Carl Haenlein, Kestner-Gesellschaft. S. 53–67. Hannover, 1986.

9 Glüher, 1986, S. 56.

10 Hamann, Richard. „Zur Begründung der Ästhetik". *Zeitschrift für Ästhetik und allgemeine Kunstwissenschaft*, X (1915): S. 118.

11 Peterhans, Walter. „Zum gegenwärtigen Stand der Fotografie". *ReD* 5 (1930): S. 189 f. [Original in Kleinschreibung].

12 Vordemberge-Gildewart, Friedrich. „Optik – Die große Mode". *bauhaus* 4 (1929): S. 21.

13 Peterhans 1930, S. 139.

14 Eskildsen, Ute. „Walter Peterhans – Fotograf und Lehrer". In: *Bauhaus – Dessau, Chicago*, S. 211. New York/Essen, 2000.

15 Renger-Patzsch, Albert. „Ziele" In: Das Deutsche Lichtbild. Jahresschau 1927, hrsg. von Hans Windisch, S. XVIII. Berlin, 1927.

16 Vgl. Graeve, Inka. „Vom Wesen der Dinge. Zu Leben und Werk Walter Peterhans'". In: *Walter Peterhans.*

Fotografien 1927–38, hrsg. vom Museum Folkwang Essen, S. 14. Oberhausen, 1993; Glüher, 1994, insbes. Kap. 7 u. 8, S. 95–113; Bischof, Michaela. *Walter Peterhans (1897–1960). Lehrer für Fotografie am Bauhaus 1929–33.* Unveröff. Magisterarbeit, Kunsthistorisches Institut Bonn, 1998.

17 In: Neumann, Eckhard, hrsg. *Bauhaus und Bauhäusler. Erinnerungen und Bekenntnisse.* Köln, 1985, S. 347.

18 Auerbach, Ellen. „Walter Peterhans". In: *Fotografie 1922–1982/Photography 1922–1982*, hrsg. von der photokina. S. 5. Köln, 1982.

19 Vgl. Fiedler, Jeannine. „Walter Peterhans: Eine „tabula-rische" Annäherung". In: Fiedler, 1990, S. 85–90.

20 Vgl. dazu ausführlich Wick, Rainer K. *Eugen Batz. Ein Bauhaus-Künstler fotografiert.* Wuppertal/Köln, 2008.

21 Glüher, 1994, S. 110, weist darauf hin, dass sich Peterhans explizit auf Ostwald bezogen habe.

22 Der Begriff „tabularisch" bei Fiedler, Jeannine. „Walter Peterhans: Eine „tabula-rische Annäherung". In: Fiedler 1990, S. 85.

23 Glüher, 1994, S. 102.

24 Zum fotografischen Œuvre von Kurt Kranz: Wick, 1991, S. 145–166.

25 „Das Neue Sehen: Problemgeschichtliches zur fotografischen Perspektive". In: Kemp, Wolfgang. *Foto-Essays zur Geschichte und Theorie der Fotografie.* München 1978, S. 57.

26 Vgl. Graeve, 1993, S. 15.

27 Vgl. Siebenbrodt, Michael. „Zur Rolle der Kommunisten und anderer fortschrittlicher Kräfte am Bauhaus". *Wissenschaftliche Zeitschrift der Hochschule für Architektur und Bauwesen Weimar* 23: 5/6 (1976): S. 481. Allgemein zur Problematik linker Tendenzen am Bauhaus vgl. Nehls, Werner. *Bauhaus und Marxismus.* München, 2010.

Oskar Schlemmers Unterricht *Der Mensch*

Friederike Zimmermann

Bevor Hannes Meyer im April 1927 Walter Gropius' Ruf zum Leiter der neugegründeten Bauabteilung an das Bauhaus Dessau folgte, zögerte er zunächst. In einem Brief vom 3. Januar 1927 an Gropius formulierte der Basler Architekt überaus offen seine Bedenken gegenüber dieser Institution und kritisierte die Nähe der Bauhäusler zu Rudolf Steiners Anthroposophie, die er als „sektenhaft und ästhetisch" ablehnte.[1] Somit bezog Hannes Meyer, der im April 1928 Gropius' Direktorenposten übernehmen sollte, bereits vor Antritt eine deutliche Gegenposition zum bisherigen Bauhaus. Dennoch war Schlemmer seit Anbeginn von der „Bestimmtheit seiner Gesinnung" eingenommen. Und nicht nur er, auch „auf die wesentlichen Bauhäusler" habe Meyer sichtlich Eindruck gemacht.[2] Man spürte den frischen Wind, der mit dem neuen Meister einziehen würde. Speziell Schlemmer, der sich intensiv mit der Bauhausprogrammatik auseinandersetzte, hatte dort das Fehlen einer Architekturabteilung stets als Manko empfunden. Hiervon, aber auch vom Gesinnungswandel von Meyers bewundertem Einzug bis hin zu seiner unrühmlichen Entlassung im August 1930, zeugen zahlreiche Briefe und Tagebucheinträge aus dieser Zeit. Nachdem Schlemmer im April 1927 noch an Otto Meyer geschrieben hatte: „Gropius kann froh sein, diesen ehrlichen Kerl als neue Blume an sein Knopfloch bekommen zu haben"[3], folgte im April 1929 die Ernüchterung auf dem Fuße, als er Willi Baumeister berichtete: „Hannes eine Enttäuschung [...], ein Kleinkrämer, ein Bauer [...] und besonders: der Sache nicht gewachsen."[4] Was war zwischenzeitlich geschehen? Schlemmers Gunst gegenüber Meyer und auch dessen Rückhalt am Bauhaus hatten gerade mal zwei Jahre Bestand, bevor dieser im Folgejahr wegen angeblicher linkspolitischer Agitation am Bauhaus fristlos entlassen wurde.

Auch Gropius, der im April 1928 Dessau verließ, sah in Meyer zunächst einen geeigneten Nachfolger. Die Stadt Dessau hatte sich dem Bauhaus als neuer Standort angeboten, als der alte in Weimar von der Schließung bedroht war, nicht zuletzt, weil die Stadtväter darin eine Chance für die Realisierung preiswerten Wohnungsbaus und bezahlbarer, industriell erzeugter Alltagsware sahen. Doch nachdem sich die von Gropius errichtete Bauhaussiedlung Dessau-Törten als zu teuer erwies, kippte die öffentliche Stimmung gegenüber dem Bauhaus zusehends.[5] Gropius erkannte, dass sich die Schule noch mehr der Industrie zuwenden müsse. Dafür sollte nun also Hannes Meyers Name stehen.

Schlemmer, der die Notwendigkeit für diese programmatische Wende bereits 1922 verspürte, notierte damals in sein Tagebuch: „Ich glaube nicht, daß das Handwerk, wie wir es am Bauhaus treiben, über das Ästhetische hinaus tiefere soziale Aufgaben erfüllen kann. Es ist auch nicht getan mit dem ‚Fühlungnehmen mit der Industrie'; ein Hineinsteigen und In-Ihr-Aufgehen wäre nötig. Das kann aber unsere [der Künstler] Aufgabe nicht sein, wir müssten dem Bauhaus den Rücken kehren."[6] Für ihn, der zeitlebens die ethische wie auch ästhetische Sinnhaftigkeit seiner Lehre und seines Schaffens kritisch hinterfragte, stimmten am Bauhaus Theorie und Praxis von Anfang an nicht überein.[7] Dadurch erklärt sich seine anfängliche Begeisterung für Meyer, zumal sich mit diesem endlich all das bewahrheiten sollte, was von außen vom Bauhaus erwartet wurde: zunächst, wie der Name des Instituts bereits suggerierte, *das Bauen selbst*. Außerdem war Meyer gerade auch für sein „betont soziales Engagement" ans Bauhaus berufen worden.[8] Und Schlemmer sah die soziale Diskrepanz zwischen dem Institut und der Welt „draußen" sehr deutlich. So schrieb er an seine Frau Tut, nachdem er im Oktober 1925 das erste Meisterhaus im Rohbau besichtigt hatte: „[Ich] hatte die Vorstellung, hier stehen eines Tages die Wohnungslosen, während sich die Herren Künstler auf dem Dach ihrer Villa sonnen."[9]

Die erste Zeit am Bauhaus wohnte Meyer als Untermieter in Schlemmers Meisterhaus, derweil sich dessen Familie im Tessin aufhielt. Rückblickend stellte Schlemmer einmal fest, diese Zeit sei für ihn am Bauhaus die schönste gewesen.[10] Ob und in welchem Maße sich die beiden in dieser Zeit gedanklich austauschten, ist nicht überliefert. Doch fällt auf, dass sich Schlemmer in seinen Tagebüchern ab 1927 intensiver als zuvor mit der Frage nach einer sozialen Kunst auseinandersetzte. Im April, also nur kurze Zeit nach Meyers

Einzug, ist dort zu lesen: „Die Kathedrale des Sozialismus'. Sodann: Wollte denn 1918 nicht die Mehrheit des deutschen Volkes die Kathedrale des Sozialismus bauen? [...] Ferner: Heißt Sozialismus etwa sozialdemokratische und kommunistische Partei? Ist Sozialismus nicht ein Begriff, eine Ethik, die über den Parteien steht?"[11] Es scheint, als wäre diesem Eintrag ein sozialpolitischer Disput mit Meyer vorausgegangen. Denn er, der bekanntlich im Bauhaus keine „Kathedrale des Sozialismus" verwirklicht sah und mit seiner Meinung nicht hinterm Berg hielt, dürfte sich Schlemmer gegenüber nicht minder deutlich geäußert haben, wie er es 1930 etwa nach seiner Entlassung in einem Brief an den Dessauer Bürgermeister Fritz Hesse tat: „Was fand ich [am Bauhaus] vor? [...] Eine ‚Kathedrale des Sozialismus'", höhnte Meyer dort, „in welcher ein mittelalterlicher Kult getrieben wurde mit Revolutionären der Vorkriegskunst unter Assistenz einer Jugend, die nach links schielte."[12] Dass sich dieses ideelle Gebäude auf Dauer nicht aufrechterhalten ließ, indes die Gegenwart nach der reellen „Wohnmaschine" verlangte – auch das schien Oskar Schlemmer bereits 1922 zu ahnen: „Abkehr von der Utopie. [...] Statt Kathedralen die Wohnmaschine. Abkehr also von der Mittelalterlichkeit und vom mittelalterlichen Begriff des Handwerks."[13]

Sowohl Meyer wie auch Schlemmer verbanden mit dem Bauhaus eine große soziale Mission, die zugleich aber auch von grundlegender Kritik geprägt war. Dass es Änderungen geben musste, darin war man sich einig[14], nur bezüglich des „Wie" sollten ihre Wege im Folgenden auseinanderdriften. Da sich deren anfängliche Kongruenz einer ähnlichen Begrifflichkeit verdankte, sind die Unterschiede nur schwer zu fassen. Hinzu kommt, dass eine gegenseitige Einflussnahme – etwa auf die Grundhaltung zum modernen Zeitalter und seinen technischen Neuerungen – zwar vorstellbar, jedoch nicht nachweisbar ist: Meyer, der sich 1926 in seiner Schrift „Die neue Welt" noch uneingeschränkt zum Fortschritt bekannte, beschrieb darin Bauen als einen „technischen Prozess", der alle Aspekte der Bedürfnisse berücksichtige, sodass das Wohnhaus „idealerweise und elementar gestaltet [...] eine Wohnmaschinerie" sei.[15] Im Jahr 1928, also bereits am Bauhaus, hieß es in seinem Aufsatz „bauen", das neue Wohnhaus sei „nicht nur eine Wohnmaschinerie, sondern ein biologischer Apparat für seelische und körperliche Bedürfnisse".[16] 1929 ging er in

„bauhaus und gesellschaft" noch weiter: „Wahrhaft verwirklicht ist jede lebensrichtige Gestaltung ein Reflex der zeitgenössischen Gesellschaft. – Bauen und Gestalten sind eins, und sie sind ein gesellschaftliches Geschehnis."[17] Für die Abmilderung seiner Thesen könnte Schlemmer, der der Technisierung seit jeher differenzierter gegenüberstand, Pate gestanden haben. Schlemmer wertete die Technisierung als „Zeichen unserer Zeit", das sich nun mal nicht abwenden lasse und deshalb eine abgeklärte Auseinandersetzung erfordere. Nur so könne der Mensch zur sich laufend verändernden Umwelt ein harmonisches Verhältnis erlangen.[18] In der Praxis bedeutete dies, das „Neue" in das bestehende „Alte" zu integrieren, anstatt das „Alte" einfach zu verleugnen. Diesen chronologischen Prozess auf künstlerischer Ebene darzustellen, war für Schlemmer bereits der Anlass schlechthin gewesen, sich mit dem Triadischen Ballett (Uraufführung 1922 in Stuttgart) überhaupt der Bühne zuzuwenden. Wie in einer Art Schauprozess reflektiert das Tanzkunstwerk diese Integration in drei Reihen und auf allen Ebenen – sei es farbsymbolisch, in den Kostümen, in der Bewegung und vor allem in der Originalmusik. Fortan wandte Schlemmer das triadische Gestaltungsprinzip als prozessuale Lesart auch in seinen bildlichen Werken an, wobei es ihm stets um die Re-Integration des dissoziierten Menschen in seine (neue) Umwelt ging. Entsprechend seien die rein äußerlich künstlich wirkenden, nur scheinbar mechanisierten Figurinen im Triadischen Ballett, wie auch die typenhaften Mensch-Darstellungen in seinen Gemälden nicht als Sinnbild, sondern als *Gegenentwurf* zur entmündigten Natur (Mensch) zu verstehen, erklärte Schlemmer später rückblickend.[19] Eine rückhaltlose Bejahung der technisierten neuen Zeit zähle indes zu jenen gesellschaftlichen Extremen, die es durch die (künstlerische) Bildung am Menschen zu relativieren galt. Insbesondere der „erzieherische Aspekt" war für Schlemmer am Bauhaus von Anfang an elementar gewesen. Damals schrieb er an Otto Meyer: „Daß sich das Bauhaus den Geistern von heute nicht verschließt [...], macht, daß das Bauhaus nach ganz anderer Seite hin ‚baut' als erwartet wird, nämlich: den Menschen."[20]
Vielleicht lag gerade darin die entscheidende Diskrepanz zwischen Oskar Schlemmer und Hannes Meyer: Schlemmer „baute" am Menschen, indem er seine Studenten einer ästhetisch-philosophischen Ausbildung unterzog – mit

dem Ziel einer aktiven Positionsveränderung (Stil).[21] In einem umgekehrten Schritt „baute" Meyer – als „Reflex der zeitgenössischen Gesellschaft"[22] – nach eingehender Analyse und unter Berücksichtigung der lokalen Voraussetzungen den architektonisch auf die menschlichen Bedürfnisse abgestimmten Rahmen. Beide intendierten zwar eine ganzheitliche Ausbildung. Auch stellten beide den selbstbestimmten Menschen ins Zentrum; jedoch von verschiedener Warte aus: nämlich der des Künstlers und des Architekten.

So hielt Meyer auch nichts von stilistisch-dogmatischer Gesetzmäßigkeit, da diese an den menschlichen Bedürfnissen vorbeiziele: „Die neue Baulehre ist eine Erkenntnislehre vom Dasein [und] keine Stil-Lehre [...], kein konstruktivistisches System, [...] keine Mirakellehre der Technik. Sie ist eine Systematik des Lebensaufbaues, und sie klärt gleicherweise die Belange des Physischen, Psychischen, Materiellen, Ökonomischen."[23] Entsprechend definierte er den Beruf des Architekten nicht als Künstler, sondern als Organisator. Mithilfe „vertikaler Brigaden" von Studenten aus allen Stufen setzte er seine sozialistisch geprägte Lehre direkt am Bau um. „Volksbedarf statt Luxusbedarf" lautete die neue Parole, die auch den Funktionalismus der Bauten implizierte. Auf Kosten der künstlerischen Bereiche trieb er die Verwissenschaftlichung des Lehrplans sowie den kooperativen Ausbau der Werkstatteinheiten voran. Die einstige – von Ernst Kállai 1929 als widersprüchlich ironisierte[24] und durch Gropius mit der offiziellen Einrichtung der Malklassen von Klee und Kandinskij bereits 1927 induzierte – visionäre Einheit von Kunst und Gestaltung am Bauhaus wurde somit obsolet.[25]

Gleichwohl sah man am Bauhaus die Einbeziehung von Künstlern bei Aufgaben angewandter Gestaltung nicht erst jetzt kritisch. Ende 1926 stellte Georg Muche in der Bauhauszeitschrift fest: „Kunst und Technik sind nicht eine neue Einheit, sie bleiben in ihrem schöpferischen Wert wesensverschieden. Das künstlerische Formelement ist ein Fremdkörper im Industrieprodukt."[26] Schlemmer hatte sogar schon 1922 in seinem Tagebuch vermerkt: „Und die Kunst? (Nun gehts mir selbst an den Kragen!) [...] Die Industrie schafft die Gebrauchsgegenstände des Leibes, die Kunst die Gebrauchsgegenstände der Seele. Beide haben ein Gemeinsames: die Notwendigkeit, jene die äußere, diese die innere. [...] Diese Entwicklungen nehmen [auch beim Hausbau] ihren

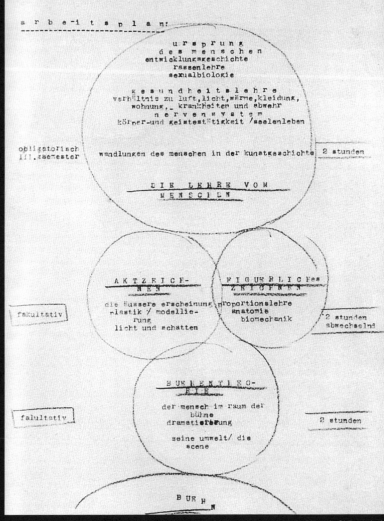

Oskar Schlemmer: Der Mensch, Arbeitsplan, Notizbuch 3.11.28, „Unterrichtsgebiet der Mensch. Obligatorisch
für das 3. Semester. Wöchentlich 2 Stunden"

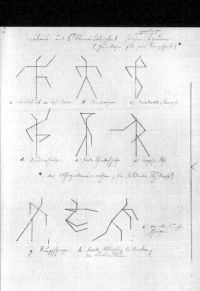

Oskar Schlemmer: Lebens-
und Aktionsfähigkeit solcher
geradliniger Figuren. Aus:
Der Mensch

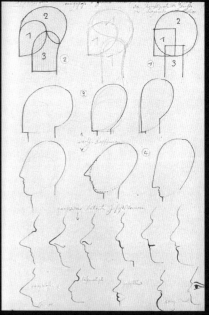

Oskar Schlemmer: Der Kopftypus. Aus: Der Mensch

sinn und unsinn

oder

syntetisch-analytische fantasmagorie

oder

idealistisch-materialistische studie

oder

individualistisch-kollektive-materialisation

oder

DER GEIST ALS WIDERSACHER DER SEELE

oder

transzental-psychokosmetisches werk

aus der

bühnenwerkstatt

Vorstellung der bauhaus-
bühne mit Bezug auf
„Der Mensch" in „junge
menschen kommt ans
bauhaus!", 1929

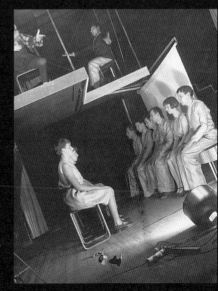

o. T. (Sketch der jungen
Bauhausbühne mit Naftalie
Rubinstein und Werner
Siedhoff), 1930 . Foto:
Marianne Brandt

selbstverständlichen Verlauf aus dem Geist der Sachlichkeit heraus ohne große künstlerische Ambition. Der Ingenieur tritt an die Stelle des Architekten."[27] Schlemmer ahnte also längst, dass er als Künstler am Bauhaus auf Dauer fehl am Platz sein würde. So wusste er nach Meyers Neuordnung zunächst nicht, ob und in welcher Funktion dieser ihn künftig noch einplante. Wieder einmal trug er sich mit dem Gedanken, das Bauhaus zu verlassen. Doch dann schlug Meyer ihm vor, einen ganzheitlich angelegten Kurs zur Menschenlehre zu halten, was Schlemmer sehr zusagte: „Ich bleibe vorerst [...]. Mein Gebiet wird ein sehr hohes sein: der Mensch, mit allem, was drum und dran ist, Akt, figürliches Zeichnen, Kunstgeschichte, Hygiene und so weiter."[28] Wie umfänglich er seinen Kurs anlegte, lässt eine schematische Übersicht erahnen, die Schlemmer zusammen mit seinem Unterrichtskonzept in der Bauhauszeitschrift veröffentlichte.[29]

Den Kursus – obligatorisch für das dritte Semester – hielt Schlemmer von Frühjahr 1928 bis Herbst 1929. Sein Unterrichtsprogramm umfasste zwei Wochenstunden Akt- und Figurenzeichnen, in zwei weiteren Wochenstunden referierte er über das Thema „Der Mensch". Zudem erteilte er wöchentlich eine Doppelstunde Bühnenunterricht. Auch Kandinskij und Klee verblieben am Bauhaus. Ihre Kurse und Vorträge waren für die ersten beiden Semester verpflichtend. Die aufeinander aufbauenden Kurse passten exakt ins Bauhauskonzept, das dem traditionellen Ausbildungsziel einer Spezialisierung abschwor: „Eine Fachausbildung ohne allgemein-menschliche Grundlage sollte nicht mehr möglich sein. Es fehlt heute in jedem Unterricht [...] eine ‚Weltanschauung' inneren Charakters oder die philosophische Grundlage des Sinnes der menschlichen Tätigkeit."[30] Unterricht sollte „in erster Linie die Fähigkeit des analytisch-synthetischen Denkvermögens zu entwickeln und zu kultivieren" suchen.[31]

Um seine Schüler mit dem „Gesamtwesen Mensch" vertraut zu machen, legte Schlemmer seinen Unterricht mit den drei Aspekten „formal", „biologisch" und „philosophisch" vielperspektivisch an. Der erste, zeichnerische Teil behandelte die Proportionslehren, die Gesetze der Mechanik und Kinetik des Körpers. Der zweite Teil widmete sich den Gebieten der Abstammungslehre, den biologischen, physiologischen und anatomischen Bedingungen des

Körpers wie auch seiner Lebensfunktionen. Der dritte Teil bot einen Überblick über die wesentlichsten Denksysteme von Altertum bis zur Neuzeit, um daraus hervorgehend „Fragen der Ästhetik und Ethik zu klären."[32]

Obwohl Schlemmer dem Meisterrat bereits 1922, also noch in Weimar, einen ähnlich umfänglichen Unterrichtsplan vorgeschlagen hatte[33], ist davon auszugehen, dass er mit der immensen Ausweitung von eher formalen auf naturwissenschaftliche und philosophische Gebiete Hannes Meyers Vorgaben folgte. Dennoch widmete sich Schlemmer diesem Unterricht gemäß seiner eigenen Intentionen: Abermaliges Ziel seiner ganzheitlichen Anschauung war die Aussöhnung der im Menschen angelegten polaren Gegensätze (Innen und Außen, Ich und Welt), wie er sie bereits in seinen Werken reflektierte. So zeigt schon Schlemmers Literaturauswahl, die nahezu sämtlich in Richtung der neuplatonischen Deutung einer „Weltseele" als abstraktem Prinzip verweist, seinen Fokus auf den eher *metaphysischen* Aspekt denn auf den naturwissenschaftlich-technischen, wie ihn Meyer vermutlich vorgegeben hatte. Gänzlich fehlten die Namen damals aktueller Wissenschaftler (wie Albert Einstein, Sigmund Freud oder Henri Bergson). Schlemmers vermeintlich objektives Unterrichtskonzept zielte vielmehr auf die interdisziplinäre Verschmelzung von Naturwissenschaft und Metaphysik ab, die eine große Nähe zur Theosophie verrät.

Besonders stark wirkte sich die Schrift *Die Romantik. Ausbreitung, Blütezeit und Verfall* von Ricarda Huch[34] auf seinen Unterricht aus, die gar nicht auf der Literaturliste vertreten war. Darauf verweist ein Studienblatt, an dessen oberen Bildrand Schlemmer Ricarda Huchs kosmisches Dreier-Prinzip exakt übernommen und mit ihrem Namen auch ausgewiesen hat. Ricarda Huch deutet den Kosmos als „lebendige Einheit" und als „Organismus", von dem aus sich jeder seiner Teile als „sein Abbild" definiere, welches somit die Züge des Alls in sich trage. Diese Einheit wiederum formiert sich aus der Dreiheit von Geist, Natur und Seele. Und diese Trias übertrug Schlemmer auf seinen Unterricht.

Auch Carl Gustav Carus (1789–1869), ein in der ersten Hälfte des 19. Jahrhunderts an Goethe und Schelling anknüpfender Naturforscher, Arzt und Maler, war für Schlemmers Unterrichtskonzeption maßgeblich.[35] Während die neueren Wissenschaften der Anatomie den menschlichen Körper immer weiter von der Seele lösten, stellte Carus diese Verbindung wieder her, mehr noch: Er erklärte die Kunst zum Medium, sich dieser Verbindung zu vergewissern.

Selbst der naturwissenschaftliche Teil von Schlemmers Unterricht bezog sich daher mehr auf die realen Proportionsverhältnisse des menschlichen Körpers als etwa auf neueste Erkenntnisse in der Physik. Diese schienen für Schlemmers Ziele schlicht unwesentlich, denn letztlich war sein Unterricht vor allem philosophisch geprägt. Entsprechend legte er auch auf den philosophischen Teil den größten Wert, um daraus hervorgehend „Fragen der Ästhetik und Ethik zu klären".[36] In der Gegenüberstellung traditioneller und zeitgenössischer Erkenntnistheorien wollte Schlemmer die Studierenden zu einer auf der Tradition aufbauenden und zugleich „modernen" Weltsicht hinführen; ganz wie es seiner und der Bauhausprogrammatik seit jeher entsprach. Indes nahm am Bauhaus die Politisierung der Studierenden zu. Schlemmer, der sich selbst immer als „Mann der Mitte" bezeichnete, verwehrte sich gegen die Politisierung der von ihm geleiteten Bühnenklasse. Nachdem Meyer die Wandlung von der experimentellen Typenbühne zum politischen Theater forderte, resümierte er: „Alles in allem, es scheint, meine Zeit am Bauhaus ist um! Ich will weg."[37] Meyer indes triumphierte rückblickend in seiner Schrift „Bauhaus Dessau" (1930): „Sogar die Bühnenwerkstatt verließ ihre abstrakt-künstlerische Haltung und gab das inhaltlose Spiel mit Kuben, Flächen, Farben und Licht auf zugunsten einer wahrhaft wirklichkeitsnahen Schau. […] Dienst am Volke. Die Menschen wurden wieder aus dem kubistischen Formelkram erlöst, und aus den Kegeln wurden wieder Wesen aus Fleisch und Bein, die sich realistisch und gesellschaftskritisch in die Zeitgeschichte stürzten."[38] Aufgrund seiner Divergenzen zu Hannes Meyer verließ Oskar Schlemmer das Bauhaus im Herbst 1929 und nahm einen Ruf an die Kunsthochschule Breslau an. Im Jahr 1932 fasste er in seinem Gemälde „Die Bauhaustreppe" noch einmal die Bauhausphilosophie der Gropius-Ära zusammen, als wollte er die Anfänge ihres Wirkens heraufbeschwören:[39] Wie ein Durchgangsstadium zu einem höheren Ziel durchlaufen die Studierenden das durchlichtete Treppenhaus, sich in ihrer räumlichen Beziehung zu einer strengen Einheit verbindend.

Anmerkungen

1 Meyer, Hannes. Brief an Walter Gropius , 3.1.1927.
   In: *Hannes Meyer, Bauen und Gesellschaft,
   Schriften, Briefe, Projekte*, hrsg. von Lena Meyer-
   Bergner, S. 42. Dresden, 1980.

2 Schlemmer, Oskar. Brief an Willi Baumeister,
   21.12.1926. In: *Oskar Schlemmer, Briefe und Tagebücher*, hrsg. von Tut Schlemmer, S. 203. München,
   1958.

3 Schlemmer, Oskar. Brief an Otto Meyer, 17.4.1927.
   A. a. O., S. 208.

4 Schlemmer, Oskar. Brief an Willi Baumeister,
   8.4.1929. A. a. O., S. 244.

5 Siehe hierzu Oswalt, Philipp. „Die verschwiego-
   nen Bauhauskrisen". In: *Hannes Meyer und das
   Bauhaus. Im Streit der Deutungen*, hrsg. von Thomas
   Flierl und Philipp Oswalt. Leipzig (im Erscheinen)

6 Schlemmer, Oskar. „Ich und das Bauhaus". Tagebuch, November 1922. In: Schlemmer, Tut, S. 142.

7 Oskar Schlemmer war im Dezember 1921 ans Bauhaus berufen worden.

8 Siehe dazu: Oswalt.

9 Schlemmer, Oskar. Brief an Tut Schlemmer,
   8.10.1925. In: Schlemmer, Tut, S. 188.

10 Schlemmer, Oskar. Brief an Willi Baumeister,
   15.2.1928. A. a. O., S. 230.

11 Schlemmer, Oskar, Tagebuch, 9.4.1927. A. a. O.,
   S. 205.

12 Meyer, Hannes. Brief an Bürgermeister Hesse.
   Das Tagebuch 11:33 (1930): S. 1307 ff., zit. nach:
   Meyer-Bergner, S. 67 ff.

13 Schlemmer, Oskar. Tagebuch, Juni 1922. In:
   Schlemmer, Tut, S. 132.

14 Vgl. hierzu Oswalt.

15 Meyer, Hannes. „Die neue Welt". *Das Werk* 11:7
   (1924): S. 205–224, zit. nach: Meyer-Bergner,
   S. 27 ff.

16 Meyer, Hannes. „bauen". *bauhaus* 2:4 (1928):
   S. 12 f., zit. nach: Meyer-Bergner, S. 47.

17 Meyer, Hannes. „bauhaus und gesellschaft".
   bauhaus 3:1(1929): S. 2, zit. nach: Meyer-Bergner,
   S. 50.

18 Vgl. dazu: Schlemmer, Oskar, „Mensch und Kunstfigur" (1923). In: Schlemmer, Tut, S. 7–20.

19 Vgl. dazu: Schlemmer, Oskar. „Missverständnisse!".
   Schrifttanz 4:2 (1931): S. 27 ff.

20 Schlemmer, Oskar. Brief an Otto Meyer, 3.2.1921.
   In: Schlemmer, Tut, S. 105.

21 Vgl. hierzu: Zimmermann, Friederike. „*Mensch
   und Kunstfigur*". Oskar Schlemmers intermediale
   Programmatik. Freiburg i. Br./Berlin/Wien, 2014,
   S. 299 ff.

22 Meyer, Hannes. „Bauhaus und Gesellschaft". In:
   Meyer-Bergner, S. 50.

23 a.a.O., S. 52.

24 Ernst Kállai, Einleitung für den Katalog zur ersten
   Station der Wanderausstellung *10 Jahre Bauhaus* in
   Basel. 1929

25 Walter Gropius war sich des Spagats zwischen
   Kunst und Industrie wohl bewusst, suchte diesen
   aber zu überbrücken, indem er 1923 den Slogan
   „Kunst und Technik – eine neue Einheit" ins Leben
   rief, um der industriellen Gestaltung unter künstlerischer Mitwirkung am Bauhaus mehr Platz einzu-
   räumen.

26 Muche, Georg. „Bildende Kunst und Industrieform".
   bauhaus 1 (1926). Zit. nach: Oswalt.

27 Schlemmer, Oskar. „Hausbau und Bauhaus! – Eine
   reale Utopie". Tagebuch 1922. In: *Oskar Schlemmer, Briefe – Texte – Schriften aus der Zeit am Bauhaus*. hrsg. von Elke Beilfuß, S. 43. Weimar, 2014.

28 Schlemmer, Oskar. Brief an Tut Schlemmer,
   27.2.1928. In Schlemmer, Tut, S. 231. Zu Schlemmers Unterricht siehe vor allem: Wingler, Hans M.,
   hrsg. *Das Bauhaus 1919–1933*. Weimar, Dessau,
   Berlin. 1962; Wick, Rainer K. *Bauhaus-Pädago-
   gik*. Köln, 1982, S 265 ff.; Kuchling, Heimo. „Oskar
   Schlemmer, Der Mensch. Unterricht am Bauhaus".
   In: *Neue Bauhausbücher*, hrsg. von Hans M. Wingler, Mainz, 1969.

29 Schlemmer, Oskar. „Unterrichtsgebiete. Der
   Mensch". *bauhaus* 2:2/3 (1928) (Reprint 1977,
   Nendeln, Liechtenstein in Zusammenarbeit mit der
   Bauhaus Archiv GmbH, Berlin), S. 22 f.

30 Kandinskij, Vasilij. „Kunstpädagogik". *bauhaus* 2:
   2/3 (1928). A. a. O., S. 8.

31 a. a. O.

32 Schlemmer, Oskar. „Unterrichtsgebiete. Der
   Mensch". *bauhaus* 2:2/3 (1928). A. a. O., S. 23.

33 Siehe dazu Schlemmer, Oskar. Tagebuch, Anfang
   November 1922. In: Schlemmer, Tut, S. 140 f.

34 Huch, Ricarda. *Blütezeit der Romantik*. Leipzig,
   1920; Neuauflage Tübingen, 1951.

35 Carus, Carl Gustav. *Psyche. Zur Entwicklungsgeschichte der Seele*. Darmstadt, 1964, Reprint,
Erstaufl. 1846.

36 Aus Schlemmers Unterrichtskonzept, zit. in:
Wingler, S. 30.

37 Schlemmer, Oskar. Brief an Willi Baumeister,
6.3.1929. In: Schlemmer, Tut, S. 243.

38 Meyer, Hannes, „Bauhaus Dessau" (1930). In:
Meyer-Bergner, S. 78 ff., S.85.

39 Oskar Schlemmer malte das Bild „Bauhaus-Treppe"
(1932) aus Anlass der Schließung des Bauhauses
in Dessau durch den von der NSDAP dominierten
Gemeinderat der Stadt.

Sportunterricht

Frank Werner

In dem offenen Brief, den Hannes Meyer im August 1930 nach seiner fristlosen Entlassung an den Dessauer Oberbürgermeister schrieb, skizzierte er
pointiert sein Lehrkonzept und präsentierte sich als pädagogischer Erneu-
erer. Selbst das einer Gestaltungsschule eher ferne Thema Sport wusste er
argumentativ einzusetzen: „Den sprichwörtlichen Kollektiv-Neurosen des
Bauhauses, Frucht einer einseitig-geistigen Betätigung, begegnete ich durch
Einführungen des Sportunterrichtes; eine ‚Hochschule ohne Leibesübung' erschien mir ein Unding."[1]
Bei seinem programmatischen Bekenntnis zum Sport verschweigt Meyer allerdings, dass es auch vor seiner Zeit am Bauhaus eine Tradition an sport-
licher Betätigung gegeben hatte. In den expressionistischen Anfangsjahren
spielte im Unterricht von Johannes Itten und Gertrud Grunow körperliche
Betätigung eine wichtige Rolle. Als Mazdaznan-Verfechter und ehemaliger
Kunstturner prägte Johannes Itten wie kaum ein anderer die Studierenden
des frühen Bauhauses. Verkürzt man Ittens pädagogische Intention, so könnte
die Suche und Förderung des harmonischen Menschen als Basis einer größtmöglichen schöpferischen Entfaltung und Authentizität im Vordergrund
gestanden haben. In der Praxis begann Itten seinen Unterricht mit Gymnastik, darauf folgten Entspannungs-, Atem- und Konzentrationsübungen. Trai-
niert wurde der Körper in seiner inneren und äußerlichen Beweglichkeit.[2]
Es wurde gefastet. Um sich vegetarisch ernähren zu können, legte die Bauhausgemeinschaft Obst- und Gemüsegärten an. Sportliche Betätigung war
für Itten ein verlässliches Instrument zur Vereinigung von Körper, Geist und
Seele.
Neben Itten holte Walter Gropius die zur Rhythmikerin ausgebildete Gertrud Grunow ans Bauhaus. Auch sie war von einem ganzheitlichen Ansatz
geprägt. Mit ihrer „Harmonisierungslehre" vermittelte sie die grundsätzliche Beziehung zwischen Ton, Farbe und Bewegung. Unter der Herausbildung

des körpereigenen Rhythmus versuchte sie, die Individualität des einzelnen Studierenden zu stärken.[3] Beide, Itten und Grunow, integrierten Sport oder wenigstens Bewegung in ihre Lehrkonzepte. In letzter Konsequenz forderten sie ein ganzkörperliches, alle Sinne umfassendes Zwiegespräch zwischen dem Künstler und seiner Produktion. Dieses hatten die Studierenden zu erlernen.

Doch 1921 vollzog Walter Gropius unter dem Motto „Kunst und Technik – eine neue Einheit" einen Kurswechsel, mit dem die expressionistische Phase des Bauhaus endete. Itten und Grunow verließen das Bauhaus und die heute als esoterisch-motiviert zu bezeichnende Orientierung verlor an Kraft. Mit ihr verschwand das sportliche Element aus den Unterrichtssälen. Sport war den Studierenden aber wichtig, und was an der Schule nicht zu finden war, musste über selbstorganisierte Initiativen abgedeckt werden, die Gropius unterstützte.[4]

Dessau unter Walter Gropius

In Dessau offerierte der städtische Magistrat den Bau eines eigenen Schulgebäudes. Ein detailliert ausgeführter Lageplan des Bauhausgeländes vom Oktober 1926 zeigt auch eine Sportanlage mit Laufbahnen, Sprunggrube und Spielfeld.[5] Wohl aus finanziellen Gründen wurde das Vorhaben aber erst einmal zurückgestellt. Als Teil des Sozialtraktes konnte im Souterrain des Bauhausgebäudes jedoch ein Gymnastikraum mit Dusch-und Badevorrichtungen errichtet werden. Von hier aus hatte man direkten Zugang zum Außengelände. Der Sportunterricht wurde jetzt zum ersten Mal offiziell in den Lehrplan aufgenommen und unter der Rubrik „Allgemeine Sonderfächer: […] gymnastik oder tanz (fakultativ)" mit zwei bis vier Stunden veranschlagt.[6] Neben dem Gymnastikraum trainierte man auf der Dachterrasse und der unfertigen Freifläche am Bauhaus. Zum Schwimmen gab es den Elbfluss oder das Städtische Schwimmbad. Walter Gropius setzte sich weiter für den Sportplatz ein. Projektiert wurde ein Aschenplatz mit Sprunggrube. Über das Jahr 1927 hinweg diskutierte der Gemeinderat eine mögliche Finanzierung. Die kalkulierten 12 500 Reichsmark wurden am 30. März 1928, also nur wenige Tage vor der Direktorenschaft Meyers, bewilligt.[7] Im Laufe des Jahres erfolgte die Fertigstellung. Zur Reduzierung der Kosten übernahmen die Studierenden einen Großteil der Arbeit.

Vermutlich seit Bezug des Neubaus gab Werner Siedhoff, Schauspieler und Mitarbeiter der Bauhausbühne Oskar Schlemmers, den Sportunterricht. Hauptsächlich trainierte er einen Großteil der Studierenden des Vorkurses und der Weberei in Gymnastik. Sein Unterricht fand täglich statt und begann um halb acht am Morgen. Getragen wurde er durch kleine Geldbeträge der Studierenden. Siedhoff beschrieb sich selbst als organisierenden „Beaufsichtiger [...] der vielmehr auf Sport und Leistungsfähigkeit im Allgemeinen aus ist, als auf Athletik und Körperlyrik."[8] Er setzte sich bei Gropius dafür ein, den Sportunterricht am Bauhaus zu professionalisieren, die älteren Studierenden einzubinden und weitere Disziplinen anzubieten. Er bemängelte die fehlende Sporthalle und wünschte, dass sein Unterricht über die Semestergebühren finanziert würde.[9] Dazu kam es erst mal nicht, aber andere Sportangebote kamen hinzu. Der Bauhäusler Rolf Sklarek übernahm jetzt den Boxunterricht und ein „Bayer" (Herbert oder Max Bayer) das Ringen.[10]

Berichte und Werkstattproduktionen vermitteln, dass sich das ganze Bauhaus zu dieser Zeit in einer Art kollektivem Bewegungsfieber befunden haben muss. Werbeprojekte, Collagen, Fotografien und Architekturentwürfe bezeugen einen Modernitätsglauben. Sport wurde zu einem Motor der Gesellschaft stilisiert. Selbst die gestandenen Meister waren davon nicht ausgenommen. Eine Lieblingsbeschäftigung Kandinskijs war das Radfahren, und Paul Klee stärkte sich rudernd mit seinem Sohn Felix auf der Elbe. Am Bauhaus selbst praktizierte man Ballspiele, Leichtathletik, Fechten, Geräteturnen, Gymnastik, Ringen, Boxen und Tennis.

Ab Ende 1927 nahm Werner Siedhoff auswertige Bühnenengagements an, und ein neuer Sportlehrer musste gefunden werden. Ein Brief Oskar Schlemmers an seine Frau verrät, dass Schlemmer selbst im Dezember 1927 die Ausführung des Gymnastikunterrichts in Betracht zog.[11] Vermutlich blieb es aber nur bei der Idee, das Resultat ist unbekannt.

Massenturnen beim 1. Turn- und Sportfest des ATSB 1922 auf dem Leipziger Messegelände

Walter Gropius: Bauhaus Dessau.
Lageplan der Gesamtanlage mit
Sportplatz, 10/1926

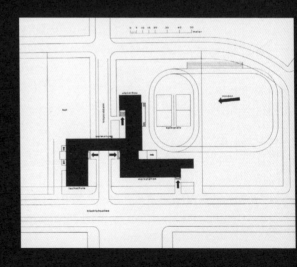

Sporthalle der Bundesschule des Arbeiter-Gewerkschaftsbundes in Bernau, Entwurf von Hannes Meyer

Hochsprung Asta Hajek,
1927. Foto: Erich Consemüller

Hochsprung Asta Hajek,
1927. Foto: Erich Consemüller

Hochsprung Erich Consemüller,
um 1928. Foto: Ruth Hollos-
Consemüller

Flachdach-Frauengymnastik mit Karla Grosch, Winter 1930. Foto: T. Lux Feininger

Bauhäusler beim Speerwurf im Unterricht von Otto Büttner, 1930–32. Foto: Pius Pahl

Dessau unter Hannes Meyer

Als Hannes Meyer im April 1928 das Direktorat übernahm, begann er unverzüglich, den Lehrplan und die Struktur der Werkstätten schrittweise zu verändern. Funktional-biologische Gestaltungsprinzipen waren das Gebot der Stunde. In neuer Form suchte er eine ganzheitliche Pädagogik zu realisieren, in der Sport eine relevante Rolle einnahm. Zwei Jahre zuvor formulierte Meyer in seinem Aufsatz *Die Neue Welt*: „G. Paluccas Tänze, von Labans Bewegungschöre und B. Mensendiecks funktionelles Turnen verjagen die ästhetische Erotik der Bilderakte. Das Stadion besiegt das Kunstmuseum, und an die Stelle schöner Illusion tritt körperliche Wirklichkeit. Sport eint den Einzelnen mit der Masse. Sport wird zur hohen Schule des Kollektivgefühls: Hunderttausende folgen dem 10000-Meter Lauf Nurmis auf der Aschenbahn."[12]

Innerhalb seiner Bauhauspädagogik sollte die sportliche Gemeinschaftserfahrung darauf abzielen, das Kollektiv und seine Bedürfnisse erfahrbar zu machen. Dabei bezog sich Meyer bald mehr auf die Tradition des Arbeitersports als auf die der Lebensreform, welche in den Anfängen des Bauhauses noch eine wichtige Rolle gespielt hatte.

Zum Sommersemester 1928 unterrichte die bei Gret Palucca ausgebildete Tänzerin Karla Grosch Damengymnastik. Seit Weimarer Tagen war sie eng mit dem Bauhaus und besonders mit der Familie Klee verbunden. Um 1926 hatte sie ein circa zweijähriges Liebesverhältnis mit deren Sohn Felix. Dementsprechend war sie ein häufiger Gast in Dessau und bestens in die Geschehnisse des Bauhauses integriert. Eine Verbindung hatte sie auch zur Bühnenabteilung Oskar Schlemmers. Erstmalig kann Karla Grosch am 9. Juli 1927 als Tänzerin der Bauhausbühne ausgemacht werden.[13] Eine ordentliche Studentin des Bauhauses war sie aber erst ab dem Frühjahr 1928, zeitgleich mit ihrer Tätigkeit als Gymnastiklehrerin. Ab 1928 richtete zudem die Dessauer Abteilung des sozialdemokratisch geprägten Arbeiter-Turn- und Sportbundes den Herrensport aus. Die täglichen Sporteinheiten erstreckten sich laut Lehrplan über alle Klassen.[14] Zu einer offiziellen Anstellung der Sportlehrer kam es vermutlich aber erst nach 1929. Die Gehälter wurden fortan nicht mehr privat von den Studierenden, sondern aus dem Etat des Bauhauses beglichen. Die Details sind unbekannt. Nur die Meisterratsprotokolle des Jahres 1931 berichten von 5000-Reichsmark an jährlichen Kosten für den Sportbetrieb. Ein Teil dieser Kosten wurde durch eine Semestergebühr von 5 Reichsmark für Sport-, Dusch- und Unfallversicherungskosten gedeckt.[15] Der größere Teil musste aus dem allgemeinen Etat beglichen werden.

Ab 1928 richtete zudem Otto Büttner den Herrensport aus. Mit ihm kam ein Vollprofi des Arbeiter-Turn- und Sportbundes ans Bauhaus.[16] Aus den Dessauer Adressbüchern der 1920er-Jahre geht hervor, dass er bereits vor dem Bauhaus als hauptberuflicher Sportlehrer tätig war. Im sportbegeisterten Dessau muss er einen gewissen Einfluss besessen haben, denn er publizierte auch im *Heimatlichen Jahrbuch für Anhalt*. In seinem 1927 erschienenen Text „In der Gegenwart" analysierte er die Situation des Sports nach dem Ersten Weltkrieg. Aussagen wie: „Sport schult den Charakter und formt den neuen Menschentypus, der berufen ist mitzuwirken am ‚Neubau des Deutschen Reiches'"[17] verweisen auf eine gewisse Nähe zum Bauhaus. Weitere Passagen verdeutlichen, dass ihm (wie auch Meyer) die Vergemeinschaftung und die Massenwirksamkeit bedeutsam waren. Begrifflichkeiten wie „Siegeswille" und „Sehnsucht nach heldischem Erleben" erweiterten den Text um eine national-pathetische Ebene. Die Äußerungen Büttners lassen darauf schließen, dass er seinen Unterricht am Bauhaus sehr auf Leistung, Wettkampfgeist und Disziplin ausrichtete. Fotos von Bauhausstudierenden zeigen auch Übungen im Hochsprung und Sperrwurf auf dem Außengelände südlich des Ateliergebäudes. Karla Grosch und Otto Büttner behielten Ihre Teilzeitstellungen bis zur Auflösung des Dessauer Bauhauses 1932. Unter Mies van der Rohe, der im Sommer 1930 auf Hannes Meyer folgte, wurde der Sport strukturell gleichbleibend weitergeführt. Nur 1931 kam es durch den Magistrat zu finanziellen Kürzungen, und Sparmaßnahmen mussten beschlossen werden. Die Studierenden übernahmen jetzt die Instandhaltung der Sportstätten, und es war geplant Karla Groschs Gehalt auf 120 Reichsmark im Monat zu senken.[18]

Es ist schwer zu beurteilen, wie sich die Direktorenschaft Hannes Meyers auf die Sportpädagogik des Bauhauses auswirkte. Schon seit 1927 war er als Leiter der Architekturklasse aktiv bei der Ausrichtung des Bauhauses bemüht.

Gerade für die Übergangszeit von Gropius zu Meyer zeigen sich viele Deutungsmöglichkeiten. So ist auch nicht eindeutig auszumachen, von wem die Kooperation mit dem sozialdemokratischen Arbeiter-Turn- und Sportbund um 1928 ausging. Strategisch wäre dies vielleicht eher Meyer zuzuschreiben. Doch auch Gropius suchte eine Allianz mit der Stadtverwaltung, die damals noch mehrheitlich aus sozialdemokratischen und liberalen Kräften bestand. Fakt ist jedoch, dass unter Meyer eine für Gestaltungshochschulen neuartige Institutionalisierung des Sportunterrichts erfolgte. Ironischerweise waren es dann die Nationalsozialisten, die staatliche Kunst- und Kunstgewerbeschulen zu einem allgemeinen Sportunterricht, dem *Wehrsportunterricht* verpflichteten.[19] Wesentlicher als die Frage nach den Veränderungen im Sportalltag der Bauhäusler ist die nach den Ergebnissen, die das Engagement von Meyer hervorbrachte; denn formuliert hatte er hohe Ansprüche. Aber auch hier ist eine Einschätzung schwierig. Mit der Bundesschule in Bernau aber realisierte Hannes Meyer mit dem Bauhaus ein Bauvorhaben, das als Bildungsstätte der Arbeiterbewegung über eine großzügige Turnhalle und umfangreiche Freisportanlagen mit Sportplatz, Schwimmbad, Laufstrecken und Sprunganlage verfügte.

Anmerkungen

1   Meyer, Hannes. „Mein Hinauswurf aus dem Bauhaus". *Das Tagebuch* 11:33 (1930).

2   Scharenberg, Swantje. „Ein Kunstturner prägt das Bauhaus". In: Aus Biographien Sportgeschichte lernen, hrsg. von Arnd Krüger und Bernd Wedemeyer, S. 142. Hannover, 2000.

3   Vgl. Grunow, Gertrud. „Der Aufbau der lebendigen Form durch Ton, Farbe und Bewegung". In: *Staatliches Bauhaus Weimar 1919 – 1923*. Begleitband zur Bauhausausstellung, hrsg. von Walter Gropius, S. 20–23. Weimar/München/Köln, 1923.

4   Vgl. Ackermann, Ute. „Körperkonzepte der Moderne am Bauhaus". In: Bauhaus, hrsg. von Jeannine Fiedler und Peter Feierabend. S. 91. Köln, 1999.

5   Vgl. Lageplan: „Bauhausneubau – Friedrichsallee 12", 15.10.1926. Stadtarchiv Dessau, SB2-B153.

6   „bauhaus dessau. satzung – lehrordnung, 1926. Stiftung Bauhaus Dessau, Inv.-Nr.: 35-D-1926–10–21, S. 6.

7   Vgl. Kostenzusammenstellung des Magistrats der Stadt Dessau, 25.2.1929. Stadtarchiv Dessau, SB 002.

8   Siedhoff, Werner. Brief an Walter Gropius, 9.4.1927. Nachlass Joost Siedhoff, Potsdam.

9   a. a. O.

10 Siedhoff, Werner. Manuskript, undatiert. Nachlass Joost Siedhoff, Potsdam.

11 Schlemmer, Oskar. Brief an Tut Schlemmer, 5.12.1927. Archiv der Staatsgalerie Stuttgart, AOS, Kasten 28, Mappe 1.

12 Meyer, Hannes. „Die Neue Welt". *Das Werk* 13:7 (1926).

13 Schlemmer, Oskar. Brief an Tut Schlemmer, 9.7.1927(Abschrift). Archiv der Staatsgalerie Stuttgart, AOS, Kasten 27.

14 Meyer, Hannes, hrsg. *bauhaus* 2:2/3 (1928): S. 32.

15 Meisterratsprotokoll vom 11.3.1931 (Abschrift). Stiftung Bauhaus Dessau, S. 32 f.

16 Bauhaus-Diplom von Walter Funkat, 16.12.1930, Bauhaus-Archiv Berlin.

17 Büttner, Otto, „In der Gegenwart". In: *Heimatliches Jahrbuch für Anhalt* (1927): Seite 38.

18 Meisterratsprotokoll vom 13.10.1931 (Abschrift). Stiftung Bauhaus Dessau, S. 54.

19 „Wehrsportunterricht an der Kunstgewerbeschule", Manuskript vom 3.11.1933. Stadtarchiv Frankfurt, Stadtkanzleiakte 6681.

Arbeitspsychologe und Arbeitspädagoge
Johannes Riedel

Martin Kipp

In der Bauhausgeschichtsschreibung ist Johannes Riedel[1], der von Hannes Meyer zum Wintersemester 1928/29 als „Gastdozent" und „nebenamtliche Lehrkraft"[2] berufen wurde, bislang eine Randfigur, nach der man im Register einiger Bauhausbücher vergeblich sucht. Riedel unterrichtete bis Ende März 1932 im regulären Kursprogramm Mathematik, Psychotechnik und Betriebswissenschaft und leistete darüber hinaus als Vortragsredner am und für das Bauhaus Dessau Beiträge zur internen und externen Kommunikation.[3]

Johannes Riedel, geboren 1889 in Leipzig, gestorben 1971 in Hamburg, legte nach dem Studium der Ingenieurwissenschaften von 1909 bis 1914 an der TH Dresden die Diplom-Prüfung im Bauingenieurwesen ab, leistete von 1914 bis 1918 Militär- beziehungsweise Feuerwehrdienst und promovierte 1918 an der TH Dresden zum Dr.-Ing. mit einer 1920 publizierten Arbeit[4], in der er forderte, die Arbeitsorganisation habe sich am energetischen Imperativ „vergeude keine Energie, verwerte sie!", zu orientieren. Er postulierte entsprechend:

„1. Es darf durch die Arbeit kein Menschenleben vernichtet werden.

2. Es darf durch die Arbeit die Leistungsfähigkeit nicht verringert werden.

3. Es darf keine unnütze Arbeit verrichtet werden.

4. Es müssen alle die Leistung fördernden Momente ausgenutzt, alle sie hemmenden Momente ausgeschaltet werden."[5]

Von 1919 bis 1924 war er Referent für Arbeitsrationalisierung in der Landesstelle für Gemeinwirtschaft beim Sächsischen Wirtschaftsministerium. In dieser Zeit stand Riedel den Gewerkschaften nahe und war zeitweise Vorsitzender des Schlichtungsausschusses im Schlichtungsbezirk Chemnitz.

Am Schluss seines ersten von insgesamt 25 Büchern, der Abhandlung *Arbeits-rationalisierung*, erläutert Riedel, „in welchen Beziehungen die Frage der besten Arbeitsgestaltung zum Gedanken der Gemeinwirtschaft steht".[6] Diese politische Standortbestimmung am Anfang seiner Berufskarriere ist hier ausführlich zu zitieren, damit die späteren politischen Richtungswechsel Riedels deutlich werden: „Der Grundgedanke der Gemeinwirtschaft ist der: Alles, was die Natur uns bietet, also der Boden mit seinen Schätzen, alles Getier, das Wasser, die Luft, ist Eigentum der Gesamtheit. Kein Einzelner hat das Recht, zu seinem Vorteil und zum Schaden der Gemeinschaft darüber zu verfügen. Es bedeutet nur eine Fortsetzung dieser Anschauung, wenn man sagt: Auch die menschliche Arbeitskraft gehört zu diesem natürlich Gegebenen, auch sie ist Eigentum der Gesamtheit, über die der Einzelne nicht nach seinem Belieben zum Schaden der Allgemeinheit verfügen darf, jeder Mensch hat die Pflicht zur Arbeit."[7]

Riedels Bekenntnis zur Arbeitsrationalisierung richtet sich gegen den Raubbau an der Menschenkraft und will dafür sorgen, „daß überall die Kraft des arbeitenden Menschen für die Allgemeinheit so voll wie möglich nutzbar gemacht wird. [...] Es dürfen nirgends Betriebsorganisationen oder Arbeitsverfahren bestehen, die einen unverhältnismäßig großen Aufwand an menschlicher Arbeitskraft fordern, die mit ungünstigem Wirkungsgrad arbeiten, im Interesse der Gesamtheit, mit der das recht verstandene Wohl des Einzelnen zusammenfällt."[8]

In den frühen 1920er-Jahren hatte sich Riedel als Arbeitspsychologe profiliert, der neben drei Monografien mehrere Aufsätze in der *Zeitschrift für angewandte Psychologie* veröffentlichte: Seine „Bemerkungen zur Eignungsprüfung bei Fahrzeugführerberufen"[9] und seine Erörterung „Psychologische Fragen beim Erwerb der Streckenkenntnis"[10] stützten sich auch auf seine eigenen Erfahrungen, die er in mehrwöchigen Tätigkeiten als Straßenbahnführer gewonnen hatte. Die gründliche Kenntnis des Fahrdienstes aus eigener Erfahrung hielt er für unerlässlich, um zureichende Arbeitsanalysen vornehmen zu können und brauchbare Eignungsprüfungen zu entwickeln.

Riedels Interesse an psychologischen Studien ist durch seine mehrmonatige Tätigkeit am Psychologischen Institut der Universität Leipzig gefördert worden. Familiäre Beziehungen ermöglichten ihm Anfang des Jahres 1919 eine nähere Verbindung zu dem bekannten Leipziger Ganzheitspsychologen Prof. Dr. Felix Krüger, der ihm aus Institutsmitteln ein kleines Stipendium gab – verbunden mit dem Recht, im Institut zu tun und zu lassen, was er wollte. Riedel hat damals an manchen Apparaten Versuche durchgeführt, dabei die Psychologen Kirstmann, Klemm und Sander kennengelernt und wurde durch sie zum selbstständigen wissenschaftlichen Arbeiten auf dem Gebiet der Psychologie angeregt.

Neben seiner Tätigkeit als Arbeitspsychologe, der vor allem Arbeitsanalysen durchführte, wirkte er in den späten 1920er-Jahren als Arbeitspädagoge und beschäftigte sich beispielsweise in den Zeitschriften des Deutschen Ausschusses für Technisches Schulwesen (DATSCH), *Technische Erziehung*, und des Deutschen Instituts für Technische Arbeitsschulung (DINTA), *Arbeitsschulung*, mit Fragen der Arbeitsgestaltung und der Gestaltung von Lernarrangements.

Später in den 1930er-Jahren setzte sich Riedel mit Erziehungsaufgaben des Arbeitsdienstes und Problemen der Ausbildung von Meistern in der Industrie auseinander. Das war aber erst nach seiner Bauhauszeit der Fall und kann an dieser Stelle ebenso wenig detailliert nachgezeichnet werden wie seine weitere Karriere, die ihn unter der nationalsozialistischen Herrschaft bis in die Geschäftsführung der Reichsgruppe Industrie als „Sonderbeauftragter für Arbeitspädagogische Beratung, Industrielle Leistungspflege, Lehrmeisterausbildung und Werkmeisterfragen" aufsteigen ließ und die er in der Bundesrepublik ungebrochen fortsetzen konnte. Er war beteiligt an der Wiedergründung des REFA, des *Reichsausschusses für Arbeitszeitermittlung* und bekleidete verantwortungsvolle Positionen in dessen Gremien. Er war von 1951 bis 1957 Kuratoriumsmitglied des UNESCO-Instituts für Pädagogik in Hamburg und von 1949 bis 1956 Professor für Berufspädagogik an der Universität Hamburg. Diese steile Berufskarriere verdankt Riedel auch seinem Spürsinn für das jeweils politisch Gebotene und der damit einhergehenden Anpassungsfähigkeit, die er hinter seiner zur Schau gestellten Rolle des kooperationsbereiten, politisch-desinteressierten Fachmannes versteckte.[11]

Lehrtätigkeit am Bauhaus Dessau

Was bewog Hannes Meyer, Riedel zu berufen?

Zunächst sehe ich eine gewisse Denkverwandtschaft zwischen Meyer und Riedel, die beide 1889 das Licht der Welt erblickten und einige Jahre in genossenschaftlichen und gemeinwirtschaftlichen Einrichtungen gearbeitet hatten. Meyer und Riedel stimmten in vielen grundlegenden Anschauungen und Reformansätzen überein: Sie wollten das Ganze des Lebens in den Blick nehmen, sahen das Bauhaus als einen „Versuch, das Leben zu ordnen"[12], und zwar unter den kulturellen, sozialen, ökonomischen und technischen Bedingungen des 20. Jahrhunderts. Beide propagierten „nicht rezeptives Lernen, sondern praktisches Bilden" und favorisierten Konzepte des „praktischen Lernens" und einer lebensweltlich orientierten Allgemeinbildung. Gropius, Meyer und Mies hatten unterschiedliche Vorstellungen davon, wie viel Allgemeinbildung und wie viel Fachausbildung der Bauhäusler nötig seien und wie viel soziale Wirklichkeit und Wissenschaft ins Bauhaus einziehen sollten.

Von allen drei Bauhausdirektoren stand Meyer in diesen Fragen Riedel am nächsten. Zudem wurden auch in den Vhutemas[13], dem Moskauer Pendant zu dem Bauhaus, arbeitspsychologische Themen und psychotechnische Methoden verfolgt.[14]

Riedels in den 1920er-Jahren entwickelter, komplexer arbeitspsychologischer und arbeitspädagogischer Ansatz bedeutete einen beachtlichen Fortschritt gegenüber zahlreichen älteren, arbeitswissenschaftlichen Untersuchungen. Mit seinem 1925 veröffentlichten Sammelband *Arbeitskunde* war es ihm gelungen, die führenden Arbeitspsychologen und Arbeitswissenschaftler der damaligen Zeit zu einer Bestandsaufnahme des damals verfügbaren Wissens um menschengerechte Arbeitsgestaltung zusammenzuführen und sich einen Namen als Arbeitspsychologe und Arbeitspädagoge im deutschen Sprachraum zu machen. In der Einleitung zu diesem Standardwerk forderte Riedel: „Arbeit als Lebenserscheinung ist komplexer Natur, d.h. es dürfen nicht einzelne Seiten dieser Erscheinung aus ihrem Zusammenhang herausgerissen werden, ja es darf nicht einmal die Gesamterscheinung Arbeit aus ihrer Einlagerung in das Lebensganze herausgelöst, sondern es muß die Erscheinung in a l l e n wesentlichen Beziehungen erfaßt werden."[15] Dieser komplexe Ansatz und seine „ganzheitliche" Betrachtungsweise waren gleichsam Alleinstellungsmerkmale Riedels, die ihn auch für Hannes Meyer und seine Pläne zur curricularen Erweiterung und wissenschaftlichen Fundierung des Bauhauslehrangebots interessant machten. Riedel wiederum ist der Einladung zur Mitarbeit gerne gefolgt, weil er im Dessauer Bauhaus ein experimentierfreudiges soziales Laboratorium erblickte, das ihm ein riesiges Anregungsarsenal für die Schaffung effektiver Arbeitsgruppen bot, die mit einem einheitlichen Geiste beseelt waren; ihm ging es darum, „vor Ort" wirksame Rezepte zur Herstellung von *corporate identity* kennenzulernen.

Neben der fachlichen Kompetenz wird Hannes Meyer an Riedel auch dessen Herkunft von den Pfadfindern imponiert haben – vor allem seine langjährige Mitwirkung als reformorientierter Pfadfinderführer, der einen beachtlichen Einfluss auf einen Teil der Jugendbewegung ausübte. Unter Riedels Führung von 1926 bis 1932 profilierte sich die „Ringgemeinschaft Deutscher Pfadfinder" als exklusiver und autonomer Pfadfinderbund, der beispielsweise internationale Kontakte zu einer Zeit pflegte, als andere Jugend- und Pfadfinderbünde sie aus Protest gegen die französische Rheinland-Besetzung unterließen. Diese Weltoffenheit passte zum Dessauer Bauhaus mit seinem großen Anteil ausländischer Studierender. In der Hinwendung zur Natur sah Riedel die Chance, „dem Durcheinander unserer Gegenwart zu entrinnen"[16], und verlieh ihr Ausdruck in seinem Stadtflucht-Lied „Aus grauer Städte Mauern zieh'n wir durch Wald und Feld. Wer bleibt, der mag versauern, wir fahren in die Welt!", das bis heute zu den Klassikern in der Jugend- und Wanderbewegung gehört. Es ist zu vermuten, dass Hannes Meyer dieses Stadtflucht-Lied und seine Herkunft kannte. Immerhin passte das Lied zur Programmatik des Bauhauses, das ja andere Bauten versprach als „grauer Städte Mauern".

Riedels erste vier Bücher, seine in den 1920er-Jahren veröffentlichten arbeitspsychologischen und arbeitspädagogischen Zeitschriftenaufsätze, seine Führungsrolle in der reformerischen Fraktion der Pfadfinderbewegung und seine Liedschöpfung „Aus grauer Städte Mauern" stehen auf ähnlicher gedanklicher Basis und streben tendenziell gleiche Ziele an wie das Bauhaus.

Insofern war es naheliegend und konsequent, dass Hannes Meyer sich bemühte, Johannes Riedel als Lehrer und Vortragredner ans Dessauer Bauhaus zu holen.

Hannes Meyer stellte ihn im September 1929 in dem berühmten Werbeprospekt für potenzielle Studierende, *junge menschen kommt ans bauhaus!* vor und ließ ihn auch selbst zu Wort kommen. Unter der Überschrift „dr. riedel sagt:" schreibt er unter anderem: „beachtlich ist schon, daß trotz der sehr verschiedenen herkunft der bauhäusler nach land, vorbildung, schicht und begabung überhaupt eine im wesentlichen ziemlich einheitliche geistige haltung besteht. vor allem scheint sie mir durch einen außerordentlich starken freiheitsdrang bestimmt zu sein, wie er sonst vielleicht nur in der jugendbewegung zu finden ist, einem freiheitsdrang, bei dem es im allgemeinen nicht um die freiheit ‚wovon‘, sondern um die freiheit ‚wozu‘ geht."[17]

Diese Bauhausatmosphäre mag Riedel angeregt und herausgefordert haben, sich seinem Lehrauftrag intensiv zu widmen. Im Herbst 1929 erschien in der von Hannes Meyer herausgegebenen Zeitschrift *bauhaus* Riedels Aufsatz „verantwortung des schaffenden"[18]. Es ist hier nicht der Ort, diesen knappen und gleichwohl vielsagenden Beitrag zu analysieren – bei genauem Hinsehen könnte man ihn auch als Bitte Riedels lesen, ihm einen Freifahrtschein als Grenzgänger zwischen zwei konträren sozialen Laboratorien zu geben, in denen versucht wurde, Blaupausen für neue Modelle betrieblichen und gesellschaftlichen Zusammenlebens herzustellen.

Was hat Riedel am Bauhaus unterrichtet?

Aus der von Anne Stengel vorgenommenen Auswertung von Bauhausdiplomen geht hervor, dass Dr. Riedel als Lehrender vom Wintersemester 1928/29 bis zum Sommersemester 1930 im Wesentlichen Lehrveranstaltungen zur „Betriebslehre und Psychotechnik", aber auch zu „Technische Mechanik und Mathematik", zu „Arbeitslehre" und „Arbeitsorganisation" angeboten hat.[19] Während das Angebot „Technische Mechanik und Mathematik" für Bauhäusler in der „Grundlehre" vorgesehen war, richteten sich

Abb. 8. Knetverfahren zur
Ermittelung der optimalen
Griffform.

Nach Schulte und Villwock.

Abb. 9. Abdruckver-
fahren zur Ermittelung
der optimalen Griff-
form I.

Nach Schulte und
Villwock.

Abb. 10. Abdruckverfahren
zur Ermittelung der opti-
malen Griffform II.

Nach Schulte und Villwock.

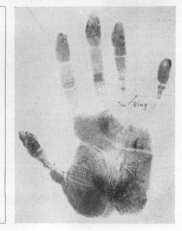

Riedel, Arbeitskunde.

Dr. R. W. Schulte und Ing. G. Villwock: Ermittlung der optimalen Griffform in Riedels
Arbeitskunde, 1925

aus: Johannes Riedel „Zur Methodik der Arbeitsuntersuchung".
In: Arbeitskunde, 1925

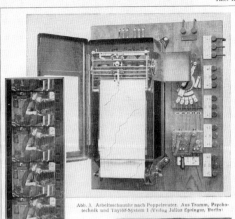

Abb. 3. Arbeitsschaubube nach Poppelreuter. Aus Tramm, Psychotechnik und Taylor-System I (Verlag Julius Springer, Berlin)

Abb. 5. Filmstreifen einer Arbeitsaufnahme (Zusammensetzarbeit) mit gleichzeitig aufgenommener Hundertstel-Sekundenuhr. Aus Schlesinger, Psychotechnik und Betriebswissenschaft. Verlag S. Hirzel, Leipzig.

Abb. 4. Zyklogramm beim Sortieren von Briefen. Aus Schlesinger, Psychotechnik und Betriebswissenschaft. Verlag S. Hirzel, Leipzig.

Riedel, Arbeitskunde

Fritz Giese: Psychologische Prozentprofilkurve in „Auswahl und Verteilung der Arbeitskräfte - Tiefenpsychologie". In: *Arbeitskunde*, 1925

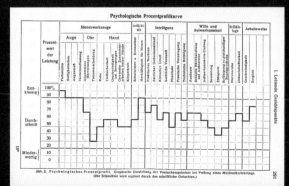

Abb. 2. Psychologisches Prozentprofil. Graphische Darstellung der Versuchsergebnisse bei Prüfung eines Mechanikerlehrlings. (Die Schaulinie wird ergänzt durch das schriftliche Gutachten.)

die Veranstaltungen zur „Betriebslehre und Psychotechnik" sowie zur „Arbeitslehre" und „Arbeitsorganisation" an die Fortgeschrittenen in den Ausbau-Werkstätten.

Mitschriften der Studierenden Lena Bergner, Walter Köppe und Johannes Jacobus van der Linden können einen Eindruck von Riedels Lehrinhalten vermitteln: Die Mitschrift Bergners im Fach Betriebslehre[20] zeigt, dass Riedel zunächst die von Taylor entwickelte „Wissenschaftliche Betriebsführung" in ihren Elementen und Zielen und das Funktionsmeister-System erläuterte, bevor er die von Gilbreth entwickelten „Bewegungs-Studien" und schließlich auf die von Ford favorisierte „Fließarbeit" vorstellte. Für Riedel waren diese Lehrinhalte keine besondere Herausforderung. Was er im Bauhaus Dessau an Wissensbeständen feilbot, gehörte für ihn schon lange zum Repertoire, das er bereits seit 1925 als Lehrbeauftragter für Betriebsführung an der Handelshochschule Leipzig anbot. Für die Bauhäusler mögen diese Einblicke in die Grundlagen der Psychotechnik und Betriebsorganisation neu und aufschlussreich gewesen sein; vielleicht hat es darüber auch intensive Diskussionen gegeben – aber darüber erfahren wir aus der Mitschrift ebenso wenig wie über praktische Beispiele der Anwendung dieses Wissens in damaligen deutschen Betrieben oder auch im Bauhaus selbst.

Die Mitschrift Köppes[21] aus einem von Riedel im Sommersemester 1929 innerhalb der Baulehre gehaltenen, „psychotechnischen Kurs" zeigt, dass diverse Übungsaufgaben zu optischen und akustischen Beobachtungen, zu Zahlenschätzungen, zu Rhythmus und optischer Täuschung, zu Monotonie und Ermüdung behandelt wurden. Das war gleichsam das kleine Einmaleins der Psychotechnik für Arbeitspsychologen zur Durchführung von Arbeitsanalysen und Konstruktion von Trainingseinheiten.

Die Mitschriften van der Lindens[22] aus einem Erstsemesterkurs Psychotechnik im Wintersemester 1930/31 und einem Fortsetzungskurs Betriebslehre im Sommersemester 1931 sind noch ausführlicher als die beiden vorgenannten. Van der Lindens Mitschrift zum psychotechnischen Kurs stellt die von Köppe notierten Übungsaufgaben in den Kontext von Gestaltungsaufgaben, die am Bauhaus zu lösen seien und sowohl die konstruktive als auch die funktionale Seite zu berücksichtigen hätten. Wörtlich: „Das Bauhaus will planmässige

Funktionsstudien". Bei den Beobachtungs-Übungen werden die verzerrenden Einflüsse deutlicher hervorgehoben als in Köppes Mitschrift.

Van der Lindens Mitschrift aus dem Zweitsemesterkurs Betriebslehre zeigt, dass die besonderen Merkmale und das Zusammenwirken der Bereiche Entwurf, Fertigung und Vertrieb erläutert wurden, bevor die für den Betriebsvorgang eingesetzten Faktoren Energie, Material und Arbeit sowie die Ergebnisse, Hauptprodukt und Nebenprodukt, an Beispielen veranschaulicht wurden. Nachdem im Hinblick auf seine Zweckerfüllung die möglichen Entwicklungsrichtungen eines Produkts erörtert wurden (Konzentration, Dauerhaftigkeit, Vielseitigkeit, Handlichkeit, Bequemlichkeit und Gleichmäßigkeit in der Abnutzung), diskutierte Riedel anhand von Beispielen ausgewählte Fragen zur Materialwirtschaft (Tendenz zur Steigerung der Materialwirkung, Rationalisierung der Materialverwendung, restlose Verwendung) und Energiewirtschaft (bezogen auf die Energiequellen Wasser, Wind, Kohle, Sonnenwärme, Ebbe und Flut) im Hinblick auf die betriebswirtschaftlichen Ziele Vollkommenheit, Wirtschaftlichkeit und Rentabilität. Zur Gestaltung der Arbeitsbedingungen findet sich die Forderung: „Wir müssen Bedingungen und Zustände schaffen, worin der Mensch im Betrieb am fähigsten ist."

Diese Unterrichtsmitschriften werfen nur ein erstes Schlaglicht auf Riedels Lehrangebote, können allerdings nicht die Frage beantworten, warum Riedel insbesondere von der kommunistischen Studentenfraktion kritisiert und angefeindet wurde. Von Oktober 1931 bis Januar 1932 war Riedel mehrfach intern zu Mies geladen, der offensichtlich Gesprächsbedarf zu den angebotenen Kursen sah und nicht zuletzt durch eine „Studierenden-Anfrage bezüglich Dr. Riedel"[23] vom 4. Januar 1932 gedrängt wurde. Die Vorwürfe in der von den kommunistischen Studierenden am Bauhaus herausgegebenen Zeitschrift *bauhaus, organ der kostufra*[24] waren zwar sehr plakativ, aber wenig substanziell. Riedel wird in *bauhaus 5* (1931) als „Beweis" für die am Bauhaus angeblich herrschende „Objektivität" zitiert: „wenn dr. riedel z.b. sagt, es sei überhaupt ganz wurst wie die gesellschaft der zukunft aussehen werde: nationalsozialistisch oder monarchistisch (das geht die studierenden einen dreck an!) – dann heisst es, das bauhaus ist objektiv!" Riedel wurde beispielsweise in *bauhaus 9* als „seeligkeitswissenschaftler"[25] bezeichnet, der, wie *bauhaus 11* behauptet, sein „werk der einschläferung sanft und ohne schmerzen"[26] vollbringen würde. In *bauhaus 10* vom Februar 1932 wird „der Fall Riedel" auf einer halben Seite angesprochen und postuliert, dass angesichts des Untergangs der bürgerlichen Gesellschaft auch die bürgerliche Wissenschaft nichts mehr zu sagen hätte und dass die Mehrheit der Bauhausstudenten nach revolutionärer marxistischer Wissenschaft verlange; insofern sei Riedels Abgang konsequent und zu begrüßen. „auch die vorträge von dr. riedel haben einen politischen charakter getragen, wenn auch die direktion das gegenteil versichert. wir bekämpfen die bürgerliche auffassung der soziologie, die riedel vertritt, auf das schärfste."

Riedel und das Bauhaus Dessau – von der hellen Begeisterung zum frustrierten Rückzug?

Es ist hier nicht der Ort, anhand des Bauhaustagebuchs die abnehmende Wertschätzung und zunehmende Anfeindung Riedels detailliert nachzuzeichnen. Aber die Tatsache, dass Riedel im Laufe der Zeit am Bauhaus Dessau marginalisiert und auch angefeindet wurde, hat zweifellos mit seinem parallel einsetzenden Engagement im reaktionären Deutschen Institut für technische Arbeitsschulung (DINTA) zu tun. Sein Weg von der Sächsischen Landesstelle für Gemeinwirtschaft zum DINTA war, wenn auch nach fünf Jahren der freiberuflichen Tätigkeit, ein politischer Frontenwechsel, der auch am Bauhaus Dessau wahrgenommen wurde.

Dass Riedel gleichsam mehrere „Baustellen" parallel betrieb, ist bemerkenswert und bedarf der Erklärung, zumal beide Institutionen intensiv daran arbeiteten, insbesondere für die Industriearbeiterschaft Antworten auf die Frage nach dem Umgang mit der Moderne zu entwickeln. Die Antworten hätten freilich kaum gegensätzlicher sein können. Während das Bauhaus sich als „Kaderschmiede der Moderne" verstand, favorisierte das DINTA die entpolitisierte „Betriebsgemeinschaft". Vielleicht war Riedel in dieser Phase seiner Berufskarriere noch ein Suchender, der zwischen zwei Modellen von *corporate identity* hin- und herpendelte – ich nenne das eine „liberales

Entwicklungsmodell", das andere „repressives Fürsorgemodell". Auf der einen Seite faszinierte Riedel das am Bauhaus favorisierte „liberale Entwicklungsmodell", das gleichsam „emphatisch gelebte Modernität"[27] ermöglichen wollte, und auf der anderen Seite hegte er doch auch Sympathien für das vom DINTA propagierte „repressive Fürsorgemodell", das über Werkskindergärten, -pflegerinnen, -wohnungen und -zeitschriften entlastend in die Daseinsvorsorge der Industriearbeiterschaft eingriff, um sogenannte wirtschaftsfriedliche „Werksgemeinschaften" zu erzeugen. An diesem „repressiven Fürsorgemodell" hat Riedel dann nach seiner Zeit am Bauhaus intensiv mitgearbeitet.

Riedels von der kostufra in *bauhaus 15*[28] im November 1932 kritisierter Vortrag auf der Berliner Bauausstellung war gewissermaßen seine Abschiedsvorstellung als Bauhausvortragsredner, nachdem er seine nebenamtliche Lehrtätigkeit am Dessauer Bauhaus bereits im März 1932 beendet hatte. Das Bauhaustagebuch vermerkt am 14. März 1932: „Abgang Dr. Riedel"[29] und am 30. März: „Dr. Riedel wird Mies schreiben."[30]

Anmerkungen

1   In der arbeitspsychologischen, arbeits- und berufs-
     pädagogischen Literatur erscheint Riedel mit dem
     Vornamen Johannes, während er in der Pfadfinder-
     literatur und beim Bauhaus mit dem Vornamen Hans,
     gelegentlich auch Hanns, geführt wird; entspre-
     chend verfährt dieser Beitrag.

2   Wingler, Hans Maria. *Das Bauhaus. 1919–1933,
     Weimar Dessau Berlin und die Nachfolge in Chicago
     seit 1937*. Köln, 2005 (1. Aufl. 1962), S. 149, 463
     (Organisationsplan des Bauhauses unter Leitung
     von Hannes Meyer, Januar 1930).

3   Bernhard, Peter. „Die Bauhaus-Vorträge als Medium
     interner und externer Kommunikation". In: *bauhaus-
     kommunikation. Innovative Strategien im Umgang
     mit Medien, interner und externer Öffentlichkeit*,
     hrsg. von Patrick Rössler, S. 171–183. Berlin, 2009.

4   Riedel, Johannes. *Grundlagen der Arbeitsorganisa-
     tion im Betriebe mit besonderer Berücksichtigung
     der Verkehrstechnik*. Berlin, 1920.

5   a. a. O., S. 4.

6   Riedel, Johannes. *Arbeitsrationalisierung* (Ver-
     öffentlichungen der sächs. Landesstelle für Gemein-
     wirtschaft, H. II). Dresden, 1919.

7   a. a. O.

8   a. a. O., S. 56.

9   Riedel, Johannes. „Bemerkungen zur Eignungs-
     prüfung bei Fahrzeugführerberufen". *Zeitschrift für
     angewandte Psychologie* 19 (1921): S. 196–213.

10   Riedel, Johannes. „Psychologische Fragen beim
     Erwerb der Streckenkenntnis". *Zeitschrift für an-
     gewandte Psychologie* 21 (1923): S. 341–344.

11   Kipp, Martin. *Arbeitspädagogik in Deutschland:
     Johannes Riedel. Ein Beitrag zur Geschichte und
     Theorie der beruflichen Ausbildung – mit einer
     Riedel-Bibliographie*. Hannover, 1978.

12   Wünsche, Konrad. *Bauhaus – Versuche, das Leben
     zu ordnen*. Berlin, 1989.

13   auch WChUTEMAS im Deutschen

14   Vronskaya, Alla G.. *The Productive Unconscious:
     Architecture, Experimental Psychology and Techni-
     ques of Subjectivity in Soviet Russia, 1919–1935*.
     Dissertation, Massachusetts Institute of Technology,
     2014.

15   Riedel, Johannes, hrsg. *Arbeitskunde – Grund-
     lagen, Bedingungen und Ziele der wirtschaftlichen
     Arbeit*. Unter Mitwirkung von O. Biener, A. Bloss,
     A. Fischer, H. Gaudig, F. Giese, J. Handrick, W. Hell-
     pach, H. Herxheimer, O. Hummel, Fr. Kölsch, O. Lip-
     mann, K. Mühlmann, L. Preller, H. Reiter, E. Rosen-
     stock, F. Sander. Leipzig und Berlin, 1925, S. 5.

16   Riedel, Hans. „Angriff". *Inter Pares* 1:2 (1930):
     S. 29.

17   Riedel, Hans. „dr. riedel sagt:". In: Prospekt von
     Hannes Meyer: *junge menschen kommt ans bau-
     haus*!, Dessau, 1929.

18   Riedel, Hans. „verantwortung des schaffenden"
     bauhaus. 3:3 (1929): S. 2–5.

19   Stengel, Anne. Auszug aus: Auswertung von Bau-
     haus-Diplomen: Lehrangebot Bauhaus Dessau
     1927–1930. Tabellarische Übersicht. Kassel,
     2017.

20   Bauhaus-Universität Weimar, Archiv der Moderne,
     Bestand Lena Meyer-Bergner, Sign. N/54/85.5.

21   Stiftung Bauhaus Dessau, Archiv, Inv.-Nr. I 21031.

22   Bauhaus-Archiv, Inv. Nr. 10855/161-171.

23   Hahn, Peter, hrsg. *bauhaus berlin. Auflösung Des-
     sau 1932, Schließung 1933, Bauhäusler und Drittes
     Reich*. Weingarten, 1985, S. 35.

24   Rapp, Juliana. „Architektur und Anekdoten. Die
     Zeitschrift ‚bauhaus'- vom Fachperiodikum zum
     Publicityorgan". In: Rössler, 2009, S. S. 304 f.

25   zitiert nach dem Faksimile in Hahn 1985, S. 44.

26   zitiert nach dem Faksimile in Hahn 1985, S. 48.

27   Wünsche, 1989, S. 116.

28   zitiert nach dem Faksimile in Hahn 1985, S. 109.

29   Hahn 1985, S. 38.

30   a. a. O., S. 39.

Der außerkünstlerische Unterricht

Lutz Schöbe

Das Bauhaus als pädagogisches Experiment kennzeichnete eine auf Gemeinschaftsarbeit beruhende Ausbildung mit enger Verbindung von praktischem und theoretischem Unterricht. Methodisch strebte die Schule eine breite Erziehung „des universell eingestellten Menschen, dem die Zusammenhänge im Leben wichtiger sind, als Einzelheiten" an, um „die Wiederherstellung der verlorenen Zusammenhänge zu verstärken", so Gropius.[1]

Zur ganzheitlich orientierten Ausbildung am Bauhaus gehörten seit 1919 neben der handwerklichen und der künstlerischen, also zeichnerisch-malerischen Ausbildung, auch die wissenschaftlich-theoretische Lehre. Sie umfasste Grundlagenfächer wie Materialkunde, physikalische und chemische Farbenlehre, Technikgeschichte, Anatomie und die Vermittlung betriebswirtschaftlicher Grundbegriffe wie Buchführung, Vertragswesen. Die Lehrinhalte, die, im Vergleich zu den am Bauhaus vermittelten künstlerischen Fächern, bis heute weitgehend unbekannt geblieben sind, obgleich sie im zunehmenden Maße an Bedeutung gewannen, variierten im Laufe der Zeit nur unwesentlich. Die Vermittlung von beispielsweise betriebswirtschaftlichen Erkenntnissen war mit der den Werkbundgedanken entlehnten Absicht verbunden, der angeblichen Wirtschaftsenthobenheit der Künstler entgegenzuwirken und sie zugleich als Akteure im Wirtschaftssektor zu profilieren. Auch und gerade in Dessau, wo sich das Bauhaus organisatorisch zwischen Technischer Hochschule, Baugewerkschule und Akademie bewegte, hatte die Schule als Berufsausbildungsstätte damit verbundene Auflagen zu erfüllen. Der außerkünstlerische Lehranteil, unter anderem die Vermittlung naturwissenschaftlicher sowie allgemeiner berufspraktischer Grundlagen, wurde zunehmend ausgebaut. In der Grundlehre wurden neben der künstlerischen Grundlagenausbildung in der Werklehre bei Josef Albers, dem elementaren Farb- und Formenunterricht bei Vasilij Kandinskij, dem Schriftzeichnen bei Joost Schmidt und dem Aktzeichnen bei Paul Klee gleichwertig wissenschaftliche Fächer wie Darstellende Geometrie, Mathematik, Physik und Chemie gelehrt. Das Bauhaus berief Architekten wie Hans Wittwer, Alfred Arndt, Edvard Heiberg, Ludwig Hilberseimer, Mart Stam und Anton Brenner als Lehrkräfte und Gastdozenten. Darüber hinaus war es lange Zeit auf Grundlagen vermittelnde Fachkräfte der umliegenden Technischen Lehranstalten und der Gewerblichen Berufsschule und ferner aus dem universitären beziehungsweise Hochschulumfeld innerhalb der Region angewiesen. Die Anstellung der Fachlehrer außerkünstlerischer Fächer erfolgte meist im Nebenamt oder, ab März 1931, aufgrund von Etatkürzungen, durch Vortragskurse.

Anders als in der künstlerisch-ästhetischen Grundlagenausbildung und in der speziellen Werkstattlehre sowie in den sensibleren Fächern wie Städtebau und Architektur, wo auf Modernität und dem Geist der Zeit entsprechende neue Entwurfsansätze und Ideen gesetzt wurde, entsprachen die Lehrinhalte der „normalen Fächer" denen allgemeiner Baugewerk- und Bauschulen. Diese Form der eher durchschnittlichen baupraktischen Ausbildung, die zwischen Bauingenieur und Architekt angesiedelt war, scheint Studierende mit dem Wunsch, Architekt zu werden, nicht immer zufriedengestellt zu haben. Ihnen fehlte am Bauhaus oft eine solide bauhandwerkliche Ausbildung: Studiengänge wurden vorzeitig abgebrochen, und Studierende wechselten an andere Baufachschulen. Prominentestes Beispiel war Andreas Feininger, einer der beiden Söhne des Bauhausmeisters Lyonel Feininger, der nach seinem Bauhausstudium 1925 und 1927 an die Bauschulen in Weimar und Zerbst wechselte, um sich dort zum Ingenieur und Architekten ausbilden zu lassen.

Mit dem Wintersemester 1927/28 deutete sich am Bauhaus in Dessau eine neue Phase der Auseinandersetzung um die Rolle der Künste, respektive des Kunstunterrichts an, als die Werkstätten Tischlerei, Textil- und Metall, Druckerei, Architektur und Stadtplanung um das „Seminar für freie plastische und malerische Gestaltung" mit freien Malklassen, von unter anderem Paul Klee und Vasilij Kandinskij, ergänzt wurden. Fortan gehörte der Beruf des Künstlers (Malers) zu den Ausbildungszielen. Der fortschreitenden Funktionalisierung und Technologisierung in den Werkstätten und im außerkünstlerischen Unterricht standen somit ab 1928 eine intensivierte Bildkunstproduktion und ein damit verbundener Kunstunterricht gegenüber. Es war unter anderen der Maler Paul Klee, der den Wert der Naturwissenschaften im Zusammenhang mit der Möglichkeit zu exakter Forschung im Bereich der Kunst (und womöglich auch darüber hinaus) differenziert zu ergründen suchte und damit aber ebenso indirekt dem außerkünstlerischen Unterricht am Bauhaus eine paritätische Bedeutung beimaß. „Mathematik und Physik" – so Klee in der Bauhauszeitschrift im Sommer 1928 – „liefern dazu [zu exakter Forschung in der Kunst] die Handhabe in Form von Regeln und für die Innehaltung und die Abweichung. Heilsam ist hier der Zwang, sich zunächst mit den Funktionen zu befassen und zunächst nicht mit der fertigen Form. Algebraische, geometrische Aufgaben, mechanische Aufgaben sind Schulungsmomente in der Richtung zum Wesentlichen, zum Funktionellen gegenüber dem Impressiven. Man lernt hinter die Fassade sehen, ein Ding an der Wurzel fassen. Man lernt erkennen, was darunter strömt, lernt die Vorgeschichte des Sichtbaren. Lernt in die Tiefe graben, lernt bloßlegen. Lernt begründen, lernt analysieren. Man lernt Formalistisches gering achten und lernt vermeiden, Fertiges zu übernehmen. Man lernt die besondere Art des Fortschreibens nach der Richtung kritischen Zurückdringens, nach der Richtung zum Früheren auf dem Späteres wächst. Man lernt früh aufstehen, um mit dem Ablauf der Geschichte vertraut zu werden. Man lernt Verbindliches auf dem Wege von Ursächlichem zu Wirklichem. Lernt Verdauliches. Lernt Bewegung durch logischen Zusammenhang organisieren. Lernt Logik. Lernt Organismus. [...] Das alles ist sehr gut, und doch hat es eine Not: Die Intuition ist trotzdem nicht zu ersetzen. Man belegt, begründet, stützt, man konstruiert, man organisiert; gute Dinge. Aber man gelangt nicht zur Totalisation."[2]

Unter dem Direktorat von Hannes Meyer, der den zitierten Text von Paul Klee bezeichnenderweise 1929 in seine Broschüre *junge menschen kommt ans bauhaus!* aufnahm, wurden die außerkünstlerischen Fächer innerhalb des Bauhausunterrichts im Rahmen der Strukturveränderungen in ihrem Eigenwert gestärkt. Meyer diente „Kunstlehre", innerhalb seiner starken Ausrichtung auf eine wissenschaftlich begründete Baulehre, bestenfalls „zur Systematik der Ordnungsgesetze" und schätzte sie als solche auch als unentbehrlich für jeden Gestalter ein. Aber mehr noch akzentuierte er die wissenschaftliche Ausbildung, um damit eine größere Realitätsnähe zu erreichen. Die Anzahl der in den natur- und basiswissenschaftlichen Fächern unterrichtenden Lehrer nahm zu. Sie wurden zumeist in die von Meyer präferierte Bauabteilung integriert, wohl ahnend, dass die seinerzeit noch von Gropius beschworene „neue Einheit" von Kunst und Technik unerfüllbar bleibe musste. Diese Lehrergruppe, Gewerbelehrer, Ingenieure und Baupraktiker, aber auch Philosophen und Psychologen, bildeten somit den ingenieurswissenschaftlichen Gegenpart zur prominenten und etablierten Elite der Künstler- und Architektenlehrer, die bis dahin den anscheinend wesentlichen Teil der institutsstrategisch zentralen Lehr- und Unterrichtsveranstaltungen bestritten hatten.

Soweit rekonstruierbar, gehörten zu den Lehrern in diesem Bereich ab 1928/29 hauptsächlich ortsansässige Ingenieure wie Wilhelm Dehnhardt (Heizung und Lüftung), Alcar Felix Rudelt (Baukonstruktionslehre, Mathematik, Eisenbeton, Statik, Festigkeitslehre), Erich Schrader (Mathematik, technische Mechanik, Darstellende Geometrie, Statik), Max Pfeiffer (Baukonstruktionslehre) und Gewerbelehrer wie Artur Krause (Metall), Hermann Schneider (Elektroinstallation), Richard Vogel (Schweißtechnik), Wilhelm Müller (Chemie, Technologie, Baustofflehre), Willi Saemann (Mathematik) und Friedrich Engemann (Darstellende Geometrie, Mathematik, Ausbaukonstruktion). Gerade die Gewerbelehrer verfügten über eine solide berufspädagogische Ausbildung.

Wilhelm Müller

Der Dessauer Studienrat Wilhelm Müller, der für seinen Unterricht am Bauhaus vom Wintersemester 1926/27 bis zum Wintersemester 1931/32 den Technischen Lehranstalten und dem Dessauer Lyzeum entliehen war, führte im Fach Chemie in die Stoffkunde der Bindemittel ein und unterschied dabei zwischen feuerfesten und hydraulischen Materialien. Ferner behandelte er die entsprechenden Herstellungsmethoden und kennzeichnete ihre Verwendungsmöglichkeiten als Baustoffe. Unter Beachtung derselben Gesichtspunkte erfolgte eine Darstellung des Glases, der Nichteisenmetalle unter Betonung des Aluminiums, des Eisens und des Stahles. Später folgten Abschnitte über Naturstein, Beton sowie Zement- und Betonwaren. Damit erhielten die Studierenden einen repräsentativen Überblick über das Angebot der Baustoffindustrie dieser Zeit. In die anschauliche, aber gedrängte Vermittlung waren weitgehend alle diesbezüglichen naturwissenschaftlichen und technologischen Erkenntnisse der Zeit integriert; ebenso im Fach Baustofflehre, das für die höheren Semester unterrichtet wurde. Hier teilte Müller seinen Stoff in fünf Kapitel. Zuerst wurden die natürlichen Baustoffe thematisiert. Entstehung, Eigenschaften und technische Verwendungsmöglichkeiten wurden besonders aufmerksam untersucht. Dem folgte eine Betrachtung der Bindemittel (Mörtel, Zement, Beton), der künstlichen Bausteine sowie der Dichtungsmittel und Anstrichstoffe (wie Asphalt). Der Baustoff Holz wurde gesondert behandelt.[3]

Friedrich Karl Engemann

Friedrich Engemann, ein Berufsschullehrer aus Geringswalde in der Nähe von Görlitz, avancierte im Laufe der Jahre zu einem der bedeutendsten Lehrer der außerkünstlerischen Ausbildung am Bauhaus.
Im April 1927 fing Engemann als Oberlehrer mit 28 Wochenstunden an der Gewerblichen Berufsschule in Dessau an. Zuvor hatte er einige Monate die Leitung der Verbandsberufsschule Geringswalde inne und parallel an der Dresdner Akademie studiert. „Der Gedanke an das Bauhaus in Dessau gab den Ausschlag" – die Stelle in der Stadt am Zusammenfluss von Elbe und Mulde, „trotz der verhältnismäßig ungünstigen Bedingungen", sprich Unterbezahlung, anzunehmen.[4] Die Anstellung behielt er bis zum April 1933. Von 1928 bis 1932 oblagen ihm zudem der Aufbau und die Leitung von pädagogischen Fortbildungslehrgängen für Berufsschullehrer im Auftrag der Anhaltischen Regierung.
Parallel begann er 1927 ein Studium am Bauhaus, das er 1928 abbrach, um als nebenamtlicher Lehrer am Bauhaus angestellt zu werden. Zu Beginn der

1930er-Jahre baute er mithilfe einiger Bauhäusler unweit des Bauhausgebäudes sein eigenes Wohnhaus – wegen seines Schrägdaches ein heute ungeliebter „Bauhausbau".

Engemann wurde am Bauhaus mit einer Schülerschaft konfrontiert, die mehr oder weniger individualistisch, problemorientiert, kreativ, leidenschaftlich, ehrgeizig und weitgehend diskursoffen oder streitlustig, anders als die der Berufsschule, seine pädagogische Begabung herausforderte. Jedoch schon im Berufsschulunterricht wollte er den Schülern nicht nur reines Wissen, sondern die Fähigkeiten vermitteln, den tieferen Sinn, logische Zusammenhänge und themenbezogene Querverbindungen zu erkennen. Und so vermochte es Engemann, die am Bauhaus zu vermittelnden Lehrinhalte einmal handwerksorientiert und andererseits aus Bauhäuslerperspektive nahezubringen. Zusammen mit anderen Lehrern gab er am Bauhaus einen knappen, aber konzentrierten Kurs für die baukonstruktive Ausbildung auf hohem ingenieurwissenschaftlichem Niveau, der der Grundlagenausbildung an Technischen Hochschulen in diesem Bereich nicht nachstand. Engemanns Unterricht am Bauhaus, in Dessau und Berlin, bot elementare Grundlagen für die Architektur-Ausbildung im Bauingenieursbereich. Die nur spärlich überlieferten Unterrichtsmitschriften zeigen, dass Engemann im Fach Darstellende Geometrie den Studierenden die Grundlagen des Faches, die Grundbegriffe der Projektionslehre und des technischen Zeichnens vermittelte. Serien von verschiedenen geometrischen Körpern und technischen Gegenständen waren beispielsweise in exakten Darstellungsformen zu erfassen.[5] Engemann bemühte sich auch hier, den Unterricht möglichst interessant zu gestalten und seine Begeisterung für diese anscheinend tristen Fächer auf die Studierenden zu übertragen. Er war eingenommen von der Theorie der geometrischen Oberflächen von Körpern und ihrer gleichsam „ätherischen" Erscheinung. Angeregt durch den Mathematiker David Hilbert, mit dessen Lehren und „axiomatischer Methode" er auch während seines Studiums in Dresden vertraut gemacht worden war, versuchte er durch die Anwendung einfacher Prinzipien, aus denen logisch das Wissen anderer Gebiete folgte, die getrennt überlieferten mathematischen Wissenszweige zu vereinen. Gleich Hilbert war für Engemann die Mathematik keine Wissenschaft des Rechnens, sondern eine Beschäftigung mit ihren grundlegenden Ideen: Unendlichkeit und Kontinuum, Wahrheit und Beweisbarkeit. In dieser Form lieferte ihm das Fach Geometrie zugleich ein Modell für die Bildung und Zusammensetzung von Dingen und darüber hinaus auch für philosophische Zusammenhänge.

Gelegenheit, seine Vorstellungen im praktisch-technischen Bereich umzusetzen, bekam Friedrich Engemann in der Ausbauwerkstatt. Bereits 1929, knapp ein Jahr nachdem Meyer den Direktorenposten übernommen hatte, musste notgedrungen die Werkstättenstruktur am Bauhaus verändert werden. Die Jungmeister Hinnerk Scheper und Josef Albers hatten jeweils die Leitung der bis dahin von ihnen geleiteten Werkstatt für Wandmalerei und die der Tischlerei niedergelegt, und Marianne Brandt war zudem von der Leitung der Metallwerkstatt zurückgetreten. Im Vorfeld war die Auftragsproduktion, eine wichtige Einnahmequelle, zurückgegangen, und Reklamationen waren eingegangen. Nun wurden kurzerhand die einzelnen Werkstätten zur Ausbauwerkstatt zusammengelegt und einer Art Doppelleitung unterstellt. Friedrich Engemann wurde die Leitung der Werkstätten übertragen, während der ehemalige Bauhausschüler Alfred Arndt die ausgegliederte Produktion und Auftragsentwicklung übernahm. Damit verbunden war eine Änderung des pädagogischen Konzepts, infolgedessen Friedrich Engemann weniger praktischen Unterricht zu leisten hatte, sondern vielmehr in die Entwurfsarbeit integriert wurde. Im Fach technische Werklehre, oder auch technische Mechanik genannt, das Engemann im ersten Werkstattsemester zusammen mit dem Werkmeister innerhalb der Tischlereiwerkstatt unterrichtete, ging es um das Kennenlernen von Werkzeugen und Maschinen sowie das Erlernen von bestimmten Fertigkeiten und Fähigkeiten wie Sägen, Hobeln, Reißen, Verbinden und Oberflächenbehandlungen.[6] Es wird deutlich, dass die von Engemann vorgeschlagenen Lehrinhalte mit denen herkömmlichen, handwerklichen Berufsschulunterrichts beziehungsweise denen der gewerblichen Berufsschule, an der er auch in der Tischlereiklasse unterrichtete, weitgehend übereinstimmten.[7] Die Neuerung scheint mehr methodischer Art gewesen zu sein. So bemühte er sich, die Studierenden zu (selbst-)kritischer Reflexion und zum Experimentieren anzuregen. Im „spekulativen Teil der Arbeit" sollte der Studierende das Erfahrene kritisch betrachten, untersuchen, akzeptieren oder durch Besseres ersetzen".[8] Seinen Part sah Engemann dabei darin, „innerhalb der Versuchsarbeit zu beraten, anzuregen und über die Arbeitsergebnisse Aussprachen herbeizuführen".[9] Sabine Baabe-Meijer weist darauf hin, dass dieser Anspruch Engemanns, als fachkundiger Berater die Studierenden durch gemeinsame Diskussionen über die Arbeitsergebnisse in ihrer Urteils- und Kritikfähigkeit zu stärken, Parallelen zu teilweise noch heute gültigen berufspädagogischen Vorstellungen aufweist.[10]

Engemann scheint Hannes Meyer gegenüber, der im Frühjahr 1930 erklärt hatte, aus dem Bauhaus ein marxistisches Institut zu machen[11], weltanschauliche Ressentiments gehegt zu haben. So verwundert es nicht, dass er, gemeinsam mit Josef Albers und Vasilij Kandinskij, offenbar zu jenem Kreis von Bauhäuslern gehörte, der an der Demontage von Meyer mitwirkte.[12] Engemann stand in engem Kontakt zu Alcar Rudelt und Johannes Riedel. Mit ihnen fühlte er sich in einer Art „engeren Arbeitsgemeinschaft" sehr verbunden und teilte ähnliche ausbildungs- und arbeitspädagogische Ansichten.[13]

Alcar Rudelt

Der in Dresden ausgebildete Alcar Rudelt, der als Nachfolger des Bauingenieurs Friedrich Köhn, der von 1926 bis 1928 am Bauhaus unterrichtete, die Stelle des Bauingenieurs in der Bauabteilung übernommen hatte und nach dem Direktorenwechsel als „Meister" am Bauhaus angestellt wurde, gab neben Engemann den größten Teil der bauorientierten Grundlagenfächer: Baustofflehre, Festigkeitslehre, Mechanik, Mathematik, Statik, Eisenbeton, Eisenbau, Baukunde, Heizungs- und Lüftungstechnik.[14] Im Fach Baumechanik vermittelte er anspruchsvoll die Kräftelehre und bezog sie auf simple statische Sachverhalte am Bauwerk. Einfachen und komplexen, dreidimensionalen Kräftedarstellungen folgten mathematische Berechnungen und eine Einführung in die Theorie der Momente.[15] Rudelt vertiefte auch das Fach Baustoffkunde auf besonders relevante moderne Baustoffe wie Eisenbeton, der als einer der leistungsfähigsten Baustoffe vorgestellt wurde.[16] In logischer Folge wurde dann über Festigkeitslehre und Eisenbau informiert, um daran anschließend das bis dahin vermittelte Wissen im Fach Baukunde, in dem es neben allgemeiner Mauer- beziehungsweise Baugründung, Holzbauweisen und Varianten des Skelett- und Stahlrahmenbaues bis hin zu den verschiedensten Dachkonstruktionen ging, zu vertiefen. Dabei wurde, nunmehr im fortgeschrittenen Semester, schließlich anwendungsbereites Bauingenieurswissen mit dem Konstruieren von zum Beispiel Eisenbetonbauten und Beispielberechnungen (wie Kellerdecken in Eisenbeton und als Steineisendecken, die Kleinsche Decke, Eisenbetonrippendecke) verbunden. Diese Grundlagen ermöglichten es den Studierenden, einfache Bemessungen selbst vorzunehmen.[17] In diesem Stadium der Ausbildung informierte Rudelt über zeitgemäße Baukonstruktionen. Zu den Systemen, die hauptsächlich innerhalb des Neuen Bauens zur Anwendung kamen, gehörten das flache Dach und der Gebäudetyp des Laubenganghauses. Baukonstruktionen, die Entwicklung von Detailzeichnungen, Baukosten- und wärmetechnische Ermittlungen, intensive statische Berechnungen ergänzten den Lehrstoff, der in der Summe die Vermittlung neuer bautechnischer Möglichkeiten und Baukonstruktionen beinhaltete. Abschließend vermittelte Rudelt Kostenermittlung in seinem auf das Bauingenieurswesen orientierten Unterricht.

Johannes Riedel

Hannes Meyer hatte den Reformpädagogen, Arbeitspsychologen und Betriebswissenschaftler Johannes Riedel im Zuge der von ihm betriebenen Reformierung der Bauhauslehr- und Produktionspraxis 1928 als Lehrer für Mathematik, Betriebswissenschaft und Psychotechnik verpflichtet. Riedel gehörte damit zu jenen Gastlehrern, die, nach Meyers Verständnis, als Ergänzung zu den wissenschaftlichen Kursen Aspekte aus übergreifenden, sozial-relevanten Fächern wie Psychologie, Soziologie und Psychotechnik einbringen sollten. Seine Tätigkeit beschreibt Martin Kipp in einem eigenständigen Aufsatz in diesem Buch.

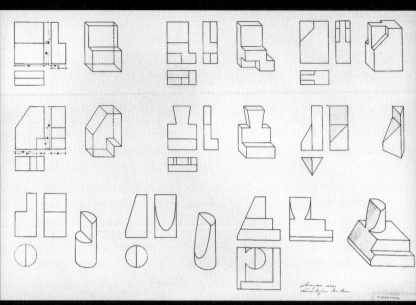

Eduard Ludwig: Übung aus dem Unterricht in Fachzeichnen
bei Friedrich Engemann, 1929

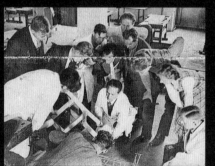

Unterricht bei Friedrich
Engemann, 1930 aus
Beilage Berliner Zeitung,
Mai 1930. Foto: Alfred
Eisenstaedt

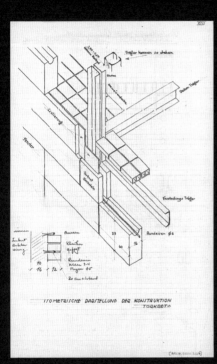

XIII

Howard Dearstyne:
Modene Baukonstruktion.
Mitschrift aus Unterricht
bei Alcar Rudelt, 1929/30

Unterricht bei Alcar Rudelt,
1932 . Foto: Stella Steyn

PSYCHOLOGIE II Graf Dürckheim.

Erfahrungswissenschaft = Psychologie
Gestalt Psychologie

Was ist eine Gestalt –
1. Abgrenzung in Raum – Figur u. Grund.
2. Gegliedertheit
3. Geschlossenheit

Qualitäten des Ganzen als Ganze

Stärke u. Pleug sind Ausdrücke mit Gefühlsfarbung.

Gefühle mit Qualitäten des Bewusstseins Ganzen.

Das Ganze Summe als die Summe der Einzel Teile.

Melodie – Verhältnisse u. Proportion.

Proportionen haben nur sein wenn ein Ganzes da ist.

Mitschrift des Studierenden Howard Dearstyne aus dem Unterricht bei Karlfried Graf Dürckheim, Sommersemester 1931

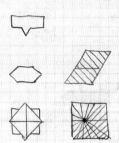

Optische Täuschung

gleich

gleichgross

Es bewirkt sich die Veränderung
eines virtuell gleichen in
der Richtung der Ausprägung
der Eigenart des Ganzen durch
ausprägung seiner Funktion im
Ganzen.

gleich
gross

[Arch. 0000, 2131]

Karlfried Graf Dürckheim

Im Zuge der Verwissenschaftlichung der Methodik begann Hannes Meyer, auf Basis seiner linksgerichteten Weltanschauung, Fächer wie Philosophie, Psychologie und Erziehungswissenschaften in den Ausbildungsprozess zu integrieren. Er verpflichtete zu diesem Zweck deutsche und ausländische Gelehrte von internationalem Rang; darunter die Vertreter des sogenannten Wiener Kreises Rudolf Carnap, Werner Feigl und Otto Neurath. Sie sollten mit ihrem Logischen Empirismus am Bauhaus die Kritik an den „individualistisch-sentimentale[n] Einstellungen" und metaphysischen Spekulationen unterstützen.[18] Sie, ebenso wie der Gewerkschaftsfunktionär Hermann Duncker, der Anfang April 1930 über Marxismus und materialistische Geschichtsauffassung sprach, wirkten wesentlich auf Hannes Meyer ein.

Psychologie wurde am Bauhaus erst spät, unter Hannes Meyer, eingeführt und von dem Leipziger Psychologen Karlfried Graf Dürckheim, der schon in Weimar Bekanntschaft mit einigen Bauhauslehrern geschlossen hatte, im Kurssystem unterrichtet. Hannes Meyer legte großen Wert auf die Vermittlung von Aspekten der Psychoanalyse. Schon vor Beginn seiner Tätigkeit am Bauhaus war Meyer überzeugt: „die Psychoanalyse sprengt das allzu enge Gebäude der Seele." Als Bestandteil und Ausdruck des allgemeinen „Erneuerungswillens" seiner Zeit ging Meyer davon aus, dass Psychoanalyse, ebenso wie Biologie, Relativitätstheorie und Entomologie, „geistiges Gemeingut Aller" und schließlich den künftigen „Weltbürger" ausmachen würden.[19] Ludwig Mies van der Rohe hielt später an den Vorträgen Dürckheims, aber auch Kruegers, Freyers, Prinzhorns und Plessners fest, um, wie er angab, am Bauhaus gelegentlich vorherrschende materialistische Auffassungen zu widerlegen.[20] Dürckheim erinnerte sich: „Mehr als die Begegnung mit Mies van der Rohe und als die Wiederbegegnung mit Klee und Kandinskij bedeutete mir damals die Begegnung mit einer Studentenschaft, die einer rein materialistischen Vorstellung vom Menschen huldigte. Es war ein herrliches Ringen, bei dem ich lernte, dass das Anklingenlassen qualitativer Erlebnisse letztlich eine reine rationale Argumentation aus dem Feld schlägt."[21] In – nach seiner Einschätzung – fruchtbaren und anregenden Diskussionen mit Hannes Meyer über Fragen wie der bauenden Gestaltung, mahnte Dürckheim Meyer, wohl angesichts des von Meyer vertretenen Genossenschaftsgedankens, dem „Bindungswillen des Menschen an seinen persönlichen Raum Rechnung zu tragen". Dürckheim hielt Meyer ferner einen „wagen Kollektiv-Begriff" vor und sprach demgegenüber von konkreten „Formen sozialer Ganzheit mit eigener Geschichte, eigener Ordnung und eigener Wertwirklichkeit". Hinsichtlich des radikal-funktionalistischen Gestaltungsansatzes waren Meyer wie Dürckheim überzeugt, „Gestaltungsfragen [seien]nicht primär ästhetische Fragen [...], sondern Fragen des Lebens", dessen Existenzbedingungen mit Blick auf die Gemeinschaft wissenschaftlich erforscht werden müssten. Jedoch meinte Dürckheim, dass man diesem Leben nicht allein materialistisch gerecht werden könne, da „menschliches Leben und gerade solches in der Gemeinschaft erst dort eigentlich anfängt, wo die Materie und die rein materiellen Bedürfnisse aufhören". Er verband damit eine „Eigenart des Sollens, das sich nicht mehr aus rational-greifbaren Nützlichkeitsprinzipien verstehen ließe".[22]

Die Vorlesungen, die der frischgebackene Hochschullehrer Dürckheim, der eine tiefe Aversion gegen die schulmäßige Experimentalpsychologie hatte, am Bauhaus gab, thematisierten neben allgemeinpsychologische Fragen vor allem Gestaltpsychologie und Hauptformen psychischer Gerichtetheit. Zwei wesentliche Aspekte legitimierten Dürckheims Verpflichtung als Gastlehrer am Bauhaus. Seine „Grundvorstellung von der Arbeit am Menschen" war von der Überzeugung geleitet, dass „eine Erfahrung umso tiefer [ist], als an ihr die Ganzheit des Menschen beteiligt ist; umso flacher, als sie nur einen Teil seines Menschsein anspricht. Eben weil aber die Ganzheit des Menschen in seinem in numinosen Qualitäten erfahrbaren Kern wurzelt, muss eine endgültige Erkenntnis, Lehre und Führung des Menschen sich allem zuvor um die Erfahrung, Erkenntnis, Befreiung, Entfaltung und Profilierung dieses Kerns kümmern."[23] Dass dieser Ansatz, möglichst den ganzen Menschen anzusprechen und ihn zu „öffnen" für ein komplexes Erfahrungsspektrum, mit den Lehrzielen des Bauhauses unter allen drei Direktoren korrelierte, braucht nicht weiter erläutert zu werden. Zumal, am Bauhaus in Dessau wurde im nicht geringen Maße der Empiriokritizismus, demzufolge für den Menschen die Beziehungen mit der ihm umgebenden Außenwelt bestimmend wären und jeder Körper einen Komplex von Empfindungen darstellt, über Ernst Mach und seine Anhänger wie Otto Neurath, Herbert Feigel und Rudolf Carnap rezipiert.[24] Auch in der Gestaltpsychologie, ein für die künstlerische Ausbildung wesentliches Problemfeld, spielte der Ganzheitsanspruch eine zentrale Rolle hinsichtlich des Zusammenschlusses von erlebten beziehungsweise wahrgenommenen gestaltlich ausgezeichneten Teilen zu einer Ganzheit. Dürckheim war ein Vertreter der Leipziger Schule der Gestaltpsychologie, die auf einer genetischen Ganzheitspsychologie gründete und zu der auch die schon erwähnten Wissenschaftler Krüger und Freyer gehörten. Im Gegensatz zur noch heute virulenten Gestalttheorie der sogenannten Berliner Schule (Max Wertheimer, Wolfgang Köhler, Kurt Koffka), die eine Auffassung der Erlebensimmanenz vertrat, nach der Erlebnisse aus Erlebnissen hervorgehen, waren die Leipziger der Meinung, Erlebnisse seien durch erlebensjenseitige Gegebenheiten bedingt. Sie setzten in einem Bereich transphänomenalen seelischen Seins an, den sie „Struktur" nannten. Gestaltpsychologische Aspekte waren natürlich auch Bestandteil des Unterrichts, den Vasilij Kandinskij und Paul Klee gaben. Dürckheims Unterricht war in dieser Hinsicht zweifellos tiefgründiger, komplexer und vor allem exponiert raumorientiert, wie schon einige Kapitelüberschriften aus den Unterrichtsaufzeichnungen erkennen lassen: Gestaltpsychologie, Psychologie des Denkens, Raumpsychologie, Raumbewusstheit, Raum als bestimmte Sinneseinheit, Selbstraum, Individualpsychologie, Psychologie des Alltags, Charakterologie.[25] Die Lehren Kandinskijs und Klees scheinen durch den Unterricht von Dürckheim im Bereich der Gestaltpsychologie eine wissenschaftliche Bestätigung erfahren zu haben. Von besonderer Bedeutung für die Bauhäusler waren offenbar auch Dürckheims Ausführungen zur „Psychologie des Raumes". Dürckheim entwickelte die erste existenzialphilosophische Raumtheorie, für die wiederum der Philosoph und Psychologe Theodor Lipps (1851–1914) mit seinem „Einfühlungsverfahren" und Ludwig Klages (1872–1956) mit seiner „Ausdruckslehre" die wichtigsten philosophischen Vorarbeiten leisteten.[26] Dürckheims Analysen hinsichtlich einer komplexen funktionalen Raumauffassung beziehungsweise der Wirkung des Raumes auf die menschliche Psyche waren am späten Bauhaus zweifellos mehr als eine die Grundlagenvermittlung lediglich ergänzende Lehreinheit.[27] Besonders seine erlebnisorientierten Ausführungen zum „persönlichen Raum" beziehungsweise zum „Zweckraum" als Formen des „funktionalen Raumes" dürften am Bauhaus sowohl unter Hannes Meyer als auch unter Ludwig Mies van der Rohe zumindest als grundlegender Beitrag wenn nicht gar als Korrektiv innerhalb des bauhausimmanenten Raumdiskurses gewirkt haben.[28] Darüber hinaus sind Dürckheims Untersuchungen zum „gelebten Raum" Bestandteil eines allgemeinen Diskurses, der in der ersten Hälfte des 20. Jahrhunderts über das menschliche Erlebnisspektrum und die damit verbundene Selbst- und Welterkenntnis geführt wurde.

Das phänomenologische Denken, die Konzentration auf emotionale und körperlich-seelische Aspekte der Subjektivität, entsprachen einer Geisteshaltung der Zeit, die zugleich als „zivilisationskritische Antwort auf eine rationalistische Geisteshaltung" zu verstehen ist, „die wiederum als Folge industrialisierungsbedingter Modernisierungen nicht nur das Selbstverständnis der Natur- und Sozialwissenschaften, sondern zunehmend auch das Selbstbild der Menschen prägte".[29]

Die Bedeutung der wissenschaftlichen Arbeit von Karlfried Graf Dürckheim zu Beginn der 1930er-Jahre, sein „in seiner erkenntnistheoretischen Aufmerksamkeit erweitertes Denken", scheint bis heute ungebrochen angesichts der Forderung nach „einer neuen Besinnung in den Kreisen der Human- und Sozialwissenschaften", welche den Menschen „als gefühlsmäßig und leiblich erlebendes Wesen kaum noch respektieren".[30] Die Vielfalt und der komplexe Anspruch der handlungsorientierten Lehrinhalte, die Dürckheim im Rahmen des außerkünstlerischen Unterrichts am Bauhaus auf ungewöhnliche und experimentelle Weise vermittelte, können nicht nur als bislang im Zusammenhang mit der Darstellung der letzten Phase der Bauhausgeschichte zu Unrecht vernachlässigte besondere Form der Welterkenntnis, sondern auch als Lebenshilfe, womöglich nicht nur für die Studierenden, und damit auch als elementare Grundlage ihres künstlerischen Schaffens angesehen werden.

Das Ganzheitsdenken, wie es Dürckheim oder auch Johannes Riedel vertraten, wurde in der Folge ideologisch missbraucht beziehungsweise umgedeutet. Ganzheitsdenken und Gestaltpsychologie traten das geistige Erbe der Lebensphilosophie an und erhielten – bedingt durch das gesellschaftliche und politische Klima nach dem Ersten Weltkrieg – den Vorrang gegenüber analytisch-rationalen Bestrebungen. Der Nationalsozialismus schien vielen „die große Chance zu bieten, das in der Tradition der Lebensphilosophie veranlagte geistige Potential in gesellschaftliche Praxis umzusetzen, um den neuen Menschen zu sehen (Psychologie), den neuen Menschen zu formen (Pädagogik), den neuen Staat als Führungsmacht für die Durchsetzung dieser ,nationalen Wiedergeburt' zu ermächtigen".[31] Vor diesem Hintergrund ist auch Dürckheims Hinwendung zum Nationalsozialismus und auch die Hans Freyers, seines Lehrers und Bauhausgastdozenten, zu sehen, die sich in den Dienst des NS-Systems in den 1930er-Jahren stellten.

Gekürzter Wiederabdruck des gleichnamigen Aufsatzes, der im *Dessauer Kalender* 2011, S. 40–59, erschienen ist.

Anmerkungen

1 Gropius, Walter. „Rede anlässlich der Eröffnung des Bauhaus-Archivs in Darmstadt". *Die Welt*., Nr. 127 vom 3.7.1961.

2 Klee, Paul. „Exakte Versuche im Bereich der Kunst". *bauhaus, Zeitschrift für Gestaltung* 2:2/3 (1928): S. 17.

3 Baustofflehre, Unterrichtsmitschriften von Walter Köppe, 1929. Stiftung Bauhaus Dessau, Archiv, Nachlass Köppe.

4 Engemann, Friedrich. Handschriftlicher Lebenslauf, undatiert. Stiftung Bauhaus Dessau, Archiv.

5 Bax, Marty. *Bauhaus Lecture Notes 1930–1933*. Amsterdam, 1991, S. 67.

6 Engemann, Friedrich. Vorschlag für technische Übungen im 1. Werkstattsemester der Tischlereiwerkstatt und Vorschlag für die eigene Stundenplaneinteilung zur Unterrichtserteilung, undatiert. Stiftung Bauhaus Dessau, Archiv, Nachlass Engemann, Inv.-Nr.: I 8566 D.

7 Lehrplan und Unterrichtsmodalitäten der Technischen Lehranstalten Dessau, Abteilung Tischler-Fachschule, 1929, Stiftung Bauhaus Dessau, Archiv, Nachlass Engemann, Inv.-Nr.: I 8389 D; Groth, Hermann. *Fachkunde für Holzarbeiterklassen an gewerblichen Berufsschulen*, Leipzig/Berlin, 1927.

8 Engemann, Vorschlag für technische Übungen.

9 a. a. O.

10 Baabe-Meijer, Sabine. *Berufliche Bildung am Bauhaus*. Paderborn, 2006, S. 249.

11 Albers, Josef. Brief an Ludwig Grote vom 20.6.1930. Germanisches Nationalmuseum Nürnberg, Archiv für Bildende Kunst, I B 220/221 Bauhaus-Korrespondenzen.

12 a. a. O.

13 Engemann, Friedrich. Brief an den Landesschulrat vom 30.10.1931. Stiftung Bauhaus Dessau, Archiv, Nachlass Engemann, Sign. 35-K-1931-10-30.

14 Vertrag zwischen dem Magistrat der Stadt Dessau und Alcar Rudelt vom 30.5.1930 (Abschrift). Stiftung Bauhaus Dessau, Archiv.

15 Winkler, Klaus-Jürgen. *Baulehre und Entwerfen am Bauhaus 1919–1933*. Weimar, 2003. S. 155.

16 Eisenbeton, Unterrichtsmitschriften von Walter Köppe, 1929. Und Unterrichtsmitschriften von Lotte Gerson-Collein, 1927–30. Stiftung Bauhaus Dessau, Archiv.

17 Winkler, 2003, S. 156.

18 Carnap, Rudolf. Tagebuch. University of Pittsburgh, Archives of Scientific, zitiert nach: Stadler, Friedrich. „Wissenschaftliche Weltauffassung und Kunst. Zur werttheoretischen Dimension im Wiener Kreis". *Deutsche Zeitschrift für Philosophie* 43:4 (1995): S. 648.

19 Meyer, Hannes. „Die Neue Welt". *Das Werk* 13:7 (1926): S. 205 ff.

20 Mies van der Rohe, Ludwig. Brief an Ministerpräsident Freyberg vom 13. 7.1933 (Abschrift). Stiftung Bauhaus Dessau, Archiv.

21 Dürckheim, Karlfried Graf. *Erlebnis und Wandlung*. Stuttgart, 1956, S. 41.

22 Dürckheim, Karlfried Graf. Brief an Hannes Meyer vom 18.8.1930 anlässlich dessen fristloser Entlassung (Durchschlag). Stiftung Bauhaus Dessau, Archiv, Inv.-Nr.: I 14975 D.

23 Dürckheim, 1956, S. 41.

24 Vgl. Bernhard, Peter. „Die Einflüsse der Philosophie am Weimarer Bauhaus". In: *Das Bauhaus und die Esoterik*, hrsg. von Christoph Wagner, S. 32. Hamm, 2006.

25 Puff, Walter. Mitschriften aus dem Unterricht bei Graf Dürckheim, 1931/32. Stiftung Bauhaus Dessau, Archiv. Dearstyne, Howard. Notizen aus den Vorlesungen von Dr. Karlfried Graf von Dürckheim über Psychologie, 1930–1931. In: *Das Bauhaus*, hrsg. von Hans-Maria Wingler, S. 166 f., Köln, 2002.

26 Vgl. Bernhard, 2006, S. 34, Vgl. Bauhausdiplom von Gerd Balzer, Günter Conrad usw., Bauhaus-Archiv Berlin.

27 Vgl. Linden, J. J. van der. In: Bax, 1991, S. 66.

28 Dürckheim, Karlfried Graf. „Untersuchungen zum gelebten Raum. Erlebniswirklichkeit und ihr Verständnis. Systematische Untersuchungen II.". In: *Neue Psychologische Studien*; Band 6, Heft 4, hrsg. von Felix Krüger, S. 383–480. München, 1932.

29 Vgl. Hasse, Jürgen. In: *Graf Karlfried von Dürckheim, Untersuchungen zum gelebten Raum (Wiederveröffentlichung), Natur-Raum-Gesellschaft*, Nr. 4, hrsg. vom Institut für Didaktik der Geografie, S. 7. Frankfurt am Main, 2005.

30 a. a. O., S. 138 und S. 8.

31 Wehr, Gerhard. *Karlfried Graf Dürckheim*. Freiburg/Basel/Wien, 1996, S. 69.

Meyers Programm der Gastvorträge

Peter Bernhard

Schon Walter Gropius plante bei der Konzeption seiner neuen Schule, die Lehre durch eine größere Zahl von Gastvorträgen zu komplettieren.[1] So sind bereits im Bauhausprogramm von 1919 „allgemein interessante Einzelvorträge aus allen Gebieten der Kunst und Wissenschaft" als Teil der „wissenschaftlich-theoretischen Ausbildung", die neben der handwerklichen und der „zeichnerischen und malerischen" die dritte curriculare Säule bilden sollte, angekündigt.[2] Mit dieser stets gleichlautenden Formel floss das Gastvortragsprogramm in alle Lehrpläne der Ära Gropius ein.

Nach der Übernahme des Direktorats durch Hannes Meyer gewannen die Gastvorträge weiter an Bedeutung, da er sein erklärtes Ziel einer „wissenschaftlich begründete[n] Gestaltung" vor allem „durch einen konsequenten Ausbau der Gastkurse" zu erreichen suchte.[3] Ersichtlich wird diese Aufwertung an dem von Meyer entworfenen Lehrschema, welches eine detaillierte Darstellung des neuen Bauhauscurriculums in diagrammatischer Form gibt. Hier finden sich die in Zusammenhang mit den Gastvorträgen bis dato lediglich pauschal genannten Bereiche Kunst und Wissenschaft penibel nach insgesamt 18 Fachgebieten ausdifferenziert: Dem Bereich Kunst sind nun (1) Philosophie, (2) Psychologie, (3) Film und Theater, (4) Musik, (5) Malerei und Plastik, (6) Kunstgeschichte sowie (7) Literatur zugeordnet, während unter Wissenschaft (1) Werbetheorie, (2) Hygiene, (3) Anatomie, (4) Raumakustik, (5) Farbkunde, (6) Lichttechnik, (7) Physik und Chemie, (8) Betriebswissenschaft, (9) Psychotechnik, (10) Biologie sowie (11) Soziologie fallen. Wenig überraschen dürfte das Überwiegen der wissenschaftlichen Fächer, eher schon, dass Philosophie und Psychologie der Kunst zugerechnet werden, zumal Meyer auch Philosophen einlud, die zu den vehementesten Propagandisten einer wissenschaftlichen Weltauffassung zählten.[4] Zu dem Paradigmenwechsel unter dem Direktorat Meyer bemerkte der damalige Bauhausstudent Ladislav Foltyn: „Die Architektur bekam unter Hannes Meyer die leitende

Rolle, jedoch in einem etwas anderen Sinne, als Gropius es in seinem Gesamtkunstwerk hatte verwirklichen wollen. Ihre fachlichen Grenzen wurden bedeutend erweitert und zum Teil gesprengt. Für die Arbeit des fortschrittlichen Architekten wurde eine hohe Bildung als wünschenswert erkannt. [...] Die Eingliederung von Gastvortragenden in den Lehrplan bildete einen vielverheißenden Anfang auf diesem Weg."[5] Meyer sah sich hier lediglich auf die Anforderungen der Zeit reagierend, indem er konstatierte: „das neue haus ist als trockenmontagebau ein industrieprodukt, und als solches ist es ein werk der spezialisten: volkswirte, statistiker, hygieniker, klimatologen, betriebswissenschaftler, normengelehrte, wärmetechniker ... der architekt? ... war künstler und wird spezialist der organisation!"[6] Entsprechend, so erinnerte sich der ehemalige Student Gustav Hassenpflug, war der neue Ausbildungsverlauf gestaltet: „An die [...] Gastkurse für Baurecht, Bodenrecht und Bauwirtschaft, Lichttechnik, Raumakustik und Installationslehre schloß sich die Tätigkeit im Bauatelier an."[7]

Die Verwendung der Kreise in Meyers Lehrschema verweist auf die Pädagogik seines Landsmanns Johann Heinrich Pestalozzi. Dieser war von drei aufeinander aufbauenden Lebenskreisen ausgegangen (dem familiären Elternhaus, der beruflichen Standeswelt und dem Vaterland beziehungsweise Volk), in die sich jeder Mensch sukzessive einzufinden habe und die demzufolge von jeder lebensorientierten Bildung zu berücksichtigen seien. Das so entworfene, anthropologische Modell von ineinanderliegenden geistigen Sphären blieb für Meyers Architektur zeitlebens leitend.[8] Meyer integrierte wie selbstverständlich Pestalozzi in das sozialistische Theoriegebäude, bezeichnete die Kreise im Lehrschema als „arbeitskreise bzw. zellen".

Darüber hinaus verweisen die von Meyer angeführten Begriffe „hirn" und „herz" auf Pestalozzi. Dieser hatte, ausgehend von den drei elementaren menschlichen Fähigkeiten Denken, Fühlen und Handeln, eine ganzheitliche Pädagogik von „Kopf, Herz und Hand" gefordert. Gemäß dieser Trias situierte Meyer im Lehrschema die hand-werkliche Ausbildung zwischen den beiden mit „hirn" und „herz" näher bezeichneten Bereichen Wissenschaft und Kunst. Explizert hatte Meyer diese auf Pestalozzi fußende Konzeption unter anderem in einem Vortrag, den er 1929 in Wien und Basel gehalten hatte. Dort

führte er zum „lehrplan der neuen bauschule am beispiel dessau" aus: „wochenweise: 1 tag ‚kunst' = seele und psychologie / 1 tag ‚mathem.' = geist (ordnung) / 3 tage arbeit = geist u. seele = werk."[9]
Vor diesem Hintergrund wird ersichtlich, dass die „Bezeichnung ‚Verwissenschaftlichung' für die systematische Einführung von Gastkursen […] zu Mißverständnissen geführt"[10] hat, da damit aus dem Blick geriet, dass es Meyer auch um eine reformpädagogisch motivierte Allgemeinbildung ging. Der falsche Eindruck wurde allerdings von Meyer selbst befördert, vor allem durch seine Äußerungen unmittelbar nach seiner Entlassung als Bauhausdirektor: In seinem offenen Brief an Bürgermeister Hesse tut er zum Beispiel die künstlerischen Gastveranstaltungen als „bunte Einlagen" ab.[11] Der Allgemeinbildungsanspruch wurde von den Studierenden durchaus wahrgenommen. So erklärte Max Bill lapidar: „picasso, jacobi, chaplin, eiffel, freud, strawinski, edison usw. gehören eigentlich auch zum bauhaus."[12] Mit dieser Aufzählung verdeutlichte Bill symbolisch die ganze thematische Bandbreite, mit der sich das Bauhaus befasste. Von den genannten Personen war lediglich Igor Stravinskij[13] mit einer Veranstaltung 1923 tatsächlich am Bauhaus.[14] Der Musikpädagoge Heinrich Jacoby hielt dort keinen Vortrag, wenngleich er mit einigen Bauhäuslern persönlich bekannt war und mit seiner These von der grundsätzlichen Begabung jedes Menschen der Schule auch inhaltlich nahestand.
In dem Vortragsprogramm von Sommer 1928 bis Sommer 1929 des von Meyer konzipierten Prospekts *junge menschen kommt ans bauhaus!* werden einige Gastreferenten genannt (auch hier wieder mit dem Verweis auf die Einheit von Leib, Seele und Geist). Bei der Zuordnung dieser Vorträge zu den von Meyer im Lehrschema angeführten Fächern ist eine gewisse Großzügigkeit vonnöten. So lassen sich die genannten Architekturreferate wohl am ehesten unter die Kunstgeschichte subsumieren. Die angeführten Musikvorträge verdeutlichen deren konzeptionelle Integration (entsprechend dem im Lehrschema genannten Bereich Musik). Dass sich mit Otto Neurath und Herbert Feigl zwei Mitglieder des neopositivistischen Wiener Kreises und mit Hans Riedel ein Vertreter der antipositivistischen sogenannten Leipziger Schule auf der Referentenliste finden, lässt zudem eine von Meyer durchaus intendierte weltanschauliche Offenheit erkennen, die freilich nicht folgenlos blieb.

So erinnerte sich der damalige Bauhausstudent Pius Pahl, „daß in den so widerspruchsvollen dreißiger Jahren Meinungen in schärfster Form aufeinanderprallten, vor allem im Anschluß an Vorträge und Vorführungen von Wissenschaftlern und Künstlern".[15] Die Vortragsreihe von Feigl zeigt außerdem, dass manche dieser Veranstaltungen den Charakter von Kompaktseminaren besaßen. Damit sind sie kaum zu unterscheiden von den ebenfalls abgehaltenen Gastkursen, so gab beispielsweise Piet Zwart im Dezember 1929 einen „gastkurs in typografie"[16] und Karel Teige als „Gastlehrer für Literatur" im Januar 1930 eine „entwicklungsgeschichtliche Einführung in die Material- und Ausdrucksprobleme der zeitgenössischen Literatur und Dichtung".[17] Intensivformate dieser Art wurden vorrangig in der Ära Meyer angeboten. Die schon hier deutlich werdende Internationalität der Gäste (Feigl war Österreicher, Zwart Niederländer, Teige Tscheche) existierte dagegen nicht nur in der Zeit von Meyer, wenn er auch besonderen Wert darauf legte.

In der Bauhauszeitschrift wurden nicht alle Gastvorträge genannt, teilweise wohl deshalb, weil manches spontan und kurzfristig vereinbart wurde, teilweise wohl auch, weil einige Vorträge ihrer politischen Brisanz wegen nicht allgemein publik werden sollten. Dazu zählen, so der damalige Student Philipp Tolziner, zum Beispiel die Vorträge des KPD-Gründungsmitgliedes Hermann Duncker über Marxismus[18], die von Zeitzeugen „zu Höhepunkten weltanschaulicher und politischer Schulung am Bauhaus"[19] erklärt wurden. Damit wird deutlich, dass man politische Schulung durchaus als eine eigene Gastvortragskategorie in der Ära Meyer ansehen könnte. Dafür spricht auch das Plädoyer des damaligen Studierendenvertreters Albert Mentzel für eine curriculare Neustrukturierung, in dem er vorbrachte: „das bauhaus als organisation umfasst folgendes: die extakt-wissenschaftliche lehre, die handwerkliche lehre. die ideelle schulung erfolgt durch kräfte, die in der gesellschaft (‚draussen', wie das hier [am Bauhaus] bezeichnenderweise genannt wird), für das bessere morgen kämpfen und die gastweise für wochen, für vorlesungen und kurse verpflichtet werden. so würde das bauhaus zum kreuzungspunkt zweier lebendiger ströme."[20] Mit Meyers Entlassung erübrigten sich solcherlei Pläne. Gleichwohl gab es am Bauhaus weiterhin „Vorträge und Gastkurse der verschiedensten Art [, durch die] eine Vertiefung in die geistigen Probleme unserer Zeit herbeigeführt" werden sollte."[21] Unter den Bedingungen einschneidender Etatkürzungen hatte sein Nachfolger Mies van der Rohe ein Drittel von Meyers diesbezüglichem Fächerkanon übernommen, namentlich Psychologie, Kunstgeschichte, Farbkunde (nun „Farbenlehre"), Betriebswissenschaft (nun „Wirtschafts- und Betriebslehre"), Psychotechnik und Soziologie;[22] und auch „die Kenntnis moderner und geschichtlichen musikalischen Schaffens wurde vermittelt".[23] Dass jedoch in erster Linie Meyer mit den Gastvorträgen in Verbindung gebracht wird, hat seine Berechtigung nicht nur deshalb, weil es unter seiner Ägide die meisten gab – circa 80 Veranstaltungen stehen circa 70 in der Ära Gropius und etwa 60 in der Ära Mies van der Rohe gegenüber[24] –, sondern auch, weil Meyer das Gastvortragsprogramm am stärksten in das Curriculum einband. Zwar wurden auch von ihm wie schon von Gropius und später von Mies van der Rohe manche Vorträge als PR-Maßnahme genutzt, indem sie im repräsentativen ehemaligen Palais Cohn-Oppenheim stattfanden und einem breiteren Publikum, dem sogenannten Kreis der Freunde des Bauhauses zugänglich gemacht (und dafür von diesem mitfinanziert) wurden. Inhaltlich heben sich diese Veranstaltungen aber nicht von den anderen Gastvorträgen ab und sind dementsprechend in den von Meyer angelegten Verzeichnissen ohne besondere Kennzeichnung integriert (in der Broschüre „junge menschen" sind dies zum Beispiel Ewald Sachsenbergs Vortrag über Reklame sowie Max Bergs Vortrag über Städtebau und Geisteskultur). Und Meyer war wohl auch derjenige unter den drei Bauhausdirektoren, der mit den Gastreferenten am intensivsten in den persönlichen Meinungsaustausch trat. Bezeichnend hierfür ist die Einschätzung des ehemaligen Bauhausstudenten Hubert Hoffmann, dass Neuraths „Vorträge und Diskussionen […] dazu beigetragen [hätten], auch in Hannes Meyer, dessen erste theoretische Manifestationen noch stark von anthroposophischen Vorstellungen geprägt waren, das Überwiegen materialistisch-empirischer Grundeinstellung zu fördern".[25] Daher kann es nicht verwundern, dass Meyer auch nach seiner Dessauer Zeit dieser Form einer umfassenden Ausbildung weiter anhing. So kritisierte er schon kurz nach seinem Arbeitsbeginn an seiner neuen Wirkungsstätte, der Hochschule für Architektur und Bauwesen (WASI) in der Sowjetunion, dass keiner der hiesigen Studierenden „eine ahnung von der wissenschaftlichen licht-lehre, farblehre, betriebswissenschaft, akustik, psychologie" habe.[26] Und auch noch später in Mexiko führte er betreffend sein Lehrkonzept am Bauhaus aus: „Denn wie sollte der Werkstudent fähig sein, den Benützer seines Standardmöbels, das Volk, in seinen verschiedenen Schichten, Klassen und Wirtschaftsformen zu begreifen ohne sozialökonomische Kenntnisse? Wie sollte sein Verständnis für den Fabrikationsprozeß geweckt werden, wenn nicht durch Ausbau einer Betriebslehre? Wie sollte sein psychologisches Verständnis für die Funktionsform geweckt werden können, wenn nicht durch Einführung eines methodischen Lehrkurses für Psychologie?"[27] Für diese Lehrphilosophie konnte er auch seine Bauhausschüler gewinnen. So bemerkte Hubert Hoffmann, der sich nach dem Zweiten Weltkrieg in Dessau um eine Wiedereröffnung des Bauhauses bemüht hatte: „[W]ir waren seit langem der Ansicht, daß die Architekten in ihrer Ausbildung der Geisteswissenschaften bedürfen, à propos – am Dessauer Bauhaus hat das schon mal bestanden – kein Vorkurs – vielmehr Zwischenkurse in Mathematik, Soziologie, Psychologie, Volkswirtschaft usw."[28]

Anmerkungen

1 Vgl. Bernhard, Peter, hrsg. *bauhausvorträge. Gastredner am Weimarer Bauhaus 1919–1925*. Berlin, 2017, S. 13–23.

2 Gropius, Walter. Manifest und Programm des Staatlichen Bauhauses Weimar. 1919. In: *Das Staatliche Bauhaus in Weimar. Dokumente zur Geschichte des Instituts 1919–1926*, hrsg. von Volker Wahl, S. 98 f. Köln/Weimar/Wien, 2009.

3 Meyer, Hannes. Mein Hinauswurf aus dem Bauhaus. Offener Brief an Herrn Oberbürgermeister Hesse, Dessau. *Das Tagebuch* 11:33 (1930): S. 1308. Abgedruckt in: Meyer, Hannes. *Bauen und Gesellschaft. Schriften, Briefe, Projekte*, hrsg. von Lena Meyer-Bergner, S. 67–73. Dresden, 1980.

4 Vgl. Bernhard, Peter. „Zur „inneren Verwandtschaft" von Neopositivismus und Neuem Bauen". In: *Architektur und Philosophie. Grundlagen, Standpunkte, Perspektiven*, hrsg. von Jörg Gleiter und Ludger Schwarte, S. 162–176, 267–275. Bielefeld, 2015.

5 Foltyn, Ladislav. „Bauhauspädagogik". *form + zweck. Fachzeitschrift für industrielle Formgestaltung* 11:3 (1979): S. 83 f.

6 Meyer, Hannes. „bauen". *bauhaus* 2:4 (1928): S. 13. In: Meyer-Bergner, S. 47 ff.

7 Hassenpflug, Gustav. „Kunst – im Menschlichen verankert. Geist und Geschichte des Bauhauses". *bildende kunst. Zeitschrift für Malerei, Grafik, Plastik und Architektur* 1:7 (1947): S. 22.

8 Winkler, Klaus-Jürgen. *Der Architekt hannes meyer. Anschauungen und Werk*. Berlin, 1989, S. 36, 97, 183. Zur Relevanz von Pestalozzi für Meyers Œuvre siehe den Beitrag von Andreas Vass in diesem Band.

9 Meyer, Hannes. Vorträge in Wien und Basel 1929. In: Meyer-Bergner.

10 Hoffmann, Hubert. Hannes Meyer – ökologische Aspekte seiner Lehre und deren Auswirkung. In: *Hannes. Meyer. Beiträge zum 100. Geburtstag 1989*, hrsg. von Klaus-Jürgen Winkler, S. 95 f.. Weimar, 1990.

11 Meyer, Hannes, 1930. In: Meyer-Bergner, S. 1308.

12 Bill, Max. Antwort zum „interview mit bauhäuslern". *bauhaus* 2:2/3 (1928): S. 26.

13 Im Deutschen auch Igor Strawinsky.

14 Vgl. Ganter, Martha. „Die Musikvorträge am Weimarer Bauhaus". In: Bernhard, 2017, S. 350–354.

15 Pahl, Pius. „Erfahrungen eines akademischen Architekturstudenten". In: *Bauhaus und Bauhäusler: Erinnerungen und Bekenntnisse*, hrsg. von Eckhard Neumann. S. 335. Köln, 1985.

16 Meyer, Hannes. Schreiben an den Reichskunstwart Edwin Redslob vom 20.8.1930. Abgedruckt in: *Hannes Meyer. 1889–1954: Architekt, Urbanist, Lehrer*, hrsg. von Werner Kleinerüschkamp, Berlin, 1989, S. 176 ff.

17 Meyer, Hannes. Briefe an Karel Teige, 18.12.1929, 12.2. und 6.8.1930, Bauhaus-Archiv Berlin, Inv.-Nr. 2969.

18 Vgl. Tolziner, Philipp. „Mit Hannes Meyer am Bauhaus und in der Sowjetunion". In: Kleinerüschkamp, S. 249.

19 Collein, Edmund. „Gedanken und Erkenntnisse eines Absolventen des Dessauer Bauhauses". *Wissenschaftliche Zeitschrift der Hochschule für Architektur und Bauwesen Weimar* 23:5/6 (1976): S. 456.

20 Mentzel, Albert. „Vom Bauhäusler zum Studierenden". *RED* 3 (1929–31): S. 160.

21 Bauhaus Dessau 1931. Broschüre, hrsg. vom Kreis der Freunde des Bauhauses, Stiftung Bauhaus Dessau, Inv.-Nr. I 914 D, o. S.

22 bauhaus dessau 1930. Lehrplan vom September, o. S. In: Droste, Magdalena. *bauhaus 1919–1933*. Köln, 1990, S. 208 f.

23 Kreis der Freunde des Bauhauses, 1931.

24 Da aufgrund der unzureichenden Quellenlage nach wie vor kein vollständiges Gastvortragsverzeichnis existiert, können hier nur Schätzungen abgegeben werden. Die ausführlichste Liste zur Dessauer Zeit in: Dietzsch, Folke. *Die Studierenden am Bauhaus. Eine analytische Betrachtung zur strukturellen Zusammensetzung der Studierenden, zu ihrem Studium und Leben am Bauhaus sowie ihrem späteren Wirken*, Dissertation. Hochschule für Architektur und Bauwesen Weimar, 1991, S. 330–334.

25 Hoffmann, Hubert. „Otto Neurath – seine Bedeutung für die Städtebautheorie". *Bauforum. Fachzeitschrift für Architektur, Bautechnik, Bauwirtschaft, industrial design* 16:2 (1983): S. 40.

26 Meyer, Hannes 1931. vortrag WASSI, 23/5/31, 2-seitiges Typoskript, Deutsches Architekturmuseum, Nachlass Hannes Meyer, Inv.-Nr. 164-202-002.

27 Meyer-Bergner, S. 82.

28 Hoffmann, Hubert. „Stimme des Bauhauses. Gropius und Schwarz". *Baukunst und Werkform. Monatsschrift für alle Gebiete der Gestaltung* 6 (1953): S. 68–76. Abgedruckt in: *Die Bauhaus-Debatte 1953 – Dokumente einer verdrängten Kontroverse*, hrsg. von Ulrich Conrads u. a., S. 69. Wiesbaden, 1994.

Landwirtschaft und Siedlungsbaulehre bei Konrad von Meyenburg

Gregory Grämiger

Zu den Gastdozenten, die Hannes Meyer ans Bauhaus holte, gehörte Konrad von Meyenburg (1870–1952). Die Wahl mag zunächst erstaunen, war dieser doch primär als Ingenieur und Agrarreformer bekannt. Konrad von Meyenburg stammte, wie er selbst erklärte, „aus den Kreisen der Kunst und der Industrie und aus den Sphären des ländlichen und städtischen Patriziertums und des Edelsozialismus im Geiste Tolstoj's und Krapotkins".[1] Sein Vater war Bildhauer, während seine Mutter aus der angesehenen Zürcher Industriellendynastie der Eschers stammte. Die Verweise auf Leo Tolstoi und Pjotr Kropotkin zeugen von den sozialpolitischen Idealen, die er zeit seines Lebens verfolgte und auf dem Land wie in der Stadt zu realisieren versuchte.

Der Ingenieur, Agrarreformer und Gesellschaftstheoretiker von Meyenburg studierte an der Eidgenössischen polytechnischen Schule in Zürich Maschinentechnik und entwickelte schon früh erste Geräte. Zu seinen frühen Erfindungen gehörten unter anderem ein „Zweirad mit Dampfbetrieb" (1893) und ein „auf dem Rücken zu tragender Staubsaugapparat" (1908). Im Jahr 1909 ließ er seine wichtigste Erfindung patentieren, die „Maschine zum Auflockern des Erdbodens", die heutige Bodenfräse. Um seine Bodenfräse bekannt zu machen und die Patentrechte international zu vertreiben, gründete von Meyenburg 1919 zusammen mit Max Bloch und August Grunder die Firma Motorkultur AG in Basel.

Mit dieser Erfindung wollte von Meyenburg die Lehren Taylors, den er bereits 1893 kennengelernt hatte, auf die Landwirtschaft übertragen, um die Effizienz der agrarischen Produktion zu steigern und die Ernährungssicherheit zu gewährleisten. Eine Mechanisierung der Landwirtschaft besitzt jedoch eigene Problematiken, denn es gilt, Lebewesen unter unbeständigen klimatischen und räumlichen Bedingungen zu kultivieren. Von Meyenburg erklärte, dass der Bauer mit anderem Leben arbeite und lebe und sah darin „das grösste soziologische Kooperationsproblem" seiner Zeit.[2] Die Effizienzsteigerung der Bodenfräse beruhte nicht einfach auf roher maschineller Kraft, sondern auf einem ausgeklügelten Mechanismus. Dieser war eine Übernahme aus der Natur, denn die Maschine nahm sich die Klauen und Krallen des Maulwurfs zum Vorbild. Die Idee dazu stammte von Chandos Wren-Hoskyns, einem Landwirt und Autor, der in seiner Publikation *Maulwurfs Feldweisheit* von den „kunstreichen Schaufelfüßen" des Maulwurfs zu berichten wusste.[3] Konrad von Meyenburg beschäftigte sich zeit seines Lebens mit dem Zusammenwirken von Effizienz und Funktion sowie mit der Anwendbarkeit von Gesetzen aus der Natur. In den folgenden Jahren entwickelte er daraus eine allumfassende Theorie, die quasireligiöse Züge aufweist und die vom Zellplasma bis zur Menschheit alles zu erklären versucht.

Basler Genossenschaften

Anfang Juni 1929 hielt von Meyenburg einen Vortrag über „Grundlagen der Arbeit und Arbeitsforschung". Er unterrichtete jedoch bereits 1927 am Bauhaus. Im selben Jahr erschien in der Zeitschrift *bauhaus* eine gekürzte Fassung seines Artikels „kultur von pflanzen, tieren, menschen".[4] Über eine seiner Vorlesungen, die vermutlich 1927 gelesen wurde, wissen wir dank einer Mitschrift des Studenten Arieh Sharon Genaueres.[5] Der jüdische Student besaß ein besonderes Interesse an der Thematik, arbeitete er doch vor seiner Dessauer Zeit in einem Kibbuz in Palästina auch in der Landwirtschaft. Passend zur kooperativen Organisation von Kibbuzim umfasst Sharons Notizheft neben der Vorlesung von Meyenburgs auch jene über das Genossenschaftswesen, die vermutlich von Hannes Meyer gegeben wurde. Der Student erkannte, dass es sich um einen eng verwandten Stoff handelte.

Die Vorlesung über das Genossenschaftswesen begann mit einem historischen Überblick, der von Frankreich über England nach Deutschland führte und in der Schweiz kulminierte. Sharon zeichnete ein Netzwerk auf, dessen

Linien von Heinrich Zschokke und Johann Heinrich Pestalozzi unter anderen zu Johann Friedrich Schär, Stefan Gschwind und Karl Munding führten, die allesamt in Basel tätig waren. Just in diesem Kreis lernten sich Hannes Meyer und Konrad von Meyenburg kennen. Letzterer erklärte, dass sich damals „ein sozial gesinntes Trüppchen" sonntags bei Schär traf und dass auch der „beste europäische Kenner des Genossenschaftswesens, Dr. K. Munding", anwesend war.[6] Die zentrale Figur war Johann Friedrich Schär, der in engem Austausch mit Hannes Meyer und Konrad von Meyenburg stand. Meyer hatte sogar eine familiäre Beziehung zu Schär, war doch sein Sohn Oskar Schär der gesetzliche Vormund Meyers bis zu seiner Volljährigkeit.[7] Zudem war Schär maßgeblich an der Gründung des Verbands Schweizerischer Konsumvereine (VSK) beteiligt, in dessen Vorstand Konrad von Meyenburg war und deren Siedlung Freidorf Hannes Meyer entwarf. Wie Schär wohnte der Architekt im Freidorf. Die Initiative zur Errichtung der Siedlung geht zurück auf Bernhard Jäggi und Karl Munding, einem deutschen Publizisten und Genossenschaftstheoretiker. Neben ihm wurde in der Vorlesung auch Stefan Gschwind besprochen, der die Genossenschaft Elektra-Birseck gründete, welche die Siedlung Freidorf mit kooperativer Elektrizität versorgte.

Der erste Spatenstich beim Bau der Siedlung Freidorf wurde mit einer Bodenfräse Typ von Meyenburg inszeniert und „modern interpretiert", wie Hannes Meyer in einem Aufsatz in der Zeitschrift *Das Werk* schilderte.[8] Die beiden kollaborierten mindestens seit Ende des Ersten Weltkrieges zusammen. Ausbilden ließ sich Hannes Meyer unter anderem in Berlin, wo er sich nicht nur hinsichtlich der Architektur schulte, sondern auch Kurse zu Ökonomie und Bodenreform an der Landwirtschaftlichen Akademie besuchte. Er besaß also schon damals ein Interesse an den Agrarwissenschaften, die er wohl im Sinne seines geistigen Ziehvaters Schär als Gegenstück zum Siedlungsbau verstand. In Analogie dazu engagierte sich Konrad von Meyenburg nicht nur auf dem Land, sondern auch in der Stadt. Konrad von Meyenburg war wie Friedrich Schär Mitbegründer des Schweizerischen Verbands zur Förderung des gemeinnützigen Wohnungsbaus (SVW), für den Hannes Meyer 1921 Minimalhäuser entwarf.[9] In dieser Zeit entwickelte sich zwischen dem Ingenieur und dem Architekten eine tiefe, langjährige Freundschaft. Zusammen entwickelten sie Theorien zu gesamtgesellschaftlichen Fragen.

Konrad von Meyenburgs Lehre am Bauhaus

Es überrascht somit nicht, dass Hannes Meyer seinen Freund ans Bauhaus holte. Während sich der Architekt um die gebaute Umwelt kümmerte, referierte von Meyenburg über das dazugehörige Gegenstück: die Landwirtschaft. Arieh Sharon notierte sich die Problematiken der gängigen Kultivierung des Bodens durch Mensch, Tier und Maschine. Der Dozent erklärte, dass Menschen und Tiere den größten Teil ihrer Energie dafür benötigten, „Wärme gegen den Kältetod" zu produzieren. Nur drei bis zehn Prozent der aufgenommenen Kalorien würden zu produktiver Nutzarbeit führen. Nutztiere, die „Fleischmotoren", wie Konrad von Meyenburg sie öfters nannte, seien deshalb für die landwirtschaftliche Produktion nur bedingt geeignet. Eine unglaubliche Effizienzsteigerung sprach er natürlich den Maschinen zu, oder – wie er sie bezeichnete – den „Eisenmotoren".

Ebenfalls besprochen wurde das Minimumgesetz, das bereits im 19. Jahrhundert durch Carl Sprengel und Justus von Liebig entwickelt und propagiert worden war. Von Meyenburg erklärte, dass das Fehlen nur eines wesentlichen Bestandteiles zur Beendigung des Prozesses führe. So würde beispielsweise der Pflanzenbau erliegen, falls zu wenig H_2O vorhanden wäre, auch wenn die restlichen chemischen Elemente zu Verfügung stünden. Am aussagekräftigsten fand von Meyenburg jedoch den Vergleich mit dem Hausbau, der erliege, falls ein wesentliches Bauteil wie ein Dachbalken fehle. Und Arieh Sharon notierte sich, dass auch beim Lebensschicksal das Minimumgesetz gelte. Von Meyenburg ließ aber offen, welche Faktoren für das Lebensschicksal zwischen „gut" und „böse" von besonderer Relevanz sind.

Konrad von Meyenburg und die Architektur

Konrad von Meyenburg fokussierte zwar während seiner Vorlesung auf Fragen der Landwirtschaft, bezog aber fundamentale Grundsätze mit ein, die auf alle Lebensbereiche zutreffen. Generell dachte er assoziativ und in weiten Bogen, kam vom Kleinsten zum Größten, vom Praktischen zum Theoretischen. Und natürlich referierte er auch über die Architektur. Meyer griff Meyenburgs Ideen bei seiner Formulierung eines neuen Architekturverständnisses auf. Bezeichnenderweise erhielt das Foto seiner Bodenfräse, die Hannes Meyer in seinem Aufsatz „Die neue Welt" 1926 publizierte, die Bildunterschrift „Die Siedlung". Daneben zeigte Meyer eine Fotografie des Schlachtfelds St. Jakob bei Basel mit den sichtbaren Strommasten der Genossenschaft Elektra-Birseck, die zur Siedlung Freidorf führten.[10] Die beiden Bilder zeigen somit die Grundbedürfnisse Elektrizität und Nahrung, die in der „neuen Welt" gesichert sind. Dazu gesellt sich das berühmte Co-op Interieur, das einen weiteren Standard versinnbildlicht, einen einfachen, aber sehr funktionalen Wohnraum. Dieser hatte eine deutliche Verwandtschaft zu dem idealen Wohnraum, über den von Meyenburg zwei Jahre später referierte: „Noch heute lebt die Hälfte der Menschheit in primitivsten Hütten ein einfachstes Leben, [...] wo, genau wie bei Pflanze und Tier, fast nichts Unnötiges, fast kein Gegenstand ist, der nicht Gerät, Organ, Werkzeug wäre, dessen Struktur bedingt ist durch seine Funktion."[11] Die Form sollte also der Funktion folgen, wie Konrad von Meyenburg es in der Pflanzen- und Tierwelt, aber nur selten in der Menschenwelt ausmachen konnte. Zudem wird deutlich, dass für ihn nicht die Gegenstände per se von Interesse waren, sondern das, was sich mit ihnen bezwecken ließ. Die Auffassung teilte er mit Hannes Meyer. Beiden ging es entsprechend nicht um Architektur, sondern um das Bauen, wie es auch zeitgleich durch die Basler Architekturzeitschrift ABC mit ihren „Beiträgen zum Bauen" propagiert wurde, zu deren Herausgeberkreis Hannes Meyer gehörte. Von Meyenburg erklärte entsprechend: „Wichtig sind nicht Häuser und Hausrat, sondern das Bauen, Wohnen und Leben."[12] Sowohl für Meyer wie auch für von Meyenburg stand somit nicht das statische Objekt im Fokus ihres

Interesses, sondern die Handlung, das Prozessuale, respektive das Leben selbst.

Am Bauhaus wurden entsprechende Untersuchungen im Entwurfsunterricht gemacht, wie die studentische Arbeit für ein Gemeinschaftswohnhaus von Philipp Tolziner und Tibor Weiner von 1930 exemplarisch bezeugt. Die beiden Studenten analysierten unter anderem, welche Handlungen die Bewohner zu welcher Uhrzeit ausführen. Zudem untersuchten sie die Stellung des Individuums in Gemeinschaft und Natur, die sie in grafischer Form aufzeichneten.[13] Vergleichbare Diagramme zeichnete Arieh Sharon während der Vorlesungen über das Genossenschaftswesen. Sie alle basieren auf der Lehre Pestalozzis und seinem System der kleinen Kreise.

Die Parallelen zwischen dem Denken von Hannes Meyer und jenem von Konrad von Meyenburg sind offensichtlich. Wer Ideengeber war und wer der Rezipient, lässt sich wohl nicht abschließend beantworten. Wer sich eine solche Antwort aber durchaus zutraute, war Konrad von Meyenburg selbst. Er erklärte, dass Hannes Meyer nach der Vollendung des Freidorfes „angeekelt von der Struktur des Bauwesens" gewesen sei und sich daraufhin rein kompositorischen Studien hingab.[14] Von Meyenburg habe ihn aber aus dieser Krise befreien und ihm den Weg zu einer funktionellen Architektur aufzeigen können: „Die Brücke von da zu den Zweckbauten menschlicher Wohnungen und Werkstätten zeigte ich ihm und Gropius in den Bauformen der lebenden Natur, die in Pflanze und Tier mit höchster Oekonomie unsagbar langsam, aber unendlich mannigfaltig und erfindungsreich, Zweckbauten für denkbar sparsame und wirksame Lebenskampf-Arbeit schuf und schafft [...]."[15]

Ob Konrad von Meyenburg tatsächlich solch wesentlichen Einfluss auf die Architektur von Walter Gropius hatte, sei dahingestellt. Das Denken von Hannes Meyer aber beeinflusste er in signifikanter Weise, wie Ute Poerschke jüngst aufzeigen konnte.[16] Was aber versteht von Meyenburg unter den „Bauformen der lebenden Natur" und welche Naturgesetze spricht er hier an? Verkürzt kann man sagen, dass er auf der Suche nach der Weltformel war – und sie auch fand. Dabei griff er auf die Ideen und Schriften zahlreicher Autoren zurück und vermengte sie zu einer eigenen Theorie der Welt.

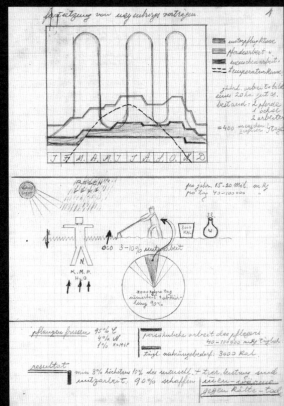

Arieh Sharon: Mitschrift zur Vorlesung von Konrad von Meyenburg,
1927

Konrad von Meyenburg: „Biogenetische
Funktionen von Zelle bis Menschheit", ab 1920.

Die biogenetischen Funktionen von Zelle bis Menschheit (1 Versuch)

	Perception Suchen Bezug	Recipient Rohlager	Analyse Abbau	Recipient Einzelteil-lager	Synthese Assimilation Aufbau	Recipient Fertiglager	Projektion Ausgabe
Pflanze Zelle	Wurzeln f. Salzwasser Blätter f. Gase	Rohsäfte	Formaldehyd Ausgang f. Stärke oder Fett Ammoniak	Organische Säfte Stärke Fett Eiweiss	Wachstum aller Organe Blüte, Same Fruchtbil-dung	Schosse Zuwachs Same	Bestäubung Versamung
Tier- & Menschen-leib	Mund und Hand Magazin	Vorräte Mund Magen Darm	Mund Magen & Darm Verdauung	Blut & Lymphe	Bildung von Muskel, Fett, Milch, Kind Same	Ansatz Reserven	Arbeit Geburt Zeugung Brutpflege
Güterpro-duktion	Bestellwesen Eingangs-Controlle f. Kraft & Stoff	Rohlager Materiallager Ausgabe an Werkstatt	Stoff-Aende-rung. Analy-se, Abbau Degrossissage	Bauteil-lager Zwischen-Magazin	Zusammenbau Montage Baustelle Composition Construktion	Warenlager	Spedition Propaganda
Menschen-geist	Attention Perception Effort Erlebnis Einzelerfah-rung	Erinnerungs-bilder Erfahrungen Notizen Geschichte	Ueberdenken Klügerwerden Verstehen Realisieren Kritik Capieren Erfassen	Erinnerung Begriffe Categorien Notionen	Association Bewusstsein Wille z.Tat Ideen Volitions Intuitionen	Gedanken Wissen Kenntnisse Pläne,Absichten Programme Erfindungen	Tat,Wirkung Uebertragung Patente Besermachen Wirkungsgrad Steigerung Befehl Lehre Mitteilung
Mensch-heits-geist	Presse Predigt,Lehre Propaganda Beispiel Erlebnis der Gruppen & Massen	Bibliothek Gewissen Museen Archive Gesellschaft-liche Ansich-ten.	Kritik Gedanken-Austausch Diskussion Presse Versammlungen Agora.	Thesen Motionen Postulate Ideen Sekten	Oeff.Meinung Tendenzen Volkswille Zeitgeist Theorien Lehren Systeme	Oeff.Meinung Gewissen Glaube	Volksleben Presse Vulgarisation Neue Gewohn-heit & Sitte Neues Leben Neue Gesetze Dogmen

Die Suche nach der Weltformel

Wesentliche Gedanken übernahm von Meyenburg unter anderen von Raoul Heinrich Francé. Die Werke des Botanikers und Kulturphilosophen wurden auch am Bauhaus eifrig gelesen.[17] Hannes Meyer bezeichnete ihn sogar als einen „Heiligen der letzten Tage"[18] und berichtete Willi Baumeister 1926, dass zu seinen damaligen Lieblingslektüren „biologische schriften" gehörten.[19]

Konrad von Meyenburg erklärte zur Suche nach dem Gesetz der Natur: „[...] jetzt geht man endlich vom Studium der Millionen Unterschiede zum Studium des allem Leben Gemeinsamen. Man nennt das: vergleichende Biologie oder Plasmatik."[20] Diese von Francé begründete Lehre lieferte ihm die Antwort auf nahezu alle Fragen.[21] Er erklärte sie wie folgt – und die hier rezipierte Argumentationslinie zeigt sein assoziatives und mitunter verworrenes Denken.

Das Plasma jeder biologischen Zelle würde nur jene Stoffe aufnehmen, die es benötige und sie in unglaublicher Effizienz umformen. Es wachse daraufhin sowohl quantitativ wie auch qualitativ, weshalb eine Entwicklung zum Besseren stattfände. Dazu komme ein zweites Mittel des Fortschritts, nämlich jenes der Erfindung, die zu effizienteren Organen und Werkzeugen führe. Von Meyenburg erklärte ferner, dass der Zellstoff zu 98 Prozent aus nur vier einfachen Gasen bestünde, nämlich aus Kohlenstoff, Sauerstoff, Wasserstoff und Stickstoff – oder kurz: C, O, H, N. Die restlichen 2 Prozent wären Bodensalze. Um an diese Gase und Salze zu gelangen, habe das Plasma Fangarme und Rüssel ausgebildet. Und da es Plasma nur bei einer Temperatur von 20 Grad Celsius gut gehe, würde es sich die gewünschte Wärme durch „Nahrung, Haarung, Kleidung, Heizung, Hausung" sichern.[22]

Mittels dieses Begriffe-Stakkatos gelang es von Meyenburg, mit nur fünf Wörtern vom Einzeller zur Architektur zu gelangen. Sowohl Organismen wie auch menschliche Artefakte würden laut von Meyenburg auf der erklärten „wegleitenden Kraftlinie" der Natur beruhen. Deshalb unterscheidet von Meyenburg auch nicht zwischen biologischen Zellen, tierischen Organen und menschlichen Werkzeugen. Sie alle sollten dieselben grundlegenden Gesetze der Natur befolgen. Der Mensch sei schließlich nichts anderes als ein Zellklumpen.

Hinsichtlich der Funktion dieser Organe und Instrumente herrsche in der Natur der „Energetische Imperativ" vor, der durch den Chemiker Wilhelm Ostwald in seiner gleichnamigen Publikation von 1912 propagiert wurde.[23] Von Meyenburg definierte ihn als „de[n] biologische[n] Grundgedanke[n] der besten Funktion mit dem kleinsten Müheaufwand". Alles Ineffiziente oder sogar Funktionslose sei deshalb vehement abzulehnen. Ähnliche Forderungen sind natürlich auch in den Lehren Taylors und Fords zu finden, die Meyenburg für seine Argumentation und Theoriebildung ebenfalls heranzog. Hannes Meyer erklärte in Analogie dazu: „alle dinge dieser welt sind ein produkt der formel: (funktion mal ökonomie) [...] alles leben ist funktion [...]."[24] Der Architekt wie auch der Ingenieur suchten entsprechend eine „Form*findung*" nach diesen immanenten, natürlichen Gesetzen und lehnten alle künstlerischen und kompositorischen „Form*gebungen*" ab. Und natürlich ist die Bodenfräse mit ihren Maulwurfskrallen von 1909 eine sehr frühe solche Form*findung*.

Konrad von Meyenburg gelang es sogar, mithilfe seiner Theorie jene gesellschaftspolitischen Fragen zu beantworten, die im Kreise der Basler Genossenschaftsbewegung diskutiert wurden: „Das versetzt uns mitten in die Kernfrage, ob grosse Produktion und Konsumtion an sich schon ein volkswirtschaftlicher Nutzen sind. [...] Die moderne Naturwissenschaft hat uns als Naturgesetz gezeigt, möglichst wenig Stoff und Kraft zu vergeuden, sondern möglichst intelligent damit zu hausen, wie es die ganze Natur ausserhalb der Menschheit tue."[25]

Die Naturgesetze wirken somit in die Gesellschaft hinein. Entsprechend dazu entwickelte Konrad von Meyenburg eine Theorie der „Biogenetischen Funktionen von Zelle bis Menschheit", die er angeblich bereits 1920 in einer Tabelle veranschaulichte. So brauche eine Pflanzenzelle organische Säfte, Stärke, Fett und Eiweiß, um zu wachsen und Blüten auszubilden, während der Menschheitsgeist Thesen, Motionen oder Ideen benötige, um eine öffentliche Meinung, einen Volkswillen oder Zeitgeist zu bilden.[26]

C, O, H, N

Eine prägnante Kurzfassung dieses Amalgams verschiedenster theoretischer Versatzstücke lieferte die chemische Bezeichnung der wesentlichen Gase des Zellplasmas, also C, O, H, N, die gewissermaßen die Weltformel versinnbildlicht. Entsprechend erklärte von Meyenburg: „[...] wie im guten, älteren rom S.P.Q.R. das monogramm einer stark regierten republik war, deren oberstes gesetz die ‚res publica', das ‚gemeinwohl' war; so werde C, O, H, N das monogramm des kommenden gemeinwohles eines freien volkes[...]."[27]

Und Hannes Meyer plädierte in ähnlichen Worten: „unsre aufgabe ist, die neue welt mit den heutigen mitteln neu zu gestalten. diese neugestaltung ist unsere kontinuierliche & biologische bestimmung. (neben der lebensjagd nach sauerstoff + kohlenstoff + zucker + stärke + eiweiss.)"[28]

Just diese Formel der menschlichen Grundbedürfnisse nutzte Walter Gropius, um sich inmitten des Kalten Krieges in polemischer Weise von Hannes Meyer abzuwenden, als er 1965 schrieb: „Seine Strategie und Taktik waren zu klein; er war ein radikaler Kleinbürger. Seine Philosophie gipfelte in der Behauptung: ‚Leben sei Sauerstoff plus Kohlenstoff plus Zucker plus Stärke plus Eiweiss', worauf Mies ihm prompt antwortete: ‚Rühren Sie das mal zusammen: es stinkt.'"[29]

Anmerkungen

1 Meyenburg, Konrad von. „Vortrag Meyenburg an der Jahrestagung des Schweizerischen Werkbundes in Bern am Sonntag, 9. Sept. 1928". Typoskript. Archiv für Agrargeschichte Bern, Mappe 764/5, S. 1.

2 a. a. O., S. 2.

3 Wren-Hoskyns, Chandros. *Maulwurfs Feldweisheit. Aus der Lebenserfahrung eines Landwirths,* hrsg. und ins Deutsche übertragen von Carl Jessen. Stuttgart, 1868. S. 171.

4 Meyenburg, Konrad von. „kultur von pflanzen, tieren, menschen". *bauhaus* 1:4 (1927); gekürzte Fassung von: Meyenburg, Konrad von. „Kultur von Pflanzen, Tieren und Menschen". *Fortschritte der Landwirtschaft* 1 (1926): S. 578–582.

5 Arieh Sharon, „Bauhaus Lecture Notebook I", S. 4. Auf: https://www.ariehsharon.org/Archive/Bauhaus-and-Berlin/Bauhaus-Materials-1927-29/i-rTLc5wC (14.4.2018); die Vorlesungsmitschrift über das Genossenschaftswesen, die wenige Seiten vor der hier besprochenen Vorlesung von Meyenburgs niedergeschrieben wurde, datiert auf den 14.11.1927. Es ist anzunehmen, dass die Vorlesung von Meyenburgs kurz darauf gehalten wurde, da der November 1927 auch kurz darauf genannt wird.

6 Meyenburg , 09/1928, beide Zitate S. 3.

7 Siehe hierzu den Beitrag von Andreas Vass in diesem Band.

8 Meyer, Hannes. „Die Siedlung Freidorf: erbaut durch Hannes Meyer, Basel". *Das Werk* 12:2 (1925): S. 50.

9 Siehe dazu: Kieren, Martin. *Hannes Meyer. Dokumente zur Frühzeit. Architektur- und Gestaltungsversuche 1919–1927.* Heiden 1990, insbesondere S. 79–81; Koch, Michael. „Vom Siedlungsbau zum Lebensbau: Hannes Meyers städtebauliche Arbeiten im Kontext der Diskussion in den zwanziger Jahren". In: *Hannes Meyer 1889–1954. Architekt, Urbanist, Lehrer*, hrsg. von Werner Kleinerüschkamp, S. 34 bis 58. Berlin, 1989.

10 Meyer, Hannes. „Die neue Welt". *Das Werk* 13:7 (1926): S. 205–224.

11 Meyenburg, 09/1928, S. 9.

12 a. a. O., S. 1.

13 Winkler, Klaus-Jürgen. *Baulehre und Entwerfen am Bauhaus 1919–1933.* Weimar, 2003, S. 58–111.

14 Meyenburg, Konrad von. „Woba-Gedanken. Zur Entlassung Hannes Meyers am Bauhaus". *National-Zeitung*. Basel, 24.8.1930.

15 a. a. O.

16 Poerschke, Ute. *Funktionen und Formen. Architekturtheorie der Moderne.* Bielefeld, 2014, S. 121 bis 173.

17 Bernhard, Peter. „Der Philosoph des Funktionalismus im Widerstreit mit der modernen Kunst. Raoul Francé und das Bauhaus". In: *Streit ums Bauhaus*, hrsg. von Ute Ackermann, Kai Uwe Schierz und Justus H. Ulbrich, S. 142–148. Jena, 2009.

18 Meyer, 1926, S. 221.

19 Kieren, 1990, S. 140.

20 Meyenburg, 1928, S. 5 f.

21 Francé, Raoul Heinrich. *Plasmatik. Die Wissenschaft der Zukunft.* Stuttgart, 1923.

22 Meyenburg, 09/1928, S. 9.

23 Ostwald, Wilhelm. *Der energetische Imperativ.* Leipzig, 1912.

24 Meyer, Hannes. „bauen". In: *bauhaus* 2:2/3 (1928): S. 12 f.

25 Meyenburg, 09/1928, S. 19.

26 Tabelle in: Meyenburg, Konrad von. „Grundsätzliches über Produktionsforschung in Natur- und Kulturwissenschaft. Vortrag von Konrad von Meyenburg vor der Naturforschenden und der Volkswirtschaftlichen Gesellschaft, Basel, 11.1.1928". Typoskript. Archiv für Agrargeschichte Bern, Mappe 764/5, S. 25.

27 Meyenburg, 1927, S. 5.

28 Meyer, Hannes. „die neue welt". *Kritisk Revy* 1 (1928): S. 16.

29 Zitiert nach: Niggli, Arthur. „Nachwort des Verlages". In: *Hannes Meyer. Bauten, Projekte und Schriften*, hrsg. von Claude Schnaidt, S. 122. Teufen, 1965. Siehe zudem: Poerschke, 2014, S. 164.

Die Gastlehrer des Wiener Kreises: Rudolph Carnap, Herbert Feigl, Otto Neurath, Hans Reichenbach

Peter Galison

Am 15. Oktober 1929 kam Rudolf Carnap, ein führendes Mitglied des kurz zuvor gegründeten Wiener Kreises, nach Dessau, um dort vorzutragen. Carnap hatte gerade sein Opus magnum *Der logische Aufbau der Welt* vollendet, ein Buch, das sofort zur Bibel der von den logischen Positivisten verkündeten neuen Antiphilosophie wurde. Carnap traf [am Bauhaus] auf eine begeisterte Zuhörerschaft für „Wissenschaft und Leben". „Ich arbeite in Wissenschaft", begann er, „Sie in sichtbarer Formgestaltung; beides nur Seiten des einen Lebens."[1] Obwohl an entgegengesetzten politischen Polen des Wiener Kreises stehend, interessierten sich die Philosophen Otto Neurath und Ludwig Wittgenstein jahrelang für architektonische Fragen. Überall in ihren Schriften hoben Carnap, Neurath und andere die moderne Architektur als diejenige kulturelle Bewegung hervor, mit der sie sich am meisten identifizierten; ihr Interesse fand Erwiderung, insofern die logischen Positivisten als Besucher des Dessauer Bauhauses häufiger in Erscheinung traten als die Mitglieder irgendeiner anderen Gruppe außerhalb von Kunst und Architektur. Zudem standen beide Bewegungen denselben Gegnern gegenüber: der religiösen Rechten, nationalistischen, anthroposophischen, völkischen und nazistischen Opponenten, und dies brachte sie einander – sowie dem gemeinsamen Leben, das sie vor Augen hatten – noch näher. Beide Unternehmungen versuchten, eine Moderne umzusetzen, in der die Betonung auf etwas lag, das ich „transparente Konstruktion" nennen möchte, klar aufgebaut von einfachen Elementen bis zu allen höheren Formen, die kraft des systematischen Konstruktionsprogrammes von selbst den Ausschluss alles Dekorativen, Mystischen oder Metaphysischen garantieren würden. Diese Art von Konstruktion hatte eine politische Dimension: Indem man sie auf einfache, verständliche Einheiten aufbaute, hoffte man, die Aufnahme nationalistischer oder historischer Charakteristika auszuschließen.

Die logischen Positivisten versuchten, auf einfache Beobachtungsberichte („Protokollsätze") und logische Bindewörter (wie „wenn/dann", „oder", „und") eine „wissenschaftliche", antiphilosophische Philosophie zu gründen, die alles verlässliche Wissen auf strenge Grundlagen stellen und es vom Unzuverlässigen trennen würde. Da alle gültigen Schlussfolgerungen aus diesen Basissätzen aufgebaut wären, würden die Wissenschaften durch ihre gemeinsamen Ausgangspunkte vereint. An Stelle der traditionellen Philosophie wollte der Kreis eine einheitliche Wissenschaftsstruktur schaffen, in der alles Wissen – von der Quantenmechanik bis zur marxistischen Soziologie und freudschen Psychologie – aus logischen Beziehungen von Basissätzen der Erfahrung aufgebaut würde.

Die Bauhäusler wollten ihrerseits wissenschaftliche Prinzipien verwenden, um einfache Farbbeziehungen und grundlegende geometrische Formen zu kombinieren, Dekoratives zu eliminieren und eine neue, antiästhetische Ästhetik zu schaffen, die das Funktionale hochhalten sollte. In den späten Zwanziger- und frühen Dreißigerjahre bestand [...] wirkliche und nicht nur metaphorische Verbindungsglieder zwischen Kunst und Philosophie [, durch die sich] die Moderne des Bauhauses und des Wiener Kreises mit Selbstbewusstsein gegenseitig bestärkten und auf diese Weise damit begannen, eine gemeinsame Vision dessen zu artikulieren, was beide als moderne „Lebensform" bezeichneten.

Aufbau und Bauhaus

Neurath und Carnap haben zusammen viele der selbstbewusstesten modernen Texte des Wiener Kreises erarbeitet. Während der Revolution verbündete sich Neurath ganz klar mit der Sache der Arbeiter, aber immer in seiner Eigenschaft als neutraler wissenschaftlicher Experte. Selbst anlässlich eines Berichts vor dem Münchner Arbeiterrat im Januar 1919 leitete Neurath seine Zusammenfassung mit dem Hinweis an die Zuhörer ein, dass die von ihm diskutierten Überlegungen zu sozialen Strukturen, Unterkünften, Nahrungsmitteln, Kleidung und Arbeitszeit „unpolitisch" seien. An anderer Stelle beschrieb er im selben Jahr den Gesellschaftstechniker als das direkte Gegenstück zum mechanischen Techniker: Beide gestalten die Welt durch wissenschaftliche Arbeit um, nämlich durch die systematische Analyse moderner Statistik. Seine Haltung eines neutralen Technikers gefiel den Verantwortlichen offensichtlich, denn kurz nach der Ermordung von Kurt Eisner (dem Ministerpräsidenten der bayerischen revolutionären Regierung) im Februar 1919 wurde Neurath darum gebeten, Präsident des Zentralwirtschaftsamtes von Bayern zu werden. „Ich akzeptierte", erzählte er ein paar Monate später, „wobei ich betonte, daß ich ein unpolitischer Verwalter sein wollte."[2]

Neuraths Szientismus – sein Vertrauen in die neutralen Bindemittel von Statistik, Physik und Logik – hatte Schlüsselfunktion für die Konsolidierung des Vereins Ernst Mach. Aber selbst als der Verein noch in den Kinderschuhen steckte, setzte Neurath seine „unpolitische" technische soziale Tätigkeit fort, und legte ein tiefgreifendes Interesse für die Siedlungen von Arbeitern sowie für Kunst und Architektur an den Tag. Für Neurath hatten Großsiedlungen verschiedene wichtige politische Funktionen: Sie erfüllten die unmittelbaren materiellen Bedürfnisse der Arbeiter; sie ermutigten zu einer kollektiven Lebensform; und sie dienten dazu, Sektor für Sektor Neuraths letztendliche Zielsetzung zu erreichen: eine vollständige Sozialisierung der Ökonomie. In den frühen 1920er-Jahren war Neurath zu einer zentralen Figur in den Siedlungsbewegungen in und um Wien geworden, die ihn in den Kreis politisch engagierter moderner Künstler und Architekten holten. Solche öffentlichen Wohnungen für die breiten Massen, die zu dieser Zeit in Deutschland und Österreich gerade am Anfang standen, wurden in zunehmendem Maße sowohl mit Gropius' Bauhaus als auch mit den liberalen und linken Kommunalverwaltungen identifiziert, welche die großen Bauprojekte unterstützten. Zu dieser Zeit schrieb Neurath an Roh; Gropius selbst hatte gerade in Wien gesprochen, er konnte Neurath allerdings nicht zufriedenstellen. Doch obwohl Neurath klagte, Gropius habe es versäumt, genügend neue Ideen nach Wien mitzubringen, teilte er Roh nichtsdestotrotz seine Empörung über Versuche mit, das Bauhaus aus politischen Gründen aufzulösen.[3]

Mit dem Umzug nach Dessau und auf Druck von verschiedenen Seiten, einschließlich der spartanischen Geometriker vom De Stijl, vollzogen die

Bauhäusler eine grundlegende Wende weg vom Mystischen und hin zu Rationalisierung und Industrialisierung. Nichts sagte Neurath mehr zu als diese neue Hinwendung zur Wissenschaft. Wenn das Bauhaus einem technischen, sozial gesteuerten Programm folgte, so Neuraths Auffassung, würde es der großen Revolution dienen, die mit der Neugestaltung des gesellschaftlichen und persönlichen Lebens einherging. Weil er glaubte: „Der Kampf um die geistige Befreiung von der Vergangenheit wird lebhaft von den Künstlern geführt", hätte die kulturelle Rolle des Bauhauses nicht größer sein können.[4] In seinem 1928 erschienenen Buch *Lebensgestaltung und Klassenkampf,* [betonte] der Philosoph, es sei der Architekt, der „mehr als jeder andere gestaltende Mensch" die künftige Lebensform antizipieren und auf diese Weise gestalten könnte.[5] Da Rationalität und Wissenschaftlichkeit die revolutionäre Orientierung des Proletariats zu charakterisieren hatten, machte die Architektur der Moderne Rationalität und Funktionalismus erforderlich. Immer wieder machte er geltend, dass die „bedeutsamen Bewegungen unseres Zeitalters" mit dem Bestreben, die Vergangenheit abzuschütteln, das Bauhaus nur zu ihrem eigenen Schaden würden ignorieren können.[6] Die Vorstellung, technische Innovation könne die Lebensform ändern, war in der politischen Ideologie des modernen linksliberalen Modernismus tief verwurzelt, besonders in der Architektur.

Faktisch wurden die Forderungen nach einer Reformierung des Lebens auf der Grundlage moderner wissenschaftlicher Prinzipien zu einer allgemeinen Parole der linksgerichteten Architekten in Deutschland nach dem Ersten Weltkrieg und zum Ärgernis für diejenigen auf der Rechten, die dazu entschlossen waren, eine völkische Lebensform zu konservieren, durchdrungen von Geschichte, Nationalismus und Rassenidentität. Auch Gropius sprach mit zunehmender Überzeugung über die Wissenschaft der Kunst sowie der Architektur. Wichtiger noch, Gropius rief eine neue Abteilung für Architektur unter der Leitung von Hannes Meyer ins Leben, der zum Missfallen einiger seiner Kollegen keinen Hehl aus seinem Materialismus machte, während er die wissenschaftliche Orientierung des früheren Dessauer Bauhauses fortführte. „bauen ist kein ästhetischer prozeß … architektur als ‚fortführung der bautradition' ist baugeschichtlich treiben. […] das neue haus ist […] ein industrieprodukt, und als solches ist es ein werk der spezialisten: volkswirte, statistiker, hygieniker, klimatologen, betriebswirtschaftler, normengelehrte, wär metechniker [...] der architekt? [...] war Künstler und wird ein spezialist der organisation! [...] bauen ist nur organisation: soziale, technische, ökonomische, psychische organisation."[7]

Hier war ein Mann ganz nach Neuraths Geschmack; zumindest war es ein Bauhäusler, der die Technik über die Ästhetik stellte. Anstelle rückwärtsgewandter „historischer" Bauten wollte Meyer das standardisierte, an den Arbeitern orientierte Siedlungsprojekt.

Im Januar 1928 ging Gropius weg, und Meyer übernahm die Leitung und stellte Architektur in den Mittelpunkt. Einer seiner ersten Schritte bestand darin, Gastdozenten aus Soziologie, Physik und Philosophie ins Bauhaus einzuladen, um den neuen Ton eines wissenschaftlichen Progressivismus festzusetzen. Meyers Faszination für das Wissenschaftliche und Technische veranlasste ihn, Herbert Feigl, ein Gründungsmitglied des Wiener Kreises, als offiziellen Repräsentanten der „neuen wissenschaftlichen Weltauffassung", wie der Kreis seine neue Position nannte, an das Bauhaus einzuladen. Feigl hielt eine Woche lang (3.-10. Juli 1929) Vorlesungen und lernte Vasilij Kandinskij, Paul Klee und andere kennen. Ganz offenkundig war sein Besuch ein großartiger Erfolg, wie Carnap einige Wochen später an Neurath schrieb: „Habe sehr freundlichen Brief von Hannes Meyer bekommen, soll für eine Woche zu Vorträgen über wiss. Weltauff. ans Bauhaus kommen. Feigls Tätigkeit scheint sie noch nicht gesättigt, sondern gerade ihren Appetit erfreulich angeregt zu haben. Habe grundsätzlich zugesagt."[8] In der Zwischenzeit hatte das Bauhaus Reichenbach gebeten, für Vorlesungen nach Dessau zu kommen; Reichenbach war der Berliner Hauptverbündete des Wiener Kreises. Neurath selbst war Ende Mai 1929 sowie nochmals 1930 zu Vorlesungen am Bauhaus eingeladen.

Für Carnap, Feigl und Neurath kam der Zeitpunkt ihrer Bauhausexkursionen gerade richtig. Sie fanden genau zu dem Moment statt, da die logischen Positivisten alles in ihrer Kraft Stehende taten, um ihre Bemühungen öffentlich zu machen. Im Frühling 1929 druckten sie ein Flugblatt zur Werbung von Mitgliedern in ihrem Verein Ernst Mach: „An alle Freunde wissenschaftlicher

Weltauffassung! Wir leben in einer kritischen geistigen Situation! Metaphysisches und theologisches Denken nimmt in manchen Gruppen zu; dort mehren sich astrologische, anthroposophische und ähnliche Bestrebungen. Auf der anderen Seite: umso bewußtere Pflege wissenschaftlicher Weltauffassung, logisch-mathematischen und empirischen Denkens." Das Projekt des Vereins war von hochfliegendem Ehrgeiz getragen in seinem Bestreben, die Methoden des „modernen Empirismus" (in Worten, die zu dieser Zeit unter den radikalen Architekten Standard waren) zu verwenden, um nicht nur öffentliche, sondern auch private Lebensgestaltungen zu reformieren. Die logischen Positivisten befanden sich in vollem Einklang mit den Bauhäuslern bei dem Versuch, eine neue Lebensform zu schaffen, die notwendig über das jeweils eigene Spezialgebiet hinausreicht. Angesichts Neuraths Beteiligung an der Bauhauskontroverse und seiner erwähnten Bewunderung für die führende Rolle der Architekten hinsichtlich kultureller Reformen ist es vielleicht verständlich, dass die Darstellung der Zielsetzung des Vereins die Bewegung der logischen Positivisten in „breite Kreise" einreiht, „die wissenschaftlicher Weltauffassung vertrauensvoll gegenüberstehen". Alle waren eingeladen, sich anzuschließen.

Das erste angekündigte Projekt für dieses neue, erweiterte Publikum des Vereins bildete eine Reihe von Vorträgen zu Mathematik, Astronomie, Wissenschaftssoziologie, moderner Architektur und (natürlich) Thesen gegen die Metaphysik. Von besonderem Interesse für uns ist, dass der allererste Vortrag, am 19. April 1929, vom österreichischen Architekten Josef Frank gehalten wurde, dem Bruder von Philipp Frank aus dem Wiener Kreis. Seine Darlegung stand unter dem Titel „Moderne Weltauffassung und moderne Architektur."

Wenn Frank im Zentrum der neuen Architektur stand, so stand er nicht abseits vom Sog der neuen wissenschaftlichen Philosophie. Einige Jahre lang entwarf er Architektur für Neuraths Museum für Bild-Statistik, ein Ort, an dem Fakten über die Lebensbedingungen der unterschiedlichen Klassen in übersichtlichen Demonstrationen von Tafeln und Schaubildern dargestellt werden konnten. Es war ein Projekt, das Neurath als absolut unerlässlich für die Erziehung der Massen erachtet hatte; indem es sich auf Bilder statt auf

Sprache stützte, würde das Bildmuseum die Kluft zwischen den Nationalitäten überbrücken. Neurath verlor niemals die Zuversicht, dass „gerade durch ihre relative Neutralität und durch die Trennung von der Einzelsprache [...] die bildhafte Darstellung jener in Worten überlegen [ist]. Worte trennen, Bilder verbinden." Wie mit seiner Festlegung auf den vereinfachten Universaljargon des „Basic English", seiner Konzentration auf die Protokollsätze und seiner apolitischen Politik, so waren Neuraths Bilder als klare, universelle Bausteine gedacht, auf die alles weitere aufgebaut werden könnte. Ihr internationaler Charakter, ihre konstruktivistische Dimension und ihre visuelle Einfachheit sprachen die Bauhäusler alle an, als Neurath seine Arbeit 1929 vorstellte. Aus einfachen bildlichen Elementen, wie einem Maschinenarbeiter oder Kohle, konnte man standardisierte Repräsentationen der Verteilung von Industrie, Siedlungen und anderen Aspekten des materiellen Lebens konstruieren. Das ISOTYPE-System (so sein Name) war im Wesentlichen eine sprachliche und bildliche Form transparenter Konstruktion.

Die Architektur des Aufbaus

1929 war die Architektur für Carnap ein herausragendes Beispiel moderner Kultur. Der neue Baustil war nicht nur Thema bei seinen Begegnungen mit Wittgenstein, sondern auch in seinen Gesprächen mit Neurath und in den eigenen Vortragsreihen des Vereins 1929, an denen Carnap teilnahm. Diese Reihen begannen mit Josef Franks Diskussion, die moderne Weltauffassung mit moderner Architektur verknüpfte. Carnaps Beitrag lautete „Scheinprobleme der Philosophie (von Seele und Gott)".
In ihrer endgültigen Form ähnelte die *Wissenschaftliche Weltauffassung* der Gruppe weitaus mehr den polemischen Manifesten von Kunst, Architektur und Politik als den abgeklärten Bänden der Philosophie. Selbst der Schreibstil mit seinen Deklamationen und seinem Aufruf zur Aktion hatte weit mehr Parallelen zu den gewagten Verlautbarungen der italienischen Futuristen oder der russischen Konstruktivisten als zu den dichten philosophischen Werken der britischen Hegelianer oder deutschen Neukantianer. Die

artikulierte Ambition war groß: „Der Wiener Kreis begnügt sich nicht damit, als geschlossener Zirkel Kollektivarbeit zu leisten. Er bemüht sich auch, mit den lebendigen Bewegungen der Gegenwart Fühlung zu nehmen, soweit sie wissenschaftlicher Weltauffassung freundlich gegenüber stehen und sich von Metaphysik und Theologie abkehren."[9] Laut Manifest sollte alles auf einfachste Elemente der Beobachtung gegründet sein und dann von ihnen aus aufgebaut werden: „Erstens ist [die wissenschaftliche Weltauffassung] empiristisch und positivistisch: Es gibt nur Erfahrungserkenntnis, die auf dem unmittelbar Gegebenen beruht. Hiermit ist die Grenze für den Inhalt legitimer Wissenschaft gezogen. Zweitens ist die wissenschaftliche Weltauffassung gekennzeichnet durch die Anwendung einer bestimmten Methode, nämlich der logischen Analyse." Mittels dieser Analyse ist es das Ziel, eine Einheitswissenschaft in einem „Konstitutionssystem" aller wissenschaftlichen Theorien, ausgehend von den elementaren Bestandteilen der Wahrnehmung, zu erreichen. Aus den elementaren Aspekten der individuellen Psyche würde dieses System fortschreiten zu den „darüber gelagert[en]" physischen Objekten; diese würden dann das Fremdpsychische „konstituieren" sowie schließlich die Gegenstände der Sozialwissenschaften. Mit dieser Methode des Aufbaus würde die Aufbauform der Einheitswissenschaft deutlich werden.[10]

Die Verpflichtung, „den metaphysischen und theologischen Schutt der Jahrtausende aus dem Wege zu räumen", war ein ausgesprochen modernistisches und politisches Bestreben. Wie die Bauhäusler es zu jeder Gelegenheit taten, nutzten Neurath, Carnap und die anderen das Manifest, um ihre Mission mit dem Bild der industriellen Maschinerie zu verknüpfen sowie mit dem des „modernen Produktionsprozesses, der immer stärker maschinentechnisch ausgestaltet wird und immer weniger Raum für metaphysische Vorstellungen läßt". Die Moderne, die beide Gruppen vor Augen hatten, würde nicht an den traditionellen Grenzen von Wissenschaft und Kunst haltmachen; sie würde grundlegende Aspekte des täglichen Lebens reformieren. Dazu noch einmal das Manifest des Wiener Kreises: „Wir erleben, wie der Geist wissenschaftlicher Weltauffassung in steigendem Maße die Formen persönlichen und öffentlichen Lebens, des Unterrichts, der Erziehung, der Baukunst durchdringt, die Gestaltung des wirtschaftlichen und sozialen Lebens nach rationalen Grundsätzen leiten hilft."[11]

Da Carnap beim Entwurf mithalf, kann es kaum überraschen, dass die in der *Wissenschaftlichen Weltauffassung* dargelegten Ziele in enger Verbindung mit den Zielen seines gerade beendeten Meisterwerks *Der logische Aufbau der Welt* stehen.[12] Tatsächlich war Carnap sehr stark beeindruckt von Russells grundlegender Auffassung von Gegenständen als einer logischen Konstruktion aus einfachen Sinneswahrnehmungen. Für das Epigramm des Aufbaus zitierte Carnap (auf Englisch) aus Russells Buch von 1914 *Our Knowledge of the External World*: „Die oberste Maxime beim wissenschaftlichen Philosophieren ist folgende: Wo immer es möglich ist, sollen abgeleitete Entitäten durch logische Konstruktionen ersetzt werden."

Im Aufbau versuchte Carnap das in *Wissenschaftliche Weltauffassung* angekündigte und in den Randbemerkungen zu Russells *Our Knowledge of the External World* versprochene Konstruktionsprogramm zu realisieren: „Das Konstitutionssystem stellt sich nicht nur, wie andere Begriffssysteme, die Aufgabe, die Begriffe in verschiedene Arten einzuteilen. Sondern die Begriffe sollen aus gewissen Grundbegriffen stufenweise abgeleitet, ,konstituiert' werden, so daß sich ein Stammbaum der Begriffe ergibt, in dem jeder Begriff seinen bestimmten Platz findet. Daß eine solche Ableitung aller Begriffe aus einigen wenigen Grundbegriffen möglich ist, ist die Hauptthese der Konstitutionstheorie, durch die sie sich am meisten von anderen Gegenstandstheorien unterscheidet."[13]

Selbst Carnaps sprachliche Bilder sind ausgesprochen architektonisch: Das System hat seinen Grundbegriff, seine Grundelemente und seine Grundwissenschaft, und all die Ebenen, die darauf aufbauen. Ja, in seiner Zusammenfassung all der Aufgaben, denen sich der wissenschaftliche Philosoph gegenübersieht, besteht Carnap darauf, dass „der Einzelne [...] nicht mehr unternimmt, ein ganzes Gebäude der Philosophie in kühner Tat zu erreichen". An anderer Stelle fügt er hinzu, dass bei der Aufgabe des Philosophen „in langsamem, vorsichtigem Aufbau Erkenntnis nach Erkenntnis gewonnen [wird]. So wird sorgsam Stein zu Stein gefügt und ein sicherer Bau errichtet, an dem jede folgende Generation weiterschaffen kann."[14]

Möglicherweise lassen sich einige der gerade angeführten Bemerkungen als bloße Metaphorik deuten, insofern solch ein Fundamentalismus ein traditionsreiches Thema in der deutschen Philosophie war. Allerdings knüpft Carnap im Vorwort zum Aufbau eine buchstäbliche Verbindung zur Architektur und lockert seine sonst so mit Technik beladene Sprache: „Wir können uns nicht verhehlen, daß die Strömungen auf philosophisch-metaphysischem und religiösem Gebiet, die sich gegen eine solche [wissenschaftliche] Einstellung wehren, gerade heute wieder einen starken Einfluß ausüben. Was gibt uns trotzdem die Zuversicht, mit unserem Ruf nach Klarheit, nach metaphysikfreier Wissenschaft durchzudringen? Das ist die Einsicht, oder, um es vorsichtiger zu sagen, der Glaube, daß jene entgegenstehenden Mächte der Vergangenheit angehören. Wir spüren eine innere Verwandtschaft der Haltung, die unserer philosophischen Arbeit zugrundeliegt, mit der geistigen Haltung, die sich gegenwärtig auf ganz anderen Lebensgebieten auswirkt; wir spüren diese Haltung in Strömungen der Kunst, besonders der Architektur, und in den Bewegungen, die sich um eine sinnvolle Gestaltung des menschlichen Lebens bemühen: des persönlichen und gemeinschaftlichen Lebens, der Erziehung, der äußeren Ordnungen im Großen. Hier überall spüren wir dieselbe Grundhaltung, denselben Stil des Denkens und Schaffens. [...] Der Glaube, daß dieser Gesinnung die Zukunft gehört, trägt unsere Arbeit."[15]

Noch einmal: Carnaps Bestreben reicht weiter, als einen Beitrag zur Philosophie zu liefern, er versucht, an der Schaffung einer „Gestaltung des Lebens" teilzuhaben, wovon der Aufbau, die wissenschaftliche Weltauffassung und die moderne Architektur alle ein Teil sind.

Carnap in Dessau

Carnap kam am Dienstag, dem 15. Oktober 1929, an und wurde sofort in eine Diskussion darüber verwickelt, ob man sich nur für die ästhetischen Eigenschaften eines Materials interessieren sollte. Für die Bauhäusler war dies eine drängende Frage, und die Spaltung zwischen den „Funktionalisten" und den Ästheten entzweite die Fakultät. Meyer führte den Angriff gegen die

Ästhetik, weil sie metaphysisch das heißt jenseits des technisch Erforderlichen rein kompositorisch sei. Nach seinem Vortrag zu „Wissenschaft und Leben" traf Carnap mit Ludwig Hilberseimer zusammen, Meyers wesentlicher Ernennung an der Abteilung für Architektur. Hilberseimer und seine Kollegen betonten, dass nicht nur die Theorien der Künstler, sondern auch ihre Objekte (wie etwa die Bauhauslampen) immer noch Metaphysik enthielten und der Reinigung bedurften.[16] Tatsächlich stellen die Bauhauslampen eine beispielhafte Illustration der Spannungen zwischen konfligierenden Impulsen innerhalb der Bewegung dar.

Zur Zeit von Carnaps Besuch 1929 war dieser Konflikt zwischen industriellen Ansprüchen und kunsthandwerklicher Wirklichkeit ganz deutlich zu Tage getreten, denn es war die verbliebene handwerkliche Komponente, die Hilberseimer als „metaphysisch" verspottete. Durch Koordination ihrer jeweiligen Sache und ihrer Sprache verorteten Hilberseimer und Carnap den gemeinsamen Widersacher im Ornamentalen und Funktionslosen, sei es in der dekorativen Kunst oder metaphysischen Philosophie.

Am Mittwoch, dem 16. Oktober, hielt Carnap seinen Vortrag „Der logische Aufbau der Welt" mit dem Schlachtruf der logischen Positivisten: „Es gibt nur 1 Wissenschaft (,Einheitswissenschaft'), nicht auseinanderfallende Fächer [...], denn alle Erkenntnis stammt aus 1 Erkenntnisquelle: die Erfahrung, die unmittelbaren Erlebnisinhalte: z.B. rot, hart, Zahnschmerz, Freude; das ,Gegebene'." Zusammengefasst leitete er vier Thesen ab: 1. Es gibt keine Dinge außerhalb der Erfahrung – also keinen Realismus bezüglich der Dinge. 2. Es gibt keine anderen Kräfte als relative Bewegungen – also keine Metaphysik. 3. Es gibt keine Psychologie des anderen, die nicht auf der eigenen Erfahrung eines Individuums gegründet ist – also keinen Psychorealismus. 4. Es gibt keine sozialen Objekte wie den Staat oder das Volk. Im Zusammenhang mit dem letzten Punkt betonte er, dass die marxistische Konzeption der Geschichte zulässig sei, weil sie auf dem empirisch Bestimmbaren basiere.

1929 verfügten Carnaps vier Thesen über eine manifeste Kohärenz in ihrer Opposition gegen mächtige rechtsgerichtete Kräfte, deren Bestreben es war, jenen Ideen von Volk, Metaphysik, Staat und Gott eine Einheit zu verschaffen. Die Zeitschrift der Deutschen philosophischen Gesellschaft *Blätter für*

Deutsche Philosophie ist voll von Beispielen dafür. Man nehme beispielsweise den Band von 1929/30, der Leitartikel enthielt wie „Volk als Träger der Erziehung", „Der geschichtsmetaphysische Sinn des Deutschtums und seiner Umwelt" und positive Buchbesprechungen von: *Die Logik der Seele, Die Lehre vom Staat als Organismus* sowie *Gottestum im Volkstum*.[17] Der offen politisierte, religiöse und nationalistische Charakter solcher Polemiken half, die linksgerichteten Modernisten des Wiener Kreises und des Dessauer Bauhauses durch ihre Opposition zu verbinden. Man bereitete einem Rationalismus, Säkularismus und Internationalismus Schwierigkeiten, welche sie mittels logischer und empirischer Konstruktion sicherzustellen hofften. In den folgenden Tagen hielt Carnap Vorträge zur vierdimensionalen Welt und zu Missbräuchen der Sprache. Seinem Hauptinteresse gemäß, der Elimination von allem, was nicht aus den einfachen, einheitlichen Elementen der Erfahrung hervorging, machte Carnap in einer Diskussion geltend, die Bauhäusler hätten sich in ihrem theoretischen Werk immer noch nicht von der Metaphysik frei gemacht. Sein Beispiel war, dass die Aussage „Rot ist schwer" nicht direkt interpretiert werden könne; ihre einzige Bedeutung beruhe auf psychologischer Assoziation.[18]

Am Sonntag nahm Alfred Arndt Carnap zur Bauhausausstellung mit, wo der Philosoph besonders beeindruckt war von den Grundlagenforschungen des Vorkurses: die Theorie geometrischer Oberflächen sowie aus Papier gefertigte Formen. Carnaps Faszination für diese ätherischen geometrischen Formen war völlig verständlich: Er hatte seit seiner Dissertation in Jena über den „Raum"[19] sein Interesse für Geometrie bewahrt, mehr noch, das Fach Geometrie lieferte in der von dem Mathematiker Hilbert axiomatisierten und wiederbelebten Form ein Modell für den Konstruktionsprozess, den er für die gesamte Philosophie vor Augen hatte. Auf der Ausstellung des Vorbereitungskurses traf Carnap zum ersten Mal Kandinskij.

Es ist nicht nur so, dass Carnap das Thema dieser geometrischen Explorationen interessant gefunden hätte, sondern er selbst ist sicher auch auf Gegenliebe gestoßen. Carnaps Doktorarbeit über den Raum und sein Aufbau wurden zitiert, beispielsweise wenn die Bauhäusler über den Raum schrieben.[20] Obwohl Carnap sicher von Kandinskijs mystischen Anschauungen Abstand genommen hätte, so teilten sie doch ein grundlegendes Vertrauen in den

Titel *Illustriertes Familienblatt*, 10.4.1921. Der 1921 gegründete Österreichische Hauptverband für Siedlungs- und Kleingartenwesen mit Generalsekretär Otto Neurath zählte bis zu 50 000 Mitglieder.

Otto Neurath: Vergleichstabelle Ziegelbauweisen. Präsentiert im Museum für Siedlung und Städtebau, Wien

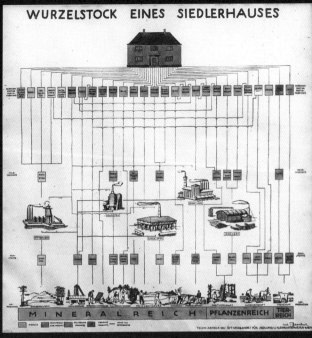

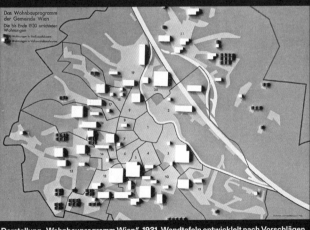

Darstellung „Wohnbauprogramm Wien", 1931. Wandtafeln entwicklelt nach Vorschlägen
von Gerd Arntz

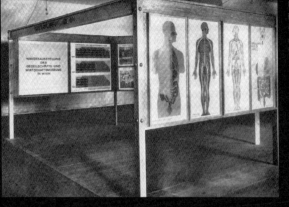

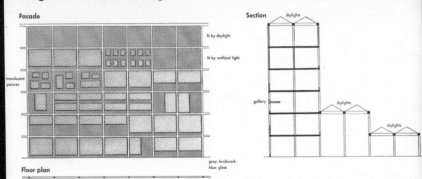

Entwurf für ein Museumsgebäude, 1928–38

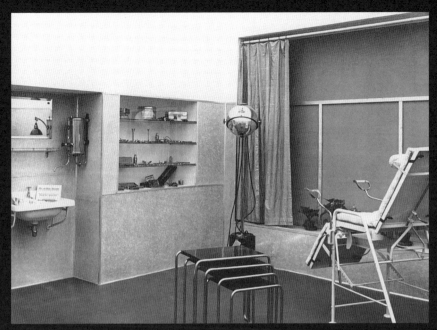

Gynäkologiepraxis mit Bauhausmobiliar als Teil der Ausstellung, circa 1927

Aufbau aus dem Elementaren. In dem Buch, das aus diesem Vorbereitungskurs hervorging, bezeichnete Kandinskij sein künstlerisches Ziel als „praktische" Wissenschaft.[21] Die Analyse in Bestandteilen und die Rekonstruktion von Geometrie und Farben wies direkte Parallelen zum Projekt von Carnaps Aufbau auf. Anstelle von Farben und Geometrie verfügten Carnap und sein Wiener Kreis über Protokollsätze (die einfache Sinneserfahrungen ausdrücken) und Kombinationen dieser Protokollsätze unter Verwendung von Logik. Carnaps Stufenform baute die Komplexitäten aller wissenschaftlichen Ausdrücke gerade so aus diesen Elementen auf, wie Kandinskijs elementare geometrische Formen die menschliche Gestalt ausmachten. Sowohl im Bauhaus als auch im Aufbau eliminierte die Konstruktion aus dem einsichtigen Einfachen die Metaphysik des bloß Dekorativen, welches nicht notwendig ist. Trotz Kandinskijs Versuch, eine „praktische" Wissenschaft der Farben und Formen zu betreiben, nahmen er und andere oft auf die „Temperatur" oder das „Gewicht" einzelner Farben Bezug. Carnap, der offensichtlich Anstoß am „metaphysischen" Charakter solcher Äußerungen nahm, bestand darauf, dass solche Aussagen eigentlich nur psychologisch verstanden werden könnten. Jost Schmidt, einer der vielseitigsten Bildhauer und Maler am Dessauer Bauhaus, hatte ein offenes Ohr für solch eine Auffassung. Aber obwohl Carnap der Meinung war, Schmidt sei „sich klar" über diese Fragen, berichtete er von seiner Ungeduld, Meyer persönlich zu sehen. Am Montag, dem 21. Oktober, kehrte Meyer zurück, und Carnap und er trafen zusammen. Er ließ Carnap gegenüber die Bemerkung fallen, man fände im alten Bauhaus von Gropius den Ausdruck einer individualistisch-sentimentalen Attitüde.[22] Statt durch Gefühl, Geschichtlichkeit oder Nationalität aber hätten die Grundelemente der Siedlungsplanung durch Berechnungen des Lichts, der Hitze und der Temperatur empirisch festgelegt zu werden.

Wie Meyer betonte, war die logisch-empirische Konstruktion untrennbar mit ihrem internationalen Charakter verbunden: „diese konstruktive formenwelt kennt kein vaterland. sie ist der ausdruck internationaler baugesinnung."[23] Meyer wollte die Architektur in das neutrale und universale Idiom der Technik übertragen; Carnap verfolgte das entsprechende Ziel für die Philosophie.

In den darauffolgenden Monaten kam Neurath wieder, um zwei weitere Vorträge am Bauhaus zu halten, und Philipp Frank, der Bruder von Josef Frank, steuerte eine Folge von drei Vorlesungen zu den Auswirkungen der modernen Physik auf die Vorstellungen von Raum und Zeit bei.

Schluss: Die Konstruktion der Moderne

Die moderne Konstruktion der Form aus elementaren geometrischen Formen und Farben bildet ein Korrelat zur sprachlichen Entwicklung von Theorien der Logik und elementarer Bestandteile der Wahrnehmung. Sowohl der Künstler als auch der Philosoph hielten sich an das Einfache und Funktionale; beide versuchten, unterschiedliche Bereiche durch eine gemeinsame Grundlage zu vereinen. Aber die Bindung zwischen dem logischen Positivismus und dem Bauhaus ging über bloß strukturelle Parallelen hinaus. Beide Bewegungen stützten sich auf einen gemeinsamen Vorrat an wissenschaftlichen sowie um Maschinen kreisenden Bildern; beide waren darauf aus, ihre Bereiche mit „modernen Produktionsmethoden" in Einklang zu bringen. Sie waren durch persönliche und familiäre Beziehungen miteinander verbunden, durch die Besuche von Feigl, Philipp Frank, Reichenbach, Carnap und von Neurath am Dessauer Bauhaus, durch Josef Franks Zusammenarbeit mit Neurath und durch die Beiträge zu den Vortragsreihen des Kreises sowie durch einen komplexen Prozess gegenseitiger Legitimierung: Der Wiener Kreis verlieh dem Bauhaus eine Aura der Wissenschaftlichkeit, und das Bauhaus gab dem Wiener Kreis ein Image des Progressiven und der Nachkriegsreform. Logischer Positivismus war Bestandteil der Lebensform, für die das Bauhaus eintrat, und die Rationalisierung der uns umgebenden Objekte durch das Bauhaus spielte eine Rolle in der Lebensform, welche die logischen Positivisten verteidigten. Beide bildeten Versuche, ein Bild der Maschinenwelt, die sie um sich herum wahrnahmen, zu verinnerlichen – das eine durch Sprache, Logik und Denken, das andere durch Farbe, Geometrie und Architektur. Persönliche und kollektive Lebensformen würden durch dieselben Mittel reformiert werden.

Dieser Prozess der Verinnerlichung nahm auf mannigfaltige Weise Gestalt an, aber vor allem traten die Bauhäusler und die Wiener Positivisten der späten 1920er-Jahre für eine neutrale Haltung ein, die nach ihrem Bild der Technologie geformt war. Ihre Sache war eine apolitische Politik (selbst wenn sie marxistisch war), die sich auf Organisation, Planung und Analyse gründet. Hier war der Boden, auf dem Neurath gemeinsame Interessen mit den Leitern des Bauhauses Dessau finden konnte. Ganz ähnlich drangen Meyer und viele seiner Kollegen auf eine unästhetische Ästhetik, eine Bewegung weg vom Dekorativen, Historischen, Spirituellen oder Nationalistischen hin zu einer Welt der Erkenntnis, die sich nur auf wissenschaftliche Orientierung stützt. Zuletzt forderten die logischen Positivisten die Doktrin einer unphilosophischen Philosophie, einer Konzeption von der Welt der Erkenntnis, die nur auf Wissenschaft gestützt wäre. Diese Triade aus Philosophie, Politik und Ästhetik fand ihre Grundlage in einem Aufbau aus klaren, technischen Grundprinzipien. Diese Elemente wurden so gesehen, dass sie ein gemeinsames Unternehmen bildeten; sie sollten Momente in demselben Drang nach einer „modernen" Lebensweise ausmachen, befreit von Ideologie und auf eine Vision des Maschinenzeitalters gegründet, wenn nicht auf dessen Realität.

Wenn der linke Flügel des Dessauer Bauhauses sowie des Wiener Kreises durch ihr Eintreten für ein bestimmtes Bild von der Maschine und der Moderne gemeinsame Sache machten, so heißt das weder, dass jegliche Verpflichtung auf Maschinen und technische Dinge linksgerichtet war, noch folgt daraus, dass die rechtsgerichtete Opposition notwendigerweise gegen die Technik war. Ganz im Gegenteil. Wie Jeffrey Herf mit Eloquenz in *Reactionary Modernism* gezeigt hat, gab es alle Arten von der Technik verbundenen Philosophien, die neue Mittel des Transports, zum Töten und zur Kommunikation glorifizierten, während sie der Vernunft eine wesentliche Rolle im Verhalten der Individuen und der Gesellschaft absprachen. Was Carnap, Neurath, Meyer, Schmidt und die anderen hier besprochenen Personen von rechtsgerichteten Technologen unterscheidet, ist die kulturelle Bedeutung, die sie der Technik beimaßen. Für die Rechte war Technik Bestandteil einer Glorifizierung von Arbeit, Macht und Herrschaft. Wie ein Autor es formulierte, war die Technik definiert als die „Mobilisierung der Welt durch die

Gestalt des Arbeiters", wo gilt: „In der Gestalt ruht das Ganze, das mehr als die Summe seiner Teile umfaßt." Dieses Ganze bedeutete, dass die Symbole der Technik – der Wasserkraftstaudamm, Panzer, Motorräder – als untrennbarer Bestandteil einer neuen autoritären Weltordnung angesehen wurden, wo das Technische nicht zu trennen war von den Intentionen und Wünschen des Arbeiter-Soldaten.[24] Obwohl Rechts und Links ein Bild von der Modernität, das diese in der Technik verkörpert sah, teilten, konnte nichts weiter von der Rechten entfernt sein als die transparente Bauhauslampe oder das quasi-axiomatische Bild von Philosophie, welches Carnap in seinem Aufbau präsentierte, wo jede Handlung ihren sichtbaren Zweck und ihre Funktion hatte. Technik war wie die Moderne ganz allgemein ein begehrtes ideologisches Terrain.

Blickt man aus der Gegenwart auf dieses moderne Bestreben zurück, zu einer Zeit, wo die Moderne reexaminiert wird, können wir Ansprüche auf Neutralität nicht mehr länger akzeptieren. Es ist klar, dass viele der Bauhausprodukte von einem Stil beeinflusst waren, der nicht nur unabhängig war von purer Funktion, sondern dieser sogar oft entgegenstand. Ganz ähnlich war mit jedem weiteren vergangenen Jahr in den späten Dreißigern die Überzeugung ins Stocken geraten, eine rein technische Annäherung an soziale Probleme könne der Politik aus dem Weg gehen: So, wie Faschisten, Kommunisten und Christdemokraten in den 1930er-Jahren ihren Kampf ausfochten, blieb keine demilitarisierte Zone für soziale, künstlerische oder philosophische Neutralität mehr übrig.

Übersetzung aus dem Amerikanischen: Alexander Staudacher
Der hier wiedergegebene Text ist ein Auszug aus dem Aufsatz: Galison, Peter. „Aufbau/Bauhaus, Logical Positivism and Architectural Modernism". *Critiqual Inquiry* 16:4 (1990): pp. 709–752. Auf Deutsch zuerst veröffentlicht in: *Deutsche Zeitschrift für Philosophie* 43:4 (1995): S. 653–685.

Anmerkungen

1   Rudolf Carnap, Vorlesungsnotizen zu seiner Bau-
    hausvorlesung, „Wissenschaft und Leben", vor-
    bereitet am 1. Oktober 1929 und gehalten am
    15. Oktober 1929, Transkription der Kurzschrift
    von Gerald Heverly CP, PASP, Carnap Papers,
    Dokument RC 110-07-49, in den Archives of
    Scientific Philosophy, University of Pittsburgh
    Libraries (im folgenden CP, PASP).

2   Otto Neurath, Empiricism and Sociology, Dordrecht
    1973, S. 151 f. [ursprüngl. dt.: „Die Utopie als ge-
    sellschaftstechnische Konstruktion", in: Durch die
    Kriegswirtschaft zur Naturalwirtschaft, München
    1919].

3   Neurath an Roh, undatiert (vermutlich 1924).
    Correspondences and Miscellaneous Papers of
    Franz Roh. Archives for the History of Art and the
    Humanities. Getty Center for the History of Art and
    the Humanities; im folgenden als Sammlung Roh
    bezeichnet.

4   Otto Neurath, „Das neue Bauhaus in Dessau," in:
    Der Aufbau (Wien), H. 11/12, 1926, 209–211,
    S. 210 f.

5   Ders., „Lebensgestaltung und Klassenkampf"
    (1928), in: O. Neurath: Ges. philosophische und
    methodologische Schriften, hrsg. von R. Haller/H.
    Rutte, Wien 1981, Bd. 1, S. 227–293, 235.

6   Ders., „Das neue Bauhaus", a. a. O., S. 211.

7   Hannes Meyer, „bauen", in: ders., Bauen und Gesell-
    schaft, Dresden 1980, S. 47–49.

8   Carnap an Neurath, 25. August 1929, CP, PASP,
    Dokument 029-15-02.

9   „Wissenschaftliche Weltauffassung: Der Wie-
    ner Kreis" (1929), in: Neurath, Ges. Schriften, 1,
    S. 299–336, 304.

10 ebd., S. 307 f.

11 ebd., S. 314.

12 In: ebd., 308, heißt es: „In die wissenschaftliche
    Beschreibung kann nur die Struktur (Ordnungsform)
    der Objekte eingehen, nicht ihr ‚Wesen'" (Hervor-
    hebung im Original). Carnaps „Der logische Aufbau
    der Welt: Scheinprobleme in der Philosophie", Berlin
    1928, hat einen eigenen Abschnitt über „Struktur-
    beschreibung", S. 14 f.

13 ebd., S. 1.

14 ebd., IV.

15 ebd., V–VI.

16 Vgl. Carnaps Tagebuch, 15. Oktober 1929; CP,
    PASP Dokument RC 025–73-03.

17 Vgl. Blätter für deutsche Philosophie 3 (1929/30).

18 Carnaps Tagebuch, a. a. O., Sonnabend, 19. Okto-
    ber 1929.

19 Carnap, „Der Raum: Ein Beitrag zur Wissenschafts-
    lehre", in: Kant-Studien, Erg. Heft N. 56 (1922),
    S. 1–87.

20 Vgl. László Moholy-Nagy, The New Vision: Funda-
    mentals of Design, Sculpture, Architecture, New
    York 1938, S. 162 [dt.: Von Material zu Architektur,
    München 1929].

21 Vasilij Kandinskij, Punkt und Linie zu Fläche: Beitrag
    zur Analyse der malerischen Elemente, Bauhaus-
    bücher, Bd. 9, München 1926 2 , S. 14.

22 Carnaps Tagebuch, a. a. O., Sonntag, 20. Oktober,
    und Montag, 21. Oktober 1929.

23 Meyer, „bauen", a. a. O., S. 47 f.

24 Jeffrey Herf, Reactionary Modernism: Technology,
    Culture, and Politics in Weimar and the Third Reich,
    Cambridge 1984, S. 101–108; Ernst Jünger, Der
    Arbeiter. Herrschaft und Gestalt, 1932, in: ders.,
    Werke, Bd. 6, Stuttgart 1962, S. 9–329, 164, 38.

Karel Teige: Typografie, Propaganda, Poesie, Architektur

Simone Hain

Als Karel Teige auf Einladung Hannes Meyers im Januar 1930 für eine Woche ans Bauhaus kommt, ist er in ganz Europa als Kopf der Prager Künstlervereinigung „Devětsil" bekannt. Bei ihm laufen nicht allein die Fäden zwischen den Zentren der Avantgarde zusammen, sondern auch die Diskurse verschiedener Disziplinen. Der Theoretiker und Publizist ist selber auch Maler und Typograf. Eben hat er mit dem „Funktionalismusstreit" eine fundamentale Architekturdebatte vom Zaun gebrochen. Als wenn er ihn daran erinnern müsste, spricht Le Corbusier ihn in der Auseinandersetzung um seinen Mundaneums-Entwurf liebevoll als „Poeten"[1] an, der unbegreiflicherweise auf den Kriegspfad geraten sei, um die „Liquidation der Kunst"[2] zu betreiben. Während seine Theorien in der Architektur lebhafteste Opposition verursachen, lieben ihn die Künstler für sein Programm des „Poetismus". Wie aber vereinbart sich diese ansteckend volksbezogene Kunsttrunkenheit mit der harten Linie für die Architektur?

Die Antwort heißt, dass beide Positionen gar keinen Widerspruch bilden. Sie gehören zusammen, wie sein Hauptwerk *Stavba a báseň* – Gebäude und Gedicht[3] – unter Beweis stellt. So wie er in seiner über Jahrzehnte hinweg betriebenen wissenschaftlichen Arbeit herausfinden wollte, wohin im technischen Zeitalter die Kunst ihre Zuflucht nehmen müsse, welche Kräfte sie freisetze, wenn ihre dekorative und didaktische Funktion verschwände, so vehement trieb er seine Phänomenologie der Architektur voran. Mit Adolf Loos sah er sie in zivilisatorischer Medialität aufgehen, in formaler Konvention, einem guten Lebensstil. Das dem demiurgisch betriebenen „freien Entwerfen", dem Autonomieanspruch der Architektur kämpferisch entgegengestellte Paradigma vom „kollektiven Entwerfen" war ein Ergebnis derselben ideologiekritischen Entzauberung, doch sie führte zu anderen Ergebnissen als die gleichgerichtete Befragung der Kunst. Was die Stoßrichtung wie auch die marxistische Methode betrifft, nahm Teige, wenn man so will, die Autopsie von Manfredo Tafuri vorweg und arbeitete mit der „Soziologie der Architektur" in intellektueller Reichweite des gleichaltrigen Henri Lefebvre. Sucht man nach dem Fingerabdruck, den Teige am Bauhaus hinterlassen hat, empfiehlt es sich, sein sogenanntes *Zweites Manifest des Poetismus* von 1930[4] zu betrachten, das unter dem Titel „Basně, svět, človek" (Gedicht, Welt. Mensch) im Novemberheft des *Zvěrokruh*[5] erschien. Es ist dieses Manifest, das seinen bleibenden Beitrag zur Geschichte der Ästhetik, der Kunsttheorie wie der europäischen Linken überhaupt begründet.

Wenn Teige zum Auftakt über „Werbung" sprechen wollte, kann es um nichts Partikuläres gegangen sein. Seit der Studentenzeit hatte sich Teige augenzwinkernd als universell beschlagener Berater in Kunstangelegenheiten angepriesen. Auch dem Bauhaus hatte er sich in einem modernen Sinne gesprochen als PR-Coach zur Verfügung gestellt und war dabei aufs Ganze gegangen[6]:

„Reklame: für Ideen,
für Bücher,
für Revolution,
für Aktionen und Attraktionen".

Und weiter im Text:
„Teige: Sei Plakat, Reklame und Projekt einer neuen Welt ... Entwurf einer neuen Weltkugel."[7]

Teiges Auftritt am Bauhaus lässt sich als eine fünftägige Werbekampagne für das Projekt einer neuen Welt betrachten. „Der Teige aus Prag" verkörperte nichts Geringeres (denken wir an Le Cobusiers liebevolle Anrede) als den poetischen Gedanken, dass die größte jemals zu bewerbende Attraktion die Umgestaltung des Erdballs sei. „Volksbedarf statt Luxusbedarf" ist ein Werbeslogan wie aus dem Teige'schen Arsenal geschöpft.

Auch was er am Bauhaus geändert sehen wollte, wusste Teige seit Langem. Nach außen stets solidarisch mit dem Bauhaus, hatte er bei seinen Besprechungen seit 1922 immer wieder den kunstgewerblichen Ausbildungsansatz als „angewandte Kunst" kritisiert, der weder für eine entwickelte Industriegesellschaft noch für die technisch massenhaft reproduzierbare Produktwelt länger angemessen erschien. Die industriell hergestellten Dinge, in 1 000 000 Exemplaren maschinell vervielfältigt, müssten aktiv sein, etwas in der Welt tun, Verhalten und Verhältnisse auf rein materieller Ebene ändern, damit das Volk überhaupt zur Kunst gelangen könne. Mit diesen Vorstellungen folgt Teige dem deutschen Kritikerkollegen Adolf Behne, der überhaupt grundlegend zu Teiges binärer Gegenüberstellung von Gebäude (Architektur) und Gedicht (Kunst) beigetragen hat. „Kalt wie eine Hundeschnauze" hatte er 1923 an Hans Scharoun geschrieben[8], müsse gute Architektur sein, damit sie Raum gebe für das eigentliche Projekt der Moderne: Wandel, Transformation. Im Grunde genommen wenden Behne[9] und Teige, beide als Berater politischer Organisationen der Arbeiterbewegung, die Marx'sche Religionskritik auf die Sphäre von Kunst und Architektur an. Erinnern wir uns an Marx, der fast in der Sprache Baudelaires die „Blumen des Bösen" folgenermaßen berief: „Die Religion ist der Seufzer der bedrängten Kreatur, das Gemüt einer herzlosen Welt, [genauso] wie sie der Geist geistloser Zustände ist. Sie ist das Opium des Volkes. Die Aufhebung der Religion als des illusorischen Glücks des Volkes ist die Forderung seines wirklichen Glücks. Die Forderung, die Illusion über seinen Zustand aufzugeben, ist die Forderung, einen Zustand aufzugeben, der der Illusion bedarf. Die Kritik der Religion ist also im Keim die Kritik des Jammertales, dessen Heiligenschein die Religion ist. Die Kritik hat die imaginären Blumen an der Kette zerpflückt, nicht damit der Mensch die phantasielose, trostlose Kette trage, sondern damit er die Kette abwerfe und die lebendige Blume breche. Die Kritik der Religion enttäuscht den Menschen, damit er denke, handle, seine Wirklichkeit gestalte wie ein enttäuschter, zu Verstand gekommener Mensch."[10] Während Teige die Gestaltung der Wirklichkeit der rationalen Architekturproduktion überantwortet und im Dialog mit Le Corbusier dieser dabei nicht ein winziges „lyrisches Plus" konzessiert, bietet er dem Bauhaus im Jahr darauf die lebendige Blume: direkt als „Volksbedarf" ohne den Umweg über die „trostlose Kette" einer gewerblich vertriebenen „Kunst" oder „Architektur". Poesie ist nicht für Geld zu haben, sie ist unmittelbare sinnliche, erotische Sensation, wie man sie zum Beispiel erlebt, wenn man sich auf etwas entgegenkommend Weiches wie einen gut gebauten Sessel setzt. „Es siegt der Luxus des Blutes und der Reichtum des Körpers."[11]

Hinwendung zur Tiefenpsychologie

Die gleichzeitig produktionsästhetische wie befreiungstheoretische Begründung von Gestaltung ist auf Teiges parallel geführte Rezeption von Marx und Sigmund Freud beziehungsweise Carl Gustav Jung zurückzuführen, die vielleicht möglich ist, seit 1929 der angehende Psychoanalytiker Bohuslav Brouk im Kreis des „Devětsil" Orientierungshilfe bietet. Ausgehend von Marx' Feststellung, die Bildung der fünf Sinne sei eine Arbeit der ganzen Weltgeschichte, entwickelt Teige die komplexe Idee einer im therapeutischen Sinne kathartischen Funktionalität der Kunst. Ehe die Wissenschaft noch den genauen „Chemismus" (sic!) ergründet hat, setzt er voraus, dass der Weltverbesserungstrieb in der Biologie des Menschen begründet ist und machtvoll auf eine epochale Entfaltung drängt; als Entdeckung des öffentlichen Glücks im „Golfstrom der Poesie". Teige hat die im sogenannten Zweiten Manifest dialektisch vertiefte Begründung des „Poetismus" genau zur Zeit seines Engagements in Dessau vorgenommen und damit nachweisbar Spuren zumindest bei einem der studentischen Zuhörer hinterlassen.[12] Falls der im November 1930 veröffentlichte Text also den im Januar des Jahres am Bauhaus gehaltenen Vorträgen entspricht, stellt der Hinweis auf die archetypische Codierung der biologischen Triebstruktur ein unerwartetes Novum für das Verständnis sowohl von Teiges eigener Entwicklung wie auch der des Bauhauses dar. Es spricht einiges dafür, dass Teige, der sich gleich beide Grundtheorien der Tiefenpsychologie – die des individuell Unterbewussten von Freud ebenso wie die dem Kollektiven zugewandte Archetyplehre von Jung – zu eigen macht, am Bauhaus bereits als der kommende Theoretiker des Surrealismus und zugleich als ein Wegbereiter der Kritischen Theorie in Erscheinung getreten ist. Es gilt als originärer Beitrag Teiges, die Psychoanalyse in die Theoriebildung der generellen Ästhetik eingeführt zu haben. Darin ist er Herbert

Marcuse um gute zwanzig Jahre voraus. Auf die augenfällige, auf dem gemeinsamen Verständnis der antirepressiven Funktion der Kunst basierende Verwandtschaft hat bereits Květoslav Chvatík verwiesen.[13] Es ist also weder der „trocken" soziologische Ansatz noch der neopositivistische Empirismus der Architekturkonzeption, der am Bauhaus Eindruck hinterlässt, sondern völlig unerwartet Teiges beginnende Wendung zum Surrealismus.

Bohemia oder die Tiefenstruktur der Moderne

Aber schauen wir uns die Kontexte noch etwas genauer an.[14] Wer war Meyers Gastdozent aus Prag eigentlich? Und was war an Prag so beindruckend, dass Intellektuelle wie Adolf Behne oder Hans Richter mühsam tschechisch lernten? Die tschechische Moderne ist als zusammenhängende Matrix und kommunikative Struktur beschrieben worden, als ein kohärenter Entwicklungszyklus über sieben Generationen hinweg. Die dritte Generation wird die „Generation Teige" genannt, sie ist die mehrheitlich marxistisch geprägte und eng mit dem tschechischen Kommunismus verbundene Generation der Avantgarde in der Zwischenkriegszeit. Seit einer grundlegenden Programmerklärung aus dem Jahr 1894 bekennen sich tschechische Intellektuelle, von denen einige wie Masaryk oder auch Generationen später Havel schließlich zum Regieren auf den Hradschin gerufen werden, zu einer Reihe von Werten, zu denen neben individueller Freiheit nicht zuletzt Pazifismus, Frauen- und Arbeiterrechte gehören. Das ihnen als Schimpfwort angehängte Wort von der „tschechischen Moderne" nehmen sie an wie einen Ritterschlag. Sie setzen auf Blasphemie. Im Widerstand gegen die 300-jährige Unterdrückung und kulturelle Fremdherrschaft der Habsburger Monarchie und im klaren Bewusstsein volksbezogener hussitischer Traditionen liebt man in Böhmen die Häretiker, Geächteten und auf den Scheiterhaufen geworfenen Ketzer ebenso, wie man das einfache Volk verehrt, das der Nation die Sprache und den Glauben bewahrt hat, als die Eliten fremdbestimmt waren. Die kollektive und kooperative Struktur dieser Moderne ist im internationalen Vergleich eine einmalige Konstellation, die im Ausland, vor allem in Deutschland, eifersüchtig bewundert wird.

Karel Teige, der Kapitän der Avantgardegeneration, ist Jahrgang 1900 und entstammt einer wohlsituierten, bürgerlichen Familie. Mit 19 Jahren ist der Student der Kunstgeschichte ein vielbelesener Literaturexperte, bemerkenswerter Grafiker und schreibt als Spiritus Rector der radikal linken Künstlergruppe „Devětsil" (zu Deutsch Pestwurz, ein spagyrisches Heilmittel) sein erstes umstürzlerisches Manifest „In neue Richtung."[15] Dabei fegt er mit einer futuristischen Geste die sozialromantische, die Unterdrückung der Arbeiter beklagende Kunst der älteren Poeten um Jiří Wolker vom Tisch, um in ganz neuen lebensbejahenden, innerhalb der historischen Avantgarden als originär tschechisch zu beschreibenden Tönen, den „neuen, neuen Stern" des Kommunismus zu besingen. Die von Teige gemeinsam mit Vertretern aller Kunstgattungen geprägte kollektive Kunstpraxis, *ars una* [16], bald schon richtungsweisend „Poetismus" genannt, ist ein freundlicher, betont folkloristischer Dadaismus, in dem Charlie Chaplins Komödiantentum, Varieté und Tingeltangel eine innige Verbindung mit der Commedia dell'arte und dem Anarchismus des braven Soldaten Schwejk eingehen. Ihre atemberaubend gestalteten Drucksachen sind an jedem Kiosk zu haben, echte Volkskunst. Feine konstruktive Klarheit und zarte assoziative Resonanzen fügen sich in typografierten Bildgedichten zu nicht mehr und nicht weniger als einem „bon ton", einem Wohlklang von Freundlichkeit.

Architektur als Gestell

Wenn Teige am Bauhaus über Literatur, Schreiben und Werbung sprechen soll, dann wegen seiner Kompetenz in moderner Lyrik und seiner Fähigkeit, Gedichte, also literarisches Material, vom Phonetischen in grafische und körpersprachliche Semantiken zu übertragen. Teige nimmt selbst als Darsteller an Aufführungen des Osvobozené divadlo (Befreites Theater) teil, er bespricht Filme und tanzt selbst leidenschaftlich zum Jazz. Die Theorieentwürfe für diese Genre subsumieren für ihn in seinem Hauptwerk unter „báseň" (Gedicht), während alle architekturbezogenen Konzepte der zuerst als konstruktivistisch, später funktionalistisch bezeichneten Ästhetik in dialektischer Entgegensetzung unter der Metapher „stavba" (Bau, Gebäude, etymologisch dicht am Begriff Gestell) rangieren. In seinem Entwurf einer kontrapostisch aufgebauten Ästhetik von „Gebäude und Gedicht" sind die beiden Seiten dialektisch aufeinander bezogen, die Welt des Gebäudes als rational aufgeräumte, entzauberte Wirklichkeit, die andere als magische Landschaft der Freude. Während er bis an die Grenze der Verbissenheit Architektur als in jeder Hinsicht perfektionierte Infrastruktur der Lebenswelt oder vielleicht als Kommunikationshüllen, die sich nicht länger bemühen, irgendetwas auszudrücken, in einer „Anderwelt" des Ästhetischen ansiedelt, besteht das Feld des Gedichtes aus reinen Daten der Empfindsamkeit. „Unter ‚Gedicht' verstehen wir allerdings ein Werk, das zielbewußt aus irgend einem Material konstruiert ist, und weiter jede harmonische menschliche Handlung."[17] Von seinem mittelalterlichen Ursprung her kann das tschechische Wort auch für das Nicht-Überprüfbare, Ausgesponnene, unabsichtlich Dahergeredete, das Gegenteil von Wahrheit genommen werden. In diesem Sinne steht „Gedicht" bei Teige für das fluide Leben oder die Imagination, den Diskurs, der die Bauten veranlasst, aneignet, durchwirkt, aber nicht wirklich ausgemessen werden kann. Entelechie versus Empirie.

Die architektonischen Körper spielen daher in Teiges Vorstellung nicht in klassischer Weise im Licht wie bei Le Corbusier. Architektur ist für ihn wie für Adolf Behne eine Frage des kollektiven, gestaltenden Subjekts und der Beschaffung, Bereitstellung, Formatierung von Existenzbedingungen menschlichen Seins, ohne autoritär von einem endgültigen Zustand ausgehen zu können. Es hat daher auch keinen Sinn, jene Spielformen der Mannigfaltigkeit und gesellschaftlichen Spontaneität zu signieren, es gibt kein Copyright und keine Autorenrechte in jenem hin und her gehenden Prozess, den man mit Bauen zu beschreiben versucht. All diese Konnotationen beinhaltet das Wort „stavba". Weil das tschechische Wort auch als Synonym für „Struktur" oder „Organisation" gelesen werden kann, wird Teiges Insistieren verständlich, denn eine Struktur hat keinen Ausdruck, keine Oberfläche und auch nichts, was man unter dem Licht der Sonne mit interesselosem Wohlgefallen betrachten könnte. Teiges Beitrag zur Grundlegung des tschechischen Strukturalismus ist substanziell. Im Jahr 1929 bewirkt Teige

Adolf Hoffmeister: Černe jezulátko (das schwarze Christ-kind), circa 1923

Karel Teiges Hauptwerk *Gebäude und Gedicht*, 1927

Jiří Kroha: Wohnraumstudie aus Studien für die neue sozialistische Idealwohnung, 1938. Im Vordergrund Jiří Kroha und Karel Teige diskutierend, im Hintergrund Miloslava Krohová.

Viitězslav Nezval, Karel Teige, Roman Jakobson im Bassin der Villa Kroha, Brünn, 1933. Foto: Jiří Kroha

Karel Teige: Collage Nr. 142, 1940

357

schließlich, dass sich im Zuge der „Generationsdebatte" die kommunistische Kulturpolitik programmatisch den Avantgardepositionen öffnet. Teiges Poetismus und Konstruktivismus ersetzen die seitherige proletarisch-revolutionäre Positionsbestimmung. Aus dem „Devětsil" der 1920er-Jahre wird im Zuge der Richtungsentscheidung nunmehr die „Levá Fronta". Es handelt sich um einen einzigartigen Vorgang in der Geschichte der kommunistischen Bewegung wie der Avantgarde: Eine sozialistische Bewegung verbündet sich kulturpolitisch mit dem Projekt der Moderne, politische wie kulturelle Avantgarde kommen überein. Das ist die Quintessenz der „Generation Teige" bis 1938. Teiges messerscharfe Kritik an der Kulturpolitik des Stalinismus, die er mit der des Faschismus vergleicht, führt schließlich zum Ausschluss Teiges aus der Levá Fronta, die daraufhin rasch zerbricht.

Elan vital, Autopoiesis, Selbstorganisation

Teige rezipiert bei seinem Studium der Kunstwissenschaft mit besonderem Interesse Henri Bergson und Benedetto Croce, sein Poetismus scheint von dem Elan vital und dem Kunstbegriff Croces auszugehen. Croce hielt Kunst für eine von allen nachvollziehbare, allgemeine Erkenntnistätigkeit, die keiner speziellen Kompetenzen bedarf. Ebenso grundlegend ist Teiges Rezeption des von Kurt Hiller geprägten „Aktivismus". Die als politischer Arm des Expressionismus zu verstehende Bewegung erstrebte eine „Aktivierung des Geistigen zur Herbeiführung einer neuen Menschheitsära" und war ihres elitetheoretischen Ansatzes wegen bekennenden Marxisten wie Walter Benjamin eigentlich suspekt. Für Teige dagegen scheint an Hillers Argumentation die Definition von „Leben" als einzige Autorität attraktiv gewesen zu sein. Dieses sehr spezielle Interesse wird erst in jüngerer Zeit besser verständlich, nachdem man bemüht war, in Hillers biopolitischem und rechtsphilosophischem Theorem des „nackten Lebens" den sakralen Kern des modernen Projektes offenzulegen.[18] Teige war dieses unter „Leib-Seele-Einheit" gefasste Motiv ebenso zugänig wie Hannes Meyer, der 1929 vom „Hohelied der Harmonik" und „Bauen als Schicksalsbestimmung" zu sprechen begann.[19] Teige definiert es als jenes ewig sprudelnde Jetzt und Hier, das nur Wandel und keinen Stillstand kennt. Meyer dagegen spricht unter dem Einfluss von Hans Prinzhorn und Felix Krüger von den biologischen Grundlagen wie weit später Humberto Maturana. Noch im Jahr 1929 versucht er wie Paul Klee oder Oskar Schlemmer, nur auf unterschiedlichem Wege oder besser in einem anderen Sprachspiel, eine Annäherung an jene, dem Leben phylogenetisch als Ur-Impuls innewohnende, letztlich Autopoiesis bewirkende strukturellen Macht.

Trotz aller Differenzen zielen die sehr verschiedenen Lehrkonzeptionen zur Zeit des Meyer'schen Direktorates auf einen gemeinsamen Fluchtpunkt, nämlich, zu einem philosophischen Verständnis des eigenen disziplinären Handelns zu gelangen, zu einer Anthropologie und Gesellschaftstheorie aus dem Bauhaus.[20] „hohe schule der gestaltung" wird Meyer im Manifest von 1929 diese gemeinsame Arbeit, wenn man will das Projekt der gemeinsamen wissenschaftlichen Standortbestimmung, nennen. Es ist Teige, der die verschiedenen Ausgangspunkte eng führen wird: Nietzsches triebbegründete individuelle Selbstverwirklichung wird den mit Notwendigkeit zur Selbstorganisation treibenden Produktivkräften von Karl Marx als virulenter Fortschrittsimpuls der Moderne gleichgesetzt. Der individuellen Menschenbildung, die seit seiner Gründung Grundlage der Bauhauspädagogik war, wird von Karel Teige in der direktesten Weise ihre gesellschaftliche Funktionalität und ein Ziel zugeordnet: das kollektive Spiel mit dem Feuer, der Übergang zu einer höher entwickelten Assoziation freier Produzenten, in der „menschliche Kraftentwicklung sich als Selbstzweck"(Karl Marx) gilt.[21]

Teige greift bewusst verschiedene erkenntnistheoretische, ästhetische und politische Diskurse auf, die er mit einer marxistischen „Weltanschauung", wie er sie nennt, zu verbinden sucht. Für eine Wissenschaft hält Teige den Marxismus nicht, sondern für eine Frage der kritischen Position. Ein Leben lang hat er in heuristischen Schleifen im Material der Kunst Widerstands- und Befreiungspotenzial sondiert, die identitätssystematische Totalaffirmation der klassischen Mimesis bekämpft und der politischen Avantgarde zur denkbar schärfsten Waffe geraten, der kreativen Imagination. Teiges Gedanke war, die neue Gesellschaft könnte in einem kollektiven Sprechakt heraufbeschworen werden, die Poesie selbst Urbild, Archetyp des gesellschaftlich Emergierenden sein.[22]

Seit 1923 war Karel Teige überdies Redakteur der vom „Bund der Architekten" herausgegebenen Architekturzeitschrift *Stavba*, die streng ingenieurwissenschaftlich ausgerichtet war und für Baukunst im Sinne der akademischen Architekten kein Verständnis hatte. Mit 23 Jahren, noch ein Student, bewerkstelligte er im Auftrag der um eine Generation älteren Gruppierung einen architekturprogrammatischen und baukulturellen Richtungswechsel, der die Zeitschrift für Jahre zu einem international herausragenden Leitmedium mit konstruktivistisch-funktionalistischer Ausrichtung werden ließ. Ohne intensiven Austausch mit Adolf Behne, der in einer gleichgerichteten Aktion 1923 mit dem Manuskript des Buches *Der moderne Zweckbau* dieselbe kritische Wende für Deutschland einleitete, hätte Teiges Publizistik kaum zu der beachtlichen Zuspitzung gefunden.

Teiges Vorstellung von Architektur als kommunikativ vernetzter Raumproduktion entsteht in seiner reifen Ausprägung exakt im Moment des Überschreitens der Geschäftsordnung bürgerlicher Architektur in einem Kreis, der, wie die Gruppe „ABC" deklariert, eben dieses vorhat: „ABC bekämpft das bürgerliche Zeitalter."[23] Alles, was Mart Stam, Èl' Lisickij, Hannes Meyer, Hans Schmidt oder Karel Teige fürderhin deklarieren, muss als eine, so nennt es Teige, „Arbeitshypothese" für eine Baukultur jenseits des Kapitalismus betrachtet werden. Die „am Kommunismus interessierten Mitglieder der CIAM" wollten nach Zeugnis von Sigfried Giedion den Zusammenkünften der Architekten seit dem Gründungskongress in La Sarraz eine andere Richtung geben.[24] Teiges Beitrag war ein systematischer Großentwurf, in dem die Antagonismen von Gedicht und Welt, von Bauen und Poesie durch binäre Entgegensetzung zur bürgerlichen Praxis zur Synthese gelangen. Ohne theoretische Voraussetzungen dafür vorzufinden, baut seine Theorie darauf auf, dass die zwingendsten Bauaufgaben nicht mehr in der Matrize des „freien Architekten" als Dienstleistung zu lösen sind: die Wohnung für alle, die Neuordnung und verantwortungsvolle Reproduktion der modernen Stadt, die räumlich und sozial gerechte Verteilung der Güter und die nachhaltige Pflege der natürlichen Ressourcen der Erde. Sich zur Welt der sozialen Bedürfnisse wie ein zu Verstande gekommener Mensch zu verhalten, das Lied der Notwendigkeit zu singen, wird nur in einer alterativen gesellschaftlichen Organisationsweise möglich sein. Das ist im Grunde genommen der Gedanke, den Teige am Bauhaus bewirbt.

Für ihn ist der gemeinsame Fluchtpunkt der Marx'schen Theorie, der Philosophie Nietzsches wie des Poetismus nicht revolutionäre Machtergreifung, Aufbau neuer, anderer Staatlichkeit, sondern reflexive Selbstorganisation. „Poiésis" will er als integrales, souveränes, lebensspendendes Schaffen verstanden wissen[25], dessen Theorie und Lehrprogramm der Poetismus ist. Teige setzt alles auf die „Entfaltung des produktiven Triebes, der die menschliche Welt in einen einzigen Golfstrom der Poesie verwandelt".[26] Zur denkwürdigen Koinzidenz der sich seit dem Ausbruch der Weltwirtschaftskrise besonders lebhaft entwickelnden linken Alternativstruktur gehört, dass seine Aktivitäten als Organisator und Schriftleiter der „Levá Fronta" auf derselben „strikten Basis des Klassenkampfes" stattfinden wie Walter Benjamins Versuch, sein Zeitschriftenprojekt *Krise und Kritik* „ganz scharf nach links" auszurichten. Neben Korsch, Adorno, Bloch, Lukacz, Döblin und Brecht versuchte Benjamin für die Architekturprobleme Adolf Behne, Hannes Meyer und Sigfried Giedion zu gewinnen.[27] Auch diese Zeitschrift sollte nach dem bei Teige gefeierten Vorbild des Unanimismus, aus kollektivem Bewusstsein heraus „aus einer Seele gesprochen", ohne Autorenangabe als eine neue Versuchsanordnung grundsätzlich andere Formen intellektueller Arbeit und Mediatisierung ausprobieren. Von diesen Zusammenhängen her wird man in der Ära Meyer die volle Entfaltung des reflexiven und damit sozialen Potenzials des Bauhauses als „hoher schule der gestaltung" entdecken können. Man kann das einerseits als Beitrag auf dem Weg zur „Kritischen Theorie" oder auch mikropolitisch als anschaulichen Versuch der autonomen Gestaltung von Lebensverhältnissen an der führenden Designschule der Weimarer Republik betrachten. Theorie und Praxis – eine neue Einheit.

Anmerkungen

1 Eine vollständige englische Übersetzung der Texte von Teige und Le Corbusier ist veröffentlicht in *Oppostions Reader*, ed. by K. Michael Hays, pp. 589–612. New York, 1988. Die deutschsprachige Veröffentlichung in *Werk* 21:9 (1934) ist leicht gekürzt, u. a. um das Wort „Poet".

2 Teige, Karel. *Liquidierung der Kunst. Analysen, Manifeste*. Frankfurt/Main, 1968.

3 Teige, Karel. *Stavba a báseň: umění dnes a zítra, 1919–1927*. Praha, 1927.

4 Teige, Karel. „Báseň, svět, člověk". *Zvěrokruh* 1 (1930): S. 9–15. Deutsch: „Gedicht, Welt, Mensch". In: Teige, 1968, S. 112–126.

5 Die von 1930 mit zwei ersten Nummern von Vítezlav Nezval herausgegebene Schriftenreihe *Zvěrokruh/Tierkreiszeichen*, fungierte als „Internationales Bulletin des Surrealismus".

6 Als Meyer im Oktober 1929 Teige prophylaktisch anfragte, wie er zu einer, später so nicht realisierten Berufung nach Dessau stünde, formulierte er: „... ich könnte mir vorstellen, dass sie am bauhaus vorwiegend in der propaganda, in der schriftstellerei, der bühne und typografie wirkten!". Vgl. Meyer, Hannes. Brief an Karel Teige, 31.10.1929. Bauhaus-Archiv Berlin.

7 Styrsk'y, Jindrich, Manifest „Bild", Mai 1923. In: *Tschechische Avantgarde 1922–1940. Reflexe europäischer Kunst und Fotografie in der Buchgestaltung*, hrsg. von Zdenek Prus, S. 168 ff., Hamburg/Bochum, 1990.

8 Postkarte im Nachlass von Hans Scharoun, nach Angabe der Autorin.

9 Mit dem Buch *Der moderne Zweckbau*, das im Druck erst 1929 in Berlin erschienen ist.

10 Marx, Karl. Einleitung zu „Zur Kritik der Hegelschen Rechtsphilosophie". In: Deutsch-Französische Jahrbücher. Paris 1844, S. 71 f.

11 Zit. „Gedicht, Welt, Mensch". Teige, 1968, S. 124.

12 Auskunft des ehemaligen Bauhausstudenten Selman Selmanagic im Gespräch mit der Autorin, Berlin, 1986, sowie nach Tonbandaufzeichnungen von Siegfried Zoels (im Besitz der Autorin).

13 Chvatík, Květoslav. „Herbert Marcuse und Karel Teige über die gesellschaftliche Funktion der Kunst". In: *Die Frankfurter Schule und die Folgen*, hrsg. von Axel Honneth und Albrecht Wellmer. Berlin/New York, 1986.

14 Siehe Sayer, Derek. *The coasts of Bohemia. A chzech History*. Princeton, 1998. Und: Ders. *Prague, Capital of the Twentieth Century: A Surrealist History*. Princeton, 2012.

15 Teige, Karel. „Novym smerem" (In neue Richtung). *Kmen* 4:48 24.2. (1921): S. 569 ff.

16 Zit. „Gedicht, Welt, Mensch". Teige, 1968. S. 120.

17 a. a. O. S. 124.

18 Holzheimer, Sandro. „Heiliges Leben – Zur Biopolitik des Aktivismus (Kurt Hiller)". In: *Das Heilige (in) der Moderne Denkfiguren des Sakralen in Philosophie und Literatur des 20. Jahrhunderts*, hrsg. von Héctor Canal, Maik Neumann, Caroline Sauter und Hans-Joachim Schott. Bielefeld, 2013.

19 Meyer, Hannes. „bauhaus und gesellschaft" bauhaus 3:3 (1929): S. 2.

20 Huber, Hans Dieter. „Die Autopoiesis der Kunsterfahrung. Erste Ansätze zu einer konstruktivistischen Ästhetik". In: *Bild, Bildwahrnehmung, Bildverarbeitung*, hrsg. von Klaus Rehkämper und Klaus Sachs-Hombach, S. 163–171. Wiesbaden, 1998.

21 Teiges Text „Mensch Welt, Gedicht" schließt mit der bekannten Zauberformel von Marx, wonach die freie Entfaltung des Einzelnen prioritär ist für die Freiheit der Assoziation.

22 Teige, Karel. „Obrazy a predobrazy", *Musaion* 2 (1921): S. 52–58. Bei diesem Text handelt es sich zugleich um das erste Programm des „Devetsil".

23 In dieser Kampfansage lässt Hans Schmidt im letzten Heft der „ABC" die gemeinsamen Bemühungen münden.

24 Vgl. Hilpert, Thilo. *Die funktionelle Stadt. Le Corbusiers Stadtvisionen*. Braunschweig, 1978. Und: Gubler, Jacquez. *Avanguardia e architettura radicale: ABC 1924–1928*. Milano, 1994.

25 Zit. „gedicht, welt, mensch". Teige, 1968, S. 117.

26 a. a. O., S. 127

27 siehe hierzu: Benjamin, Walter, und Bertolt Brecht. „Dokumente zum Zeitschriftenprojekt ‚Krise und Kritik'". In: Wizisla, Erdmut. *Benjamin und Brecht: Die Geschichte einer Freundschaft*. Frankfurt/Main 2004. S. 289–327.

3
Meyers Pädagogik nach dem Bauhaus

„Proletarischer Architektur-Ingenieur":
Hannes Meyer an der Moskauer Hochschule VASI

Tatiana Efrussi

Drei Monate nach seiner Entlassung als Bauhausdirektor im November 1930 wurde Hannes Meyer Dozent an der Hochschule für Architektur und Bauwesen VASI[1] in Moskau. Anscheinend wollte er seine Erfahrungen in „marxistischer Architekturlehre" in anderem Kontext ausbauen: Zu Beginn seines Engagements an der Moskauer Hochschule VASI hielt Meyer mehrfach Vorträge und organisierte sogar eine Pop-up-Ausstellung über das Dessauer Bauhaus. Sein Lehrkonzept sah zunächst auch Vorlesungen in Architektursoziologie und -psychologie vor – Themen, die er am Bauhaus anstelle des bisherigen Vorkurses als Grundlagen ab dem akademischen Jahr 1930/31 einführen wollte.[2] Aber bald ließ er diesen Plan fallen: Schon im Mai 1931 notierte er in seinem Manuskript zur Architekturausbildung für das VASI: „bauhaus erfahrungen nicht anwendbar".[3] Auf den ersten Blick verblüfft diese Schlussfolgerung, da das Ideal einer wissenschaftlich basierten, utilitaristischen und politisch engagierten Architekturausbildung des VASI dem, was man gemeinhin mit Meyers „Rotem Bauhaus" assoziiert, sehr nahe kam. Dieses Ideal fasste der Titel der Institutszeitung treffend: *Proletarischer Architektur-Ingenieur.*

Das VASI wurde im Sommer 1930 gegründet – im Zuge der großen Reform der Ingenieursausbildung als eine Maßnahme des ersten Fünfjahresplans zur beschleunigten Industrialisierung der sowjetischen Wirtschaft. Für die damit einhergehenden, riesigen Bauaufgaben wurde die gesamte Bevölkerung – notfalls auch gegen ihren Willen – mobilisiert. Dieses Mammutprojekt, dessen Auswirkungen bis in alle Lebensbereiche der Bürgerinnen und Bürger spürbar waren, bezeichnen Historiker als „Stalins Revolution" oder „Zweite Revolution". Die Reform der Ingenieursausbildung wurde 1928, gleich nach der Ratifizierung des Fünfjahresplanes, in Angriff genommen. Ihr Ziel war die Ausbildung einer Armee sowjetischer technisch-versierter Kader auf allen Ebenen. Gleichzeitig wurden Technologien aus dem Westen (besonders aus den USA und dem Deutschen Reich) importiert, ausländische Experten eingeladen, um die Bautätigkeit zu organisieren und an den Tausenden von neu gegründeten Schulen und Instituten zu unterrichten. Die bestehenden Schulen durchliefen Reformen und Säuberungsaktionen, die Anzahl der Studierenden aus Arbeiterfamilien wurde erhöht. Auf lokaler Ebene spielten die kommunistischen Studierenden, die Mitglieder des Komsomol oder der Partei eine wichtige Rolle bei der Umsetzung der Reform. Voller Enthusiasmus waren sie dabei, die „alten" Lehrstühle und sonstige Überreste der „bürgerlichen Vergangenheit" abzuschaffen.

Das Moskauer Architekturinstitut VASI war ein typisches Produkt dieser Epoche. Es war aus der Vhutemas-Vhutein[4] (1920–1930) hervorgegangen, die die Ideale der ganzheitlichen und produktionsorientierten Ausbildung des Bauhauses geteilt und ehemals sieben Fakultäten hatte: Malerei, Bildhauerei, Architektur, Druckwesen, Textil-, Holz- und Metallgestaltung. Verschiedene Versuche der beiden Institutionen zu einer engeren Zusammenarbeit waren gescheitert. Im Jahr 1930 wurde das Vhutein aufgelöst. Malerei und Bildhauerei wurden an das Institut Proletarischer Darstellender Künste nach Leningrad verlegt und fortan nicht mehr in „reiner" Form unterrichtet. Jedes der für die industrielle Produktion relevanten gestaltenden Fächer bekam ein Fachinstitut, das direkt an den korrespondierenden Staatsbetrieb angeschlossen wurde. Die Architektur galt auch als technische Disziplin: Das Architekturinstitut VASI unterstellte man dem Baubetrieb Sojuzstroj. Seine Absolventen wurden unmittelbar Planungs- und Baueinheiten zugewiesen. Die Professoren rekrutierten sich aus dem Vhutein und der Architekturfakultät der Technischen Universität MVTU. In beiden Instituten lag der Schwerpunkt der Lehrtätigkeit auf einer stärkeren Ausbildung in technischen und wissenschaftlichen Disziplinen.

Diese radikalen Maßnahmen entsprachen einem lang gehegten, avantgardistischen Ideal einer praxisnahen Gestaltung des Unterrichts in enger Anbindung an die Industrie, unterminierten jedoch die ganzheitlichen und generalisierenden Prinzipien, die zur Gründung des Bauhauses und Vhutemas geführt hatten. Der von Nikolaj Ladovskij und seinen Studierenden am Vhutemas entwickelte propädeutische Kurs *Raum* wurde als zu abstrakt und von der „eigentlichen Aufgabe der Architekturgestaltung"[5] zu weit entfernt kritisiert. So erschien er im Lehrplan des VASI nur noch in reduzierter Form.

Die „Spezialisierung" des Instituts ging mit der „Proletarisierung" einher, die auch ein Schlüsselelement in Meyers Bauhaus gewesen war. Viele ehemalige Vhutein-Studierende konnten ihre Ausbildung nicht fortsetzen, da sie keinen proletarischen Hintergrund hatten. Man führte drei Aufnahmetermine pro Jahr ein und schaffte gleichzeitig die Aufnahmeprüfungen ab. Dadurch erhöhte sich die Zahl der Studierenden auf 2000.[6] Viele der Neuankömmlinge waren Erwachsene. Analphabeten beziehungsweise Studienwillige, die noch keine Hochschulreife nachweisen konnten, wurden zuerst in Kurse der „Arbeiterfakultät" (rabfak) geschickt. Der Lehrkörper mit seinen 210 Mitgliedern reichte für den unerwarteten Zuwachs unerfahrener Studierender nicht aus. Man suchte das Problem durch Einführung einer praktischen Ausbildung in der Produktion (auf Großbaustellen), die die Hälfte der Studienzeit umfasste, und kollektiver Unterrichtsmethoden zu lösen.

Von 1929 bis 1931 galt die „Brigadenmethode" als effektivste. Im Idealfall gestaltete sie sich wie folgt: Brigaden von drei bis fünf Studierenden sollten gemeinsam an einer gestellten Aufgabe arbeiten, dem Lehrer dann ihre Ergebnisse vorlegen und sie danach im Rahmen einer kleinen Konferenz mit anderen Brigaden diskutieren.[7] In diesem System gab es weder individuelle Benotungen noch Prüfungen. VASI soll das erste Institut gewesen sein, das diese Methode in großem Maßstab eingeführt und konsequent – von kleineren Aufgaben bis hin zu Diplomarbeiten – angewandt hat.[8] Die Ideologen der Reform betrachteten diese kollektive Methode als Gegenmodell zu den individualistischen „bürgerlichen" Traditionen des ehemaligen Vhutein.

Nach ihrer Aufnahme wurden die Studierenden auf die vier Fakultäten Industrie, Agroindustrie, Stadtplanung, Wohnungsbau/öffentliches Bauwesen verteilt. Die Ausbildung dauerte vier Jahre. Mit dem Abschluss erhielten die ehemaligen Studierenden das Diplom eines „Architekturingenieurs" (im Gegensatz dazu hatten sich die Vhutein-Absolventen als „Architekturkünstler" qualifiziert). Die Studierenden wurden auch zu „sozialen Aktivisten und

Verteidigern der Sowjetunion" ausgebildet.[9] Im Jahr 1930 waren 30 Prozent des Lehrplans den politischen Wissenschaften und der militärischen Grundausbildung gewidmet.[10] Hannes Meyer schrieb im April 1931 enthusiastisch an seine ehemalige Bauhausstudentin Lisbeth Oestreicher: „alles, was am Bauhaus verpoent war, wird hier zur pflicht. meine studenten haben obligatorisch leninismus (nicht nur marxismus) und mit dem schiessgewehr muesste sogar die weberei aufrücken."[11]

Trotz des Enthusiasmus und Pomps bei Meyers Ankunft im Institut (drei Versammlungen, eine Ausstellung und mehrere Artikel), erhielt er keine einflussreiche Position oder Vollzeitanstellung. Nach einer kurzzeitigen Verpflichtung als Dozent und Tutor für eine Postgraduiertengruppe von 20 Studierenden wurde er im April 1931 formal als Leiter des Entwurfs der Fakultät Wohnungsbau und Öffentliches Bauwesen angestellt. Aber schon im Januar 1932 wurde er in die Abteilung „Agroindustrie" versetzt. Diese wurde 1932/33 der Fakultät Industrie, die an der Spitze der Institutshierarchie stand, angegliedert. Dort unterrichtete Meyer wohl seine letzten Studierenden.

Am 23. Mai 1931, das heißt circa einen Monat nachdem er seine Tätigkeit als Leiter des Entwurfs begonnen hatte, legte Meyer dem Institut seine Reformvorschläge *„über die methodik des architektur-unterrichtes"* vor. Am 5. Mai 1931 hatten die Methodologen des VASI, die Architekten Aleksander Vlasov und Nikolaj Poljakov, in der Institutszeitung den Artikel „Gegen das Studiengangsystem" veröffentlicht. Möglicherweise war Meyers Vorschlag eine Reaktion auf die Generaldebatte innerhalb des VASI.

Der Vergleich beider Texte zeigt, dass es viele Überschneidungen in den Konzepten zur Architekturausbildung von Meyer und seinen sowjetischen Kollegen gab. Sie lehnten die akademische Lehre und die Ausbildung individueller Talente ab und strebten zugunsten einer wissenschaftlich und rational basierten Gestaltung die Zusammenarbeit mit der Industrie im Rahmen realer Gestaltungsaufträge sowie mit Experten unterschiedlicher Disziplinen – von Soziologen bis hin zu Ärzten – an, was allerdings nie realisiert wurde. Aber das Endergebnis der Ausbildung, den Architekten, sahen sie unterschiedlich. Meyers Thesen erinnern an seine 1929 in Wien und Basel gehaltenen Vorträge: Sein Vokabular geht auf ein Konzept der „Organisation" und auf biologische

Metaphern zurück, selbst wenn die Begriffe „geist", „seele" und „gemeinschaft" durch die Begriffe „ideologie des proletariates", „marxistische gesetze" und „unsere sozialistische gesellschaft" ersetzt worden waren. Aus seiner Sicht war es das Ziel sozialistischen Unterrichts, maximales Wissen über soziologische, technische, wirtschaftliche „organisationsformen", maximale Kenntnisse der Biologie (und „lebensprozesse") und der Psychologie, jetzt interpretiert als „reflexe der massenpsychologie", zu vermitteln.[12] Im Gegensatz dazu bekräftigten Vlasov und Poljakov als alleiniges Ziel der Ausbildung am VASI die Ausbildung eines spezialisierten „gestaltenden Architekten" für das zukünftige begrenzte Aufgabengebiet. „Hauptkriterium seiner Ausbildung sei die Eignung als Spezialist in der Produktion zugeschnitten auf seine Tätigkeit und ihren speziellen Charakter."[13] Die zukünftige Tätigkeit sei durch die Anbindung der Fakultäten an den jeweiligen staatlichen Baubetrieb bereits festgelegt.

Obwohl das VASI die Studierenden gleich nach ihrer Aufnahme auf die vier Fakultäten aufteilte, machten sich Vlasov und Poljakov für weitere Spezialisierungen in den bestehenden Fachbereichen stark: „Man kann doch nicht von einem Entwurfsexperten für alle Industriebauten sprechen, wie man auch nicht von einem Entwurfsexperten für alle Formen des Wohnungsbaus und öffentlichen Bauwesens sprechen kann."[14] Meyer würde entsprechend seiner Aufzeichnungen von 1931 antworten: Doch man kann, denn es gibt ein einziges für das gesamte Baugewerbe gültiges Universalprinzip: das „normative denken".[15] In seiner Vision durchlief der Entwurfsprozess drei Schritte: Analyse der „lebensprozesse" und Funktionen, Typisierung des Raumes und Organisation typisierter Räume in „bauorganismen". Das „Skelett" dieses Systems sei die *normenlehre*, die es am VASI jedoch noch gar nicht gab. Meyer trat für ihre Einführung für alle Semester, ebenso wie für die der „elementarlehre" und des standardisierten Zeichnens ein.[16] Während seine Thesen nie veröffentlicht wurden, äußerte sich ein anderer ausländischer Architekt, Bruno Taut, über das VASI-System, das seine Studierenden „von Anfang an der fatalen beruflichen Enge geopfert habe".[17] Beide Texte stimmten in der Beurteilung überein, dass neue kollektive Ausbildungsmethoden wichtig seien, aber offenbar noch nicht richtig funktionierten. Meyer war überzeugt, dass einer der Gründe dieses Versagens in der Zielsetzung lag. Da das Hauptziel des VASI noch immer in der Ausbildung individueller Architekten und nicht in der von Brigaden lag, blieb die Brigade nur ein formales, temporäres Instrument. Die Studierenden würden nicht in „vertikalen Brigaden" eingesetzt, wo sie auf verschiedenen Ausbildungsstufen Seite an Seite arbeiteten, sondern in „horizontalen", in denen sich, wie damals allgemein kritisiert, die Schwachen hinter den Starken versteckten.

Auch unterschieden sich die Systeme in der Stellung, die sie dem Architekturprojekt in ihrem System zuwiesen. Für Vlasov und Poljakov war das Projekt der Kern der Ausbildung, um den herum alle anderen Disziplinen organisch angeordnet werden sollten. Der staatseigene Betrieb gebe dem Institut ein Projekt, dessen Aufgaben je nach dem Ausbildungsgrad der Studierenden in verschiedene Stadien aufgeteilt würden. Die Studierenden erhielten die erforderlichen wissenschaftlichen Kenntnisse vor Ort durch Beratungssitzungen. Meyer hingegen vertrat die Ansicht, die Studierenden müssten zuerst in universaler Logik unterrichtet werden. Besonders auf der Anfängerstufe sei die „einfache organisationszeichnung besser als projekt."[18] In seinem Lehrplan war dem *Projekt* nur ein Tag gewidmet: am ersten Tag – Soziologie und Militärdienst; am zweiten Tag – Projekt; am dritten Tag – technische Disziplinen; am vierten Tag – Psychologie und Farblehre.

Obwohl seine Notizen viele Hinweise auf die Erfahrungen in Dessau enthalten, enden seine Überlegungen mit dem Schluss „bauhaus-erfahrungen nicht anwendbar".[19] Das VASI war meilenweit vom Ideal einer unabhängigen Kooperative entfernt. Es war zu groß, zu bürokratisch und unterstand der Zentralverwaltung für Ingenieursausbildung. Meyers Visionen für das Bauhaus, oder jede andere soziale Einheit, die er architektonisch zu organisieren suchte (Freidorf, sogar die ADGB-Schule), sollte mithilfe einer allgemeingültige Logik (zum Beispiel „Pestalozzis Kreise") ganzheitlich ausgerichtet sein und Unabhängigkeit anstreben. Ohne Chance, die Struktur des VASI beeinflussen zu können, konnte er seine analytische Methode nur an eine kleine Gruppe eingeweihter Studierender weitergeben, auch wenn er über einige von ihnen notierte: „wussten gar nichts".[20]

Dass versucht wurde, die Bauhauserfahrung auf die sowjetische Realität anzuwenden, zeigt sich an einem konzeptionellen, methodischen Schema, das

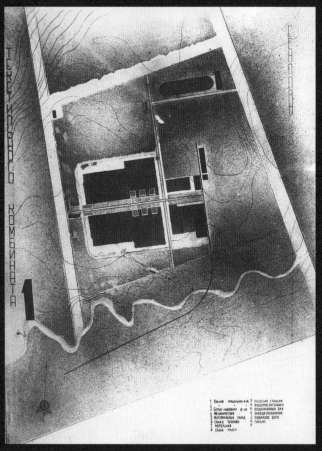

Textilkombinat in Zentralasien. Grundriss mit Bewegungsanalyse von Waren und
Arbeiterverkehr, 1932/1933. Unbekannter Student der VASI-Industrie-Fakultät

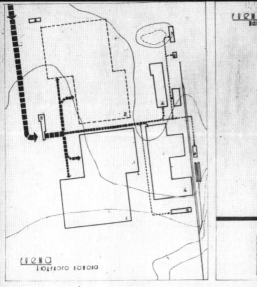

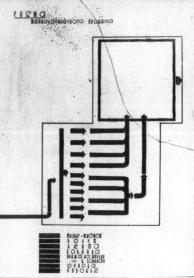

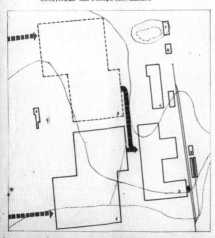

Textilkombinat in Zentralasien. Grundriss mit Bewegungsanalyse von Waren und Arbeiterverkehr, 1932/1933.
Unbekannter Student der VASI- Industrie-Fakultät

5

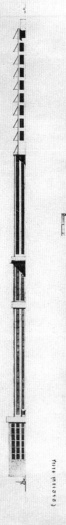

Textilkombinat in Zentralasien. Außen- und Innenansichten, 1932/1933. Unbekannter Student der VASI-Industrie-Fakultä

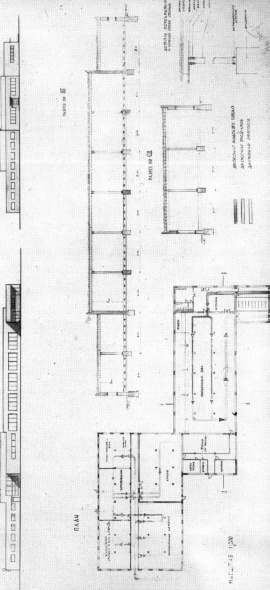

Kantine einer Betonfabrik, 1931/1932, Unbekannter Student der VASI-Industrie-Fakultät

unter nicht bekannten Umständen ein Jahr später für die Industrie-Fakultät vorgelegt wurde.[21] Studienarbeiten sollten mit einer Analyse von Arbeits- und Produktionstypen, Ventilation und „arbeitshygiene" beginnen.[22] Jeder Kurs sollte als wissenschaftlicher Studiengang unterrichtet werden. Ähnlich dem Vorschlag der VASI-Methodologen, sollte das Projekt, die „Skizze", bestimmt durch den Auftrag einer der Industrien – Leichtindustrie, Textilindustrie, Nahrungsmittelindustrie, Leichtmaschinenindustrie, Leder, (Streich-) Holzindustrie – im Mittelpunkt stehen und durch das Studium „konstruktiver Verkleidung" und „konstruktiver Gerippe" in Kursen zu Baukonstruktion, Materialien, Kalkulation, Statistik et cetera[23] weiterentwickelt werden. „Elementarlehre und Standardlehre" stehen abseits des Schemas – vielleicht weil sie nicht Teil des Lehrplans waren. Der Aufbau scheint gedrängt im Vergleich zu den Thesen Meyers von 1931: Farblehre, Massenpsychologie, Biologie kommen nicht vor. Dennoch insistiert der Verfasser, das Projekt sei nicht stufenweise, sondern komplex anzugehen: nicht „immer groessere bauaufgaben", sondern „immer zahlreichere fragenkomplexe".[24] Dieses Konzept wurde durch Meyers System der Kreise illustriert.

Zu dieser Zeit unterrichtete Meyer eine Gruppe Studierender der Agroindustrie-Fakultät. In seinem Vortrag „Erziehung zum Architekten" von 1939 erinnert er sich, die Gruppe sei unter anderem in dem Projekt Agropunkt in der Ukraine eingesetzt gewesen, einem gemeinwirtschaftlichen Sammel- und Vertriebszentrum für Produkte und einem Zentrum des sozialen Lebens. Die 25 Studierenden waren, entsprechend ihrer Ausbildungsstufe, auf „horizontale" Brigaden verteilt worden. Jede Brigade wurde mit einer Studie zu einem spezifischen Thema betraut. Die Aufteilung erfolgte nach „komplexer" Logik. Aufträge für Bauten des sozialen Lebens, wie Schulen, Clubs und Kindergärten, wurden an erfahrenere Studierende vergeben. Entwürfe von für die Produktion relevanter Einzelobjekte wie Geschäfte, Werkstätten und Lagerhäuser, die jedoch weniger komplizierten funktionalen Anforderungen unterlagen, wurden an die Schwächeren vergeben. Hinterher wurden „die Funktionsanalysen [...] in gemeinsamer Beratung des ganzen Kurses aufgestellt und die von den Brigaden vorgelegten Entwürfe einer gemeinsamen Kritik unterworfen".[25]

Die seltenen Quellen lassen vermuten, dass solche Arbeitsmethoden am VASI nicht außergewöhnlich waren, zumindest nicht 1932/33 an der Industrie-Fakultät. Im Jahr 1932 berichtete V. Raev, ein Studierender in seinem vierten Jahr, in der Institutszeitung von der Arbeit am Entwurf von Baukomplexen der Textilindustrie in Zentralasien unter der Leitung von Ivan Nikolaev.[26] Nikolaev, damals noch ein relativ junger Architekt, stand einer konstruktivistischen Gruppe nahe. Er war für Gebäude der Wissenschaften und Industrie sowie des Campus eines Textilinstituts in Moskau (1929–1930), in denen die Prozesse des Lebens wie auf einem Fließband getrennt organisiert waren, schon berühmt geworden.

Raev schrieb, dass seine Gruppe ausschließlich an echten Aufträgen gearbeitet habe. Der Gestaltungsprozess habe mit der Analyse begonnen. Dies habe aber nicht so gut funktioniert, weil jeder Studierende nur einen spezifischen Aspekt (Ventilation, Heizung et cetera) analysiert und keine Vorstellung von allen anderen Problemen gehabt habe. In der zweiten Phase hätten die Studierenden viele individuelle Skizzen des Gesamtkomplexes angefertigt, die später diskutiert und in der dritten Phase zu einem gemeinschaftlichen Entwurf der Brigade zusammengefügt worden seien. Raev deutete an, dass die Gestaltungsaufgabe nicht gut gewählt worden sei. Die Textilwerkstätten hätten ausschließlich aus großen einstöckigen Räumlichkeiten bestanden, die nicht besseres zugelassen hätten, als Tausende von Säulen und Maschinen zu verteilen. Die meiste Zeit sei der Erforschung technischer Prozesse und nur wenige Tage der Organisation der Infrastruktur für die Arbeitenden, des Lichts oder der Gestaltung der Fassade gewidmet worden.

Ein Blick in das Foto-Archiv der Projekte der Industrie-Fakultät von 1931 bis 1933 bestätigt die beschriebene Methode und ihre charakteristischen Merkmale. Projekte für eine Betonfabrik 1931/32 lassen vermuten, dass die Verteilung der Aufgaben eher „stufenweise" als „komplex", wie von Meyer praktiziert, erfolgte: Die Studierenden im zweiten Jahr sollten eine Kantine, die im dritten Jahr Produktionsräume entwerfen – an sich nicht schwierig, wie Raev in seinem Bericht feststellte.

Anders als die Entwürfe des Vhutein und sogar seiner Diplomarbeiten hatten die Entwürfe von VASI formal die Qualität technischer Zeichnungen für

Bauvorhaben: Masterpläne berücksichtigten die Form des Geländes, gleichzeitig gab es Windrosen-Diagramme sowie Angaben zum Maßstab. Den meisten waren analytische Schemata über den Verkehr von Menschen und Waren beigefügt, einige Entwürfe zeigten Details von Konstruktionselementen. Selbst wenn einige Zeichnungen im Geiste des Vhutein formal einfallsreicher waren[27], so erscheint das Ensemble eher monoton und „neutral" angelegt gewesen zu sein. Gleichzeitig waren die Zeichnungen nicht wirklich standardisiert: Maßstab, Stile der Bilder und Topografie variierten von Projekt zu Projekt.

Diese Beobachtungen beziehen nur eine kleine Zahl der Projekte, die von einer der vier Fakultäten des VASI ausgeführt worden waren und in Form von zwei Alben im Museum des Moskauer Architekturinstituts überlebt haben, ein. Andererseits galt die Industrie-Fakultät als Hauptfakultät. Dass so ein Album überhaupt zusammengestellt wurde, könnte bedeuten, dass die vorgestellten Arbeiten als mustergültige Beispiele angesehen wurden. Im Gegensatz zum einseitigen pragmatischen Funktionalismus des VASI erscheint die Baulehre des Bauhauses vielseitig und offen.

Zum Zeitpunkt seiner Auflösung 1933 hatte das VASI seine Ambitionen zur Schaffung eines „proletarischen Architektur-Ingenieurs" schon teilweise aufgegeben. Die Zeitung des Instituts trug nun den Titel *Für Architekten Kader*. Im Jahr 1932 erließ die Partei eine Reihe von Verordnungen, die den allgemeinen Einsatz der Methode der Laboratorien-Brigaden verurteilte und Vorlesungen sowie individuelle Benotungen und Abschlussexamen wieder einführte.[28]

Da die Brigaden-Methode offiziell verurteilt wurde, findet sich bei Meyer, dem Verfechter der kollektiven Ausbildung, eine nur sehr zurückhaltende Bemerkung darüber in seinem Vortrag von 1939: „Dieses pädagogische Vorgehen hat den Vorteil einer großen Förderung des gesamten Kollektives eines Kurses, aber schwache Einzelleistungen können sich hinter der Brigade verstecken."[29] Diese Bemerkung über die Methode enthält die einzige lobende Bemerkung (wenn auch eher gedämpft), die ich gefunden habe, denn im kollektiven Gedächtnis ist sie als absolut negatives Phänomen erhalten geblieben.

Der „revolutionäre" Charakter des VASI ist ein typisches Beispiel für die „Zweite Revolution", die von oben dirigiert, aber durch lokale Vermittler durchgesetzt wurde. Sie hat alte Methoden zerstört und rapide, quasi-effiziente, neue Methoden ohne die notwendigen Vorbereitungen oktroyiert. Sie waren auf ein einziges Ziel ausgerichtet, nämlich auf den Aufbau der sowjetischen Industrieanlagen, insbesondere des industriell-militärischen Sektors. Dieser verengte Fokus und der Utilitarismus der Ausbildung am VASI waren zentrale Ziele der neuerlichen Reform von 1933. Für alle Fehlleistungen des VASI wurde nun der Funktionalismus als solcher verantwortlich gemacht. Der Neo-Akademismus verstand sich als Alternative, die Studierenden ein fundiertes und umfassendes Verständnis von Architektur vermitteln konnte. Der Komsomol und die Parteiarchitekten, welche die Reform von 1930 vorangetrieben hatten, waren nun die Ersten, die sich in die „Aufarbeitung des historischen Erbes" stürzten und versuchten, die Erinnerung an ihre eigenen „Verfehlungen" – und das VASI war eine von ihnen – möglichst tief zu vergraben. Das mag eine der Antworten auf die Frage sein, warum das Archiv des VASI (im Wesentlichen) zerstört wurde[30] und die Erinnerung daran und an Meyers Lehren verschwunden sind.

Anmerkungen

1   Auch ASI (Institut für Architektur und Bauwesen) und AKI (Institut für Architektur und Konstruktion) genannt.

2   Vgl. auch Anne Stengels Beitrag in diesem Buch.

3   Meyer, Hannes. „über die methodik des architekturunterrichtes". Manuskript, 23.5.1931. DAM Frankfurt am Main, Nachlass Hannes Meyer.

4   Vhutemas – Höhere Künstlerisch-Technische Werkstätten, Vhutein – Höheres Künstlerisch-Technisches Institut (auch WChUTEMAS/WChUTEIN im Deutschen).

5   Lamtsov, Ivan. „Vnimanie arhitekturnohudožestvennym disciplinam" (Fokus auf die Künstlerisch-Architektonischen Disziplinen). *Proletarskij inžener-arhitektor.* 29.November (1932). Original auf Russisch, übersetzt aus dem Englischen.

6   Erlass des Glavpromkadr, 14.5.1930. Rossijskij gosudarstvennyj arhiv ekonomiki (RGAE) (Russisches Staatsarchiv für Ökonomie, Moskau). Bestand 3429 Verzeichnis 3, Akte 2655, Bl. 168.

7   Vgl. Scheffler, Béla, Philipp Tolziner und Tibor Weiner. „Proekt brigadnoj školy" (Entwurf für eine Brigadeschule). *Za promyšlennye kadry.* N9/10 (12–13) (1931): S. 74–84.

8   Vlasov, Aleksander. „Bor'ba za kačestvo arhitekturnogo obrazovanija" (Der Kampf um die Qualität der Architekturausbildung). *Proletarskij inženerarhitektor* 3. März (1931).

9   Estrin. „Naši predloženija" (Unsere Vorschläge). *Proletarskij inžener-arhitektor* 15. Juni (1931).

10 Sopostavlenie učebnyh planov vtuzov stroitel'noj promyšlennosti (Vergleich der Lehrpläne der Technischen Hochschule für die Bauindustrie). RGAE, Bestand 3429, Verzeichnis 3, Akte 2691, Bl. 118.

11 Meyer, Hannes. Brief an Lisbeth Oestreicher, 5.4.1931. DAM Frankfurt am Main, Nachlass Hannes Meyer.

12 Meyer, 23.5.1931.

13 Vlasov, Aleksander, und Nikolaj Poljakov. „Protiv predmetnoj sistemy" (Gegen das Studiengangsystem). *Proletarskij inžener-arhitektor* 5. Mai (1931). Original auf Russisch, übersetzt aus dem Englischen.

14 a. a. O.

15 Meyer, 23.5.1931.

16 a. a. O.

17 Taut, Bruno. „Specialisty" (Spezialisten). *Russkogermanskij vestnik nauki i tehniki*, 3 (1931): S. 49 f. Original auf Russisch, übersetzt aus dem Englischen.

18 Meyer, 23.5.1931.

19 a. a. O.

20 a. a. O.

21 „Industriesektor ASI". Undatiertes Manuskript, 1932–1933 (?). DAM Frankfurt am Main, Nachlass Hannes Meyer

22 a. a. O.

23 a. a. O.

24 a. a. O.

25 Meyer, Hannes. „Erziehung zum Architekten. Vortrag in der Akademie San Carlos." In: *Hannes Meyer. Bauen und Gesellschaft. Schriften, Briefe, Projekte*, hrsg. von Lena Meyer-Bergner, S. 212. Dresden, 1980.

26 Raev, V. „Nekotorye itogi" (Einige Ergebnisse). *Proletarskij inžener-arhitektor* 29. November (1932).

27 Die meisten von ihnen wurden vom MARHI Museum freigegeben zur Veröffentlichung in dem Buch Ivanova-Vejn, Larisa, und Elena Ovsjannikova, hrsg. *Ot Vhutemasa k MARHI. 1920 – 1936.* Moskau, 2005, S. 178–194.

28 Erlass des Zentralkomitees der UdSSR „Ob učebnyh programmah i režime v vysšej škole i tehnikumah (Über Lehrpläne und Ordnung in Hochschulen und technischen Fachschulen), 19.9.1932". *Krasnoe studenčestvo* Nr 19/20 (1932): S. 2–5.

29 Meyer-Bergner, S. 212.

30 Nach Matsa, Ivan. „Soobščenie o rabote komissii po istorii sovetskoj arhitektury" (Mitteilung über die Arbeit der Kommission über die Geschichte der Sowjetischen Architektur). *Akademija Arhitektury* Nr 2 (1936): S. 99.

über die methodik des architektur-unterrichtes.
mmmmmmmmmmmmmmmmmmmmmmmmmmmmmmmmmmmmmmmmmmmmmmmmmmm

1/. ~~architektur~~ *bauen* = keine kunst mehr, daher kein akademischer unterricht
architektur = bauwissenschaft,daher nur wissenschaftlicher unterricht.
bauen = *kein handwerk*
architektur =organisation der lebensvorgange unserer sozialistischen
gesellschagt. *daher aus anweisbar.*
architektur ≠ keine komposition irgendwelcher gefühlskomplexe.
daher keine kompositionslehre.

2/. der architekt ist organisator der spezialisten,der bauwissenschaft.
er ist selber kein spezialist & wissenschafter.

daher auch pädagogik | "bauen" ist zusammenwirken der soziologen,klimatologen,
statistiker,biologen,lichttechniker,psychologen,hygienike
bauen=zusammenarbeit vieler,kein persönliches werk.
daher kein künstlerisches qualitätsgefühl.

3/ die ziele einer sozialistischen baulehre:

jetzt ausreichend kenntnis der soziologischen organisationsformen.
kenntnis der technischen organisationsformen.
kenntnis der ökonomischen organisationsformen.

max. biologisches wissen / psychologisches wissen.
(lebensprozess.) (reflexe der massenpsychologie

4/ der vorgang des entwurfes: *finden des bild mit kohle.*
a/ analyse des lebensprozesses & der funktionen.
b/ typisierung der raumnormen.
c/ organisation der raumtypen zum bauorganismus.

5/ normalisation - typisierung - standardisierung.
als grundlagen des sozialistischen bauens.
in/amerika:(kapitalismus)
standardisierung / künstliche vereinheitlichung der
bedürfnisse zur steigerung des umsatze
aus profitsucht (kapitalismus)
in USSR:(sozialismus)
natürlicher ausdruck der massenbedürfnisse.
vereinheitlichung der produktionsweise innerhalb
der sozialistischen planwirtschaft. (OCT)

6/die normenlehre = das rückgrat der sozialistischen baulehre.

normatives denken entwickeln (dr.pohlmann)
einheitsmasse / einheitsbauelemente benützen.
(persönliches zurückstellen)
einheitl. techn. ausdruck.

| alle zeichnungen im OCT. |

unsere aufgaben viel zu schwer.
elementare aufgaben.
nur reale aufgaben

II. Kurs wusste gar nicht

reales projektieren =

politisch.

Hannes Meyer: „über die methodik des architektur-unterrichtes", Vortrag am VASI, 23.5.1931

7/ unsere kritik: ausgezeichneter marxistischer unterricht

fehlen einer elementarlehre der bauglieder
fehlen,ja völlige unwissenheit im normenwesen.

jetzt 1j. theorie:
zirken.

jeder architektur-studierende wird zum individuellen
vollarchitekten in einer der 4 fakultäten ausgebilde

keiner hat eine ahnung der wissenschaftlichen
lichtlehre   akustik   psychologie.
farblehre *(austellungentwurf!|*   massen.
betriebswissenschaft

8/ unsere forderungen:

keine durchgehende brigade   *wo gehen die stud hin? privatprakkis od. eingliederung.*
in der praxis ebenfalls nicht.

einführung einer elementaren *normen* baulehre für alle 4
fakultäten gemeinsam. *einfache organisationszeichnung besser als ...*

aufgabenstellung
in 1. linie durchschnittsaufgabe

entwicklung einer normenlehre in allen stufen,
welche ausschliesslich die normen auf allen

die gewöhnliche wohnung,

gebieten behandelt: normenmasse, bauelemente,
möbelelemente,
die fortschritte von OCT auf allen gebieten.

alle disziplinen orientierend.   *grafisches organisationsschema*
nicht beherrschend,

biologie in allen stufen!
    orientierende lichtberechnung
      do   sonnenberechnung
      do   akustische berechnung
psychologische grundlehre (statt aesthetik)

ausserliches: stunden einteilung
1 terg soziolog + militar
1 - projekt
1 - technische diszipl.
1 - psychologie farbe

ausbildung der brigade, nicht ausbildung des einzeln
    entwicklung der kritik.
darstellung aller zeichnungen nur in OCT-norm.
wir brauchen guten durchschnitt, keine genies.

9/ das verhältnis zum professor und studierenden.
    jetzt:
    verstaubtes lexikon, das bisweilen gebraucht wird.

auffallend starkes leben der studierenden untereinander
unter den professoren???

WASSI sollte keine apotheke sein,wo schwache baubeflissene
sich die medikamente nach bedarf holen. (alte universitä

WASSI sollte heute,wo sich das zentrum des neuen bauens nach
USSR verschoben hat, die hochburg einer neuen wahrhaft
sozialistischen baupädagogik sein,in welcher die grund=
gedanken des leninismus auf das bauen übertragen werden

oder pro semester eine aufgabe vollständig realieren!

bauhaus-erfahrungen nicht anwendbar!

Hannes Meyer: „über die methodik des architektur-unterrichtes", Vortrag am VASI, 23.5.1931

Das Institut für Städtebau und Planung: Hannes Meyers gescheiterte Lehre im Mexiko der 1930er-Jahre

Raquel Franklin

Mexiko in den späten 1930er-Jahren schien ein Land voller Möglichkeiten, besonders für jemanden wie Hannes Meyer. Lázaro Cárdenas' Regime hatte ihm nicht nur ideologisch, sondern auch beruflich als Stadtplaner und Pädagoge viel zu bieten. Einerseits machten die Bildungsreformen den Weg frei für die Errichtung eines Nationalen Polytechnischen Instituts, das auf die Ingenieurausbildung fokussierte und sich für neue Disziplinen, darunter Stadtplanung, öffnete. Gemeinwohl als Triebfeder und Praxisbezug der neu geschaffenen „sozialistischen Bildung" fanden ihre Entsprechung in Meyers Bildungsphilosophie. Andrerseits hatten Modernisierungsbemühungen und die Wirtschaftskrise von 1929 zu einer massiven Landflucht und Urbanisierung geführt. Der *XVI. International Housing and Town Planning Congress*[1], der 1938 in Mexiko stattfand, machte den Handlungsbedarf deutlich. Angesichts der Notwendigkeit, den Grund und Boden neu zu ordnen, sowie des wachsenden Bedarfs an Fachkräften für Stadt- und Regionalplanung hätten die Dienste Meyers höchst willkommen sein müssen. Dennoch versperrten ihm viele Hindernisse den Weg. Meyer wusste nicht, dass die Modernisierungsbemühungen der Regierung begleitet waren von „einer Kampagne zur Ausbildung und Vereinheitlichung einer patriotischen, nationalistischen und kulturellen Gesinnung im Bewusstsein der Bevölkerung".[2] Deshalb war, Ironie des Schicksals, wie zuvor in der Sowjetunion in Mexiko kein Platz für einen „Westeuropäer, einer Kreuzung aus Alemanne und Hugenotte, [der] schwerlich etwas ‚Nationales' beitragen konnte"[3] zum Bildungskonzept, zur Debatte um die Definition einer mexikanischen Identität und zur mexikanischen Gesellschaft als solcher.

Im Jahr 1934 bildete Lázaro Cárdenas eine sozialdemokratische Regierung, die von vielen als die letzte Phase der Revolution von 1910 verstanden wurde. Von der Regierung wurden die sozialen Bewegungen der Arbeiter und Bauern gefördert, große Landgüter in landwirtschaftliche Genossenschaften aufgeteilt und, kurz vor Meyers Ankunft im Jahre 1938, die Ölfelder des Landes verstaatlicht. Das Recht auf Asyl für spanische Republikaner und Internationale Brigaden, die an der Seite der Revolutionäre gegen Francisco Francos Diktatur gekämpft hatten, brachte viele europäische Intellektuelle ins Land. Die wohlhabende Gemeinschaft bereicherte und beeinflusste Kultur und Wissenschaft, vor allem die der Hauptstadt. Besonders zu Bildungsfragen wurden in Hinsicht auf die Ideale der Revolution ideologische Kämpfe ausgetragen.

Cárdenas hatte die Reform der mexikanischen Verfassung unterstützt, um im Sinne der Ideale einer „sozialistischen Bildung" die Gemeinschaft über das Individuum zu stellen. Bauern, Handwerker und Arbeiter sollten eine praxisbezogene Ausbildung erhalten, das Studium der Probleme vor Ort sollte Pflichtfach sein.[4] Später erläuterte sein Bildungsminister Ignacio García Tellez die Ziele einer sozialistischen Erziehung wie folgt: „Die sozialistische Schule sollte emanzipierend, epochemachend, verpflichtend, kostenlos, wissenschaftlich und rationalistisch, technisch- und arbeitsorientiert, der Gemeinschaft dienend, wehrhaft aus Überzeugung, integrierend und der proletarischen Kindheit gewidmet sein. Im Rahmen eines durchdachten Lehrkonzepts sollten Arbeiter und Bauern eine Grundausbildung erhalten und bis zu den höchsten Stufen der Kultur und technischer Professionalität ausgebildet werden, um produktiv eingesetzt werden zu können."[5]

So sollte das 1936 gegründete Nationale Polytechnische Institut „junge Menschen ausbilden, die dem Wohlbefinden der Gemeinschaft und technologischer Unabhängigkeit verpflichtet sind".[6] Die Hochschule für Ingenieurswesen und Architektur (ESIA), eine ihrer ersten Fakultäten, hatte sich unter anderem unter der fachlichen Beratung des einflussreichen trotzkistischen Architekten Juan O'Gorman entwickelt, der einer der erbittertsten Gegner Meyers werden sollte. Was die Stadtplanung betraf, so war Stadtentwicklung Teil einer größeren politischen Agenda mit dem Ziel, die „vorrevolutionäre", [...] „agrarische", „zerfallende", „analphabetische" mexikanische Gesellschaft [...] in eine „industrialisierte", „alphabetisierte" und „urbane" umzuwandeln. „Von regionaler Machtausübung zu zentralisierter Kontrolle und nationaler

Reichweite" [...]. Die Aufgaben des Staates seien „Industrialisierung, Integration, Erziehung und Kontrolle".[7]

Die Landflucht in Folge der Wirtschaftskrise verlief parallel zu den Bemühungen der Regierung, der Künstler und Intellektuellen, mittels Kunst im öffentlichen Raum, Bildungskampagnen und die Entwicklung einer Volkskultur in den neu entstandenen Arbeitervierteln eine einheitliche mexikanische Identität zu definieren. Um die arbeitenden Massen ansprechen und ihren kulturellen Zusammenschluss fördern zu können, musste die Kultur „sich mit ihren Wurzeln, ihrem Leben, ihren Gefühlen, ihrer Ausbeutung, ihrem Lieben, ihrem Tod, ihrem Elend, ihrem Schmerz identifizieren"[8] und deshalb alles Fremde und jeden Fremden von dieser Identität ausschließen.

Dennoch erforderten das Wachstum der Städte und die Neuordnung des erst kürzlich umverteilten Grundbesitzes eine umfassende Planung auf nationaler und lokaler Ebene. Nach Jahren gescheiterter Bewerbungen richtete Mexiko City schließlich den *XVI. International Housing and Town Planning Congress* vom 13. bis 27. August 1938 aus. Dort betonten führende Architekten wie José Luis Cuevas und Nicolás Mariscal die Notwendigkeit, Fachkräfte für Stadtplanung auszubilden.[9]

Meyer traf am 11. August 1938 zur Teilnahme am Kongress in Mexiko ein. Im September nahm er auch an der Eröffnungskonferenz der Confederation of Latin American Workers (CTAL) als Gast ihres Gründers und einflussreichen Gewerkschafters, Vicente Lombardo Toledano, teil. Die Vorträge vermittelten ihm ein klareres Bild der politischen Atmosphäre. Schon im September und Oktober hielt er selber zwei Vorlesungen an der Academia de San Carlos über die „Architektenausbildung" sowie über seine „Erfahrungen in Stadtplanung". Die Themen waren nicht zufällig gewählt: Er war sich der Chancen, die die Ziele Cuevas ihm eröffneten, bewusst. In beiden Präsentationen stellte er seine Arbeit in der Sowjetunion heraus. Seine Erfahrungen in der Lehre am Bauhaus erwähnte er nur am Rande und betonte stattdessen seine Tätigkeit an der Moskauer Hochschule für Architektur (WASI). In seiner Rolle als Stadtplaner verglich er die beiden politischen und wirtschaftlichen Systeme und lobte die Errungenschaften des Sozialismus. Ansätze, die den Interessen der herrschenden Regierung sicherlich zupass gekommen sein dürften. Schon am 1. Oktober hatte er sich mit dem derzeitigen Bildungsminister, Gonzalo Vázquez Vela, über die Möglichkeiten einer Zusammenarbeit mit seinem Ministerium unterhalten. Dieser wies Meyer an, die Einrichtungen am Polytechnikum zu besuchen und sich vom Institutsdirektor, Miguel Bernard, und dem Abteilungsleiter Technische Ausbildung, Juan de Dios Bátiz, später ein langjähriger Freund und Unterstützer Meyers, über deren Organisation und Arbeitsweise unterrichten zu lassen. Zwei Wochen später war Meyer bereit, zum Februar 1938 einen Dreijahresvertrag am Polytechnikum zu unterschreiben. Gleichzeitig handelte er auch für seine Frau Lena eine Position in der Textilwerkstatt aus und schrieb in einem Brief an Vázquez Vela: „Die Gründe, die mich und meine Frau [...] bewegten nach Mexiko zu kommen, sind der Wunsch [...] in einem sozial progressiven Land zu arbeiten, wo wir von unseren beruflichen Erfahrungen, die wir hauptsächlich in der Sowjetunion erlangt haben, profitieren können."[10]

Der erste Entwurf für den Aufbaus eines Stadtplanungsseminars für Graduierte am Polytechnischen Institut vom November wurde von Hannes Meyer und den Architekten José Luis Cuevas und Enrique Yáñez erstellt und Guillermo Terrés, dem Direktor der Hochschule für Ingenieurswesen und Architektur (ESIA), zur Beurteilung vorgelegt. Der Entwurf sah für Ingenieure, Architekten und Wirtschaftswissenschaftler eine zweijährige Ausbildung mit Fokus auf öffentliche Vorhaben vor. Das erste Jahr sollte der Analyse, das zweite Jahr der Lösung urbaner Planungsaufgaben gewidmet sein. Durch den dialektischen Prozess, die Gegenüberstellung von These und Antithese zur Erreichung einer Synthese, sollten die Studenten „die historischen Siedlungsformen analysieren und den richtigen Umgang mit Fragen der Rekonstruktion und Erneuerung von Orten in Mexiko lernen".[11] Die Lehrmethode sollte aufbauend auf Meyers Erfahrungen und Überzeugungen „so realistisch wie möglich sein, um der alltäglichen Praxis möglichst nahe zu kommen, ohne die pädagogische Wirkung zu beeinträchtigen".[12] Die ihm so wichtige gemeinschaftliche Arbeit „sollte in erster Linie die Studierenden abhalten, später private Büros (im Sinne von unabhängigen Wirtschaftsunternehmen) zu gründen, [angesichts] der Erfordernisse von Planung und Städtebau zur Erfüllung staatlicher oder anderweitig öffentlicher Vorhaben".[13] Um

Studierende aller sozioökonomischen Schichten ansprechen und Stipendien gewähren zu können, sollten die großen Werkstattprojekte „von der Regierung, finanziell interessierten Banken aus der Region, den Kommunen oder den Gewerkschaftsorganisationen, die direkt davon profitierten, finanziert werden".[14] Ergänzend zu der Lehrwerkstatt, dem Kernstück des Programms, wollte er – wie einst am Bauhaus – Kurse in Soziologie, Recht und Finanzen, Wirtschaft, Hygiene, Meteorologie, Verkehrswissenschaft, Agrarwissenschaft, Stadt- und Raumplanung anbieten.[15] Auch Vorlesungen zu Fachthemen, die der Ausbildung dienlich waren, sollten Teil des Lehrangebots sein. Der Entwurf enthielt auch einen detaillierten Kostenplan für die ersten beiden Schuljahre mit Meyer als Direktor des Programms, einem verbeamteten Professor und acht Dozenten.

Während Meyer in Genf erste Vorbereitungen für seinen Umzug abschloss und ein Motivationsschreiben, einen Organisationsplan und ein Budget für 1939 bei Juan de Dios Bátiz einreichte, kritisierte Guillermo Terrés, der Direktor der ESIA, Ende November in seiner Evaluation für Miguel Bernard, den Direktor des Polytechnischen Instituts, Meyers Lehrplan. Ebenfalls zweifelte er an dem Nutzen eines Direktors Meyer: „[...] [I]ch stelle fest, dass sich das, was ich für einen neuen Studiengang am Polytechnischen Institut hielt, als ein reguläres Büro für diplomierte Ingenieure der Architektur und Wirtschaftswissenschaftler entpuppte und dass es von einem Direktor geleitet werden soll, der mit entsprechender Verantwortung an den Vorlesungen teilnehmen wird (ich weise darauf hin, dass unklar geblieben ist, wie viel dieser Professor arbeiten wird), seinem Assistenten und acht Professoren für Fachthemen, zunächst für nur ein Ausbildungsjahr, und, im Falle eines zweiten Jahres von zwölf mit je einer Stunde pro Woche. [...] Es geht nicht länger um den Aufbau eines stadtplanerischen Studiengangs an der Hochschule für Ingenieurswesen und Architektur, sondern um den eines Regierungsbüros, das als Schule verschleiert daherkommt. [...] Jede realistische Stadtplanung beansprucht mehr als zwei Jahre und deshalb wird dieser Architekt höchstens ein Gebäude fertig stellen und dies ohne jede Verantwortung. Der Antrag enthält keine klare Aussage darüber, welches Fach [Meyer] lehren wird. Ist es eins oder sind es mehrere? Ich weiß es nicht, aber ich weiß, dass er die

DIRECCION GENERAL DE ENSEÑANZA SUPERIOR Y DE INVESTICACION CIENTIFICA

DEPARTAMENTO DE INVESTIGACION CIENTIFICA

DEPTO. DE ENSEÑANZA SUPERIOR TECNICA

INSTITUTO POLITECNICO NACIONAL

INSTITUTO DE PLANIFICACION Y URBANISMO (I.P.U.)

Director

Secr. Gral.

Ayudante (urb)

Secretaria
Taquimecanografa

Ayudante (rural)

Colaboradores cientificos
(Voluntarios)

+ + +   + + +   + + +   + + +

T A L L E R

d e

INVESTIGACION Y EXPERIMENTATION

URBANISTICA

Alumnos-Postgraduados
(Segundo año)

Alumnos-Postgraduados
(Primer año)

+ + + ?   * * * * *   + + + + + + ?

+ Profesores
Investigadores

SEGUNDO AÑO		PRIMER AÑO
Planificación regional Invest. historicas (Vivienda) Planificacion economica Sistemas de trasporte Jardines-Parques-Bosques Higiene urbana y rural II Legislación urbanistica	Urbanista Arquitecto Economista Ing. civil Agrónomo Climatólogo Higienista (Jurista)	Urbanismo elemental Invest. historicas urbanist. Geografia economica (Mexico) Vias de comunicaciones Urbanización rural Climatologia de Mexico Higiene urbana y rural I.

E N S E Ñ A N Z A

I N S T. DE P L A N I F I C A C I O N Y U R B A N I S M O //

PLAN DE ORGANIZACION

Hannes Meyer: Vorschlag für eine andere Struktur des Instituts für Urbanismus und Stadtplanung am Nationalen Polytechnischen Institut in Mexiko-Stadt, 1941

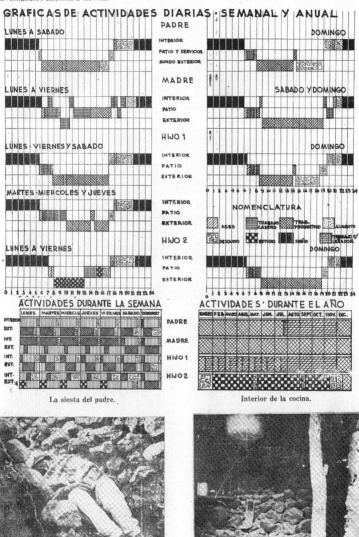

CASO No. I.—HABITACION DE JORNALERO EN EL POBLADO DE NATIVITAS, D. F.
Investigador: RICARDO RIVAS.

GRAFICAS DE ACTIVIDADES DIARIAS: SEMANAL Y ANUAL

PADRE

LUNES A SABADO

INTERIOR
PATIO Y SERVICIOS
MUNDO EXTERIOR

DOMINGO

MADRE

LUNES A VIERNES

INTERIOR
PATIO
EXTERIOR

SABADO Y DOMINGO

HIJO 1

LUNES · VIERNES Y SABADO

INTERIOR
PATIO
EXTERIOR

DOMINGO

MARTES · MIERCOLES Y JUEVES

INTERIOR
PATIO
EXTERIOR

0 1 2 3 4 5 6 7 8 9 10 11 12 13 14 15 16 17 18 19 20 21 22 23 24

NOMENCLATURA

ASEO · TRABAJO CASERO · TRAB. PRODUCTIVO · ALIMENTO
DESCANSO · ESTUDIO · SUEÑO · TRABAJOS/LABOR.

HIJO 2

LUNES A VIERNES

INTERIOR
PATIO
EXTERIOR

DOMINGO

0 1 2 3 4 5 6 7 8 9 10 11 12 13 14 15 16 17 18 19 20 21 22 23 24

0 1 2 3 4 5 6 7 8 9 10 11 12 13 14 15 16 17 18 19 20 21 22 23 24

ACTIVIDADES DURANTE LA SEMANA

	LUNES	MARTES	MIERCLS	JUEVES	VIERNES	SABADO	DOMINGO
INTERIOR EXT.							
INT. EXT.							
INT. EXT.							
INT. EXT.							

PADRE
MADRE
HIJO 1
HIJO 2

La siesta del padre.

ACTIVIDADES DURANTE EL AÑO

ENERO	FEB.	MARZ	ABRL	MAY.	JUN.	JUL.	AGTO	SEPT	OCT.	NOV.	DIC.

PADRE
MADRE
HIJO 1
HIJO 2

Interior de la cocina.

Investigador: JOAQUIN HERRERA.

Familia de 6 miembros:

1.—Padre, 56 años, mayordomo pailero en los FF. CC. N. de M.
2.—Madre, 58 años, labores domésticas.
3.—Yerno, 33 años, ayudante mecánico en los FF. CC. N. de M.
4.—Hija, 27 años, labores domésticas (Taquimecanógrafa titulada).
5.—Nieto, 3 años.
6.—Nieta, 2 años.

Inquilino de casa de apartamentos.

Padre y yerno afiliados al sindicato de ferrocarrileros de la R. M.

Los adultos tienen instrucción primaria.

INGRESOS DE LA FAMILIA:

1.—Padre	$	312.00	76.7%
2.—Madre		......	
3.—Yerno	„	95.00	23.3%
4.—		......	
TOTAL	$	407.00	100. %

EGRESOS DE LA FAMILIA:

Alimentación	$	120.00	29.5%
Renta	„	45.00	11.0%
Luz	„	6.00	1.5%
Transporte (padre)	„	10.00	2.5%
Cuotas sindicales	„	19.00	4.7%
Póliza banco	„	4.00	1.0%
Lavado de ropa	„	6.00	1.5%
Ayuda para abuelas	„	15.00	3.7%
Radio, muebles, etc.	„	30.00	7.4%
Diversión y Gastos Generales	„	57.00	23.2%
Ropa	„	95.00	74.0%
TOTAL	„	407.00	100.0%

Apartamento de 4 piezas, cocina, baño con excusado. Servicio de agua, luz eléctrica, drenaje, calentador, lavadero.

GRAFICAS DE ACTIVIDADES DIARIAS.

MIERCOLES, VIERNES Y SABADOS:

LUNES, MARTES Y JUEVES:

NOTA: Esta gráfica es la correspondiente a las actividades del lunes y jueves del padre y la mamá y del martes del resto de la familia.

DOMINGOS:

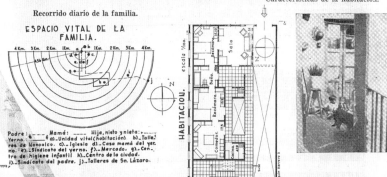

NOMENCLATURA:

Dormir: ▮▮▮ Aseo: ▨▨ Alimentación: ▨▨ Transporte: ▨▨ Trabajo productivo: ▨▨ Trabajo doméstico: ▨▨ Diversiones: ▨▨ Rezar: ▨▨ Consultar Dr. de niños: ▨▨ Compras: ▨▨ Actividades sociales: ▨▨

Características de la habitación.

Recorrido diario de la familia.

ESPACIO VITAL DE LA FAMILIA.

Padre: _._._ Mamá: _____ Hija, nieto y nieta: ......
Yerno: _.._.._ a)..Unidad vital (habitación) b)..Talleres de Uonalco. c)..Iglesia d)..Casa mamá del yerno e)..Sindicato del yerno. f)..Mercado. g)..Centro de higiene infantil h)..Centro de la ciudad. i)..Sindicato del padre. j)..Talleres de Sn. Lázaro.

HABITACION. escala 1/100.

Analyse der Aktivitäten im Tagesverlauf einer Arbeiterfamilie in Calle de Los Heroes, Mexiko, bearbeitet vom Studenten Joaquin Herrera

GRAFICA DEL ESPACIO VITAL DE LA FAMILIA   HABITACION

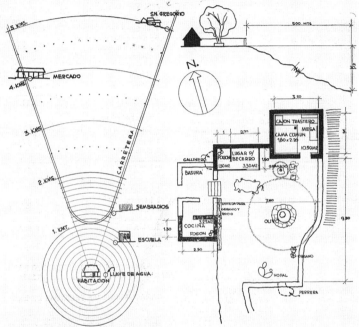

Vista exterior de la habitación.

Vista exterior de la cocina.

Landessprache nicht fließend spricht und ihn nur wenige verstehen werden. Deshalb hielte ich es für sinnvoll, sich das Wissen von Herrn Hannes Meyer als Berater einer öffentlichen Einrichtung für ein laufendes Projekt zu Nutze zu machen, aber ihn als Direktor der Schule anzustellen, wo er nicht einmal unsere Sprache spricht, halte ich für eine Torheit."[16] Letztendlich fand er den Wirtschaftplan des Instituts und auch die Datengrundlage nicht plausibel. Gründe für eine derart drastische Reaktion können Eifersucht gewesen sein, da Terrés schon einmal erfolglos die Einrichtung eines Studiengangs Architektur mit Schwerpunkt Urbanisik vorgeschlagen hatte, Fremdenfeindlichkeit oder der Einfluss von Juan O'Gorman, der skeptisch war, dass das Konzept in der sozialen und wirtschaftlichen Realität Mexikos erfolgreich sein könnte.

Trotz Terrés' Einschätzung wurde das Projekt in Angriff genommen, und Meyer begann in Genf mit den Vorbereitungen zu seiner Ausreise. Der für den Seminarbeginn vorgeschlagene Termin des 1. Februar musste verschoben werden, weil weder das Institut noch Meyer bereit waren. Aufgrund von Schwierigkeiten mit den Visa und Reisearrangements mussten die Meyers bis Juni auf die Einreise in Mexiko warten. Meyer hatte erwartet, dass er, entsprechend den Anweisungen des Bildungsministers, sofort mit der Arbeit beginnen könne, aber das Budget musste noch von Präsident Cárdenas persönlich genehmigt werden. Erst dann würde er „offiziell Professor-Direktor dieser ersten Lehranstalt für Stadtplanung in diesem Lande werden".[17] Die Zeit verging ohne Fortschritte. Ende Juli schrieb Meyer an Otto Nathan: „Ich kann praktisch immer noch nicht mit meiner Professur beginnen, weil wieder jeder mögliche formal-bürokratische Humbug betrieben wird, und so verbringe ich meine ersten Wochen, indem ich vom Vorzimmer eines Ministers, eines regionalen Regierungschefs, eines Unterchefs, eines Direktors etc., etc. zum anderen renne. Im Polytechnischen Institut warten die Studierenden auf unser Stadtplanungsseminar. Zum Glück habe ich sechs Jahre lang die sowjetische Bürokratie erlebt. Im Vergleich zwischen jetzt und dann, zwischen 1930 und 1936, hält es sich die Waage."[18] Im Dezember war die Situation nicht mehr auszuhalten, wie er Paul Artaria mitteilte: „Du hast in deinem ganzen Leben kein Land gesehen, in dem so viele missgünstige Gestalten herumlungern, die von Betrügereien, Anschaffen, Spionieren etc. leben. Das beginnt beim Minister und endet ganz unten. Diese Art von krummen Touren, von denen man sich sonst nur in schlechten Barwitzen erzählt, hier sind sie real. Und man ist das Opfer dieser Hunde. Materiell geht's uns miserabel, weil die Regierung ihr Wort nicht halten kann."[19] Zu allem Überfluss sorgte die politische Opposition für neue Spannungen, die den Beginn seiner Arbeit verhinderten. Der trotzkistische Maler Diego Rivera hatte ihn vor dem „DIES Committee" des US-amerikanischen Senats, dem Komitee für unamerikanische Umtriebe, der Spionage für die Sowjetunion beschuldigt, und von seinen Kollegen am Polytechnischen Institut gingen fremdenfeindliche Angriffe aus.

Die Probleme hörten auch mit der Eröffnung des Instituts im Jahre 1940, mit nur neun Studenten, ein paar Professoren und José Luis Cuevas als Dozent, nicht auf. Der endgültige Lehrplan von Februar 1940 umfasste Kurse in Urbanistik und Bauingenieurwesen bei Meyer selbst, Geschichte des Urbanismus bei Cuevas, Human- und Wirtschaftsgeografie bei Victor Moya sowie Budgetierung und Recht bei Luis Guerrero Arciniega.[20]

Gerüchte, das Institut würde zum nächsten Jahr nicht mehr öffnen, veranlassten die Studierenden, sich direkt an den neuen Direktor des Polytechnischen Instituts zu wenden – mit dem Versprechen, sich für ein Zweijahresprogramm zu verpflichten und der Bitte, das Programm im Haushaltsplan 1941 vorzusehen.[21] Die Bitte traf auf offene Ohren: Zwei Wochen später wurde Meyer von Terrés gebeten, einen detaillierten Plan für die Verlängerung des Programms auf zwei Jahre einzureichen. Da Meyer und Cuevas seiner Ansicht nach nicht in der Lage gewesen seien, dem Akademischen Rat die Notwendigkeit eines zweiten Jahres zu begründen, habe man sich geeinigt, den Studierenden schon im Rahmen eines einjährigen Programms den Abschluss zu ermöglichen. So traf der Antrag der Studierenden auf Verlängerung die Institutsleitung überraschend. In seiner Evaluation bezeichnete Terrés die Ergebnisse des ersten Jahres als mittelmäßig und sprach die Vermutung aus, die Professoren hätten sich geweigert, die durchaus innerhalb eines Jahres zu bewältigenden Lerninhalte entsprechend zu vermitteln. Außerdem warf er ihnen vor, die Sache unangemessen vor eine höhere Instanz gebracht zu haben und forderte einen gänzlich überarbeiteten Plan innerhalb der nächsten 20 Tage.[22] Daraufhin präsentierten Meyer und Cuevas nicht nur einen detaillierten Lehrplan, sondern legten auch eine eigene Bewertung der Ergebnisse des ersten Jahres vor. Sie verwiesen darauf, dass es nirgendwo ein Graduiertenprogramm unter zwei Jahren gebe. Um den Studierenden während des Programms das Arbeiten zu ermöglichen und jeweils insgesamt auf zehn Stunden im Hauptseminar und ergänzender Angebote zu kommen, sollten die Kurse auf die Morgen- und Abendstunden gelegt werden. Folgend bewerteten sie das erste Jahr, in dem sieben Studierende den Wohnraum für eine Familie (veröffentlicht in *Edificación*), einen Organisationsplan (Programm) für eine Kolonie in Los Morales, D. F. mit einer variablen Bevölkerungsdichte von 2 000 bis 5 000 Einwohnern, Stadtforschung für Ixtapalapa, D. F. und ein Gewerbe- und Bürgerzentrum für Ixtapalapa, D. F. (Skizze) sowie ein Programm und Teilprojekt für die Anlagen auf dem IPN bearbeitet hatten.[23]

Cuevas und Meyer gaben zu, dass das Niveau der Ergebnisse sehr niedrig sei. Den Studierenden fehlten die Grundkenntnisse in für die Planung wichtigen Bereichen wie wirtschaftliche oder ländliche Prozesse. Ihre architektonischen Fähigkeiten seien unzureichend, und farbige Zeichnungen seien eine Herausforderung gewesen, weshalb die Ausführung jeweils länger gedauert habe. Außerdem sei ihr Vorwissen so unzureichend gewesen, dass der Unterricht in den Ergänzungskursen auf Grundwissen habe zurückgeschraubt werden müssen, und die Ergebnisse hätten auch dann noch nicht den Erwartungen entsprochen. Die Professoren seien nur Architekten, die Vielfalt der Themen, für die es Fachleuten anderer Disziplinen gebraucht hätte, seien also nur aus zweiter Hand vermittelt worden. All dies habe zu sehr dürftigen wissenschaftlichen Ergebnissen geführt; eine Ausnahme sei die in *Edificación* veröffentlichte Studie. Für das revidierte Programm sei die Anstellung von Fachkräften unerlässlich. Die Bearbeitung der Bauaufgaben für das IPN würde von den eigentlichen Lehraufgaben ablenken und sei mitverantwortlich für das Scheitern. Für das nächste Studienjahr sollte diese Art von Projekten gesondert vergeben und bezahlt werden. Und letztlich seien die Räume nicht entsprechend ausgestattet und es müsse ein zweiter, größerer Raum für eine Werkstatt zur Verfügung gestellt werden.[24]

Veränderungen in der Regierung wurden zu einem weiteren Hindernis für das Institut, und sogar Meyer bekam die veränderte Stimmung und Behandlung in öffentlichen Einrichtungen zu spüren. Im Dezember 1940 wurde Manuel Ávila Camacho, ein gläubiger Katholik, zum Präsidenten der Republik vereidigt. Viele Maßnahmen seines Vorgängers wurden infrage gestellt, so auch das sozialistische Bildungskonzept. Am 1. August 1941, kurioserweise am gleichen Datum elf Jahre nach seiner Entlassung aus dem Bauhaus, wurde Meyer offiziell, rückwirkend zum 25. Juni suspendiert. Es waren wohl nicht seine Auseinandersetzungen mit Terrés und dem Schulrat zur Rettung des Zweijahresprogramms, die sein Schicksal am Institut besiegelt haben, sondern eine Anzeige wegen illegalen Aufenthalts beim Innenministerium. Die ganze Angelegenheit war das Ergebnis eines bürokratischen Fehlers, für den Meyer nicht verantwortlich war und den er mit den Einwanderungsbehörden aufklären konnte, sodass sie neue Visa erhielten.[25] Nichtsdestotrotz, der Schaden war angerichtet und nicht mehr rückgängig zu machen. Wer Meyer denunziert und wie derjenige von der Situation erfahren hatte, ob es ein harmloser Fehler oder eine großangelegte Aktion gewesen ist, um ihn loszuwerden, ist nicht bekannt. Aber es war sicher jemand, der die richtigen politischen Verbindungen hatte: Meyer vermutete Juan O'Gorman und seinen trotzkistischen Kreis.

Was das Institut betrifft, so hatte es innerhalb des einen Jahres keine Chance, seinen Nutzen zu beweisen und, angesichts des Wandels der politischen Agenda, für die neue Regierung auch keine Priorität. Im Gegensatz zu der Reaktion auf seine Entlassung am Bauhaus kämpfte Meyer für den Fortbestand des Instituts nicht genug. Vielleicht war das ganze Projekt von Beginn zum Scheitern verurteilt und er einfach zu naiv gewesen. In so kurzer Zeit war es ihm nicht gelungen, Mexikos Eigenheiten zu verstehen, oder er hatte andere Fronten, an denen er seine Energie investierte, wie den antifaschistischen Kampf. Er ging einfach weiter. Das Institut für Städtebau und Planung wurde 1941 aus Budgetgründen geschlossen.

Anmerkungen

1 Kongress der 1913 von Ebenezer Howard gegründeten International Garden Cities und Town Planning Federation, seit 1926 International Federation for Housing and Town Planning genannt.

2 Übersetzt aus dem Englischen. Hernández, Gumersindo Vera. „Cárdenas y el inicio de la Modernidad". In: *Lázaro Cárdenas: Modelo y Legado*, Bd. III. Instituto Nacional de Estudios Históricos de las Revoluciones de México, Mexico City, 2009, S. 184.

3 Übersetzt aus dem Englischen. Meyer, Hannes. Brief an Nikolai J. Kolli, 29.7.1937. In: *Hannes Meyer: Bauen und Gesellschaft*, hrsg. von Lena Meyer-Bergner, S. 198. Dresden, 1980.

4 *El Maestro Rural* 1, 1. Januar (1935): S. 31 f. Zitiert nach Lafarga, Luz Elena Galván. „Educación durante el Cardenismo". In: *Lázaro Cárdenas: Modelo y Legado* (Fn. 1): S. 165.

5 Rivera, Marín Guadalupe und Cárdenas, Lázaro. „Su Visión Educativa". In: Cárdenas, S. 155.

6 a. a. O., S.156.

7 Hernández, S. 193 f.

8 a. a. O., S. 198.

9 Vgl. Cuevas, José Luis. In: *Informe Final del XVI Congreso Internacional de Planificación y de la Habitación,* México (1938): S. 55. Zitiert in: Franklin, Raquel, *Hannes Meyer in Mexico (1939 bis 1949)*. Dissertation, Technion-Israel Institute of Technology, Haifa, 1997, S. 122.

10 Meyer, Hannes. Brief an Gonzalo Vázquez Vela, 17.10.1938. DAM 82/1-411(1).

11 Meyer, Hannes, „Apuntes" (1938?), DAM 82/1-72(1).

12 a. a. O.

13 a. a. O.

14 Proyecto de Organización de un Seminario de Planificación y Urbanismo (S.P.U.) en el Instituto Politécnico de México, D. F. DAM 82/1-505(1). [Projekt der Organisation eines Seminars für Stadtplanung und Urbanisierung am Polytechnischen Institut Mexiko, D. F. DAM 82/1-505(1)]

15 a. a. O.

16 Terrés, Guillermo. Brief an Miguel Bernard, 30.11.1938. DAM 82/1-508(1).

17 Meyer, Hannes. Brief an John Torcapel, 6.6.1939. DAM 82/1-919(13).

18 Meyer, Hannes. Brief an Otto Nathan, 30.7.1939. DAM 82/1-910(4).

19 Meyer, Hannes. Brief an Paul Artaria, 16.12.1939. DAM 82/1-784(31).

20 Plan für 1940. DAM 82/1-515(1).

21 Meyer, Hannes. Brief an Wilfredo Massieux, 3.10.1940. DAM 82/1-525.

22 Terrés, Guillermo. Brief an Hannes Meyer, 17.10.1940. DAM 82/1 529(1).

23 Exposición sobre el plan de estudios para 1941, 31.10.1940. DAM 82/1-531(3).

24 a. a. O.

25 Meyer, Hannes. Brief an Enrique Arreguín, 18.8.1941. DAM 82/1-388(1-3).

Die Formation des Architekten

Sehr verehrte Anwesende,

wenn wir uns hier über die Formation des Architekten aussprechen sollen, so müssen wir uns zunächst über den Aufgabenkreis einigen, indem wir den Begriff der Architektur umschreiben:

1. Architektur ist ein Gestaltungsprozess des sozialen Lebens der Gesellschaft!
Architektur ist keine individuelle Affekthandlung eines Künstler-Architekten.

Bauen ist eine kollektive Handlung.
Die Gesellschaft bestimmt den eigenen Lebensinhalt und damit auch den Inhalt der Architektur.

im Rahmen eines bestimmten sozialen Systems innerhalb einer bestimmten Zeitperiode mit bestimmten ökonomischen und technischen Mitteln, und an einem bestimmten Orte mit realen Gegebenheiten.

Also eine äusserst realistische Angelegenheit einer kollektiven Schicht, einer Klasse, einer Nation.

Architektur ist somit eine soziale Manifestation und unlösbar verknüpft mit der jeweiligen sozialen Gesellschaftsstruktur. Löst sie sich von der jeweiligen Gesellschaft, so wird sie zur leeren Attrappe und zum snobistischen Spielzeug.

Heute, in einer Epoche grösster sozialer Umschichtungen, des Überganges von einem Gesellschaftssystem zum nächsten, dürfen wir uns nicht verwundern, wenn auch die Bau-Kunst diese nicht einheitlichen Formen des Ueberganges aufweist.

Der Architekt ist mithin ein Ordner und Gestalter des Lebensprozesses seiner Gesellschaft.

er studiert ihre materiellen und seelischen Bedürfnisse und übersetzt sie in die plastische Wirklichkeit.

er organisiert die technisch-konstruktiven Möglichkeiten.

er weiss um die biologischen Voraussetzungen und kennt das soziale Ziel seiner Aufgabe.

er versteht die geschichtliche Mission des Erbauers, das folkloristische und kulturelle Erbe auszunützen.

er vereinigt in seinem Werke die verschiedenen Künste, Malerei u. Plastik, das dynamische Lichtbild der Reklame, die Wasserspiele, die Elemente des Verkehrslebens, die Gartenkünste.

<u>Der Architekt ist somit ein Organisator</u>
ein Organisator der Spezialisten
aber er selbst ist kein Spezialist!

in polen sitzt ein begabter Architekt und lieber Freund, dem die „funktionelle Architektur" so den Kopf verdrehte, dass er sich seit Jahren nur noch mit der Konstruktion von Aussenwänden beschäftigt, und jeder Hausbau ist ihm nur noch eine Gelegenheit, sein grosses Wissen aller Wärmeleitzahlen [Anmerkung darüber: koeffizienten] an den Mann z u bringen. Ist er noch ein Architekt? ich denke nicht. Er ist bestenfalls ein Isolierplattenspezialist. Er hat das Glück, eine ausgezeichnete Architektin als Gattin zu besitzen, die ihm kluge Grundrisse löst!

<u>Der Architekt ist ein Künstler</u>, denn: alle Kunst ist Ordnung, das heisst: in eine neue Ordnung übertragene Wirklichkeit.

zwar gibt es einige leute auf dieser welt, welche an die Architektur die Zumutung stellen, die wahren Zustände zu verschleiern:
a. <u>eine Börse</u>, also ein Ort des Geldschachers, der Spekulation und oft der plünderung, soll im Gewande eines Griechentempels gewissermassen als eine Einrichtung von klassischer Schönheit dem Volke mundgerecht gemacht werden!

b. die Wohnkolonie des Terrainspekulanten soll durch allerlei folkloristische Fenstergitter an die nationalen Instinkte des eventuellen Käufers appelieren, – damit er angesichts dieses architektonischen Komplimentes die Nepperei weniger merkt.

c unter der Maske einer angeblichen „Modernität" wird das Schulhaus in weltentlegener Waldgegend in Eisenbeton ausgeführt, während wahrscheinlich Holz und Lehm als örtliche Baustoffe eine sparsamere, natürliche Baulösung gewährleisten. Alles nur, weil ein Bautrust hohe Dividenden schindet!

Wir sind uns hoffentlich einig, dass die vielgepriesene Muse der Architektur, die Mutter aller Künste, keine Prostituierte ist!

Die Architektur ist – wie alle Künste – eine Angelegenheit der öffentlichen Moral.

Der Architekt erfüllt eine sittliche Funktion, indem er seine Bauaufgabe mit Unerbittlichkeit und Wahrheitsliebe analysiert und ehrlich und kühn als Bauwerk realisiert.

Der Schrei nach einer „Internationalen" Architektur" im Zeitalter nationaler Autarkien, des Erwachens der Kolonialvölker, der Sammlung Latein-Amerikas gegen den Imperialismus, des sozialistischen Aufbaues in der Sovjetunion, im Zeitalter der Enteignung der Eisenbahnen, Latifundien und Ölquellen zu Gunsten des arbeitenden Volkes in Mexico usw./usw. ...

das ist ein snobistischer Traum jener Bauaestheten, die sich eine einheitliche Bau-Welt aus Glas, Beton und Stahl erträumen (zum Wohle der Glastrusts, Zementtrusts, Stahltrusts) losgelöst von der gesellschaftlichen Wirklichkeit.

Nehmen Sie als krassestes Gegenbeispiel die architektonische Situation in der Sovjetunion, in welcher gegenwärtig über 80 nationale Kulturen der verschiedenen vom Zarismus befreiten Völker nicht nur ihre eigenen Literaturen und Künste entwickeln, sondern in der ebenfalls über 80 national-verschiedene Architekturen im Entstehen begriffen sind bei einheitlichem gesellschaftlichen (sozialistischen) Inhalt!

Damit kommen wir zum

Problem von Inhalt und Form in der Baukunst.

diese Bau-Form muss einen sozialen Gehalt haben, sonst wird sie leere Dekoration und Artistentum. Wir verurtcilen den Exhibitionisten als ein asoziales Element in der Gesellschaft, und so sollen wir auch jenen Typus des Architekten verurteilen, dem ein Hausbau nur eine Gelegenheit ist, seine persönlichsten formalen Komplexe in anmassender Form an die Strasse zu stellen.

und der Bau-Inhalt muss formal meisterhaft ausgedrückt sein, sodass keine Zweifel über die sozialen Funktionen des Bauwerkes entstehen.

[Anfang gestrichener Text] Bei gleicher äusserlicher Form stellt die sovjetische Leica als produkt der sozialistischen Industrie einen wertvolleres Kulturelement für die progressive Menscheit dar. [Ende gestrichener Text]

Bei gleicher Konstruktion und gleichem Aussehen stellt die standartisierte Wohnbaracke des mexikanischen Bahnarbeiters als ein Element eines progressiven-demokratischen Staatswesens eine höhere Wohnform dar, als die genau gleiche Wohnbaracke im Arbeitslager des heutigen Deutschland!

Wir bezeichnen den Vorgang des Bauens als eine bewusste Gestaltung der sozial-ökonomischen, der technisch-konstruktiven und der psychologisch-physiologischen Funktionen des gesellschaftlichen Lebensprozesses. Wir Architekten müssen diese Aufgabe in ihrer Totalität meistern, d.h. in der Gesamtheit der biologischen, künstlerischen und geschichtlichen Ansprüche.

Wir müssen die Bauprobleme dialektisch lösen

(das heisst: im neuartigen jeweiligen Zusammenhang)

und wir müssen sie differenziert gestalten

(das heisst: in der neuartigen jeweiligen Funktionsform).

a. eine Treppe darf nicht nur ein „Mittel des Hubes" sein, wie gewisse Vulgär-Functionalisten es haben möchten. Je nach ihrer gesellschaftlichen Lage verlangt diese Treppe feierliches Schreiten oder rasches Steigen.

b. Ein Bahnhofsgebäude wird nicht nur vom Stadtbewohner als ein Element seines Stadtbildes erlebt: es wird vom durchfahrenden Reisenden als eines der Bauwerke der ganzen Bahnfahrt gewertet, die er hintereinander erlebte.

c) Der Theaterraum kann durch die Anordnung von Rängen der sozialen Schichtung seiner Besucher Ausdruck verleihen oder im Amphitheater die Gleichartigkeit der Demokratie unterstreichen. In diesen beiden Organisationsformen der Volksbühnen ist auch die seelische Eingliederung des einzelnen Zuschauers grundverschieden.

Von ausschlaggebender Bedeutung für die Formation des Architekten ist <u>die Mitwirkung des Publikums</u>.

Ich meine hierbei nicht die berühmte Schäferstunde mit der Bauherrin, die meint im Architektenhonorar von 5% sei auch ein 5%iger Flirt mit dem Architekten inbegriffen!

Ich meine die aktive kollektive Kritik der progressiven Bevölkerungsschichten, besonders der bäuerlichen, handwerklichen und intellektuellen Werktätigen.

Hier in Mexico fällt mir auf, wie isoliert das architektonische Milieu vom Volke ist, während die Freskomalerei eine einzigartige Popularität geniesst!

a. Anno 1931 hat in Praha eine Gruppe junger Architekten eine Analyse der Wohnverhältnisse in der schönen tschechischen Hauptstadt durchgeführt, die derartiges Aufsehen erregte, dass die Polizei die betreffende bescheidene Ausstellung mehrfach schliessen liess.

b. In Oslo führte 1932 ein Kooperativ junger Architekten eine Bildreportage der Wohnungen in der Altstadt durch, welche die Zeitungen aller politischen Richtungen zwang, in aller Oeffentlichkeit sich mit der Wohnungsfrage coram publico auseinander zusetzen.

Beide Fälle endeten mit dem Resultate, dass sich die breiten Volksmassen mit den Ideen einer hygienischen Wohnungsarchitektur auseinandersetzten.

In der Sovjetunion darf kein Architekturentwurf von den Baubehörden zur Ausführung empfohlen werden, wenn nicht die Protokolle der Versammlungen vorgelegt werden, in denen die Werktätigen, Arbeiter, Bauern, Intellektuelle, Stellung zu dem Baugedanken genommen haben.

a. In Moskau werden während der jährlichen Festtage am 1. Mai und 7. November sämtliche laufenden Bauprojekte von Belang in allen Schaufenstern der ca 3 km langen Gorki-Avenida der öffentlichen Kritik des Publikums preisgegeben.

b. Beim II. Wettbewerb des Sovjetpalastes in Moskau war ich als ein Mitglied des vorbereitenden Ausschusses nicht wenig verwundert, als neben ca 470 Entwürfen der Architekten etwa 1400 Vorschläge des Publikums, also von interessierten Laien eingingen.

Dieses ungeheure Interesse der breiten Massen ist an der Gestaltung der sovjetischen Architektur wesentlich mitbeteiligt. Und noch eine Erfahrung aus meiner Baupraxis dieses Jahres in der Schweiz; wo ich derzeit ein Cooperatives Kinderheim mit „Selfmanagement" durch die Kinder organisiere und baue: Als der fertige Bauentwurf einer Versammlung Schweizer Genossenschafts-Pioniere vorgelegt wurde, machten sie 18 Verbesserungsvorschläge.

Als ich aber spontan meine Zeichnungen in eine ländliche Volksschule trug, machten mir diese 10–14 jährigen Schüler 23 Verbesserungsvorschläge, welche ich grösstenteils in der Ausführung des Baues berücksichtigt habe.

Warum sollten hier in Mexico, wo Sie eine lebhafte Gewerkschafts-Bewegung, eine Arbeiter-Universität, ein erwachendes Bauerntum haben, derartige Wege der Teilnahme des Volkes an der Formation der Architektur in der Zusammenarbeit mit den Architekten nicht eingeschlagen werden können?

Wenn wir uns die geschilderte Architekturauffassung zu eigen machen, so ergeben sich daraus für die Formation des Architekten ungefähr folgende Folgerungen:

a. Er muss zum Analytiker vorgebildet sein, er muss die Wirklichkeit in allen ihren Erscheinungen erfassen können:

Die Durchdringung der sozial-ökonomischen Realität verlangt von ihm soziologische Kenntnisse (ohne dass er dabei ein Soziologe als Spezialist wird!).

Denn wie will er z. B. im Lande Mexico arbeiten können, wo vielerlei soziale Systeme (ein präfeudales, feudales, kapitalistisches und ein zum Sozialismus übergehendes System) sich kreuzen?

Wie will er die Wohnformen dieser vier sozialen Zustände begreifen?

Es genügt nicht, dass er allgemein einen Schimmer vom Genossenschafts-wesen oder Gewerkschaftswesen hat. Er muss die Verschiedenheiten des genossenschaftlichen und gewerkschaftlichen Lebens erfassen können.

b. Er muss sich zum <u>schöpferischen Erfinder</u> ausbilden, der durch analy-tisches, exactes Denken die neue Architektur schaffen hilft. (Er ist kein Artist.)

Er muss die biologischen Disziplinen beherrschen (ohne ein Biologe als Spezialist zu werden!). Denn ohne Hygiene oder Klimatologie oder Be-triebswissenschaft wird er keine Funktionsdiagramme, also keine Unter-lagen für die architektonische Form ausarbeiten können.

c. Als <u>Künstler</u> muss er insbesondere die verschiedenen Systeme des Ord-nens, die künstlerischen Ordnungen beherrschen.

Damit meine ich nicht die korinthische oder dorische Ordnung, welche er selbstverständlich architekturgeschichtlich wissen soll.

Ich meine insbesondere die psychologischen Ordnungen in linearer, flä-chiger oder plastischer Art. Ich meine die Spannungen zwischen verschie-denen Materialien, ihrer Oberflächenstruktur, Aufteilung, Masse: Gruppe: Einzelobjekt ... – kurz, das Rüstzeug einer bewussten psychologischen Gestaltung.

d Seine <u>technisch-konstruktive Ausbildung</u> soll vorab die <u>Standart- und Typenformen</u> umfassen (denn er braucht im Spezialfalle den Ingenieur-Spezialisten!).

Er soll die grundsätzlichen Standart-Bauweisen des handwerklichen und des hochindustrialisierten Baubetriebes wissen. Aber er soll auch alte Bauweisen kennen, (denn wie könnte er sonst Umbauten, Rekonstruktio-nen durchführen und die Architekturgeschichte verstehen?)

e. Er muss die <u>Architekturgeschichte</u> beherrschen nicht als eine leere Bauformen-Lehre, sondern in der Beziehung zwischen Stilform und Ge-sellschaftsform.

Nur wenn er z.B. den korporativen Charakter der mittelalterlichen Zünfte und ihren selbstherrlichen Freiheitsdrang erfasst, wird er die Unmenge damals neuer <u>Funktionsformen</u> (ich denke an Treppen, Erker) im europä-ischen Mittelalter verstehen.

Er muss begreifen lernen, dass der Rythmus der <u>dorischen Säule</u> mit dem Rythmus des gesellschaftlichen Lebens wechselt und dass ein unterdrücktes Volk keine freien Säulenordnungen schaffen kann. Er muss die <u>Folklore</u> nicht nur als textile oder töpferische Dekoration auffassen können, sondern als eine funktionelle Uebersetzung der natürlichen oder religiösen Vorstellungswelt mit den zur Verfügung [stehenden] Mitteln der Pflanzenfaser, Wolle, Lehm, usw. Die farbige Fabulierlust mexicanischer Textilien ist in einer dumpfen Umgebung undenkbar!

f. Er muss <u>städtebauliche Kenntnisse</u> haben (ohne deshalb ein Urbanist zu sein). Denn wie will er anders sein Bauwerk in den Gesamtrahmen der Stadt einfügen können?

Wie will er die Strukturformen im Städtebau, besonders die Verteilung der Akzente, die Höhenentwicklung, die Grünanlagen, studieren können ohne eine Vorstellung städtebaulicher Aufgaben?

Aber der ausgebildete Architekt ist an sich noch kein Städtebauer! (Dessen Erziehungsfrage gehört zu meinem nächsten Vortrage.)

Nach diesem theoretischen Herzenserguss möchte ich in der zweiten Hälfte meiner Darlegungen aus der <u>Praxis des Architektur-Pädagogen</u> sprechen. Diese Erfahrung vom Bauhause in Dessau und von der Moskauer Architektur-Hochschule und Akademie könnten nicht mechanisch auf mexicanische Verhältnisse übertragen werden. Aber vielleicht können einige methodische Anregungen bei der Umgestaltung Ihres Institutes mit erwogen werden:

Am BAUHAUS DESSAU habe ich mich während meiner Direktionsperiode bemüht, durch den Ausbau einer verkäuflichen, pädagogisch ausgewerteten Produktion das Institut und seine Studierenden und Meister ökonomisch frei und unabhängig zu machen, und die Pädagogik in der realsten Wirklichkeit aufzubauen. Unser staatlicher Zuschuss betrug jährlich nur 136000 Mk bei 150-200 Studierenden. Aber unsere verkaufte Produktion (Honorare, Lizenzen, Güter) stieg anno 1929 auf 230000 Mk.

Der Nettoertrag wurde in drei Teilen verteilt:

ein Drittel – dem Institut

ein Drittel – der betreffenden Abteilung u. ihrem Meister

ein Drittel – den an der Arbeit beteiligten Studierenden.

In einem einzigen Jahr verteilten wir an die Studierenden 32000 rm als Produktionsanteil!

Aus dem Produktionsanteil des Institutes bezahlte ich alle die Gastlehrer (Spezialisten, Soziologen, Hygieniker, usw.) welche das staatliche Budget uns nicht erlaubte.

In der Architektur-Abteilung des Bauhauses wirkten neben mir der Deutsche Hilberseimer, der Däne Heiberg, der Schweizer H. Wittwer, der Holländer M. Stam, der Oestreicher A. Brenner, also eine internationale Gruppe von Meister-Architekten. Die Studienzeit betrug für Architekten 4,5 Jahre, davon ein Semester im Vorkurs, zwei Semester Werkstatt und sechs Semester eigentliche Architektur-Abteilung.

Als Leiter förderte ich speziell das System der vertikal (durch mehrere Semester) gegliederten Arbeitsbrigade um einen absolut realen Bauauftrag mit Honorarvertrag und Liefertermin.

Der erfahrenste Studierende übernimmt hierbei die verantwortliche Leitung und sorgt für terminmässige Entwurfslieferung und für richtige Abrechnung.

Mehrere Meister wirken konsultativ-beratend an einer Aufgabe mit. Derart vermeidet man das gefährliche Nachäffen eines bedeutenden Meisters, das zur Schablone führt. So gelang uns der Entwurf und die Durchführung

a. der Räume für den Verkehrsverein Dessau

b. des Musterladens der Weltfirma Chocolat Suchard in Leipzig

c. eines großen Ausstellungssektors der Weltfirma Junkers auf der Berliner Bauausstellung.

Wir bauten das Haus eines Arztes in der Eifel, entwarfen für die Stadt Dessau den Ausbau der Siedlung Törten und führten 1930 mit 12 Studierenden den Entwurf, die Bauleitung und Abrechnung von 90 Volkswohnungen durch, wobei der einzelne Studierende 100–120 Mark monatlich zugewiesen bekam. Wir waren alle stolz auf diese Leistung produktiver Zusammenarbeit der Studierenden u. Meister!

In diesem Zusammenhange ist es nützlich, die Entwicklung der <u>Moskauer Architektur-Hochschule WASI</u> in der Zeit des Sovjetregimes zu verfolgen: <u>Von der abstrakten Kunst zur realsten Wirklichkeit!</u>

[Anfang gestrichener Text]

a. Denn in der ersten Etappe nach der Revolution dominierte in WCHUTE-MAS der Kreis weltbekannter abstrakter Künstler, wie Tatlin, Lissitzki, Rostschenko, die unter Assistenz einer künstlerisch aufgewühlten Jugend ihre Theorien im luftleeren Raum erprobten.

b. Später wurde dieses Kunstinstitut unter Zuzug technischer Lehrkräfte in ein „Bauhaus" polytechnischer Art verwandelt. Die exacten Wissenschaften vertrieben die reine Kunst. Es hiess nun WCHUTEIN.

c. Zu Beginn des ersten Fünfjahrplanes wurden alle Versuchslaboratorien (Metall, Holz, Textil, etc) direkt an die realen Produktionszweige der betreffenden Industrien angehängt. [Ende gestrichener Text]

d. Als ich anno 1930 als Professor an diese Hochschule berufen wurde, [Anfang gestrichener Text] hiess sie WASI, also „Höheres Architektur- und Bauinstitut" und [Ende gestrichener Text] gehörte sie nicht etwa zum Volkskommissariat für Erziehung, sondern zum Volkskommissariat der Schwerindustrie! Das ist bezeichnend! Die scharfe Spezialisierung in der sovjetischen Bauwirtschaft verlangte auch eine ebenso scharfe Spezialisierung der Architekten in vier völlig getrennten Fakultäten:

1. Für Industriebau

2. Für Städtebau

3. Für Agrarbau

4. Für Wohnungsbau u. Gesellschaftsbauten

Wie konnten nun diese jüngeren und älteren Arbeiterstudierenden mit ihrer so verschiedenartigen Vorbildung einer abgerundeten Architekturbildung zugeführt werden?

a. Durch die direkte Verbindung mit dem Bauplatz!

b. Durch das Brigadensystem!

Im vierjährigen Studiengange mußte jedes zweite, vierte, sechste usw. Semester auf dem Baue als hilfsarbeiter, maurer, hilfstechniker, assistent, usw.

verbracht werden mit der Entlöhnung, wie sie der betreffenden Arbeits-Kategorie zukommt.

Ich erinnere mich, dass ich anno 1931 die Studenten meines Kurses auf dem Bauplatz eines Walzwerkes, etwa 20 km von Moskau entfernt, aufsuchte, wo sie in Wohnbaracken, Männlein und Weiblein getrennt, hausten.

Die Dauer eines Semesters, 3 bis 5 Monate, war abhängig von der zentralen Entwurfs-Aufgabe.

Beispielsweise entwarfen die etwa 25 Studenten meines dritten Agrobau-Kurses auf Grund eines realen Vertrages mit dem Volkskommissariat der Landwirtschaft für eine bestimmte Gruppe von Kolchosen in der Ukraine einen sogenannten Agropunkt, also eine sehr komplexe Bau-Aufgabe.

Je nach dem Reifegrad wurden die verschiedenen Baugruppen auf 2–4 köpfige Brigaden verteilt:

an die Geübteren die Schule, Krippe, Klub,

an die Schwächeren: Laden, Werkstatt, Lager.

Die Funktions-Analysen wurden in gemeinsamer Beratung des ganzen Kurses aufgestellt, und die von den Brigaden vorgelegten Entwürfe einer gemeinsamen Kritik unterworfen.

Dieses pädagogische Vorgehen hat den Vorteil einer grossen Förderung des gesamten Kollektivs eines Kurses. aber schwache Einzelleistungen können sich hinter die „Brigade" verstecken.

Wenn man so eingehend über die Formation des Architektureleven sich ausspricht, dann sollte man in gleicher Weise über die Formation des Architekturprofessors sich unterhalten.

Ich weiß nicht, ob dieses in den heiligen Hallen der San-Carlos Akademie angebracht erschiene? [Anfang gestrichener Text]Auch würde zu viel Autoreportage das Bild trüben! [Ende gestrichener Text]

Aber einen Sonderfall möchte ich hier erwähnen: die Sovjetische Architekturakademie (BAA) in Moskau, (an welcher ich seit der Gründung im Januar 1934 bis zu meinem Weggange aus der Sowjetunion als Lehrer des sog. wissenschaftlichen Kabinettes für Wohnungswesen und Gesellschaftsbauten wirkte).

Dieses Zentralinstitut zur Ausbildung sovjetischer Professoren bildet in dreijährigem Kurse eine limitierte Anzahl von 100 praktisch tätig gewesenen Architekten zu „Meistern der Architektur" und Hochschullehrern aus. Diese sog. Aspiranten werden aus der ganzen Sovjetunion ans Institut berufen als eine Auslese der Tüchtigsten. Sie erhalten während der Studienzeit das Monatsgehalt eines jungen Architekten, d.i. 400 Rubel u. freie Wohnung. Je 6 Aspiranten sind räumlich und organisatorisch zu einem Seminar vereint. Die unterrichtenden Altmeister dürfen täglich nur 2 Stunden im Seminar verweilen. Dieses System bedingt die Mitwirkung von 3–4 professoren pro Seminar, beseitigt den gefahrvollen Einfluss eines einzigen Meisters und zwingt den Altmeister, in der realen Berufspraxis als Architekt zu verbleiben. Schliesslich bewahrt es ihn davor, als professorale Mumie dermaleinst an der Akademie zu vertrocknen!

Dieses Ausbildungssystem verlangt grosse Geldmittel, welche wohl nur ein sozialistischer Staat flüssig machen kann. Denn schon im ersten Semester wurden auf ca. 30 Aspiranten ca 25 Altmeister nötig. Aber dieses System lohnt sich durch eine bisher einzigartige Intensivierung und Höherentwicklung der architektonischen Bildung.

Lassen Sie mich zum Schluss die Anregungen zur Reorganisation Ihrer Architektur-Akademie zusammenfassen:

1. Produktive Pädagogik in der Wirklichkeit des Bauens.
2. Entwicklung des Systems kollektiver Arbeits-Brigaden.
3. Ausbau der Verbindung zum Publikum und zur gesellschaftlichen Kritik.
4. Ökonomische Befreiung der Studierenden und Professoren.
5. Keine Standesschule für Intellektuelle! Kein Artistentum! Entwicklung der schöpferischen Kräfte des architektonischen Erfinders.

Vergessen Sie nicht:
Die Architektur ist eine Waffe,
die zu allen Zeiten im Dienste der herrschenden Klasse der menschlichen Gesellschaft geführt wurde!

<u>In Mexico</u> leben Sie in einem Staate, der zu den progressivsten Demokratien der Welt gehört.

Kämpfen Sie für die wahrhaft progressive Architektur dieses Staates!

Vortrag „La Formación del Arquitecto" an der Academía San Carlos in Mexiko-Stadt am 30. September 1938, in spanischer Übersetzung veröffentlicht in: *Arquitectura y decoración* 2:12 (1938): S. 231–235. Die hier abgedruckte Fassung folgt dem deutschen Originalmanuskript aus dem Nachlass Hannes Meyer, Archiv des Deutschen Architekturmuseums Frankfurt, Signatur 164-202-003. Dieses weicht ab von der posthum redigierten Fassung, wie sie unter dem Titel „Erziehung zum Architekten" veröffentlicht wurde in *Hannes Meyer. Bauen und Gesellschaft. Schriften, Briefe, Projekte,* hrsg. von Lena Meyer-Bergner. Dresden, 1980, S. 204 – 213.

Konvergenzen/Divergenzen – Hannes Meyer und die hfg ulm

Gui Bonsiepe

Die Diskussion über die Beziehung zwischen Hannes Meyer und der hfg ulm hat Tomás Maldonado mit seinem im September 1963 in der Zeitschrift der hfg ulm veröffentlichten Artikel angestoßen, dessen Titel in Form einer seinerzeit als provokant anmutenden Frage formuliert war: „Ist das Bauhaus aktuell?".[1] Maldonado, der eine prägende Rolle für die zweite Phase der hfg ulm ab Mitte 1957 spielte, forderte hier die Anerkennung der Leistung von Hannes Meyer – ein zu dieser Zeit durchaus nicht populärer Schritt.

Hannes Meyer war von der offiziellen Geschichtsschreibung – unter dem Einfluss von Walter Gropius und vor allem von Nikolaus Pevsner – in die Grauzone des Vergessens gerückt worden. So wie es einen Himmel für die kanonisierten Figuren gibt, so gibt es eine Hölle für Häretiker und Dissidenten.[2]
Auf diesen Artikel antwortete Gropius unverzüglich in kurz aufeinanderfolgenden Briefe vom 22. Oktober und 24. November 1963.[3] Trotz schroffer Urteile, die Gropius hierin über Hannes Meyer selbst knapp zehn Jahre nach dessen Tod fällt, zollt er Hannes Meyer zumindest Anerkennung für die Stärkung der wissenschaftlichen Disziplinen im Lehrplan während seiner zweieinhalbjährigen Amtszeit als Direktor des Bauhauses vom 1. April 1928 bis 1. August 1930.
Genau in diesem Punkt gab es Konvergenzen zwischen Hannes Meyer und der hfg ulm, allerdings ohne von einem direkten Einfluss reden zu können. Eher dürfte es sich um eine Bestätigung *ex post* für einen ab Mitte 1957 nach dem Ausscheiden von Max Bill konzipierten Lehrplan und entsprechender Pädagogik handeln.
Maldonado wollte mit seinem Artikeln keine schale Polemik vom Zaun brechen, vielmehr ging es ihm um eine Revision der Bauhausgeschichte in Hinsicht auf diese Frage. Er verweist auf einen Artikel von Hannes Meyer,

der zum ersten Mal 1940 in spanischer Übersetzung in Mexiko veröffentlicht wurde[4] und erst fünfundzwanzig Jahre später in dem von Claude Schnaidt – seinerzeit Dozent in der Abteilung Industrialisiertes Bauen der hfg ulm – herausgegebenen Buch über Hannes Meyer auf Deutsch.[56]

Tomás Maldonado hatte 1957/1958 das revidierte Konzept der hfg ulm formuliert und begriffliche Klarheit über die Designdisziplinen im Rahmen der technisch-wissenschaftlichen Zivilisation geschaffen. In einem zweiseitigen Typoskript skizziert er die Aufgaben und Zielsetzung der hfg:

„Es ist vorteilhaft, die Welt, in der der Mensch als soziales Wesen lebt, in der er produziert und sich produziert, zweifach zu gliedern:

1) In den Sektor der Primär- oder Direkt-Artefakten (nicht die Gesamtheit, sondern jene Klasse von Objekten, deren Gebrauch sich an ihnen selbst vollzieht z. B. Werkzeuge, Apparate, Instrumente, Beschläge, Einrichtungen usw.)

2) In den Sektor der Sekundär- oder Indirekt-Artefakten (Gegenstände, deren Gebrauch sich über sie selbst vollzieht, die also eine Mitteilungsfunktion erfüllen.)"[7]

Dem Bereich der materiellen Artefakte würden die Abteilung Produktform und Abteilung Bauen zugeordnet, während für die Gestaltung der immateriellen Artefakte die Abteilung Visuelle Kommunikation und Abteilung Information (verbale Kommunikation) zuständig seien.

Aus diesem Typoskript wird die Selbstcharakterisierung der hfg ersichtlich, die mit einer Abkehr von einer einst verkündeten diffusen Lebensverbesserung und einer hypothetischen, abstrakten Gesamtkultur beginnt und an dessen Stelle das Augenmerk auf konkrete, derzeit vorliegende Probleme richtet. Dabei greift Maldonado auf den damals im Designdiskurs ungebräuchlichen, in der Anthropologie verwendeten Begriff Artefakt und auf die für die Gestaltung zentrale Kategorie des Gebrauchs zurück. Bis zu diesem Punkt funktionierte das Bauhaus, aktualisiert oder nicht, als Bezugspunkt. Ab diesem Moment war der Schnitt mit den Begrifflichkeiten des Bauhauses vollzogen.

Anhand des Textes von Hannes Meyer lassen sich Konvergenzen und Divergenzen, Unterschiede und Affinitäten zwischen seiner Position und der hfg ulm darüber erkennen, was eine zeitgemäße Ausbildung von Gestaltern ausmacht und welche Rolle der Gestaltung im Kontext einer technischen Zivilisation zukommt.

Wissenschaft und Gestaltung

Bezeichnend ist der Untertitel des Artikels: „Erfahrungen einer polytechnischen Erziehung", also explizit nicht einer künstlerischen Erziehung. Wenngleich es derzeit scheint, dass der künstlerische Aspekt für kulturelle Veranstaltungen besonders geschätzt wird, sodass die zentrale Thematik der Gestaltung von Artefakten des alltäglichen Gebrauchs und die Ausbildung entsprechender Fachkräfte – die spezifische Aufgabe des Bauhauses – weitgehend ausgeblendet wird.

Hannes Meyer führt als seinen Beitrag zum Bauhaus die bereits erwähnte „Vermehrung der exakten Wissenschaften im Lehrplan und Zurückdämmung des Einflusses der Maler" an sowie den Aufbau der Werkpädagogik über den realen Auftrag. Weiterhin hebt er die Ausrichtung der Entwurfsarbeit für den Volksbedarf hervor – ein Begriff, der heute befremdlich wirkt. Meyer nutzt in der auf Spanisch eingefügten Randnotiz des deutschen Manuskripts den Ausdruck *„articulos de amplio consumo"* – Artikel für breit gestreuten Konsum oder Massenkonsum).[8]

Was die Zusammensetzung der Studierenden angeht, spielt er auf deren Klassenhintergrund an und hebt deren Proletarisierung hervor. Ein derzeit im Schwange stehender Begriff wie Autorendesign und das Bemühen, sich als *brand* und Kreativjünger zu profilieren, wären mit seiner Auffassung von Gestaltung unvereinbar gewesen.

Die Entscheidung, nach dem Ausscheiden von Max Bill Mitte 1957 den Lehrplan durch die Einführung wissenschaftlicher Fächer zu aktualisieren, zu erweitern und zu versachlichen, erwies sich bald als ein Konfliktherd divergierender Interessen. Dieser Konflikt verdeutlicht, dass die Domäne des

Entwurfs außerhalb, wenn nicht quer zum traditionellen Verständnis von Bildungsinstitutionen liegt: auf der einen Seite ein Entwurfsverhältnis zur Welt, auf der anderen Seite – der Seite der Wissenschaften – ein Erkenntnisverhältnis zur Welt. Damit diese beiden Sichtweisen ohne wechselseitige Instrumentalisierung und ohne Hierarchisierung interagieren können, bedarf es elastischer, unbürokratischer Hochschulstrukturen, womit sich die für die Hochschulausbildung zuständigen Ministerien nicht leichttun. Die hfg ulm – weder eine Kunstakademie, noch eine Technische Hochschule oder eine Universität – fiel aus dem etablierten Hochschulraster. In der Hochschullandschaft bildet der Entwurf – mit Ausnahme der Architektur – eine ortlose Kategorie.

Es ist bezeichnend, dass zwei der für die Designausbildung im 20. Jahrhundert prägenden Institutionen – Bauhaus und hfg ulm – Außenseiter waren. Als solche befanden sie sich institutionell und finanziell fortwährend in einer prekären Situation, sodass sie nur wenige Jahre bestehen konnten.

Während am Bauhaus die wissenschaftlichen Thematiken vor allem in Gastvorträgen behandelt wurden, waren sie im Programm der hfg als Kurse und Seminare mit entsprechend erhöhter Stundenzahl verankert. Der Stellenwert der Wissenschaften an der hfg ulm zeigt sich auch daran, dass eine Diplomarbeit aus einem praktischen und einem theoretischen Teil mit Forschungsarbeit bestehen musste.

Um den Ausnahmecharakter dieser Konzeption der zweiten hfg-Phase zu verstehen, muss man berücksichtigen, dass Mitte der 1950er-Jahre die Ausbildung von Gestaltern primär an Werkkunstschulen stattfand, die allein schon vom Namen her zu einem an den Künsten orientierten Lehrplan tendierten. Die hfg ulm setzte sich dagegen ab. In Hannes Meyer fand sich ein Vorläufer und eine Bestätigung für die Richtigkeit dieses seinerzeit vom Status quo abweichenden Schritts. Während Hannes Meyer noch den Ballast der zunftorientierten, handwerklichen Ausbildung mit dem Abschluss einer Gesellenprüfung mitschleppen musste, war die hfg ulm davon befreit, hatte also einen erheblich größeren Bewegungsspielraum. Das zeigt sich bei einem Vergleich des Organigramms des Bauhauses unter Hannes Meyer mit der Struktur der hfg. Die heterogene, wenn nicht zusammengewürfelte Struktur des

Grundlagen und Ausgangs-
punkte. Schema des Lehr-
programms der hfg ulm,
1950

Soziologie
Familie
Gruppen
Gemeinde
Staat
Gesellschaft

Stadtbau
Geographie
Bevölkerung
Verkehr
Wirtschaft
Wohnformen
Arbeitsverhältnisse
Gliederung

Information
Techniken
Öffentliche Meinung
Erziehung
Psychologie
Soziologie

Ökonomie
Rohstoffe
Produktion
Handel
Markt
Lebens-
standard

Politik
Gemeinde
Selbstver-
waltung
Organisa-
tionen
Verwaltung
Staat

Grundkurs
Übungen
Techniken
Diskussionen
Tagesfragen der
Politik
Kultur
Wissenschaft

Architektur
Situation
Organisation
Material
Konstruktion
Installation
Wirtschaftlichkeit
Normung

Visuelle Gestaltung
Material
Farbe
Licht
Komposition
Druck
Reproduktion

Produktform
Funktion
Material
Konstruktion
Psychotechnik
Produktion
Rentabilität
Lebensstandard

Philosophie
Person
Gemeinschaft
Ding
Ordnung
Kontakt

Psychologie
Typen
Individuum
Gruppen
Masse

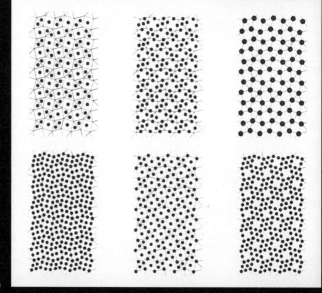

Aufgabenstellung aus der
Grundlehre, bearbeitet vom
Studenten Murry Wightman

414

John Lottes: Theorie der Graphen. Visualisierung von Bewegungsabläufen und Funktionen in grafischer Darstellung, 1958/59. Dozent: Anthony Fröshaug

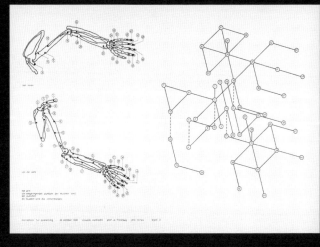

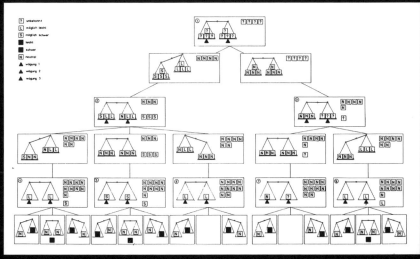

Heinz Grüber: Operationsschema zur Suche nach einem fehlerhaften Muster, 1960/61. Dozent: Bruce Archer

Bordgeschirr Lufthansa, Entwurf Hans (Nick) Roericht, Entwicklungsgruppe 5 (Otl Aicher), 1962

Dietmar Raffler, Franco Clivio: Wasserschlauch-Stecksystem für Firma Gardena-Kress und Kastner GmbH, 1968

Bauhauses wurde zum Problem bei dem Vorhaben, die Werkstätten in übergreifende Einheiten zu bündeln.

Vorkurs

Wie bekannt, sind die Erfindung und Verbreitung des Grundkurses für die Geschichte des Bauhauses und die Bauhauspädagogik zentral. Er nahm als organisatorische Einheit das erste Studienjahr ein. Der Vorkurs – oder Grundkurs, auch Grundlehre genannt – fungierte in erster Linie als Lückenbüßer zur Behebung der Defizite der vor dem Hochschulstudium liegenden Schulzeit. Diese erklären sich daraus, dass die Thematik des Entwurfs in der Schulpädagogik stiefmütterlich behandelt wird. Die Ausbildung von Gestaltungskompetenz, bei der es um die Bildung nicht-diskursiver Intelligenz geht, ist auch in der universitären Ausbildung, die in erster Linie auf die Bildung diskursiver Kompetenz angelegt ist und entsprechend mit diskursiven Codes arbeitet, nie recht heimisch geworden. Die Grundkursübungen des Bauhauses waren unter anderem auf die Bildung ästhetischen Differenzierungsvermögens angelegt und wurden als nicht-angewandte Entwurfsübungen bezeichnet – im Gegensatz zu den angewandten Übungen späterer Studienjahre, bei denen es um die Lösung eines praktischen Problems ging.

In den Aufgabenstellungen des Bauhaus-Grundkurses tauchen in der Kunsttheorie verwendete Begriffe auf wie Balance/Gleichgewicht/Symmetrie/Kohäsion/Proportion/Einfachheit/Dichte/Homogenität/Rhythmus/Ordnung, also primär im ästhetischen Diskurs gebräuchliche Begriffe. Zunächst wurde dieses Konzept einer für alle Spezialisierungen verbindlichen, gemeinsamen Grundlehre an der hfg übernommen.[9]

Es stellten sich aber bald die Grenzen eines undifferenzierten Grundkurses heraus. Der Sprung von den allgemeinen Grundkursübungen zu praktischen Entwurfsübungen in den Abteilungen war zu abrupt. Somit wurde der Grundkurs abteilungsspezifisch ausgerichtet, aber organisatorisch als eine vorgeschaltete Einheit fortgeführt. Im nächsten Schritt wurde der Begriff Grundkurs nicht mehr benutzt, und die formal-ästhetischen Übungen wurden auf das vier Jahre dauernde Studium verteilt. Seinerzeit waren die Übungen mit erheblichem handwerklichen Zeitaufwand verbunden, heute lassen sie sich dank der Digitalisierung zügiger umsetzen.

Heute kann man die Inhalte der nicht-angewandten Entwurfsübungen mit dem übergreifenden Begriff *design patterns* bezeichnen, die auf rekurrente Phänomene ausgerichtet sind. Nach Hannes Meyer hatte der Grundkurs auch einen vagen propädeutischen Wert als Instrument der Selbstfindung, insofern die Studierenden in diesem experimentell angelegten Kurs ihre individuellen Stärken, Schwächen und Neigungen erkunden konnten. Derlei Konzept stieß nicht bei allen Studierenden auf Verständnis. Den Vorwurf, es handle sich um ziellose Bastelei und Zeitverschwendung, erhoben einige Studierende in Form eines Aufrufs im Jahr 1929.[10]

Ähnliche Kritik, aber in umgekehrte Richtung – gegen den wissenschaftlichen Methodologismus –, wurde auch an der hfg ulm laut. Die Studierenden des ersten Studienjahres richteten im Februar 1962 einen Brief an die Geschwister-Scholl-Stiftung, das Rektoratskollegium und die Lehrenden, in dem sie betonten, dass sie an die hfg ulm gekommen seien, um Gestaltung zu lernen und nicht, um mit fruchtlosen mathematischen Methoden ihre Zeit zu verlieren.[11] Diese Reaktion wird verständlich, wenn man sich eine der Übungen des ersten Studienjahrs vergegenwärtigt, die darin bestand, die Kurve einer Häufigkeitsverteilung der mit einem Mikrometer gemessenen Durchmesser von Pferdebohnen zu erstellen, um zu erfahren, was eine Normalverteilung in Form einer Gauß'schen Glockenkurve ist. Es steht dahin, ob das eine geeignete Methode zur Förderung mathematischen Wissens ist.[12]

Werkstätten und Industriekooperation

Hannes Meyer wollte die Funktion der Werkstätten auf kleine Produktionsbetriebe ausdehnen, um konkrete Entwurfsaufgaben aus der Industrie anzugehen, statt es bei fiktiven Entwurfsarbeiten zu belassen. Doch wie er selbst eingestand, traten dabei Schwierigkeiten auf. Denn ein geordneter Lehrplan ist schwerlich mit den zufallsabhängigen Schwankungen von Firmenanfragen vereinbar. Wenn man von der militärischen Konnotation des Begriffs Brigade (Vertikal-Brigade/Arbeitsbrigade) absieht, strebte Meyer eine pädagogische Neuerung an: Indem Studierende verschiedener Jahrgänge an einem Projekt zusammenarbeiteten, könnten jüngere von den erfahrenen Studiengängen lernen. Außerdem werde von Beginn an Teamarbeit praktiziert. Im Gegensatz dazu bearbeiteten an der hfg ulm eigens geschaffene Entwicklungsgruppen Anfragen der Industrie. Es wurde vermieden, diese Aufgaben mit dem Lehrplan zu koppeln. Die Werkstätten dienten dem Modell- und Prototypbau. Die Ausbildung stand an erster Stelle, ohne deshalb die Verbindung zur Industrie zu kappen. Während Hannes Meyer – wie auch Walter Gropius – die Architektur als krönende Leitdisziplin für alle Entwurfsdisziplinen betrachteten, rückte die hfg ulm entschieden von dieser wertgebundenen Hierarchisierung ab.

Die Entwicklungsgruppen der hfg erfüllten vier Funktionen: erstens, eine Aktualisierung der professionellen Kompetenz der Entwurfsdozenten sicherzustellen; zweitens, als Brücke zwischen Industrie und Abteilungsarbeit; drittens, das Gehalt der Lehrenden aufzubessern. Denn im Vergleich zu den Gehältern an den übrigen Hochschulen in Baden-Württemberg lagen die Gehälter an der hfg bis zu einem Drittel niedriger, sodass die Geschwister-Scholl-Stiftung Probleme hatte, qualifizierte Lehrkräfte zu gewinnen und zu halten; viertens, der Politik zu beweisen, dass das Konzept der hfg in der Industrie Echo findet.[13]

Gestaltung und Politik

Die politische Einstellung von Hannes Meyer war für seine Wirkungsmöglichkeit in öffentlichen Institutionen in Lateinamerika kein Hindernis. In Mexiko, Brasilien, Argentinien, Chile und Uruguay wurde die Architektur der Moderne ohne größere Phasenverschiebung zu den Geschehnissen in Europa und den USA rezipiert. In einem Klima relativer Freizügigkeit konnte sie auch in ihrer politischen Dimension und ihrem utopischen Rahmen diskutiert werden, wobei vor allem von den russischen Konstruktivisten eine starke Anziehungskraft ausging.

Außerhalb der Bundesrepublik Deutschland kreiste die Debatte der Modernen Architektur nach 1945 um die kontroverse Forderung, zwischen kultureller Avantgarde und politischer Avantgarde eine Vermittlung herzustellen. Philipp Johnson – wahrlich kein Freund linken Engagements – bekannte in einem Interview: „Zu jener Zeit waren alle Kommunisten. Auch wenn es derzeit nicht populär ist [...], Hannes Meyer war Kommunist und ein teuflisch guter Architekt und je mehr ich die Werke von Meyer betrachte, umso mehr bestärkt sich mein Urteil. Aber mir gefällt nicht, was er sagte."[14]

Es liegt nahe, Parallelen zwischen den politischen Widerständen und Angriffen auf das Bauhaus in seinen drei Phasen und der Entwicklung der hfg ulm zu ziehen – Widerstände und Anfeindungen, denen seinerzeit besonders Hannes Meyer ausgesetzt war, der aus seiner politischen Einstellung keinen Hehl machte. Ebenso wie das Bauhaus im Kontext der krisengeschüttelten Weimarer Republik und des heraufziehenden Faschismus begriffen werden muss, so ist die hfg ulm im Kontext des Kalten Krieges zu sehen. Die Parallelen sind aufschlussreich. Sie veranlassten Tomás Maldonado zu dem Urteil, dass es an der Zeit wäre, dass sich die Deutschen endlich einmal mit *ihrem* Bauhaus auseinandersetzten und nach den Ursachen fragten, welche politischen Kräfte das Leben dieser Institution erschwerten und schließlich das Überleben unmöglich machten.[15]

An der hfg ulm wurde der dezidierte Antifaschismus Hannes Meyers gewürdigt, was in der BRD seinerzeit keineswegs üblich war. In der Kultur- und Bildungspolitik der Bundesrepublik wirkten die restaurativen Kräfte nach 1945 weiter, gewannen immer mehr Boden und schafften es schließlich, die hfg ulm zu schließen.

Resümee

Betrachtet man das Bauhaus von Hannes Meyer und die hfg ulm im Kontext historischer Entwicklungsphasen[16], ist das Bauhaus in die erste Phase des im 19. Jahrhundert einsetzenden, liberalen Wettbewerbskapitalismus einzuordnen – in Dessau mit sozialdemokratisch-reformerischen Ansätzen durchsetzt –, wogegen die hfg ulm in die zweite Phase des staatlich-gesteuerten Kapitalismus mit der Umpolung des während des Zweiten Weltkriegs enorm gestiegenen Produktivitätszuwachses auf zivile Güter fällt. Angesichts der dritten Entwicklungsphase in Form des globalisierten Finanzkapitalismus seit Beginn des 21. Jahrhunderts bleibt offen, wie eine kritische Designausbildung beschaffen sein müsste, die sich nicht hingebungsvoll der dominierenden Kategorie des Marktes unterordnet.

Abschließend bleibt die Frage, worin bestand Hannes Meyers Anziehungskraft für die hfg ulm? Er bot einen Anknüpfpunkt für eine Fortführung des unvollendeten Projekts der Moderne mit der zentralen Kategorie des Entwerfens in ihrem gesellschaftlichen Bezug – eine Thematik, die wegen der Bindung an den Begriff industrielle Entwicklung bisweilen als überholt abgetan wird. Kritik am Entwicklungsbegriff wuchs angesichts der Folgen der Industrialisierung für die Umwelt und angesichts der Frage, wem schlussendlich die Entwicklung zugutekomme. Diese Frage stellt sich vor allem aus der Perspektive der peripheren Länder angesichts der sich immer weiter öffnenden Schere asymmetrischen Werttransfers in Form des Exports von *commodities* in Kernländer und des Imports von Fertigwaren in Randländer.

Weiterhin fand die hfg ulm in Hannes Meyer einen Pädagogen, der für eine vertiefte Beziehung zwischen Entwurf und Wissenschaft eintrat und seinerzeit die Frage stellte, wie – heute selbstredend unter veränderten technologisch-industriellen und wirtschaftlichen Bedingungen – eine zeitgemäße Designausbildung beschaffen sein müsse. Weniger handelt es sich um einen direkten Einfluss Hannes Meyers auf die hfg ulm, als um die Koinzidenz in den Zielen und in der Verpflichtung zum Entwurf in einem übergreifenden gesellschaftlichen Rahmen: sich politisch gegen autoritäre sowie kulturpolitisch-restaurative Interessen zu wenden und Kräfte zu fördern, die dem stetigen Anwachsen von Ungleichheiten und dem damit verbundenen Konfliktpotenzial entgegenwirken. Aus dieser Perspektive betrachtet, ist Hannes Meyer mehr denn je relevant.

Anmerkungen

1   Maldonado, Tomás. „Ist das Bauhaus aktuell?/Is the Bauhaus Relevant Today?". *ulm – Zeitschrift der Hochschule für Gestaltung, 8./9.* September (1963): S. 5–13.

2   Toca Fernández, Antonio. „Héroes y herejes: Juan O'Gorman y Hannes Meyer". *Casa del Tiempo* III, IV época, Junio (2010): S. 18–23.

3   Stellungnahmen zu „ist das Bauhaus aktuell". *ulm, Zeitschrift der Hochschule für Gestaltung* 10./11. Mai (1964): S. 62–73.

4   Meyer, Hannes. „Bauhaus Dessau – Experiencias sobre la enseñanza politécnica". *Edificación* 5, Julio – Septiembre (1940), S. 13–28.

5   Schnaidt, Claude. *Hannes Meyer – Bauten, Projekte und Schriften/Buildings, projects and writings.* Teufen AR, 1965.

6   Meyer, Hannes. „Bauhaus Dessau – Erfahrungen einer polytechnischen Erziehung". In: *Bauen und Gesellschaft – Schriften, Briefe und Projekte*, hrsg. von Lena Meyer-Bergner, S. 78–88. Dresden, 1980.

7   Maldonado, Tomás. Hochschule für Gestaltung, Ulm (1) Aufgabe und Zielsetzung (1957/58). Typoskript Maldonado hfg 1957 ai az 3226.1, Museum Ulm/ HfG-Archiv Ulm.

8   Meyer, Hannes. Bauhaus Dessau 1927–1930. Experiencias sobre la enseñanza politécnica. Manuskript, DAM Deutsches Architekturmuseum, Frankfurt a. M.

9   Huff, Bill. „Albers, Bill and Maldonado: The Basic Course at the Ulm School of Design (HfG)." In: *Tomás Maldonado,* hrsg. von Triennale Design Museum, pp. 104–121. Milano, 2009.

10 Bauhaus Archiv BHA_8529-1+2-Vorkurs-1929.

11 denkschrift der studenten des 1. studienjahres 1961/62, 3.2.1962 an den vorstand der geschwis-ter-scholl-stiftung, an das rektoratskollegium, an alle festdozenten.

12 Aus der Perspektive der Gestaltung wurde Kritik an der Methololatrie geübt. Bonsiepe, Gui. „Arabesken der Rationalität/Arabesques of Rationality." *ulm, Zeitschrift der Hochschule für Gestaltung* 19/20 (1967): S. 9–23.

13 Ich verdanke den Hinweis auf die vierte Funktion Herbert Lindinger.

14 Johnson, Philipp. „Conversations with Architects". In: Cook, J (Ed.). New York, 1973, S. 38, zitiert in Toca Fernández, Antonio. „Héroes y herejes: Juan O'Gorman y Hannes Meyer". *Casa del Tiempo* III, IV época, no. Junio (2010): S. 18–23.

15 Maldonado, Tomás. „Ist das Bauhaus aktuell?/Is the Bauhaus Relevant Today?". *ulm – Zeitschrift der Hochschule für Gestaltung* 8–9, September (1963): S. 5–13.

16 Fraser, Nancy. „Contradictions of Capital and Care." *New Left Review* 100, July/August (2016): S. 99 bis 117.

4
Schüler von Hannes Meyer

„bauhaus-erfahrungen nicht anwendbar"?
Die Bauhausbrigade in Moskau

Tatiana Efrussi

Etwa 40 Bauhausabsolventen emigrierten in den 1930er-Jahren in die UdSSR.[1] Viele von ihnen hatten unter dem Direktorat von Hannes Meyer studiert oder waren seine Studenten gewesen. Sie alle teilten das Schicksal der zahlreichen ausländischen Architekten in der UdSSR: Nur wenigen gelang es, den Repressionen des Großen Terrors zu entkommen. Allzu oft wurden ihre Werke harsch kritisiert, überarbeitet oder ihr Beitrag gar totgeschwiegen. Die Arbeit eines jeden Bauhäuslers und seine individuelle Entwicklung in diesem komplizierten sozialen und politischen Umfeld verdienen eine eingehende Untersuchung. Aber hier möchte ich mich auf eine außergewöhnliche Episode gemeinsamer Arbeit von acht aus dieser Gruppe konzentrieren. Zwischen 1930 und 1932 waren Hannes Meyer, René Mensch, Klaus Meumann, Konrad Püschel, Philipp Tolziner, Béla Scheffler, Antonín Urban und Tibor Weiner am Moskauer *Giprovtuz*[2] (Akronym für das Institut zum Bau technischer Lehranstalten in der Sowjetunion) beschäftigt. Ein kollektives Engagement als Bauhausbrigade Rot Front blieb jedoch nur eine Illusion. Einige ihrer Mitglieder teilten weiterhin eine gemeinsame Wohnung und blieben Freunde. Aber Leben und Arbeit wurden nun nicht mehr von ihrer Bauhauserfahrung, sondern von der professionellen und sozialen Realität der Sowjetunion bestimmt.

„bauhaus-erfahrungen nicht anwendbar" notierte Hannes Meyer in Bezug auf die Lehrmethode des Architekturinstituts VASI.[3] Aber wahrscheinlich lässt sich dies auch auf die kurze gemeinsame Erfahrung am *Giprovtuz* übertragen. Und man kann generell fragen: Ließ sich die Bauhauserfahrung wirklich auf die professionellen Herausforderungen anwenden, welche die Vertreter des Dessauer Bauhauses nach ihrer Ankunft in der UdSSR erwarteten? Zu Beginn sah Meyer in dieser Kollektivarbeit tatsächlich die Übertragung seiner Lehrmethoden aufs reale Berufsleben. Seine Vorstellung von der zukünftigen Tätigkeit schilderte er dem sowjetischen Kollegen Genrih Ljudvig: „ich spreche zunächst in der mehrzahl, weil ich an die jungen menschen denke, die durch mich in dessau eine marxistische ausbildung für das bauwesen erfahren haben. ich möchte versuchen, diese kollektiv beisammen zu lassen, denn sie sind sehr gut aufeinander eingespielt und ein brauchbares instrument zur bewältigung großer aufgaben. ich denke zunächst an ein kollektiv von 10–20 bauhäuslern aus verschiedenen gebieten des schaffens."[4]

Letztendlich aber konnte Meyer im Oktober 1930 zunächst nur den Russisch sprechenden Architekten und Kommunisten Béla Scheffler mitnehmen. Erst Anfang 1931 trafen die restlichen sechs Bauhäusler – alle Architekten – am *Giprovtuz* ein.

Das *Giprovtuz* wurde 1930, erst kurz vor Meyers und Schefflers Ankunft, im Rahmen der Einführung des ersten Fünfjahresplans und der sie begleitenden Ausbildungsreform gegründet. Die Reform wurde von der Abteilung *Glavpromkadr* (Zentrum für technisch-industrielle Planung) des Obersten Volkswirtschaftsrates (VSNH) durchgeführt, der jetzt für die Ausbildung einer Armee neuer technischer Kader auf allen Ebenen verantwortlich war. Die Arbeiter, Techniker und Ingenieure sollten in der modernisierten Industrieproduktion in neuen Großfabriken eingesetzt werden. Und das *Giprovtuz* sollte Entwürfe und Bauberatung für die Errichtung neuer technischer Schulen im ganzen Land liefern.

Im Verlauf der Reform der Industrieverwaltung wurde das *Giprovtuz* 1932 zum *Vuzstrojproekt*-Trust mit größeren Kapazitäten und Verantwortungen ausgestattet und umfasste nun nicht nur die technischen Schulen, sondern alle Wissenschafts- und Bildungsinstitutionen. Einige Monate später wurde diese Struktur nochmals geändert. 1933 wurde das *Vuzstrojproekt* mit dem *Standartgorproekt* zum Städteplanungs-Trust vereint und zu einer Abteilung des riesigen *Gorstrojproekts* – dem Institut für Stadtplanung.[5] Hannes Meyer, welcher als Erster zum Chefarchitekten berufen wurde, arbeitete dort ab Mai 1931 halbtags als Berater[6] und verließ das *Giprovtuz* schon Ende 1931, aber die ehemaligen Mitglieder der „Bauhausbrigade" setzten ihre Arbeit innerhalb der Struktur dieser Reformen fort. Philipp Tolziner, Konrad Püschel und

Tibor Weiner arbeiteten nach der Reform des *Vuzstrojproekt* im *Gorstrojproekt*, im Büro von Hans Schmidt, an den Planungen für die Stadt Orsk.

Das *Giprovtuz* war relativ groß: 1933 beschäftigten die Abteilungen in Moskau und Leningrad 251 Angestellte, darunter 45 Architekten und Architektinnen. Eine Gruppe renommierter Architekten arbeitete als Berater: einer der Vesnin-Brüder, einer der Golosov-Brüder, Genrih Ljudvig, Georgij Mapu, einer der Barhin-Brüder, Aleksander Kuznecov und Nikolaj Dokuchaev.[7] Die Mehrzahl aber waren frischgebackene Hochschulabsolventen der Moskauer Vhutein-Schule wie Mihail Žirov und Odetta Zalesskaja. Beschreibungen ihrer Projekte – Institute und Schulen – wurden Jahrzehnte später veröffentlicht, ohne Hinweis auf ihre Entstehungsgeschichte.[8] Ich vermute aber, dass sie innerhalb des *Giprovtuz* ausgeführt wurden.

Im Jahre 1931 formulierte V. N. Salamatin, der Direktor des *Giprovtuz*, die Ziele des Instituts wie folgt: „[...] um schon vorhandene und eigene Erfahrungen im Schulbau zu sammeln, Konstruktionsfehler vorangegangener Jahre zu studieren, um sie in Zukunft zu vermeiden, technische Kader von Schulbau-Gestaltern zu schmieden, die Komplexität und Kosten von Projekten durch Standardisierung und Typisierung nicht nur jeder Zelle eines Projekts, sondern auch jedes einzelnen Blocks eines technischen Schulbaus und Studentenwohnheims zu reduzieren." Er fügte hinzu: „Wir haben große Möglichkeiten, denn in diesem Bereich ist nichts abgeschlossen, es gibt keine Standards. Giprovtuz hat erst jetzt begonnen, zwei bis drei Typen von Industrieschulen [FZU], zwei Typen von Studentenwohnheimen, drei bis vier Typen Technischer Hochschulen [vtuz] zu entwerfen. [...] Giprovtuz sollte in Zukunft typisierte Projekte und Entwürfe [...] für Sporthallen, Auditorien, Fenster, Möbel etc. produzieren."[9]

Salamatin erklärte weiter, das *Giprovtuz* habe große Bauten mit einer Lebensdauer von 100 bis 200 Jahren entworfen, „Paläste der Wissenschaft" aus Beton und Glas, mit „zusätzlichen" Gemeinschafsbereichen und breiten Korridoren. Seit die Partei die Budgets reduziert und die Planziele für die Bauwirtschaft erhöht habe, müsse *Giprovtuz* „in großer Anzahl billige, einfache, aber solide Schulen und Wohnheime"[10] mit einer Lebensdauer von zehn bis 15 Jahren bauen.

Für diese Aufgabe war es nötig, die Erfahrungen von Architekten aus dem Westen einzubeziehen. Zu den wenigen Versuchen russischer Architekten in dieser Richtung zählt die Arbeit der Moisej Ginzburg Gruppe zur Rationalisierung und Typisierung von Wohnungen. Neue Konzepte mussten eingeführt und entwickelt werden. Dies war die Aufgabe der Brigade von Ernst May, der 1930 in die UdSSR gekommen war, um den Bau ganzer neuer Städte und Fabriken an Industriestandorten zu planen und zu organisieren. Wie bekannt ist, scheiterte die Brigade May an der sowjetischen Administration (Rivalität der Institutionen, schwerwiegende Reduktion von Normen und Standards, Wirtschaftlichkeit jeder für den zivilen Aufbau vorgesehenen Kopeke et cetera). Später wurde May vorgeworfen, die „sozialistischen Städte" in eine monotone Ansammlung von Baracken verwandelt zu haben.

Die spärlichen Quellen lassen vermuten, die *Giprovtuz*-Architekten seien mit dem gleichen Szenario konfrontiert worden; hatte man doch von ihnen verlangt, nur noch grundlegende Bauten zu entwerfen. In einem 1931 in Berlin gehaltenen Vortrag verteidigte Hannes Meyer derartige Restriktionen der architektonischen Arbeit in der UdSSR enthusiastisch: „Wir haben sehr wenig Beton- und Glasbauten. Wir bauen genau so gut und solide mit dem Material der betreffenden Gegend, mit Lehm, Holz oder Silikatsteinen. Wir müssen sehr mit Material sparen. Wir bauen ohne besondere ästhetische Absichten. Für uns bedeutet jedes Material ein Defizitmaterial. Bauen in diesem Sinne ist wissenschaftliches Bauen."[11] Le Corbusiers Bau in Moskau gehöre nicht zu den „Dingen", die in der asketischen Realität willkommen seien. Dennoch zeigte er in seinem Vortrag keine positiven Beispiele. Es findet sich eine Illustration in einer Veröffentlichung über die Praktiken des *Giprovtuz*: ein 1931 vom Institut ausgearbeiteter Typus eines Studentenwohnheims. Wie Direktor Salamatin stolz anmerkte, war dieser Entwurfstypus sehr beliebt und in mehr als 230 Kopien an 70 Organisationen versandt worden.[12] Der Verfasser dieses Entwurfs ist unbekannt. Aber wie Philipp Tolziner, Béla Scheffler und Tibor Weiner 1931 in einem Artikel schrieben, gehe ihre Arbeit in Richtung „wissenschaftliches Bauen" nicht weiter: Sie bestehe nun lediglich in der Verbesserung von Schulbautypen mit engen Korridoren, die „nur der Verbindung dienten".[13]

Ohne die Verwaltungsarchive, die immer noch nicht entdeckt und möglicherweise zerstört worden sind, lässt sich nicht sagen, wo diese Typen realisiert wurden und wie sie ausgesehen haben. Einen Einblick in die Routine des *Giprovtuz* gibt eine kleine Dokumentensammlung von vier Projekttypen Industrie-Pädagogischer Hochschulinstitute für jeweils 720, 960, 1500 und 2400 Studierende[14], die eine Kommission des Kommissariats für Aufklärung mit sich führte. Von diesen vier Entwürfen stammten drei von sowjetischen Architekten – [E.N.] Korotkov[15] und Fёdor Ternovskij, der größte, für 2400 Studenten, von Konrad Püschel (unter der Brigadeleitung von Ternovskij). Die Kommission tagte im Sommer 1931, und wie die Dokumente zeigen, operierte das *Giprovtuz* zu diesem Zeitpunkt schon nach eigenen Normen und Standards für Fenster, Türen, Bauelemente und Räume (beispielsweise eine Versammlungshalle). Püschel widersetzte sich der bloßen Idee eines Bautyps von 100 000 Kubikmetern und erklärte: „Wir glauben, dass ein Bau von diesem Volumen nicht typisiert werden kann, weil die Anordnung eines Baus auf einem Baugelände in jedem einzelnen Fall nicht nur von der Gestaltungslogik, sondern auch von der örtlichen Topografie und Geologie bestimmt wird." Er schlug einen Entwurf vor, der „nur in bestimmten Teilen typisiert und durch maximale Verwendung vorhandener Standards charakterisiert war".[16]
Die Anwendung dieses Prinzips lässt sich an einzelnen, vom *Giprovtuz* entworfenen Projekten nachweisen. So ist das Gebäude des Energie-Instituts in Iwanowo (ohne Verfasser) ganz offensichtlich aus Standardblöcken montiert worden. Die gleichen Blöcke hat S. O. Chan-Magomedow in einem Ausbildungszentrum für Nischni Nowgorod (Gorki) identifiziert, das Mihail Žirov und Sergej Manusevič zugeschrieben wird. Beide Architekten hatten 1931 am *Giprovtuz* gearbeitet. Es besteht ein deutlicher Unterschied zwischen diesem Entwurf und dem von Grigorij Barhin, in einem brillanten „konstruktivistischen" Glas-und-Beton-Stil ein Jahr zuvor. Tolziner behauptete, Meyer habe 1931 persönlich an einem Projekt für das Ausbildungszentrum für 16 000 Studierende in Gorki mitgearbeitet. Der Unterschied könnte also auf diese Zusammenarbeit zurückgehen.
Wie auch immer, am *Giprovtuz* war es Routine, Prototypen zu entwickeln. Meyer hat dies später als „nicht konkret" kritisiert.[17] Beweis dafür, dass

reduktionistische sowjetische Aufträge nicht wirklich zu den „Bauhaus-Erfahrungen" passten, ist das Projekt der Brigadeschule von 1931, das Philipp Tolziner, Béla Scheffler und Tibor Weiner in ihrer Freizeit entwickelten. Sie stellten die Notwendigkeit einer Simplifizierung als solche nicht infrage, drängten aber auf die Entwicklung von räumlichen Strukturen in direktem Bezug zu den sich im Inneren des Gebäudes abspielenden „Lebensprozessen", und waren bereit, den formalistischen Ansatz der sowjetischen Architekten anzugreifen: „[...] so viel Glas, so viele horizontale Fenster, Balkone [...] wie möglich und eine nur amateurhafte Interpretation der hygienischen und psychologischen Faktoren, mit ‚künstlerischen' Spielen mit Materialien und Formen."[18]

Die Bauhäusler hatten zunächst die herkömmlichen Ausbildungsmethoden analysiert und mit den für die technische Ausbildung verantwortlichen Verwaltungsbeamten und Schuldirektoren diskutiert. Die Reform von 1928 hatte generell kollektive und „aktive" Ausbildungsmethoden eingeführt. Die Form der Brigadenmethode wurde für die effizienteste gehalten und bald Grundlage für die „Brigadeschule". Ihre ideale Umsetzung sah folgendermaßen aus: Brigaden von drei bis fünf Studierenden sollten gemeinsam an einer Aufgabe arbeiten, sie dann mit ihrem Professor durchsprechen und erst danach mit anderen Brigaden in Form einer kleinen Konferenz diskutieren. In dem System „einer freien Förderung von Brigaden" gab es keinen gemeinsamen Lehrplan, jede Brigade arbeitete in eigenem Tempo.

Die Bauhäusler empfahlen, jeder Brigade individuelle Studienräume einzurichten, in denen sie ihre Aufgaben erhielten, die Möglichkeit hatten, Materialien zu testen und ihre Ergebnisse vorstellten. Diese sollten um einen zentralen Kern herum angeordnet werden. Eine derartige Raumanordnung, in der Entwurfszeichnung in Form einer Blüte dargestellt, bildete eine Grundeinheit in einem System von Räumen für „Natur und Ruhe", „Bibliothek, Sozialarbeit, Auditorium", „Transit", „Eingangszone" und „Verwaltung". Das Gebäude sollte aus vorgefertigten Elementen, überwiegend aus Holz, montiert werden, was wiederum die Reorganisation der Bautätigkeit von „saisonalem Handwerk" hin zu „permanenter Industrieproduktion im Schulbau" fördern sollte.[19]

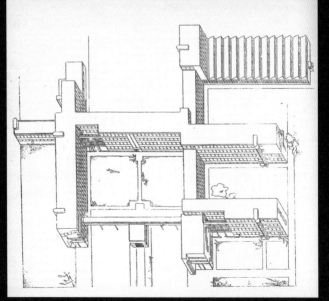

Giprovtuz: Entwurf für das Lehrkombinat für Energetik, Ivanovo-Voznesensk, 1931

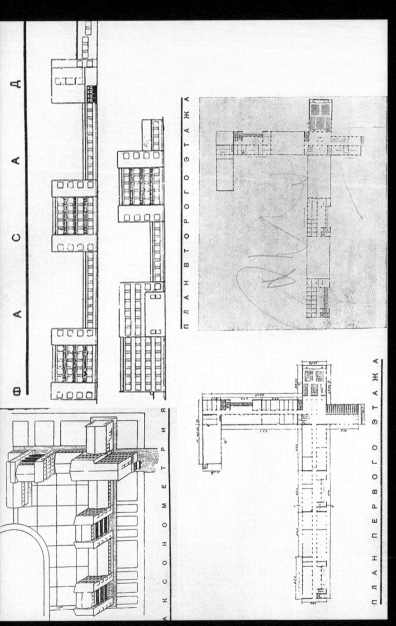

Sergej Manusevič (Giprovtuz): Neue Methode des Schulbaus, 1931

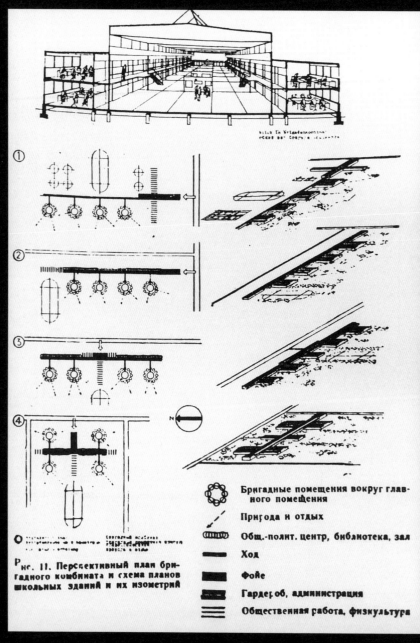

① ② ③ ④

Рис. 11. Перспективный план бригадного комбината и схема планов школьных зданий и их изометрий

🌸	Бригадные помещения вокруг главного помещения
⟋	Природа и отдых
⬭	Общ.-полит. центр, библиотека, зал
▬	Ход
▬	Фойе
▬	Гардероб, администрация
≡	Общественная работа, физкультура

434

Giprovtuz Brigade (Kryžina, Antonin Urban, Mihail Žirov): Wettbewerbsentwurf für die Militärakademie in Moskau, 1931

Konrad Püschel: Gebäude für das Luftfahrtinstitut in Moskau, fertiggestellt 1935. Foto: 1950er-Jahre

Dieses radikale Projekt war von Anbeginn zum Scheitern verurteilt. Schon im Nachwort zur Veröffentlichung war zu lesen, das Konzept der „freien Förderung" sei schon durch ein herkömmliches Lehrprogramm ersetzt worden. Dadurch war das Grundkonzept des Entwurfs irrelevant geworden, obwohl es, wie die Herausgeber anmerkten, „extrem kostbar" für die Koordination von Architektur mit Ausbildungsmethoden sei. Der Entwurf hat möglicherweise Nachhall in der Praxis des *Giprovtuz* gefunden: Im August 1931, also parallel zur Ausarbeitung der „Brigadeschule", sahen die *Giprovtuz*-Architekten Korotkov und Ternovskij in ihrem Entwurf die Einführung mehrerer „kleiner Räume für Brigadearbeit" für ein Industrie-Pädagogisches Institut für 720 Studenten vor.[20]

Ob oder ob nicht unter dem Einfluss der Neuankömmlinge aus Dessau, es gab weitere Initiativen zur Rationalisierung des Bauprozesses am *Giprovtuz*. So wurde der Entwurf eines jungen sowjetischen Architekten, wahrscheinlich einem Mitglied der konstruktivistischen Gruppe um Sergej Manusevič, in der Zeitschrift *Sowjetische Architektur* veröffentlicht, wohingegen die „Brigadeschule" nur in einer weniger bekannten Fachzeitschrift des Kadersektors des Kommissariats für Volkswirtschaft erschien. Manusevič beurteilte das Korridorsystem als negativ für die physische und psychische Hygiene. Stattdessen schlug er vor, vierstöckige Standardblöcke zu errichten und sie durch einstöckige Elemente zu verbinden. Dieses System sei flexibel, weil Blöcke hinzugefügt oder entfernt werden und der gesamte Bau der Topografie des Bauplatzes angepasst werden könnten. Manusevič schrieb: „Das Blockprinzip hilft, das Leben der Schule durch Verteilung auf Blöcke klar zu organisieren, es reduziert den Verkehr auf ein Minimum, schafft positive akustische Isolationsbedingungen und ist geeignet, die Baukosten zu reduzieren, weil Blöcke oder Sektionen ausgespart werden können."[21]

Zur Verbesserung der Lichtverhältnisse sah der Entwurf vor, auf den Etagen des vierstöckigen Blocks die Korridore durch Freizeiträume zu ersetzen. Nur die Korridore im Erdgeschoss sollten eng und dunkel bleiben. Bezogen auf die Kostenreduktion bleibt der Entwurf hinter dem der „Brigadeschule" zurück: Hohe Blöcke brauchen solide Stützkonstruktionen, daher wurden keine vorgefertigten Elemente empfohlen. Außerdem basiert der Entwurf nicht auf der Erforschung von Ausbildungsmethoden. Die absolut „fade" Fassade war jedoch etwas gänzlich Neues: Von einem jungen, konstruktivistisch beeinflussten Architekten hätte man einen eher stilisierten Entwurf erwartet. Den Diskussionen über die Typen für das Industrie-Pädagogische Institut nach zu urteilen, war dies ein allgemeines Merkmal der Entwürfe des *Giprovtuz*, unabhängig von der Herkunft des Autors. Ende 1931 kritisierte eine Expertenkommission des Kommissariats für Gemeinwirtschaft, die die Typen prüfen musste, die äußere Gestalt von fast allen Entwürfen. Die Fassaden seien „kaum akzeptabel", „akzeptabel, aber architektonisch nicht interessant, da sie ganz dem Grundriss folgten und durch die Abwesenheit einer Hauptfassade charakterisiert seien".[22]

Die Bauhäusler und ihre sowjetischen Kollegen hörten auf diese Kritik. Auch wenn es im Rahmen ihrer täglichen Arbeit noch nicht von ihnen erwartet wurde, so berücksichtigten sie diese schon in den Wettbewerbsentwürfen, die sie in ihrer Freizeit erarbeiteten. Der Entwurf für eine Militärakademie, die von einer *Giprovtuz*-Brigade von Kryžhina, Antonín Urban, Mihail Žirov vorgeschlagen wurde, ähnelte einem Vhutemas-Entwurf von Žirov von 1927 – jetzt allerdings reduziert und lakonisch in der Gestaltung. Gleichzeitig war die Komposition der Hauptfassade symmetrisch zentriert und mutete beinah monumental an. Alles änderte sich jedoch mit dem Wettbewerb für den Palast der Sowjets im selben Jahr. Zur *Giprovtuz*-Brigade gehörten Tolziner, Urban und Weiner, die unter der Leitung von Hannes Meyer arbeiteten.

Der Palast der Sowjets sollte das Hauptverwaltungs- und soziale Zentrum des Landes und des Weltproletariats werden. Für seine bauliche Gestaltung wurde ein sehr großer internationaler Architekturwettbewerb ausgeschrieben: Es wurden 272 Entwürfe, davon 112 von Amateuren, eingereicht. Das Ergebnis ist berüchtigt: Die Hauptpreise wurden an die neo-traditionellen monumentalen Entwürfe von Boris Iofan, Ivan Žoltovskij und Hector Hamilton vergeben. Sie wurden gleichbedeutend mit dem Ende der staatlichen Unterstützung modernistischer Architektur in der UdSSR und gaben Leitlinien für eine neue Epoche der Architektur in der UdSSR.

Den Beitrag des *Giprovtuz* von 1931 zeichnet seine verfeinerte technische Komplexität aus und sein Bemühen, den Bau durch die Verwendung von

Materialien, die den „Reichtum und die Effektivität der UDSSR" repräsentieren sollten, „monumentaler" erscheinen zu lassen:[23] nicht nur Stahl, Beton und Glas, sondern auch farbiger Marmor. Hinzu kamen zu Propagandazwecken Kunst-am-Bau-Projekte wie Reliefs und Statuen, die eine klare Botschaft an die Massen vermitteln sollten: „Zweifelsfrei ist es die Verantwortung unserer Epoche [...], dem Proletariat dauerhaft und mit allen [künstlerischen] Mitteln ihren Charakter zu vermitteln [...] Wir haben folgende Themen für die vier gigantischen Figuren des Hauptbereichs gewählt: Revolte, Rote Armee, Bauen und Errungenschaften. [...] Zwei Reliefs von 20 Meter Länge auf der Bühnenwand werden eine Demonstrationsszene und eine Parade der Roten Armee zeigen."[24]

Die Bemühungen des *Giprovtuz*, den neuen ideologischen Forderungen gerecht zu werden, sind weder von den Kritikern noch von der Jury gewürdigt worden. Der Entwurf der Brigade wurde lediglich als Beispiel einer „rein konstruktiven Entscheidung" erwähnt.[25] Es ist nicht genau bekannt, wie die Brigade auf diese harsche – und nicht ganz berechtigte – Kritik reagierte. Tolziner kommentierte sie in einer sowjetischen Architekturzeitung im Jahre 1935: „Die Diskussion über den Palast der Sowjets zeigte mir, dass ich noch sehr viel lernen musste, und ich begann mit Eifer zu lernen."[26]

Wie aus den fragmentarischen Quellen ersichtlich, musste das *Giprovtuz-Vuzstrojproekt* in den Jahren 1932–1933 Veränderungen hinnehmen. Tibor Weiners Entwurf für eine Pädagogische Hochschule hat eine klare zentrierte Fassade. An Konrad Püschels Bau für das Moskauer Luftfahrtinstitut (zumindest auf Fotografien der 1950er-Jahre) erkennt man ein krönendes Fries mit runden Fenstern. Tolziner erinnert sich, dass sein letzter Entwurf für eine Industrie-Akademie in Moskau nicht angenommen worden wäre, wäre er nicht bereit gewesen, über vier Stockwerke laufende Säulen und einen Balkon in den Entwurf aufzunehmen. Er fügte hinzu, dass nur 40 Prozent des ursprünglichen Entwurfs realisiert worden seien.[27] Nach seinen Angaben, die noch nicht überprüft werden konnten, wurde Žoltovskij anstelle Hannes Meyers an dem *Giprovtuz* engagiert – eine der wichtigsten Autoritäten zur „Umerziehung" der modernistischen Kader.[28]

Wie aufgezeigt, war die Arbeitsrealität am *Giprovtuz* schon vor dem berühmten Umschwung der sowjetischen Architekturpolitik kaum von den „Erfahrungen des Bauhauses" beeinflusst. Statt Grundlagenforschung und Analyse der Bedingungen vor Ort wurden nur hohes Tempo und Wirtschaftlichkeit gefordert. Wir wissen nicht, warum Hannes Meyer seine „Rot Front Brigade" am *Giprovtuz* verlassen hat. Eventuell war es nicht renommiert genug oder die Moderne hier zu wenig konsequent umgesetzt beziehungsweise zu angepasst, vielleicht beides. Die Mitglieder der Brigade hatten dagegen kaum eine Wahl, sie verließen das *Giprovtuz* (wie Réne Mensch) oder setzten ihre Arbeit unter den neuen Gegebenheiten in den Kollektiven der sowjetischen Institute für Gestaltung fort.

Anmerkungen

1   Volpert, Astrid. „Arhitektory Bauhauza na Urale.
     Osobennosti temy, eë issledovanija i bibliografija"
     (Dle Architekten des Bauhauses im Ural. Besonder-
     heiten des Themas, seiner Forschung und die Biblio-
     grafie). In: *Bauhauz na Urale. Ot Solikamska do
     Orska,* hrsg. von Ljudmila I. Tokmeniniva und Astrid
     Volpert, S. 39. Yekaterinburg, 2008.
2   Auch GIPROWTUS im Deutschen.
3   Siehe Tatiana Efrussis weiteren Beitrag in diesem
     Buch.
4   Meyer, Hannes. Brief an Genrih Ljudvig, 24.8.1930.
     DAM.
5   Kazuš, Igor' A. *Sovetskaja Arhitektura 1920-h
     godov.* *Organizacija Proektirovanija* (Sowjetische
     Architektur der Zwanzigerjahre. Die Organisation
     der Projektierung). Moskau 2009, S. 149 f.
6   Meyer, Hannes. Brief an Lotte Beese, 11.5.1931.
     Getty Research Institute, Nachlass Lotte Stam-
     Beese.
7   Salamatin, V. „Stroitel'stvo tehničeskoj školy pod
     obščestvennyj kontrol" (Der Bau technischer Insti-
     tute unter sozialer Kontrolle). *Za promyšlennye
     kadry,* 2/3 (5/6)/1931, S. 34, sowie Konrad Pü-
     schel. *Wege eines Bauhäuslers. Erinnerungen und
     Ansichten.* Leipzig 1997, S. 67.
8   Han-Magomedov, Selim O. *Arhitektura sovetskogo
     avangarda* (Architektur der Sowjetischen Avant-
     garde), Buch 2. Moskau, 2001. Veröffentlicht unter:
     http://www.alyoshin.ru/Files/publika/khan_archi/
     khan_archi_2_110.html (17.8.2018)
9   Salamatin, V., S. 31. Original auf Russisch. Über-
     setzt aus dem Englischen.
10   a. a. O.
11   Hannes Meyer. „Bauen, Bauarbeiter und Techniker
     in der Sowjetunion". *Das neue Russland* 8/9 (1931):
     S. 48.
12   Salamatin, V., S. 33.
13   Tolziner, Philipp. „GIPROWTUS und WUSSTROI-
     PROJEKT in Moskau. Projektierung technischer
     Schulen 1931–1933", Manuskript, undatiert. BHA
     Berlin, Philipp Tolziner Sammlung, III-7-5. S. 1.
14   Protokolle der wissenschaftlich-technischen Räte
     des Volkskommissariats für Kommunalwirtschaft
     und des Giprovtuz, 1931–1932. Staatsarchiv der

Russischen Föderation (GARF), Moskau, Bestand
2306 Verzeichnis 70 Akte 6509, 63 Blätter.
15   Die Verfasserin vermutet, dass es sich um einen
     Architekten „E. N. Korotkov" handelte.
16   Protokolle der wissenschaftlich-technischen Räte
     des Volkskommissariats für Kommunalwirtschaft
     und des Giprovtuz, Bl. 12. Original auf Russisch.
     Übersetzt aus dem Englischen.
17   Meyer, Hannes. „Sovjetische Fuge in vier Teilen mit
     vier Zwischenspielen. Entwurf für eine ‚Autorepor-
     tage'", Manuskript, undatiert, DAM Frankfurt am
     Main.
18   Scheffler, Béla, Philipp Tolziner und Tibor Weiner.
     „Proekt brigadnoj školy" (Entwurf für eine Brigade-
     schule). *Za promyšlennye kadry* 9/10 (12/13)
     (1931): S. 75.
19   a. a. O., S. 84.
20   Protokolle des wissenschaftlich-technischen Rats
     des Volkskommissariats für Kommunalwirtschaft
     und des Giprovtuz, Bl. 1.
21   Manusevič, Sergej. „Novyj metod proektirovanija
     učebnyh zavedenij" (Neue Methoden für den Ent-
     wurf von Schulbauten). *Sovetskaja Arhitektura* 5/6
     (1931): S. 63. Original auf Russisch. Übersetzt aus
     dem Englischen.
22   Protokolle des wissenschaftlich-technischen Rats
     des Volkskommissariats für Kommunalwirtschaft
     und des Giprovtuz, Bl. 33, 35.
23   Entwurf des Palasts der Sowjets der Giprovtuz-
     Brigade, Blatt 9. Ščusev-Museum für Architektur
     Moskau (MUAR), PLA-1778.
24   a. a. O. Original auf Russisch. Übersetzt aus dem
     Englischen.
25   Zapletin, Nikolaj. „Dvorec Sovetov SSSR (po mate-
     rialam konkursa)" (Palast der Sowjets der UdSSR
     (zu den Wettbewerbsmaterialien). *Sovetskaja Arhi-
     tektura* 2/3/1932, S. 66.
26   Tolziner, Philipp. „Ja sčastliv rabotat' v SSSR" (Ich
     bin froh, in der UdSSR zu arbeiten), *Arhitekturnaja
     gazeta 28.* April (1935). Original auf Russisch.
     Übersetzt aus dem Englischen.
27   Tolziner, undatiert, S. 2.
28   a. a. O. S. 2 f.

Tibor Weiner: von der Sowjetunion nach Südamerika

Daniel Talesnik

Tibor Weiner schrieb sich zum Wintersemester 1929/30 am Bauhaus Dessau ein. Sein vorheriges Studium der Architektur an der Königlich-Ungarischen Josephs-Universität für Technik und Wirtschaftswissenschaften (heutige Technische und Wirtschaftswissenschaftliche Universität Budapest) machte ihn zum Postgraduierten am Bauhaus. Während seines ersten Semesters besuchte er den Vorkurs bei Josef Albers, „Künstlerische Gestaltung" bei Vasilij Kandinskij, „Aktzeichnen" bei Joost Schmidt und „Gegenständliches Zeichnen" bei Fritz Kuhr. Zudem hörte er Seminare bei Dr. Hanns Riedel und dem Gastdozenten Paul Artaria. In seinem zweiten Semester wurde er Meyers Assistent. Einen Monat nachdem Meyer am 1. August 1930 wegen angeblicher „kommunistischer Machenschaften" fristlos entlassen wurde, mussten auch Weiner und andere nichtdeutsche Studierende das Bauhaus mit gleicher Begründung verlassen. Kurz darauf ging Meyer nach Moskau, Weiner und sechs weitere Studierende folgten ihm als sogenannte Rote Bauhaus-Brigade.[1] In der Sowjetunion arbeitete Weiner von 1931 bis 1933 gemeinsam mit seinen ehemaligen Kommilitonen für den *Giprovtuz* (Akronym für Institut zum Bau technischer Lehranstalten), einem Trust des Volkskommissariats für Handel und Industrie. Im Auftrag des Trusts reichten Weiner, Philipp Tolziner, Antonín Urban und Hannes Meyer einen Entwurf für den zweiten Wettbewerb des Palasts der Sowjets ein. Nach seiner Zeit am *Giprovtuz* arbeitete Weiner für den ebenfalls vom Volkskommissariat für Industrie und Handel beaufsichtigten Stadtplanungstrust *Vuzstrojproekt* in Moskau. Zwischen 1934 und 1936 waren Weiner, Tolziner und Konrad Püschel unter der Leitung der Architekten Mart Stam und Hans Schmidt am Institut für Urbanismus in Orsk tätig. Danach war Weiner bei weiteren Trusts wie dem Planungsbüro für Untergrundbahnen *Metropojekta* angestellt.

Weiner verließ die Sowjetunion 1937 gerade noch rechtzeitig, bedenkt man, dass einige seiner ehemaligen Kommilitonen im Gulag endeten, von denen nur einer lebend – Philipp Tolziner – entkam. Erhaltene Briefe an Meyer aus dieser Zeit zeigen, dass Weiner es Ende 1937 beziehungsweise Anfang 1938 bis nach Paris schaffte.[2] Eine Zeit lang arbeitete er für den Architekten Pierre Forestier. Mit ihm und der Architektin Margarete Schütte-Lihotzky nahm er an einem Wettbewerb für einen Schulbau teil. Weiners Hauptbeschäftigung seit seiner Ankunft in Paris blieb jedoch die Beantragung der Visa für seine Ausreise aus Europa. Die Aussichten für einen ungarischen Juden, der sieben Jahre in der Sowjetunion gelebt hatte, waren trübe. Weiner versuchte, nach Australien oder in die Türkei zu emigrieren. Schlussendlich gelang es ihm, für sich und seine frisch angetraute Ehefrau Judith Vadja, die ebenfalls aus Ungarn stammte und nach Paris emigriert war, Papiere für Chile zu bekommen; sie verließen Europa im Juli 1939.

Warum nach Chile? Möglicherweise war es das einzige Land, das ihnen Einreisegenehmigungen ausstellte. Aber Recherchen zeigen, dass es auch an Chiles Mangel an Architekten und Baufachleuten gelegen haben könnte. Ein verheerendes Erdbeben im Januar 1939 hatte zahlreiche Städte stark verwüstet. In den folgenden Jahren war Weiner an zahlreichen Wiederaufbauprojekten beteiligt. Gemeinsam mit Ricardo Müller, einem in Chile bekannten Architekten, arbeitete er auch an Dutzenden von Wohnbauten. Nach Müllers Tod 1943 machte er sich als Architekt selbstständig. Weiners Diplom wurde in Chile nicht anerkannt, und so unterzeichneten andere seine Pläne, oder er arbeitete mit Bauunternehmern beziehungsweise Investoren zusammen.

In dieser zweiten Phase und gegen Ende seiner Zeit in Chile begann Weiner, Architektur zu lehren. Wichtigstes Projekt seiner Zeit in Chile war ein pädagogisches. Ab 1946 beriet Weiner eine Gruppe Architekturstudierender der Universität Chile bei der Reform des Studiengangs. Für den neuen Lehrplan brachte er seine Bauhauserfahrungen ein.[3]

Schon 1930 hatten die Studierenden zwei Mal vergeblich versucht, den Lehrplan zu ändern. Der Fachbereich Architektur der Universität Chile, der 1840 als Fachbereich für *Arquitectura civil* eingerichtet worden war, war bis 1944 Teil des Fachbereichs Ingenieurwesen. Um 1945 basierte der Lehrplan auf einer Mischung aus Inhalten von Kunst- und Technikschulen. Weiner half den Studierenden bei der Zusammenstellung eines Lehrplans mit zeitgenössischen Ausbildungsinhalten, die sowohl soziale Notwendigkeiten als auch technologische Neuerungen einbezogen; das heißt er brachte Aspekte von Hannes Meyers auf Wissenschaft und bio-funktionalistischen Erkenntnissen beruhenden Herangehensweise ein. Die grundlegenden Säulen der Reform fasste er in einem Diagramm zusammen: Ein Dreieck verbindet Mensch, Natur und Materialien als wesentliche und bestimmende Aspekte jedes architektonischen Projektes. Die Reformer fassten „Material" und „Natur" als Kategorien auf, welche mittels „Technik" verbunden werden; „Natur" und „Mensch" mittels „Philosophie" und „Mensch" und „Material" mittels „Gestalt".

Der neue Lehrplan war dialektisch in Stufen aufgebaut – zwei Jahre Analyse und vier Jahre Synthese. Das Studium wurde mit einer einjährigen Diplomarbeit abgeschlossen. Die Seminare waren gruppiert in „gestalterisch", „technisch", „soziologisch" und „philosophisch". Vergleicht man dies mit dem Meyer'schen Organisationsdiagramm von 1929, gibt es thematische Überschneidungen. Unter anderem wurden unter Meyer „Hygiene", „Soziologie" und „Materialkunde" unterrichtet.[4] Viele seiner wissenschaftlichen und sozialwissenschaftlichen Seminare wurden für den chilenischen Lehrplan übernommen.

Beim Kurs „Analyse von Architektur und Stadt", den Weiner 1946/47 für Erst- und Zweitsemester gab, wurde sein Einfluss auf den Lehrplan im Bereich Philosophie spürbar. Weiner erklärte in einem Brief an Meyer, der Kurs sei eine Einführung in die Architektur mit Einflüssen aus der Geschichtswissenschaft, Philosophie und Technikwissenschaft und praktischen Übungen mit Fokus auf Anthropometrie. Er entwickelte eine Methodik, welche die Studierenden in ihrem gesamten späteren Studium anwenden konnten.[5] Der theoretische Teil war im Wesentlichen ein verkürztes architekturhistorisches Seminar mit beispielhafter Analyse repräsentativer und funktionaler Aspekte von Architektur. Der praktische Teil hingegen war durchzogen von Meyers Bauhauspädagogik. Erste Aufgaben waren die Untersuchungen einzelner menschlicher Tätigkeiten in Hinsicht auf Zusammenhänge und Abmessungen. Die Studierenden analysierten Elemente ihres eigenen Alltags wie zum Beispiel ihre Nutzung eines bestimmten Möbelstücks anhand von Plänen, visuellen Darstellungen und ergonometrischen Analysen. Die Studierenden sollten den Zusammenhang von Funktion, architektonischem Raum und Aktivitäten wie Entspannen und Essen verstehen, um entsprechend Maße berechnen zu können.

Eine noch erhaltene Erstsemesterübung von Miguel Lawner und Ricardo Tapia beschäftigt sich mit Bewegungsmustern. Sie analysierten Räume, ihre Nutzung und die Laufwege Einzelner im Raum. Die Analysen wurden zunehmend komplex. Schließlich untersuchten sie die Bewegungen einer Familie innerhalb eines Hauses. Teil der Analysen waren auch Fragen der Baugeschichte, des Wetters, Klimas und der Jahreszeiten.

Ziel der Übungen war es, ausgehend von der Nutzung das Haus neu zu denken, mit neuen Durchwegungen und Zugängen. Existierende Räume sollten neu dimensioniert und funktionslose Räume entfernt werden. Zum Abschluss des ersten Jahres sollten die Studierenden im Rahmen einer Gestaltungsübung eine während des Semesters analysierte Einheit gänzlich neu gestalten. Im zweiten Jahr wurden die Aufgaben komplexer. So mussten sie beispielsweise ein Badezimmer oder eine Küche neu gestalten und die Eingriffe anhand der analytischen Methoden rechtfertigen, die sie im ersten Jahr erlernt hatten.

Um den pädagogischen Ansatz eingehender zu untersuchen, lohnt sich ein Vergleich zwischen Übungen für Weiners Seminar 1946 und Meyers Seminaren 1940 in Mexiko und 1929 am Bauhaus. Dabei sind die unterschiedlichen Voraussetzungen zu beachten: Die Universität von Chile bot ein siebenjähriges Architekturprogramm bis zum Vordiplom an; Meyers Programm in Mexiko umfasste zwei Jahre und diente ausschließlich der Qualifizierung von bereits berufstätigen Ingenieuren, Volkswirten und Architekten in Stadtplanung; und Meyers Baulehre in Dessau sah ein viereinhalb jähriges Architekturprogramm für Studierende vor, die bereits eine akademische oder praktische Vorbildung besaßen.

Meyers Studierende in Mexiko unternahmen ähnliche Analysen. In seiner Stadtplanungswerkstatt 1940/41 untersuchten die Studierenden die täglichen Aktivitäten einer Arbeiterfamilie an einem Arbeits- und einem Wochenendtag. In den Zeitverlaufsdiagrammen ist jedes Familienmitglied einzeln aufgeführt; für die Aktivitäten Schlaf, Arbeit, Entspannung, Freizeit, Sport, Einkauf, Lernen, Pendeln, Essen, Hygiene und Kirchgang gibt es jeweils ein eigenes Symbol. Raumanalytische Diagramme stellen dar, welche Entfernungen die Familienmitglieder auf ihren Wegen zu Schule, Markt, Kino, Arbeit, Sporteinrichtungen und in die Kirche zurücklegen.

Kannte Weiner die Meyer'schen Studien aus Mexiko zu Beginn seiner Lehrtätigkeit? Es ist möglich, denn die mexikanische Zeitschrift *Arquitectura* hatte 1943 Meyers „Mexico City, Fragments of an Urban Analysis" mit den Diagrammen veröffentlicht, und Meyer hatte sein Material aus Mexiko Anfang der 1940er-Jahre an Weiner geschickt. Die thematischen Ähnlichkeiten zwischen den Diagrammen von Lawner aus Chile und Meyers Studierenden aus Mexiko sind augenscheinlich.[6]

Am Bauhaus untersuchte Edmund Collein – Student der Bauabteilung von ihrer Gründung bis zu Meyers Entlassung – in seiner „studie zur periodizität des lebensraumes" sieben Einwohner eines Hauses. Ein Diagramm ordnet sie ihrer räumlichen Position zu und markiert sie nach Geschlecht. Die Eckdaten zu jeder Person finden sich darunter. Diagramme zeigen mit Isotypes für Schlaf, Arbeit et cetera ihre täglichen Aktivitäten in Verbindung zur Tageszeit. Für jedes der Diagramme gibt es eine Version je nach Jahreszeit – Sommer und Winter – und auch für sonntags. Schließlich gibt es Analysen der Aktivitäten jedes einzelnen Bewohners nach Jahren, eine Auflistung spezifischer Anforderungen und einen Grundriss einer Wohnung im Erdgeschoss.

Im Vergleich dazu analysierte Lawner an der Universität von Chile die chronologische Folge der Aktivitäten eines Arbeiters an einem „normalen Arbeitstag", an einem „freien Tag oder bei Krankheit" und einem „anstrengenden Arbeitstag". Für jeden dieser drei Umstände gibt es eine Analyse nach kalter und warmer Witterung – ebenso wie in Colleins Analyse am Bauhaus.

Mit dem Wissen, das Weiner über das Bauhaus vermittelt habe, so Lawner, hätten er und seine Kommilitonen keinen Unterschied zwischen Gropius' oder Meyers Herangehensweise an Architektur ausmachen können. Und Weiner habe auch keine aufgemacht. Die Studierenden hätten nichts von den Konflikten am Bauhaus gewusst und hätten sowohl Gropius als auch Mies als

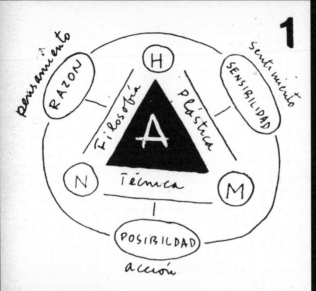

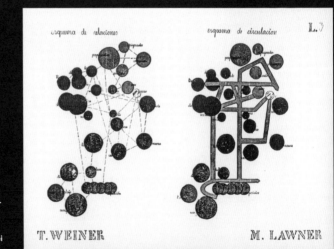

Miguel Lawner: Beziehungs- und Bewegungsanalyse, 1946. Studienarbeit aus Unterricht „Architekturanalyse" bei Tibor Weiner

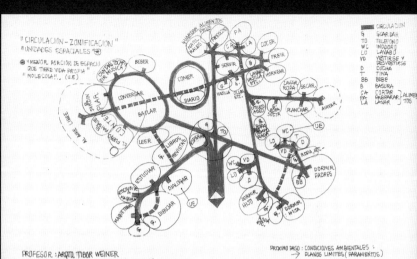

Miguel Lawner, Ricardo Tapia: Analyse von fünf Bewegungszonen innerhalb eines Hauses, 1946. Nachgezeichnete Studienarbeit aus Unterricht „Architekturanalyse" bei Weiner

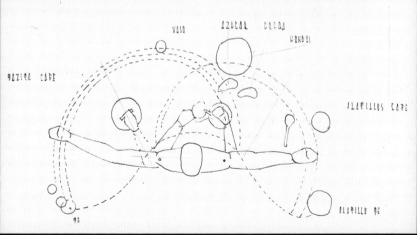

Miguel Lawner, Ricardo Tapia: Arbeitswissenschaftliche Übung aus Unterricht „Architekturanalyse" bei Weiner

447

Opfer der Nazis betrachtet, die in die USA ausgewandert seien. Für sie seien sie ebenso wichtig für die Entwicklung der Architektur der Moderne gewesen wie Meyer.[7] Wir können also schlussfolgern, dass die chilenischen Studierenden in der Lehre Weiners vor allem eine Aktualisierung der Architekturausbildung unter dem Einfluss der europäischen Avantgardisten der 1920er- und 1930er-Jahre sahen. Die Studierenden konnten oder wollten die Unterschiede in der Pädagogik von Gropius und Meyer nicht erfassen. Im zeitgenössischen Diskurs verwiesen sie auf ihre neugefundene Verbindung zum Bauhaus – für sie zählte in erster Linie die Annäherung an eine „moderne" Architekturausbildung.

Der neue Lehrplan der Universität von Chile von 1946 war einfacher und gradliniger als Meyers am Bauhaus. Obwohl 16 Jahre nach Meyers Entlassung am Bauhaus aufgestellt und trotz aller Unterschiede, so war er doch ein bahnbrechender Vorstoß im südamerikanischen Kontext. Er führte strukturierte Analyse und technische Impulse in die chilenische Architekturausbildung ein. Wie die vom Bauhaus inspirierten Diagramme der chilenischen Studierenden zeigen, waren die Grafiken wissenschaftlich inspiriert. Am wichtigsten ist, dass die Gestaltungsansätze, die diese Übungen vermittelten, die Architekturausbildung in Chile veränderten. Darüber hinaus bezogen die Beschreibungen und analytischen Schlüsse jeweils die sozio-politischen Gegebenheiten ein.[8] Der neue Lehrplan war bis 1963 in Kraft, als die meisten der ursprünglichen Befürworter unter schwierigen Umständen die Universität verließen.

Im März 1948 verließen Weiner und seine Familie eilig Chile nach Ungarn. Der politische Kontext hatte sich geändert; Mitglieder der Kommunistischen Partei wurden von der Regierung verfolgt, die sie durch ihre Unterstützung ins Amt gebracht hatten. Vor seiner Abreise bestätigte Weiner, dass ihn seine Zusammenarbeit mit den Hochschulreformern von unerträglichen Arbeitsbedingungen und permanenten finanziellen Engpässen durch seine Gestaltungs- und Bauaufträge errettet habe.[9] Bemerkenswert ist, dass Weiner nach 20-jähriger Abwesenheit und einem ziemlich holprigen Start den Wettbewerb für ein Projekt in Ungarn gewann, dessen Umsetzung der größte Auftrag seiner Karriere werden sollte: die gestalterische Stadtplanung von Sztálinváros

(Stalinstadt), 1961 umbenannt in Dunaújváros (Neustadt an der Donau). Diese Neustadt an einer neuen Eisenhütte sollte nach sozialistischen Stadtplanungsmaßstäben den Erfolg des Ersten Ungarischen Fünfjahresplans (1950–54) repräsentieren. Weiner brachte für die Herausforderung seine stadtplanerischen Erfahrungen aus der Sowjetunion ein. Wie bei den sowjetischen Planungen der Ersten und Zweiten Fünfjahrespläne, mit denen Weiner Erfahrungen hatte, war die Konzeption des Straßenraums und die Einbeziehung bestehender Infrastrukturen Ausgangspunkt des Entwurfs. Es finden sich weitere Anklänge an die sowjetische Stadtplanung in Stálinváro. Der Bebauungsplan wies ein ähnliches Verhältnis von Gebäuden zu Grünflächen aus wie der Bebauungsplan von Orsk – speziell in seiner ersten Variante, an der noch Mart Stam beteiligt war. Auch für die Dimensionen einzelner Blöcke orientierte sich Weiner an seinen Entwürfen für Orsk. Vergleiche lohnen sich auch zu Meyers Stadtplanung in der Sowjetunion: So ähnelte der „Kulturpark" an der Donau in Sztálinváros den „Kultuparks", die Meyer für die Neustädte Nizhny Kurinsk und Gorky 1932 entworfen hatte. Nach der Entwicklungsphase von Sztálinváros wurde Weiner Stadtarchitekt und Mitglied des Stadtrats. Er arbeitete für die Stadtverwaltung bis zu seinem Tod 1965.[10]

Anmerkungen

1   Die sieben Mitglieder der Roten Bauhaus-Brigade waren René Mensch (1908–1980), Klaus Meumann (1907–?), Konrad Püschel (1907–1997), Philipp Tolziner (1906–1996), Béla Scheffler (1902 bis 1942), Antonín Urban (1906–1942) und Tibor Weiner (1906–1965). Sie alle hatten Architektur unter Hannes Meyer studiert.

2   Tibor Weiner (Paris) an Hannes Meyer (Genf), undatierte Briefe, 1937 zugeordnet, aber vermutlich eher von Anfang 1938. Archiv Hannes Meyer, Deutsches Architekturmuseum Frankfurt/Main.

3   Abraham Schapira war der erste Verantwortliche der Reformbewegung, den Weiner traf.

4   Darüber hinaus wollte Meyer den Vorkurs zum Wintersemester überarbeiten und um „Soziologie", „Psychologie" und „Wirtschaft" erweitern. Aufgrund seiner Entlassung im Spätsommer 1930 kam es nicht mehr dazu.

5   Weiner, Tibor (Chile). Brief an Hannes Meyer (Mexico), 8.2.1948. Archiv Hannes Meyer, Deutsches Architekturmuseum, Frankfurt/Main.

6   Die Annahme, Meyer habe Weiner ein Exemplar der im April 1934 veröffentlichten Ausgabe der Zeitschrift *Arquitectura* geschickt, basiert auf einem undatierten Brief von Meyer an Weiner aus dieser Zeit. Er schicke ihm 50 Exemplare von *Arquitectura* (zwei Ausgaben mit jeweils 25 Exemplaren), mit der Bitte, je ein Exemplar zu behalten und den Rest zu verkaufen. Die Ausgabe der *Arquitectura* vom April 1934 findet sich in der Bibliothek des Fachbereichs Architektur der Päpstlichen Katholischen Universität von Chile in Santiago, nicht jedoch in der Bibliothek des Fachbereichs Architektur der Universität von Chile.

7   Miguel Lawner im Interview mit Daniel Talesnik. Santiago, 17.1.2012.

8   Schon zehn Jahre zuvor hatten chilenische Architekten ähnliche Schlüsse gezogen und Artikel zu funktionalistischer Architekturanalyse publiziert. Die Reform von 1946 stellte jedoch einen qualitativen Sprung dar, indem sie bio-funktionalistische und analytische Herangehensweisen im Meyer'schen Sinne verknüpfte zu einem ausgearbeiteten Lehrplan und die Ideen institutionalisierte.

9   Weiner, 1948.

10   Für eine umfassende Analyse von Tibor Weiners Karriere vergleiche: „Tibor Weiner in the Bauhaus, France, Chile, and Hungary, 1929–1965". In: Talesnik, Daniel. *The Itinerant Red Bauhaus, or The Third Emigration*. PhD Dissertation, Columbia University, 2016, S. 219–278.

Lotte Stam-Beese: vom Socgorod in Har'kov zur Stadtplanung in Rotterdam

Hanneke Oosterhof

Die erste Studentin im neuen Bauhauskurs Baulehre, Lotte Beese, wurde 1903 in Reisicht, dem heute polnischen Dorf Rokitki, geboren. Von September 1926 bis Januar 1929 studierte sie am Bauhaus in Dessau. Dort war sie im Sommer 1928 die erste Studentin der von Hannes Meyer neugegründeten Baulehre. Die zweite Studentin war die Russin Lyuba Monastirsky. Im darauffolgenden Semester kam noch die Deutsche Wera Meyer-Waldeck hinzu.[1] Dies war ein absolutes Novum am Bauhaus. Bis dahin hatten seine Meister Studentinnen nach dem Vorkurs fast ausschließlich zum Studium in der Webereiwerkstatt zugelassen. Marcel Breuer hatte sich anfangs geweigert, Lotte Beese in seine Möbelwerkstatt aufzunehmen.[2] Lotte Beese war beeindruckt von dem Kurs und dem Dozenten Hannes Meyer. Sein am Gemeinwesen und an empirisch ermittelten Wohnbedürfnissen orientierter Architekturbegriff gefiel ihr. Obwohl Meyer Beese für eine gute Studentin hielt, machte er ihr wenig Hoffnung auf eine Zukunft als Architektin. Karriere könne sie nur machen, wenn sie einen Architekten heirate und mit ihm zusammen in seinem Büro arbeite. Meyer und Beese verliebten sich ineinander, folgenreich für sie. Meyer, inzwischen Direktor des Bauhauses, vierzehn Jahre älter als seine Studentin, verheiratet und Vater von zwei Kindern, bat sie, das Studium aufzugeben: „meine liebe lotte,

ich muss das nachstehende schon in roter tinte schreiben […] als weihnachtsgeschenk hat man unser ‚verhältnis' bekanntgegeben. […] ich wusste, dass es kommen muss […] jetzt bin ich ganz ruhig, und eigentlich froh. aller druck der letzten monate geht von mir weg. […] während der ferien sind wir zusammen. aber du kannst anschliessend unmöglich zurück in den unterricht.

meine einsicht sagt mir, dass dies unmöglich ist, denn es ist eine herausforderung an das milieu hier […] wir sollen so reif sein, dass wir nicht überflüssig unsere feinde herauslocken […] denn im augenblick hängt ja nicht nur meine persönliche laufbahn, sondern mein schicksal innerhalb der existenz des bauhauses an diesem berühmten faden [...] lotte, ich habe diesbezüglich nur eine leise bitte: benutze die musse um ganz gesund zu werden. irgendwo in der höhe, im harz oder sonstwo in erreichbarer nähe [...] sei dir klar dass ab heute alle am bauhaus von unserer liebe wissen. handle danach in ruhe und in vertrauen. sei stolz auf diese liebe. behalte tief im herzen den ruhigen blick eines reifen mannes, der dir treu zur seite steht."[3]

Berlin, Brünn und die UdSSR

Nach zweieinhalb Jahren Studium, das heißt fünf Semestern, sah sich Lotte Beese gezwungen, das Bauhaus ohne Abschluss zu verlassen. Hannes Meyer vermittelte ihr Aufträge. Sie arbeitete zunächst für kurze Zeit in seinem Architekturbüro in Berlin und zeichnete Entwürfe für die Wohnungen des Lehrkörpers der Schule des Allgemeinen Deutschen Gewerkschaftsbundes in Bernau; ein Bauprojekt, an dem sie schon am Bauhaus mitgearbeitet hatte. Anschließend war sie in der Firma von Hugo Häring in Berlin beschäftigt und möglicherweise in die Abschlussarbeiten der Großsiedlung Siemensstadt eingebunden. Dann zog sie in die tschechoslowakische Stadt Brünn (Brno). Dort arbeitete sie im Architekturbüro von Bohuslav Fuchs als Entwurfsarchitektin an Projekten wie der Industrieschule Vesna für Mädchen in Brünn und dem Morava Sanatorium in Tatranská Lomnica. Das Sanatorium war der erste funktionalistische Bau in der Hohen Tatra. Diese Anstellung dauerte von April bis November 1930 und von Januar bis August 1931.

Inzwischen war Hannes Meyer, nach seiner fristlosen Entlassung am Bauhaus, in die Sowjetunion gegangen, wo er mit einigen seiner ehemaligen Architekturstudierenden die *Rote Brigade* gegründet hatte. Meyer bat Lotte, zu kommen und als seine Frau mit ihm in Moskau zu leben und zu arbeiten. Freudig stimmte sie zu und traf im November 1930 in der sowjetischen Hauptstadt ein. Aber die Beziehung zwischen beiden funktionierte nicht. Ende Dezember hatte sie genug von ihm und kehrte nach Brünn zurück, wo sie eine neue Wohnung fand und wieder für Fuchs arbeitete.

Obwohl das Zusammenleben mit Meyer in Moskau nicht gerade glücklich verlief, war sie schwanger geworden. Im Juli 1931 kam ihr Sohn Peter auf die Welt, den Meyer erst bei seinem Besuch im darauffolgenden September, anlässlich seines Vortrags über seine Zeit in der Sowjetunion, zum ersten Mal sah. Er unterschrieb eine Vaterschaftserklärung und wurde als offizieller Vormund eingetragen.[4] Beeses Arbeitsvertrag bei der Firma Fuchs lief noch bis Oktober 1931. Aber mit Baby konnte sie nicht länger bei Fuchs arbeiten. Als unverheiratete Frau fand sie auch keine andere Anstellung in der Tschechoslowakei.

In Brünn war Lotte Beese Mitglied der Tschechoslowakischen Kommunistischen Partei *KSČ* sowie der linksgerichteten Organisation *Levá Fronta* geworden. Nach einer Verhaftung fühlte sie sich dort nicht mehr sicher und wollte, wie Meyer und andere linksgerichtete Architekten, ebenfalls in die UdSSR gehen und an der Errichtung der *Socgorods*[5], den sozialistischen Modellstädten, mitarbeiten. Und zweifellos bereitete ihr der aufsteigende Nationalsozialismus in Deutschland Angst und Schrecken. Da ihre Beziehung mit Meyer abgekühlt war, machte sie sich im Frühjahr 1932, mithilfe des Prager Künstlers und Schriftstellers Karel Teige und des Architekten Jaromír Krejcar, in die ukrainische Stadt Har'kov[6] auf, anstatt sich ihren ehemaligen Bauhauskollegen, den Studenten der *Roten Brigade*, in Moskau anzuschließen. Ihren kleinen Sohn ließ sie für ein paar Monate bei Freunden in Prag. Über Meyer wusste sie von der sogenannten May-Brigade in der Sowjetunion, die von dem Frankfurter Architekten Ernst May geleitet wurde. Aber da sie keine Qualifikation zur Architektin und nicht so viel praktische Erfahrung hatte, konnte sie sich der Brigade nicht anschließen.

Socgorod KhTZ, Orsk und ein Plan für eine Stadt in Kasachstan

Damals war das Hauptbauprojekt in Har'kov das *Socgorod KhTZ*, eine umfangreiche linear entworfene Wohnsiedlung an einer Bahnlinie, etwa zehn Kilometer vom Stadtzentrum entfernt. An dieser Wohnsiedlung für die Arbeiter und Angestellten der nahegelegenen, neu errichteten Traktorenfabrik und ihre Familien in Har'kov war seit den späten 1920er-Jahren unter der Leitung des Staatskonzerns *Giprograd* gebaut worden. Das Siedlungsgebiet wurde in Nachbarschaften, sogenannte *Kvartaly*, aufgeteilt. Jeder *Kvartal* bestand aus zehn bis zwölf Reihen von Wohnblöcken, einer Schule und/oder einem Kindergarten, einer zentralen Küche mit einem gemeinsamen Speisesaal und einem Versammlungsraum. Die Siedlung hatte, im Verhältnis zur Bebauung, ausgedehnte Grünflächen, die teilweise für den Anbau von Gemüse und Obst vorgesehen waren. Der ukrainische Architekt und Stadtplaner Pavel Alëšin leitete das Projekt. Der Entwurf für die Grünbereiche stammte von dem Landschaftsarchitekten Aleksander Kolesnikov, einem Anhänger des Modells der „begrünten Stadt". Vom Anbeginn der UdSSR hatten Architekten mit diesem Konzept experimentiert und sich dabei von den Gartenstadt-Ideen des britischen Stadtplaners Ebenezer Howard inspirieren lassen.

Es ist sehr wahrscheinlich, dass Lotte Beese Entwürfe für dieses *Socgorod* gezeichnet hat. Dies geht aus Fotografien der von ihr signierten Grundrissentwürfe des *Giprograds* hervor. Sie ähneln historischen Fotografien des *Socgorods* und der beiden noch existierenden *Kvartaly*.[7] Auf den Plänen sind auch die Maße der Grundflächen und der Gebäudevolumina sowie die geplante Anzahl der Bewohnenden und Nutzenden aufgezeichnet. In Hannes Meyers Vorlesungen am Bauhaus hatte sie gelernt, solche statistischen Daten zu erheben und zu dokumentieren.

Im Frühjahr 1933 traf sie den holländischen Architekten und Designer Mart Stam. Er arbeitete als Projektmanager mit der May-Brigade in der UdSSR. Stam sollte nun, nach zweijähriger Mitarbeit am Bauvorhaben Magnitogorsk, am Ausbau von Makeyevka in der Ukraine mitwirken und kam regelmäßig zu Besprechungen nach Har'kov. Beese hatte ihm während seiner Tätigkeit als Gastlehrer am Bauhaus kennengelernt. In ihrer Studienzeit hatte sie sich auch mit Fotografie beschäftigt und Portraits aufgenommen, darunter ein beeindruckendes von Mart Stam. Sie verliebten sich ineinander und zogen zusammen.

Vom Herbst 1933 bis zum Sommer 1934 arbeitete Beese mit Stam am *Socgorod Orsk*. Sie entwarf Wohnungen, die, so Architekt und Mitglied der *Roten Brigade* Philipp Tolziner[8], auch realisiert wurden. Zwei Entwurfszeichnungen für Kindergärten in Orsk finden sich in ihrem später geschriebenen und in den Niederlanden veröffentlichten Artikel über Kinderbetreuung in der UdSSR. Die pavillonartigen Gebäude sind einstöckig und versetzt in Reihen angelegt. Ein Kindergarten wurde wahrscheinlich in Orsk gebaut. Auch entwarf sie den Grundriss einer Schule für 640 Schüler in Orsk, ein horizontal ausgerichtetes Rechteck mit zwei schmalen, rechtwinkligen Seitenflügeln für Klassenräume. Dieser Entwurf wurde wahrscheinlich in modifizierter Form, ohne die Seitenflügel, realisiert; er war von dem Standardgrundriss des Staatlichen Entwurfsbüros abgeleitet worden.[9]

Im September 1934, nach Beendigung ihrer Arbeit in Orsk, wurden Stam und Beese mit dem Bau einer Stadt am Balchaschsee in Kasachstan beauftragt. Bei ihrer Ankunft erfuhren sie, dass Tausende Gefangene und Zwangsarbeiter in diese unwirtliche Gegend gebracht worden waren, um in den Kupferminen zu arbeiten. Nach einigen Wochen stellten Beesse und Stam fest, man könne in einer derartig kontaminierten Umgebung keine Stadt bauen. Mart Stam reichte einen alternativen Bauplan ein. Dieser sah die Erweiterung von Wohnsiedlungen in der nächst größeren Stadt, Alma Ata (heute Almaty), und ein Zeltlager am Ufer des Sees für die monatlich wechselnden Arbeiterkolonnen aus der Stadt vor – unter der Voraussetzung, dass eine dieselbetriebene Bahnverbindung für die Arbeitenden gebaut werde. Der Vorschlag wurde von den sowjetischen Entscheidungsträgern abgelehnt. Da Stam und Beese sich geweigert hatten, die ihnen zugewiesene Bauaufgabe auszuführen, mussten sie die UdSSR verlassen. Vorher heirateten sie in Moskau, damit Lotte eine Aufenthaltsgenehmigung für die Niederlande erhalten konnte. Beide waren sich bewusst, dass sie dem Regime knapp entkommen waren, denn Arbeitsverweigerung wurde in der UdSSR als Straftat geahndet.

Stam en Beese architecten

In Amsterdam gründeten sie das Architekturbüro *Stam en Beese architecten*. Ihr Profil war weit gefächert und schloss Fotografie, Werbung, Messegestaltung und Ladenausstattungen, Rekonstruktionen, Neubauten, Wohnungsbau

Lotte Beese im Bauhausseminar, 1928

Mart Stam, 1928. Foto: Lotte Beese

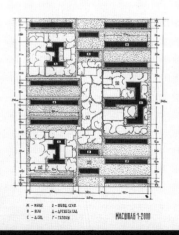

Grundrissentwurf KhTZ, Khar'kov, signiert von Lotte Beese, 1932–33

Interieurskizzen Drive-in Häuser Amsterdam, 1937.
Entwurf: Lotte Stam-Beese

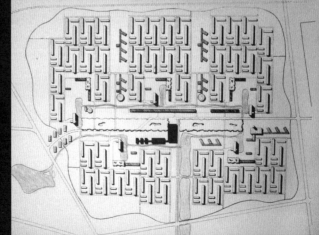

Pendrecht, Rotterdam.
Entwurf: Lotte Stam-Beese
and opbouw-architects'
für den CIAM-Kongress,
Bergamo 1949

Perspektive Ommoord, Rotterdam. Entwurf: Lotte Stam-Beese, 1965

und Möbelgestaltung ein. Mart Stam war als Architekt verantwortlich, Stam-Beese spezialisierte sich auf Innenarchitektur, Grafik- und Ausstellungsgestaltung sowie Fotografie. Für eine Reihe sogenannter *Drive-in* Häuser[10], die ersten ihrer Art in den Niederlanden, die Stam gemeinsam mit den Architekten Huig Maaskant und Willem van Tijen verantwortete, entwarf Lotte die Inneneinrichtung, einschließlich moderner Küchen. Unter eigenem Namen gestaltete sie Poster und Buchumschläge im Stil der Neuen Sachlichkeit. Dafür war sie bei László Moholy-Nagy und Joost Schmidt am Bauhaus ausgebildet worden.

Im Jahr 1940 schrieb sie sich für einen Teilzeitkurs an der Hochschule für Architektur in Amsterdam ein, um ihre abgebrochene Ausbildung fortzuführen. Im Jahr 1945 erwarb sie ihren Hochschulabschluss, und ein Jahr später wurde sie zur Stadtplanerin für Rotterdam berufen. Stam und Beese ließen sich nach neun Jahre Ehe scheiden. Sie behielt jedoch ihren Ehenamen.

Stadtplanerin in Rotterdam

Die Anstellung bei der Stadt Rotterdam war ein beachtlicher Erfolg: Erstens war Stam-Beese eine Frau, und damit noch eine Ausnahme im Architekturberuf, der noch lange von Männern dominiert war; zweitens war sie Deutsche, und Rotterdam war zu Beginn des Zweiten Weltkriegs von der deutschen Luftwaffe stark bombardiert und zerstört worden. Sie betrachtete es als ihre Bestimmung, ausgerechnet an diesem symbolischen Ort tätig zu sein: „Nach dem Krieg ging ich in die ausgebombte Stadt Rotterdam. Ich musste etwas tun, um etwas von dem zugefügten Leid und Tod wieder gut zu machen."[11]

Pläne zum Wiederaufbau der Stadt waren schon während des Krieges entstanden. Neben dem Wiederaufbau der Innenstadt mussten auch neue Wohngebiete erschlossen werden, um die Wohnungsnot für die gewachsene Bevölkerung zu beheben. Bis Mitte der 1960er-Jahre war man sich einig, dass diese Wohnsiedlungen ein modernes Gesicht haben sollten – die niederländische Form der Moderne, bekannt als *Het Nieuwe Bouwen* (das Neue Bauen – auch bekannt als Niederländischer Funktionalismus). Ein transparentes, großzügiges Raumkonzept und die funktionale Trennung von Wohnen, Verkehr, Freizeit und Arbeit waren Schlüsselkriterien. Bis zu ihrem Ruhestand im Jahre 1968 entwarf Stam-Beese mehrere Wohnsiedlungen in Rotterdam, darunter Kleinpolder, Pendrecht und Ommoord.

Ihr erster Entwurf war Kleinpolder (1946–1952), eine Großsiedlung für 30 000 Einwohner, vorwiegend aus jungen Arbeiterfamilien, bei einer Dichte von 40 Wohnungen pro Hektar. Sie entwarf überwiegend vier- oder fünfstöckige Mehrfamilienhäuser in offener Bauweise. Sie sah den Freiraum als Gemeinschaftsgärten mit Grünflächen sowie Bänken und Kinderspielplätzen vor. Durch diesen führte der von ihr erstmals in den Niederlanden geplante *woonpad*, ein „Anwohnerweg". Durch dieses Netz gepflasterter Fußwege zwischen den Wohnblöcken erreichte man die Eingänge der Wohnhäuser. Die Grünflächen zwischen den Pfaden wurden gemeinschaftlich genutzt. Stam-Beese kannte das Konzept des Wegenetzes in Wohnsiedlungen von dem Siedlungsprojekt *Socgorod KhTZ* in Har'kov. Um Eintönigkeit zu vermeiden, setzte sie die Wohnblöcke in einen leichten Winkel versetzt zueinander und erzeugte dadurch den Eindruck von Räumlichkeit.

Die Wohnsiedlung Pendrecht (1948–1952) baute sie in Partnerschaft mit Architekten der avantgardistischen Rotterdamer Architektenvereinigung „opbouw" (Aufbau), dessen Mitglied sie war. Die Entwürfe für Pendrecht wurden auf zwei Konferenzen des CIAM (*Congrès Internationaux d'Architecture Moderne*), 1949 in Bergamo und 1951 in Hoddesdon, vorgestellt, wo sie internationale Anerkennung fand. Pendrecht war für 25 000 Einwohner bei einer Dichte von 56 Wohnungen pro Hektar vorgesehen. Hier erfand Stam-Beese die „Wohneinheit", die aus jeweils 90 Wohnungen für unterschiedliche Mietergruppen bestand. Für die Stadtplanung typisiert, besteht ein Wohncluster aus zwei drei- und vierstöckigen Wohnblocks für kleine Familien, zwei zweistöckigen Flachbauten für große Familien und einem Wohnblock für Senioren, die um einen Gemeinschaftsgarten angeordnet sind. Diese Einheiten stehen versetzt über die Siedlungsfläche. Innerhalb der Wohncluster wechseln sich Verkehrsstraßen und autofreie Spielstraßen ab. Im Ganzen sind vier große Nachbarschaften um einen zentralen Platz angeordnet.

Einrichtungen wie Schulen, Läden und Kirchen liegen an den Rändern der Nachbarschaften.

Ommoord (1962–1968), die letzte von Stam-Beese entworfene Wohnsiedlung, lag im ehemaligen Alexanderpolder innerhalb der Stadtgrenzen von Rotterdam. Stam-Beese hatte schon verschiedene Entwurfszeichnungen für den ganzen Polder erstellt, bevor sie das Ommoord-Projekt begann. Die farbigen Skizzen zeigen neue Wohnsiedlungen an bereits vorhandenen Flüssen und Straßen. Markante Merkmale sind die hohen Wohntürme, auch „Mammuts" genannt, die über die Landschaft verteilt sind. Ommoord, fertiggestellt im Jahre 1968, war die erste Hochhaussiedlung in den Niederlanden, ein Jahr später gefolgt von der größeren Hochhaussiedlung de Bijlmer, nahe Amsterdam. Ommoord war für 25 000 Bewohner mittleren Einkommens projektiert, aber durch seine idyllische Lage auch für Mietende mit höheren Einkommen attraktiv.

Wie Kleinpolder hatte Stam-Beese diese Siedlung allein entworfen. Sie entschied sich für ein Zentrum aus Punkthochhäusern und Wohnscheiben, umgeben von eingeschossigen Reihenhäusern, die durch eine Ringstraße getrennt wurden. Das Verhältnis von Hochbauten zu Flachbauten betrug 2 zu 1. Der Entwurf sieht ein sich wiederholendes Muster der Grundflächeneinteilung von 20-stöckigen, rechteckigen Wohntürmen und acht- bis zehnstöckigen Wohnscheiben vor. Die Wohnscheiben haben eine bemerkenswerte Anordnung: nicht in gerader Reihung gebaut, die Stam-Beese als „Klagemauern" ablehnte, sondern abgewinkelt. Drei abgewinkelte Wohnscheiben sind mit vier gradlinigen Scheiben und einem Wohnhochhaus zu einer Einheit gruppiert. Zwischen den Winkeln und den einzelnen Wohnblöcken erstrecken sich die sogenannten „inneren Grünflächen" mit Kinderspielplätzen, Sitzbereichen, und Fußwegen. Nur Fuß- und Radwege kreuzen den zentralen Platz der Wohnsiedlung. Mit diesem Konzept wollte sie Gemeinsinn fördern und hoffte, die Anwohner würden die mit Grün und Licht erfüllten Innenflächen gemeinschaftlich nutzen. Ihre Entscheidung für die winklige Anordnung der Wohnblöcke und ihre unmittelbare Nähe resultierte sowohl aus sozialen als auch ästhetischen Überlegungen. Ommoord wurde fertiggestellt, gerade als die Moderne zu Ende ging.

Keine Architektur als Selbstzweck

Stam-Beese hatte das Konzept der funktionalistischen Architektur in den Vorlesungen bei Meyer im Bauhaus verinnerlicht. Auch ihre späteren Lehrer – Häring, Fuchs und Stam – vertraten das gleiche Konzept. Ihre Stadtplanungsentwürfe folgten nicht einem rigiden Schema. Die Anordnung der in einem leichten Winkel zueinander positionierten, aufeinanderfolgenden Wohnblöcke in Kleinpolder, ihre Wohncluster mit in der Höhe alternierenden Wohnblöcken in Pendrecht und die abgewinkelten Blöcke in Ommoord brachen kreativ und elegant mit den rigiden Siedlungsschemas der orthodoxen Modernisten und schufen Intimität. Stam-Beeses Wohnsiedlungsentwürfe unterscheiden sich von den Siedlungen, die zur selben Zeit im Westen Amsterdams, von funktionalistischen Architekten und dem ehemaligen CIAM-Vorsitzenden Cornelis van Eesteren gebaut wurden und wesentlich monotoner und weniger vielfältig als ihre sind.

Sie wollte ihre Arbeit nicht als „funktionalistisch" bezeichnet sehen und sagte in einem Interview nach ihrer Pensionierung: „Ich hielt diesen Begriff immer für bedeutungslos. Man weiß, warum man Dinge entwirft. Man baut keinen Wasserturm, der wie eine Kirche aussieht. Die Funktion ist die Essenz eines Objekts, das ist augenscheinlich. Es kann sich nicht in etwas anderes verwandeln. Gestaltung und Struktur haben immer einen emotionalen Wert. Sie müssen ein Gefühl transportieren."[12]

Stam-Beese hat sich nie zu Architekten geäußert, die sie bewunderte oder deren Werk beispielhaft für sie war. Obwohl Meyers Vorlesungen sie inspiriert hatten, Architektin zu werden, äußerte sie sich nie zu seinen Entwürfen. Aber in Interviews machte sie klar, welche Architekten sie *nicht* bewunderte. Unter ihnen befanden sich Le Corbusier und Mies van der Rohe. Sie fand ihre Bauten zwar sehenswert, aber zu stark auf die Ästhetik fokussiert. Deren Fokus läge vor allem „auf dem Objekt, nicht auf den Menschen".[13]

Stam-Beese glaubte nicht an Architektur um ihrer selbst willen. Architektur und Bauen sollten immer auf die Lebensbedürfnisse der Menschen ausgerichtet sein. Hier folgte sie Meyers Lehren und ihren Erfahrungen in der Sowjetunion, wo sie ein Bewusstsein für die Lebensverhältnisse der Menschen und das Wesen des Wohnungsbaus entwickelt hatte. Ihre Artikel und Vorträge betonten immer wieder, was sie „die Humanisierung der Stadtplanung" nannte; und ihre Entwürfe zeigen die soziale Zielsetzung, die auf das Wohlbefinden der Bewohnenden und eine funktionierende Nachbarschaft ausgerichtet ist. Typische Merkmale waren der gemeinsame Garten und der Wohnweg sowie ihr Fokus auf Grünflächen in den Siedlungen.

Anmerkungen

1   Bauer, C. I. *Architekturstudentinnen in der Weimarer Republik: Bauhaus und Tessenow Schülerinnen.* Dissertation, Universität Kassel, 2003, S. 377.

2   Het Nieuwe Instituut (HNI), Rotterdam. Archivnummer WITC, cd 1. Interview von Cor de Wit mit Lotte Stam-Beese, 15.2.1976, Audiokassette.

3   Die vorhandene Korrespondenz, ein paar 100 Briefe und Postkarten, zwischen Hannes Meyer und Lotte Beese befindet sich im Getty Research Center, Los Angeles, Special Collections, Zugangsnummer 910170.

4   Dokument des Brünner Bezirksgerichts, 29.10.1931. Privatbesitz von Stam-Beeses Tochter Arlane Stam.

5   Auch Sozgorod im Deutschen.

6   Auf Ukrainisch Harkiv (auch Charkow/Charkiw im Deutschen).

7   Grundrisse, Entwürfe und historische Fotografien des KhTZ sind in der Zabolotny State Science Library of Architecture and Construction in Kyiv erhalten. Sechs Entwürfe von Beese befinden sich im HNI, Rotterdam, Archivnummer STAB ph 166–174.

8   Notiz von Philipp Tolziner. Bauhaus-Archiv Berlin, Mappe Tolziner, Archivnummer 58.

9   Schriftliche Mitteilung von Astrid Volpert an die Autorin, 18.8.2015.

10 Das Drive-in Haus ist ein Einfamilienhaus mit einer Garage im Erdgeschoss neben dem Haus. Der Wohnbereich befindet sich im ersten Stock des Hauses.

11 HNI, Rotterdam, WITC, cd 1. Interview von De Wit mit Stam-Beese, 15.1.1977. Zitat aus dem ursprünglichen Niederländisch übersetzt.

12 a. a. O.

13 Interview von Arno Nicolaï mit Lotte Stam-Beese, 20.8.1986. Manuskript, S. 26. HNI, Rotterdam, Archivnummer NICO, d 641.

Arieh Sharon und die Architektur des neuen Staates Israel

Zvi Efrat

Arieh Sharon war vermutlich der einzig aufrichtige Zionist, der gleichzeitig Meyerist war. Mir ist kein weiterer Architekt oder Architekturtheoretiker aus jüdischen Teilen Palästinas oder auch später des Staates Israel bekannt, der sich explizit und eindeutig mit Hannes Meyers Lehren und Praxis identifizierte. In seiner Autobiografie und zahlreichen weiteren Veröffentlichungen präsentierte sich Sharon (sicher zu Beginn seiner Karriere in den 1930ern, aber auch später rückblickend in den 1970er-Jahren) nicht nur als Student Hannes Meyers oder Bauleiter seines Berliner Büros, sondern viel wichtiger noch als intellektuellen Jünger, als ideologischen Botschafter und professionellen Übersetzer des Meyer'schen „fanatischen Funktionalismus" (wie Alfred Barr es in seinem Vorwort zu Hitchcocks und Johnsons 1932 grundlegender Publikation *The International Style* nannte).[1]

Sharons Meyerimus war einzigartig, vielleicht sogar „fanatisch", oftmals umstritten im Kontext des kleinen, bürgerlichen Tel Avivs oder auch sozialistisch-national geprägter ländlicher Siedlungen; er war jedoch keine Randerscheinung. Sharons Charisma, seinem diplomatischen Geschick, seinem Einsatz für Gewerkschaftsprojekte und seiner einflussreichen Position in den Gründungsjahren des Staates Israel als Leiter der staatlichen Planungsbehörde (die nahezu ebenso organisiert war wie Meyers vertikale Brigaden) ist es zu verdanken, dass Meyers reduktionistischer Materialismus und seine Kritik an reflexartiger Moderngläubigkeit in den Gründungsjahren des Staates Israel bleibenden Einfluss auf Bauweise, Verbreitung und Form israelischer Architektur von den 1930er- bis in die 1970er-Jahre hatte.

Darüber hinaus beschrieb Sharon Meyers erstes Großprojekt, die Bundesschule des ADGB in Bernau, nicht nur als seinen persönlichen Initiationsritus, sondern auch als Brutalismus *avant la lettre*. Wir können also davon ausgehen, dass Meyers Einfluss auch über der anscheinend schleichenden

Veränderung sowohl des repräsentativen Äußeren öffentlicher Bauten als auch des Massengeschmacks, von der weißen Moderne des Ersatzbauhauses hin zu den grauen Oberflächen des *Beton brut* liegt.

Die augenscheinliche Strenge und Blöße der Architektur Israels in den Gründungsjahren, die schon kurz darauf exzessive Verbreitung fand und selbst zum Inbegriff des Patriotischen wurde, werden üblicherweise auf die Zwangslage, fachliche Mittelmäßigkeit und Diskursarmut zurückgeführt. Ich hingegen argumentiere, dass die israelische „Architektur ohne Eigenschaften" öffentlicher Einrichtungen mit ihrer klaren Absage an symbolische und ästhetische Eigenarten auch durch Arieh Sharons frühe Arbeiten und seine spezielle Lesart und Aneignung von Meyers Lehre und Werk geformt wurde. Die Kernaussage findet sich in seiner Bewertung des Wettbewerbsentwurfs von Hannes Meyer und Hans Wittwer für den Völkerbundpalast, den er als „über die Maßen bedeutend und bauorientiert beschreibt, viel avantgardistischer noch als alle anderen Projekte inklusive Corbus brillantem Vorschlag".[2] Die Bezeichnung *avant-garde* und der Vergleich mit Le Corbusier berühren einen kritischen Punkt zwischen den zahlreichen Anklängen der Moderne an die Maschine und Meyers nahezu wortgetreuer Konzeption des Gebäudes als mechanisches Gebilde, Organisations- und Struktursystem. Mit dem Zitat Meyers an das Sharon in seiner Autobiografie erinnert, scheint Sharon zukünftigen Kritikern eine Interpretationsanweisung seiner eigenen architektonischen Leitsätze und Bauten zu geben: „Unser Völkerbundsgebäude symbolisiert nichts. Als Bauorganismus zeigt es unverfälscht den Ausdruck seiner Bestimmung eines Gebäudes der Arbeit und der Zusammenarbeit. Als erdachtes Menschenwerk steht es in berechtigtem Gegensatz zur Natur. Dieses Gebäude ist nicht schön und ist nicht hässlich. Es will als konstruktive Erfindung gewertet sein."[3]

Für Sharon ist Meyers Sachlichkeit gerade avantgardistisch, weil sie unaufhaltsam in die Unsachlichkeit springt, sie bricht die Dilemmata von Massenproduktion, Effizienz und Erschwinglichkeit auf; sie unterwandert den Glauben an den Bau als geschlossenes Objekt und an den allwissende Architekten. In seinem Artikel „The Architect's Call" erläutert Sharon den Einfluss von Meyers Glaubenssatz von der Befähigung der Architektur und auf

sein eigenes wachsendes Unbehagen gegenüber Größe: „Die sich verändern-
den Größen und Bandbreiten der Bauprojekte haben großen Einfluss auf Gestaltungsprozess und -methodik des Architekten. ‚Quantität bestimmt die
Qualität' – und so bedeuten der immense ausgeweitete Umfang an Bau und
Planung neue Herausforderungen, die wiederum unsere Denkmuster, ja sogar unsere intuitive Kreativität stimulieren und verändern. Die Planung von
Wohnkomplexen, Universitätsgeländen, Krankenhäusern, Stadtzentren und
Neustädten sollten im Fokus unserer Arbeit stehen und dabei die Ziele und somit die Befähigung des Architekten verändern. Die neuen Großprojekte müssen von einem Team aus Architekten, Planern, Sozioökonomen, Fachberatern
und -technikern bearbeitet werden. Der Architekt hat seine Rolle als alleiniger Meister verloren, jedoch die des Koordinators und ideologischer Führer
des Planungsstabes gewonnen."[4]

Der Moment, an dem das langlebige Band zwischen dem jungen Sharon und
Hannes Meyer geknüpft wurde, ist in *Kibbutz + Bauhaus: An Architect's Way
in a New Land* dokumentiert. Das dreisprachige Album, das retrospektiv für
eine Wanderausstellung zusammengestellt wurde, war nicht nur die erste
Autobiografie eines israelischen Architekten, sondern auch die früheste Dokumentation, quasi eine Vorab-Architekturhistoriografie des Zionismus und
des Israelischen Projekts, so grundlegend und doktrinär wie sie vielleicht
sein musste. Der formelhafte Titel und das episch anmutende Eröffnungska-
pitel von *Kibbutz + Bauhaus* beschwören eine fast okkultische sozio-kultu-
relle Verbundenheit, das zweite Kapitel hingegen untergräbt jeden möglicherweise angenommenen ästhetischen oder moralischen Überschuss sowohl des
Kibbutz als auch des Bauhauses.

Sharon berichtet zunächst von seiner Ankunft am Bauhaus und der Festlegung seiner Studiumspflichten durch Gropius und dann ausführlich von
dem entscheidenden Moment seiner Initiation, seinem Treffen mit Meyer:
„Als das neue Gebäude des Bauhauses in Dessau fertig war […] und Hannes Meyer schließlich zum Leiter der neuen Bauabteilung ernannt war, ging
ich mit der gleichen Geschichte wie vorher zu Gropius auch zu ihm – über
meine Erfahrungen am Bau und in der Planung sowie der gemeinschaftlichen
Arbeit im Kibbuz. Seine erste Frage war: ‚Hast du Dich nur für das Gebäude

interessiert – was war mit der Landwirtschaft?' Ich berichtete ihm ausführlich von meinen Erfahrungen als Imker. Zwei Tage später rief er mich zu ihm und hieß mich in der neuen *Bauabteilung* willkommen, mein lang gehegtes Ziel. Zwei Jahre später, als ich sein Baubüro in Berlin leitete, erinnerte er mich an dieses erste Treffen und gestand mir lächelnd: ‚Du hast fälschlich gedacht, ich sei von Deinen Bauerfahrungen beeindruckt gewesen – der einzige Grund, Dich direkt in die Bauabteilung aufzunehmen und nicht vorher die Werkstätten durchlaufen zu lassen, war Deine Imkerei – weil mein Vater und Großvater in der Schweiz immer so begeistert von ihren Bienenstöcken waren.'[5]

Sharon beschreibt die neue Lehre der von Hannes Meyer neu errichteten Bauabteilung als verwirrende pädagogische Wende: „Am Anfang waren wir etwas verwirrt von den Widersprüchen zwischen der ‚*Form und Werklehre*' des alten Bauhauses und dem sozial- und humanwissenschaftlichen, auf das Umfeld bezogenen Ansatz von Hannes Meyer." Er gibt zu, dass die Studierenden meist „zu beschäftigt waren, um diesem intellektuellen Gerangel viel Aufmerksamkeit zu widmen", aber beteuert seine eigene Treue zur „anti-formalistischen Kampagne" – selbst als Meyer von einigen Bauhäuslern verdächtigt wurde, „einen neuen ‚funktionalen' Formalismus zu schaffen, selbst zu dem Preis, Gropius, Mohholy, Klee, Bayer und Breuer mit seinem Amtsantritt als neuer Direktor des Bauhauses zu verlieren".

Unter Meyers Leitung nimmt Sharon eine gesonderte Stellung unter den Studierenden ein. Er wird mit der Wartung und Instandhaltung der Gropius'schen Meisterhäuser betraut. „Dies gab mir die Möglichkeit, die divergierenden Ideen des alten Weimarer Bauhauses und die Meyers zu untersuchen"[6], schreibt Sharon. Er stellt seine Geschicklichkeit unter Beweis. Bemerkenswert ist, dass er schon bald darauf in eines der Meisterhäuser einziehen und dort kurzzeitig mit der Textilkünstlerin und Bauhausmeisterin Gunta Stölzl und der gemeinsamen Tochter Yael zusammenleben kann. Nach Abschluss seines Diploms und seiner weiteren Verpflichtungen am Bauhaus 1929 bietet ihm Hans Wittwer eine Position als Lehrassistent an der Burg Giebichenstein in Halle an. Schon einen Monat später startet er seine berufliche Karriere: „Meyer bot mir die Bauleitung der Bundesschule und die Leitung seines Berliner Büros an […]."[7]

Die Bundesschule ADGB sollte Sharons ultimatives „Gesellenstück" werden. Er war schon gemeinsam mit weiteren Studierenden des Bauhauses an dem Vorentwurf für den Wettbewerb beteiligt gewesen. Sharon konnte sich vermutlich eher als andere mit dem Programm und dem konzeptuellen Entwurf Meyers identifizieren, der den ganzheitlichen, antihierarchischen und gemeinwesenorientierten Aufbau widerspiegelte, der ihm schon von den Kibbuzim vertraut war. Er beschreibt Meyers Plan als Raumgefüge für eine Gemeinschaft von 120 Studierenden, die jeweils in „Kommunen von 10 Studierenden" gruppiert wurden. Die Mitglieder einer „Kommune" lebten auf einem Flur zusammen und arbeiteten in denselben Werkstätten. Mensa, Sportraum und Vortragssäle waren gemeinschaftlich genutzte Bereiche der gesamten Gemeinschaft. Dieses Raumprogramm wurde in kleinen, gleichberechtigt angeordneten architektonischen Einheiten projektiert. Diese waren durch überdachte Flure miteinander verbunden, die auch zu den öffentlichen Bereichen am Rand der Anlage führten.

Sharon berichtet von den strengen Vorgaben für die Entwurfsarbeit der Studierenden: „Im Grunde genommen durften wir nicht mal Ansichten zeichnen, diese sollten nur eine logische Folge der funktionalen Größen und Verhältnisse der Fenster sein."[8] Gestaltung, Autorenschaft, Handwerk sollten ebenso wenig wahrnehmbar sein wie Distanz zwischen Pädagogik und Praxis oder Interpretationsraum zwischen Programm und Diagramm. Meyer habe erklärt, so erinnert sich Sharon, die Organisation des Gebäudes sei nur die plastische Übersetzung seiner sozio-pädagogischen Funktionen […] ein unmittelbarer Ausdruck des funktionalen Diagramms.[9]

Meyer gewinnt den Wettbewerb und wird mit dem Bau beauftragt. Das Projekt wird fortan unweigerlich als Gegenentwurf zum Gropius'schen Bauhausgebäude in Dessau gesehen. Michael Hays analysiert in *Modernism and the Posthumanist Subject* die Architekturen Hannes Meyers und Ludwig Hilberseimers und die zunehmende Radikalisierung der Entwurfs- und Baupraxis am Bauhaus. Er verweist auf den paradigmatischen Wandel, der sich mit der Bundesschule des ADGB manifestiert: „Die Architektur ist entmystifiziert: Details, hinter denen man normalerweise ästhetische Bedeutung oder tieferen, über den Bau hinausweisenden Sinn vermuten würde, erweisen sich als pure Notwendigkeit für die Funktionstüchtigkeit des Baus im Sinne eines Servomechanismus."[10]

Arieh Sharon hatte die Bauleitung der Bundesschule des ADGB für zwei Jahre, von 1929 bis 1930, inne. „Ich war praktisch der Chef des Gebäudes", schreibt er, „Meyer war voll ausgelastet mit Schwierigkeiten und Ärger am Bauhaus." Sharons Beschreibungen der Konzeption und des Bauprozesses weisen das Gebäude als architektonischen Vorläufer des späteren Nachkriegsbrutalismus aus: „Hannes Meyer wies an, die Ausführung habe wahrlich puristisch zu erfolgen, ohne irgendwelchen Verputz oder andere ‚Tarnung'. Ziegel, Beton, Holz, Stahl, Sperrholz und Asbest sollten ihre natürliche Färbung und Textur behalten. […] Entsprechend Hannes Meyers klarer architektonischer Überzeugungen sollten alle Rohre und Befestigungen sichtbar sein: Dies betraf ebenso die Leitungen für Wasser, Heizung, Abwasser, elektrische Installation wie die Schornsteine, obwohl sich diese am Haupteingang befanden."[11]

Sicher, Sharon veröffentlichte seine Beschreibungen der Bundesschule des ADGB circa 20 Jahre nach Reyner Banhams Essay und späterem Buch *The New Brutalism* sowie Analyse der Hunstanton School von Peter und Alison Smithson („das weltweit erste Gebäude, das auch von seinen Architekten als ‚New Brutalist' bezeichnet wurde").[12] Aber warum sollten wir nicht – quasi *reverse engineering* vorausgesetzt – die beiden Gebäude vergleichen. Die schon oben zitierten Beschreibungen der ADGB Bundesschule von Sharon ähneln verblüffend der Analyse der Hunstanton School von Reyner Banham: „Die formale Klarheit, das beinahe Zurschaustellen der Arbeitsbereiche, resultiert aus dem Bestreben, die Strukturen des Gebäudes schlicht und nachvollziehbar zu gestalten. Es gibt keine Geheimnisse, keine romantisierenden Details, keine Unklarheiten bezüglich der räumlichen Funktionen oder Anordnung. […] Aber noch schockierender sowohl für architektonische Romantiker als auch Bildungsnostalgiker war die Einstellung der Architekten die Materialien betreffend. Das Grundgerüst besteht aus vorgeschweißten Rahmen, […] zur Reduzierung der Kosten auf ein Minimum. Die Ebenen und Dachflächen sind aus Betonfertigteilen gefügt, die an den sichtbaren Unterseiten unverputzt belassen wurden. Bei Ziegelwänden sind die Ziegel sowohl von außen als auch von innen erkennbar. […] Egal wo man sich in der Schule

Arieh Sharons Vorkurs-
arbeit in einer studen-
tischen Ausstellung 1927

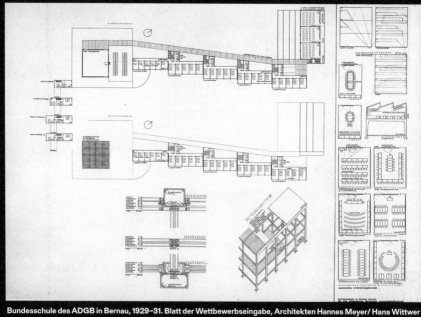

Bundesschule des ADGB in Bernau, 1929–31. Blatt der Wettbewerbseingabe, Architekten Hannes Meyer/ Hans Wittwer

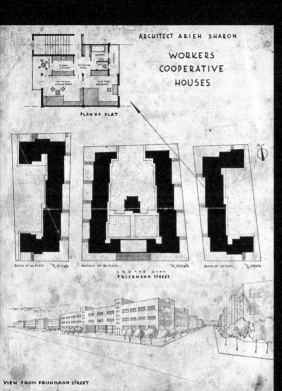

ARCHITECT ARIEH SHARON

WORKERS
COOPERATIVE
HOUSES

PLAN OF FLAT

BLOCK OF 30 FLATS   BLOCKS OF 90 FLATS   BLOCK OF 30 FLATS
FRISHMANN STREET

VIEW FROM FRISHMANN STREET

Genossenschaftswohnungsprojekt IV,
Tel Aviv, 1934–36. Architekt:
Arieh Sharon

Genossenschafts-
wohnungsprojekt V,
Tel Aviv, 1934–36.
Architekt: Arieh Sharon

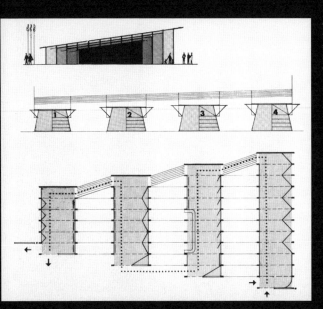

Arieh Sharon: Entwurf des Histradut-Gewerkschaftsgebäudes für die Levant-Messe, Tel Aviv, 1932

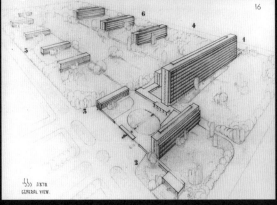

GENERAL VIEW.

Krankenhaus Ichilov, Tel Aviv, 1954. Architekten: Arieh Sharon, Benjamin Idelson

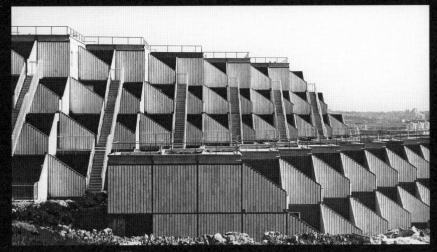

Wohnprojekt Gilo, Jerusalem, 1975.
Architekten: Arieh Sharon, Eldar Sharon

Reihenhäuser im Oberen
Nazareth, 1955–57.
Architekten: Arieh Sharon,
Benjamin Idelson

befindet, immer sieht man die Materialien der Struktur, ohne Putz und oftmals ohne Anstrich. [...] Kabelkanäle, Rohre und andere Installationen sind ebenfalls offen sichtbar. Dies ist der Versuch, Architektur aus dem bloßen Zusammenwirken roher Materialien zu schaffen und sich dabei so weit wie möglich selbst zurückzunehmen."[13]

Nach der Fertigstellung der Bundesschule des ADGB und angesichts der beginnenden Hetze der Nazis „gegen das von jüdischen linken Kräften beeinflusste Bauhaus"[14] musste sich Sharon 1931 für den Kampf an einer der beiden Fronten entscheiden, für die Sowjetunion oder Palästina. „Ich erhielt Telegramme von Hannes Meyer aus Moskau und Mart Stam aus Magnitogorsk mit der drängenden Bitte, zu ihnen zu kommen und zu helfen. Aus beruflicher Sicht waren das attraktive Angebote", schreibt Sharon, „aber ich fühlte, dass ich zurückkehren müsse, wenn schon nicht zurück in den Kibbuz, dann zumindest nach Palästina, um dort die Kunde von zeitgenössischen Trends in Architektur und Planung zu verbreiten."[15]

Wie lautete die „Kunde von den zeitgenössischen Trends", die Sharon nach Palästina bringen wollte? Drängend für ihn und relevant für den städtischen und ländlichen Zionismus war das Wissen um unterschiedliche Gebäudetypologien, neue Organisationsstrukturen und rationelle Bauweisen für Genossenschaftswohnungen, wie sie Walter Gropius und Hannes Meyer (1926 bis 1930) entwickelt hatten, und er sie in Dessau-Törten studieren konnte und in seiner Autobiografie erwähnt.

Und wie verbreitete er seine Kunde? Er gewann eine Reihe von Wettbewerben für öffentliche Wohnungsbauvorhaben und arbeitete eng zusammen mit dem Gewerkschaftsbund und speziell mit dem Center for Worker's Neighborhoods in Tel Aviv.

Dreizehn der 20 genossenschaftlichen Wohnungsbauvorhaben, die zwischen 1931 und 1936 in Tel Aviv gebaut wurden, entwarf Sharon. Der Planungsprozess fand in enger Zusammenarbeit mit Bewohnerräten und unter Aufsicht von Ratsvertretern des Centers statt. Letztere hatten sich zuvor, wie Sharon berichtete, über unterschiedliche genossenschaftliche Wohnformen in Schweden, Deutschland und Österreich informiert. Obwohl die Arbeiterwohnsiedlungen mit 393 Wohneinheiten insgesamt nur einen kleinen Teil aller in den 1930er-Jahren errichteten Gebäude in Tel Aviv ausmachen, so stellen sie doch eine völlig neue Herangehensweise an den städtischen Raum dar. Anstelle der parzellenartigen Organisation kleiner Grundstücke für vier bis sechsgeschossige Wohnhäuser, zwischen denen viel ungenutzter Raum blieb, wurden für die Anlagen der Arbeiterwohnsiedlungen Grundstücke zusammengefasst und die Gebäude abgeschirmt von der Straße um einen großen Hof angeordnet, entweder im Kreis oder in parallelen Blöcken. Diese nach innen gerichtete Struktur sorgte für Intimität und Abgeschiedenheit vom städtischen Treiben. Der Garten im Inneren war Zentrum des sozialen Lebens. Im Erdgeschoss und zum Garten ausgerichtet, befanden sich die Gemeinschaftseinrichtungen wie Lebensmittelhandel, Wäscherei, Arztpraxen, Bibliothek, Kindergarten.

Die Arbeiterwohnsiedlungen sowohl in den Städten als auch in Vororten und im ländlichen Raum machten bald das Dilemma sozialistischer Architektur deutlich: Das ehrliche Streben nach einer kooperativen, auf Gleichberechtigung basierenden und perfekt geplanten Gesellschaft führte zwangsläufig zu Abgrenzung, Isolation und Gleichschaltung. Als Projekte, die die ideologischen und operative Grundsteine für das folgende nationale Wohnungsbauprogramm des israelischen Wohlfahrtsstaates legten, bleiben sie – wenn auch umstrittene – Meilensteine der einheimischen Architektur- und Stadtentwicklung.

Der nachhaltige intellektuelle Einfluss Hannes Meyers auf Sharon während der 1930er-Jahre zeigt sich auch in seinen Kämpfen gegen seine modernetreuen Kollegen in Tel Aviv und vor allem gegen das seiner Meinung nach überflüssig Selbstdarstellerische der Siedlungsarchitektur. Im Jahr 1935 veröffentlicht er seinen polemischen Artikel „The Minimal Apartment in Cooperative Housing", der mit einer beißenden Kritik beginnt: „Wände durchbrochen von überflüssigen Winkeln und Ausbuchtungen, die das Apartment nur vergattern, schaffen [...] eine unbehagliche Wohnatmosphäre, fernab jeglicher Alltagsansprüche. Es müssen eine begrenzte Anzahl durch ihre Funktion bestimmter Räume und nicht modernistische Strukturen für individuelle Grundrisse entworfen werden."[16] Nach diesem Prolog greift der Artikel verschwörerisch das Format von Hannes Meyers vier Jahre zuvor veröffentlichten 13-Punkte-Programm für Sozialistische Architektur „Über marxistische Architektur" auf.[17] Obwohl Sharons Text nicht ganz so leidenschaftlich und in der Klarheit eines Manifests formuliert ist, verdient er dennoch Beachtung; er beschreibt erstmalig das, was weniger als eine Dekade später die „Normen, Typologien und Standards" des israelischen Wohnungsbauprogramms bestimmen wird:

„A. Eine einfache und klare Konstruktion der Gebäudevolumina, entsprechend der Klarheit und Einfachheit des zugrundeliegenden Organisationsplanes. Fortlaufende tragende Wände, gleichbleibender Innenausbau und Verzicht auf Winkel in der Innen- oder Außenfassade, wie sie so üblich in Tel Aviv sind.

B. Die Gestaltung einheitlicher Grundrisstypen mit Türen, Fenstern und anderen Details entsprechend immer gleicher Module ermöglichen die schrittweise Ausführung als sich wiederholenden Vorgang und damit schnelles Vorankommen. Dies ist jedoch nur möglich, wenn die Wohnungseigentümer bei den Planungen außen vor gelassen werden, anders als es bei genossenschaftlichem Wohnungsbau in Israel bislang üblich war.

C. Eine gute und strukturierte Organisation der Baustelle und des Arbeitsprozesses, wie sie bei vorangegangen Experimenten mit seriellem Wohnungsbau in Europa erprobt wurden.

D. Andererseits messe ich den neuen Baumaterialien, wie sie neuerdings die Bauwirtschaft Israels fluten, nicht allzu viel Bedeutung bei – vor allem nicht im Hinblick auf die Reduzierung der Baukosten. […]. Obwohl die Schwierigkeiten der *minimum apartments* klein und sowohl für Amateure als auch Experten leicht zu bewältigen zu sein scheinen, so ist es genau die Einfachheit, die sich in der Realität als Herausforderung erweist. Fragestellungen können nicht ad hoc beantwortet werden, nicht mal durch die genialsten Ansätze, sie müssen fortlaufend systematisch und analytisch durchdacht werden; im Rahmen von Versuchsbauten müssen die Typologien des *minimum apartments* sukzessive verbessert werden."[18]

Sein Beharren auf Standards und Minimalausstattungen sowie sein Votum für eine lokal verortete strenge Moderne erwiesen sich als hilfreich für das groß angelegte israelische Aufbauprojekt der 1950er- und 1960er-Jahre und erleichterten die Produktion provisorischer und dauerhafter Bauten für den Zustrom von Geflüchteten und Exilanten. Aber es enthob den Massenwohnungsbau gänzlich von bisherigen Kontexten und städtischen Entwicklungen. In Israel, noch mehr als in zeitgenössischen Wiederaufbauprogrammen des Nachkriegseuropas, wurden großangelegte Wohnbauprojekte meist in Form von gänzlich autonomen Nachbarschaften oder Neustädten auf verstaatlichtem Land an den Stadträndern oder auch in großer Entfernung zu existierenden Städten errichtet. Das avantgardistische Experiment der 1930er-Jahre, Wohnbauprojekte für städtische und ländliche Arbeitende zu schaffen, schlug unter dem Einfluss des Wohlfahrtsstaates fehl. Die sich schnell ausbreitenden Siedlungsbereiche, auf denen das theoretische Projekt der Gesellschafts- und Gebietsreform verwirklicht werden sollte, blieben monoton, abgelegen und dysfunktional. Sharon, der an der Spitze des israelischen Planungsapparates stand, forderte immer größere Effizienz. „Zumindest in der Theorie", stellt er fest, „gibt es keine Begründung dafür, weiterhin wie üblich einfachste Strukturen aufeinanderzusetzen." Sein Lehrsatz, der ihn seit seiner Ausbildung begleitete, liefert eine plausible Zusammenfassung des Israelischen Projekts: „Genau das tat ich in den Zwanzigern während meiner Zeit im Kibbuz. Danach, während der Bauhaus-Periode, sprach jeder von Vorfertigung, Industrialisierung und Massenproduktion. Das war das Hauptthema der Rede von Gropius anlässlich der Eröffnung des neuen Bauhaus-Gebäudes in Dessau. […] Später, in den frühen Dreißigern, als ich für Hannes Meyers Bundesschule bei Berlin verantwortlich war, war ich bestrebt, zumindest kleine Teile dieses großen Bauprojektes in der von uns sogenannten ‚Trockenbauweise' umzusetzen. Ich widmete diesem kleinen Trockenbau-Experiment mehr Zeit und Energie als dem gesamten Gebäudekomplex, der solide und wirtschaftlich traditionell errichtet wurde – Ziegel um Ziegel und mit eingegossenem und erhärtet sichtbarem Beton für Pfeiler und Decken dazwischen."[19]

Sharon gibt seine einflussreiche Position als Leiter der staatlichen Planungsbehörde, die er ab 1948 aufgebaut hatte, bereits 1953 auf und arbeitet fortan wieder als Architekt. Gewerkschaften und Staat beauftragten ihn bis zu seinem Tod 1984 mit zahlreichen Bauprojekten, unter anderem für Krankenhäuser, Universitäten, Museen, Wohn- und Bürogebäuden. In seinen Kündigungsschreiben sowie in seinen später gelegentlich verfassten Zeitungsartikeln wird deutlich, dass er sich mit den Grenzen der Rationalisierung, Großraumplanung und des Fertigbaus konfrontiert sah und frustriert war angesichts der dann doch zu einfachen und leicht zu reproduzierenden Bauanweisungen, die die Architekten den Funktionären an die Hand gegeben hatten. Nach seiner Ansicht sollte der Krise des Wohnungsbaus, so global sie auch war, mit lokalen Lösungen begegnet werden: „Die Wohngebäude in Europa, in Amerika und besonders in den Entwicklungsländern sind architektonisch arm, einheitlich, schematisch repetitiv, funktionell unbefriedigend, und, von einem sozialen Standpunkt, zum großen Teil unmenschlich. [...] Die verantwortlichen Regierungen mögen Wohnraum in hoher Zahl geschaffen haben, sie haben es aber versäumt, die elementarsten Bedürfnisse der Menschen nach Identität und Verortung zu befriedigen."[20]

Interessant ist, dass sich Sharons Kritik an übersimplifizierter Serienproduktion, mangelnder lokaler Verortung und Enthebung vom sozialen Kontext durch die Experimente seines eigenen Büros mit Fertigbauweisen, geometrisch komplexen Gestaltungen, strukturalistisch konzipierten „Habitaten" und brutalistischer Maskerade erschöpfte, vor allem nachdem sein Sohn Eldar in das Büro eingestiegen war. Die Autonomie des Objekts wird gesteigert durch die Aneinanderreihung nach Baukastenprinzip, Formlosigkeit und Selbstreferenzialität des „Musters", „Clusters" und des „offenen Systems". Das Streben nach einer zunehmend einheitlichen, anpassbaren und emotional ansprechenden Gestaltung mit der Konsequenz „einen Wohngebäudekomplex zu schaffen, der architektonisch und funktional ausgereift ist und gleichzeitig Raum für die unterschiedlichen Alltagstätigkeiten und sozio-kulturellen Bedürfnisse bietet"[21], führte Sharon zu unterschiedlichen Ansätzen.

Eine Zeit lang schienen Reihenhäuser mit gemeinschaftlich genutztem Innenhof die Lösung zu sein. Die quasi einheimischen Häuser aus rohem Beton und lokalem Feldstein im oberen Nazareth, die mühelos in das abschüssige Gelände eingebettet werden konnten, sind ein frühes und eines der eindrücklichsten Beispiele einer regionalen Moderne in Israel. Leider findet sich dieses Beispiel der späten 1950er-Jahre nicht in seinem Buch *Kibbutz + Bauhaus*. Etwas später, circa 1965, schienen hochverdichtete Hochhäuser auf Hügeln eine Lösung zu sein; ebenfalls im oberen Nazareth gelegen, ist es ein Vorläufer des berüchtigten H-förmigen Wohnungsbaus, der sich in den 1970er-Jahren quasi epidemisch über ganz Israel ausbreitete und sich später zu den Wolkenkratzern in der boomenden neoliberalen Wirtschaft entwickelte. Eine weitere Lösung, in Israel besonders verführerisch wegen ihrer grenzenlosen Erweiterbarkeit, stellte eine vorgefertigte *Kasbah* dar, vorgefertigt aus dünnen Betonpanelen, die mit maschinell geschliffenem Stein beschichtet wurden, und sowohl in Grundriss als auch Querschnitt versetzt sind. Sie wurde kurz nach dem Sechstagekrieg 1967 in Gilo, einem Vorort von Jerusalem, realisiert. Mit diesem Projekt schließt sich der Kreis zum Bienenstaat. Es zeigt die hyperrationale Reihung in Serie, maximale Raumnutzung und eng verbundene Gemeinschaft mit verstärkter „Identifikation und Ortsverbundenheit", aber auch umso mehr Einförmigkeit und Abgeschiedenheit.

Anmerkungen

1 Sharon erwähnte seine Nähe zu Meyers Positionen jedoch selten, wenn er sich an die hebräischsprachige Öffentlichkeit wandte; entweder weil Meyer relativ unbekannt war oder er als Antagonist des (Gropius'schen) Bauhauses wahrgenommen wurde. In einem 1981 geführten Interview verschweigt er ihn bei dem Versuch, die Israelische Moderne in der Levante zu verorten. „Tatsächlich war ich von Corbusier und nicht von Gropius beeinflusst. Ich träumte von Licht und Schatten auf den Fassaden, diesen für das israelische Klima so charakteristischen Elementen." Vgl.: *In Favor of Scale, Yigal Tumarkin Interviews Architect Arieh Sharon on the Bauhaus and the Development of Architecture in Israel".* *Art Magazine* January (1981): S. 80.

2 Sharon, Arieh. *Kibbutz + Bauhaus: An Architect's Way in a New Land.* Stuttgart/Israel, 1976, S. 29. Dieses und alle folgenden Zitate des Werks übersetzt aus dem Original.

3 a.a.O. Vgl. Meyer, Hannes, und Hans Witwer. *Ein Völkerbundgebäude für Genf.* 1927, S. 110.

4 Sharon, 1976, S. 189. Sharon verfälscht bewusst Hannes Meyer Artikel „bauen" (1928), der im Original Folgendes konstatiert: „das neue haus ist als trockenmontagebau ein industrieprodukt, und als solches ist es ein werk der spezialisten: volkswirte, statistiker, hygieniker, klimatologen, betriebswissenschafter, normengelehrte, wärmetechniker. ... der architekt? ... war künstler und wird ein spezialist der organisation. Vgl.: bauhaus 2:2 (1928): S. 12 f.

5 Sharon, 1967, S. 29.

6 a.a.O., S. 30.

7 a.a.O., S. 31.

8 a.a.O., S. 30.

9 a.a.O.

10 Übersetzt aus dem Original. Hays, K. Michael. *Modernism and the Posthumanist Subject.* Cambridge, 1995, S. 36.

11 Sharon, 1976, S. 31.

12 übersetzt aus dem Original. Banham, Reyner. *The New Brutalism.* London, 1966, S. 19.

13 a.a.O.

14 Sharon, 1976, S. 31.

15 a.a.O.

16 übersetzt aus dem Englischen. Sharon, Arieh. „The Minimum Apartment in Cooperative Housing (in Hebrew)". *Habinyan Bamisrah Hakarov (Building in the Near East) 3* August (1935).

17 Meyer, Hannes. „Thesen über marxistische Architektur, 1931". In: *Hannes Meyer. Bauen und Gesellschaft,* hrsg. von Lena Meyer-Bergner. Dresden, 1978.

18 Sharon, 1935.

19 Sharon, 1976, S. 187.

20 a.a.O.

21 a.a.O.

Konrad Püschel – Städtebauer in der Sowjetunion, Nordkorea und der DDR

Norbert Korrek

Konrad Püschel (1907–1997) gehörte zu den ersten Absolventen der von Hannes Meyer aufgebauten Baulehre. Der ausgebildete Bau- und Möbeltischler war im September 1926 in die Grundlehre aufgenommen worden. In seiner Autobiografie bekannte er, dass es „weniger romantische Gefühle oder gar wissenschaftliche, künstlerische oder philosophische Regungen, auch nicht die Moderne der Welt- und Kunstbetrachtung" waren, die ihn an das Bauhaus geführt hatten, sondern „vielmehr die sehr realistische und nüchterne Überlegung", wie er „mit einem Monatslimit von fünfzig Mark das Studium durchhalten" könne. Püschel hoffte auf die von seinem Mentor, dem Bauhäusler Martin Jahn (1898–1981), geschilderte Möglichkeit, „durch Arbeit in einer der Werkstätten zuzuverdienen".[1]

Student am Bauhaus Dessau

Konrad Püschel begann seine Ausbildung in Dessau damit, dem noch nicht vollendeten Neubau bis zu seiner Einweihung am 4. Dezember 1926 „letzten Glanz […] zu verleihen".[2] Nach der Grundlehre besuchte er ein Semester die von Marcel Breuer (1902–1981) geleitete Tischlerwerkstatt. Nach drei Semestern Baulehre trat Püschel in die Bauabteilung des Bauhauses ein. Er war an der Planung und Bauleitung der Laubenganghäuser in Dessau-Törten beteiligt, dem „pädagogischen Versuch, die Baulehre in das praktische Werk zu verlegen".[3] Im Oktober 1930 schloss er das Studium mit dem Bauhaus-Diplom ab.

Prägend für Konrad Püschel waren Meyers Vorträge über Bebauungs- und Grundrissstudien. In Meyers Kurs „analytisches bebauen"[4] lernte er die Lebensfunktionen und Umwelteinflüsse in der Wohnung, im Einzelhaus, im mehrgeschossigen Volkswohnungsbau und deren Auswirkungen auf Gestalt und Konstruktion kennen. Mit Eintritt in die Bauabteilung wurde er beurlaubt, um im Rahmen eines Praktikums auf der Baustelle der Bundesschule des Allgemeinen Deutschen Gewerkschaftsbundes (ADGB) in Bernau dem Bauleiter Arieh Sharon zu assistieren. Der von Meyer und Hans Wittwer (1894–1952) rational wie funktional gestaltete Gebäudekomplex und die harmonische Einbettung in die Landschaft werden Püschel in späteren architektonischen und städtebaulichen Entwürfen als Leitbild dienen.

Im Wintersemester 1928/29 arbeitete Mart Stam (1899–1986) als Gastdozent für Städtebau zusammen mit vier Studenten, zu denen neben Püschel auch Béla Scheffler (1902–1942), Philip Tolziner (1902–1996) und Tibor Weiner (1906–1965) gehörten, am städtebaulichen Ideenwettbewerb der Reichsforschungsgesellschaft für Berlin-Haselhorst.[5] Püschel wurde so an die Typisierung rationeller Wohnungsgrundrisse herangeführt, eine Aufgabe, die ihn nach seiner Bauhauszeit viele Jahre beschäftigen sollte.

In seiner Abschlussarbeit beschäftigte sich Püschel mit der damals aktuellen, sozial-politisch relevanten Umsiedlungsproblematik in der Landwirtschaft. Gemeinsam mit seinem Kommilitonen Leo Wassermann plante er die Umgestaltung des Rittergutes Vogelsang bei Torgau nach einem Genossenschaftsmodell. Meyer bescheinigte Püschels Auseinandersetzung mit den soziologischen Problemen als „ernstlich und eingehend".[6] Früh zeigte sich, dass Püschels Hauptinteresse einmal „dem Siedlungswesen, besonders seiner sozialen Seite"[7] gelten würde.

Architekt in der Sowjetunion

Hannes Meyer, der im Herbst 1930 in der Funktion eines Chefarchitekten im *Trust für den Bau höherer und technischer Schulen (Giprovtuz)* des Volkskommissariats für Schwerindustrie in die Sowjetunion ging, bot sieben Absolventen des laufenden Jahrganges seiner Bauabteilung eine Zusammenarbeit an. Der Einladung nach Moskau folgte auch Konrad Püschel.

Ab 1931 entwarf die Gruppe, die als „Rote Bauhaus-Brigade" oder „Brigade Rot Front" in die Literatur eingegangen ist[8], ohne große Berufserfahrung

Hoch- und Fachschulbauen sowie Typenprojekte für allgemeinbildende Schulen[9], die an unterschiedliche klimatische Anforderungen angepasst sowie durch ortsübliche Baustoffe und von unqualifizierten Arbeitskräften errichtet werden konnten. Wichtigste Gestaltungsprinzipien blieben auch unter den komplizierten wirtschaftlichen Rahmenbedingungen der Sowjetunion das Ordnen der Funktionen und die ökonomische Grundrissgestaltung.

Ab 1932 wurden kleine Projektierungsbüros zu großen „Projektierungstrusts" zusammengefasst, um neue Siedlungen und ganze Städte in Verbindung mit neuen Industriezentren zu gründen. Meyer widmete sich zunehmend Aufgaben, die ihm „lukrativer erschienen haben müssen"[10], und trennte sich von seiner Bauhausbrigade, die sich daraufhin auflöste. Die drei verbliebenen Mitglieder Tolziner, Weiner und Püschel schlossen sich dem Schweizer Hans Schmidt (1893–1972) an, einem der Chefarchitekten im Projektierungsburo für Städtebau (*Gorstrojproekt*).[11] Bekanntestes Gruppenprojekt wurde die neue sozialistische Stadt Orsk am Südende des Urals für zunächst 100 000 Einwohner.[12]

Das Projekt durchlief verschiedene, leider nicht mehr vorliegende Entwurfsstadien. Vielleicht sahen die ersten Entwürfe, an denen auch Mart Stam beteiligt war, sich gruppenweise wiederholende Wohnzeilen vor, die in der Sowjetunion zunehmend auf Ablehnung gestoßen waren. In der Schlussvariante des Generalplans von 1935 präsentierten Schmidt und seine Mitarbeiter einen „kompakten Stadtkörper", dessen Rückgrat eine Hauptstraße bildete, die das Stadtzentrum und zwei Unterzentren miteinander verband und am Südende einen Kulturpark erschloss.[13] Der Entwurf berücksichtigte so die neuen sowjetischen Forderungen nach Repräsentation und breiten Magistralen.

Die ersten beiden „Wohnquartale" für 450 Drei-Zimmer-Wohnungen, ein Kindergarten und eine Grundschule in massiver Bauweise wurden nach den Plänen des Kollektivs errichtet, an dem Püschel maßgeblich beteiligt war.[14]

Architekt im Büro von Alfred Arndt

Nach seiner Rückkehr aus der Sowjetunion im Mai 1937 stand Konrad Püschel unter Beobachtung der Geheimen Staatspolizei. Kurzzeitig war er im industriellen Ballungsraum Merseburg als Bau- und Filialleiter der Baufirma Meister und Übel für Wohnbauvorhaben der kriegswichtigen Leuna- und Bunawerke zuständig. So war er am Bau sogenannter Stammarbeitersiedlungen beteiligt, die aus ortsüblichen Materialien und in traditionellen Bauformen errichtet wurden.

Ab 1938 arbeitete Püschel für das Architekturbüro von Alfred Arndt (1898 bis 1976) in Probstzella. In der kleinen Gemeinde im Thüringer Schiefergebirge hatte Arndt zwischen 1925 und 1927 das überregional beachtete „Haus des Volkes" fertiggestellt. Püschel hatte Arndt, den von Meyer berufenen Leiter der Ausbauabteilung, gegen Ende seiner Studienzeit am Bauhaus Dessau schätzen gelernt. Zweifellos konnte Arndt in Probstzella seine Hand schützend über Püschel halten, war er doch seit einem Jahr Mitglied der NSDAP und – gegen seinen Willen, wie er später angab – zum Propagandaleiter der Ortsgruppe ernannt worden. Püschels Anstellung stützt Arndts spätere Behauptung, er sei nur deshalb in die NSDAP eingetreten, um Franz Itting (1875 bis 1967), den Bauherrn des „Haus des Volkes", behilflich sein zu können. Der wirtschaftlich erfolgreiche Unternehmer, ein bekennendes SPD-Mitglied, war in das KZ Buchenwald verschleppt worden und kam auf Intervention von Arndt wieder frei.[15]

Alfred Arndt und Konrad Püschel entfalteten in Südthüringen und Oberfranken eine umfangreiche Planungs- und Bautätigkeit für als kriegswichtig eingestufte Produktionsstätten. Arndt beauftragte Püschel auch mit Bauaufnahmen. So lernte er die lokale Fachwerkarchitektur mit ihren traditionellen Schieferverkleidungen und zudem thüringische Siedlungsformen kennen, die später seine fachliche Spezialisierung und berufliche Entwicklung bestimmen sollten.

Kriegsgefangenschaft

Konrad Püschel wurde 1940 eingezogen und geriet im Januar 1945, während der Kämpfe um Warschau, in Gefangenschaft. Über zwei Jahre war er im Kriegsgefangenenlager 195 in Wilna, heute Vilnius, als Ingenieur und

Bauleiter beim Wiederaufbau von Wohngebäuden und öffentlichen Bauten eingesetzt. Aufgrund seiner russischen Sprachkenntnisse brachte er es bis zum Assistenten der örtlichen Bauleitung und zum „Kommandoführer eines 100 Mann starken Arbeitskommandos"[16], in dem auch zivile Arbeitskräfte eingesetzt waren. Püschel stand wegen seiner exponierten Stellung unter ständiger Beobachtung des sowjetischen Geheimdienstes, der ihn schließlich in Weißrussland internierte, um beim Bau der Autobahn Minsk-Kiew körperliche Schwerstarbeit zu leisten. Erst Ende 1947 wurde er, „krank an Leib und Seele"[17], entlassen.

Mitarbeiter von Gustav Hassenpflug

Konrad Püschel fand seine Familie in Probstzella, in der Nähe von Alfred Arndt.[18] Um Arndt hatten sich ehemalige Bauhäusler versammelt, die über die Zukunft des Weimarer Bauhauses diskutierten. Die kommissarische Leitung und den Auftrag zur Reorganisation der Weimarer Hochschule erhielt jedoch Hermann Henselmann (1905–1995). Henselmann bemühte sich zwar nachdrücklich um eine Anstellung Arndts, konnte diese aber wegen dessen NSDAP-Mitgliedschaft nicht durchsetzen. Kurz nachdem Püschel zurückgekehrt war, ging Arndt nach Darmstadt.[19]

Zu den von Henselmann an die wiedereröffnete Hochschule für Baukunst und bildende Künste Weimar berufenen, ehemaligen Bauhäuslern gehörte Gustav Hassenpflug (1907–1977). Er hatte unter Hannes Meyer zunächst Möbelentwurf, dann Architektur und Städtebau studiert sowie mit Marcel Breuer und für Walter Gropius gearbeitet. „Ohne parteiliche Festlegung" stand er „links stehenden Kreisen"[20] nahe. So schloss er sich der Gruppe von Ernst May (1886–1970) an, um in Moskau an stadtplanerischen Projekten zu arbeiten. So war es kein Zufall, dass Püschel in Weimar seinem Freund und Kommilitonen[21] Hassenpflug begegnete, der seit 1946 eine Professur für Städtebau innehatte. Hassenpflug holte Püschel umgehend an seine gerade gegründete „Staatliche Beratungsstelle für Städtebau in Thüringen", die an Wiederaufbauplanungen für etwa vierzig Städte und Dörfer arbeitete.

Soczgorod Orsk, dreigeschossige
Wohnbauten. Angepasste Bauaus-
führung durch Konrad Püschel,
Foto 08/1935

Gorstrojproekt Orsk, fünfgeschossige Typenwohngebäude, Wohnquartier 10,
Häuser Nr. 17 und 18. Entwurf Konrad Püschel 1935

Koreanische und deutsche
Mitarbeiter der „Städtebaubrigade
Hamhung", 1957. Erste Reihe von links
sitzend Konrad Püschel

Konrad Püschel: Gesamt-
plan für den Neubau der
Städte Hamhung und Hung-
nam in Nordkorea, 1955/56

Konrad Püschel: Teil-
abschnitt der Magistrale
Hamhung, 1955/56

Demonstration anlässlich des 10. Jahrestages der Gründung der
Demokratischen Volksrepublik Korea, 1958

Hassenpflug ging bald nach Hamburg, wo er Ende 1950 Direktor der Landeskunstschule wurde. Als Nachfolger schlug er Hermann Räder (1917–1984) vor. Püschel erfüllte weiterhin eher praktische Aufgaben für die Beratungsstelle. So vermittelte er im Rahmen der Großraumplanung Schwarza-Unterwellenborn zwischen Regierungsstellen und örtlichen Behörden und bereitete durch eigene städtebauliche Planungen Bauinvestitionen für neue Siedlungen vor.[22]

Städtebauer in Nordkorea

Im März 1955 folgte Konrad Püschel einer Einladung des „Baustabes Korea der DDR"[23] zum Wiederaufbau der kriegszerstörten Städte Hamhung und Hungnam in Nordkorea. Püschel verfüge, so die Begründung des Staatssekretariats, „über reiche Kenntnisse im Städtebau, über langjährige praktische Erfahrungen aus seinem beruflichen Einsatz in der Sowjetunion und über russische Sprachkenntnisse". Allen Anforderungen wird Püschel dennoch nicht entsprochen haben, wurde doch ausdrücklich betont, dass sein Einsatz nur im „Zusammenwirken mit Hartmut Colden" erfolgreich sein könne.[24] Hartmut Colden (1915–1982) und Püschel hatten sich während ihrer Assistenz bei Gustav Hassenpflug kennengelernt.

Der Baustab linderte die Wohnungsnot zunächst durch einfache Gebäude in traditioneller eingeschossiger Lehmbauweise. Parallel wurde eine baustofferzeugende Industrie aufgebaut, um neben dem monolithischen Ziegelbau erstmalig in Nordkorea mehrgeschossigen Wohnungsbau, ab 1957 auch in industrieller Plattenbauweise, errichten zu können. Konrad Püschel wurde zum Leiter der Abteilung Stadtplanung bestimmt und damit verantwortlich für den Generalbebauungsplan für Hamhung, der in nur vier Monaten erstellt und in wesentlichen Teilen auch realisiert wurde.[25]

Neben den Erfahrungen, die er durch seine Zusammenarbeit mit Hannes Meyer in Moskau und mit Hans Schmidt in Orsk gesammelt hatte, griff Püschel in Hamhung auch auf die *Sechzehn Grundsätze des Städtebaus* zurück, die 1950 für die DDR nach sowjetischem Vorbild und als Grundlage der Aufbauplanung der zerstörten Städte verfasst worden waren. Püschel war gut über die Architektur-Diskussion in der DDR informiert. So hatte er mit Hartmut Colden eine Stellungnahme der SED-Betriebsgruppe der Weimarer Hochschule, deren Mitglied Püschel seit 1948 war, zum Entwurf der Grundsätze formuliert.[26] Auch wird er vor seiner Abreise nach Nordkorea darüber informiert gewesen sein, dass sich Meyer „in gar keinem prinzipiellen Gegensatz zu der neuen Architektur-Entwicklung" in der DDR befand. „Die ‚Auswertung des klassischen Erbes' und die ‚nationale Form'" befürwortete Meyer ja seitdem er in der Sowjetunion „diese Entwicklung an der Quelle" miterlebt hatte.[27]

Die Gestaltung des Zentralen Platzes, ein Terminus der *Sechzehn Grundsätze*, wurde in der deutschen Arbeitsgruppe kontrovers diskutiert und durch einen internen Wettbewerb entschieden. Aufgabe war es, in der Anlage des Platzes die Macht der *Partei der Arbeit Koreas* und der nordkoreanischen Regierung sowie die „unüberwindbare Kraft der Arbeiter und Bauern" zum Ausdruck zu bringen. Bei „Kundgebungen, Standdemonstrationen und Vorbeimärschen" sollte der Platz, in dessen Mittelpunkt die Tribüne stand, als „Sammelpunkt des Volkes" dienen.[28]

Konrad Püschel entwickelte die städtebauliche Gestaltung des Zentrums bis zum Ende seines Vertrages in Nordkorea 1958 weiter. Seine Auftraggeber betrachteten den Zentralen Platz vor allem als „Abstraktum des Verhältnisses zwischen Einwohnerzahl und Platzgröße".[29] Püschel hingegen brachte in die bis heute erkennbare, repräsentative Folge von Platzräumen Grundprinzipien des traditionellen ostasiatischen Städtebaues ein.

Konrad Püschel war auch für die Planung eines Wohnkomplexes in Hungnam-Johungri verantwortlich.[30] Hierfür griff er sowohl auf seine Orsker Erfahrungen als auch auf Erkenntnisse, die Anfang der 1950er-Jahre an der Weimarer Hochschule publiziert worden waren, zurück.[31] Zunächst kritisierte er eine unter japanischer Besatzung in Hungnam-Rjusongri errichtete Werkssiedlung, deren städtebauliches Konzept „gerasteter Reißbrettarchitektur" entspräche.[32] Die gleichmäßig gereihten Wohngebäude seien „Wohnmaschinen", so Püschel.[33] Er rief dabei ein gängiges antimodernes Klischee auf, das mit dem Begriff Wohnmaschine schlagwortartig alles verurteilte, was das Neue Bauen anstrebte[34], oder, in Püschels Falle, wohl all das zusammenfassen sollte, was zur damaligen Zeit in der DDR an der Architektur der klassischen Moderne abgelehnt wurde. Dabei gehört es zur Ironie der Geschichte, dass die typisierten Backsteinbauten für Minimalwohnungen konzipiert und die Zeilenabstände aus dem Einfallswinkel der Sonne abgeleitet wurden, ganz so wie es am Bauhaus vermittelt worden war. Zumindest öffentlich ging Püschel so auf Distanz zu wesentlichen Elementen der Baulehre von Hannes Meyer und zu städtebaulichen Ansätzen von Gustav Hassenpflug.

Professor für Dorfplanung

Nach der Rückkehr aus Nordkorea wurde für Konrad Püschel an der Weimarer Hochschule für Architektur und Bauwesen „eine Dozentur für ‚Ländliches Siedlungswesen'" eingerichtet.[35] Püschel sah sich wie viele Bauhäusler mit dem Problem konfrontiert, dass sein Bauhaus-Diplom nicht mit den Abschlüssen einer Technischen Hochschule gleichgestellt wurde. Darüber hinaus konnte er nur auf zwei Veröffentlichungen verweisen. In der Begründung seiner Berufung wurden daher die „zahlreichen praktischen städtebaulichen Projektierungsarbeiten" während seiner „mehrjährigen Tätigkeit im sozialistischen Ausland" als Äquivalent herangezogen. Seine Beziehungen zu Hannes Meyer am Bauhaus und in der Sowjetunion blieben unerwähnt.

Ab 1960 baute Konrad Püschel sein Fachgebiet Dorfplanung am Lehrstuhl für Ländliches Bau- und Siedlungswesen unter Herbert Reissmann (1895–1961) auf. Reissmann war vor allem als Architekt des 1930 für Thomas Mann errichteten Sommerhauses in Nidden auf der Kurischen Nehrung bekannt geworden.[36] In Weimar vermittelte er eine Entwicklungsgeschichte ländlicher Siedlungsräume und Typologien deutscher Bauernhofformen. Daran knüpfte Püschel mit seiner Vorlesungsreihe Dorfplanung an. Er diskutierte dorfplanerische Grundbegriffe wie Gehöft, Gemarkung oder Flurform, bevor er in die grundlegenden Prinzipien der Agrarwirtschaft in der DDR einführte.[37] Im Zentrum seiner Lehre standen die Umgestaltung und Erweiterung historisch gewachsener Dorfstrukturen durch die Einrichtung von Landwirtschaftlichen Produktionsgenossenschaften (LPG), die in der DDR als wirtschaftliche und politische Grundeinheit ländlicher Strukturbereiche vorgegeben waren. So entwarfen seine Studierenden Auf- und Umbauetappen für Dörfer und Gemeinden in den sächsischen und thüringischen Bezirken der DDR, die aus den vorgegebenen Perspektivvorstellungen für die Landwirtschaft abgeleitet wurden. Nach der Hochschulreform von 1969 wurde Püschel zum außerordentlichen Professor berufen und 1972 emeritiert. Die Vertiefungsrichtung Dorfplanung, ein Unikat in der Hochschullandschaft der DDR, wurde erst 2003 aufgegeben.

Hannes-Meyer-Forschung

Mit dem Beschluss der Stadt Dessau, das kriegsbedingt stark entstellte Bauhausgebäude grundlegend zu sanieren, bot sich Konrad Püschel 1964 die Gelegenheit, einen lang gehegten Wunsch umzusetzen. Da bei einem Luftangriff alle originalen Baupläne verloren gegangen waren, fertigte er mithilfe von fünf Weimarer Architekturstudierenden ein Aufmaß und ein zweibändiges Raumbuch mit der noch vorhandenen originalen Ausstattung an. Diese Dokumentation erwies sich später für die Spurensuche, die Datierung und die bauhistorischen Untersuchungen im Vorfeld der Rekonstruktion von 1976 „von unschätzbare[m] Wert", als es „einigen Architekten und Wissenschaftlern in der DDR" gelungen war, das kaum noch erkennbare Gebäude zu retten.[38]
An der HAB Weimar gehörte der Bauhäusler Konrad Püschel ab Anfang der 1970er-Jahre dem Arbeitskreis „Geschichte des Bauhauses" an, der ein „historisch-materialistisches Geschichtsbild" des Bauhauses zeichnen sollte. Aus Anlass der Wiedereröffnung des Dessauer Bauhausgebäudes 1976 war geplant, die erste offizielle Bauhaus-Ausstellung der DDR zu zeigen, in deren Mittelpunkt Leben und Werk von Hannes Meyer stehen sollten.[39] Es war Püschel, der im Sommer 1975 den Kontakt zu Lena-Meyer Bergner (1906–1981) herstellte. Von ihr erhielt der Kurator Klaus-Jürgen Winkler umfangreiches Ausstellungsmaterial. Frau Meyer-Bergner vermittelte auch die Kontakte zu Francesco Dal Co, Marco De Michelis und Claude Schnaidt und legte damit das Fundament für die Hannes-Meyer-Forschung in der DDR.

Bereits während des ersten Treffens mit Konrad Püschel hatte Lena Meyer-Bergner beklagt, keinen Herausgeber für ihr Buch *Hannes Meyer par Hannes Meyer* mit den Schriften von Hannes Meyer finden zu können. Püschel überzeugte sie, das Buch in der DDR zu veröffentlichen, wo es 1980 unter dem Titel *Bauen und Gesellschaft* erschien. Zweimal nur äußerte sich Konrad Püschel öffentlich zu Hannes Meyer. Während des Ersten Bauhaus-Kolloquiums in Weimar 1976 schilderte er die Arbeit der Gruppe um Meyer in Moskau.[40] Während des Fünften und letzten Internationalen Bauhaus-Kolloquiums in der DDR 1989 bilanzierte er seine Erfahrungen als Mitarbeiter. Neben gemeinsamen Grundüberzeugungen machte er auf Unterschiede aufmerksam, wenn er Meyers Aufgabe vor allem „in der Theorie des Bauens" sah.[41] Eine Einschätzung, die ganz im Gegensatz zu seinem eigenen, der Praxis des Bauens folgenden Entwicklungsweg steht.

Anmerkungen

1   Püschel, Konrad. Wege eines Bauhäuslers. Erinnerungen und Ansichten, Dessau 1997, S. 19.

2   Püschel, 1997, S. 19.

3   Winkler, Klaus-Jürgen. Baulehre und Entwerfen am Bauhaus 1919–1933, Bauhaus-Universität Weimar, Universitätsverlag 2003, S. 66.

4   Bauhaus-Diplom Nr. 21. In: Püschel, 1997, S. 53.

5   Vgl.: Reichswettbewerb zur Erlangung von Vorentwürfen für die Aufteilung und Bebauung des Geländes der Forschungssiedlung in Spandau-Haselhorst, hrsg. von Reichsforschungsgesellschaft für Wirtschaftlichkeit im Bau- und Wohnungswesen e.V., Berlin 1929.

6   Meyer, Hannes. Bescheinigung für Konrad Püschel, 28.10.1930. Archiv der Moderne (AdM), Personalakte Püschel II/01/455, Bl. 127.

7   Bauhaus-Diplom Nr. 21. Püschel. 1997, S. 54.

8   Püschel, Konrad. „Die Gruppe Hannes Meyer in der Sowjetunion". Form und Zweck 8:6 (1976): S. 40.

9   Muscheler, Ursula. Das rote Bauhaus. Eine Geschichte von Hoffnung und Scheitern. Berlin, 2016, S. 38.

10 Püschel, Konrad. „Erfahrungen als Mitarbeiter von Hannes Meyer". In: Hannes Meyer. Beiträge zum 100. Geburtstag 1989, hrsg. von Hochschule für Architektur und Bauwesen, S. 128. Weimar, 1990.

11 Gorstrojproekt ging aus Standartgorproekt hervor. Vgl.: Konysheva, Elena. „Urals Cities as Reflection of Soviet Construction Trends in the Era of the Great Divide". In: Revolution and Heritage, ed. by Russian Section of DOCOMOMO, pp. 168–171. Sankt Petersburg 2017.

12 Vgl.: Borngräber, Christian. „Hans Schmidt und Hannes Meyer in Moskau. Veränderungen eines funktionalistischen Bewusstseins." Werk – Archithese 65:23/24 (1978): S. 37–40.

13 Vgl.: Schmidt, Hans. „Die Tätigkeit deutscher Architekten und Spezialisten des Bauwesens in der Sowjetunion in den Jahren 1930 bis 1937". Wissenschaftliche Zeitschrift der Humboldt-Universität zu Berlin, Gesellschafts- und Sprachwissenschaftliche Reihe 16:3 (1967): S. 383–400, bes. S. 389–391.

14 Vgl.: Püschel, Konrad. Die erste Aufbauperiode der sozialistischen Stadt Orsk im Ural. In: Wissenschaftliche Zeitschrift der Hochschule für Architektur und Bauwesen Weimar 14:5 (1967): S. 451–458.

15 Wohlsdorf, Christian. „In der höchsten Vollendung liegt die Schönheit. Der Bauhaus-Meister Alfred Arndt". In: In der Vollendung liegt die Schönheit. Der Bauhaus-Meister Alfred Arndt, hrsg. vom Bauhaus-Archiv Berlin, Berlin, 1999. S. 12.

16 Püschel, Konrad. Handschriftlicher Lebenslauf, 8.3.1955, AdM, Personalakte Konrad Püschel II/01/455.

17 Püschel, 1997, S. 108.

18 Arndt, Alfred. „Tagebücher 1945–1947". In: Bauhaus-Archiv Berlin/Wohlsdorf, 1999, S. 88.

19 Vgl.: Wieler, Ulrich. Bauen aus der Not. Architektur und Städtebau in Thüringen 1945–1949. Köln/Weimar/Wien, 2011, S. 93.

20 Hassenpflug, Gustav. Lebenslauf vom 24.4.1946. AdM, Personalakte Hassenpflug II/01/109, Bl. 8–10, hier Bl. 8.

21 Püschel, 1997, S. 109.

22 Hassenpflug, Gustav. Aktennotiz vom 30.3. 1950. AdM, Personalakte Hassenpflug II/01/109, Bl. 126 bis 127.

23 Vgl.: Püschel, Konrad. Überblick über meinen beruflichen Werdegang, Juli 1965. AdM, Personalakte Püschel II/01/455, ohne Nummer.

24 Brief Ministerium für Aufbau an Rektor Englberger vom 1.5.1955, AdM, Personalakte Püschel II/01/455.

25 Sin, Dong-Sam. Die Planung des Wiederaufbaus der Städte Hamhung und Hungnam in Nordkorea durch die DAG-Städtebaubrigade der DDR von 1955 bis 1962. Eine städtebaugeschichtliche Abhandlung aus der Sicht eines Zeitzeugen. Dissertation, HafenCity Universität Hamburg, 2016, S. 14. Zur Thematik vgl. auch: Frank, Rüdiger. Die DDR und Nordkorea – Wiederaufbau der Stadt Hamhung von 1954 – 1962. Aachen, 1996. Hong-Young-Sun. „Through a Glass Darkly. East German Assistance to North Korea and Alternative Narratives of the Cold War". In: Comrades of color. East Germany in the Cold War World, ed. by Quinn Slobodian, pp. 43 to 72. Oxford, 2015. Hong, Young-Sun. Cold War Germany, the Third World, and the Global Humanitarian Regime. Cambridge, 2015. Tomita, Hideo. „A Survey of Korean Settlements by Konrad Püschel, a Graduate of the Bauhaus". Auf: https://www.academia.edu/8359821 (2.7.2018). Ebenso: Tomita,

Hideo. „Wohnkomplexe in the 1930s USSR and 1950s North Korea by an East German Architect". Auf: https://www.academia.edu/27746930 (2.7.2018)

26   LATh-HStAW, SED-Bezirksparteiarchiv Erfurt, IV – 07/768/018, Beschlüsse, Informationsberichte, Einschätzungen, Analysen, Bd. 1 (1948–1952), Bl. 56.

27   Meyer, Hannes. Brief an Heinrich Starck vom 21.7.1951, S. 1. DAM. Zitiert nach: Winkler, Klaus-Jürgen. *Der Architekt Hannes Meyer. Anschauungen und Werk*. Berlin, 1989, S. 221. Vgl. auch: Flierl, Thomas. „Hermann Henselmanns Artikel ‚Der reaktionäre Charakter des Konstruktivismus' vom 4. Dezember 1951". In: *Der Architekt, die Macht und die Baukunst. Hermann Henselmann in seiner Berliner Zeit 1949–1995,* hrsg. von Thomas Flierl, S. 52–67. Berlin, 2018.

28   Püschel, Konrad. „Überblick über die Gemeinschaftsarbeit koreanischer und deutscher Spezialisten in der Abteilung Städtebau des Projektierungsbüros Hamhung zum Aufbau der Städte Hamhung und Hungnam während der Zeit von April 1955 bis Dezember 1958, Hamhung im Januar 1959". Archiv Stiftung Bauhaus Dessau.

29   Püschel, Konrad. Gedanken für die Gestaltung des Zentralen Platzes der Provinzhauptstadt. Nachlass Püschel in Bauhaus Dessau, Konvolut Konrad Püschel 10171, Januar 1959, S. 91. Zitiert nach: Sin 2016, S. 99.

30   Bebauungsplan/Wohnkomplex Hungnam-Johungri, Maßstab 1:2.000, geplant von Konrad Püschel (siehe Signatur) am 25.6.1956 in Hamhung. Vgl.: Sin 2016, S. 141, Abb. 57.

31   Bach, Joachim. „Untersuchungen der individuellen und gemeinsamen Funktionen beim Wohnen. Diplomarbeit", *Wissenschaftliche und künstlerische Arbeiten. Wissenschaftliche Zeitschrift der Hochschule für Architektur in Weimar* 1:1 (1953): S. 18–21.

32   Püschel, Konrad. „Überblick über die Entwicklung und Gestaltung koreanischer Siedlungsanlagen". *Wissenschaftliche Zeitschrift der Hochschule für Architektur und Bauwesen Weimar* 6:5 (1958/59): S. 459–477.

33   Püschel, Konrad. Japanischer Plan einer Werkssiedlung in Hamhung. Nachlass Püschel in Bauhaus Dessau, Konvolut Konrad Püschel 18401, 1958, S.13. Zitiert nach: Sin 2016, S.133.

34   Vgl.: Schnell, Dieter. Le Corbusiers Wohnmaschine, http://bauforschungonline.ch/aufsatz/le-corbusiers-wohnmaschine.html (13.6.2018).

35   Persönlicher Referent des Rektors, Aktenvermerk von 3.7.1959, AdM, Personalakte Konrad Püschel II/01/455, Bl. 119.

36   Vgl.: Martin, Leonore. „‚Architekt Reissmann ist ganz und gar nicht in Vergessenheit bei uns geraten …' Herbert Reissmann – der Erbauer von Thomas Manns Sommerhaus". *Weimar-Jena. Die große Stadt* 5/2 (2012): S. 144–157.

37   Wenzel, Hartmut. Vorlesungsmitschriften Dorfplanung, Wintersemester 1961/62. Verweis auf Arbeit Jana Dammköhler, 2004.

38   Burkhardt, Berthold. „Denkmalpflege der Moderne. Zur Sanierung des Bauhausgebäudes". In: *Das Bauhausgebäude in Dessau 1926–1999,* hrsg. von Margret Kentgens-Craig, S. 189. Basel/Berlin/Boston, 1998.

39   Vgl.: Korrek, Norbert, und Christiane Wolf. Das Internationale Bauhaus-Kolloquium in Weimar 1976 bis 2016. Ein Beitrag zur Bauhaus-Rezeption. Dokumentation Ausstellungsteil Prolog, Weimar 2016.

40   Püschel, Konrad. „Die Tätigkeit der Gruppe Hannes Meyer in der UdSSR in den Jahren 1930 bis 1937". *WZ der HAB Weimar* 23:5/5 (1976): S. 468–472.

41   Püschel, Konrad. „Erfahrungen als Mitarbeiter von Hannes Meyer". In: *Hannes Meyer. Beiträge zum 100. Geburtstag 1989*, Schriftenreihe der Hochschule für Architektur und Bauwesen, S. 129. Weimar, 1990.

Fritz Ertl – Bauhausschüler und Baumeister im KZ Auschwitz-Birkenau

Adina Seeger

Die Geschichte des Bauhauses wie auch sein Ende sind eng verknüpft mit der Weimarer Republik und dem Aufstieg des Nationalsozialismus: Das Bauhaus war zeit seines Bestehens Anfeindungen ausgesetzt, nach 1933 sahen sich einige Lehrende des Bauhauses zur Flucht gezwungen, zahlreiche Studierende wurden verfolgt und einige auch ermordet.[1] Zugleich gab es aber ehemalige Bauhausschülerinnen und Bauhausschüler, die Karriere im NS-Regime machten; am bekanntesten ist wohl Ernst Neufert, der für Albert Speer tätig war. Zu dieser Gruppe zählt auch Fritz Ertl, der von 1928 bis 1931 am Bauhaus in Dessau studierte und später als Architekt im Konzentrationslager Auschwitz-Birkenau tätig war.[2]

Ertl wurde 1908 in der Nähe von Linz geboren und stammte aus einer Familie von Baumeistern. Bevor er 1928 ans Bauhaus kam, hatte er von 1923 bis 1927 die Bundeslehranstalt für Hochbau, Elektrotechnik und Frauengewerbe in Salzburg besucht. Zeitgleich absolvierte er eine Maurerlehre im väterlichen Baugeschäft in Linz, wo er nach Abschluss der Schule auch als Polier beschäftigt und am Bau zweier Einfamilienhäuser beteiligt war. Als Fritz Ertl 1928 ans Bauhaus wechselte, konnte der damals 20-Jährige also bereits erhebliche praktische Erfahrungen und eine entsprechende Vorbildung vorweisen.[3]

Fritz Ertl am Bauhaus, 1928–1931

Wie üblich, besuchte Ertl im ersten Semester zunächst den Vorkurs.[4] Er belegte „material- und werklehre bei herrn j. albers" und „abstrakte formelemente und analytisches zeichnen bei professor kandinsky". Zudem wurde er bei Joost Schmidt in Schrift unterrichtet und absolvierte die Fächer „darstellende geometrie und mathematik" sowie Chemie.[5] In den Semesterferien 1928 arbeitete Ertl wiederum im väterlichen Baugeschäft. In seinem zweiten Semester in Dessau erfolgte die „uneingeschränkte aufnahme in die tischlerei". Die handwerkliche Ausbildung absolvierte Ertl wiederum bei Josef Albers, „primäre gestaltung der fläche bei herrn professor klee". Des Weiteren belegte er die Fächer „chemische technologie", „betriebslehre und psychotechnik" sowie „fachzeichnen" und hörte Vorträge von Mart Stam über „architektur und verkehrsfragen". Im dritten Semester wurde er in die Baulehre unter der Leitung von Hannes Meyer aufgenommen. Er wurde von Alcar Rudelt in Statik unterrichtet, besuchte ein Seminar von Meyer und Hilberseimer und „vorträge über städtebau, kulturgeschichtliche und soziologische entwicklung bei herrn architekt hannes meyer".

Von Juni 1929 bis April 1930 war er beurlaubt, um im Wiener Büro von Anton Brenner, der seit April 1929 am Bauhaus unterrichtete, mitzuarbeiten. Hier hat er „zur vollsten Zufriedenheit" seines Arbeitgebers „die örtliche Bauleitung des ,Jugendheims Settlement' vollkommen selbstständig geführt und an den Entwürfen weiterer Wiener Projekte tätigen Anteil genommen".[6] Im Bauhausdiplom sind diese Wiener Projekte erwähnt: Nebst dem Jugendheim sind die „mitarbeit an wohnbauten für die gemeinde wien" sowie die „mitarbeit an musterhäusern für die wiener werkbundsiedlung" genannt.

Danach nahm Ertl sein Studium in Dessau wieder auf, absolvierte „seminar, entwurf und korrektur" bei Meyer und Edvard Heiberg sowie Statik und Baustofflehre. In den Semesterferien war Ertl erneut im Linzer Baugeschäft des Vaters tätig. Im sechsten und letzten Semester (Winter 1930/31) besuchte er dieselben Fächer nun bei Mies van der Rohe und Ludwig Hilberseimer und nahm an dem von Richard Neutra durchgeführten Gastkurs zum Wettbewerbsentwurf für ein Staatstheater in Har'kov[7] teil. Als weitere Fächer belegte er „höhere mathematik bei herrn w. peterhans", Sanitär- und Elektrotechnik sowie Psychologie. Ertls Diplomarbeit, die er im März 1931 fertigstellte, war schließlich ein Beitrag zum Wettbewerb um ein neues Krankenhaus in Schwäbisch Gmünd.

Jenseits der Absolvierung des Curriculums vermitteln zwei Erinnerungen an Ertl einen Eindruck von dessen Zeit in Dessau: Hubert Hoffmann, der zur selben Zeit wie Ertl am Bauhaus studierte und der im NS-Regime als

498

Landesplaner von Litauen Karriere machte[8], erwähnt, dass dieser alle klassischen Tänze beherrscht und man daher eine Tanzschule am Bauhaus gegründet habe, deren „Zeremonienmeister" Ertl gewesen sei: „Es wurde ein Riesenerfolg", resümiert Hoffmann.[9] Die Bauhausstudenten Theodore Lux Feininger und Ernst Egeler unternahmen mit ihm nach seinem Diplom eine Radtour in der Schweiz. In seiner Autobiografie erinnerte sich Feininger: „Beide waren prima Kerle, und unser Trio bestritt das Abenteuer in bester Eintracht."[10] In dieser knappen Schilderung erwähnte Feininger auch eine politische Begebenheit, die auf der Reise zur Sprache kam: Die drei hörten davon, „dass der Fall der spanischen Monarchie verkündet wurde. [...] Wir drei – jung, noch feucht hinter den Ohren und optimistisch – bejubelten diese Entwicklung als einen Sieg der Demokratie."[11] In Ertls Nachlass finden sich zahlreiche kleine Fotoabzüge dieser Reise wie auch Entwürfe zu einem Städtebauprojekt in Basel, die Egeler und Ertl im Sommer 1931 gemeinsam erstellten. Ertl und Egeler standen auch nach 1945 in Kontakt.

Der Werdegang Fritz Ertls nach Abschluss des Bauhauses

Nachdem Ertl im Juni 1931 sein Bauhausdiplom erhielt, war er im Linzer Familienbetrieb tätig. Sieben Jahre später – Anfang 1938 und noch vor dem „Anschluss" Österreichs an das Deutsche Reich – trat Fritz Ertl der NDSAP bei. Im November desselben Jahres wurde er Mitglied der Allgemeinen SS. Im Jahr 1939 wurde er zum Dienst in der Waffen-SS in Krakau eingezogen und war ab Ende Mai 1940 in Auschwitz tätig.[12] Dort stieg er rasch zum Leiter der Technischen Abteilung auf.[13] Im Oktober 1941 war er es, der den ersten Plan für das zu diesem Zeitpunkt noch als Kriegsgefangenenlager konzipierte Auschwitz-Birkenau entwarf. Bereits dieser Plan hätte aber völkerrechtlichen Vorschriften nicht genügt, etwa im Hinblick auf die sanitären Anlagen, erfüllte somit „den Tatbestand der Körperverletzung [...]".[14]
Im Laufe seiner weiteren Tätigkeit in Auschwitz-Birkenau war Ertl auch in die Planung und den Bau der KZ-Krematorien involviert.[15] Als stellvertretender Leiter der Zentralbauleitung[16] hatte er Einfluss auf die bauliche

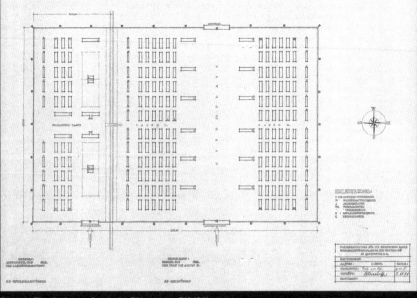

Der erste Plan des Lagers Auschwitz-Birkenau vom 7.10.1941,
zu diesem Zeitpunkt noch als Kriegsgefangenenlager geplant,
gezeichnet von Fritz Ertl

Bauleitung Auschwitz, Ertl in 2. Reihe, vierter von links, Anfang 1943

Das Jugendheim des Vereins „Settlement" in der Krottenbachstraße im 19. Wiener Gemeindebezirk (1981 abgerissen). Foto: Bruno Reiffenstein

FRITZ ERTL Architekt u. Baumeister
LINZ a. d. Donau, Pillweinstraße 24
Telefon 51220

Visitenkarte von Fritz Ertl, undatiert

Gesamtentwicklung des Lagers[17], auch im Hinblick auf den Ausbau Birken-aus zum Vernichtungslager, der bis zum Sommer 1942 erfolgte. So ist etwa in einem von ihm verfassten Bericht im August 1942 die Rede vom Bau von „Badeanstalten für Sonderaktionen"[18], also Gaskammern; in einem Akten-vermerk im November 1942 spricht Ertl von „Sonderkellern", also „unter-irdischen Gaskammern".[19]

Ertl blieb bis Januar 1943 in Auschwitz, war dann in militärischer SS-Ausbil-dung, um ab Dezember 1943 schließlich an der Front eingesetzt zu werden. Ab 1944 war er wieder als Fachkraft im Bereich des SS-Bauwesens beim SS-Wirt-schafter in Ungarn und bei der Zentralbauleitung der Waffen-SS und Polizei Breslau tätig.[20] Am Ende des Krieges wurde er möglicherweise nach Thürin-gen versetzt, um dort am Bau eines Führerhauptquartiers oder an Bauten für die Rüstungsproduktion unter Tage mitzuarbeiten.[21] Nach Ende des Krie-ges geriet er in amerikanische Gefangenschaft und war laut *Certificate of Discharge* bis zum 3. Juli 1946 im Lager Hallein (Salzburg) interniert. Im Juli 1946 kehrte er zurück nach Linz, um wieder im Betrieb seiner Familie tätig zu sein. Drei Jahre später schied er aus diesem aus, erhielt eine Baumeister-konzession und war fortan selbstständig als Architekt in Linz tätig, wo er im Stil der Moderne Bauten realisierte.[22]

1972 wurde Fritz Ertl in einem der Wiener Auschwitzprozesse, der gegen ihn und Walter Dejaco, einen anderen Mitarbeiter der Auschwitzer Bauleitung ge-führt wurde, angeklagt. Ertl wurde (wie auch Dejaco) freigesprochen. Trotz belastender Zeugenaussagen kamen die Geschworenen zum Schluss, dass Planung und Bau der Vernichtungsanlagen allein (und nicht deren Instand-haltung) „lediglich als entfernte Mitschuld [...] zu werten sei".[23]

Im bereits zitierten, von Hubert Hoffmann verfassten Nachruf auf Fritz Ertl ist erwähnt, dass dieser und andere ehemalige Bauhausstudierende sich rund um diesen Prozess für ihn einsetzten.[24] Ertl starb 1982 in Linz. Hoffmann ging in seinem Nachruf mit keinem Satz auf die ihm bekannte Tätigkeit Ertls in Auschwitz ein.

Vom Bauhaus nach Auschwitz, oder: Wie kommt einer von da nach dort?

Der Nachlass von Ertl vermittelt den Eindruck, dass sich Ertl zeitlebens mit dem Bauhaus identifizierte, was für viele andere Studierende ebenfalls gilt. Für Ertl, so könnte man weiter folgern, war es kein Widerspruch, Bauhäusler einerseits und Architekt in Auschwitz andererseits zu sein. Im Gegenteil, im Nachlass finden sich auffällig viele Erinnerungen an die Bauhauszeit beziehungsweise Quellen, die den Einfluss der Bauhauszeit auf Ertl erahnen lassen. Einen Hinweis darauf, dass er sich zeitlebens dem Bauhaus verbunden fühlte, liefert auch ein Kondolenzschreiben Ertls an Lena Meyer-Bergner von 1954, in dem er Hannes Meyer als „unser[en] Lehrer und Wegweiser" bezeichnet.[25] Gleichzeitig ist nicht bekannt, dass Ertl am Bauhaus mit nationalsozialistischen Äußerungen aufgefallen wäre; im Gegenteil, die Freundschaft mit T. Lux Feininger, der eine jüdische Mutter hatte, deutet darauf hin, dass eine entsprechende Ideologisierung zu einem späteren Zeitpunkt stattgefunden haben muss.

Dennoch bleibt die Frage, wie einer von da nach dort kam. Eine Antwort liegt möglicherweise im ambivalenten Verhältnis zwischen Bauhaus und Nationalsozialismus. Ertl wurde *wegen* seiner auch am Bauhaus erworbenen Fähigkeiten von den Nazis rekrutiert und nach Auschwitz geschickt. An verschiedenen Stellen wird auf seine fachlichen Kompetenzen hingewiesen, in einem Personalbericht heißt es etwa: „Gesamtbeurteilung: E. ist ein befähigter Baufachmann".[26]

Am Bauhaus lernte Ertl im Sinne einer praktisch ausgerichteten, auch sozialen funktionalistischen Architektur – unter Meyer und Hilberseimer vor allem, die mit ihrem Bauen auch einen politischen Anspruch verbanden – öffentliche Bauten und Großprojekte, wie Krankenhäuser (auch Thema von Ertls Diplomarbeit) zu planen. Funktionsbauten – wenngleich auf dem Boden menschenverachtender Überlegungen – wurden auch in Auschwitz realisiert. Mit Zygmunt Bauman könnte man hier argumentieren, dass sowohl am Bauhaus als auch in Auschwitz modern geplant und gebaut wurde.[27]

Obwohl Ertl zwar modernes Bauen als handwerkliche Tätigkeit am Bauhaus erlernte, diese Fertigkeiten in seinem späteren Wirken einsetzen konnte und sich durch sein Studium bei seinem „Lehrer und Wegweiser" Hannes Meyer zudem einem ästhetischen Kanon verpflichtet sah, blieb er doch von dessen ethisch-politischen Idealen und Zielen, die am Bauhaus unter Meyer dem Bauen vorausgingen, offenbar unberührt. Insofern dürfte sein Weg von Dessau nach Auschwitz letztlich auch kein allzu weiter gewesen sein.

Damit ist im Hinblick auf die Frage nach dem Einfluss des Bauhauses auf seine Studierenden ästhetisch ein differenziertes, ideell gewiss aber ein ernüchterndes Bild zu zeichnen.

Anmerkung des Herausgebers: Anders als Walter Gropius und Mies van der Rohe hat Hannes Meyer nie versucht, sich dem Nazi-Regime anzubiedern. Auch im Mexikanischen Exil engagierte er sich gegen den Nationalsozialismus. Er gestaltete und illustrierte zum Beispiel das 1943 im Verlag El Libor Libre veröffentlichte *Schwarzbuch über den Nazi-Terror in Europa*. Andererseits entwickelten sich mehrere Lehrkräfte, die Hannes Meyer engagiert hatte und die später auch von Mies übernommen wurden, zu Nationalsozialisten: der Architekt Friedrich Engemann, der Arbeitspsychologe Johannes Riedel und der Gestaltpsychologe Karlfried Graf Dürckheim.

Anmerkungen

1 Vgl. Loewenberg, Peter. „The Bauhaus as a Creative Playspace. Weimar, Dessau, Berlin, 1919–1933". *The Annual of Psychoanalysis* 33 (2006): pp. 209 to 226; Hahn, Peter, hrsg. *Bauhaus Berlin. Auflösung Dessau 1932, Schließung Berlin 1933, Bauhäusler und Drittes Reich*. Weingarten, 1985. Zur Verfolgung von Studierenden nach 1933 vgl. Knigge, Volkhard, und Harry Stein, hrsg. *Franz Ehrlich. Ein Bauhäusler in Widerstand und Konzentrationslager*. Weimar, 2009, S. 138–161.

2 Der Beitrag basiert überwiegend auf meiner 2013 an der Universität Wien verfassten Diplomarbeit. Vgl. Seeger, Adina. *Vom Bauhaus nach Auschwitz. Fritz Ertl (1908–1982): Bauhausschüler in Dessau, Mitarbeiter der Auschwitzer Bauleitungen, Angeklagter im Wiener Auschwitzprozess – Stationen und Kontexte eines Werdegangs zwischen Moderne und Nationalsozialismus*. Wien, 2013.

3 Vgl. die entsprechenden (Schul-)Zeugnisse im Nachlass von Fritz Ertl. Der Nachlass wurde 2013 von Ertls Sohn an die Verfasserin übergeben.

4 bauhaus-diplom nr. 50 vom 9. Juni 1931, unterzeichnet von Mies van der Rohe und Ludwig Hilberseimer (Nachlass Fritz Ertl).

5 a.a.O., S. 3 (wenn nicht anders vermerkt, sind die folgenden Zitate ebenfalls Ertls Bauhausdiplom entnommen).

6 Zeugnis vom April 1930, erstellt und unterzeichnet von Anton Brenner (Nachlass Fritz Ertl).

7 Auf Ukrainisch Harkiv. (auch Charkow/Charkiw im Deutschen).

8 Vgl. Nerdinger, Winfried. „Modernisierung, Bauhaus, Nationalsozialismus" und „Bauhaus-Architekten im Dritten Reich". In: *Bauhaus-Moderne im Nationalsozialismus. Zwischen Anbiederung und Verfolgung*, hrsg. von Winfried Nerdinger, S. 9–23 und 153–178. München, 1993.

9 Hoffmann, Hubert. Nachruf auf Fritz Ertl, S. 1. Mappe Fritz Ertl, S. 1, Bauhaus Archiv Berlin.

10 Feininger, Theodore Lux. *Zwei Welten. Mein Künstlerleben zwischen Bauhaus und Amerika*. Halle (Saale), 2006, S. 114.

11 a.a.O.

12 Vgl. Personal-Fragebogen zum Antragschein auf Ausstellung einer vorläufigen Mitgliedskarte und zur Feststellung der Mitgliedschaft im Lande Österreich (18.6.1938), ÖStA/AdR, GA, *292.326 Fritz Ertl*; vgl. Lebenslauf Fritz Ertl, 27.6.1943. BArch RS/B239 (ehem. BDC), Ertl, Fritz, 31. August 1908. Folgend „Lebenslauf Fritz Ertl" genannt.

13 Vgl. Fröbe, Rainer. „Bauen und Vernichten. Die Zentralbauleitung Auschwitz und die ‚Endlösung'". In: *Durchschnittstäter. Handeln und Motivation*, hrsg. von Christian Gerlach, S. 184. Berlin, 2000.

14 van Pelt, Robert Jan, und Debórah Dwork. *Auschwitz. Von 1270 bis heute*. Zürich, 2000, S. 296.

15 Vgl. die entsprechenden Quellen in Pressac, Jean-Claude. *Auschwitz: Technique and operation of the gas chambers*. New York, 1989, S. 140, 191.

16 In seinem Lebenslauf erwähnt Ertl: „Bei der Bauleitung war ich vorerst als Sachbearbeiter für Hochbau und seit Jänner 1942 als stellvertretender Dienststellenleiter tätig."

17 Vgl. Gutschow, Niels. *Ordnungswahn. Architekten planen im „eingedeutschten Osten" 1939–1945*. Berlin, 2001, S. 132.

18 Vgl. Aktenvermerk vom 21.8.1942, unterzeichnet von Fritz Ertl, abgedruckt in Pressac, S. 204 f.

19 Hilberg, Raul. *Die Quellen des Holocaust. Entschlüsseln und Interpretieren*. Frankfurt a. M. 2009, S. 132, dort zitiert nach Archiv des USHMM, Record Group 11.001, Filmrolle 41, Fond 502, Opus 1, Delo 313.

20 Vgl. Entlassungsurkunde, ausgestellt vom SS-Personalhauptamt am 22.1.1943. BArch SSO/191 (ehem. BDC), Ertl, Fritz, 31.8.1908; vgl. Lebenslauf Fritz Ertl; vgl. Personal-Antrag des Amtsgruppenchefs C vom 1.8.1944 an das SS-Personalhauptamt. BArch SSO/191 (ehem. BDC), Ertl, Fritz, 31. August 1908.

21 Vgl. dazu die entsprechenden Ausführungen in Seeger, S. 105.

22 Vgl. Abbildung Visitenkarte Fritz Ertl.

23 Loitfellner, Sabine. „Auschwitz-Verfahren in Österreich. Hintergründe und Ursachen eines Scheiterns". In: *Holocaust und Kriegsverbrechen vor Gericht. Der Fall Österreich*, hrsg. von Thomas Albrich, Winfried R. Garscha und Martin F. Polaschek. S. 189. Innsbruck/Wien/Bozen 2006.

24 Hoffmann, S. 4.

25 Ertl, Fritz. Kondolenzschreiben an Lena Meyer-
    Bergner, 30.8.1954. DAM/Nachlass Lena Meyer-
    Bergner, Sign. 164-903-027.

26 Personal-Bericht Fritz Ertl, datiert vom 5. November
    1941, BArch/SSO (ehem. BDC), Ertl, Fritz, 31. Au-
    gust 1908.

27 Bauman, Zygmunt. *Dialektik der Ordnung. Die
    Moderne und der Holocaust*. Hamburg, 1992.

Der Schweizer Architekt Hans Fischli – ein unorthodoxer Avantgardist

Sebastian Holzhausen

In einem Interview vom Sommer 1984 erzählte Hans Fischli eine für sein architektonisches Werk erhellende Episode. Eine Delegation des CIAM, unter Führung Sigfried Giedions, besichtigte Fischlis 1933 errichtetes Haus Schlehstud in Obermeilen, sein damals viel beachtetes Einstandswerk. Im Anschluss entschied der CIAM, Fischli nicht aufzunehmen. Grund war, so Fischli, die Ausbildung des Vordaches, welches Giedion unmodern fand: „Hans Fischli malt zwar abstrakt, aber er baut rustikale Holzhäuser."[1] War Fischli also kein Moderner? Hatte sein Studium am Bauhaus Dessau keine erkennbaren Auswirkungen hinterlassen? Im Gegenteil: Gerade diese CIAM-Episode ist emblematisch für Fischlis Rollenverständnis des Architekten, wie er es auch am Bauhaus in Dessau von 1928 bis 1929 kennengelernt und verinnerlicht hatte.

Fischli war kein studierter Architekt. Ein Architekturstudium hatte er nie abgeschlossen, und auch am Bauhaus besuchte er nur das erste Studienjahr. Seinen ursprünglichen Plan, Lehrer zu werden, ließ er nach einer nicht bestandenen Aufnahmeprüfung zum Lehrerseminar fallen. Einer Affinität zum Bau folgend, nahm er schließlich eine Ausbildung zum Hochbauzeichner auf. Zur eigentlich angestrebten Bauhandwerkerlehre wurde er wegen seiner schwachen körperlichen Verfassung nicht zugelassen. Im Büro von Robert Ruggli, Zürcher Architekt und Paul Bonatz-Schüler, lernte er nun vor allem sauberes Zeichnen und das Erstellen präziser Bau- und Detailpläne, wobei mehrheitlich bieder anmutende Spekulationsbauten geplant wurden. Gegen Ende seiner Lehrzeit sah Fischli in Fachzeitschriften zum ersten Mal die gerade fertiggestellte Weissenhofsiedlung. Fasziniert von diesen neuen Möglichkeiten in der Architektur und nach einem persönlichen Besuch in Stuttgart stand sein Entschluss fest: Er wollte sich am Bauhaus in Dessau zum Architekten ausbilden lassen. Sein Vater war zwar nicht sonderlich begeistert, dass sein

Sohn an einer solch umstrittenen und wenig etablierten Institution studieren wollte. Dennoch sagte er ihm die finanzielle Unterstützung zu, und Fischli bewarb sich umgehend. Er wurde aufgenommen und fuhr, seiner Prüfungsangst entfliehend und somit ohne abgeschlossene Hochbauzeichnerausbildung, im April 1928 nach Dessau.[2]

Kurz vor Fischlis Ankunft in Dessau hatte Hannes Meyer die Direktorenstelle von Walter Gropius übernommen und begonnen, den Lehrplan am Bauhaus umzustellen. Noch vor seiner ersten Unterrichtsstunde bekam Fischli von seinen künftigen Kommilitonen zu hören, dass nun „ein scharfer Wind" wehe. „Schluss mit [...] Schlendrian, Schluss mit der freien Kunst. Endziel Sachlichkeit. Der [...] Bauhausstil müsse verschwinden."[3] Rückblickend war es für Fischli vor allem aber Josef Albers, der Leiter des halbjährigen Vorkurses, welchen er als „Gesinnungsmeister" in wertvoller Erinnerung behielt.[4] Dieser war seit 1928 alleiniger Vorkursleiter und hatte den noch in Weimar von Johannes Itten konzipierten und später von Lázló Moholy-Nagy weiterentwickelten Vorkurs grundlegend umgestellt und erneuert. Statt den Studierenden bestimmte Denkmuster, Handlungs- und Arbeitsweisen anzutrainieren, standen bei Albers empirische Materie- und Materialübungen im Vordergrund: „Lernen durch Erfahrung. Lernen ist besser, [...] als lehren. [...] Aller Anfang ist nicht geradeaus."[5] Laut Fischli hatte Albers sie damit „in seinem harten Vorkurs auf die Nulllinie gesetzt".[6] Diese bestand beispielsweise aus einem Blatt Papier, aus dem innerhalb eines Vormittags etwas Tragendes geformt werden musste, bis Albers gegen Mittag seinen Weg zurück in das Atelier fand, um die Ergebnisse und Erkenntnisse mit den Studierenden zu diskutieren. Gefordert waren eine intensive, persönliche Auseinandersetzung mit einem gegebenen Material, das Entdecken der materialimmanenten Möglichkeiten und Beschränkungen sowie ein Erkunden des Verhältnisses von Aufwand zu Wirkung. Ziel war es, sich grundlegende Erkenntnisse aus dem eigenen Nachdenken und Ausprobieren mit Material anzueignen und darüber ein eigenes Verständnis von Arbeits- und Materialökonomie zu erlangen: maximale ökonomische Effizienz bereits ab dem ersten Entwurfsgedanken.[7] Fischli nannte dies später einmal: „[...] aus nichts und mit nichts etwas zu machen."[8] Die zugrunde liegende Maxime hatte Meyer 1928 in der hauseigenen

Zeitschrift *bauhaus* bereits entsprechend radikal formuliert: „alle dinge dieser welt sind ein produkt der formel: funktion mal ökonomie."[9] Persönlich erlebte Fischli den Bauhausdirektor Meyer erstmals während des von Mart Stam als Gastdozent begleiteten Kurses „Siedlungsbau" im Sommer 1928. Ihn beeindruckten Meyers Zielstrebigkeit, seine präzisen und durchdachte Aussagen. Er erlebte ihn als gnadenlosen Kritiker schöngeistiger Gestaltung um ihrer selbst willen. Laut Meyer sei die Zeit der Baukünstler im Namen der Schönheit vorbei, die Summe ästhetischer Häuser ergäbe ein städtebauliches Chaos. Stattdessen müsse die Arbeit des Architekten ein bewusst funktional orientierter Dienst an und in der Gesellschaft sein. Ohne deren aktive Unterstützung könne dieser seine Vorhaben und Ideen niemals umsetzen.[10]

Diesen Dienst an der Gesellschaft lernte Fischli nach den Sommerferien ab Herbst 1928 ganz konkret in der Wandmalerei-Werkstatt von Hinnerk Scheper kennen, in deren Rahmen vor allem die Wandmalarbeiten des dritten Bauabschnitts der Wohnsiedlung Dessau-Törten von Walter Gropius ausgeführt wurden. Da Scheper zu diesem Zeitpunkt bereits, dauerhaft vom Unterricht beurlaubt, in Moskau weilte, wurden Fischli und seine Kommilitonen genau genommen vom lokalen Vorarbeiter unterrichtet.[11] Dies offenbarte dem Studenten Fischli sehr direkt, was hinter den Aussagen seines Hochschuldirektors stand: „Das war nun die Volksausgabe [...] des Stuttgarter Weissenhofes [...]. [W]ir arbeiteten wochenlang im Bauwerk [...] und brauchten keine Vorlesungen mehr über den Grundriss des Existenzminimums und Siedlungsbaus."[12] Neben der Ablehnung des erstarkenden und auch alltäglich immer wahrnehmbareren Nationalsozialismus war es letztlich auch diese praktische Tätigkeit an einem konkreten Projekt des Neuen Bauens, welche in Fischli das Bedürfnis weckte, im März 1929 nach Zürich zurückzukehren. Er wollte das bisher Gelernte und Gehörte nun auch praktisch anwenden.[13]

Zwar war er fest entschlossen, sein Studium am Bauhaus ab 1930 fortzusetzen; sein weiterer Werdegang ließ es aber nicht mehr dazu kommen. Mit etwas Glück, und man darf vermuten auch aufgrund seiner frischen Bauhauserfahrungen, bekam Fischli im Sommer 1929 eine Anstellung als Zeichner im Zürcher Büro von Carl Hubacher und Rudolf Steiger, welche gerade

Hans Fischlis eigenes Wohnhaus, Haus Schlehstud, Obermeilen

Arbeiterwohnsiedlung Gwad, Wädenswil

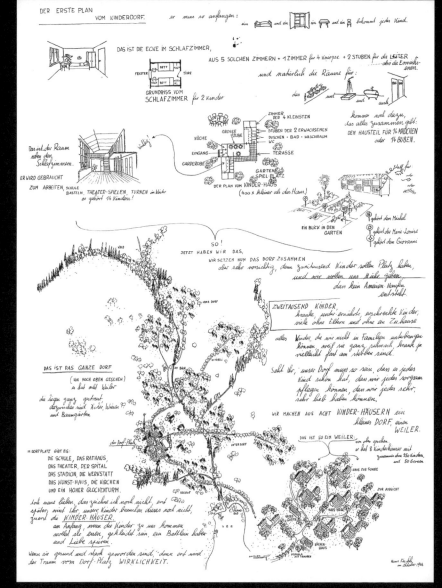

Hans Fischli: Einer von mehreren entstandenen Idealplänen zum Kinderdorf, 1944

Hans Fischli: Kinder-
wohnhaus Normal-Typ,
Kinderdorf Pestalozzi in
Trogen, 1946

Luftbild des Kinderdorfs
Pestalozzi in Trogen, 1962

gemeinsam mit Max Ernst Haefeli, Werner M. Moser, Emil Roth, Paul Artaria und Hans Schmidt die Zürcher Werkbundsiedlung Neubühl planten. Damit war Fischli im produktivsten Zentrum des Schweizerischen Neuen Bauens gelandet. Zudem war Steiger noch führendes Gründungsmitglied des CIAM und entsprechend auch international eng mit den bekanntesten Personen der Moderne verbunden. Zu Beginn arbeitete Fischli noch an der Realisierung der Siedlung Neubühl, durfte aber schon bald selbstständig an diversen Projekten arbeiten und auch deren Ausführung vor Ort überwachen. Die damit von 1929 bis 1932 gesammelten Erfahrungen in angewandter Theorie und Praxis des Neuen Bauens, im Kreise der wichtigsten modernen Architekten der Deutschschweiz, machten aus dem studierten Bauzeichner den praxiserprobten Architekten. Diese Architekt-Werdung aus direkter Erfahrung heraus war es wohl, die ihm damit unmittelbar auch die notwendige Praxistauglichkeit von Architektur vermittelte. Fischli erlag in seiner ab 1932 folgenden Arbeit als selbstständiger Architekt nie offensichtlich einem dogmatisch stilistischen Formenkanon der Moderne, wie er sich trotz vordergründigem Funktionalismus mit der Zeit wahrnehmbar verfestigte und ab Mitte der 1930er-Jahre zunehmend bildete. Neben dem bereits erwähnten Haus Schlehstud von 1933 zeigt auch Fischlis erstes Großprojekt, die 1943 bis 1944 erstellte Arbeitersiedlung Gwad in Wädenswil, beispielhaft seine schon damals unorthodoxe Haltung gegenüber avantgardistischen Dogmen. Zwar weist sie eine klare Zeilengliederung, kubische Staffelungen und flache Dächer als Hauptmerkmale auf. Die hölzernen Bretterfassaden, die Vordächer und die beinahe bieder anmutenden Fenster samt Fensterläden wären aber wahrscheinlich ebenfalls nicht in Giedions Sinne gewesen.

Von Albers hatte Fischli gelernt, eine Idee mit einfachsten Mitteln umzusetzen und – vom Material ausgehend – die im Verhältnis von Arbeit- zu Materialaufwand effizienteste Lösung zu erarbeiten. Meyer hatte ihm zu Bewusstsein gebracht, Architektur und Städtebau funktional an den notwendigen Bedürfnissen einer breiten Bevölkerung auszurichten, um sie gesellschaftlich zu verankern; Architektur als kollektiv erbrachte Dienstleistung an der Gesellschaft zu verstehen, um diese wiederum zu einem möglichst selbstorganisierten Zusammenleben zu befähigen. Interessanterweise fußt diese Einstellung

Meyers auch auf dem gesellschaftspädagogisch und funktional begründeten Welt- und Lebensmodell der „Kleinen Kreise", welches wiederum dem Erziehungsmodell der „Familienzelle" von Johann Heinrich Pestalozzi entlehnt ist.[14] Gerade eines der frühen Hauptwerke Fischlis, an welchem sich die am Bauhaus unter Albers und Meyer erlernten Prinzipien manifestieren, ist das von 1946 bis 1948 erstellte, auf dem „Familienzellen"-Modell basierende Kinderdorf Pestalozzi in Trogen.

Mit Blick auf ein zusehend verwüstetes Europa veröffentlichte der Schweizer Publizist und Philosoph Walter Robert Corti im August 1944 einen eindringlichen Aufruf. Er appellierte an die, sich aus der eigenen Unversehrtheit ergebende Pflicht der Schweizer Bevölkerung, den notleidenden Kriegswaisen zu helfen. Sein Plan war es, Kinder aus ganz Europa in die Schweiz zu holen, in eigens dafür errichtete Kinderdörfer, um ihnen, mit liebevoller Fürsorge und in friedlicher Umgebung, die Möglichkeit einer behüteten Entwicklung zu geben. Idealistisch hoffe er, einen Beitrag für ein zukünftiges friedliches Miteinander der Nationen zu leisten.[15] Kurz zuvor hatten er und Fischli sich persönlich kennengelernt, und noch bevor Cortis Aufruf im August 1944 erschien, überlegte Fischli schon, wie solch ein Kinderdorf gesamthaft organisiert sein müsste. Die wichtigste Einheit, die den gesamten Aufbau und die Organisation bestimmen sollte, war die beheimatende, private Rückzugsnische des Kindes: „Jedem Kind seine Ecke, jeder Familiengruppe ihr Haus und die Zusammenfassung der Familien im Dorfverband."[16] Auf dieser Grundlage zeichnete er einen Idealplan, welcher die funktionale Entwicklung des Gesamtkonzepts aus dieser kleinsten Einheit auf einer rein typologischen, aber formal und örtlich noch kontextlosen Ebene anschaulich erläuterte.[17] Trotz des positiven Echos auf Cortis Aufruf aus der Bevölkerung und der Politik blieben zunächst staatliche Fördergelder und private Spenden aus. Erst eine finanziell substanzielle Zusage der Schweizer Stiftung Pro Juventute und eine eigens organisierte, landesweite Spendenaktion brachten genügend Mittel für den Start definitiver Planungen und führten zu weiterer Unterstützung großer Schweizer Institutionen. Kantone, Gemeinden, große Unternehmen, Zünfte und Vereine ließen es sich nun nicht mehr nehmen, sogar die Erstellung ganzer Häuser zu finanzieren.[18] Als Anfang 1946 die appenzellische Gemeinde

Trogen dem Projekt auf einem Höhenplateau günstiges Bauland anbot, wurde mit der Umsetzung begonnen.

Bei der Anordnung der Gebäude in der Landschaft vermied Fischli eine schematische Aufteilung des Geländes zugunsten einer lockeren, nicht konstruiert erscheinenden Gliederung der Siedlung. Das mag, wie die architektonische Ausformulierung der einzelnen Gebäude auch, dem strengen heimatschützenden Blick der lokalen Behörden geschuldet gewesen sein. Es erscheint aber plausibel, dass hier auch die Lektionen von Fischlis „Gesinnungsmeister" Albers wegleitend waren. Vor allem das empirische Lernen aus der Beobachtung der Dinge am spezifischen Ort prägt die Erscheinung des Kinderdorfs. Fischli orientierte sich beispielsweise an der üblichen Südost-Ausrichtung und Gruppierung appenzellischer Dörfer: eine wirksame Maßnahme gegen die ausgesetzte Westwetterlage.[19] Die Wohnhäuser beziehen sich im Grundriss direkt auf den Idealplan, ausgehend vom Charakter eines normalen Einfamilienhauses. Die funktionale Teilung in ein Schlafhaus sowie ein Wohn- und Unterrichtshaus, verbunden über einen mittleren Zugangsbereich, erlaubten es Fischli die Dimensionen der Häuser pro Einheit in kindgerechtem Maßstab zu halten. Über unterschiedliche Abwinklungen der Gebäudeteile zueinander vermied er gleichzeitig einen drohenden Schematismus.[20] Insgesamt variierte Fischli noch während der Bauzeit vier unterschiedliche Haustypen, welche jeweils auf andere Gegebenheiten der Topografie und auf Erkenntnissen aus der Nutzung der ersten Gebäude reagieren.[21] Auch diesbezüglich kann auf seine Bauhauserfahrung verwiesen werden. Vor allem Albers hielt seine Schüler dazu an, ihre Erkenntnisse aus bisher gemachten Erfahrungen in die Lösung neuer Aufgaben einfließen zu lassen. Im Hinblick auf die Maßstäblichkeit der einzelnen Gebäude und den architektonischen Ausdruck als Appenzeller-Häuser kann aber auch Meyers Diktum einer sinnstiftenden gesellschaftlichen Verankerung von Architektur angeführt werden. Dass Fischli dabei nicht auf Volkstümelei abzielte, macht ein Blick auf die bewusst gewählte Konstruktion und Bauweise der Häuser klar. Da es neben finanziellen Spenden auch ein großes Aufgebot an freiwilliger Hilfe gab, musste die Bauweise es zulassen, diese unter der Anleitung lokaler Handwerker beim Bau des Dorfes sinnvoll einzusetzen. Fischli wählte daher eine konventionelle Konstruktion, wie sie in der Region allseits bekannt war: betonierter Sockel; Holzskelett-Oberbau mit einfacher Zangenkonstruktion, also ohne spezielles Zimmermannswissen zu verbinden; geneigtes Dach mit Ziegeldeckung; Fenster, wie sie jeder Fensterbauer in der Umgebung auch sonst zu Dutzenden herstellte.[22] Eben ein Appenzeller-Haus. Gleichzeitig zielte Fischli damit aber auch auf eine Identifikation der lokalen Bevölkerung mit dem Kinderdorf. Mit dem Arbeitseinsatz der freiwilligen Helfer und vor allem der Schülermannschaften aus der ganzen Schweiz erhofften er und Corti sich eine landesweite, gesellschaftliche Verankerung der idealistischen Kinderdorf-Idee als ein weit ausstrahlender, friedenstiftender Ort des Miteinanders. Da das Budget trotz vieler Spendenzusagen immer knapp war, bot sich auch diesbezüglich die lokal sparsamste Bauweise an. Selbst die Möblierung der Häuser wurde über Sachspenden bewerkstelligt. Ein eigens erstelltes Typenblatt diente als Vorbild sowohl für die Auswahl als auch für eine eigene Herstellung der zweckdienlich und robust gehaltenen Entwürfe. Der kreative Umgang, der Wille, aus den beschränkten finanziellen Mitteln das maximal Mögliche herauszuholen und die Berücksichtigung der eingeschränkten handwerklichen Fähigkeiten in der Auswahl der Bauweise: All dies veranschaulicht eindrücklich, wie sehr Fischli die Albers'sche Nulllinie des „Aus-nichts-etwas-Machen" in seiner architektonischen Praxis verinnerlicht hatte.

Es tut sich an diesem Projekt jedoch eine Diskrepanz auf zwischen Haltung und Anspruch von Fischli als Architekt und der nachträglichen Rezeption durch Kollegen und Kritik. Für Fischli war das Trogener Kinderdorf, wenn nicht eines seiner wichtigsten, so ganz sicher aber eines seiner liebsten Projekte. Er verfasste selber ausführliche Beschriebe und Texte zur Planungs- und Baugeschichte, welche auch in Schweizer Fachzeitschriften veröffentlicht wurden.[23] Wie wichtig ihm dieses Projekt innerhalb seines Gesamtwerks war, zeigte sich noch 1957 in einem von Fischli geschriebenen und auch illustrierten Artikel mit dem Titel „Der Beitrag des Architekten zum Haushalten und Wohnen". Zu diesem Zeitpunkt hatte sein Büro bereits große, auch sichtlich moderner erscheinende Wohnsiedlungen und Fabrikbauten erstellt. Dennoch ging Fischli in seinem Artikel nur auf zwei Projekte vertiefter und mit einer Auswahl von Bild- und Plandarstellungen ein: die Arbeiterwohnsiedlung Gwad und das Kinderdorf Pestalozzi in Trogen.[24] 1992 bemerkte die Zeitschrift *Hochparterre* in einer Kritik zur gerade erschienenen Fischli-Monografie, dass man es hier mit einem „unorthodoxe[n] Moderne[n]" zu tun habe, dem „Funktionalismus als unverkrampfte Erfüllung von Bedürfnissen" wichtiger gewesen sei als das „Herstellen eines funktionalistischen Bildes".[25] Im Buch selber wird aber gerade am Projekt in Trogen kritisch angemerkt, Fischli habe seine architektonischen Ambitionen, und zwar nicht nur im Fall des Kinderdorfes, oftmals einfach zu schnell den Wünschen der Bauherrschaft geopfert.[26] Die Umsetzung des Kinderdorfs als Ansammlung von Appenzeller-Häusern habe seinem Ruf als moderner Architekt in jedem Fall geschadet, so das eindeutige Urteil.[27] Fischli selbst gesteht zwar durchaus, dass seine ursprünglichen Ambitionen andere gewesen sein mögen. Letztlich überwog jedoch seine Überzeugung, mit der gewählten Gestaltung der richtigeren Gesamtauffassung gefolgt zu sein, was auch seiner generellen Haltung als für das Projekt verantwortlicher Architekt entsprach: „Ich war gewohnt, bisher aus jeder Aufgabe, die an mich gestellt wurde, im Sinne des neuen Bauens das mögliche Maximum zu realisieren."[28]

Mit diesem Unverständnis gegenüber Fischlis unorthodoxer und prinzipienfester Haltung als Architekt, die sich in hohem Maße auch aus seiner Erfahrung am Bauhaus speiste, schließt sich der Kreis zur anfangs zitierten Stilkritik Giedions. Fischlis lapidarer Kommentar zur Nichtaufnahme im CIAM verdeutlicht abschließend nochmals, wo er zeitlebens seine Prioritäten als Architekt sah: „Das Vordach, beziehungsweise der Schutz der Fassade, war mir aber bedeutend wichtiger als die Mitgliedschaft beim [CIAM]."[29]

Anmerkungen

1 Zitiert nach Jost, Karl. *Hans Fischli – Architekt, Maler, Bildhauer.* Zürich, 1992, S. 22.

2 a. a. O., S. 8 f.

3 Fischli, Hans. *Rapport.* Zürich, 1978, S. 76.

4 a. a. O. S. 79.

5 Albers, Josef. „Werklicher Formunterricht". *bauhaus* 2:2/3 (1928): S. 3 ff.

6 Fischli, 1978, S 78.

7 Jost, 1992, S. 10 f.

8 Fischli, Hans. *Malerei, Plastik, Architektur.* Zürich, 1968, S. 25.

9 Meyer, Hannes. „bauen".*bauhaus* 2:4 (1928).

10 Fischli, 1978, S. 80–81.

11 Jost, 1992, S. 12.

12 Fischli, 1968, S. 72 ff.

13 Fischli, 1978, S. 78/83.

14 Kieren, Martin. „Das Bauhaus auf dem Weg zur Produktivgenossenschaft – der Direktor Hannes Meyer". In: *Bauhaus,* hrsg. von Jeannine Fiedler und Peter Feierabend, , S. 205 ff. Köln, 1999.

15 Corti, Walter Robert. „Ein Dorf für die leidenden Kinder". *DU,* August (1944). Nachdruck in: „Der Weg zum Kinderdorf Pestalozzi". *DU* (1955).

16 Fischli, Hans. „Das Kinderdorf Pestalozzi in Trogen". *Schweizerische Bauzeitung* 67:45/46/47 (1949).

17 Corti, 1944, S. 26 f.

18 Fischli, 1949.

19 Fischli, Hans. „Kinderdorf Pestalozzi in Trogen: Baubeschrieb". Zürich, 1946, Manuskriptdurchschlag. Fischli-Archiv, SIK ISEA, Zürich.

20 a. a. O.

21 Jost, 1992, S. 108–112.

22 Fischli, 1949.

23 a. a. O.

24 Fischli, Hans. „Der Beitrag des Architekten zum Haushalten und Wohnen". *Industrielle Organisation,* Sonderdruck 1 (1957).

25 *Hochparterre* 5:11 (1992): S. 45.

26 Jost, 1992, S. 116 ff.

27 a. a. O., S. 104.

28 Fischli, 1949.

29 Jost, 1992, S. 22.

Ludwig Leo – ein virtueller Schüler?

Gregor Harbusch

Es wirkt skurril, aber wer wissen möchte, ob der Berliner Architekt Ludwig Leo (1924–2012) von Hannes Meyer inspiriert gewesen sein könnte, muss sich sein Bett ansehen. Dieses erinnert stark an das Bett des co-op interieurs aus dem Jahr 1926. Da Leo dieses für seine Privatwohnung entwarf, drängt sich die Frage auf, welche Rolle die Architektur und gesellschaftspolitische Haltung des zweiten Bauhausdirektors für ihn spielten. Dass es nicht einfach um das Aufgreifen origineller, konischer Bettfüße ging, wird auch an vielen weiteren Aspekten von Leos Schaffen deutlich.[1] Leo gilt als sozialistisch orientierter Architekt, der sich viele Gedanken über die Nutzenden seiner Bauten machte und sich intensiv mit menschlicher Gemeinschaft und sozialem Gebrauch beschäftigte. Technische Zusammenhänge und deren Inszenierung spielten für ihn eine ebenso wichtige Rolle wie räumliche Reduktion und ästhetische Askese.

Leo wurde 1924 in Rostock geboren und starb 2012 in Berlin. Direkt nach dem Abitur wurde er eingezogen. Den Krieg überlebte er schwer verletzt. Er studierte in Hamburg und in West-Berlin. An der Hochschule für bildende Künste in Berlin hatte Max Taut direkt nach dem Krieg eine anspruchsvolle Architekturausbildung aufgebaut, die sich an den Lehrmethoden des Bauhauses orientierte. Die Bauhäusler Eduard Ludwig, Georg Neidenberger, Wils Ebert und Hubert Hoffmann zählten zu Leos Lehrern und Mentoren. Im Jahr 1955 arbeitete Leo bei Oswald Mathias Ungers in Köln. 1956 eröffnete er in Berlin sein eigenes Büro und fiel bereits mit den ersten Projekten auf. Leo, der in Großbritannien den frühen Brutalismus kennengelernt hatte, griff auf das lokale Erbe des Neuen Bauens zurück und setzte sich mit der organischen Architektur der Berliner Scharoun-Schule auseinander. Diese Einflüsse machte er für sich fruchtbar und überraschte durch eigenständige Entwürfe, die keiner festen Formensprache folgten, sondern für jede Aufgabe eine spezifische Lösung suchten. Innerhalb weniger Jahre etablierte er sich mit einer überschaubaren Anzahl von Projekten in der Berliner Architekturszene.

Mitte der 1960er-Jahre entstand der Entwurf für das am co-op interieur orientierte Bett. Leos Inspirationsquelle dürfte die Abbildung des Interieurs auf dem Cover der 1964 von Ulrich Conrad herausgegebenen Anthologie *Programme und Manifeste zur Architektur des 20. Jahrhunderts* gewesen sein. Dort ist Meyers anti-ästhetisches Manifest „bauen" publiziert, in dem Architektur als rein funktionaler Prozess begriffen wird, dessen primärer Zweck „die überlegte organisation der lebensvorgänge" ist.[2] Man kann davon ausgehen, dass Leo das Buch besessen hat. Ebenso beschäftigte er sich damals auch mit Claude Schnaidts 1965 erschienener Monografie über Meyer, in der das co-op interieur jedoch nicht abgebildet ist.

Anlass für Leo, ein Bett zu entwerfen, war wohl der Umzug der Familie im Sommer 1965 aus einem Reiheneckhaus in der Berliner Siedlung Onkel Toms Hütte in eine große Wohnung in der Fasanenstraße, in der Nähe des Kurfürstendamms. In dieser wohnte er bis zu seinem Tod und betrieb dort auch sein Architekturbüro. Die Betten sind aus wenigen Einzelteilen zusammengesetzt. Leo kombinierte ein einfaches Metallbettgestell der niederländischen Firma DICO Diks & Coenen mit vier Kegeln aus Holz. Die Kegel waren zweigeteilt – der untere Teil weiß, der obere rot lackiert – und ermöglichten so die Höhenverstellung des Bettes. Durch einen großen und breiten Schlitz am oberen Ende der Kegel kann entweder das DICO-Bettgestell eingehängt oder eine vertikale Latte eingelegt und der Kegel flexibel als Sockel genutzt werden.

Streng funktional genommen, sind Leos Kegel eine Verbesserung von Meyers Bett, das bei näherer Betrachtung ein wenig wackelig aussieht. Leo machte das Bett des co-op interieurs nutzbar und holte damit ein Stück des von Meyer geschaffenen Idealbilds einer radikal neuen Lebenskultur in die Realität. Das co-op interieur ist als dezidierte Absage an bürgerliche Wohnvorstellungen zu begreifen. Es steht für eine Überwindung kapitalistischer Konsumkultur und für eine „Reduzierung der Elemente auf das absolute Minimum."[3] Indem Leo die simple Konstruktionsweise des quasi nomadischen Bettes und die plakative Form des Kegels aufgriff, holte er sich den gesellschaftspolitischen Gehalt des co-op interieurs in den privaten Raum der eigenen Wohnung. Dass dieses Wohnexperiment programmatischer Entsagung in einer 220 Quadratmeter großen Altbauwohnung in der Nähe des Kurfürstendamms stattfinden konnte, muss wiederum als historische Pointe gelten, denn ein solch widersprüchliches Setting war wohl nur im insularen, wirtschaftlich abgehängten West-Berlin des Kalten Krieges mit seinen vergleichsweise niedrigen Mieten möglich.

Das Wohnexperiment der Familie ging jedoch über die flexibel nutzbaren Betten hinaus. Leo realisierte Anfang der Siebzigerjahre mehrere große Umbauten in der Wohnung: Er baute den zum Hof orientierten Wirtschaftsflügel um, sodass dort zwei Kinderzimmer, ein Duschbad sowie die Küche Platz fanden. Der Clou dieses Projekts war die Küche, deren Einbaumöbel und Arbeitsplatten Leo mit akribischer Präzision in den sieben Meter langen und 126 Zentimeter breiten Flur einpasste. An der schmalsten Stelle blieb ein Durchgang von nur 40 [sic] Zentimetern Breite. Auf zwei Metern Höhe zog Leo eine abgehängte Decke ein, die den Raum zusätzlich komprimierte. Durch eine schmale Klappe hatte man Zugriff auf den Stauraum oberhalb der Zwischendecke, der unter anderem für die Lagerung von unbenutzten Bettgestellen und Kegeln bestimmt war. Den hohen und kahlen Flur im Seitenflügel der Wohnung verwandelte Leo in einen funktional extrem dichten Raum, der genau auf seine individuelle Vorstellung einer räumlich minimierten, aber voll ausgestatteten, modernen Arbeitsküche inklusive Waschmaschine, Wäschetrockner und leistungsfähiger Dunstabzugsanlage zugeschnitten war. Die radikale Verdichtung durch präzise Einbauten ermöglichte gleichzeitig frei bespielbare Wohnräume, in denen neben den Betten auch flexible Möbelelemente zum Einsatz kamen, die er ebenfalls selbst entworfen hatte.

Der detaillierte Blick in die privaten Räume der Wohnung macht deutlich, dass Leo sich auf unterschiedlichen Ebenen mit Paradigmen des historischen Funktionalismus beschäftigte und diese Auseinandersetzung mit einer eigenwilligen Vehemenz betrieb – scheinbar bis zu dysfunktionaler Übersteigerung – und seine Ideen selbst lebte. Zu dieser Konsequenz der eigenen Haltung zählt auch seine marxistische Orientierung, die nur schwer zu fassen ist, da er sich nicht theoretisch zu seiner Arbeit oder zu politischen Fragen geäußert hat. Der Publizist und langjährige Freund Dieter Hoffmann-Axthelm brachte Leos politische Haltung auf den Punkt, als er schrieb, dass dieser „Kommunist [war], wie er unter anderen Umständen Pfarrer geworden wäre (familiäre Tradition): ein rein auf der Ideenebene schwebender Glaube".[4] Eine ernsthafte Diskussion politischer Überzeugungen und potenzieller Parallelen zu Meyer scheint also nur schwer möglich. Etwas anderes ist entscheidender. Trotz unterschiedlicher historischer Kontexte waren Leo und Meyer überzeugt, im Osten gäbe es eine grundsätzlich bessere Alternative. Und der Glaube, echte gesellschaftliche Alternativen seien möglich, habe sich auch in den Projekten niederzuschlagen – gerade wenn es darum ginge, gemeinsames Lernen, Arbeiten oder Wohnen eben nicht nur zu organisieren, sondern im Medium der Architektur als soziales Miteinander zu fördern.

Sicherlich hat Leo seine gesellschaftspolitische Haltung nicht erst in der Auseinandersetzung mit Meyer entwickelt. Vielmehr dürfte für Leo die Verbindung von politischer und sozialer Agenda mit einer streng funktionalen Haltung, wie er sie bei Meyer finden konnte, interessant gewesen sein. In architektonischer Hinsicht waren dabei mindestens drei Aspekte für Leo anschlussfähig: erstens die Konzentration auf das funktional Wesentliche, zweitens die Inszenierung des Technisch-Konstruktiven und drittens die materialorientierte Gegenposition von Meyers Bauten zu den Formalismen der weißen Moderne. Am Beispiel der Wohnung wurde bereits deutlich, was es mit dem ersten Aspekt auf sich hatte. Zeitlebens ging es Leo um „ein Abmagern, um das Rausnehmen des unnötigen Fetts", wie der langjährige Mitarbeiter Justus Burtin es formulierte, denn er wollte „zum Kern und zur Essenz der Dinge".[5] Reduzieren war für Leo nicht zuletzt ein räumliches Prinzip, wie die Küche mit ihrem ultraschmalen Durchgang beweist, aber eben auch eine Haltung gegenüber dem Detail, die zu mitunter spröden Lösungen führte.

Der zweite Aspekt – die Inszenierung des Technischen – scheint dieser Konzentration auf das Wesentliche zu widersprechen. Doch ähnlich wie bei Meyer, stehen diese Dinge bei Leo nebeneinander. Und wie bei Meyer ist auch bei Leo die spektakuläre, technische Großform eher die Ausnahme. Vor allem aber ist sie kein formaler Selbstzweck, was man beispielsweise an

Bett Ludwig Leos in der Ausstellung *How Soon is Now,* Berlin 2014. Foto: Gregor Harbusch

Ulrich Conrads

Programme
und Manifeste
zur Architektur des
20. Jahrhunderts

Architekturtheorie/Ideengeschichte

Cover *Bauwelt-Fundamente 1* mit dem co-op interieur von Hannes Meyer, 1964

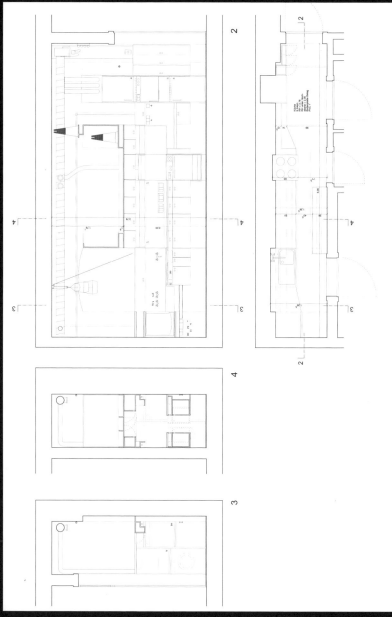

Leos Küche in der Fasanenstraße, Bauaufnahme von BARarchitekten Berlin, 2012–2014

Leo, DLRG-Zentrale. Foto: Wolf Lücking

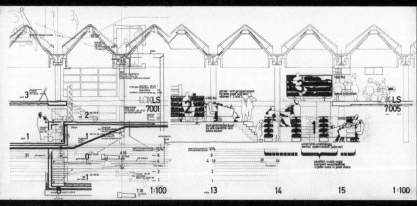

Laborschule, Schnitt

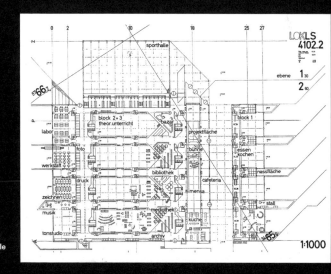

Grundriss der Laborschule
Bielefeld

der Gegenüberstellung von Meyers Petersschule und Leos Hauptwerk – der in den Jahren 1967 bis 71 entstandenen Bundeslehr- und Forschungsstätte der Deutschen Lebensrettungs-Gesellschaft (DLRG) in Berlin-Spandau sehen kann. Denn ein wesentlicher Aspekt des Entwurfs der Petersschule ist, dass die spektakulär auskragende und abgehängte Terrasse das Resultat einer fundamentalen Kritik der Wettbewerbsvorgaben ist. In diesem Sinne ist der konstruktivistischen Extremform die Kritik an den pädagogischen Vorstellungen des Bauherrn und an der Wahl des Bauplatzes eingeschrieben. Um etwas ganz Ähnliches ging es Leo bei seiner nicht minder konstruktivistischen DLRG-Zentrale, die architekturhistorisch natürlich auch als Angelpunkt zwischen Archigram und High-Tech-Architektur zu verstehen ist.

Der Entwurf für die DLRG-Zentrale am Ufer der Havel entstand im Kontext eines kleinen, geladenen Wettbewerbs im Frühjahr 1967. Ein wichtiger Teil des damals formulierten Raumprogramms war das Winterlager für die Einsatzboote der Wasserrettung. Üblicherweise werden diese Boote in breiten, flachen Hallen gelagert, die jedoch zwei Nachteile haben: erstens verstellen sie das Ufer und zweitens stehen sie die Hälfte des Jahres leer. Leo schlug deshalb einen schmalen, elfgeschossigen Turmbau vor, der die Sichtverbindungen zwischen Straße und See bewahrt. Die Lagerflächen für die Boote verteilte er auf die Obergeschosse des gesamten Hauses und integrierte in die 44 Grad steile Westfassade einen sogenannten *Sliplift*. Mithilfe dieses Lifts wurden die Boote direkt aus dem Wasser gehoben, an der Außenseite des Gebäudes nach oben befördert, durch Klappen in das Innere des Hauses gebracht und auf insgesamt sieben Ebenen in den Bereichen direkt hinter der Fassade eingelagert. Im Sommer konnten diese Flächen den dahinter anschließenden Räumlichkeiten zugeschlagen werden, um zusätzlichen Raum für die Nutzenden zu bieten. Die DLRG-Zentrale ist also ein Bootshaus ohne Bootshaus. Leo dachte die Funktion Bootslagerung kritisch durch und schlug eine völlig neue Lösung vor. Was hier besonders spektakulär umgesetzt wurde, zieht sich durch fast alle seine Entwürfe: Aus vehementem Hinterfragen von Vorgaben entstanden Projekte, die als klare Kritik am gesellschaftlichen, planerischen oder auch ökologischen Status quo zu verstehen sind.

Meyers Versuch, mit der ADGB-Bundesschule in Bernau und den Laubenganghäusern in Dessau-Törten einen an Material und Konstruktion orientierten Gegenpol zur weißen Moderne zu schaffen, hat Leo sicherlich interessiert und möglicherweise zu einer tiefergehenden und unmittelbareren
Auseinandersetzung Leos mit Meyer geführt. Insbesondere die funktional
und topografisch gegliederte ADGB-Schule in ihrer nüchternen Materiali-
sierung, die Oliver Elser kürzlich als „Brutalismus avant la lettre" geadelt
hat, ist hier zu nennen.[6] Denn Elsers Interpretation gibt einen wichtigen
Hinweis, wie Leo und seine Zeitgenossen diesen Bau in der Nachkriegszeit
vermutlich wahrgenommen haben, als der frühe britische Brutalismus die
junge Architekturszene zu beeinflussen begann. Es scheint zwar unwahr-
scheinlich, dass Leo damals die in der DDR gelegene Schule selbst besich-
tigen konnte. Doch er kam spätestens 1953 als Student mit dem Architekten Hubert Hoffmann in Kontakt, der am Bauhaus bei Meyer studiert und
sowohl an der ADGB-Schule als auch an den Laubenganghäusern mitgearbeitet hatte[7], und machte sich vermutlich über diesen mit den Arbeiten
Meyers vertraut.

Hubert Hoffmann war ein umtriebiger Architekt und Planer, der nach dem
Krieg zwar kein eigenes Büro betrieb, aber in verschiedenen Konstellatio-
nen Bauten entwarf, Netzwerke bildete sowie Publikationen und Ausstellungen verantwortete. In den späten 1940er-Jahren versuchte er, das Bauhaus in
Dessau wieder aufzubauen und später eine neue deutsche CIAM-Gruppe zu
etablieren, war jedoch erfolglos. Für den Architekturstudenten Leo spielte
Hoffmann eine wichtige Rolle, denn er initiierte 1953 eine Fahrt angehender
Berliner Architekten zum neunten CIAM-Kongress „Habitat" in Aix-en-Pro-
vence. Neben Leo nahmen unter anderen der spätere Berliner Senatsbaudi-
rektor Hans Christian Müller, Stefan Wewerka sowie Hardt-Waltherr Hämer
teil, der in den 1970er-Jahren zum zentralen Kopf der behutsamen Stadter-
neuerung in Berlin werden sollte. Sie alle kannten sich von der Hochschule
und hatten teilweise bereits zusammengearbeitet. Die Reise wurde für die
jungen Berliner zu einem prägenden Erlebnis, denn einerseits erlebten sie
die Altmeister der internationalen Avantgarde, anderseits lernten sie die Kritik der jungen Generation am erstarrten Denken der Alten kennen.

Doch Hoffmann vermittelte den Jungen nicht nur theoretisches Wissen, sondern auch praktisches. Er begriff sich als ein Vertreter des organischen Bauens, orientierte sich an Hans Scharoun und Hugo Häring und interpretierte auch Meyers umfassenden Planungsansatz, wie er ihn am Bauhaus kennengelernt hatte, in seinen Texten nach dem Krieg als im weitesten Sinne organisch. Einer seiner wenigen realisierten Bauten entstand kurz nach dem CIAM-Kongress in Zusammenarbeit mit dem damaligen Team Hans Christian Müller, Stefan Wewerka und Werner Rausch. Gemeinsam realisierten sie die Bundesjugendherberge in Bonn, die beispielhaft für das organische Entwerfen Hoffmanns steht. Die 1955 fertiggestellte Anlage besteht aus drei Bauteilen, die locker in das Gelände gesetzt und durch verglaste Gänge miteinander verbunden wurden. Eine offen sichtbare und mit Ziegeln ausgefachte Betonrahmenkonstruktion, raumhohe Glasflächen sowie elegante Dachformen charakterisieren das Haus, das unweigerlich an Meyers ADGB-Schule denken lässt. Das Projekt belegt eine Auseinandersetzung mit Meyer, die Hoffmann bei dem Kreis junger Berliner Architekten – dem auch Leo angehörte – initiiert hatte.

Sowohl bei Meyer als auch bei Leo hat man es letztlich mit einer durchaus ambivalenten konzeptionellen Haltung zu tun: einem Spannungsfeld zwischen dem Anspruch, den Mensch als gemeinschaftliches Wesen in den Mittelpunkt der architektonischen Planung zu stellen, und einem Gegenpol, der bei Meyer als wissenschaftlich und bei Leo als Affinität gegenüber Technik und Mechanik, die in manchen Fällen ins Wissenschaftliche übergreift, beschrieben werden kann. Das Verbindende ist der unbedingte Funktionalitätsanspruch, den beide behaupteten und aus dem heraus sie spezifische Formen für den sozialen Gebrauch entwickelten. Wissenschaft und Technik sollten in den Dienst der Nutzenden gestellt werden. Doch der Modus der Umsetzung unterschied sich: Meyer ging es um tatsächliche Rationalität und Objektivierbarkeit, obschon natürlich auch er gestalterische Entscheidungen traf. Bei Leo gipfelte die Suche nach Funktionalität oftmals in irrationalen Überspitzungen. Das Technische war bei ihm nicht so sehr Chiffre für Wissenschaftlichkeit und Rationalität, sondern wurde letztlich immer auch spielerisch und performativ interpretiert.

Was gemeint ist, kann man an Leos Entwurf für die Laborschule Bielefeld aus dem Jahr 1971 beispielhaft problematisieren.[8] Der Entwurf entstand in Zusammenarbeit mit dem Team um den Reformpädagogen Hartmut von Hentig, das mit der Laborschule und dem daran anschließenden Oberstufenkolleg die wichtigste reformpädagogische Institution in Deutschland nach 1945 gründete. Die Planungsgeschichte ist komplex und spielt hier keine Rolle. Wichtig ist nur, dass Leo einen Vorentwurf für eine halbgeschossig gegliederte Großraumschule mit verglastem Dach zeichnete. Der Entwurf ist den Paradigmen der damals neuen, hochtechnisierten Großraumschulen verpflichtet, muss aber auch als Kritik und Korrektiv gesehen werden. Leo setzte nämlich auf natürliche Belichtung und Entlüftung. Und er verzichtete auf veränderbare Wandsysteme, die damals viel propagiert wurden, sich aber letztlich als untauglich erwiesen. Stattdessen entwarf er eine robuste Abfolge weiter Unterrichtsfelder, die von halbgeschossig dazu versetzten Erschließungsflächen und Rückzugsbereichen für ruhiges Arbeiten gerahmt wurden. Die Lernlandschaft der Laborschule sollte ein offener, flexibel nutzbarer „Erfahrungsraum" für die von Hartmut von Hentig konzipierte „entschulte Schule" sein.[9] Später verließ Leo das Projekt im Streit. Die Schule wurde durch das Berliner Planungskollektiv Nr. 1 realisiert, das auf einige seiner Ideen zurückgriff. Sie eröffnete 1974 und ist heute die einzige Schule Deutschlands, in der noch regulärer Unterricht im Großraum stattfindet.

Für die Veröffentlichung des Projekts in der *Bauwelt* (Heft 2, 1973) zeichnete Leo Idealschnitte, die die technische Machbarkeit des Entwurfs und die Vielfalt der Nutzungsmöglichkeiten darstellen. Unter anderem entschied er sich für einen ganz auf technische Belange fokussierten Schnitt, der als komplexe Überlagerung mehrerer Ebenen angelegt ist und die topografische Einbettung der Laborschule, das Prinzip der möglichst natürlichen Klimatisierung, die Tageslichtwerte auf den verschiedenen Ebenen sowie zwei bewegliche Elemente – Wagen für Unterrichtsmaterialien und ausklappbare Tribünen – zeigt. Programmatisches Gegenstück ist ein knapp vier Meter langer, narrativer Schnitt, in den Leo dichte Figurenkonstellationen und imaginierte Nutzungssituationen einfügte und die sein Interesse an temporären Gemeinschaften des Arbeitens und Lernens widerspiegeln. Im Idealbild dieser

Zeichnung verdichten sich Leos und von Hentigs Vorstellungen der neuen Schule und ihrer gesellschaftlichen Veränderungspotenziale.

Stellt man Leos Zeichnungen neben die Pläne der ADGB-Schule, öffnet sich ein Assoziationsraum untergründiger Verbindungen, der natürlich ganz entschieden von dem Vorwissen um Leos Auseinandersetzung mit Meyer befeuert wird. Typologisch haben die beiden Schulen natürlich wenig gemein, programmatisch aber durchaus. In beiden Fällen ging es um eine ambitionierte pädagogische Institution, für die ein angemessenes, zukunftsweisendes Haus geschaffen werden sollte. Bei beiden Bauten hat man es mit einem minutiösen, technischen Durchdenken der Architektur, mit einer diagrammatischen Anordnung in der Fläche, mit programmatischer Gemeinschaftsbildung, einer am menschlichen Körper orientierten Maßstäblichkeit und einer streng nüchternen Umsetzung zu tun. Und in beiden Fällen sollte ein auf wissenschaftlicher Basis durchgerechnetes Haus Katalysator gesellschaftlicher und politischer Emanzipation sein. Vor allem aber ist in beiden Projekten eine Ambivalenz zu spüren, die viel mit der Konsequenz des Entwurfs zu tun hat: eine unaufgelöste Spannung zwischen nüchtern und rational konzipiertem Haus und dem Anspruch, den Menschen und dessen Befreiung von gesellschaftlichen Zwängen in den Mittelpunkt zu stellen. Insbesondere Leos Zeichnungen mit ihrem Fokus auf die Nutzenden sind in sich widersprüchlich. Technische Ausstattung und Großraum sind einerseits Produkte des zweckrationalen Kalküls der Industrieproduktion und werden anderseits – im Kontext der Reformpädagogik – zu Instrumenten und Metaphern der Emanzipation. Sie verweisen sowohl auf ein funktionalistisches System wie auf dessen spielerische Überwindung – also auf Alternativen. Vierzig Jahre nach Meyer konnte es ihm bei seinem Entwurf für die Laborschule Bielefeld zwar nicht mehr unbedingt um eine radikal neue Welt gehen – aber auf jeden Fall um eine völlig neue Schule.

Anmerkungen

1   Grundlegend zu Leo sind die beiden Publikationen, an denen der Verfasser mitgearbeitet hat. BARarchitekten und Gregor Harbusch. *Ludwig Leo Ausschnitt.* Berlin/Ludwigsburg, 2013; Buchholz, Antje u. a., hrsg. *Ludwig Leo Ausschnitt.* London, 2015.

2   Meyer, Hannes. „bauen". In: *Programme und Manifeste zur Architektur des 20. Jahrhunderts,* hrsg. von Ulrich Conrads, S. 111. Berlin/Frankfurt a. M./Wien, 1964.

3   Franklin, Raquel. „Auf das absolute Minimum reduziert". In: *Hannes Meyer. Co-op Interieur,* hrsg. von Jesko Fezer u. a., S. 3. Berlin, 2015.

4   Hoffmann-Axthelm, Dieter. „Architecture on this Side of Disintegration". In: Buchholz, 2015, S. 150.

5   „Die Katze gegen den Strich bürsten. Gespräch mit Justus Burtin, Thomas Krebs und Karl Pächter". In: BARarchitekten und Gregor Harbusch, 2013, S. 42.

6   Elser, Oliver. „Just what is it that makes Brutalism today so appealing? Eine neue Definition aus internationaler Perspektive". In: *SOS Brutalismus. Eine internationale Bestandsaufnahme,* hrsg. von Oliver Elser, Philip Kurz und Peter Cachola Schmal, S. 15. Zürich, 2017.

7   Abschrift des Bauhaus-Zeugnisses Hoffmanns, Dessau 30.7.1929. In: Eberl, Ingrid. *Hubert Hoffmann. Bauhäusler, Architekt, Stadtplaner, Lehrer. Seine Lehre der Grundlagen der Gestaltung an der Technischen Universität (Hochschule) Graz.* Dissertation, TU Graz, 1992, S. 16.

8   Vgl. Harbusch, Gregor. „Die Waldschratschule in der Industriehalle. Ludwig Leos Vorentwurf für die Laborschule Bielefeld 1971/The Forest-Gnome School in the Factory Hall. Ludwig Leo's preliminary design for Hartmut von Hentig's Laborschule". *Candide* 7:9 (2015).

9   Hentig, Hartmut von. „Schule als Erfahrung". *Bauwelt* 64:2 (1973): S. 82.

Lehrangebot und Ereignisse Bauhaus Dessau – 1927 bis 1930

	Sommersemester 1927 12.4.1927 bis 24.10.1927 Sommerferien: 13.7. bis 2.9.1927
Lehre am Bauhaus	43 Studentinnen/110 Studenten
Grundlehre	Josef Albers: Material- und Werklehre; Marcel Breuer: Normenlehre; Vasilij Kandinskij: Abstrakte Formelemente, Analytisches Zeichnen. Künstlerische Gestaltung; Paul Klee: Aktzeichnen. Primäre Gestaltung der Fläche; László Moholy-Nagy: Material- und Raumlehre; Wilhelm Müller: Chemie und Physik. Technologie
Werkstattübergreifend	Marcel Breuer: Raumgestaltung; Carl Fieger: Fachzeichnen; Paul Klee: Künstlerische Gestaltung; Friedrich Köhn: Mathematik, Darstellende Geometrie
Werkstätten	
Bühne	
Metall	(Werkstattleitung: László Moholy-Nagy); Friedrich Köhn: Statik, technische Mechanik, Veranschlagen
Tischlerei	Heinrich Bökenheide: Tischlerlehre
Wandmalerei	Marcel Breuer: Raumgestaltung; Vasilij Kandinskij: Theoretische und Praktische Einführung in die Wandmalerei - Techniken, Primäre Gestaltung der Fläche und Aktzeichnen; Paul Klee/Georg Muche: Künstlerischer Unterricht
Baulehre	Carl Fieger: Technisches Zeichnen; Friedrich Köhn: Bautheorie: Höhere Statik, Festigkeitslehre, Eisenbeton, Baumaterialien; Hannes Meyer: Vorträge über Siedlung, Kleinhaus. Seminar Entwurf und Korrektur; Wilhelm Müller: Baustofflehre; Max Pfeiffer: Technologie und Baustofflehre
Reklamewerkstatt/Druckerei	Joost Schmidt: Typografie, Reklame
Weberei	Gunta Stölzl: Materiallehre; Walter Wanke: Bindungslehre. Technik des Handwebstuhls
Freie Malklasse	Vasilij Kandinskij: Seminar für freie plastische und malerische Gestaltung; Paul Klee: Seminar für freie plastische und malerische Gestaltung
Sport	Werner Siedhoff: freiwilliger Sportunterricht
Bauaufträge	
Vorträge im Bauhaus	
Feste, Konzerte und Aufführungen im Bauhaus	28.4.: Gret Palucca tanzt; 18.5.: Fest zu Walter Gropius' Geburtstag; 2.7.: Fest zum Abschied der Muches im Meisterhaus Scheper; 9.7.: Ballet und Pantomimenabend der Bauhausbühne; 27.7.: Wiener Streichquartett (Schönberg - Beethoven); 14.10.: Klavierabend Béla Bartók
Ausstellungen im Bauhaus	
Veranstaltungen mit dem Bauhaus andernorts	Magdeburg: Vortrag von Oskar Schlemmer über Abstraktion in Tanz und Kostüm, bei Tänzerkongress

Ausstellungen mit dem Bauhaus andernorts	Leipzig: Marianne Brandt, Christian Dell, Wolfgang Tümpel und Josef Knau in Gruppenausstellung „Europäisches Kunstgewerbe"; Magdeburg: Studienarbeiten und freie Entwürfe der Bühnenabteilung und Bauhausmeister, u. a. von Marcel Breuer, László Moholy-Nagy, Gunta Stölzl, Oskar Schlemmer auf „Deutsche Theater Ausstellung"; Stuttgart: Bauausstellung Weißenhofsiedlung und Ausstellung „Die Wohnung" des Werkbundes in Stuttgart, unter Leitung von Mies van der Rohe, u. a. mit Bauten von Walter Gropius, Ludwig Hilberseimer, Mies van der Rohe und Mart Stam, Möblierungen und Innenraumgestaltungen, u. a. von Marcel Breuer, Max Bill und Lilly Reich. Mit 500 000 Besuchern ist die Ausstellung ein enormer Erfolg.
Kontext	
fachlicher Kontext	
lokaler und politischer Kontext	19.8.: Erster Reichsparteitag der NSDAP mit 30 000 Teilnehmenden; 18.9.: Eröffnung der Anhaltischen Gemäldegalerie in Dessau mit Kunstwerken aus dem ehemaligen Besitz der Herzoge; 1927-29: Bau einer Flachdachsiedlung in Dessau-Ziebigk, Anhaltischer Siedlerverband (Architekten: Leopold Fischer, Leberecht Migge)

Das Lehrangebot und die weiteren Aktivitäten des Bauhauses Dessau wurden anhand diverser Quellen, unter anderem anhand von Diplomzeugnissen und der Zeitschrift bauhaus rekonstuiert. Die Informationen sind lückenhaft und auch nicht immer zuverlässig. Die hier veröffentliche Fassung stellt den Forschungsstand von September 2018 dar. Sie wurde von Philipp Oswalt, Anne Stengel und Yannick Wissel (Universität Kassel, Fachgebiet Architekturtheorie und Entwerfen) mit Unterstützung von Frank Werner und Lutz Schöbe erstellt.

	Wintersemester 1927/28
	10/1927 bis 04/1928
Lehre am Bauhaus	41 Studentinnen/ 125 Studenten
Grundlehre	Josef Albers: Material- und Werklehre; Vasilij Kandinskij: Künstlerische Gestaltung; Paul Klee: Aktzeichnen. Primäre Gestaltung der Fläche; László Moholy-Nagy: Material und Raum; Wilhelm Müller: Chemie und Physik. Technologie
Werkstattübergreifend	Marcel Breuer: Normenlehre, Detailzeichnen; Carl Fieger: Fachzeichnen; Paul Klee: Lehre der künstlerischen Gestaltung; Friedrich Köhn: Mathematik und Darstellende Geometrie; Oskar Schlemmer: Figurenzeichnen
Werkstätten	
Bühne	Oskar Schlemmer: Bühnenbeleuchtung, Einführung in die Bühnentechniken
Metall	(Werkstattleitung: László Moholy-Nagy); Alfred Schäfter: Handwerkliche Ausbildung
Tischlerei	Heinrich Bökenheide: Tischlerlehre; Friedrich Köhn: Festigkeitslehre
Wandmalerei	Hinnerk Scheper: Theoretische und Praktische Einführung in die Wandmalerei - Techniken
Baulehre	Friedrich Köhn: Bautheorie: Höhere Statik, Festigkeitslehre, Eisenbeton, Baumaterialkunde. Eisenbeton, Festigkeits- und Eisenkonstruktionslehre; Hannes Meyer: Vorträge über Weiträumigkeit, Städtebau, Siedlung, Kleinhaus. Seminar Entwurf und Korrektur; Hans Wittwer: Technisches Entwerfen und Installationslehre. Seminar und Korrektur Grundrissstudien, Licht- und Sonnenberechnung
Reklamewerkstatt/Druckerei	Herbert Bayer: Reklamegestaltung; Willi Hauswald: Druckerei; Joost Schmidt: Typografie
Weberei	Paul Klee: Künstlerische Gestaltungslehre; Gunta Stölzl: Materiallehre; Walter Wanke: Bindungslehre und Technik des Handwebstuhls
Freie Malklasse	Vasilij Kandinskij: Seminar für freie plastische und malerische Gestaltung; Paul Klee: Seminar für freie plastische und malerische Gestaltung
Sport	Werner Siedhoff: freiwilliger Sportunterricht
Bauaufträge	11/1927: Der Student Hans Volger, Gewinner des bauhausinternen Wettbewerbs, arbeitet unter Anleitung von Wittwer an der Entwurfs- und Ausführungsplanung von Haus Nolden; 01/1928: Die Bauabteilung arbeitet an Umbauvorhaben für die Stadt Dessau (Verkehrsbüro, Bücherei/Lesehalle) sowie an Musterhäusern für Dessau und Bernau; 03/1928: Einladung Hannes Meyers zum Wettbewerb der Bundesschule ADGB, Entwurfsarbeit mit Wittwer und Studierenden
Vorträge im Bauhaus	23.11.27: Prof. Dr. Finley; Freundlich Vortrag über Entstehung und Alter der Welt; 4.2.28: Lichtbildvortrag Sigfried Giedion; 6.3.: Erich Mendelsohn: Russland und Amerika, ein architektonischer Querschnitt

536

Feste, Konzerte und Aufführungen im Bauhaus	1927. 11.11.: Elf-Elfen-Fest; 29.11.: busoni-mozart-beethoven mit Adolf Busch und Rudolf Serkin; 4.12.: Schlagwörterfest. 1928. 21.2.: Bauhaus-Fasching; im März privates Fest bei Schlemmer zur Einbürgerung Kandinskijs; 24.3.: Abschied Walter Gropius: Oskar Schlemmer und Studierende tragen die gereimte Chronik „9 Jahre Bauhaus" vor.
Ausstellungen im Bauhaus	
Veranstaltungen mit dem Bauhaus andernorts	Basel: Vortrag von Hans Wittwer über das Bauhaus
Ausstellungen mit dem Bauhaus andernorts	Berlin: Lyonel Feininger, Walter Gropius, Vasilij Kandinskij und László Moholy-Nagy in Gruppenausstellung „10 Jahre Novembergruppe"; Dresden: Lyonel Feininger; Berlin: Paul Klee
Kontext	
fachlicher Kontext	
lokaler und politischer Kontext	26.11.27: Stadtratswahl in Dessau. Die DDP verliert die Hälfte ihrer Sitze. 1928. 20.1.: Streik der mitteldeutschen Metallarbeiter. In Dessau etwa 4000 Streikende; 16.2.: Beschluss des Gemeinderats Dessau zum Bau eines Arbeitsamtes nach Entwürfen von Walter Gropius

	Sommersemester 1928 12.4.1928 bis 24.10.1928 Sommerferien: 13.7. bis 2.9.1928
Lehre am Bauhaus	47 Studentinnen/ 128 Studenten
Grundlehre	Josef Albers: Werklehre; Vasilij Kandinskij: Künstlerische Gestaltung: abstrakte Formenlehre, analytisches Zeichnen; Paul Klee: Aktzeichnen. Primäre Gestaltung der Fläche; László Moholy-Nagy: Material und Raum; Wilhelm Müller: Chemie. Technologie; K. Opitz: Mathematik und Darstellende Geometrie; Hinnerk Scheper: Perspektive; Erich Schrader: Darstellende Geometrie und Mathematik
Werkstattübergreifend	Carl Fieger: Technisches Zeichnen; Paul Klee: Lehre der künstlerischen Gestaltung; Friedrich Köhn: Mathematik und Darstellende Geometrie; Oskar Schlemmer: „Der Mensch", Akt- und Figurenzeichnen
Werkstätten	
Bühne	
Metall	
Tischlerei	Heinrich Bökenheide: Tischlerlehre; Friedrich Köhn: Mathematik, Statik, Festigkeitslehre
Wandmalerei	Hinnerk Scheper: Theoretische und Praktische Einführung in die Wandmalerei - Techniken
Baulehre	Carl Fieger: Fachzeichnen; Koch: Anfertigung statischer Berechnungen; Friedrich Köhn: Statik, Festigkeitslehre, Eisenbeton/Eisenbau; Hannes Meyer: Vortrag über analytisches Bauen. Vorträge über Bebauungs- und Grundrissstudien. Seminar Entwurf und Korrektur; Wilhelm Müller: Baustofflehre; Max Pfeiffer: Baukonstruktion; Hans Wittwer: Licht- und Sonnenberechnungen - Heizung, Lüftung, Installation; Konrad von Meyenburg: Gastkurs ländliche Siedlungen; Mart Stam: Gastkurs Städtebau, 4.–17.6. (Hofpleinprojekt). Gastkurs, 16.–21.7. (Altersheim der Henry und Emma Budgestiftung)
Reklamewerkstatt/Druckerei	Willi Hauswald: Praktische Typografie; Joost Schmidt: Reklamegestaltung und Typografie
Weberei	Anni Albers: Arbeitsgemeinschaft; Gunta Stölzl: Materiallehre. Bindungslehre und Entwurfszeichen; Walter Wanke: Bindungslehre und Technik des Handwebens
Freie Malklasse	Vasilij Kandinskij/Paul Klee: Freie Malklasse
Sport	Otto Büttner: Sport; Karla Grosch: Damengymnastik; Arbeiterturn- und Sportschule Leipzig: Herrengymnastik
Bauaufträge	April: Hannes Meyer gewinnt den Wettbewerb für die ADGB-Schule in Bernau und erhält den Bauauftrag; Mai-Oktober: Hans Volger beaufsichtigt die Errichtung des Hauses Nolden in der Eifel; Vorprojektierung Laubenganghäuser Dessau-Törten; Juni: Entwurfsbearbeitung für Wettbewerb Kinderheilstätte der Landesversicherungsanstalt Sachsen-Anhalt in Harzgerode; 29.7.: Grundsteinlegung ADGB-Schule
Vorträge im Bauhaus	4.6.: Arieh Sharon/Peer Bücking: Bericht Reise nach Russland und Skandinavien; 5.6.: Walter Gropius: Amerika; 11.6.: Mart Stam: M-Kunst; 13.6.:

Vorträge im Bauhaus	J. Schor: Idee und Wirklichkeit in der russischen Revolution; 14.6.: Niemayer-Oppeln: Landesplanung in Schlesien; 15.6.: Diskussion über Vortrag von J. Schor; 29.6.: Walter Gropius: Amerika; 10.7.: Max Hodann: Bett und Sofa; 26.9.: Oskar Schlemmer: Verteidigungsrede in Sachen Bühne; 1.10.: Èl' Lisickij: Zwanglose Aussprache über Fragen der modernen Architektur und Werkarbeit mit besonderem Hinblick auf das Bauhaus und das russische Institut „wchutein" in Moskau; 5.10.: Ignaz Jezower über Soziologie und Ästhetik des Films; 11.10.: Crauel: Linoleum; 12.10.: Lu Märten: Historische Dialektik und Experiment
Feste, Konzerte und Aufführungen im Bauhaus	Gret Palucca: 5.5.: Tanzabend/6.5.: Vorführung einer Reihe von technischen Übungen und Improvisationen; 6.6.: Carola Lora-Mikorey: Folkloristischer Klavierabend; 7.7.: Neue Vorführungen der Bauhausbühne zum Semesterabschluss; 29.9.: Bummel nach Oranienbaum, mit Tanz
Ausstellungen im Bauhaus	16.–20.6.: Oskar Schlemmer: Bauhäuslerfotografien; 19./20.6.: Erich Borchert: Ölbilder und Aquarelle; 5.–13.7.: Aquarelle Max Bill und Albert Braun; 19.–26.9.: Bühnenbilder von Roman Clemens, Lux Feininger, Hermann Röseler, Alexander Schawinsky, Oskar Schlemmer; 17.–22.10.: Fritz Winter: Malereien; 24.–31.10.: Georg Hartmann: Zeichnungen
Veranstaltungen mit dem Bauhaus andernorts	Theater Dessau: Bühnenprojekt Bilder einer Ausstellung von Vasilij Kandinskij; Berlin: Bauhausfest; Darmstadt: Manda von Kreibig mit Glieder- oder Illusionstanz der Bauhausbühne; Essen: Bauhausbühne beim Zweiten deutschen Tänzerkongress; Prag: Vortrag von Josef Albers über Idee und Lehrmethoden des Bauhauses
Ausstellungen mit dem Bauhaus andernorts	Berlin: László Moholy-Nagy, Umbo, Albert Renger-Patzsch, Walter Peterhans und Hannes Meyer in Gruppenausstellung „Foto-Malerei-Architektur" der privaten Kunstschule Itten; Brüssel: Paul Klee; Halle: Lyonel Feininger; Gemäldegalerie Dessau: Malklasse Kandinskij; Köln: Gestaltung Koje Reichsverband der Wohnungsfürsorgegesellschaften und Raum für elementare Buchtechnik auf „Pressa"; Birmingham: Bauhausdrucke auf „Internationale Ausstellung für Druck und Werbekunst"; Düsseldorf: Paul Klee, Oskar Schlemmer auf „Deutsche Kunst 1928"; München: Bauhauswebereien auf „Heim und Technik"; Prag: Bauhauspädagogik bei der Internationalen Ausstellung für Erziehung zur bildenden Kunst; Stuttgart: Neue Bauhausstühle auf „Der Stuhl"; Berlin: Koje für den Reichsverband der Wohnungsfürsorgegesellschaften auf „Bauen und Wohnen"; Braunschweig: Gruppenausstellung u. a. mit Paul Klee; Berlin, Dresden: Vasilij Kandinskij
Kontext	
fachlicher Kontext	Gründung der Architektenvereinigung „Der Block" als Gegenbewegung zum Neuen Bauen in Thüringen; 25.–29.6.: Kongress führender Architekten in La Sarraz. 23 unterzeichnen die Erklärung.
lokaler und politischer Kontext	Mai: Wahlen im Land Anhalt. SPD bleibt stärkste Partei, die liberale DDP verliert; 20.5.: Bei den Reichstagswahlen bekommen die Sozialdemokraten und Kommunisten 40 Prozent der Stimmen, circa 5 Prozent mehr als 1924; Oktober: Nach gescheiterten Verhandlungen um Lohnerhöhungen im Ruhrgebiet vertieft sich die Spaltung zwischen reformistischer Leitung der Gewerkschaften und revolutionärer Opposition. Die kommunistische Presse führt scharfe Angriffe gegen die Sozialdemokraten.

Lehre am Bauhaus	Wintersemester 1928/29 30.10.1928 bis 28.3.1929 46 Studentinnen/130 Studenten
Grundlehre	Josef Albers: Material und Werklehre; Vasilij Kandinskij: Künstlerische Gestaltung: abstrakte Formelemente und analytisches Zeichnen; Paul Klee: Primäre Gestaltung der Fläche; Wilhelm Müller: Chemie und chemische Technologie; K. Opitz: Betriebslehre und Mathematik. Darstellende Geometrie und Mathematik; Erich Schrader: Mathematik
Werkstattübergreifend	Paul Klee: Künstlerische Gestaltung. Raumlehre (Seminar); Johan Niegemann: Fachzeichnen; Johannes Riedel: Betriebslehre und Psychotechnik; Oskar Schlemmer: Akt- und Figurenzeichnen. Unterricht „Der Mensch"
Werkstätten	
Bühne	
Metall	(stellvertretende Leitung: Marianne Brandt)
Tischlerei	Alfred Schäfter: Handwerkliche Ausbildung; Walter Wanke: Handwerkliche Ausbildung, Versuche, Materialkunde
Wandmalerei	Hinnerk Scheper: Theoretische und Praktische Einführung in die Wandmalerei - Techniken
Baulehre	Alcar Rudelt: Mechanik, Statik, Eisenbeton, Festigkeitslehre, Eisenbau, Holzbau, Eisenkonstruktion, Heizung, Lüftung; Hannes Meyer: Analytisches und soziologisches Bauen, Grundrissgestaltung, Bebauungspläne; Hannes Meyer/Ludwig Hilberseimer/Johan Niegemann: Seminar Entwurf und Korrektur; Wilhelm Müller: Baustofflehre; Hans Wittwer: Lichttechnik, Heiztechnik, Installation, bis 10.2.29; Mart Stam: Gastkurs, verm. 9.–15.9.28; Gastkurs Städtebau, 26.11.–1.12. (Wettbewerb Haselhorst). Gastkurs, Mitte Januar 29; Ludwig Hilberseimer: Gastkurs Entwerfen; circa 11.2.–28.3.
Reklamewerkstatt/Druckerei	Willi Hauswald: Typografische Gestaltung, Maschinen- und Materialkunde, Normenlehre; Joost Schmidt: Reklamegestaltung und Typografie; Fa. Tiek, Dessau: Fotounterricht
Weberei	Paul Klee: Gestaltungsunterricht; Gunta Stölzl: Bindungslehre; Walter Wanke: Bindungslehre
Freie Malklasse	Vasilij Kandinskij/Paul Klee: Freie Malklasse
Sport	Otto Büttner: Sport; Karla Grosch: Damengymnastik; Arbeiterturn- und Sportschule Leipzig: Herrengymnastik
Bauaufträge	02/1929: Hans Wittwer geht nach Halle, betreut im Büro Meyer weiterhin den Bau der ADGB-Schule in Bernau
Vorträge im Bauhaus	Naum Gabo: 2.11.: Einführung in mein Werk/3.11.: Über den Wert des Menschen und den Wert der Dinge/5.11.: Inhalt und Form in der gestaltenden Kunst/9.11.: Referat über die Eindrücke von den Bauhauswerkstätten; 20.11.: Hannes Meyer: Über das Bauhaus; 29.11.: Dr. med. Neubert: Lebendige und technische Organisation; 7.12.: Paul Forgo-Fröhlich: Neues Bauen in Ungarn; 14.12.: Otto Heßler (ADGB): Wesen und Ziele der freien Gewerkschaften. 1929: 17.1.: Hannes Meyer: Über das Bauhaus bei Besuch von 30 Studierenden der Universität Kapstadt; 12.2.: Johannes Riedel: Organisation der Arbeit; 22.2.: C. Sachsenberg über Reklame; 15./16.3.: Hans Prinz

horn: Leib-Seele-Einheit/ Grundlagen der neuen Persönlichkeitspsychologie; 28.3.: Josef Albers über schöpferische Erziehung

Feste, Konzerte und Aufführungen im Bauhaus	1928: 17.11.: Junge Bühne Bauhaus Dessau. Erstaufführung Sketch Nr. 1.; 1.12.: Klavierabend mit Georg Antheil; 19.12.: Weihnachtsfest. 1929: 18.1.: Klavierabend von Ed. Steuermann; Januar: Bauhausabende: Klavierabend Paul Aron, Rezitation Midia Pines, Moderne Kammermusik mit Paul Hermann (Cello) und Heinrich Neugeboren (Klavier); Lyonel Feininger: Zwei Fugen für Klavier; 2.2.: Kostümfest; 9.2.: Bauhausfasching „Metallisches Fest"; 1.3.: Klavierabend Paul Aron; 13.3.: Klavierabend Franz Osborn
Ausstellungen im Bauhaus	1928: 2.–9.11.: Peter Röhl: Eine Folge von konstruktivistischen Zeichnungen; 23.–26.11.: Rosa Berger (Webereien) und Max Krajewski (Bauentwürfe); 2. bis 9.12.: Verkaufsausstellung der Weberei; 9.–12.12.: Neue Farbentwürfe der Wandmalerei Werkstatt; 14.–16.12.: Detailentwürfe und Einrichtungsgegenstände für die Bundesschule des ADGB in Bernau; 16.–26.12.: Lyonel Feininger: Aquarelle und Zeichnungen. 1929: 20.1.: Internationale Zeitschriften, Bücher und Drucksachen; 14.–16.3: Albert Braun: Aquarelle; 18./19.3.: Wilhelm Imkamp: Gemälde, Aquarelle und Zeichnungen; 20./21.3.: Margarete Leiteritz und Hanns Fischli: Gemälde, Aquarelle und Zeichnungen; 26./27.3.: Hermann Röseler und Lux Feininger: Gemälde und Zeichnungen
Veranstaltungen mit dem Bauhaus andernorts	Dresden: Premiere Ballet „Spielzeug" mit fünf Masken der Bühnenwerkstatt; Hagen: Premiere Tanzpantomime „Vogelscheuchen". Kostüme und Dekoration Oskar Schlemmer, teils in der Bühnenwerkstatt gefertigt; Berlin: „Hoffmanns Erzählungen". Kostüme und Bühnenbild László Moholy-Nagy; Breslau: Vortrag von Hannes Meyer über Bauen und Erziehung; Berlin, Breslau: Gastspiele der Bauhausbühne; Hannover, Berlin, Dessau, Magdeburg, Halle: Auftritte der Bauhauskapelle
Ausstellungen mit dem Bauhaus andernorts	Mannheim: „Das ewige Handwerk"; Frankfurt: „Der Stuhl"; Kassel: Arbeiten aus Weberei und Metallwerkstatt auf „Neues Kunstgewerbe"; Erfurt: Gruppenausstellung u. a. mit Vasilij Kandinskij; Leningrad: Internationale Bauplan und Modellausstellung; Brüssel: Gruppenausstellung u. a. mit Paul Klee; Halle: Ausstellung junger Bauhausmaler; Kaiserslautern: Bühnenbilder Oskar Schlemmer auf „Das moderne Bühnenbild"; Essen: „Photographie der Gegenwart"; Breslau: Gruppenausstellung u. a. mit Lyonel Feininger, Erich Heckel, Ewald Mataré; Paris: Vasilij Kandinskij; Braunschweig: Theaterarbeiten Oskar Schlemmer auf „Faust in der bildenden Kunst"; Berlin: Herbert Bayer, Ise Bienert, Otto Berenbrock, Albert Braun, Fritz Kuhr, Hermann Röseler, Fritz Winter; Paris: Gruppenausstellung u. a. mit Paul Klee; Essen: Eröffnung der Ausstellung Folkwang. Farbige Innenraumgestaltung Hinnerk Scheper. Neun Fresken von Oskar Schlemmer; Gemäldegalerie Dessau: Lyonel Feininger; Berlin: Hinnerk Scheper, Lou Scheper-Berkenkamp; Braunschweig: Junge Bauhausmaler
Kontext	
fachlicher Kontext	Ausstellung „Die wachsende Wohnung" des Werkbundes in Köln; 2.2.: Erste Delegiertenversammlung des CIPRAK zur Vorbereitung des 2. CIAM
lokaler und politischer Kontext	16.11.28: Die Rede Adolf Hitlers im Berliner Sportpalast hat Straßenkämpfe mit vielen Toten zur Folge; 24.2.29: Die Anhalter Woche fordert unter der Überschrift „Dessau, erwache" zur Schließung des Bauhauses auf.

Lehre am Bauhaus	51 Studentinnen/ 122 Studenten
Grundlehre	Josef Albers: Material- und Werklehre; Friedrich Engemann: Darstellende Geometrie und Fachzeichnen; Vasilij Kandinskij: Künstlerische Gestaltung: abstrakte Formenlehre, analytisches Zeichnen; Paul Klee: Primäre Gestaltung der Fläche; Fritz Kuhr: Gegenständliches Zeichnen; Wilhelm Müller: Chemie. Technologie; K. Opitz: Darstellende Geometrie und Mathematik; Johannes Riedel: Mathematik und Betriebslehre
Werkstattübergreifend	Paul Klee: Künstlerische Gestaltung; Johan Niegemann: Fachzeichnen; Oskar Schlemmer: Akt- und Figurenzeichnen; Johannes Riedel: Betriebslehre und Psychotechnik
Werkstätten	
Bühne	
Metall	(stellvertretende Leitung: Marianne Brandt); Alfred Schäfter: Handwerklicher Unterricht
Tischlerei	Alfred Arndt: Ausbau-Seminar; Alfred Arndt/Heinrich Bökenheide: Praktische und Theoretische Einführung in die Tischlerei; Friedrich Engemann: Technische Mechanik; Hannes Meyer: Ausbaukritik
Wandmalerei	Hinnerk Scheper: Theoretische und Praktische Einführung in die Wandmalerei, Anstricharten und -techniken, Putz. Entwurf und theoretischer Unterricht
Baulehre	Alcar Rudelt: Baukonstruktionslehre, Eisenbeton, Eisenbau, Heizung, Lüftung, Veranschlagen; Friedrich Lohmann: Gastkurs Betriebswirtschaftliche Buchhaltung und Kalkulation; Hannes Meyer/Anton Brenner/Ludwig Hilberseimer: Seminar Entwurf und Korrektur; Hannes Meyer: Vorträge über Städtebau, Kulturgeschichtliche und soziologische Entwicklung. Seminar Analytisches Bauen; Wilhelm Müller: Baustofflehre
Reklamewerkstatt/Druckerei	Willi Hauswald: Typografie, Satz- und Druck-Techniken; Joost Schmidt: Typografie
Fotowerkstatt	Walter Peterhans: Theoretischer und Praktischer Fotografie-Unterricht
Weberei	Anni Albers: Arbeitsgemeinschaft; Gunta Stölzl: Bindungslehre, Entwurfszeichnen, Ausnehmen von Industriestoffen; Walter Wanke: Stoffberechnung, Bindungslehre
Freie Malklasse	Vasilij Kandinskij/Paul Klee: Freie Malklasse
Sport	Karla Grosch: Damengymnastik; Arbeiterturn- und Sportschule Leipzig: Herrengymnastik
Bauaufträge	Mai: Richtfest Bundesschule ADGB; August: Dritter Platz für die Bauabteilung beim Wettbewerb für den Neubau des Kornhauses in Dessau, Anton Brenner belegt den zweiten Platz; Einladung Hannes Meyers zu engerem Wettbewerb für Arbeiterbank Berlin, Entwurfsbearbeitung mit Studierenden

542

Vorträge im Bauhaus	1.4: Henri van de Velde über Architektur; 18.4.: Max Berg: Städtebau und heutige Geisteskultur; 27.5: Otto Neurath: Bildstatistik und Gegenwart; 6.6.: Konrad von Meyenburg: Grundlagen der Arbeit und Arbeitsforschung; 10.6.: Dsiga Werthoff über das „Kino-Auge"; 22.6.: Aufführung „Bauhaus-Revue" der jungen Bühne; Herbert Feigl: 3.7.: Die wissenschaftliche Weltauffassung/4.7.: Physikalische Theorien und Wirklichkeit/5.7.: Naturgesetz und Willensfreiheit/6.7.: Zufall und Gesetz/7.7.: Leib und Seele/8.7.: Raum und Zeit; 27.9.: Midia Pines: Der Traum eines lächerlichen Menschen von Dostojewski; 30.9.: Oskar Schlemmer: Über die Bühnenelemente; Rudolf Carnap: 15.10.: Wissenschaft und Leben/16.10.: Aufgabe und Gehalt der Wissenschaft/17.10.: Der logische Aufbau der Welt/18.10.: Die vierdimensionale Welt der modernen Physik/19.10.: Der Missbrauch der Sprache
Feste, Konzerte und Aufführungen im Bauhaus	20.4.: Klavierabend Henry Cowell: Eigene Kompositionen; 27.4.: Klavierabend Paul Aron: Moderne Franzosen; 11.10.: Harlan-Lucas-Duis-Abend, Alte Kammermusik auf historischen Instrumenten
Ausstellungen im Bauhaus	28.4.: Für Stuttgart bestimmte Fotos; 3.5.: Wolfgang Rönsch: Analyse des Raumes zur exakten Gestaltung; 28.5.–4.6.: Paul Klee: Zeichnungen; 5. bis 10.6.: Fritz Kuhr: Gemälde Aquarelle und Zeichnungen; 1.–16.6.: Karl Bloßfeldt: Pflanzenfotos „Urformen der Kunst"; 23.–28.6.: Kinderzeichnungen Unterricht von Lene Schmidt-Nonne; 30.6.–6.7.: Materialarbeiten Unterricht von H. F. Geist; 7.–10.7.: Bühnenbilder von Roman Clemens, Lux Feininger, Hermann Röseler; 18.–26.9.: Roman Clemens: Bühnenbilder, Masken, freie Malereien; 26.9.–1.10.: Plakate von Werner Feist, Milon Harms, Kurt Stolp; 28.9.–3.10.: Alfred Arndt: Grundrisse, Außen- und Innenaufnahmen vom „Haus des Volkes" und Wohnhaus Bauer in Probstzella; 28.9.–2.10.: Willi Baumeister: 20 Original Lichtdrucke „Sport und Maschine"; Willy Bloß: Plastiken; 3.–9.10.: Reinhold Rossig: Gemälde und Aquarelle; 21.10.–23.10.: Ausstellungen 1./3./5./7./9. Semester, Bauabteilung, Baulehre, Anwärter auf die Baulehre; 26.–30.10.: Walter Peterhans: Fotografien
Veranstaltungen mit dem Bauhaus andernorts	Frankfurt und Stuttgart: Vorträge Oskar Schlemmer über Bühnenelemente; Wien, Basel: Vorträge von Hannes Meyer über Bauen und Erziehung; Schwäbisch Gmünd: Vortrag von Josef Albers über Produktive Erziehung zur Werkform, auf Fachtagung Goldschmiede und Juweliere; Nürnberg: Vortrag von Hannes Meyer über Erziehung zum Bauen; Frankfurt, Stuttgart, Basel: Gastspiele der Bauhausbühne

543

Ausstellungen mit dem Bauhaus andernorts	Basel, Breslau: Bauhaus-Wanderschau; Basel: Ausstellung der Bauhaus-meister; Münster: Josef Albers; Antwerpen: Vasilij Kandinskij, Paul Klee auf internationale Ausstellung „Kunst van heden"; Berlin: „Der Stuhl"; Den Haag: Vasilij Kandinskij; Essen: Oskar Schlemmer; Kassel: Jubiläumsaus-stellung Kunstverein und Akademie: Lyonel Feininger, Vasilij Kandinskij, Paul Klee, Lou Scheper-Berkenkamp, Oskar Schlemmer, Josef Albers; Köln: Lyonel Feininger, Vasilij Kandinskij, Paul Klee und Oskar Schlemmer auf Ausstellung Deutscher Künstlerbund; Stuttgart: Photographische Abteilung des Bauhauses auf Werkbundausstellung „Film und Foto"; Barcelona: Werk-stätten Tischlerei, Metall, Weberei auf Weltausstellung; Oakland: Gruppen-ausstellung u. a. mit Vasilij Kandinskij; Darmstadt: Oskar Schlemmer auf „Der schöne Mensch in der neuen Kunst"; Stuttgart: Gruppenausstellung u. a. mit Oskar Schlemmer; Erfurt, Krefeld: „Junge Bauhausmaler"; Paris: Drei Figuren des Triadischen Balletts und Licht-Raum-Modulator von László Moholy-Nagy in „Exposition de la société des artistes décorateurs"; Danzig: Bauhaus-Webereien und Kunstgegenstände; Leipzig: Bauhaus-Werkstät-ten auf der Herbstmesse; Berlin: Koje Junkers & Co., Weltreklameausstel-lung; Berlin: Junge Bauhausmaler und Fotoarbeiten; Leipzig: Einrichtung drei Räume Ausstellung „deutsches Kunstgewerbe"; Kristallpalast Dessau: Volkswohnung auf „Hausfrau und Gegenwart"; Stockholm: Webereien im Warenhaus „nordisk kompagniet", Schwedischer Werkbund, Stockholm; Berlin: Lyonel Feininger, Alexej von Javlensky, Vasilij Kandinskij und Paul Klee auf „Die blauen Vier"; Brüssel, Halle: Vasilij Kandinskij; Düsseldorf, Kiel: Gruppenausstellungen u. a. mit Lyonel Feininger; Berlin, Erfurt: Gruppenausstellung u. a. mit Paul Klee; Gemäldegalerie Dessau: Paul Klee
Kontext	
fachlicher Kontext	18.5.–7.7.: Ausstellung „Film und Foto" des Werkbundes in Stuttgart; 20.5.29–15.1.30: Weltausstellung Barcelona, u. a. mit dem Deutschen Pavil-lon von Mies van der Rohe; 15.6.–15.9.: Werkbundausstellung und Siedlung „Wohnung und Werkraum" in Breslau; 24.–26.10.29: Zweiter CIAM-Kon-gress „Die Wohnung für das Existenzminimum" findet mit etwa 120 Architek-ten und Wissenschaftlern aus 14 Ländern in Frankfurt am Main statt.
lokaler und politischer Kontext	1.5.: Berliner Blutmai: Der Verstoß gegen das vom sozialistischen Bürger-meister ausgesprochene Demonstrationsverbot führt zu einem harten Vor-gehen der Polizei gegen die kommunistischen Demonstranten mit 33 Toten. 24.05.: In der Sitzung des Dessauer Gemeinderats stellen die Vertreter der Rechtsparteien den Antrag auf Kündigung der Verträge mit dem Bauhaus. Der Gegenantrag des Bürgermeisters, die Verträge um weitere fünf Jahre zu verlängern, wird mit knapper Mehrheit angenommen; 24.10.: Börsencrash in New York, Auftakt der Weltwirtschaftskrise

544

Lehre am Bauhaus	58 Studentinnen/143 Studenten
Grundlehre	Josef Albers: Material- und Werklehre; Friedrich Engemann: Darstellende Geometrie; Vasilij Kandinskij: Einführung in künstlerische Gestaltung: abstrakte Formenelemente, analytisches Zeichnen; Paul Klee: Primäre Gestaltung der Fläche; Wilhelm Müller: Chemische Technologie; Walter Peterhans: Mathematik; Johannes Riedel: Mathematik/Betriebswissenschaft
Werkstattübergreifend	Paul Klee: Künstlerische Gestaltung; Fritz Kuhr: Gegenständliches Zeichnen, Aktzeichnen; Karel Teige: Gastkurs Zeitgenössisches Schrifttum und neue Typografie, 20.- 25.01.30; Johannes Riedel: Betriebslehre und Psychotechnik, Arbeitsorganisation
Werkstätten	
Bühne	
Ausbauabteilung	Josef Albers: Werkstatt-Kritik; Alfred Arndt: Werkstatt-Theorie. Ausbaupraxis, -systematik; Heinrich Bökenheide: Werkstatt-Theorie, Werkstatt-Praxis; Friedrich Engemann: Technische Mechanik. Holzverarbeitung, Holzverbindung, Tür- und Fensterkonstruktionen, Werkstattfachzeichnen, Technische Mechanik. Fachzeichnen; Alfred Schäfter: Werkstatt-Theorie
Baulehre	Anton Brenner: Entwurf (?); Hannes Meyer/Ludwig Hilberseimer: Seminar Entwurf und Korrektur; Hannes Meyer: Analytisches Bauen; Alcar Rudelt: Statik, Festigkeitslehre, Eisenbeton, Mathematik, Heizung, Lüftung. Technische Mechanik; Paul Artaria: Gastkurs Finanzierung und praktische Durchführung moderner Bauvorhaben, 17.7.29-22.2.30; Karel Teige: Gastkurs Soziologie der Stadt und des Wohnens, 2.-6.3.30
Reklamewerkstatt/Druckerei	Willi Hauswald: Typografie, Satz- und Drucktechnik; Joost Schmidt: Reklame-Gestaltung, Reklame-Entwurf. Aktzeichnen, Typografie; Piet Zwart: Gastkurs über Typorafie, 9.–14.12.29
Weberei	Walter Peterhans: Theoretischer und Praktischer Fotografie-Unterricht
Freie Malklasse	Anni Albers: Arbeitsgemeinschaft; Paul Klee: Künstlerische Gestaltung, Künstlerische Übung (speziell für Weberei); Gunta Stölzl: Praktische Arbeit, Materialkunde, Arbeitskritik, Zeichnen; Walter Wanke: Bindungslehre Vasilij Kandinskij/Paul Klee: Freie Malklasse
Sport	Karla Grosch: Damengymnastik/Damensport; Otto Büttner: Herrengymnastik
Bauaufträge	01/1930: Die Stadt Dessau erteilt den Auftrag zur Errichtung von fünf Laubenganghäusern in Dessau-Törten an die Bauabteilung.
Vorträge im Bauhaus	8.11.: Oskar Schlemmer: Elemente der Bühne; 26.11.: Dr. Dubislav: Hauptthesen des Kantischen Kritizismus; 3.12.: Georg Gustav Wieszner: Pulsschlag deutscher Stilgeschichte; 13./14.12.: Kurt Hiller: Das Recht über sich selbst in der Regierungsvorlage eines neuen Strafgesetzbuchs/Kritische und fordernde Prosa; 16.12.: R. Schminke: Sozialhygiene, eine revolutionäre Kraft; 1930. 13.3.: Franz Löwitsch: Ausgewählte Kapitel aus der exakten Bauwirtschaft; 18.3.: Ernst Toller: Geistige Strömungen im deutschen Nachkriegsdrama; 25.3.: Dipl.-Ing. Klein: Beleuchtungstechnik

Feste, Konzerte und Aufführungen im Bauhaus	9.11.: Aufführung der jungen Bauhausbühne „babü 3", Motto: „Und ist das Zimmer noch so klein"; anschließend Abschiedsfeier Oskar Schlemmer; 17.11.: Sketch „Besuch aus der Stadt bei Professor L." der jungen Bauhausbühne; 18.11.: Klavierabend Willi Appel. Fugen von Johann Sebastian Bach und Lyonel Feininger; 18.12.: große Geburtstagsfeier Paul Klee; 21./24.2.30: Kammermusikabend Münchener Kammermusik Trio: Alice Herkert, Franz Hibler, Kurt Arnold; 1.3.: Bauhausfasching
Ausstellungen im Bauhaus	1929. 3.–9.10.: Reinhold Rossig: Gemälde und Aquarelle; 21.–23.10.: Ausstellungen 1./3./5./7./9. Semester, Bauabteilung, Baulehre, Anwärter auf die Baulehre; 26.–30.10.: Walter Peterhans: Fotografien; 1930.26.1.–2.2.: Ausstellung „10 Jahre Bauhaus" mit Präsentation „Bauhaus-Wanderschau". Einwöchiges Jubiläumsprogramm mit täglichen Vorträgen
Veranstaltungen mit dem Bauhaus andernorts	Köln: Premiere „Vogelscheuchen". Bühnenbild, Kostüme Oskar Schlemmer, drei Kostüme von Bühnenwerkstatt; Berlin: „Der Kaufmann von Berlin". Bühnenbild, Kostüme László Moholy-Nagy; Essen: Vorträge von Hannes Meyer über Entfesseltes Bauen und Josef Albers über Erziehung zum Schöpferischen; Mannheim: Hannes Meyer über Erziehung zum Bauen
Ausstellungen mit dem Bauhaus andernorts	Essen: Elemente der Bühne Bauhaus Dessau; Essen: Bauhaus-Wanderschau im Museum Folkwang; Oldenburg: Bühnenbilder von Oskar Schlemmer
Kontext	
fachlicher Kontext	3.2.: CIAM-Kommission in Paris zur Vorbereitung der nächsten Tagung „Rationelle Bebauungsweisen" im November 1930 in Brüssel; 20.2.–31.3.: Werkbundwanderausstellung „Film und Foto" in Wien
lokaler und politischer Kontext	8.12.: Bei den Landtagswahlen in Thüringen gewinnt die NSDAP elf Prozent und wird an der Regierung beteiligt, 01/1930: Die Mitgliederzahl der NSDAP steigt auf 130 000, die Zahl der Arbeitslosen auf 3 Millionen; 27.5.: Die große Koalition zerbricht. Reichskanzler Brüning regiert ohne Reichstagsmehrheit. Notverordnungen ersetzen zunehmend parlamentarische Entscheidungen.

Lehre am Bauhaus	51 Studentinnen/137 Studenten

Grundlehre

Josef Albers: Material- und Werklehre; Friedrich Engemann: Darstellende Geometrie; Vasilij Kandinskij: Abstrakte Formelemente, analytisches Zeichnen; Paul Klee: Primäre Gestaltung der Fläche; Wilhelm Müller: Chemie; Walter Peterhans: Mathematik; Johannes Riedel: Arbeitslehre. Mathematik/Betriebslehre; Hans Volger: Darstellung und Norm

Werkstattübergreifend

Karlfried Dürckheim: Psychologie; Friedrich Engemann: Technische Mechanik, Geometrie; Paul Klee: Künstlerische Gestaltung; Fritz Kuhr/Joost Schmidt: Gegenständliches Zeichnen, Aktzeichnen; Johannes Riedel: Betriebslehre und Psychotechnik, Arbeitsorganisation; Hermann Finsterlin: Gastkurs über intuitive Gestaltung, 5.–12.7.30

Werkstätten

Bühne

Ausbauabteilung

Alfred Arndt/Josef Albers: Werkstatt-Praxis in der Tischlerei, Ausbau-Praxis; Alfred Arndt: Ausbaupraxis; Alfred Arndt/Edvard Heiberg: Entwurfsarbeit; Alfred Arndt/Josef Albers/Friedrich Engemann/Edvard Heiberg: Ausbau-Kritik; Heinrich Bökenheide: Tischlerlehre/Praktische Werkstattarbeit; Friedrich Engemann/Edvard Heiberg/Hannes Meyer: Ausbau-Seminar; Walter Wanke: Praktische Arbeit

Baulehre

Edvard Heiberg/Ludwig Hilberseimer/Hannes Meyer: Entwurf und Korrektur; Ludwig Hilberseimer: Wohnungs- und Siedlungsbau; Hannes Meyer: Bautheoretische Vorträge; Hannes Meyer/Ludwig Hilberseimer: Seminar Analytisches Bauen; Wilhelm Müller: Baustofflehre, Bau/Ausbau; Alcar Rudelt: Mathematik, Technik, Mechanik, Statik, Festigkeitslehre, Eisenbau, Eisenbeton, Baukonstruktion, Installation, Moderne Baukonstruktion, Heizung, Lüftung. Statik, Dynamik, Sternkunde

Reklamewerkstatt/Druckerei

Joost Schmidt: Typografie, Aktzeichnen

Fotowerkstatt

Walter Peterhans: Theoretischer und Praktischer Fotografie-Unterricht

Weberei

Anni Albers: Arbeitsgemeinschaft; Paul Klee: Künstlerische Gestaltung, Künstlerische Übung (speziell für Weberei); Gunta Stölzl: Arbeitskritik, Textil-Material, Zeichnen; Walter Wanke: Bindungslehre, Stoffberechnung, Technik des Handwebstuhls

Freie Malklasse

Vasilij Kandinskij/Paul Klee: Freie Malklasse

Sport

Karla Grosch: Damengymnastik/Damensport; Otto Büttner: Herrengymnastik

Bauaufträge

4.5.: Eröffnung der ADGB-Schule; Juni: Edvard Heiberg, Leiter des Bauateliers, reicht den Bauantrag für vier Musterhäuser ein. Das „Bauhausversuchsgelände" als Baugrundstück liegt 500 Meter westlich des Bauhauses; Juli: Präsentation von Mustermöblierungen der Laubenganghäuser in drei Wohnungen; 30.7. und 15.8.: Übergabe der fertiggestellten Laubenganghäuser an die Dessauer Wohnungsgenossenschaft

Vorträge im Bauhaus	Hermann Duncker: 1.4.: Philosophische Grundlagen des Marxismus/2.4.: Materialistische Geschichtsauffassung/3.4.: Die Aufgabe des Intellektuellen in der heutigen Zeit; Georg Schmidt: 28.4.: Von Adam bis Kandinskij/ 29.4.: Die Funktion des Künstlers in der Gesellschaft/30.4.: Über Bachofens Geschichtsphilosophie; 15.5.: Adolf Behne: Kritischer Querschnitt durch die Kunst; Karlfried Graf Dürckheim: 4.6.: Gestalt - Psychologie/18.6.: Über den Erlebnisraum und den objektiven Raum/2.7.: Über soziale Psychologie; 29.6.: Otto Neurath: Geschichte und Wirtschaft; o. D.: 3 Abende „Der gute Film"; o. D.: Dr. Gubwieser: Amerikanische Negerdichtung
Feste, Konzerte und Aufführungen im Bauhaus	8.4.: Konzertabend mit Kurt Thomas
Ausstellungen im Bauhaus	
Veranstaltungen mit dem Bauhaus andernorts	
Ausstellungen mit dem Bauhaus andernorts	Mannheim, Zürich: Bauhaus-Wanderschau; Köln: „Das Problemtheater". Theaterarbeiten von Oskar Schlemmer und der Bauhausbühne; Gemäldegalerie Dessau: Junge Bauhausmaler
Kontext	
fachlicher Kontext	14.5.–13.7.: Walter Gropius realisiert für den deutschen Werkbund die Section allemande der Ausstellung der Societé des Artistes Décorateurs in Paris, die er unter Einbeziehung von Herbert Bayer, Marcel Breuer, László Moholy-Nagy und Oskar Schlemmer quasi als eine Bauhausausstellung konzipiert.
lokaler und politischer Kontext	1.6. - 25.7.: 13 000 Arbeiter des Kupferbergbaus in Mansfeld streiken gegen Lohnkürzungen. Hannes Meyers private Spende an die KPD nahe Internationale Arbeiterhilfe für die Streikenden wird zu einem der Vorwürfe im Kontext seiner Entlassung; 6.6.: Einweihung des Kornhauses von Carl Fieger

Autorinnen und Autoren

Peter Bernhard, *1968, ist außerplanmäßiger Professor am Institut für Philosophie der Universität Erlangen-Nürnberg und wissenschaftlicher Mitarbeiter der Stiftung Bauhaus Dessau. Er forscht und publiziert zur Ideengeschichte der künstlerischen Avantgarden.

Gui Bonsiepe, *1934, ist Gestalter und Designtheoretiker mit Interesse unter anderem an Design in der Peripherie, Autonomie und Gestaltung, Interface als zentrale Domäne des Entwerfens. Er lehrte und forschte an der hfg ulm von 1960 bis zur Schließung 1968. In dem 2007 veröffentlichten Werk *Digitale Welt und Gestaltung* hat er Texte seines Lehrers Tomás Maldonado aus dem Italienischen und Spanischen ins Deutsche übersetzt. 2009 erschien eine Sammlung ausgewählter Schriften unter dem Titel *Entwurfskultur und Gesellschaft*.

Ute Brüning, *1949, arbeitet als Webdesignerin, forscht und publiziert zur Geschichte des Grafikdesigns. Sie arbeitet unter anderem zur Bildstatistik und Reklame von Joost Schmidt, Gebrauchsgrafik von Walter Funkat und Herbert Bayer und aktuell zu den Ateliers von László Moholy-Nagy. Sie war ursprünglich Kunsterzieherin und studierte dann Kunstgeschichte, Sozial- und Wirtschaftsgeschichte sowie Niederlandistik in Marburg.

Brenda Danilowitz, *1946, publiziert als leitende Kuratorin der Josef and Anni Albers Foundation zahlreiche Bücher und organisiert international Ausstellung zum Wirken von Anni und Josef Albers. Sie studierte Kunstgeschichte in Johannesburg, ZA, und lehrte unter anderem an der Yale University, USA.

Norbert Eisold, *1955, ist Kunsthistoriker. Er publiziert regelmäßig, vor allem zur Kunst- und Kulturgeschichte des 19. und 20. Jahrhunderts, und ist als Kurator tätig, insbesondere beim Forum Gestaltung e. V., Magdeburg.

Zvi Efrat, *1959, ist Architekt und Architekturhistoriker und war von 2001 bis 2010 Leiter des Fachbereichs Architektur der Bezalel Academy of Arts and Design in Jerusalem. Er forscht und publiziert über die Architektur des Staates Israel von seiner Gründung bis in die 1970er-Jahre.

Tatiana Efrussi, *1988, ist Kunsthistorikerin und Doktorandin mit dem Thema „Hannes Meyer – A Soviet Architect" am Fachgebiet Architekturtheorie und Entwerfen der Universität Kassel.

Anthony Fontenot, *1963, ist promovierter Architekturhistoriker und -theoretiker und lehrt an der Woodbury University School of Architecture in Los Angeles. Er ist Autor von unter anderem *Non-Design and the Non-Planned City*, Erscheinungstermin 2019, und *New Orleans Under Reconstruction: The Crisis of Planning*, 2014.

Raquel Franklin, *1967, ist promovierte Architektin und Koordinatorin des Fachbereichs Architekturtheorie der Universidad Anáhuac México. Sie war Fellow der Stiftung Bauhaus Dessau und Ko-Kuratorin der Ausstellung *The Coop Principle: Hannes Meyer and the Concept of Collective Design*, 2015.

Peter Louis Galison, *1955, ist Joseph Pellegrino Professor für Wissenschaftsgeschichte und Physik an der Harvard University. Er wird der Stanford School für Wissenschaftstheorie zugerechnet. Er ist Autor von *Objectivity*, 2007, *Einstein's Clocks, Poincaré's Maps: Empires of Time*, 2003 und *Image and Logic: A Material Culture of Microphysics*, 1997.

Gregory Grämiger, *1980, ist promovierter Architekt. Seit 2008 forscht und lehrt er am Institut für Geschichte und Theorie der Architektur (gta) der ETH Zürich. Zudem ist er freischaffender Autor.

Simone Hain, *1956, ist promovierte Architektur- und Planungshistorikerin, Publizistin und Kuratorin mit Schwerpunkt auf der Moderne. Sie gründete 1992 die wissenschaftliche Sammlung zur Baugeschichte der DDR am IRS in Erkner und war Universitätsprofessorin für Stadt- und Baugeschichte in Berlin, Hamburg und Graz. An der Bauhausuniversität Weimar hatte sie 2004–06 die Gropiusprofessur.

Gregor Harbusch, *1978, ist Kunsthistoriker und Journalist mit Fokus auf Architektur und Stadtplanung der Moderne. Er promovierte zu Ludwig Leo und kuratierte die Ausstellung *Ludwig Leo Ausschnitt* in Berlin, Stuttgart und London.

Sebastian Holzhausen, *1974, ist diplomierter Architekt und Advanced Master in Geschichte und Theorie der Architektur. Er ist Partner des Büros Holzhausen Zweifel Architekten in Zürich und Bern. Er ist ehrenamtliches Vorstandsmitglied des Zürcher Heimatschutzes und der PONSYRUS Wohngenossenschaft Zürich.

Dara Kiese, *1970, ist Kunsthistorikerin und lehrt am Pratt Institute und der Parsons School of Art and Design in New York. Sie erwarb ihren PhD am Graduate Center der CUNY mit einer Arbeit zu Hannes Meyers ganzheitlicher Erziehung am Bauhaus. Sie war im kuratorischen Team der Ausstellung *Bauhaus 1919–33: Workshops for Modernity am Museum of Modern Art*.

Norbert Korrek, *1952, lehrte als promovierter Architekt an der Hochschule für Architektur und Bauwesen Weimar und an der Bauhaus-Universität Weimar. Er gründete die Künstlerisch-Experimentellen Werkstätten an der Sektion Architektur, organisierte von 1986 bis 2009 die Internationalen Bauhaus-Kolloquien und ist Mitglied des Bauhaus-Instituts für Geschichte und Theorie der Architektur und Planung.

Martin Kipp, *1945, ist freier Publizist und Heilpraktikeranwärter. Er lehrte als Professor für Berufspädagogik in Kassel und Hamburg. Er studierte Pädagogik, Berufspädagogik, Soziologie und Psychologie und promovierte 1977. Sein Forschungsschwerpunkt liegt auf der Historie der Arbeitspädagogik.

Hanneke Oosterhof, *1948, ist Kulturhistorikerin. Im Herbst 2018 schließt sie ihre Doktorarbeit über Leben und Wirken von Lotte Stam-Beese an der Technischen Universität Eindhoven (NL), Fakultät Architekturgeschichte und -theorie ab. Über 30 Jahre arbeitete sie als Projektmanagerin und Museumskuratorin und publizierte zur Sozial- und Kulturgeschichte und Feminismus.

Philipp Oswalt, *1964, ist Professor für Architekturtheorie und Entwerfen an der Universität Kassel, Architekt und Publizist. Von 2009–14 war er Direktor der Stiftung Bauhaus Dessau, von 2002–08 Leiter des internationalen Forschungsprojekts Schrumpfende Städte.

Ingrid Radewaldt, *1940, ist Kunsthistorikerin und war Professorin an der Technischen Universität Hamburg. Sie promovierte zu Bauhaustextilien 1919–1933 und war Kuratorin der Ausstellung Gunta Stölzl. Meisterin am Bauhaus, 1997.

Lutz Schöbe, *1955, ist wissenschaftlicher Mitarbeiter und Leiter des Archivs der Stiftung Bauhaus Dessau. Sein Forschungsschwerpunkt liegt auf der Geschichte des Bauhauses und der Klassischen Moderne. Er war Mitglied des vierköpfigen Kuratorenteams der Ausstellung Modell Bauhaus, 2009 in Berlin.

Adina Seeger, *1985, ist Historikerin und Assistenzkuratorin am Jüdischen Museum Wien. Sie schloss ihr Diplomstudium mit einer Arbeit über Fritz Ertl und seinen Werdegang zwischen Moderne und Nationalsozialismus ab.

Anne Stengel, *1979, promoviert am Fachgebiet Architekturtheorie und Entwerfen der Universität Kassel zu den Laubenganghäusern in Dessau-Törten. Sie erwarb einen Magistra Artium in Kunstgeschichte und einen M. Sc. in Bauen und Erhalten und war für verschiedene Büros in Berlin mit dem Schwerpunkt Denkmalpflege tätig.

Anna Stuhlpfarrer, *1971, ist Kunst- und Architekturhistorikerin und freiberufliche Kuratorin, lehrt zur Kunst- und Architekturgeschichte des 20. Jahrhunderts sowie Fotografie und forscht zu Wiens imperialem Erbe in den Jahren des Austrofaschismus und Nationalsozialismus. Ihre Diplomarbeit verfasste sie über Anton Brenners Siedlungs- und Mietshäusern.

Daniel Talesnik, *1979, ist Architekt und wissenschaftlicher Mitarbeiter am Architekturmuseum München. Er forscht zur Architektur und Stadtplanung der Moderne bis heute mit Schwerpunkt auf Architekturpädagogik und Bezügen zwischen Architektur und politischen Ideologien. Er promovierte zum Thema „The Itinerant Red Bauhaus, or the Third Emigration" an der Columbia University in New York.

Andreas Vass, *1961, ist Architekt und Partner des Büros Hubmann – Vass Architekten, mit Schwerpunkt Umbau, Stadtplanung und Landschaftsarchitektur. Er lehrt, forscht und publiziert zu den Pionieren der Moderne, Denkmalerhalt und Landschaftstheorie. Er arbeitet an einer Publikation zur Baugeschichte und Sanierung des Kinderheims Mümliswil von Hannes Meyer.

Frank Werner, *1968, ist seit 2011 freiberuflicher wissenschaftlicher Mitarbeiter der Stiftung Bauhaus Dessau und seit 2015 Doktorand der Technischen Universität Berlin. Neben anderem forschte er zum studentischen Leben am Bauhaus und erstellte Studien zur historischen Ausstattung der Bauhausgebäude. Er studierte Kunst und Tanz in Deutschland, Holland und England.

Rainer K. Wick, *1944, ist promovierter Kunstwissenschaftler und habilitierter Kunstpädagoge. Er war langjähriger Universitätsprofessor für Kunst- und Kulturpädagogik. Er publiziert zum Bauhaus, zur medienübergreifenden Kunst, zur Kunstpädagogik, zur Fotografie und zur italienischen Kunst. Schwerpunkte seiner Beschäftigung mit dem Bauhaus sind dessen pädagogische Konzeptionen.

Julia Witt, *1976, forscht zu Künstlerbiografien und Institutionengeschichte der Künstlerausbildung. Sie promoviert an der Technischen Universität Berlin zu Reformen an den deutschen Kunstakademien im 20. Jahrhundert. Sie studierte Museologie und Denkmalpflege.

Friederike Zimmermann, *1963, arbeitet als freiberufliche Journalistin, PR-Beraterin und Ausstellungskuratorin. Sie ist Germanistin und promovierte Kunsthistorikerin zum Thema „ ‚Mensch und Kunstfigur'. Oskar Schlemmers intermediale Programmatik".

Namensregister

Bildnachweis

S. 245 u.: Privatarchiv Rainer K. Wick;

S. 256: Staatsgalerie Stuttgart;

S. 257, S. 258 o./u.: *Oskar Schlemmer: Der Mensch*, hrsg.
von Wingler/Kuchling, S. 33, 69, 89. Berlin, 2003;

S: 268 o.: Helmut Weiß;

S. 268 u.: Walter Gropius: *Bauhausbauten.* Bauhausbuch
12, München, 1928, © VG BK;

S. 269: Privatarchiv Frank Werner;

S. 271 o.: BHA, © Estate of T. Lux Feininger;

S. 271 u.: BHA, © Peter Jan Pahl;

S. 282, S. 283 o./u.: *Arbeitskunde. Grundlagen, Bedin-*
gungen und Ziele der wirtschaftlichen Arbeit, hrsg.
von Johannes Riedel, S. 199, 349, 291. Leipzig/
Berlin, 1925;

S. 298 o.: SBD, I 36178;

S. 298 u.: SBD, I 8441 ZA, © GRI;

S. 299 o.: Bauhaus Records (BRM 3), folder 4. Harvard
Art Museums Archives, Harvard University, Cambridge, MA. Photo: Imaging Department© President
and Fellows of Harvard College;

S. 299 u.: SBD, I 18972 F;

S. 300/301: Bauhaus Records (BRM 3), folder 11.
Harvard Art Museums Archives, Harvard University,
Cambridge, MA. Photo: Imaging Department© Pre-
sident and Fellows of Harvard College;

S: 322 o., S.323: Archiv für Agrargeschichte, Bern;

S. 322 u., S. 472 o., S. 473 o./u.: ariehsharon.org,
© Yael Aloni;

S. 340 o.: Österreichische Nationalbibliothek,
www.anno.onb.ac.at;

S. 342 o. *Sachbild und Gesellschaftstechnik. Otto*
Neurath, hrsg. von Frank Hartmann, Hamburg, 2015.
Iso Coll./UoR;

S. 356 o., S. 357 u. r.: *Karel Teige. Architettura, Poesia.*
Praga 1900–1951. Mailand, 1996, S. 31/Památník
národního písemnictví;

S. 356 u.: *Tschechische Avantgarde, 1922–1940*, hrsg.
von Zdenek Primus, S. 27. Hamburg, 1990;

S. 357 o./u. l.: Sylva Schwarzeneggerová;

S. 372–375: MARHI Museum, Moskau;

S. 388: SBD, NL Konrad Püschel

S. 389–391: *Edificacion* März/April (1940): S. 8–20/AdM;

S. 414 o., S. 416: HfG-Archiv Ulm;

S. 414 u.: Privatarchiv Gui Bonsiepe;

S. 415 o./u., S. 417: *ulm...Die Moral der Gegenstände*,
hrsg. von Herbert Lindinger, S. 49, 53, 241. Berlin,
1987.;

S. 432, S. 434: *Za promyšlennye kadry* (Für industrielle
Kader), 1931;

S. 433: *Sovetskaja Arhitektura* 5/6 (1931);

S. 435 o.: Ščusev-Museum für Architektur Moskau,
Pla 4907-1;

S. 435 u.: Kollektion Alexander Brukhansky, pastvu.com;

S. 446 o.: *Arquitectura y Construcción* Nr. 11 (1947);

S. 446 u.: Archiv Miguel Lawner;

S. 447 o./u.: Archiv Ricardo Tapia;

S. 456 u.: BHA, © Arlane Stam;

S. 457 o.: HNI, d40;

S. 457 u.: HNI, ph174;

S. 458 o.: HNI, t15;

S. 458 u.: HNI, d10;

S. 459 o.: Privatarchiv Hanneke Oosterhof, Foto:
Aero-photo Nederland;

S. 459 u.: HNI, t67;

S. 472 u.: © AdM;

S. 474 o., S. 475 o./u.: Privatarchiv Zvi Efrat;

S. 474 u.: Privatarchiv Zvi Efrat, © Yael Aloni;

S. 488 o., M.: Konrad Püschel. „Die erste Aufbauperiode
der sozialistischen Stadt Orsk im Ural". *WZAB* 5
(1967): S. 457, 455;

S. 488 u., S. 489 u.: Charles K. Armstrong. „The Destruc-
tion and Reconstruction of North Korea, 1950–
1960". *Asia-Pacific Journal* 2010. Foto: Paek Süng-
jong, Tongdok top'yonsu Ressel ŭi Puk Han ch'uok
(Seoul Hyohyŏng ch'ulp'ansa, 2000);

S. 489 o.: Konrad Püschel. „Überblick über die Entwicklung und Gestaltung koreanischer Siedlungsanlagen". *WZAB* 6:5 (1958/59): S. 459–477;

S. 489 M.: Konrad Püschel: *Wege eines Bauhäuslers.*
Dessau 1997, S. 121;

S. 500 o.: Yad Vashem Photo Archive, Jerusalem. 1495/9;

S. 500 u.: dabonline.de/APMO;

S. 501 o./u.: Nachlass Fritz Ertl/Privatbesitz Adina
Seeger;

S. 510: Privatarchiv Sebastian Holzhausen, © VG BK;

S. 511: Privatarchiv Sebastian Holzhausen, © Foto
Langendorf, Wädenswil;

S. 512, S. 513 o.: Privatarchiv Sebastian Holzhausen, ©
Peter Fischli;

S. 513 u.: Privatarchiv Sebastian Holzhausen, aus
Nachlass Fischli, gestempelt mit „Militärischer
Flugdienst";

S. 524 o.: Foto: Gregor Harbusch;

S. 524 u.: *Programme und Manifeste zur Architektur*
des 20. Jahrhunderts, hrsg. von Ulrich Conrads.
Bauwelt-Fundamente Band 1. Berlin, 1964;

S. 525: BARarchitekten Berlin;

S. 526: Wolf Lücking;

Abkürzungen:
AIC   The Art Institute of Chicago
AdM   Bauhaus-Universität Weimar, Archiv der Moderne
BHA   Bauhaus-Archiv Berlin
EG HM   Erbengemeinschaft Hannes Meyer
GRI   Getty Research Institute, Los Angeles
HNI   Collection Het Nieuwe Instituut/STAB
ISO Coll/UoR   Otto and Marie Neurath Isotype
   Collection. University of Reading
SBD   Stiftung Bauhaus Dessau
MFE   Museum Folkwang Essen
LKH/RBA/AIC   Ludwig Karl Hilberseimer Papers,
   Ryerson & Burnham Archives, The Art Institute
   of Chicago
JAAF   The Josef and Anni Albers Foundation, Bethany
VG BK   VG Bild-Kunst, Bonn 2019